MANUEL

de l'Histoire

DE LA

Littérature française

DU MÊME AUTEUR

LIBRAIRIE HACHETTE

Études critiques sur l'histoire de la Littérature française. 5 vol. in-18.
Les Époques du théâtre français...................... 1 vol. in-18.
L'Évolution de la Poésie lyrique en France au XIXᵉ siècle. 2 vol. in-18.
L'Évolution des genres. Tome I...................... 1 vol. in-18.

LIBRAIRIE CALMANN LÉVY

Histoire et Littérature............................. 3 vol. in-18.
Le Roman naturaliste............................... 1 vol. in-18.
Questions de critique.............................. 1 vol. in-18.
Nouvelles questions de critique.................... 1 vol. in-18.
Essais sur la Littérature contemporaine............ 1 vol. in-18.
Nouveaux essais sur la Littérature contemporaine... 1 vol. in-18.

LIBRAIRIE FIRMIN-DIDOT

La science et la religion.......................... Brochure in-18.
Éducation et instruction........................... Brochure in-18.
La moralité de la doctrine évolutive............... Brochure in-18.
La Renaissance de l'idéalisme...................... Brochure in-18.

LIBRAIRIE HETZEL

L'Idée de Patrie................................... Brochure in-18.

FERDINAND BRUNETIÈRE
De l'Académie Française

MANUEL
de l'Histoire
DE LA
Littérature française

PARIS
LIBRAIRIE CH. DELAGRAVE
15, rue Soufflot, 15

1898

AVERTISSEMENT

En écrivant ce *Manuel de l'Histoire de la Littérature française*, qui est en même temps, je n'ose dire la promesse, mais du moins le « programme », d'une *Histoire* plus ample et plus détaillée, je me suis appliqué particulièrement à quelques points, que l'on verra bien, je l'espère, mais que l'on pourrait aussi ne pas voir, — si je n'avais pas su les mettre en évidence, — et que, pour ce motif, le lecteur m'excusera de lui signaler dans ce court *Avertissement*.

A la division habituelle par *Siècles* et, dans chaque siècle, par *Genres*, — d'un côté la poésie et la prose de l'autre; la comédie dans un compartiment, le roman dans un second, l' « éloquence » dans un troisième; — j'ai donc, premièrement, substitué la division par *Époques littéraires*. Et en effet, puisque l'on ne date point les époques de la physique ou celles de la chimie du passage d'un siècle à un autre, ni même de l'avènement d'un prince, quelles raisons y a-t-il d'en dater celles de l'histoire d'une littérature? Dans le courant de l'année 1800 les écrivains ont-ils songé qu'ils allaient être du dix-neuvième siècle ; et croirons-nous qu'ils se soient évertués à différer d'eux-mêmes pour le 1er janvier 1801? Mais la division par genres n'a rien de moins artificiel ou de moins arbitraire, si les genres ne se définissent, comme les espèces dans la nature, que par la lutte qu'ils soutiennent en tout temps les uns contre les autres. Qu'est-ce que la tragi-comédie, par exemple, sinon l'hésitation du drame entre le roman et la tragédie? et comment le verrons-nous, si nous séparons l'étude du roman de celle de la tragédie? A vrai dire, les *Époques littéraires* ne doivent être datées que de ce que l'on appelle des événements littéraires[1] : — l'apparition des *Lettres provinciales*, ou la publication du *Génie du Christianisme;* — et non seulement cela est conforme à la réalité, mais c'est encore le seul moyen qu'il y ait d'imprimer à l'histoire d'une littérature cette continuité de mouvement et de vie, sans laquelle, à mon sens, il n'y a pas d'histoire.

1. Je ferai toutefois observer que, des autres divisions en usage, la plus naturelle serait encore la division par règnes ou époques politiques ; et, par exemple, j'ai noté dans ce livre même, très rapidement, quelques uns des caractères littéraires communs à toutes les régences de notre histoire.

En second lieu, — et afin de mieux faire sentir cette continuité, — je n'ai pas négligé de noter les autres influences, celles que l'on se plaît d'ordinaire à mettre en lumière, influence de race, ou influence de milieu; mais, considérant que de toutes les influences qui s'exercent dans l'histoire d'une littérature, la principale est celle des *œuvres sur les œuvres*, c'est elle que je me suis surtout attaché à suivre, et à ressaisir dans le temps. Nous voulons faire autrement que ceux qui nous ont précédés dans l'histoire : voilà l'origine et le principe agissant des changements du goût comme des révolutions littéraires; il n'a rien de métaphysique. La Pléiade du seizième siècle a voulu faire « autre chose » que l'école de Clément Marot. Racine dans son *Andromaque*, a voulu faire « autre chose » que Corneille dans son *Pertharite*; et Diderot, dans son *Père de Famille*, a voulu faire « autre chose » que Molière dans son *Tartufe*. Les romantiques en notre temps ont voulu faire « autre chose » que les classiques [1]. C'est pourquoi je ne me suis occupé des autres influences qu'autant que la succession des époques ne s'expliquait pas assez clairement par cette influence des œuvres sur les œuvres. Il ne faut pas multiplier inutilement les causes, ni, sous prétexte que la litté-

---

[1]. Il y en a aussi qui ont voulu faire « la même chose » que leurs prédécesseurs; et je le sais bien! Mais justement, dans l'histoire de la littérature et de l'art, ce sont ceux qui ne comptent pas.

rature est l'expression de la société, confondre l'histoire de la littérature avec celle des mœurs. Elles sont bien deux.

Enfin,— et parce que ni l'originalité, ni le génie même, ne consistent à n'avoir point d'ancêtres ou de précurseurs, mais le plus souvent à réussir où beaucoup d'autres avaient échoué,— j'ai donné plus d'attention qu'on n'en accorde d'habitude aux *Époques de Transition*. Faut-il montrer à ce propos, qu'en dépit de tout ce qu'on peut dire, il y a des « époques de transitions ? » et, puisqu'on les définit en histoire naturelle ou en physiologie, pourquoi ne les définirait-on pas dans l'histoire de la littérature ? Non seulement toutes les époques ne sont pas marquées des mêmes caractères, mais il y en a dont le caractère propre est d'en manquer. Rares en œuvres durables, elles sont souvent fécondes en écrivains de tout genre, et surtout en idées. Est-ce une loi de l'esprit humain qu'il n'aperçoive pas d'abord toute la portée de ses découvertes ou de ses inventions ? mais on ne voit presque rien aboutir en littérature ou en art qui n'ait été plusieurs fois et vainement tenté. C'est précisément ce qui fait l'intérêt des époques de transition. Elles expliquent les autres, puisqu'elles les préparent, et les autres ne les expliquent point ; et ainsi, de chronologique ou de purement logique, elles transforment le lien de l'histoire en un lien généalogique.

Tels sont les deux ou trois points que j'ai tâché de ne pas perdre de vue dans l'espèce de *Discours* qui forme à peu près une moitié de ce *Manuel*: voici maintenant ceux auxquels je me suis attaché dans les *Notes* perpétuelles qui en sont l'autre moitié; et qui doivent servir à la première d'illustrations ou de preuves.

J'ai fait un choix parmi les écrivains, et je n'ai retenu, pour en parler, que ceux dont il m'a paru que l'on pouvait vraiment dire qu'il manquerait quelque chose à la « suite » de notre littérature, s'ils y manquaient. Il y en a de très grands, — pas beaucoup, mais il y en a deux : Saint-Simon et Mme de Sévigné, — dont je n'ai point parlé, parce que les premières *Lettres de Mme de Sévigné* n'ayant vu le jour qu'en 1725 ou même en 1734[1], et les *Mémoires de Saint-Simon* qu'en 1824, leur influence n'est point sensible dans l'histoire. Une méthode est une discipline, à laquelle il faut que l'on commence par se soumettre si l'on veut qu'elle rende tout ce que l'on en attend de services et d'utilité. En revanche, à d'autres écrivains, comme Honoré d'Urfé, par exemple, et comme Pierre Bayle, j'ai fait une place qu'on n'a point accou-

---

[1]. Je note ici, comme indication de méthode, que, dans une histoire plus étendue, ce que j'aurais à dire des *Lettres de Mme de Sévigné*, je le placerais aux environs de 1734; et j'y rattacherais cette émulation de correspondance dont on voit en effet qu'à partir de cette date, un grand nombre de femmes d'esprit se piquent.

tumé de leur donner. Et il y en a enfin, tels que les Rollin et les d'Aguesseau, dont j'ai cru devoir « désencombrer » l'histoire. C'est un parti qu'il faut nous décider à prendre, si nous commençons à craindre que l'attention ne se lasse, et surtout qu'à voir ainsi défiler triomphalement tant d'auteurs, le sentiment des distinctions et des distances qui les séparent ne finisse par s'y abolir.

Ce livre étant un *Manuel* — je dirais presque un *Aide-Mémoire* — j'ai d'ailleurs disposé ces *Notes* de façon que chacune d'elles fût en son genre, et dans son cadre un peu étroit, mais aussi nettement délimité que possible, l'esquisse ou le « sommaire » d'une étude complète ; et, naturellement, j'ai proportionné les dimensions de cette étude, aussi mathématiquement que je l'ai pu, à la véritable importance de l'écrivain qui en était l'objet. Je dis : mathématiquement, parce que nos goûts personnels, en pareille affaire, n'ont rien encore à voir ; et on n'écrit point une *Histoire de la Littérature française* pour y exprimer des opinions à soi, mais, et à peu près comme on dresse la carte d'un grand pays, pour y donner une juste idée du relief, des relations, et des proportions des parties

Et, — toujours afin que le livre fut plus utile, d'un secours plus efficace et plus constant, — j'ai donné à la *Bibliographie* une attention toute particulière. *Qui scit ubi scientia sit, ille est proximus habenti* :

c'est un vieux proverbe qui n'a nulle part de plus juste application qu'en matière d'histoire littéraire. On trouvera donc, à la fin de chacune de ces notices, l'indication presque complète des *œuvres,* et des meilleures éditions des *œuvres* de chaque écrivain, avec leur date; et, en tête, l'énumération des principales *sources* auxquelles on pourra, si l'on le veut, se reporter. Il faudra même que l'on s'y reporte : premièrement, parce qu'on ne saurait négliger ces sources sans s'exposer à faire des découvertes qui n'en seraient pas; et puis, parce que les jugements mêmes que les contemporains et ceux qui les ont suivis ont portés sur les œuvres de nos écrivains se sont comme incorporés à l'idée que nous nous formons d'elles. La critique de Boileau, par exemple, et celle de Voltaire, sont inséparables de la notion de la tragédie racinienne. J'ai aussi essayé de classer ces sources, et de les distribuer d'une manière qui en fût la critique, mais cette classification est trop imparfaite encore, — et c'est pourquoi je n'y insiste pas.

Je n'ai plus qu'à m'excuser des erreurs que l'on ne relèvera que trop aisément dans ce livre. Je n'ai rien épargné pour qu'il ne s'y en glissât pas trop, ni de graves, ou de trop graves, car, en un certain sens, toute erreur de fait ou de date est grave, dans un *Manuel* qu'on s'était flatté de fonder sur une exacte chronologie comme sur sa base inébranlable. Mais le moyen de vérifier des milliers de dates et de contrôler des centaines de faits, que la mémoire ne s'y fatigue et que la vue même ne s'y brouille? Aussi accepterai-je avec reconnaissance toutes les rectifications ou corrections que l'on voudra bien me faire passer [1]. Un livre de cette nature ne devient tout ce qu'il peut être qu'à force de longueur de temps ; — et surtout qu'avec l'indulgence, et avec la collaboration du public.

1897

---

[1]. J'appelle également l'attention du lecteur sur quelques citations dont je n'ai pu retrouver l'origine précise ; et il y en a une dans cet *Avertissement* même. J'ai encore donné comme étant de Stendhal un mot que je crois qui est d'Alfieri. Et je me suis mis .. à plusieurs, pour ne pas réussir à savoir d'où vient l'adage : *Quos vult perdere Jupiter dementat.*

MANUEL DE L'HISTOIRE
DE LA
LITTÉRATURE FRANÇAISE

LIVRE PREMIER

LE MOYEN-AGE

I

« J'ai eu l'occasion — a dit quelque part un historien philosophe — d'étudier les institutions politiques du Moyen-âge en France, en Angleterre et en Allemagne;

LES AUTEURS ET LES ŒUVRES

I. — La formation de la langue française.

1° Les Sources. — Amédée Thierry, *Histoire des Gaulois*, et *Histoire de la Gaule sous la domination romaine*; — Roger de Belloguet, *Ethnogénie gauloise*, Paris, 1861-1868; — Fustel de Coulanges, *Histoire des Institutions politiques de l'ancienne France*, t. I, 2ᵉ édition, Paris, 1887.

G. Körting, *Encyklopædie und Methodologie der romanischen Philologie*, Heilbronn, 1884-1886; — G. Gröber, *Grundriss der romanischen Philologie*, Strasbourg, 1888-1896.

Raynouard, *Lexique roman*, Paris, 1838-1844; — Édelestand du Méril : *Essai philosophique sur la formation de la langue fran-*

et, à mesure que j'avançais dans ce travail, *j'étais rempli d'étonnement en voyant la prodigieuse similitude qui se rencontre en toutes ces lois*; et j'admirais comment des peuples si différents et si peu mêlés entre eux avaient pu s'en donner de si semblables. » [Tocqueville, *L'Ancien régime et la Révolution*, livre I, chap. IV.] C'est la même admiration ou le même étonnement qu'inspire une étude attentive de la littérature européenne du Moyen-âge. Rien ne ressemble à une *Chanson de geste* comme une autre *Chanson de geste*, si ce n'est un *Roman de la Table-Ronde* à un autre *Roman de la Table-Ronde*, un *Conte* à un autre *Conte*, ou enfin un *Mystère* à un autre *Mystère*; et deux gouttes d'eau ne sont pas plus semblables, ou, pour mieux dire, deux tragédies classiques, ni deux romans naturalistes. On y croirait d'abord apercevoir des différences, mais pour peu qu'on essaie de les

çaise, Paris, 1852; — F. Diez : *Grammaire des langues romanes*, traduction française de Gaston Paris et Morel-Fatio, 3ᵉ édition, Paris, 1874-1876; — W. Meyer-Lübke, *Grammaire des Langues romanes*, traduction Rabiet et Doutrepont, Paris, 1890-1895; — les *Grammaires historiques* de Brachet, Darmesteter, Brunot; — les *Dictionnaires étymologiques* de Diez, Scheler, Körting; — et les *Dictionnaires historiques* de Forcellini pour le latin classique; du Cange pour le bas-latin; la Curne Sainte-Palaye et F. Godefroy pour l'ancien français.

2º Les Éléments successifs du français.

A. L'élément celtique; — et de la difficulté d'en déterminer aujourd'hui la nature; — si surtout les langues celtiques et la langue latine sont elles-mêmes des langues sœurs [Cf. William Edwards, *Recherches sur les langues celtiques*; et Zeuss, *Grammatica celtica*]. — Que, si l'influence de l'élément celtique se retrouve dans le français, il semble que ce soit moins dans le vocabulaire que dans la syntaxe; — et moins peut-être encore dans la syntaxe que dans la prononciation. — Considérations à ce sujet; et de l'influence de la conformation des organes, ou de la nature des eaux, des airs et des lieux sur la prononciation. — Que, pour

préciser, elles s'évanouissent, et tout se confond. Il semble ainsi qu'au Moyen-âge une façon de penser et de sentir commune, imposée à l'Europe entière par la triple autorité de la religion, du système féodal, et de la scolastique, ait opprimé en littérature, pendant plus de quatre ou cinq cents ans, et comme anéanti toutes les distinctions d'origine, de race et de personne.

Quis primus?... D'où viennent les *Chansons de geste*; et d'où nos *Romans de la Table-Ronde*? La source première en est-elle romane? ou germanique? ou celtique peut-être, à moins que l'on ne veuille que, comme celle de nos fabliaux, elle soit arabe ou hindoue? Le fait est que nous n'en savons rien. Cette littérature n'a pas d'état civil. [Cf. Pio Rajna, *Le Origini dell' Epopea francese*, Florence, 1884.] Encore n'est-ce pas assez dire, et, sachant par ailleurs que tel *Conte* ou tel *Mystère* a vu le jour

mal définie que soit l'influence celtique, on ne saurait pourtant la révoquer en doute; — et qu'on ne saurait s'expliquer sans elle la différenciation du français, et de l'italien ou de l'espagnol.

B. L'élément latin. — Latin littéraire et latin vulgaire; — conquête et « romanisation » de la Gaule; — vanité des arguments « patriotiques » en pareille matière. [Cf. Granier de Cassagnac, *Les origines de la langue française*.] — Hypothèse de Raynouard sur la formation d'une « langue romane » intermédiaire entre le bas-latin ou latin vulgaire et les langues novo-latines; — dans quelle mesure on peut la soutenir; — et, en tout cas, de la commodité qu'elle offre. — Déformation ou transformation du latin vulgaire par les accents locaux; — et par le seul effet du temps. — Parlers provinciaux : dialectes et patois.

C. L'élément germanique; — et d'abord, dans quelles conditions se sont faites les « invasions barbares ». [Cf. Fustel de Coulanges, *Histoire des Institutions*, etc.] — Comment et pourquoi la « germanisation » de la Gaule ne pouvait succéder à sa « romanisation »,

Gallia capta ferum victorem cepit...

De quelques catégories d'idées et de mots qui semblent avoir passé

pour la première fois en France, ou en Italie, c'est en
vain que nous nous efforçons de reconnaître en lui des
traces de son origine, une empreinte locale, quelqu'un
enfin de ces traits de « race », à la détermination psychologique ou esthétique desquels on a trop souvent,
en notre temps, essayé de réduire toute l'histoire de la
littérature. Une cathédrale gothique — *opus francigenum*
— n'a rien aussi de plus français à Paris qu'à Cologne,
ou de plus allemand à Cologne qu'à Cantorbéry. Et en
effet, les « races » de l'Europe moderne ne représentent que des formations historiques, dont les littératures
ne sont pas tant l'expression que l'un des multiples « facteurs ». Allemands ou Français, Italiens, Espagnols, Anglais, nous avons tous été, dans la littérature et dans l'art,
comme dans l'histoire et dans la politique, des nations
avant de devenir des « races ». Mais avant d'être des

---

du germanique dans le français [Cf. Gaston Paris, *Littérature
française au moyen âge*]; — termes de guerre, — termes d'architecture, — termes de marine, etc. — Si l'on en peut conclure à une
pénétration bien profonde du français par le germanique?

3º LES PREMIERS MONUMENTS DE LA LANGUE. — Les *Gloses de
Reichenau*, VIIe-VIIIe siècle; — les *Serments de Strasbourg*, 842;
— la *Prose de sainte Eulalie*, vers l'an 880; — l'*Homélie sur
Jonas*, première moitié du Xe siècle; — la *Passion* et la *Vie de
saint Léger*, seconde moitié du Xe siècle; — la *Vie de saint Alexis*,
vers 1040.

II. — L'évolution de l'épopée.

1º LES SOURCES[1]. — Cristoforo Nyrop, *Storia dell' Epopea francese nel medio evo*, traduit du danois par Egidio Gorra, Florence,
1886; — Pio Rajna, *Le origini dell' Epopea francese*, Florence,
1884; — Léon Gautier, *Les Épopées françaises*, Paris, 2e édition,
1878-1894; — Paulin Paris, *Les Chansons de Geste*, dans l'*Histoire*

---

1. Comme nous ne suivons pas, — et pour cause, — dans les notes de ce premier
chapitre, l'ordre chronologique, mais plutôt un ordre systématique, c'est cet ordre
aussi que nous observons dans l'énumération des *Sources*, et nous avons moins d'égard
à la date de publication des ouvrages qu'à la nature de leur contenu.

nations nous n'avons tous formé qu'une même Europe, homogène, indivise, inarticulée, si l'on peut ainsi dire, — l'Europe féodale, l'Europe des croisades ; — et c'est pourquoi le premier caractère de la littérature française du Moyen-âge, c'est son caractère d'*uniformité.*

Étant *uniforme,* elle est de plus *impersonnelle*. Entendez par là qu'en aucun temps l'écrivain n'a moins mis de sa personne dans son œuvre. A cet égard, presque toutes nos *Chansons* pourraient être du même poète, et tous nos *Fabliaux* du même conteur. Nous en avons beau connaître les auteurs, les œuvres ne laissent pas pour cela d'être toujours anonymes, à la manière, disons-nous, de ces tragédies de La Harpe, — qui pourraient être de Marmontel, et réciproquement. Est-ce qu'empêché de sortir de sa condition par le poids, le nombre, et l'astreignante continuité des obligations qui l'y retiennent,

littéraire de la France, notamment t. XXII et XXV ; — Godefroi Kurth, *Histoire poétique des Mérovingiens*, Bruxelles, 1893 ; — Gaston Paris, *Histoire poétique de Charlemagne*, Paris, 1865 ; — Ambroise-Firmin Didot, *Essai de classification des romans de chevalerie*, Paris, 1870.

Léopold Constans, *La légende d'Œdipe dans le roman de Thèbes*, Paris, 1881 ; — Joly, *Benoît de Sainte-More et le roman de Troie*, Paris, 1870 ; — Paul Meyer, *Alexandre le Grand dans la littérature du Moyen-âge*, Paris, 1886 ; — Arturo Graf, *Roma nella memoria e nelle immaginazioni del medio evo*, Turin, 1882.

Paulin Paris, *Les Romans de la Table-Ronde*, Paris, 1868-1877 ; — Birsch-Hirchfeld, *Die Sage vom Gral*, Leipsig, 1877 ; — Alfred Nutt, *Study on the legend of the Holy Grail*, Londres, 1888 ; — Gaston Paris, *Les Romans de la Table-Ronde*, dans l'*Histoire littéraire de la France*, t. XXX ; — J. Bédier, *les Lais de Marie de France*, dans la *Revue des Deux Mondes* du 15 octobre 1891 ; et *les Fabliaux*, Paris, 1893.

2° ÉVOLUTION DE L'ÉPOPÉE.

A. *L'Épopée héroïque.* — Diverses formes de l'épopée ; — le

« l'individu, » serf ou seigneur, clerc ou laïque, moine ou baron, ne s'appartient pas à lui-même? est le représentant de son ordre ou de sa classe avant que d'être soi? manque à la fois de la liberté, du loisir et de l'aiguillon qu'il faudrait pour oser se distinguer des autres? Qui veut se distinguer n'y saurait réussir qu'en s'isolant d'abord ; et l'homme du Moyen-âge ne semble avoir pensé, ou même senti qu'en corps, pour ainsi dire, et en groupe, ou en troupe. Et, sans doute, c'est à cette raison qu'il faut attribuer la pauvreté de la veine lyrique au Moyen-âge. Mais surtout c'est ce qui explique cette absence entière de toute préoccupation d'art, qu'on a déguisée sous les noms spécieux de « spontanéité » ou de « naïveté ». « Les hommes d'alors, a-t-on dit, ne font pas à la réflexion la même part que nous ; ils ne s'observent pas ; ils vivent naïvement, comme les enfants. » [Cf. Gaston Paris, *La*

Mahabahrata ; l'Épopée homérique ; l'Épopée virgilienne ; les *Niebelungen* ; l'Épopée dantesque, l'Épopée française ; la *Jérusalem délivrée*. — Que le propre de l'épopée semble être à son origine : — 1º d'avoir un fondement historique ou cru tel ; — 2º de poétiser un conflit non seulement de « nationalités », mais de « races » ; — 3º et d'incarner le triomphe de l'une de ces races sur l'autre dans un héros « éponyme ». — Qu'il ne saurait être qu'à peine question, ces caractères une fois admis, d'une épopée mérovingienne ; — et qu'il devient presque indifférent de savoir ce que c'étaient que ces « cantilènes » ou *vulgaria carmina* qui auraient précédé l'épopée nationale. — Il n'y a pas lieu non plus d'examiner si l'épopée française est « romane » ou « germanique » dans son origine ; — et encore bien moins de faire de la question une question de patriotisme. — Le moment précis de la naissance de l'épopée française est celui de la rencontre ou du heurt de l'Orient et de l'Occident, de l'islamisme et du christianisme, de l'Arabe et du Franc ; — elle s'est incarnée d'abord dans la personne de Charles-Martel, que l'on a confondu plus tard avec son petit-fils Charlemagne ; — et ainsi on peut même dire « où » nos *Chansons de geste* sont nées : c'est sur le champ de bataille de Poitiers.

Poésie du Moyen-âge]. Et on a eu raison de le dire ! Mais aussi, comme les enfants, n'éprouvent-ils que des sentiments très généraux ou « typiques », dont l'expression est aussi générale qu'eux-mêmes ; et l'art est justement chose individuelle. Ce qui distingue un peintre d'un autre peintre, c'est ce qu'ils savent apercevoir l'un et l'autre de différent dans un même modèle. Le Moyen-âge, lui, n'y a guère vu que ce que l'on y reconnaît d'abord de pareil ou d'identique. Tous les hommes pour lui se ressemblent, un peu comme à nos yeux tous les nègres ou tous les Chinois ; et, au fait, ce qui diversifie les visages humains, et, en les diversifiant, ce qui les individualise, n'est-ce pas le reflet en eux d'une complexité intérieure, d'une richesse, ou d'une intensité de vie inconnue aux hommes de ce temps ? Leur littérature est donc très générale, dépourvue de signification individuelle comme de signi-

Comment on peut tirer, de ces caractères de l'épopée proprement dite, une division de son histoire. — Elle a dû débuter par les chansons du *Cycle du roi*, c'est-à-dire dont Charlemagne est le héros [Ex. la *Chanson de Roland*] ; — auxquelles ont succédé les chansons du *Cycle de Garin de Montglane* [Ex. la *Chanson d'Aliscans*] dont les héros sont les continuateurs de la lutte du grand Empereur contre le Sarrasin ; — et à celles-ci les chansons du *Cycle féodal* [Ex. *Renaud de Montauban*], dont les héros sont les barons en révolte contre une royauté qui ne remplit plus son office. — Coïncidence notable des chansons de ce dernier cycle avec le recul de l'Islam. — Le même temps doit être aussi celui des chansons qui nous montrent les nationalités intérieures en lutte les unes contre les autres [Ex. la *Chanson de Garin le Loherain*] ; — et celui des poèmes généalogiques [Ex. *Les Enfances Guillaume*], qui ont pour objet est de donner aux héros une origine et des débuts dont les merveilles s'accordent avec la grandeur de leurs exploits. — Comparaison des poèmes de ce genre avec les poèmes cycliques de la poésie grecque ; — et avec les « généalogies » sémitiques. — Que nos dernières Chansons de geste sont déjà, dans le vrai sens du mot, des épopées littéraires ; — non moins artificielles qu'en

fication locale, et c'est ce que l'on veut dire quand on en note le caractère d'*impersonnalité*.

Enfin, — et par rapport à la rapidité de succession des idées ou des formes d'art dans nos littératures modernes, dans nos littératures contemporaines surtout, — l'*immobilité* de la littérature du Moyen-âge en fait un dernier caractère. Car ce n'est pas seulement d'un bout de l'Europe à l'autre bout qu'une *Chanson de geste* ressemble à une autre *Chanson de geste*, ou un *Mystère* à un autre *Mystère*, c'est encore d'un siècle à un autre siècle, et du temps de Charlemagne à celui de saint Louis. Entre la *Chanson de Roland*, que l'on date de l'an 1080, et celle de *Raoul de Cambrai*, dont on place la rédaction aux environs de 1220, s'il y a quelques différences, n'étant guère que « philologiques », elles ne se révèlent donc aussi qu'aux seuls érudits. Précisons bien ce point.

---

d'autres temps une *Henriade* ou une *Pétréide*; — mais que l'inspiration vraiment sincère se retrouve, en même temps que la cause reparaît, dans les chansons qui forment le *Cycle de la Croisade* [Ex. la *Chanson du chevalier au Cygne*].
   C'est presque aussitôt après que l'histoire proprement dite se dégage de l'épopée. — Geoffroi de Villehardouin et *la Conquête de Constantinople*, 1210-1215; — conditions « épiques » de l'événement, et allure « épique » du récit; — comparaison à cet égard de l'évolution de l'épopée française et de celle de l'épopée grecque : — l'auteur de la *Conquête de Constantinople* est à l'auteur de la *Chanson de Roland* ce qu'Hérodote est à Homère. — Il serait plus arbitraire de prétendre retrouver le caractère « épique » dans la *Vie de saint Louis*, du sire de Joinville, 1275; — et cependant, si saint Louis en est le héros, ne peut-on pas dire que l'hagiographie est la véritable épopée chrétienne? — mais si c'est Joinville lui-même, alors c'est déjà l'histoire sous forme d'autobiographie. — On retrouve les caractères de l'épopée, luttant pour ainsi dire avec ceux de l'histoire, dans les *Chroniques* de **Froissart**. — La *Chronique de Bertrand du Guesclin*, du trouvère **Cuvelier**; — et la *Geste des Bourguignons*, « qui clôt la série des

Si l'on ne connaissait pas la date du *Cid* ou d'*Horace*, il faudrait être aveugle pour ne pas voir que *Britannicus* ou *Bajazet* les ont assurément suivis. Mais la *Chronique de Bertrand du Guesclin*, du trouvère Cuvelier, pour être d'ailleurs plus plate que la *Chanson de Renaud de Montauban*, ne laisse pas de lui ressembler bien plus qu'elle n'en diffère. Même héroïque matière, et même manière de la traiter [Cf. Paulin Paris, *Histoire littéraire de la France*, t. XXIII]. Évidemment les heures coulent plus lentement alors que de nos jours, beaucoup plus lentement, d'une allure plus paresseuse; on vit moins vite; et comme on n'en vit pas pour cela d'une vie plus intense ou plus intime, il en résulte que, s'il s'opère quelque sourd travail au sein de cette immobilité, rien n'en paraît d'abord à la surface.

Mais le travail ne s'en opère pas moins, et c'est le

---

poèmes en laisses monorimes », — nous conduisent de là jusqu'au seuil du xve siècle.

B. *L'Epopée antique*; — et qu'il est abusif de nommer de ce nom des « romans d'aventures » qui n'ont aucun des caractères de l'épopée; — le *Roman d'Alexandre le Grand* et le *Roman de Troie* sont les *Trois Mousquetaires* ou les *Quarante-Cinq* de leur temps; — ce qui revient à dire que le Moyen-âge n'a vu dans les légendes de l'antiquité que ce qu'elles contenaient de « merveilleux » ou de « surprenant; » — et qu'à cet égard, avec les moins historiques de nos chansons de geste, les épopées inspirées de l'antiquité servent de transition aux *Romans de la Table-Ronde*.

C. *L'Épopée romanesque*. — S'il faut chercher l'origine de l'épopée romanesque dans une transformation des mœurs; — et, à ce propos, de l'opposition de *l'Épopée courtoise* et de *l'Épopée nationale*. — Que la véritable origine de l'épopée romanesque est dans la différenciation des éléments de l'épopée nationale; — dont l'élément authentique est devenu de l'histoire; — et l'élément merveilleux, symbolique et mythique est devenu le roman d'aventures. — Sources des romans de la Table-Ronde. — L'*Historia Regum Britanniæ*, de Geoffroi de Monmouth, 1135, et sa *Vita*

moment de dire que, comme cette *impersonnalité* ou comme cette *uniformité* dont nous parlions tout à l'heure, ainsi cette *immobilité* n'est et ne peut être que relative. Il n'y a rien d'absolu en histoire. Ajoutons même ici que, de n'avoir été précipitée ou contrariée dans son mouvement par aucune intervention du dehors ni par aucun caprice individuel, c'est ce qui fait le grand intérêt historique de la littérature du Moyen-âge. Elle s'est développée lentement, mais elle s'est développée de son fonds, sur place, en quelque sorte, et conformément à sa nature. Les philologues nous enseignent que la langue de Joinville et de Guillaume de Lorris, — la langue de la *Vie de saint Louis* et de la première partie du *Roman de la Rose*, — moins riche assurément, moins colorée, moins souple, moins subtile et moins raffinée que la nôtre, était cependant, en un certain sens, plus

---

Merlini. — La *Geste des Bretons* ou *Roman de Brut*, de Wace [traduction en vers de Geoffroi de Monmouth], 1145. — Constitution du *Cycle d'Arthur*. — Les *lais* de Marie de France. — Le *Tristan* de Béroul. — Autres contes « anglo-normands ». — Rattachement des aventures de Tristan, et autres héros gallois, au cycle d'Arthur. — Crestien de Troyes s'empare de la matière de Bretagne ; — et c'est ici que, pour la première fois dans l'histoire de la littérature du Moyen-âge, on peut saisir l'influence du talent sur la transformation d'une littérature.

Caractères généraux de l'épopée romanesque ; — et qu'ils ne sont ni ceux de l'épopée héroïque, — ni ceux de la poésie provençale : — 1º le merveilleux n'y est pas celui des pays du soleil, non plus que le paysage en général ; — 2º l'adoration mystique à la fois et sensuelle dont la femme y est l'objet ne ressemble pas du tout à ce qui respire dans les chansons des troubadours ; — 3º la passion y affecte un caractère de tendresse et de profondeur qu'elle ne présente nulle part ailleurs ; — 4º et le tout s'y enveloppe d'un voile de mélancolie ou de tristesse même qui n'a certainement rien de méridional. — D'autres caractères ne différencient pas moins notre épopée romanesque de la poésie arabe ; — puisqu'on a prétendu

voisine de sa perfection, comme étant plus logique ; et ils entendent par là plus conforme aux lois de l'évolution organique des langues. Et, en effet, prosateur ou poète, aucun grand écrivain n'avait encore eu l'audace d'en troubler le cours. Pareillement, et pour avoir elle aussi quelque chose de plus logique, l'évolution de la littérature du Moyen-âge n'en est donc que plus instructive. Il s'agit de savoir comment s'est faite cette évolution.

II

On prétend quelquefois qu'elle aurait commencé par la poésie lyrique ; et, sans remonter jusqu'à ces chansons dont Salvien nous dit qu'elles servaient à nos pères de

voir dans les Arabes les initiateurs de la « chevalerie ». — Elle diffère encore de l'inspiration des *Niebelungen*. — L'inspiration des romans de la Table-Ronde est foncièrement celtique.
Comment leur origine explique leur succès par leur nouveauté. — Longue influence des *Romans de la Table-Ronde* ; — leur diffusion à l'étranger ; — la compilation de Rusticien de Pise, 1270 ; — traductions, continuations, imitations italiennes, allemandes, néerlandaises, anglaises, espagnoles et portugaises. — Le *Parsifal* de Wolfram d'Eschenbach, et *Tristan et Iseult* de Gottfried de Strasbourg. — Pénétration réciproque du *Cycle d'Arthur* et du *Cycle de la Croisade*. — On met en prose les plus anciens *Romans de la Table-Ronde* ; — on en compose directement en prose, tels que *Merlin*, le *Grand Saint Graal*, etc. ; — ils deviennent sous cette nouvelle forme les sources d'inspiration des *Amadis* ; — et rattachent ainsi, par eux, le « roman » moderne et la littérature classique à la littérature et au roman du Moyen-âge.
3º Les Œuvres. — On trouvera dans l'ouvrage plus haut cité, de M. C. Nyrop la liste complète de nos *Chansons de geste* ; et, dans l'article de M. G. Paris, *Histoire littéraire de la France*, t. XXX, l'analyse de la plupart des romans en vers qui se rapportent au

consolation de leurs maux : — *cantilenis infortunia sua solantur*, — on nous parle de « cantilènes » dont nos grandes épopées ne seraient que l'assemblage, et le développement. Mais ces cantilènes n'ont absolument rien de lyrique et, pour peu qu'on essaie d'en imaginer la nature, elles ne sont à proprement parler que de l'épopée diffuse, de l'épopée qui *n'est* pas encore, qui *devient*, mais déjà de l'épopée. Elles aspirent à se réunir; et chez nous, comme en Grèce autrefois, on dirait avec vérité qu'elles n'ont de raison d'être que par et dans l'épopée qu'elles devaient être un jour.

C'est de l'épopée qu'il faut donc partir. Elle n'est d'abord, comme encore en Grèce, que de l'histoire, s'il ne faut pas douter que les hommes du Moyen-âge ne fussent aussi convaincus de la réalité des exploits de Roland que de l'existence de Philippe-Auguste ou de

cycle breton. Nous y renvoyons donc le lecteur, et nous nous contentons ici d'indiquer plus particulièrement :

La *Chanson de Roland*, nombreuses éditions, parmi lesquelles il convient de signaler : l'édition F. Michel, Paris, 1837; — l'édition V. Génin, Paris, 1850, — l'édition ou les éditions Léon Gautier, Tours, 1872-1883; — les éditions Th. Müller, 1863, et 1878; — et l'édition W. Förster, Heilbronn, 1883; — la *Chanson d'Aliscans*, édition Guessard et Montaiglon, Paris, 1870; — la *Chanson de Renaud de Montauban* [*Les Quatre fils Aymon*], édition Michelant, 1862, Stuttgart; [Cf. un article de Taine dans ses *Essais de critique et d'histoire*]; — la *Chanson de Girart de Roussillon*, édition ou traduction P. Meyer, Paris, 1884; — la *Chanson de Raoul de Cambrai*, édition Paul Meyer et Longnon, Paris, 1882; — et la *Chanson du Chevalier au Cygne*, édition Reiffenberg, Bruxelles, 1846-1848.

Les principaux monuments de l'*Épopée antique* sont : le *Roman de Thèbes*, édition L. Constans, Paris, 1890; — le *Roman de Troie*, de Benoist de Sainte-More, publié par M. A. Joly, Paris, 1870-1871; — le *Roman d'Enéas*, publié par M. J. S. de Grave, Halle, 1891; — et les *Romans d'Alexandre le Grand*, publiés par M. Paul Meyer, Paris, 1886.

saint Louis. Les enfants ne le sont-ils pas bien de l'existence du *Petit Poucet* et du *Chat Botté ?* Mais c'est de l'histoire amplifiée, de l'histoire « héroïsée », si l'on osait risquer ce barbarisme ; et, à la faveur de cette amplification, qui n'est qu'un effort du poète pour égaler son langage à la grandeur des événements qu'il chante, s'insinue déjà dans l'histoire un commencement d'exagération, et bientôt un élément merveilleux ou fabuleux. On prête aux Roland, aux Guillaume, aux Renaud, des vertus qui excèdent la mesure de l'humanité ; on leur attribue des exploits dignes de leurs vertus ; on arme l'un de sa « Durandal », on met l'autre à cheval sur « Bayard ». Comme d'ailleurs cet élément fabuleux flatte plus agréablement les imaginations des hommes, il ne tarde pas à usurper sur l'élément historique, auquel même on le voit servir d'explication, jusqu'à ce qu'il prenne enfin toute

Viennent enfin, parmi les romans de la Table-Ronde, et indépendamment des *Œuvres* de Crestien de Troyes, dont M. Wendelin Förster a entrepris la publication complète : [*Crestien von Troyes sämtliche Werke*, Halle, 1884, 1887, 1890] ; — les *Lais de Marie de France*, édition Karl Warnke, Halle, 1885 ; — *Lancelot du Lac* [analysé dans Paulin Paris, *op. cit.*] et édition Tarbé, 1849, Reims ; — *Perceval*, édition Potvin, Mons, 1866-1871 ; — *Le Saint Graal*, édition Hucher, Le Mans, 1874 ; — *Merlin*, édition G. Paris et Ulrich, dans la collection de la *Société des anciens textes français*, Paris, 1886 ; — et *Tristan*, recueil de ce qui reste de poèmes relatifs à ses aventures, édition Fr. Michel, Londres et Paris, 1835-1839.

III. — Les chansonniers.

1º Les Sources. — Paulin Paris, son article sur *Les Chansonniers* dans l'*Histoire littéraire de la France*, t. XXIII ; — G. Raynaud, *Bibliographie des chansonniers français des* XIIIe *et* XIVe *siècles*, Paris, 1884 ; — V. Jeanroy, *les Origines de la Poésie lyrique en France au Moyen-âge*, Paris, 1889 ; — G. Paris, *Les Origines de la Poésie lyrique en France*, Paris, 1892.

la place, dans les *Romans de la Table-Ronde* par exemple, où l'histoire ne sert plus que de prétexte au trouvère pour exercer la fertilité de son invention ; — et le *roman* se détache ainsi de l'*épopée*.

L'*épopée* ne cesse pas d'exister ; et les Chansons qui forment le « cycle de la Croisade », sont un témoignage assuré de la longue survivance du genre. Mais il n'est plus qu'une ombre, un reflet de lui-même, sans corps qui le soutienne, et d'où la couleur, d'où la vie se retirent insensiblement. D'un autre côté, à mesure que l'on conçoit mieux la grandeur purement humaine des événements historiques, l'*épopée* se change en *chronique*, comme dans la *Chanson de Bertrand du Guesclin*. Rien de plus prosaïque ni qu'il y ait moins de raisons de mettre en vers ! Les auteurs le sentent bien, et surtout leurs lecteurs, ou plutôt leurs auditeurs. Trois ou quatre

2° LES DIVERSES FORMES DE LA POÉSIE LYRIQUE.
A. — Les *Chansons de toile* ou *d'histoire* ; — et qu'elles sont contemporaines de l'épopée nationale, comme le prouvent : — leur tour essentiellement narratif ; — le rôle que les femmes y jouent ; [ce sont elles qui font les avances, et les hommes les traitent avec la brutalité dont ils usent toujours en pareil cas] ; — enfin l'indistinction des éléments épique, lyrique, et même dramatique. — L'élément épique domine dans les *Chansons d'histoire* proprement dites ; — l'élément dramatique se dégage dans les *Pastourelles* et *Chansons à danser*, dont le développement ultérieur aboutit, — sous l'influence des divertissements des *Fêtes de Mai*, — à de véritables pièces, telles que le *Jeu de Robin et Marion*, d'Adam de la Halle, 1260 ; — mais le second, l'élément lyrique ou personnel, n'apparaît qu'au contact de la poésie provençale.

B. — Caractère artificiel de la poésie provençale ; — et qu'elle n'est qu'un jeu d'esprit ; — dont le thème invariable est l'amour « courtois » ; — mais dont la valeur d'art n'est pas moins grande pour cela : *Materiam superavit opus* [Cf. dans la littérature grecque les poètes de l'époque alexandrine] ; — et dont les défauts autant que les qualités expliquent la fortune aristocratique.

siècles avant l'*Art poétique*, ils se rendent compte que l'*épopée*

> Se soutient par la fable et vit de fictions.

Et comment ne s'aviseraient-ils pas, en lisant la *Vie de saint Louis*, du sire de Joinville, ou la *Conquête de Constantinople*, de Geoffroy de Villehardouin, que l'emploi de la prose n'enlève rien à l'intérêt d'un récit, fût-il même héroïque ? Ce qu'en tout cas nous pouvons dire, c'est que maître Jehan Froissart, qui avait commencé d'écrire ses *Chroniques* en vers, pour faire plus d'honneur à *Prouesse*, les remet en prose ; — et voilà l'*histoire* à la fois détachée de l'*épopée* et distinguée du *roman*.

Le sens et la nature de l'évolution sont donc ici bien clairs : il s'agit d'une *différenciation des genres*. Au lieu d'un seul genre, nous en avons trois désormais, — auxquels, si

C. — Les principaux représentants de la poésie lyrique en langue d'oïl sont : Conon ou Quesne de Béthune, — Gace Brûlé, — Blondel de Nesle, — Guy, châtelain de Coucy ; — Gautier d'Espinaus, — Gontier de Soignies, — Thibaut de Champagne, roi de Navarre, — Charles d'Anjou, roi de Sicile, — Colin Muset, — et Rutebeuf. — Quelques rares « bourgeois » se sont aussi exercés dans ce genre, — notamment dans les « puys » du nord de la France ; — et parmi lesquels on cite : Adam de la Halle, — Jean Bodel, — Baude Fastoul, tous les trois d'Arras [1].

D. — Si les uns ou les autres ont ajouté quelque chose à leurs modèles provençaux, — et qu'il semble qu'ils aient pris l'amour plus au sérieux. — Mais peut-être cela ne tient-il qu'au caractère de la langue ; — moins formée, et par conséquent d'apparence plus naïve que la langue d'oc. — Ils ont toutefois exprimé quelques sentiments qu'on n'avait pas exprimés avant eux ; — et, sous le rapport de la forme, quelques-unes de ces *Chansons courtoises* sont peut-être ce que la littérature du Moyen-âge nous a laissé de plus achevé.

1. Nous empruntons ces deux listes de noms à M. Gaston Paris, dans son histoire de la *Littérature française au Moyen-âge*, p. 184-187, 2ᵉ édition, 1890, Hachette.

l'on voulait, on en pourrait ajouter de surcroît un quatrième, l'*épopée satirique*, de l'espèce de *Baudoin de Sebourg* ou du *Pèlerinage de Charlemagne à Jérusalem*, — tous les trois nettement caractérisés ; et, comme nous le disions, ce n'est aucune intervention du dehors qui les a ainsi séparés l'un de l'autre, mais au contraire une nécessité du dedans. On remarquera que la même différenciation de genres s'était autrefois opérée en Grèce, l'*Odyssée* ayant certainement succédé à l'*Iliade*, et les *Histoires* d'Hérodote à l'*Odyssée*.

Une *différenciation des classes*, dont l'origine lointaine se retrouverait dans le progrès de la civilisation générale, semble à peu près contemporaine de la dernière phase de la *différenciation des genres*.

Richeut, le plus ancien des *fabliaux* qui nous soient parvenus, est de 1159, mais *Richeut* n'est qu'à peine un

---

E. — Dernière transformation de la poésie lyrique. — Développement des genres à forme fixe [*Ballade, Rondeau, Virelai, Chant Royal*]. — Disparition du sentiment personnel. — Guillaume de Machaut, — Eustache Deschamps, — Christine de Pisan, — Alain Chartier. — Caractère « circonstanciel » de leur œuvre ; — ils essaient de faire de la poésie avec l'actualité. — Qu'il y a lieu de s'étonner que, contemporains de du Guesclin ou de Jeanne d'Arc, ils n'y aient pas mieux réussi [Cf. la plus connue des ballades d'Eustache Deschamps, sur du Guesclin] :

Estoc d'honneur et arbre de vaillance.

Ils s'efforcent aussi de « moraliser » ; — et, la poésie se confondant avec la prose, — il faut attendre au moins jusqu'à Charles d'Orléans et jusqu'à Villon pour voir reparaître le lyrisme.

3º Les Œuvres. — *Romanzen und Pastourellen*, édition Karl Bartsch, Leipzig, 1870 ; — *OEuvres complètes d'Adam de la Halle*, édition Coussemaker, Paris, 1872.

Chansons de Conon de Béthune, édition Wallensköld, Helsingfors, 1891 ; — *OEuvres de Blondel de Nesle*, édition Tarbé, Reims,

fabliau, et « la plupart des autres semblent être de la fin du xiie et du commencement du xiiie siècle ». Les fabliaux attestent l'émancipation intellectuelle du vilain. On en peut dire autant du *Roman de Renart* et de la seconde partie du *Roman de la Rose*. Quelle que soit la portée satirique de ces œuvres, — et quand on la réduirait à ce que toute peinture de mœurs enferme nécessairement de moquerie, puisque enfin nous ne sommes pas des anges, — ce sont des œuvres « populaires, » où toute une classe de la société s'est fait comme qui dirait une littérature à son image, et dont elle s'amuse. L'unité sociale, dont les Chansons de geste étaient le témoignage éloquent, se brise; et la hiérarchie féodale s'immobilise un moment dans ses cadres. A des fonctions diverses répondent maintenant des habitudes nouvelles, et, de ces habitudes, s'engendrent des genres littéraires nouveaux.

1862; — *Chansons du châtelain de Couci*, édition Fath, Heidelberg, 1883; — *Poésies de Thibaut de Champagne*, éditions Lévesque de la Ravallière, Paris, 1742, et Tarbé, 1851; — *Trouvères Belges du XIIe au XIVe siècles*, édition Scheler, 1re série, Bruxelles, 1876, et 2e série, Louvain, 1879; — *Les plus anciens chansonniers français*, édition Brakelmann, Paris, 1891, et Marbourg, 1896.

Les poésies de Guillaume de Machaut sont encore presque toutes inédites. En revanche, on a déjà publié jusqu'à huit volumes des *OEuvres d'Eustache Deschamps*.

IV. — Les Fabliaux.

1º Les Sources. — Victor Le Clerc, son article sur les *Fabliaux*, dans l'*Histoire littéraire de la France*, t. XXII; — A. de Montaiglon, son introduction au *Recueil général et complet des Fabliaux*, Paris, 1875; — G. Paris, *Les Contes orientaux dans la littérature française du Moyen-âge*, 1875, Paris; — J. Bédier, *Les Fabliaux, Étude d'histoire littéraire du Moyen-âge*, 2e édition, Paris, 1895.

2º Caractères des Fabliaux. — Si nous avons perdu beaucoup

Le vilain lui aussi veut avoir ses plaisirs ; et il en trouve un très vif, d'abord, à faire faire son portrait, puis, un plus vif, bientôt, à charger celui des autres, à en faire la caricature.

En même temps, dans la classe aristocratique, plus instruite, quoiqu'elle ne le soit guère, l'individu, sous la double influence des *Romans de la Table-Ronde* et de l'exemple des troubadours provençaux, commence à prendre conscience de lui-même ; et le lyrisme naît. Dans les formes conventionnelles qu'ils empruntent à ces premiers maîtres, et dont ils subissent docilement les exigences, quand encore ils ne les modifient pas pour en rendre la contrainte plus étroite et plus monotone, nos trouvères, — un Quesne de Béthune, le sire de Couci, Thibaut de Champagne, Huon d'Oisi, Charles d'Anjou, — tous de race noble, essaient de faire entrer

---

de fabliaux ; — et si l'on ne doit pas regretter au contraire qu'il nous en soit parvenu plus d'une centaine. — De l'origine des fabliaux ; — et s'il y a lieu de l'aller chercher jusqu'au fond de l'Orient [Cf. Gaston Paris, pour l'affirmative, et J. Bédier pour la négative]. — Qu'il se peut qu'en effet quelques fabliaux nous soient venus de l'Inde ; — mais qu'en général on a de notre temps beaucoup abusé des « origines orientales » ; — et que la plupart de nos fabliaux, comme *Brunain, la Vache au Prêtre*, ou *le Vilain Mire*, ou *la Bourgeoise d'Orléans*, ne supposent pas un effort d'invention qui passe la capacité de l'expérience la plus vulgaire. — Grossièreté des fabliaux ; — et difficulté d'en transcrire seulement les titres ; — pour cause d'obscénité. — De la portée satirique des fabliaux ; — et, à ce propos, qu'ils semblent avoir évité d'attaquer les puissants du monde. — Comment, en revanche, ils traitent le prêtre, le « curé de village, » non le moine, ni l'évêque ; — et comment ils traitent la femme. — De la valeur « documentaire » des fabliaux ; — et s'ils nous apprennent quelque chose de plus que les *Dits*, par exemple ; — ou tant d'autres « documents » de tout ordre. — Fortune européenne des fabliaux ; — et, au cas que l'origine n'en soit pas française, — du peu de gré qu'il faut savoir

l'expression de leurs sentiments personnels. Ils n'y réussissent que très imparfaitement. Neufs et inhabiles à l'observation d'eux-mêmes, ils voudraient bien, mais ils ne savent pas, en célébrant leur « dame » ou leur « martyre d'amour », noter le trait caractéristique, donner la touche qui distingue et qui précise, traduire enfin leurs sentiments d'une manière qui n'appartienne qu'à eux. Peut-être aussi qu'ils sont venus trop tôt! Leur temps est celui que l'on a quelquefois appelé l'âge d'or de la littérature du Moyen-âge, mais ce n'est pas encore le temps de rompre la solidarité qui lie l'individu à ses semblables. Ni l'état des esprits ni l'état des mœurs ne le permettent. Il faut attendre ; et, en attendant, toutes leurs *Chansons*, où il y a de réelles qualités sinon d'art, au moins de grâce, d'élégance et de mièvrerie, continuent toutes ou presque toutes de se res-

---

à nos trouvères de la forme d'esprit que les fabliaux ont propagée dans le monde.

3º Les Œuvres. — Voyez Anatole de Montaiglon et Gaston Raynaud, *Recueil général et complet des Fabliaux*, 6 vol. in-8º, Paris, 1872-1890.

V. — La Littérature allégorique.

Des avantages que l'on trouve à étudier d'un même point de vue toutes les œuvres de la littérature du moyen âge marquées du même caractère allégorique, — et qui sont : A. Le *Roman de Renart* ; — B. Les *Bestiaires*, les *Dits* et *Débats* ou *Disputes* ; — et C. Le *Roman de la Rose*. — On en saisit mieux le rapport avec les genres qui les ont précédées, et entre elles. — En observant qu'elles sont toutes, ou à peu près, du même temps, on s'aperçoit que l' « allégorie » caractérise toute une « époque » de la littérature du moyen âge ; — et on est conduit à chercher les raisons de ce goût pour l'allégorie. — Il s'en trouve de sociales, comme le danger qu'on pouvait courir à « satiriser » ouvertement un plus puissant que soi ; — mais il y en a surtout de littéraires, qui se tirent — du peu d'étendue de l'observation « directe » de la réalité au Moyen-

sembler. Mais le signal n'en est pas moins donné, et cette poésie « courtoise », où le sentiment personnel s'efforce de se faire jour, est déjà le symptôme d'une émancipation prochaine de l'individu.

Est-ce pour s'y opposer que, de son côté, le clergé encourage la littérature des *Miracles* et des *Mystères* ? On peut dire du moins que les représentations qu'il en autorise, ou qu'il en favorise, nous apparaissent comme autant de distractions par le moyen desquelles il tâche à retenir un pouvoir qu'il sent qui lui échappe. Littérature d'édification, ou d'enseignement même, si les *Miracles* et les *Mystères* sont nés à l'ombre du sanctuaire, c'est qu'ils n'ont d'abord été qu'un prolongement du culte, à vrai dire ; et de cette origine, il en subsistera quelque chose jusque dans les représentations des Confrères de la Passion. C'est ce que ne sauront pas ceux

---

âge ; — du peu d'aptitude de la langue à exprimer les idées générales sans l'intermédiaire d'une personnification matérielle ; — et de la tendance des « beaux esprits » de tout temps à parler un langage qui ne soit pas entendu de tout le monde.

A. — **Le Roman de Renart.**

1º LES SOURCES. — Édelestand du Méril, *Poésies Latines du Moyen âge*, précédées d'une *Histoire de la fable Ésopique*, Paris, 1854 ; — Léopold Hervieux, *Les Fabulistes Latins depuis le siècle d'Auguste jusqu'à la fin du Moyen-âge*, Paris, 1884 [Cf. Saint-Marc Girardin : *Les Fabulistes français*] ; — Léopold Sudre, *Les Sources du Roman de Renart*, Paris, 1892 ; — T. Rothe, *Les Romans de Renart examinés et comparés*, Paris, 1845 ; — W. J. Jonckbloet, *Étude sur le Roman de Renart*, Groningue, 1863 ; — Ernest Martin, *le Roman de Renart*, Strasbourg, 1881-1887 ; — Jacobs, *History of the Æsopic fable*, Londres, 1889 ; — G. Paris, *le Roman de Renart*, dans le *Journal des Savants*, 1893.

2º LE DÉVELOPPEMENT DU ROMAN DE RENART. — Popularité des *Isopets* ou recueils de Fables plus ou moins « ésopiques », — prouvée par le nombre qui nous en est parvenu. — Comment leur

qu'on verra plus tard s'en moquer, ni peut-être ceux qui, de nos jours, essaieront d'en faire sortir les commencements du théâtre moderne. Mais c'est aussi pourquoi, si la pompe quasi-liturgique des *Mystères* a d'abord continué dans la rue les cérémonies que l'on célébrait dans l'intérieur de l'église; s'ils ont été, comme les processions, une manière d'intéresser les sens du populaire, son avidité naturelle de divertissements et de spectacle à la durée de la religion; et enfin, s'ils ne sont morts, comme on le montrerait, que de l'anathème que l'Église a jeté sur eux, on peut dire et il faut dire que, comme la poésie courtoise exprimait l'idéal de la noblesse et les *Fabliaux* celui du vilain, pareillement les *Mystères* ont commencé par exprimer l'idéal du clergé.

A cette *différenciation des genres* et des *classes*, nous voyons enfin se lier une *différenciation des nationalités*;

---

diffusion a dû être une provocation à observer de plus près le caractère des animaux familiers; — et comment ainsi s'est formée l' « Épopée animale ». — Commentaire d'un mot de saint Augustin : *Vitium hominis natura pecoris*; — on s'est aperçu que nous avons sans doute perfectionné nos vices, mais qu'ils sont en nous, et entre eux, comme des « animaux » qui se combattent [Cf. une belle page de Bossuet dans ses *Élévations sur les mystères*, IVe semaine, VIIIe élévation]; — et, à ce propos, de l'emploi des apologues ou des « exemples » animaux dans les sermonnaires du Moyen-âge.

C'est la seconde phase de l'évolution du *Roman de Renart*. — On s'aperçoit des facilités infinies que ce nouveau cadre offre à la satire [Cf. Taine, *La Fontaine et ses Fables*]; — on ne plaisante plus la lourdeur ou la poltronnerie de son voisin; — mais celles de Brun, l'ours, ou de Couard, le lièvre; — et par là s'explique peut-être la disparition quasi-soudaine des fabliaux : — si, de directe et de brutale, en devenant « allégorique » la satire est devenue plus générale et moins dangereuse. — Par là s'explique également le nombre et la diversité des *branches* du *Roman de Renart* : — sur toute l'étendue du territoire l'épopée animale sert de cadre

et quand il est bien établi que ni la Papauté ni l'Empire ne peuvent maintenir l'unité de l'Europe contre la diversité des intérêts qui la divisent, ce sont, après les *genres* ou les *classes*, les *nations* à leur tour qui prennent conscience d'elles-mêmes.

On ne l'aperçoit nulle part mieux que dans l'histoire des littératures. Le fond de nos *Chansons de geste* continue bien de subsister en France, — et aussi celui de nos *Romans de la Table-Ronde*, qui défraiera les compilations de la *Bibliothèque bleue*, — mais on dirait que l'esprit en émigre d'une part en Allemagne, et de l'autre en Espagne. Par opposition au génie espagnol, qui va, lui, mêler ensemble ce que les *Chansons de geste* ou les *Romans de la Table-Ronde* ont de plus extravagant et ce que « la folie de la Croix » a de plus héroïque, l'esprit français se manifeste comme un esprit de « gausserie »,

banal, et pour ainsi dire de « passe-partout » à la satire ; — on s'attache d'ailleurs à imiter plus exactement les mœurs des animaux ; — et de tout cela résulte quelque chose d'analogue à « l'ample comédie » de La Fontaine ; — mais d'un La Fontaine qui ne serait pas artiste ; — ni peut-être poète.

Enfin, dans une dernière période, — au seuil du xiv° siècle — les nouvelles « branches » deviennent purement satiriques ; — et allégoriques ; — « la grossièreté des pires Fabliaux s'introduit dans les récits » ; — ou bien « ils servent de véhicule à une satire âpre et excessive » [Cf. Gaston Paris, *La Littérature française au Moyen-âge*]. — La matière déborde le cadre ; — l'intérêt général cède le pas à l'intérêt d'*actualité* pure ; — et comme cette dernière phase coïncide avec celle de la perversion de la langue, — le Moyen-âge, une fois de plus, manque l'occasion de fixer une ingénieuse idée sous la forme d'un chef-d'œuvre.

3° L'ŒUVRE. — Voyez, pour le *Roman de Renart* proprement dit, l'édition Ernest Martin, indiquée ci-dessus. Il faut ajouter, de l'édition Méon, 1826, Paris : *Le Couronnement Renart — Renard le Nouvel* ; — et *Renard le Contrefait*, édition Wolf, 1861, Vienne. — Une pièce comme celle que Rutebeuf a intitulée *Renart*

d'ironie, et déjà de révolte. Très différent de l'esprit anglais, tel qu'on le saisit presque à son origine dans les *Contes* de Chaucer, il ne l'est pas moins de l'esprit allemand. Mais ne l'est-il pas presque autant de l'esprit italien, tel que celui-ci commence alors de se déterminer dans la *Divine Comédie*, par exemple, ou dans les *Sonnets* de Pétrarque? C'est ainsi que dans cette Europe naguère encore étroitement unie, les *nationalités* se forment, par agglomération du semblable au semblable, par une espèce de groupement autour de quelques idées ou de quelques sentiments que l'hérédité transformera plus tard en caractères de race.

On ne se demande pas sans quelque inquiétude ce qu'il fût advenu de l'esprit français s'il eût persévéré dans cette direction, ou plutôt, — car il y devait persévérer, et nous le verrons bien, — si cette influence de l'es-

---

le *Bestourné* peut servir à prouver la popularité du *Roman*, mais n'en fait d'ailleurs partie à aucun titre.

On peut rapprocher du *Roman de Renart*, pour leurs caractères plus ou moins allégoriques :

B. — Les **Bestiaires**, parmi lesquels on cite ceux : — de Philippe de Thaon, — de Guillaume Le Creu — et de Richard de Fournival. Ce sont des contes d'animaux moralisés ; — et d'où l'on tire tantôt, comme Philippe de Thaon, des enseignements chrétiens — ou, comme Richard de Fournival, des enseignements d'amour;

C. — Les **Dits** et surtout, les **Débats** — comme la *Bataille de Carême et de Charnage*; — dont Rabelais a repris le thème dans son récit épique de la lutte de la *Reine des Andouilles* et de *Quaresme prenant*; — ou comme la *Bataille des Sept Arts* d'Henri d'Andeli;

D. — Les **Arts d'Amour**, parmi lesquels on cite le *De arte honeste amandi*, d'André le Chapelain, traduit en français par Drouart la Vache; — la *Clef d'Amours*, de Jacques d'Amiens; — le *Conseil d'Amour*, de Richard de Fournival; — et par l'intermédiaire desquels la poésie courtoise s'insinue dans le *Roman de la Rose*.

prit gaulois n'avait été, presque dès le début, contrebalancée par d'autres influences, au premier rang desquelles il faut placer celle de la scolastique. On a beaucoup médit de la scolastique en général ; et sans doute il y a quelque lieu d'en médire, quoique après tout saint Thomas ne soit peut-être pas fort au-dessous d'Aristote, ni Duns Scot inférieur à Hegel. Mais ce n'est pas ici la question ; et nous nous bornerons à dire que, si « tout l'art d'écrire, selon le mot de La Bruyère, consiste à bien définir et à bien peindre », la scolastique nous en a certainement appris une moitié. Faute d'une connaissance assez étendue, mais faute surtout d'une connaissance assez expérimentale de la nature, les définitions de la scolastique n'ont rien de « scientifique », au sens véritable du mot ; mais elles n'en ont pas moins discipliné l'esprit français en lui imposant ce besoin de clarté, de préci-

E. — **Le Roman de la Rose.**

1º LES SOURCES. — Paulin Paris, son article sur *le Roman de la Rose*, dans l'*Histoire littéraire*, t. XXIII ; — et son article sur *Jehan de Meung*, dans l'*Histoire littéraire*, t. XXVIII ; — Langlois, *Origines et sources du Roman de la Rose*, Paris, 1891 ; — Gaston Paris, *La Littérature française au Moyen-âge*.

2º LE CONTENU DU ROMAN. — Les deux auteurs du *Roman*, Guillaume de Lorris et Jean de Meung ; — et de ne pas oublier qu'il y a quarante ans de différence entre eux ; — soit à peu près la distance qui sépare *le Couronnement Renart* ou *Renart le Nouvel* des branches principales du *Roman de Renart*.

Rapports de « l'épopée psychologique » (Gaston Paris) de Guillaume de Lorris avec l' « épopée animale » du *Roman de Renart*. — Comme les auteurs de *Renart* ont personnifié dans leurs animaux les vices de l'humanité, ainsi fait Guillaume de Lorris, en son *Art d'aimer*, des nuances de l'amour. — Sa conception de l'amour ; — et ses rapports avec celle de la « poésie courtoise ». — Son habileté dans le maniement de l'allégorie ; — et qu'elle ne doit pas avoir été la moindre raison du succès du *Roman de la Rose*. — Pour

sion et de justesse qui ne laissera pas de contribuer pour sa part à la fortune de notre prose. Peut-être encore devons-nous à l'influence de la scolastique cette habitude, non pas d'approfondir les questions, mais de les retourner sous toutes leurs faces, et ainsi d'en apercevoir des aspects inattendus, et des solutions ingénieuses, trop ingénieuses peut-être, assez voisines pourtant quelquefois de la vérité, qui est complexe, et qu'on mutile dès qu'on veut l'exprimer trop simplement. Mais, à coup sûr, nous ne pouvons pas ne pas lui être reconnaissants de nous avoir appris à « composer »; et là, comme on le sait, dans cet équilibre de la composition, dans cette subordination du détail à l'idée de l'ensemble, dans cette juste proportion des parties, là sera l'un des traits éminents et caractéristiques de la littérature française. C'est comme si l'on disait qu'en même temps qu'il se manifes-

---

toutes ces raisons le *Roman de la Rose* peut être considéré comme l'expression idéale des sentiments de la même société dont le *Roman de Renart* est la peinture satirique.

Qu'il y aurait lieu de rechercher quelles œuvres; — dans l'intervalle qui sépare G. de Lorris de Jean de Meung, ont « fait fonction » du *Roman de la Rose*; — et pourquoi Jean de Meung, qui l'allait dénaturer, l'a-t-il choisi pour le continuer, plutôt que le *Roman de Renart*?

Le *Roman* de Jean de Meung; — et que le poète n'a vu lui-même dans cette partie de son œuvre qu'une saillie de jeunesse; — dont la signification n'est ainsi que plus caractéristique. — En respectant la fiction et le cadre de Guillaume de Lorris, Jean de Meung y introduit des intentions marquées de « satire sociale » et de « philosophie naturelle »; — dont les premières le rapprochent des auteurs des « branches » additionnelles du *Roman de Renart*; — avec lesquels il a encore de commun la violence de son langage, — et la licence de ses discours. — Ses intentions de « philosophie naturelle » semblent lui être plus personnelles; — quoique d'ailleurs on puisse les rapprocher de la philosophie, très inconsciente, à la vérité, des auteurs de nos fabliaux.

tait comme un esprit de satire et de fronde, l'esprit français se déterminait d'autre part comme un esprit de logique et de clarté.

Et il se déterminait enfin, par opposition à l'esprit féodal, qui est un esprit d'individualisme et de liberté, comme un esprit d'égalité, pour ne pas dire précisément de justice et de « fraternité ». *Omnia quæ loquitur populus iste conjuratio est.* De tous les caractères de la littérature européenne du Moyen-âge, il n'en est pas qui soit demeuré plus national et, si l'on ose ainsi parler, plus personnel à la littérature française que cette tendance à l'universalité. On pourrait soutenir, sans exagération, que, déjà, les « droits de l'homme » sont inscrits dans la deuxième partie du *Roman de la Rose*, celle de Jean de Meung, et, ce qui est mieux, on pourrait le montrer. Il est d'abord comme entendu que l'on n'écrira pas

Succès prodigieux du *Roman de la Rose*; — et que Jean de Meung, après Crestien de Troyes, est un des rares écrivains du Moyen-âge dont on puisse dire que l'œuvre ait fait époque. — Attaques de Gerson; — et de Christine de Pisan; — témoignage de Pétrarque; — « Puisque vous désirez un ouvrage étranger en langue vulgaire, écrit-il à Guy de Gonzague de Mantoue, je ne puis rien vous offrir de mieux que celui-ci [le *Roman de la Rose*], à moins que toute la France et Paris en tête ne se trompent sur son mérite ». — Nombreuses copies du poème; — et, dès la première invention de l'imprimerie, nombreuses éditions du livre.

3º L'ŒUVRE. — Indépendamment de l'édition donnée par Marot au commencement du xvɪᵉ siècle, on peut citer l'édition Méon, Paris, 1813; — et l'édition de Pierre Marteau [pseudonyme], avec traduction, Orléans, 1878-1879.

On voit par ces détails sommaires l'importance de la littérature « allégorique » au Moyen-âge; — il resterait à rapprocher ces « personnifications » des « Entités » ou des « Quiddités » de la scolastique; — et les unes et les autres de ce que l'on appellera plus tard « la réduction à l'universel »; — ou, en d'autres termes, les

en français pour écrire, mais pour agir ; et que cette action aura pour objet la propagation des idées générales. Rien, par la suite, ne servira davantage à étendre dans le monde entier la popularité de la littérature et de la langue françaises ; et au fait, n'est-ce pas ce que les étrangers aiment de notre « parlure » quand ils l'appellent, dès le xiiie siècle, la plus « délittable qui soit ? » L'explication s'en trouve : en partie, dans la persistance et la continuité de la tradition latine ; en partie dans l'effort de nos légistes pour faire triompher sur l'esprit germanique ou féodal l'esprit du droit romain ; et enfin dans l'encouragement que nos rois donnent à un effort qui fait les affaires de leur plus noble ambition, puisque aussi bien il fait celles de l'unification des volontés et de la formation de la patrie française.

idées générales. — Que, malheureusement, si les intentions étaient bonnes, le moyen était faux ; — car, à mesure qu'on allégorisait davantage, l'idée n'en devenait pas plus claire ; — et on s'éloignait à mesure du naturel et de la vérité. — C'est ce que voulait dire Pétrarque, dans la lettre citée plus haut, quand il reprochait aux auteurs du *Roman de la Rose* que leur « Muse dormait » ; — et quand il opposait à leur froideur l'ardeur de passion qui respire dans les vers de « ces chantres divins de l'amour : Virgile, Catulle, Properce et Ovide ».

VI. — **La Farce de Pathelin**.

1º Les Sources. — Petit de Julleville, *La Comédie et les Mœurs au moyen âge*, Paris, 1887 ; — Littré, *Histoire de la langue française*, Paris ; — Lenient, *La Satire en France au moyen âge* ; — Ernest Renan, *la Farce de Pathelin*, dans ses *Essais de critique et de morale*.

2º Moralités, Farces et Soties. — Que l'examen des *Moralités* confirme les observations précédentes sur la « littérature allégorique », directement et indirectement : — directement, si les moralités ne sont qu'une forme de cette littérature : — par la

III

Comment donc se fait-il que ce mouvement se soit brusquement interrompu? et même, s'est-il interrompu? Car nous connaissons assez mal cette longue période qui s'est étendue de l'avènement des premiers Valois jusqu'à l'époque de la pleine Renaissance.

La langue se trouble, s'épaissit, s'alourdit, se complique sans se raffiner, devient à la fois plus obscure, plus pédantesque et plus plate. « Une ordonnance de saint Louis, a-t-on dit, et une ordonnance de Louis XIV sont toutes deux du français, » ce qui revient sans doute à dire qu'une ordonnance de Jean le Bon ou une ordonnance de Charles VII n'en sont qu'à peine ou n'en sont point. [A. de Montaiglon, dans le *Recueil des Poètes fran-*

---

nature des personnages qui en sont les héros : *Mal-Avisé, Bien-Avisé, Rébellion, Malefin*, etc.; — par l'intention de « moraliser » dont leur seul nom témoigne; — et par ce qu'elles contiennent de satire enveloppée. — Les mêmes observations sont indirectement confirmées : — par la supériorité des *Farces* sur les *Moralités*; — et par la nature de cette supériorité, — qui consiste essentiellement en ce que les personnages n'y sont point des allégories, — mais des personnages réels.

De la *Farce de Maître Pathelin*; — et s'il y faut voir les « origines » de la comédie classique, — et dans son auteur un « précurseur de Molière ». — De l'abus qu'il y a dans cette perpétuelle recherche des « origines »; — et qu'il ne suffit pas de quelques scènes d'un bon comique pour qu'on prononce le nom de Molière. La *Farce de Pathelin* n'est après tout qu'un fabliau dialogué; — dont la donnée n'a rien de très spirituel, ni de très profond; — quoique d'ailleurs la farce soit très bonne. — Qu'il faut maintenir la distinction des genres; — et, à ce propos, d'une excellente page de Renan sur la bassesse de sentiments dont témoigne la *Farce de Maître Pathelin*.

Quelques mots sur les *Soties*; — qui appartiennent à la période

çais, de Crépet.] Les anciens genres sont épuisés et, de leurs débris, les nouveaux ne se dégagent point encore. La veine épique est désormais tarie : plus de *Chansons de geste* ni de *Romans*. On ne compose plus de *Fabliaux*, et même les grands *Mystères* n'apparaissent que tout à fait à la fin de la période. [Cf. V. Le Clerc, *Histoire littéraire de la France*, t. XXIV.] La chronique, en revanche, a tout envahi. On chronique en vers, et on chronique en prose. Chroniqueur Eustache Deschamps, et chroniqueur Georges Chastelain. La très sage Christine de Pisan, et Froissart lui-même, ne sont encore que des chroniqueurs. La préoccupation du présent les absorbe tous tout entiers ; et aussi bien le conçoit-on si l'on songe en quel temps ils vivent.

En effet, ce n'est pas l'heure de rêver la conquête mystique du Graal, lorsque l'Anglais est maître des trois quarts

encore presque inexplorée de la littérature du moyen âge. — Qu'il semble cependant qu'elles soient, à une *Farce* comme *Pathelin*, ce que les dernières branches du *Renard* sont aux premières ; — ou l'inspiration de Jean de Meung à celle de G. de Lorris : — c'est encore l'allégorie qui réagit elle-même contre elle-même, — en essayant de le sauver de la froideur par la grossièreté.

3° L'Œuvre. — La principale édition de la *Farce de Maître Pathelin* est celle de F. Génin, Paris, 1854.

VII. — **François Villon** [Paris, 1431....].

1° Les Sources. — A. Campaux, *François Villon, sa vie et ses œuvres*, Paris, 1859 ; — A. Longnon, *Étude biographique sur François Villon*, Paris, 1877 ; — Aug. Vitu, *Le Jargon du xve siècle*, Paris, 1884 ; — Lucien Schöne, *Le Jargon et Jobelin de François Villon*, Paris, 1888 ; — A. Bijvanck, *Essai critique sur les œuvres de François Villon*, Leyde, 1883 ; — *Œuvres de François Villon*, publiées par M. Aug. Longnon, Paris, 1892.

2° Le Poète ; — et qu'en saluant en lui le seul ou le « premier » de nos « vieux romanciers ». Boileau ne s'est pas trompé. —

de la France, et on n'a pas le cœur à « gaber » parmi
le tumulte des armes. Ajoutez la « peste noire », la « jac-
querie », la folie du roi Charles VI, les sanglantes querelles des Armagnacs et des Bourguignons. Parmi toutes
ces horreurs et dans l'universelle détresse, pour chanter
« les dames » ou le retour du printemps :

> L'année a quitté son manteau
> De vent, de froidure et de pluie,

il y faut toute l'insouciance ou toute la légèreté de Charles
d'Orléans. Et quand enfin, dans les dernières années du
règne de Charles VII, ou sous Louis XI, la paix et la tranquillité renaissent, une ou deux exceptions n'empêchent
pas je ne sais quelle lourdeur flamande ou bourguignonne
de tout envahir, dans la littérature comme dans l'art, —
voyez plutôt à Dijon le tombeau des ducs de Bourgogne,

L'écolier parisien du xve siècle ; — ses aventures ; — et comment
elles ont failli le conduire au gibet ; — il était peut-être à la veille
d'être pendu quand il a composé sa *Ballade des Pendus* et ses
deux *Testaments* ; — quoique d'ailleurs dans la littérature de son
temps le *Testament* soit une forme consacrée. — S'il a fait partie
d'une bande de voleurs, — et qu'en tout cas il était « ès prisons »
de la Charité-sur-Loire lors de l'avènement de Louis XI. — Il en
sortit à cette occasion, et, de ce moment, on perd sa trace. —
Mais on en sait assez pour affirmer que la grande supériorité de
son œuvre tient à ce qu'il a « vécu » sa poésie.
Qu'il a en effet toutes les qualités d'un grand poète et d'un poète
lyrique ; — et même celles d'un homme d'esprit ; — quoique son
esprit soit généralement de bien mauvais ton ; — et qu'on plaisante
comme lui dans les bouges [Cf. la ballade de *la Belle Heaumière* et
celle de *la Grosse Margot*]. — Mais il est touchant dans l'expression
de son repentir [Cf. le *Grand Testament*, 169-224], — dont la
sincérité nous est prouvée par *la Ballade qu'il fit à la requête de
sa mère*. — Il a eu d'autre part le don de voir et de susciter aux
yeux l'image des « choses vues » [Cf. *la Ballade des Contredits
de Franc Gontier*] ; — un vif sentiment du « macabre » [Cf. *Grand*

— et de tout écraser de son poids, que n'allège pas, qu'alourdirait plutôt l'étalage de la richesse. [Cf. Ernest Renan, *Histoire littéraire de la France*, t. XXIV].

Sans doute, il y a Villon, François Villon, « né de Paris emprès Pontoise », vrai gibier de potence, mais vrai poète aussi, grand poète même, oserait-on dire ; et quelques-unes de ses *Ballades* ne sont assurément pas pour démentir ce que ce nom de poète, quand il est mérité, signifie de grâce et de force de style, de sincérité d'émotion, d'originalité de sentiment et d'idées. Qu'y a-t-il de plus « macabre » que la *Ballade des pendus*? de plus haut en couleur que la *Ballade de la grosse Margot*? d'une « enluminure » plus naïve que la *Ballade que fit Villon à la requête de sa mère*? et — puisqu'on ne peut enfin le nommer sans la rappeler — qu'y a-t-il de plus humain dans sa mélancolie que la *Ballade des Dames du temps*

Testament, 305-329 et 1728-1778]; — infiniment de grâce et de délicatesse, quand il l'a voulu [Cf. *la Ballade des dames du temps jadis*]; — une âpre éloquence de satirique; — telle même que chez aucun de nos poètes on ne saisit mieux la parenté du lyrisme et de la satire; — assez de virtuosité pour que personne en son temps ni depuis ne l'ait surpassé ou égalé dans la ballade; — et puis, et enfin, de son œuvre entière sort un accent de détresse profonde qui nous remue nous-mêmes jusqu'aux entrailles.

Ajoutez que ce que Boileau croyait qu'il eût « débrouillé » le mérite appartient au moins à Villon de l'avoir « résumé ». — L'idéal de Villon est assurément très éloigné de celui de la « poésie courtoise »; — mais, s'il existe une poésie de l'aventure et de la vie de bohème, c'est la sienne; — et il ne l'a pas inventée. — La forme sous laquelle l'idée de la mort a hanté les imaginations du Moyen-âge n'a pas eu non plus de plus éloquent interprète [Cf. *les Vers de la Mort* du moine Hélinand, dans l'*Histoire littéraire de la France*, t. XIII]; — et si la poésie courtoise elle-même, tout en se trompant de route; — n'avait pas moins tendu à libérer de toute contrainte l'expression de la personnalité du poète; — c'est encore ce qu'a réalisé Villon.

jadis? Mais ce n'est pas Villon qu'on a suivi. Ceux qui ont fait école, ce sont les « grands rhétoricqueurs » : Jean Meschinot, Jean Molinet, Guillaume Cretin, — le Raminagrobis de Rabelais, — Jean Marot, Lemaire de Belges. Déjà prosaïque aux mains d'Alain Chartier, la poésie, entre les leurs, est devenue prétentieusement didactique. L'ont-ils eux-mêmes senti; et « ne pouvant la faire belle », est-ce pour cela qu'ils l'ont faite « artificieuse » en la surchargeant de complications infinies et de déplorables ornements? C'est vraiment la reine de village dont Pascal parlera quelque part, la « jolie demoiselle toute pleine de miroirs et de chaînes, qui s'admire, mais qui fait rire ». Aussi n'est-il rien demeuré de leur œuvre, et on ne peut seulement pas dire que l'âge postérieur en ait utilisé les restes. Mais ils n'en ont pas moins en leur temps comme étouffé la réputation de

3° L'ŒUVRE. — Les œuvres authentiques de Villon se réduisent à ses deux *Testaments* et à cinq *Ballades*, dont la meilleure édition, citée plus haut, est celle de M. Longnon.

Il n'est l'auteur ni des *Repues franches*, ni du *Franc archer de Bagnolet* qu'on s'obstine à reproduire dans presque toutes les éditions de son œuvre; — et des Onze *Ballades* en jobelin ou en argot qu'on lui attribue, il y en a quatre au moins qui ne sont certainement pas de lui; — mais toutes ces pièces ont le grand intérêt, puisqu'on les lui a attribuées, de prouver par là même le caractère représentatif de son œuvre; — et que les contemporains l'ont aussitôt reconnu.

VIII. — **Les Mystères.**

1° LES SOURCES. — Onésime Leroy, *Études sur les mystères*, Paris, 1837; — Charles Magnin, *les Origines du théâtre moderne*, Paris, 1846, 1847, 1858, *Journal des Savants*; — Édelestand du Méril, *les Origines latines du théâtre moderne*, Paris, 1849; — Coussemaker, *Drames liturgiques*, Rennes, 1860; — Léon Gautier, *les Origines du théâtre moderne*, dans le journal *le Monde*, 1873; et *les Tropes*, Paris, 1887; — Marius Sepet, *le Drame*

Villon, et plus de cinquante ans s'écouleront avant que les *Lunettes des princes* ou *la Complainte sur le trépas de Messire Guillaume de Byssipat* le cèdent dans l'estime des poètes au *Petit* et au *Grand Testament*.

Où la stérilité de l'époque n'est pas moins attristante que dans les rapsodies des « grands rhétoricqueurs », c'est dans la fausse abondance des *Mystères*, si toutefois les *Mystères* appartiennent à l'histoire de la littérature, et que le texte en ait plus de valeur que celui d'un moderne livret d'opéra. De même en effet que, dans un opéra, ce qui est essentiel à la définition du genre c'est la musique d'abord, et ensuite les décors, les costumes, le ballet, mais le texte n'en est proprement que l'occasion ; ainsi, dans nos grands *Mystères*, l'élément principal, capital et caractéristique, c'est le spectacle ou la représentation, ou mieux encore c'est l'exhibition. Clercs

---

chrétien au moyen âge, Paris, 1877 ; — et *les Prophètes du Christ*, 1878 ; — Petit de Julleville, *les Mystères*, Paris, 1880 ; — A. d'Ancona, *Origini del teatro in Italia*, Florence, 1872 ; — W. Creizenach, *Geschichte des neueren Dramas*, Halle, 1893.

2º Le Développement des Mystères.

A. *L'origine des Mystères* ; — et, à ce propos, de l'analogie des origines du théâtre français du moyen âge avec celles du théâtre grec ; — mais que, s'il convient de la signaler, il ne faut pas l'exagérer. — Des *Tropes*, ou interpolations des textes liturgiques, et dans quelle intention l'Eglise les a permis : — elle a voulu sans doute solenniser certains offices ou certaines fêtes ; — intéresser les fidèles d'une manière plus active à la célébration du culte ; — les retenir, se les attacher, et les instruire en « les amusant ». [Cf. jusque de nos jours les « pompes » et « processions »]. — Constitution graduelle du drame liturgique ; — par l'introduction de la langue vulgaire dans les textes consacrés ; — par la figuration matérielle et costumée du « mystère » du jour ; [Cf. les drames de l'*Époux* et des *Prophètes du Christ*] ; — par l'intervention des acteurs laïques. — La *Représentation d'Adam*, et le fragment de la *Résurrection*. — Déplacement du lieu de la scène. — Pourquoi

ou laïques, les auteurs de nos *Mystères*, que l'on en appellerait plus exactement les fournisseurs, ne se proposent seulement plus de nous conter le « drame de la Passion », ni d'apprendre à la foule des vérités nouvelles, ou de lui présenter sous une forme nouvelle des vérités anciennes, mais leur dessein ou plutôt leur fonction, tout ce qu'ils sont et ce qu'on leur demande, n'est que de tracer une espèce de *scenario* qui serve aux bourgeois de Tours ou d'Orléans de prétexte à monter sur les planches, vêtus d'oripeaux éclatants, — et à se procurer ainsi le même genre de plaisir que leur donne de nos jours une « cavalcade » soi-disant historique. Que d'ailleurs, à ce titre même, et en raison de ce qu'ils contiennent de réalité vivante, d'*actualité* contemporaine de Louis XI ou de Charles VII, les *Mystères* nous soient de précieux documents pour l'histoire des mœurs, on n'en disconvient

le développement du drame liturgique s'est-il interrompu pendant près de deux siècles? — Impossibilité de répondre à la question; — et si cette impossibilité ne jette pas quelque doute sur la prétendue « continuité » de l'évolution dramatique au moyen âge. — Qu'en tout cas les deux pièces qui nous restent du xiiie siècle [le *Jeu de saint Nicolas*, de Jean Bodel, et le *Miracle de Théophile*, de Rutebeuf] ne rétablissent pas la continuité; — non plus que les *Miracles de Notre-Dame*; — lesquels n'ont avec les *Mystères* qu'un rapport éloigné.
 B. *Les Miracles*. — Les *Miracles* sont une aventure de la vie commune, dénouée par l'intervention de la Vierge ou d'un saint; — dont le dénouement même, et surtout « l'intrigue », n'ont rien d'obligatoire; — les personnages n'en ont rien de forcément plus ou moins historique; — c'est à peine si l'on peut dire qu'ils visent à l'édification, et moins encore à l'enseignement; — ils sont d'ailleurs souvent hostiles au clergé; — et on ne voit pas que l'Église les ait pris sous sa protection. — La principale relation qu'ils aient avec les *Mystères* est donc d'avoir entretenu le goût du théâtre; — et, si l'on le veut, de l'avoir développé par l'intermédiaire des *confréries, puys* ou *chambres de rhétorique*. — Que, par opposition

pas. Mais, une « ordonnance royale » ou un « arrêt de Parlement » ne sont-ils pas aussi des « documents »? et qui jamais a eu l'idée d'y voir de la « littérature »?

Le seul nom de cette période, avec celui de Villon, qui surnage, et qui vive, c'est celui de Philippe de Commynes. On aurait tort, comme on l'a fait, de comparer Commynes à son contemporain Machiavel. Les *Décades* ou le *Prince* du grand Italien sont écrits d'un autre style; ils sont d'une autre valeur et d'une autre portée que les *Mémoires* de l'adroit serviteur du Téméraire et de Louis XI. Mais il a bien aussi son mérite! Commynes a peu de préjugés, ce qui est toujours une excellente condition pour écrire l'histoire; il a de l'expérience; et surtout il a vécu dans la familiarité de l'un des modèles les plus originaux que jamais peintre ait rencontrés. C'est dommage, après cela, qu'il ne soit rien sorti de lui, non plus que de Villon,

---

à ces caractères, les *Mystères*, eux, sont vraiment la mise en scène des « mystères » de la religion; — ce qui nous dispense d'épiloguer sur la signification et l'étymologie de leur nom. — Aussi leur véritable caractère est-il bien là, non ailleurs; — et les scènes épisodiques dont ils sont remplis ne l'ont pas altéré; — ce que prouve d'ailleurs la seule classification qu'on en puisse donner.

C. *Les Cycles dramatiques.* — Il y en a trois, qui sont : 1º le *Cycle de l'Ancien Testament*; — 2º le *Cycle du Nouveau Testament*; — et, 3º le *Cycle des saints.* — Que, dans le premier de ces trois *Cycles* aucune des données de la Bible n'est traitée pour elle-même, — comme dans l'*Esther* ou dans l'*Athalie* de Racine, par exemple; — mais uniquement dans son rapport avec la venue du Christ, — dont la vie remplit uniquement le second. — Par là s'expliquent, et seulement par là : — le choix des épisodes (Job, Tobie, Daniel, Judith, Esther]; — la grossièreté de quelques-uns d'entre eux, destinés à rehausser d'autant la figure du Christ; — et la part enfin que le clergé pendant longtemps a prise à la représentation des *Mystères*. — Du *Cycle des saints*, et de son caractère généralement local; — qui n'en est pas pour cela plus laïque. — Les *Mystères* sont des « leçons de choses », une manière d'enseigner aux foules les vérités

et qu'au contraire, bien éloigné d'être le commencement de quelque chose, en lui et avec lui finissent nos chroniqueurs. Son talent n'est qu'un accident, comme celui de Villon ; et non seulement ce n'est pas de lui que procéderont nos historiens classiques, mais c'est à peine si l'on peut voir en lui le précurseur de ces auteurs de *Mémoires* qui vont bientôt devenir si nombreux dans l'histoire de notre littérature.

Ainsi, de quelque côté que nous tournions les yeux, et en négligeant deux ou trois autres exceptions, puisqu'il faut bien qu'il y en ait toujours, nous ne voyons que symptômes de décadence, et il semble que, dans tous les genres, au moment climatérique de son développement, la littérature du Moyen-âge, en France du moins, se soit comme *nouée*. Ce qui équivaut à dire que toutes les qualités qui sont celles de l'enfance, elle les a eues ; et, pour

---

essentielles de la religion ; — et un moyen, comme on l'a dit, de se les attacher. — Qu'il n'y a que deux *Mystères* qui fassent exception : le *Mystère du siège d'Orléans* et le *Mystère de Troie* ; — mais que l'état d'esprit qui a inspiré le premier n'a rien d'incompatible avec le caractère essentiel des *Mystères* sacrés ; — et que le second n'a sans doute jamais été représenté.

D. *La valeur des Mystères*, — et qu'en général, au point de vue littéraire, ils sont la médiocrité même ; — ce qui s'explique aisément si le théâtre vit de son fonds, comme un art indépendant ; — et que l'histoire n'en coïncide qu'accidentellement avec celle de la littérature. — Mais les *Mystères* ne sont même pas du théâtre : ils ne sont que du « spectacle », — et leurs auteurs ne les ont traités que comme tel. — Que cette opinion est prouvée par les conditions mêmes de la représentation des *Mystères*. — Et cela ne veut pas dire qu'ils ne contiennent parfois des « aventures » intéressantes, comme quelques *Mystères* du *Cycle des saints* ; — des scènes où se retrouve quelque chose de la grandeur du modèle, comme les *Mystères* du *Cycle de l'Ancien Testament* ; — et des « épisodes » curieux, d'un caractère plus ou moins réaliste, comme les *Mystères* du *Cycle du Nouveau Testament* ; — mais cela veut dire qu'ils n'ont

cette raison, nous pouvons encore aujourd'hui nous complaire à y rafraîchir, comme on ferait à une source plus pure, nos imaginations échauffées. Mais des qualités de l'enfance elle est passée tout aussitôt aux infirmités de la décrépitude, et rien ou presque rien n'a rempli l'entre-deux. Jamais peut-être, depuis les temps lointains d'Homère et de l'épopée grecque, matière épique n'avait été plus abondante, et plus riche, et plus neuve que celle des *Chansons de Geste* ou des *Romans de la Table-Ronde*. Nous en vivons encore nous-mêmes ! Mais, d'un poème à l'autre, pendant quatre cents ans, des premières *Chansons de geste* aux dernières versions en prose de la *Bibliothèque bleue*, cette matière épique a flotté comme à l'état diffus, sans qu'aucun de nos vieux trouvères, ni l'auteur de *Roland*, ni celui d'*Aliscans*, réussît à lui imposer une forme qui la fixât, comme on dit, sous l'aspect de l'éter-

---

aucune valeur littéraire ; — que l'on n'a pas à regretter leur décadence ni leur mort, — et qu'il n'a rien passé d'eux, même dans le théâtre « chrétien » de l'époque classique.

3º Les Œuvres. — Le *Mystère du Vieux Testament*, en 49 000 vers, dont la première édition est ou doit être des environs de l'an 1500 ; — Le *Mystère de la Passion*, d'Arnoul Gréban, publié par MM. Gaston Paris et Gaston Raynaud, Paris, 1878 ; — Les *Actes des Apôtres*, de Simon et Arnoul Gréban, en 62 000 vers ; — Les *Mystères de sainte Barbe*, *saint Denis*, *saint Laurent*, *saint Louis*, etc. ; — Le *Mystère du siège d'Orléans*, publié par MM. Guessard et Certain, dans la collection des *Documents inédits sur l'histoire de France*, Paris, 1862.

On trouvera d'ailleurs d'excellentes analyses de tous les *Mystères* qui nous sont parvenus, manuscrits ou imprimés, dans le second volume de M. Petit de Julleville sur les *Mystères*.

IX. — Philippe de Commynes [Château de Commynes, 1447; † 1511, château d'Argenton].

1º Les Sources. — Lenglet du Fresnoy, dans son édition des *Mémoires*, 1747 ; — Mlle Dupont, *Notice*, en tête de son édition des

nité. Le drame ne s'est pas rendu compte qu'avant tout, dans sa nature ou dans son essence, il était *action*; et pour ne s'en être pas rendu compte, on l'a vu devenir de *procession*, exposition d'abord, d'exposition spectacle, et finalement de spectacle étalage forain. Et la poésie lyrique, empêchée dans son essor par les circonstances, n'a pas eu plus tôt ouvert ses ailes qu'elle a dû les replier, et en emprisonnant dans des poèmes d'une impersonnalité convenue la liberté de son inspiration, se rabattre aux lieux communs de la poésie « courtoise ». C'est ce que l'on exprime d'une manière générale, en disant que le mouvement de la Renaissance n'a rien interrompu, bien loin de rien avoir détruit. Si la littérature du Moyen-âge n'était pas morte, elle agonisait depuis deux cents ans ou davantage quand l'esprit de la Renaissance commença de souffler sur le monde. Et il est possible, après cela, il est

---

Mémoires, Paris, 1840; — Kervyn de Lettenhove, *Lettres et négociations de Philippe de Commynes*, Bruxelles, 1867, 1874; — Chantelauze, *Notice*, en tête de son édition des *Mémoires*, Paris, 1880; — Fierville, *Documents inédits sur Philippe de Commynes*, Paris, 1881.

2° L'Homme et l'Écrivain. — Le favori du Téméraire et le conseiller de Louis XI. — Ses nombreuses missions et son rôle politique. — Sa disgrâce, 1486. — Il reparaît à la cour, 1492. — Sa retraite, 1498. — Ses tentatives pour rentrer en grâce auprès de Louis XII; — Ses dernières années, 1505-1510; — Et sa mort.

Originalité de Commynes. — Il est lui-même, ce qui le distingue des chroniqueurs ses contemporains; — lesquels ne sont guère, en français ou en latin, que l'expression de leur temps; — et la voix de l'opinion plutôt que celle de leur pensée. — Son expérience des affaires. — Qualités de ses *Mémoires*; — ils sont d'un politique; — et aussi d'un psychologue [Cf. *Mémoires*, IV, 6; et VII, 9]. — On peut même dire qu'ils sont par endroits d'un philosophe [Cf. II, 6, par exemple, et V, 18]. — Mais ils ne sont pas d'un peintre [Cf. Froissart]; — ni d'un historien moraliste; — c'est-à-dire capable de tirer des faits une signification qui les dépasse;

même probable qu'à défaut de l'esprit de la Renaissance, un autre et nouvel esprit se fût emparé, pour le vivifier, de ce reste d'existence. Mais c'est ce qui n'est point arrivé ; et, en attendant, la Renaissance allait nous donner trois choses qui nous avaient jusqu'alors manqué : un modèle d'art, en nous proposant les grands exemples de l'antiquité ; l'ambition d'en reproduire, d'en imiter les formes ; et, pour remplir ces formes elles-mêmes, si je puis ainsi parler, de nouveaux moyens, une manière nouvelle d'observer la nature et l'homme.

— C'est ce qui le distingue de son contemporain Machiavel, entre autres traits ; — et sans rien dire de son ignorance du latin ou de de la tradition classique. — Ses qualités d'écrivain ; — et ce qu'elles retiennent de l'esprit du moyen âge.

3° L'Œuvre. — Ses « négociations » mises à part, l'œuvre de Commynes se réduit à ses *Mémoires*, qu'il n'a pas eu le temps d'achever et qui s'arrêtent en 1498.

La première édition en a paru en 1524 sous le titre de *Chronique de Louis XI*; et en 1528, pour la dernière partie, sous le titre de *Chronique de Charles VIII*.

Les meilleures éditions modernes sont celles de Mlle Dupont, Paris, 1840 ; — et l'édition Chantelauze, Paris, 1881.

LIVRE II

CHAPITRE PREMIER

LA FORMATION DE L'IDÉAL CLASSIQUE

I

C'est d'Italie que partit le signal et ce furent les humanistes qui le donnèrent. On appelle de ce nom d'*humanistes* les poètes, les beaux esprits, — et aussi les pédants, — qui ranimèrent ou plutôt qui retrouvèrent le

LES AUTEURS ET LES ŒUVRES

Première Époque

De Villon à Ronsard.
1490-1550.

I. — **Clément Marot** [Cahors, 1495; † 1544, Turin].

1° Les Sources. — *L'Adolescence, et la suite de l'Adolescence Clémentine* [1]; — Bayle : *Dictionnaire historique et critique*, art. Marot. — Lenglet du Fresnoy, dans son édition des *Œuvres de Marot*, t. I et VI; — Goujet : *Bibliothèque française*, t. XI; — Ch. d'Héricault : *Œuvres choisies de Marot*, introduction, Paris, 1867;

---

[1]. Nous ne mettons expressément les *Œuvres* d'un écrivain au nombre des *Sources* de sa biographie qu'autant qu'elles contiennent, comme *l'Adolescence Clémentine*, des renseignements personnels et donnés par l'auteur comme tels.

sens perdu de l'antiquité. Non pas qu'ils l'aient toujours elle-même très bien comprise, ni surtout que le Moyen-âge, comme on l'a cru trop longtemps, l'eût tout à fait ignorée. Le Moyen-âge avait connu Cicéron et Virgile, Tite Live et Horace, Ovide et Sénèque, Plaute et Juvénal; il les avait même traduits et imités! Mais « il n'en avait usé, dit un historien peu suspect, — le chanoine J. Janssen, dans son mémorable ouvrage sur *l'Allemagne et la Réforme*, — que comme d'intermédiaires *pour parvenir à une intelligence plus profonde du christianisme et à l'amélioration de la vie morale*; » et c'était sans doute une manière parfaitement légitime d'en user, mais on en pouvait concevoir une autre. La grande nouveauté de l'*humanisme* fut de donner, à l'étude ou à la connaissance de l'antiquité latine, cette connaissance elle-même ou cette

— O. Douen : *Clément Marot et le Psautier huguenot*, Paris, 1878; — G. Guiffrey : *OEuvres de Marot*, t. I et II, les seuls parus, Paris, s. d.

2º L'Homme et le Poète. — Quercynois ou Normand ? — L'élève de son père, Jehan Marot, et des grands « rhétoricqueurs »; — sa jeunesse et ses amours; — son édition du *Rommant de la Rose*, 1527. — Le valet de chambre de François Iᵉʳ. — Les prisons de Marot. — La publication de *l'Adolescence Clémentine*, 1532; et l'édition des *OEuvres de Villon*, 1533. — Marot et le protestantisme. — Le séjour de Ferrare. — Retour à Paris. — La *traduction des Psaumes*, 1541. — Marot à Genève; — ses démêlés avec Calvin; — il quitte Genève pour Turin, où il meurt en 1544.

Réputation de Marot; — et qualités qui la justifient : esprit, clarté, malice. — Que ces qualités sont à peine d'un poète, mais plutôt d'un prosateur qui aurait mis des rimes à sa prose. — Marot n'a eu du poète ni l'intensité du sentiment, ni le pittoresque de la vision, ni l'éclat du style. — Comparaison à cet égard de Marot et de Villon; — Banalité des idées de Marot; — et qu'il ne faut point faire peu de cas de Marot; — mais qu'il est pourtant nécessaire de le réduire à sa juste valeur, si l'on veut bien entendre la réforme et l'œuvre de Ronsard.

3º Les OEuvres. — Les œuvres de Marot se composent : 1º de

étude pour objet, et ainsi de transformer, rien qu'en les déplaçant, les bases mêmes de l'éducation ou de la culture intellectuelle. La différence est en effet profonde entre la disposition d'esprit qui consiste à chercher, dans les *Tusculanes* ou dans le sixième chant de l'*Énéide*, les signes avant-coureurs du christianisme déjà prochain, et celle qui consiste à n'y vouloir uniquement saisir, pour en jouir, que les témoignages du génie mélancolique de Virgile ou de l'éloquence de Cicéron. Quantité de choses qui échappaient dans le premier cas, au long desquelles on passait, pour ainsi parler, sans les apercevoir, apparaissent alors, surprennent et retiennent l'attention. Imaginez que de nos jours on ne prétendît voir dans Rabelais ou dans Molière que les « précurseurs de la Révolution française », qu'ils sont bien dans une

Traductions et d'*Allégories*, comme sa traduction des *Métamorphoses*, l. I et II, et comme son *Temple de Cupido*, ou encore son *Enfer* ; — 2° de *Chants royaux, Ballades et Rondeaux* ; — 3° d'*Élégies*, d'*Épîtres*, d'*Épigrammes* ; — 4° de pièces de circonstance, qui figurent dans les recueils sous les titres d'*Étrennes, Épitaphes, Blasons, Cimetières* et *Complaintes* ; — 5° de sa traduction de *Cinquante Psaumes de David*.

Les meilleures éditions sont l'édition de Niort, 1596, chez Thomas Portau ; — l'édition Lenglet du Fresnoy, La Haye, 1731, Gosse et Néaulme ; — et, parmi les éditions modernes, celle de Lyon, chez Scheuring, 1869 ; — et celle de Guiffrey, qui est demeurée malheureusement inachevée.

II. — **Marguerite de Valois** [Angoulême, 1492; † 1549, château d'Odos].

1° Les Sources. — Brantôme : *Les Dames Illustres*, Discours VI, article 6 ; — Bayle : *Dictionnaire historique*, article Marguerite ; — Génin : *Notice sur Marguerite*, en tête de son édition des *Lettres*, Paris, 1841 ; — Leroux de Lincy : *Notice*, en tête de son édition de l'*Heptaméron*, Paris, 1853 ; — La Ferrière : *Le Livre de dépenses de la reine de Navarre*, Paris, 1862 ; — *Marguerite de*

certaine mesure ou en un certain sens; et comptez, de
leurs traits les plus caractéristiques, essayez de compter
combien il y en aurait de perdus pour nous. C'est une
manière de lire *Tartuffe* que d'y chercher ce que Molière
a pensé de la religion, mais évidemment ce n'est pas la
seule, ni surtout la plus littéraire. [Cf. Janssen, *l'Allemagne et la Réforme*; trad. française, Paris, 1887, t. I
et II; et Pastor, *Histoire des Papes*, trad. Furcy-Raynaud.
Paris, 1888, t. 1.]

D'un autre côté, si le Moyen-âge avait assez bien connu
la littérature latine, il avait presque totalement ignoré la
grecque. *Græcum est, non legitur!* Le grec était la langue
des grandes hérésies, la langue de Nestorius, d'Arius,
d'Eutychès. Et, à la vérité, le proverbe n'empêche pas
que saint Thomas d'Aquin, pour ne nommer que lui, ne

Valois, par l'auteur de *Robert Emmet* [Ctesse d'Haussonville], Paris,
1870.

2º LA FEMME ET L'ÉCRIVAIN. — Les mésaventures d'une réputation royale; — et comment Marguerite a été victime de l'excès ou
de l'indiscrétion de son affection pour son frère, François Ier; — du
goût des biographes pour les anecdotes scandaleuses; — et de son
homonymie avec une autre Marguerite, qui est celle dont *le Pré
aux Clercs*, *les Huguenots* et *la Reine Margot* ont popularisé la
mémoire. — Mais les témoignages des contemporains, — et l'examen de ses œuvres elles-mêmes, y compris l'*Heptaméron*, — donnent d'elle une idée précisément contraire.

Composition de l'*Heptaméron*; — témoignage de Brantôme;
— comparaison de l'*Heptaméron* avec le *Décaméron* de Boccace, et
les *Propos et Joyeux devis* de Bonaventure des Périers. — Que la
grossièreté de certaines histoires n'y prouve que la grossièreté
des mœurs et du langage du temps; — mais que l'objet de Marguerite a été de réagir contre cette grossièreté; — et que la preuve
s'en trouve dans les Dialogues qui séparent les « journées ». —
Les allusions historiques dans l'*Heptaméron*. — Qu'il est le livre
d'une honnête femme, et même un peu prêcheuse; — témoignage
de du Verdier, dans sa *Bibliothèque*, t. IV, édit. de 1772.

L'examen des *Poésies* et des *Lettres* confirme cette interpréta-

soit plein d'Aristote. Mais Homère, Hérodote, Eschyle, Sophocle, Euripide, Aristophane, Pindare, Démosthène, et les Alexandrins, il ne semble pas que le Moyen-âge les ait connus. Et comment l'aurait-il pu, s'il n'existait seulement pas une chaire de grec dans l'Université de Paris? En se portant aux sources grecques pour s'y abreuver, c'était donc le signal d'une véritable révolution que donnaient encore les humanistes. On l'oublie trop quand on essaie, pour amoindrir sans doute notre dette envers elle, de contester l'originalité de la Renaissance. Si le mouvement n'a pas éclaté plus tôt, l'une des raisons en est probablement que le latin n'y pouvait suffire. Il y fallait cette conséquence de la prise de Constantinople par le Turc : la dispersion de l'élément grec à travers l'Europe entière du quinzième siècle. Et quand on ne saurait dire

tion; — si les *Poésies* de Marguerite sont généralement des poésies pieuses; — « Elle aimait fort à composer des chansons spirituelles, dit Brantôme, car elle avait le cœur fort adonné à Dieu »; — et ses *Lettres*, quand elles ne sont pas des lettres d'affaires ou des lettres politiques, sont des lettres « mystiques ». — De l'attitude de Marguerite à l'égard du protestantisme. — L'affaire du *Miroir de l'âme pécheresse.* — Les dernières années de Marguerite, et sa mort.

3° Les Œuvres. — *Les Marguerites de la Marguerite des Princesses*, 1547; — *L'Heptaméron des nouvelles de la Reine de Navarre*, 1re édition, 1558, et 2e édition, 1559; — *Lettres de Marguerite d'Angoulême*, publiées par Génin, Paris, 1841, pour la Société de l'histoire de France; — *Dernières poésies de la Reine de Navarre*, publiées par Abel Lefranc, Paris, 1896.

La meilleure édition de l'*Heptaméron* est celle de Leroux de Lincy.

III. — **François Rabelais** [Chinon, 1483, ou 90, ou 95; †1552 ou 53, Paris].

1° Les Sources. — Niceron, dans ses *Hommes illustres*, t. XXXII; — Chaufepié, dans son *Dictionnaire*, article Rabelais, très copieux et très important; — J. Ch. Brunet : *Recherches sur les*

de quelle manière, en quel point précis l'influence a opéré, les effets n'en seraient pas moins certains, mais plus intérieurs et plus profonds seulement. [Cf. Émile Egger, *L'hellénisme en France*, Paris, 1869; et Voigt, *Die Wiederbelebung des classischen Alterthums*, trad. italienne de Valbusa, Florence, 1890.]

Et il faut tenir compte encore de la qualité propre du génie italien. « La plante humaine, selon le mot célèbre de Stendhal, naît-elle plus forte en Italie qu'ailleurs ? » C'est une question, qu'il y aurait lieu de discuter, et, dans cette sorte de stupeur admirative que nos dilettantes éprouvent ou feignent d'éprouver en présence d'un César Borgia, — lequel peut-être, en sa qualité de fils de son père, était Espagnol autant qu'Italien, — on trouverait qu'il entre bien de l'ingénuité. Mais ce que l'on ne peut

Éditions originales de Rabelais, Paris, 1834; et nouvelle édition, très augmentée, Paris, 1852; — A. Mayrargues : *Rabelais*, Paris, 1868; — Eugène Noël : *Rabelais et son œuvre*, Paris, 1870; — Émile Gebhart : *Rabelais et la Renaissance*, Paris, 1877, et 2ᵉ édition, Paris, 1893; — Jean Fleury : *Rabelais*, Paris, 1877; — Paul Stapfer : *Rabelais, sa personne, son génie et son œuvre*, Paris, 1889; — René Millet : *Rabelais*, Paris, 1892, dans la collection des *Grands Écrivains français*; — et enfin les *Notices* ou *Notes* des éditions le Duchat, le Motteux, Desoer, Burgaud des Marets, Moland, et Marty-Laveaux.

2º LA LÉGENDE DE RABELAIS. — Comment elle s'est formée : — les attaques des contemporains; — l'épitaphe de Rabelais par Ronsard :

> Une vigne prendra naissance
> De l'estomac et de la panse
> Du bon Rabelais qui boivait
> Toujours, cependant qu'il vivait;...

— les démêlés de Rabelais avec les moines; — avec la Sorbonne; — avec Calvin; — les déclarations des *Prologues*; — le caractère général du roman de Rabelais; — et, à ce propos, qu'en dépit d'une tendance de la critique à vouloir que les hommes

nier, c'est que Dante, et Pétrarque, et Boccace n'aient mérité d'être appelés les « premiers des modernes » que pour avoir été marqués de quelque signe qui les distinguait de leurs contemporains, et que nous allons tout à l'heure essayer de préciser. Encore moins pouvons-nous méconnaître les conséquences des guerres de Charles VIII, de Louis XII et de François Ier. Le premier contact avec l'Italie fut en vérité pour nos Français une espèce de révélation. « Au milieu de la barbarie féodale dont le XVe siècle portait encore l'empreinte, l'Italie, — dit Michelet, — offrait le spectacle d'une vieille civilisation. Elle imposait aux étrangers, par l'autorité antique de la religion et toutes les pompes de l'opulence et des arts. » On ne saurait mieux dire ni plus juste. Joignez la séduction du climat et des mœurs. L'Italie de la Renaissance,

ressemblent à leurs œuvres, — Rabelais n'a rien eu, ni d'un ivrogne, ni d'un bouffon, ni même d'un révolutionnaire ou d'un révolté. — L'opuscule de Ginguené sur *L'Autorité de Rabelais dans la révolution présente* (1791) ; — et les notes de l'édition Esmangart et Johanneau.

3° L'ŒUVRE DE RABELAIS.

A. *Les Sources du Roman*. — Le fond mythique ou mythologique [Cf. P. Sebillot, *Gargantua dans les traditions populaires*] ; — et qu'il est douteux que Gargantua soit un « mythe solaire ». — Il n'est pas certain non plus qu'il soit la caricature de François Ier. — Le fonds gaulois et la tradition du moyen âge ; — l'antiquité gréco-latine, et à ce propos de l'érudition de Rabelais : *totius encyclopædiæ profundissimum abyssum* ; — les écrivains de la Renaissance ; — de quelques emprunts de Rabelais : à Thomas Morus [l'abbaye de Thélème], — à Merlin Coccaie [les moutons de Dindenaut], — à Pogge [l'anneau d'Hans Carvel], — à Cœlio Calcagnini [l'allégorie de Physis et d'Antiphysie, les Paroles dégelées], — à Cœlius Rhodiginus, etc., etc. — Les allusions historiques dans le roman de Rabelais ; — et la satire des mœurs contemporaines. — Imitation générale de l'*Iliade* dans les premiers livres, et de l'*Odyssée* dans les derniers [Cf. dans l'édition d'Amsterdam, 1741, chez Frédéric Bernard, un amusant

envahie, dévastée, foulée aux pieds par ces hommes du Nord, Allemands ou Français, s'empara subtilement de ses grossiers vainqueurs, comme autrefois la Grèce. Ils conçurent l'idée d'une autre vie, plus libre, plus ornée, plus « humaine » en un mot, que celle qu'ils menaient depuis cinq ou six siècles. Un sentiment obscur du pouvoir de la beauté s'insinua jusque dans l'esprit des « gendarmes » ou des lansquenets ; l'Europe entière s'italianisa comme sans le savoir ; et c'est alors enfin que, repassant les monts avec les armées de Charles VIII, de Louis XII et de François Ier, le souffle de la Renaissance parut avoir détruit, en moins de cinquante ans, le peu qui survivait encore de la tradition du Moyen-âge.

A cet égard, la Renaissance est bien l'œuvre du génie italien. Lorsque deux ou plusieurs éléments sont mis en

Parallèle entre Homère et Rabelais, par Dufresny, l'auteur des *Lettres Siamoises*].

B. *Le sens du Roman* ; — et n'étant pas nécessaire qu'un roman ait un sens ou une philosophie ; — comment se fait-il qu'on en cherche une dans le roman de Rabelais ? — Le *Prologue* du premier livre ; — deux vers de Théodore de Bèze :

> Qui sic nugatur, tractantem ut seria vincat,
> Seria quum faciet, dic, rogo, quantus erit ;

et quatre vers de Victor Hugo :

> Rabelais, que nul ne comprit ;
> Il berce Adam pour qu'il s'endorme
> Et son éclat de rire énorme
> Est un des gouffres de l'esprit ;

— et du danger de voir dans le roman de Rabelais trop de mystère, et trop de profondeur.

Du roman de Rabelais comme satire des mœurs ; — et, à ce propos de l'authenticité du Ve livre. — Nécessité de préciser les dates : *Pantagruel*, livre premier, 1533 ; *Gargantua*, 1535 ; *Pantagruel*, livre second, 1546 ; *Pantagruel*, livre troisième, 1552. — Satire de la scolastique, — des moines en général, — de la Cour

présence l'un de l'autre, il ne suffit pas (la science elle-même nous l'enseigne) qu'ils aient l'un pour l'autre des affinités électives, et il faut qu'une force nouvelle intervienne du dehors pour opérer ou achever le mystère de leur combinaison. C'est à peu près ainsi que le génie italien a consommé l'œuvre de la Renaissance : il a été l'étincelle. Et non seulement, si l'on omettait l'élément italien, on méconnaîtrait le vrai caractère du mouvement de la Renaissance, mais c'est la formation aussi du *classicisme* qu'on aurait peine à s'expliquer, et ce sont les raisons de sa longue domination.

Le premier trait de ce nouvel esprit, c'est le *développement de l'Individualisme*. On va vouloir maintenant être « soi-même » avant tout ; on va vouloir l'être « le plus possible » ; et, conséquemment, on va vouloir l'être « à tout

---

de Rome, — des rois et des grands, — de la magistrature et de la justice.

Du roman de Rabelais comme expression de l'idéal de la Renaissance : — la pédagogie de Rabelais ; — le *Pantagruélisme* ; — la philosophie de la nature.

Du roman de Rabelais comme programme de réformes ; — et qu'en beaucoup de points il n'a pas dû déplaire sous ce rapport à François Ier, non plus qu'à Henri II. — Circonstances de la publication du troisième livre. — Les idées morales et politiques de Rabelais ; — la part du médecin et du physiologiste dans son œuvre ; — la part du moine.

De quelques lacunes du roman de Rabelais. — Le mépris de la femme, et qu'à cet égard on n'est pas plus Gaulois que Rabelais. — Ce que l'on veut dire quand on dit qu'il n'a pas eu le sentiment de la beauté [Cf. Gebhart : *Rabelais et la Renaissance*]. — Il n'a pas eu non plus le sentiment de la tragédie de la vie. — Que pour toutes ces raisons, les « ordures dont il a semé ses écrits », comme dit La Bruyère, ne recouvrent aucune profondeur d'intention. — Comparaison à cet égard de *Pantagruel* avec les *Voyages de Gulliver*. — De l'obscurité de Rabelais ; — et que là où il est obscur, c'est peut-être une question de savoir s'il s'est toujours compris lui-même.

prix ». Tandis qu'auparavant, si l'on se trouvait, à l'expérience, différer sensiblement des hommes de sa race ou de sa classe, on en était presque humilié, comme d'une tare ou d'une difformité, c'est au contraire si l'on croit avoir découvert en soi quelque chose de distinctif et de singulier que l'on s'en formera désormais un motif d'orgueil. *Est sane cuique naturaliter, ut in vultu et in gestu sic in voce et sermone quiddam suum ac proprium, quod colere et castigare quam mutare quum facilius, tum melius atque felicius sit.* Ainsi déjà s'exprimait Pétrarque dans une lettre à Boccace; et en effet on mettra désormais son point d'honneur à développer en soi ce *quiddam suum ac proprium*, c'est-à-dire à différer des autres, pour arriver à les surpasser. Rien de plus conforme à l'esprit antique, ni de plus opposé peut-être à celui du Moyen-âge. Non

C. *La valeur littéraire du Roman.* — Abondance, richesse et complexité de l'imagination de Rabelais; — et que possédant au plus haut degré le don de voir, celui de peindre, et celui de conter, — il a eu même le don d'inventer de véritables mythes. — Allégorie, Mythe et Symbole. — L'*humour* de Rabelais. — Le don du rire. — Le style de Rabelais, et qu'il convient de distinguer deux époques dans son style; — dont la première est la meilleure. — De quelques procédés de Rabelais. — Le don de l'invention verbale; — comment Rabelais s'y laisse entraîner; — et, en s'y abandonnant, s'élève parfois jusqu'au lyrisme. — Qu'il ne semble pas que Rabelais ait fait école, et pourquoi?

4º LE VRAI RABELAIS. — Que, bien loin d'avoir eu rien du bouffon ni du révolutionnaire de la légende, Rabelais a été le plus adroit des hommes, et le plus prudent. — Ses relations avec les du Bellay, le cardinal de Châtillon, François Iᵉʳ et Henri II; — Ses brouilleries avec Calvin, et avec Etienne Dolet [Cf. Richard Copley Christie : *Étienne Dolet, le martyr de la Renaissance*, trad. Stryienski, Paris, 1886]; — qui avaient failli le compromettre. — Rabelais et la Cour de Rome. — Sa nomination à la cure de Meudon, en 1550. — Intervention personnelle du roi Henri II dans la publication du quatrième livre, en 1552. — Un passage de Théodore de Bèze : *Pantagruel, cum suo libro quem fecit imprimere per favorem*

seulement on voudra « surpasser » les autres, mais encore
et de plus, on voudra qu'ils avouent leur infériorité. C'est
ce que Dante appelle quelque part : *lo grand disio d'eccellenza*, l'âpre désir d'exceller, et Boccace l'ambition de se
survivre à soi-même : *perpetuandi nominis desiderium*.
On ne se contentera pas d'une supériorité « latente », en
quelque sorte, et qui trouverait dans l'orgueilleuse mais
silencieuse conscience d'elle-même sa principale satisfaction. Il faudra que cette supériorité soit publiquement
reconnue, proclamée, couronnée; et elle le sera, comme
on sait, non pas métaphoriquement, mais de fait. Le
poète, l'écrivain, l'artiste se trouvent par là comme voués
à une fatale, perpétuelle, et violente émulation de gloire.
De toutes les manières, par tous les moyens, ils vont
s'efforcer de se tirer de pair, et par tous les moyens

cardinalium... — Il résigne sa cure de Meudon en 1552. — Sa
mort à Paris, en 1553.

5° Les Œuvres. — Si l'on néglige quelques *Almanachs* et deux
ou trois brochures, les *Œuvres* de Rabelais se réduisent à son
roman, et il suffit ici d'en indiquer les principales éditions, qui sont :
(En original) les éditions de 1533, 1535, 1542, 1546, 1548, 1552,
1562 et 1564; et
(En œuvres complètes) l'édition des Elzévirs, 1663; — l'édition le
Duchat, Amsterdam, 1711, H. Desbordes; — l'édition de le Duchat
et le Motteux, Amsterdam, 1741; J. F. Bernard; — l'édition D. L.
(de l'Aulnaye) Paris, 1820, Desoer; — et les éditions plus récentes,
Rathery, Paris, 1857, F. Didot; — Jannet, Paris, 1874, Picard; — et
Marty-Laveaux, Paris, 1868-1881, Lemerre.

IV. — Les Amadis.

On ne peut passer absolument sous silence un livre dont les
contemporains ont dit : de son auteur « qu'il était le gentilhomme
le plus estimé de son temps *pour parler bien français* et pour
l'art oratoire » [La Croix du Maine, dans sa *Bibliothèque*, article
Nicolas de Herberay, Sieur des Essars]; — et du livre lui-
même « qu'on y pouvait cueillir toutes les belles fleurs de notre
langue » [Et. Pasquier, dans ses *Recherches de la France*]. Voyez

aussi, de toutes les manières, ils vont s'efforcer de discréditer leurs rivaux de popularité. [Cf. J. Burckhardt, *la Civilisation de la Renaissance en Italie*, trad. Schmitt, Paris, 1885.]

Qui ne connaît les querelles fameuses des humanistes italiens, leurs débordements de vanité, les injures qu'ils échangent, et dont la grossièreté n'a généralement d'égale que l'insignifiance des objets qu'ils débattent? Vadius et Trissotin seront des « gens du monde » en comparaison de Philelphe et de Pogge. C'est un effet naturel du *développement de l'individualisme*. Il y en aura d'autres, et de plus heureux, au premier rang desquels, dès à présent, il convient de signaler la renaissance ou la naissance de la critique. Qui donc l'a dit, quel moraliste ou quel prédicateur, La Bruyère ou Bourdaloue, qu'à l'origine de

encore sur *Amadis de Gaule* : La Noue, dans ses *Discours politiques et militaires*.

Le sieur des Essars n'en a d'ailleurs traduit que les huit premiers livres, qui ont paru de 1540 à 1548 ; — et dont la meilleure édition est celle d'Anvers, 1561, chez Christophe Plantin.

V. — **L'École Lyonnaise**.

1° LES SOURCES. — La Croix du Maine, *Bibliothèque française*, articles LOUISE LABÉ, MAURICE SCÈVE, PERNETTE DU GUILLET ; — Goujet : *Bibliothèque française*, t. XI et t. XII ; — Niceron : *Hommes illustres*, t. XXIII ; — Paradin : *Mémoires de l'histoire de Lyon* ; — Edouard Bourciez : *Les mœurs et la société polie à la cour d'Henri II*, Paris, 1886 ; — Charles Boy : *Recherches sur la vie et les œuvres de Louise Labé*, au t. II des *Œuvres de Louise Labé*, Paris, 1887.

2° LES POÈTES. — Une page de Michelet sur le tempérament lyonnais [*Hist. de France*, t. II. Cf. Émile Montégut : *En Bourbonnais et en Forez*]. — L'émigration italienne à Lyon ; — les grands Imprimeurs ; — la ville de transit. — Maurice Scève et ses sœurs ou cousines, Claudine et Sybille ; — Pernette du Guillet ; — et Louise Labé. — Témoignages de Billon et de Pasquier : « Suivant notre propos et en commençant à la ville de Lyon... *il est notoire*

toutes les grandes fortunes on trouvait communément
« des choses qui font frémir »? Tel est précisément le cas
de la critique; et nous essaierions en vain de nous dissimuler qu'elle n'a d'abord été qu'une forme de l'envie
littéraire! Mais, en attendant, et à la faveur de cette rivalité même, les physionomies des hommes commencent,
même en France, à se dessiner dans leurs œuvres.

C'est ce qui a fait hésiter quelques historiens de la littérature sur la place qu'il convient d'assigner à Villon, par
exemple, ou à Commynes. Sont-ils la fin ou le commencement de quelque chose, les derniers de nos écrivains
du Moyen-âge, ou les premiers de nos modernes? Ce
qu'il y a du moins de certain, c'est qu'ils sont déjà *quelqu'un*. A plus forte raison, maître Clément Marot, dont
on peut dire avec vérité que les poésies ne sont remplies

qu'elle se sent fière d'avoir produit... une singulière Marguerite
du Bourg... et deux très vertueuses sœurs, appelées Claudine et
Jane Scève,... et Claude Perronne... et Jeanne Gaillarde... et Pernette du Guillet » [*Le Fort Inexpugnable de l'honneur féminin*,
Paris, 1555, Ian d'Allyer. Cf. Pasquier : *Recherches de la France*,
l. VII]. — La *Délie* de Maurice Scève, 1544; et les *Rimes* de Pernette du Guillet, 1552. — Les *OEuvres de Louise Labé*, 1555.

Caractères communs de ces œuvres; — [Cf. *Délie*, dizains 331,
416, 418, 274, 168, 169, 273; et Louise Labé : *OEuvres*, élégie I et
sonnets 8, 9, 14, 24.] — Les allusions savantes et l'obscurité cal-
culée; — et, à ce propos, du symbolisme de l'école lyonnaise; —
l'intensité du sentiment; — la conception de l'amour douloureux
et tragique. — Mysticisme et sensualité. — Influence croissante de
l'italianisme; — souci nouveau de la forme; — et nouvelle conception de la poésie.

Des rapports de l'école lyonnaise avec la Pléiade. — Témoignage d'Estienne Pasquier : « Le premier, dit-il, qui franchit le
pas fut Maurice Scève, Lyonnais »; — et de du Bellay [*L'Olive*, sonnet 59]. — Ils lui savent gré de

S'être retiré
Loin du chemin tracé par l'ignorance, .

que de lui-même; et aussi bien le titre de son premier
recueil : *l'Adolescence Clémentine*, nous le déclare-t-il assez
ouvertement. Il s'y raconte; il s'y expose; il s'y donne à
nous en spectacle. De même encore, dans l'*Heptaméron*, —
qui est bien d'ailleurs l'une des lectures les moins divertissantes que l'on sache, — c'est son expérience personnelle de la vie, et des hommes, ce sont même quelquefois
ses propres aventures que Marguerite met en anecdotes
Ai-je besoin d'apporter ici le nom de cet Étienne Dolet,
que l'on appelle quelquefois « le martyr de la Renaissance », et qui ne le fut à vrai dire que de l'orgueilleuse
violence de son caractère ou du débordement excessif de sa
personnalité? On y en joindrait aisément dix autres. Et
comme c'était la première fois que l'écrivain apparaissait
distinctement dans son œuvre, c'est pour cela que l'on a

— et d'avoir ainsi rompu avec la poésie de cour, de circonstance, et
d'occasion. — C'est à l'imitation de Scève que la Pléiade va composer ses *Erreurs amoureuses*, ses *Olive*, ses *Sonnets à Cassandre*,
ses *Amours de Francine*. — Maurice Scève et Pontus de Tyard. —
Relations personnelles de Louise Labé avec Pontus, et avec Olivier de Magny. — Commentaire d'un mot de Cicéron : *Nihil est
simul et inventum et perfectum*.

3° Les Œuvres. — Les œuvres de Maurice Scève se composent,
pour ne rien dire de quelques opuscules, de *Délie, objet de plus
haute vertu*, Lyon, 1544; — et du *Microcosme*, poème descriptif en
trois chants, Lyon, 1560.

Les *Œuvres* de Louise Labé comprennent : — 1° un dialogue en
prose, *le Débat de Folie et d'Amour*; — 2° trois *Élégies*; — et
3° vingt-quatre *Sonnets*, dont un en italien. Elles ont paru pour la
première fois en 1555.

Il y a aussi des vers italiens dans les *Rymes de Pernette du
Guillet*.

La *Délie* de Scève, et les *Rymes* de Pernette du Guillet, devenues de nos jours extrêmement rares, ont été réimprimées à Lyon,
chez Scheuring, 1862 et 1864.

La dernière édition des *Œuvres* de Louise Labé est celle de
M. Charles Boy. Paris, 1887, A. Lemerre.

parlé, que l'on parle encore, couramment, et emphatiquement, de la richesse, de l'abondance, de l'originalité de la littérature française du temps de la Renaissance. Mais le fait est qu'elle est assez pauvre d'œuvres, plus pauvre d'idées, non moins pauvre d'hommes ; et pendant de longues années son originalité ne consistera guère que dans la liberté, toute nouvelle alors, avec laquelle chacun va s'y montrer tel qu'il est.

Il est vrai que, de l'exercice de cette liberté même, et de ce fond d'individualisme, une autre idée se dégage, que l'on peut appeler l'idée maîtresse de la Renaissance, et une idée dont les étrangers eux-mêmes conviennent que François Rabelais a été la vivante incarnation : c'est l'idée de la *bonté* ou de la *divinité de la Nature*. On en voit sans peine la liaison avec la précédente. Nous ne pouvons

Deuxième Époque

A l'École de l'Antiquité
1550-1585

1° La renaissance de la Poésie

I. — **La formation de la Pléiade.**

1° Les Sources. — Claude Binet : *La vie de Pierre de Ronsard*. — Estienne Pasquier : *Recherches de la France*, livre VII. — Bayle, dans son *Dictionnaire*, articles Daurat et Ronsard. — Moréri : *Dictionnaire*, édition de 1750, article Dorat. — Goujet : *Bibliothèque française*, t. XII et XIII ; et *Histoire du Collège de France*, t. I. — Sainte-Beuve : *Tableau de la poésie française au XVIᵉ siècle*, 1828 ; et *Joachim du Bellay*, dans les *Nouveaux Lundis*, t. XIII. — A. Jeandel, *Pontus de Tyard*, Paris, 1860. — Plötz, *Joachim du Bellay et son rôle dans la réforme de Ronsard*, Berlin, 1874. — Marty-Laveaux : ses *Notices* dans la collection de la *Pléiade française*, Paris, 1867-1896.

2° La Poétique de la Pléiade. — La première rencontre de Ronsard et de du Bellay ; — la maison de Lazare de Baïf ; — le

développer en nous que ce que la nature y a mis, et ce qu'elle y a mis, la nature en a eu ses raisons. Ce n'est donc pas nous, à vrai dire, c'est elle que nous suivons quand nous développons en nous notre originalité, de même qu'inversement, ou réciproquement, obéir à la nature c'est assurer le développement de notre personnalité ; et telle est bien la « philosophie » du roman de Rabelais, ou, si l'on se refusait à voir tant de profondeur et de mystère sous l'énormité de son éclat de rire, telle est au moins la signification de son *Pantagruel*. Il prêche la morale facile de l'abbaye de Thélème, et « en sa règle n'est que cette clause : *Fais ce que voudras* ». Seulement, cette morale, quand on l'examine, va plus loin qu'on ne croirait d'abord ; elle a plus de portée, sinon plus de profondeur ; et la règle des Thélémites se trouve être finalement la contra-

---

collège de Coqueret. — Formation de la Pléiade. — Origine du nom : la Pléiade astronomique ; la Pléiade mythologique ; la Pléiade alexandrine ; la Pléiade française ; — et de faire attention qu'en français comme en grec il faut qu'une « Pléiade » contienne plus de six et moins de huit noms. — Erreur générale du romantisme sur l'objet et l'œuvre de la Pléiade. — Publication de la *Défense et Illustration de la langue française*, 1550.

Quelques mots sur les *Arts Poétiques* de Pierre Fabri, 1521 ; [*L'Art de Pleine Rhétorique*] de Gracien du Pont, 1539 ; et de Thomas Sibilet, 1548. — Que, pour comprendre la *Défense*, il faut la rapporter à l'intention de réagir contre l'école de Marot ; — et que l'on voit alors que ce que les auteurs en ont voulu, ç'a été : 1° *Le Renouvellement des thèmes d'inspiration* ; — et en effet, depuis deux cents ans, même dans Marot, la poésie n'était que de la « chronique rimée » ; — tandis qu'il s'agit maintenant de chanter le passé, la nature, la gloire et l'amour. — Mais pour y réussir, il faut avant tout se débarrasser de la contrainte qu'exerce sur la liberté du poète la tyrannie des genres à forme fixe ; et de là : — 2° *le Renouvellement des genres* ; — qui seront ceux de l'antiquité : poème épique, ode, satire, comédie, tragédie, etc. — On fait pourtant grâce au sonnet en faveur de Pétrarque. — Et pour enfin remplir ces formes d'un contenu qui soit digne de leur beauté,

diction ou la négation même de tout ce qu'enseignaient depuis plus de mille ans alors et les mœurs, et l'école, et l'Église.

Nous en avons la preuve dans le commentaire, ou plutôt dans la justification que Rabelais a donnée de son *Laissez faire*, et qui est « que gens libères, bien nés, bien instruits, conversant en compagnies honnêtes, *ont par nature un instinct et aiguillon qui toujours les pousse à faits vertueux et retire de vice* ». Autant vaut dire que Nature est d'elle-même institutrice de vertu, et c'est à cet égard que *Pantagruel* peut être à bon droit appelé « la Bible » de la Renaissance. Le naturalisme y coule à pleins bords, si cette conviction le remplit que tous les maux de l'humanité ne viennent que de ne pas suivre d'assez près, et assez fidèlement, la nature. Rappelons-nous plutôt

il faut : 3° *Réformer la Langue* : — en en faisant une œuvre d'art. — Théories linguistiques de la *Défense*. — Combien elles diffèrent de celles des « Grécaniseurs » et « Latiniseurs » dont s'était moqué Rabelais dans son *Pantagruel*. — Insignifiance des innovations métriques de la Pléiade. — Les innovations rythmiques seront l'œuvre personnelle du génie de Ronsard.

Émoi suscité par la *Défense et Illustration* ; — Réplique de Quintil Horatian. — Hostilité de Mellin de Saint-Gelais. — Contre-réplique de du Bellay. — Publication de l'*Olive* et des *Odes*, 1550 ; — Les protecteurs de Ronsard et de du Bellay : — Triomphe de la Pléiade. — Elle a pour elle les hellénistes, les poètes, et le roi, quand Charles IX monte sur le trône. — Elle avait eu déjà Marie Stuart et Catherine de Médicis.

3° Les Œuvres. — *La Défense et Illustration de la Langue française* ; — Du Bellay, *le Poète Courtisan* ; — Pontus de Tyard, *Solitaire premier, Solitaire second* ; — Ronsard, *Abrégé de l'Art poétique*, à M. A. d'Elbène, 1565 ; — *Préface de la Franciade*, 1572.

II. — **Joachim du Bellay** [Liré, 1525 ; † 1560, Paris].

1° Les Sources. — Marty-Laveaux, *Œuvres de du Bellay*, dans la collection de *la Pléiade française* ; — Sainte-Beuve, *loc. cit.* ; —

la mémorable allégorie de *Physis* et d'*Antiphysie*. « Physis, c'est Nature, engendra en sa première portée Beauté et Harmonie.... Antiphysie, laquelle est de tout temps adverse de Nature, incontinent eut envie sur cestuy tant brave et honorable enfantement, et au rebours enfanta Amodunt et Discordance.. Et depuis elle engendra les Matagots, Cagots et Papelards... et autres Monstres difformes et contrefaits en dépit de Nature. » [*Pantagruel*, livre III, ch. 32.] Et de fait, c'est au nom de *Physis* que Rabelais attaque ce qui demeure encore debout des institutions du Moyen-âge. C'est au nom de *Physis* qu'il trace le programme de l'éducation encyclopédique de son Gargantua. C'est au nom de *Physis* qu'il demande la réformation ou la suppression de tout ce qui s'oppose à la liberté de son développement. Et, il ne le dit point, n'étant pas le pro-

F. Brunetière : *Discours* prononcé à l'inauguration de la statue de J. du Bellay à Ancenis, 1894.

2º LE POÈTE. — Un cadet de grande famille au XVIᵉ siècle. — La jeunesse de du Bellay; — sa grande maladie et ses études; — sa liaison avec Ronsard. — Il entre au service de son parent le Cardinal. — Son séjour à Rome. — Liaison avec « Faustine »; — Ennuis et dégoûts. — Retour en France. — Publication des *Regrets*. — Il se brouille avec le Cardinal.

Les premiers vers de du Bellay; — *L'Olive* et le *Recueil à Mme Marguerite*; — et que de très beaux vers n'empêchent pas du Bellay d'y demeurer très au-dessous de ses premières ambitions. — Il s'en aperçoit lui-même; et peut-être est-ce l'origine de sa mélancolie. — Sa pièce contre *les Pétrarquistes*. — Il trouve dans les ennuis mêmes de son existence auprès du cardinal du Bellay la matière de son chef-d'œuvre. — Originalité du recueil des *Regrets* — Les *Antiquités de Rome*, et la poésie des ruines.

Que du Bellay a créé en France la « poésie intime » et la satire; — Comparaison de ses élégies avec celles de Marot. — Il a la grâce, la délicatesse et la mélancolie. — Il a aussi l'ironie légère. — Pourquoi la flamme de ses poésies latines n'a-t-elle pas passé dans ses vers français?

3º LES ŒUVRES. — Les *Œuvres* de J. du Bellay se composent : —

phète ou l'apôtre que l'on se représente, s'il n'est pas non plus le bouffon ou le Silène ivre, et n'ayant en vérité qu'un trait de commun avec son Panurge, qui est de craindre naturellement les coups! Mais il fait mieux que de le dire, s'il le suggère comme sans avoir l'air d'y penser, et qu'il mette à le prouver moins d'esprit de système que d'involontaire ardeur et d'enthousiasme presque inconscient. Rien de la nature ne lui répugne; et il en aime toutes les manifestations, sans en excepter les plus grossières ou les plus humiliantes, qui ne semblent éveiller en lui que l'idée de leur cause. Ne sont-elles pas ce qu'elles doivent être? et saurions-nous mieux faire que de nous y conformer? Ζῆν ὁμολογουμένως τῇ φύσει, disaient les stoïciens, dont la formule résumait le plus haut enseignement de la sagesse païenne. Rabelais le répète après eux; il le

1º d'un recueil de sonnets amoureux, l'*Olive*, suivi, dans sa première édition, du *Recueil à Mme Marguerite*; — 2º d'un autre recueil de sonnets, *les Regrets*; — 3º d'un troisième recueil, *les Antiquités de Rome*, avec *les Jeux Rustiques*; — et enfin 4º d'une traduction en vers des livres IV et VI de l'*Énéide*.

Les principales éditions anciennes sont celles de Paris, 1561, Langelier; — Paris, 1569, Frédéric Morel; — et Rouen, 1597, chez F. Maillard. La meilleure est l'édition déjà citée de M. Marty-Laveaux, dans la *Pléiade française*, 1866-1867, A. Lemerre.

III. **Pierre de Ronsard** [La Poissonnière, 1524; † 1585, Paris].

1º Les Sources. — Aux ouvrages déjà cités, il convient d'ajouter ici : — Gandar, *Ronsard imitateur d'Homère et de Pindare*, Metz, 1854; — *La famille de Ronsard*, par A. de Rochambeau, Paris, 1869; — P. de Nolhac, *Le dernier amour de Ronsard*, Paris, 1882; — Mellerio, *Lexique de la langue de Ronsard*, Paris, 1895; — et Pieri, *Pétrarque et Ronsard*, Marseille, 1895.

2º Le Poète.

A. *Les Amours.* — De la sincérité des *Amours* de Ronsard; — Et à ce propos, de la poésie amoureuse au xvie siècle. — Elle tient plutôt du caractère artificiel de la « poésie courtoise, » dans notre ancienne littérature, que du caractère passionné de la poésie

répète après les Italiens; et je ne veux pas dire par là qu'il l'ait lui-même appris des Italiens ni des stoïciens. Je pourrais le dire, puisque l'allégorie de *Physis* et d'*Antiphysie* ne lui appartient pas, et qu'assurément, aussi bien que personne en son temps, il a connu ses anciens. Mais, ce qui me paraît bien plus significatif, il n'est, dans cette adoration des énergies de la nature, que l'interprète inspiré des idées communes de son temps; et par là son *Pantagruel* a vraiment ce que l'on peut appeler, ce qu'il faut même qu'on appelle une portée « européenne ». Dans un monde encore chrétien, une culture païenne a fait de lui, comme des Italiens de la Renaissance, un pur païen; et d'autres l'ont donc été avant lui, ou en même temps que lui, mais personne avec plus d'ampleur, de verve, — et de lyrisme même.

lyrique moderne. — Toutefois, si cette observation est vraie du recueil des *Sonnets à Cassandre*, elle l'est déjà moins du recueil des *Sonnets à Marie*; — et Marie semble avoir réellement existé. — La langue des sonnets de Ronsard; et qu'elle en fait peut-être le principal mérite. — Ce mérite est d'autant plus grand que Ronsard y exprime souvent des sentiments très subtils. — Une autre qualité des *Sonnets* est de paraître fondus d'un seul jet. — Nous savons cependant que Ronsard les a prodigieusement corrigés et refaits. — Les corrections ont-elles été toujours heureuses? — Quoi qu'il en soit, aucun vers n'a l'air d'y être « rapporté ». [Cf. *Sonnets* 1, 20, 46, 62, 66, 94, 114, 133, 206 de l'édition de 1584]; — La volupté dans les *Sonnets* de Ronsard; — comment l'ardeur en est toujours tempérée de mélancolie; — et, à ce propos, du paganisme et de l'épicurisme de Ronsard.

B. *Les Odes, les Hymnes* et *les Poèmes*. — Que ce sont les *Odes* et les *Hymnes* qui ont fondé de son vivant la réputation de Ronsard. — Les contemporains s'y sont-ils mépris? — Et qu'y ont-ils admiré? — 1º *La diversité des tons* : — s'il y en a de « pindariques » et il y en a d' « horatiennes »; il y en a de « bachiques » et il y en a d' « héroïques »; il y en a de « gauloises » et il y en a d' « élégiaques ». — Ils y ont encore justement admiré : 2º *La variété des rythmes*; — et, à ce propos, de Ronsard comme inventeur de

Il y a d'ailleurs autre chose, dans ce roman fameux, et, par exemple, sous l'humaniste et sous l'érudit, on n'a pas de peine à retrouver le Gaulois, Gaulois de race et de tempérament, le continuateur ou l'héritier de Villon, du *Roman de la Rose*, des conteurs de nos vieux fabliaux. Nul n'a jamais rompu ni d'un coup, ni tout seul, avec une tradition plusieurs fois séculaire! Et il y a du moine, ou du cordelier, pour mieux dire, dans l'indélicatesse de sa plaisanterie, dans la grossièreté de son langage, dans la liberté de ses manières. Il y a peut-être aussi du médecin. Mais quelque diversité de traits que l'on rencontre en lui, qui lui font une physionomie si complexe, et dont la complexité même n'est que plus expressive de la confusion des idées de l'époque, un de ces traits domine, résume et se subordonne tous les autres, qui est celui que nous essayons

rythmes; — il a créé presque tous ceux dont nos poètes ont usé depuis lui et il en a créé qui sont encore inutilisés. — 3° *L'ampleur du souffle*; — comparaison de l'*Ode au chancelier de l'Hôpital* et des *Mages* de Victor Hugo; — comment un élément descriptif ou « objectif » s'y glisse; — et fait insensiblement évoluer le lyrisme vers l'épopée.

L'inspiration épique dans les *Hymnes* de Ronsard; — et qu'à force de vivre dans la familiarité des anciens il est lui-même devenu l'un d'eux; — [Cf. *Calays et Zéthès* ou *Castor et Pollux*]; — Il se meut dans la mythologie comme dans son élément naturel; — et il y trouve la puissance de créer à son tour ses mythes; — [Cf. l'*hymne de l'Or* ou l'*hymne de l'Équité des vieux Gaulois*]; — Mais la pureté de son dessin n'y égale pas toujours la vigueur de son coloris. — Importance croissante de la description dans les *Hymnes*; — et de la rhétorique; — [Cf. l'*hymne de la Mort* ou le *Temple de Messeigneurs le Connétable et des Chatillons*]. — Du genre épique le poète évolue vers la prose oratoire.

Il n'y tombe pas encore tout à fait dans *les Poèmes*; — et c'est qu'il lui faut auparavant passer par l'alexandrinisme, — [Cf. *la Fourmi, l'Alouette, le Houx, le Frelon, la Grenouille*]. — Définition de l'alexandrinisme; — ses trois traits caractéristiques : — 1° *L'indifférence au contenu*, d'où résulte : — 2° *La préférence donnée aux*

précisément de mettre en évidence. Rabelais est le premier chez nous — et le plus grand peut-être, — il est aussi le plus sincère de ceux qui ont cru que Nature était bonne ; que le grand ennemi de l'homme se nommait des noms d'usage, de coutume, de règle, d'autorité, de contrainte ; que par tous les moyens, raillerie, violence et injure, c'était donc cet ennemi qu'il fallait attaquer, combattre et détruire ; et qu'enfin le chef-d'œuvre de l'éducation était de libérer l'instinct.

Cependant, et tandis qu'il étalait ainsi publiquement, cyniquement, sa religion de la nature, un autre sentiment, qui lui manque, naissait et se développait chez quelques-uns de ses contemporains : c'est ce *sentiment de l'Art*, que nous avons vu faire cruellement défaut au Moyen-âge, et dont la réapparition dans le monde est si carac-

---

petits sujets ; d'où résulte à son tour : — 3° *La disproportion du développement avec l'intérêt, et des mots avec les choses.* — On ne peut s'empêcher de noter ces trois caractères dans les *Poèmes* de Ronsard. — Aussi seraient-ils justement la partie la plus oubliée de son œuvre, s'ils ne contenaient des renseignements précieux pour l'histoire de sa vie, — [Cf. l'*Élégie*

Puisque Dieu ne m'a fait pour supporter les armes] ;

et pour l'histoire littéraire du temps ; — [Cf. le *Voyage d'Arcueil* ou *les Iles Fortunées*] ; — et puis, s'il n'avait fait la *Franciade*.

C. *Les autres Œuvres.* — Que la *Franciade* n'est pas pour cela méprisable. — Mais le cœur de Ronsard n'y était pas. — Des conditions de l'épopée ; — et que le sujet de la *Franciade* n'en réalisait aucune. — Mais, à mesure que l'inspiration poétique se retire de Ronsard, le prosateur ou l'orateur se développent en lui ; — [Cf. les *Discours des Misères de ce temps*] ; — et, à ce propos, du catholicisme de Ronsard ; — et de la parenté du genre lyrique et du genre oratoire. — Des *Discours* de Ronsard comme témoins de cette parenté. — L'inspiration patriotique dans les *Discours*. — Si du Bellay a eu le pressentiment de la satire, ce sont les *Discours* de Ronsard qui l'ont constituée comme genre dans notre littérature. — Le dernier amour de Ronsard et les *Sonnets pour Hélène*.

téristique de l'esprit de la Renaissance. Qui ne connaît l'expression que Raphaël en a donnée dans une lettre célèbre à Baldassare Castiglione : *Essendo carestia di belle donne, io mi servo di certa idea che mi viene nella mente?* Je me rappelle encore un mot de Cicéron : *Nihil in simplici genere ex omni parte perfectum natura expolivit.* Ils veulent dire tous les deux que, dans la nature, notre imagination ne trouve jamais de satisfaction entière; que rien de naturel, en aucun genre, n'épuise l'idée que nous nous formons de sa perfection; et qu'ainsi nous y pouvons toujours ajouter quelque chose de notre fonds. C'est cette doctrine, inspiratrice des grandes œuvres de l'antiquité, qu'après l'avoir tirée de la méditation des modèles, et s'être efforcés de la réaliser à leur tour, les Italiens de la Renaissance ont répandue dans le monde;

3º Les Œuvres. — Comme nous venons de parcourir les principales *OEuvres* de Ronsard, il suffira d'en indiquer ici les principales éditions, qui sont :

L'édition de G. Buon, Paris, 4 vol. in-16, 1560; — l'édition de 1567, Paris, 5 vol. in-8º; — l'édition de 1584, 1 vol. in-fº, la dernière que Ronsard ait revue et corrigée; — l'édition de 1623, 2 vol. in-fº;

Et parmi les éditions modernes : — l'édition Blanchemain, 8 vol. in-18, Paris, 1857-1867. Frank; — et l'édition Marty-Laveaux, 5 vol. in-8º, dans la collection de la *Pléiade française*.

IV. — **Jean-Antoine de Baïf** [Venise, 1532; † 1589, Paris].

1º Les Sources. — Cf. ci-dessus; — et ajoutez la *Notice* de Marty-Laveaux; — et *l'Académie des derniers Valois*, par Éd. Fremy, Paris, s. d.

2º L'Homme et le Poète. — Pour quelles raisons, étant inutile d'étudier l'un après l'autre les poètes de la Pléiade, on préfère Baïf à Jodelle ou à Remy Belleau. — La caricature de Ronsard. — Un enfant de l'amour; — sa jeunesse et son éducation; — médiocrité de son œuvre. — Que là où il est le mieux inspiré, dans son *Ravissement d'Europe* ou dans son *Hymne à Vénus*, Baïf est à Ronsard ce que Primatice ou le Rosso sont à leurs maîtres. — Étendue de

et, comme on pourrait le montrer, ce n'est pas seulement la conception de l'art ou de la littérature, c'est la conception de la vie elle-même qui en a été modifiée. « Le langage des Italiens de la Renaissance, — a-t-on pu dire avec vérité, — leur idéal mondain, leur idéal moral, la conception qu'ils se forment de l'homme, tout est chez eux *conditionné et déterminé* par l'idéal qu'ils se sont formé de l'art. » [John Addington Symonds, *Renaissance in Italy; the Fine Arts*, ch. I.] Ou, en d'autres termes encore, ayant retrouvé la nature et libéré l'individu, la Renaissance a compris que l'on ne pouvait remettre absolument au hasard le développement ni de l'un ni de l'autre, et elle a subordonné l'imitation de la nature, puis le développement de l'individu, à la réalisation de la beauté.

son œuvre; — et qu'elle représente éminemment ce qu'il y avait d'artificiel dans le mouvement de la Pléiade. — Sa réforme de l'orthographe; — ses innovations métriques; — ses tentatives de lier ensemble la musique et la poésie; — son Académie.

3º LES ŒUVRES. — Les *OEuvres* de Baïf se composent : — 1º de neuf livres d'*Amours*, comprenant les *Amours de Francine*, en quatre livres; les *Amours de Méline*, en deux livres; les *Amours diverses*, en trois livres; — 2º de ses *Météores*; — 3º de neuf livres de *Poèmes* sur toutes sortes de sujets; — 4º de dix-neuf *Églogues*, plus ou moins traduites ou imitées de celles de Théocrite et de Virgile; — 5º de cinq livres de *Passe-temps*; — 6º et de quatre livres de *Mimes*, qui sont bien le plus fastidieux recueil de toutes sortes de trivialités et de moralités.

La meilleure édition, qui est aussi la seule moderne, est celle de Marty-Laveaux.

2º Érudits et Traducteurs

V. — **Henri Estienne** [Paris, 1528; † 1598, Lyon].

1º LES SOURCES. — Niceron, dans ses *Hommes illustres*, t. XXXVI; — A. Renouard, *Annales de l'Imprimerie des Estienne*, Paris, 1843 — Léon Feugère, *Caractères et portraits du XVIe siècle*,

Le premier de nos Français qui ait, un peu confusément, mais profondément, éprouvé ce sentiment nouveau, c'est un poète lyonnais, Maurice Scève, dans sa *Délie, objet de plus haute vertu,* poème symbolique, imité de Pétrarque, et dont la nuit obscure, si l'on ose ainsi parler, étincelle de beautés singulières. Mais ce sont les poètes de la Pléiade qui en ont vraiment connu le pouvoir, qui nous l'ont révélé, Pontus de Tyard, Joachim du Bellay, Ronsard, Baïf; et là même est le principe de la révolution qu'ils ont opérée dans la langue, dans la littérature et dans la poésie. Ils ont voulu « faire de l'art », et cette ambition, qui a chez eux dominé toutes les autres, en rend compte et les explique.

S'ils ont en effet essayé de réformer ou de transformer la langue, ce n'est pas en grammairiens ou, comme nous

---

1859; et nouvelle édition, Paris, 1875. — Sayous, *Les Écrivains français de la Réformation,* 2ᵉ éd., Paris, 1881.

2° L'Éditeur, le Philologue et l'Écrivain. — La famille des Estienne [Cf. Prosper Marchand, *Dictionnaire historique*]. — Une éducation d'érudit. — La première publication d'Henri : *Anacreontis Teij odæ, græce et latine,* 1554. — La traduction est-elle d'Henri Estienne ou de Dorat? — Ce qu'il y a de certain, c'est l'influence que ce mince volume a exercée sur la Pléiade. — Témoignages tirés des *Œuvres* de Ronsard et de Remy Belleau. — De quelques autres écrivains grecs édités pour la première fois par Henri Estienne; — qu'ils sont tous du second ou du troisième ordre; — et qu'il les traduit tous en latin. — Du goût d'Estienne pour les *Analecta.* [Cf. les *Adages* d'Erasme]. — La première traduction de l'*Anthologie grecque* en latin, et le premier *Conciones,* 1570; — Le *Thesaurus Græcæ Linguæ,* 1572-1573.

Les trois grands traités d'Estienne : — *La Conformité du Langage français avec le grec,* 1565; *Deux dialogues du Langage français italianisé,* 1578; *La Précellence du Langage français,* 1579; — et leurs rapports entre eux. — La résistance à l'italianisme. — De l'opinion d'Henri Estienne sur les rapports du grec et du français [Cf. J. de Maistre, *Soirées de Saint-Pétersbourg,* 2ᵉ Entretien; et Egger, *L'hellénisme en France,* leçons 10 et 11]. — Les étymologies

dirions de nos jours, en philologues, mais en artistes, pour la rendre capable de traduire leurs « sublimes et passionnées conceptions, » selon l'expression de l'un d'eux, et surtout pour en dégager ce qu'elle contenait de beautés plus intérieures et jusqu'alors inaperçues. Car les mots sont quelque chose de plus que les signes des idées, et une langue n'est pas seulement une algèbre, ou un organisme : elle est aussi une œuvre d'art. Il y a des langues pauvres, et il y en a de riches; il y en a de rudes, et il y en a d'harmonieuses; il y en a d'obscures, et il y en a de claires. Pareillement, s'ils ont condamné les anciens genres — la ballade, le rondeau, le virelai, le chant royal et « autres telles épisseries », — c'est qu'il leur a paru que la forme en avait quelque chose de contraint, d'étriqué, de « gothique; » et c'est alors que, guidé dans sa ten-

d'Henri Estienne. — Abondance de ses digressions et comment elles reviennent presque toutes à sa haine de l'italianisme; — à son protestantisme; — et à sa haine des Valois. — Il n'en aime que plus passionnément sa langue nationale. — Pourquoi, si l'importance de la *Précellence* ne consistait que dans son titre, elle serait encore considérable.

Henri Estienne est-il un « écrivain »? — et qu'à tout le moins on ne retrouve dans ses œuvres ni la verve de Rabelais ni le souci d'art de Ronsard. — Est-il l'auteur du *Quart livre de Pantagruel*, 1564? — Son *Apologie pour Hérodote*, 1566. — En quoi le livre ment à son titre, et n'est au fond qu'un pamphlet protestant; — Henri Estienne et Rabelais sur « les Gens d'Eglise ». — Comparaison de l'*Apologie pour Hérodote* et du *Quatrième livre de Pantagruel*. — Si quelques « nouvelles » agréablement contées nous permettent, comme on l'a fait, de placer Henri Estienne bien au-dessus de Bandello. — Qu'on a peine également à trouver dans l'*Apologie* un avant-goût des *Provinciales* [Cf. Sacy, *Variétés littéraires*]. — Le *Discours merveilleux des déportements de Catherine de Médicis*, 1575, est-il d'Henri Estienne? — Ses dernières années et sa mort à l'hôpital de Lyon.

3º Les Œuvres. — On trouvera dans les *Annales de l'Imprimerie des Estienne*, de Renouard, le catalogue, tant des « éditions » que

tative par le génie même du rythme, Ronsard, sur le modèle des combinaisons des anciens, en a tant inventé lui-même qu'on en trouve encore aujourd'hui d'inutilisées dans son œuvre. Et ce qu'ils ont enfin essayé de ravir à l'antiquité, ce n'est pas sa « science » ou sa « philosophie », c'est son « art » : entendez ici le secret d'éveiller en nous l'impression de volupté presque sensuelle que leur procurait à eux-mêmes la lecture de l'*Énéide* ou de l'*Iliade*, celle de Pindare ou celle d'Horace. Dans quelle mesure y ont-ils réussi? C'est une autre question, que nous trancherons d'un mot en disant qu'ils ont pu se tromper sur le choix des modèles, ce qui est assurément fâcheux et grave quand on imite; et ils portent la peine de n'avoir pas toujours senti la différence qui sépare Homère de Quintus de Smyrne ou Virgile de Claudien.

des « œuvres » proprement dites d'Henri Estienne. Nous avons cité les plus importants de ces livres; nous nous bornerons donc à en mentionner ici les principales rééditions, qui sont :

Celle du *Discours merveilleux*, dans les *Archives curieuses de l'histoire de France*, de Cimber et Danjou; — de *la Précellence*, par L. Feugère, Paris, 1850; — de *la Conformité*, par le même, Paris, 1853; — de l'*Apologie pour Hérodote*, par P. Ristelhuber, Paris, 1879; — et des *Deux Dialogues du Langage français italianisé*, Paris, 1883.

VI. — **Jacques Amyot** [Melun, 1513; † 1593, Auxerre].

1º LES SOURCES. — Roulliard, *Histoire de Melun*; — Bayle, dans son *Dictionnaire*, article AMYOT; — Abbé Lebœuf, *Mémoires sur l'histoire civile et ecclésiastique d'Auxerre*; — De Blignières, *Essai sur Amyot*, Paris, 1851; — Léon Feugère, *Caractères et Portraits du XVIe siècle*, Paris, 1859.

2º L'HOMME ET L'ÉCRIVAIN. — Une page de Montaigne sur Amyot [Cf. *Essais*, II, chap. IV]. — L'origine et la jeunesse d'Amyot; — ses études; — ses préceptorats; — sa traduction du roman d'Héliodore, 1547. — Il est nommé abbé de Bellozane. — Sa traduction de Diodore de Sicile, 1554. — Sa mission au Concile de Trente [Cf. de Thou, *Hist. universelle*, t. VIII]. — Il est nommé

Ils ont manqué de critique ou d'esprit de discernement; et, dans leur impatience de produire, ils n'ont pas toujours connu les conditions de l'imitation féconde. Mais leur exemple n'a pas été perdu. Dans une littérature qui ne connaissait ni l'art de composer ni celui d'écrire, dont les chefs-d'œuvre n'avaient guère été jusqu'alors que d'heureux accidents, ils ont fait entrer pour la première fois le sentiment du pouvoir de la forme, ou du style; et ce n'est pas là tout le classicisme, mais c'en est bien l'un des éléments ou des « facteurs » essentiels.

Que si nous rassemblons maintenant tous ces traits, — sentiment de l'art, glorification ou divinisation des énergies de la nature, et développement de l'individualisme, — on a déjà vu qu'ils se tiennent étroitement entre eux. L'idée même d'une perfection qui dépasse, ou qui achève

précepteur des enfants de France, 1554; — Grand aumônier, 1561; — et évêque d'Auxerre, 1570.

De quelques traducteurs antérieurs à Amyot; — Lefèvre d'Étaples et sa traduction du *Nouveau Testament*, 1523; — Lazare de Baïf et sa traduction de l'*Electre*, 1537; — Pierre Saliat et sa traduction d'*Hérodote*, 1537. — L'opinion de Thomas Sibilet et de Du Bellay sur la traduction des anciens; — et que veulent-ils dire quand ils estiment que « les translateurs nous apportent plus de profit que leurs auteurs mêmes? » — La traduction des poètes grecs dans les œuvres de la Pléiade [Cf. Gandar, *Ronsard imitateur d'Homère et de Pindare*]. — Des traducteurs de *Plutarque* antérieurs à Amyot.

Du choix de *Plutarque*; — et à cet égard de l'opinion de quelques modernes [Dacier, Villemain, Ch. Graux, dans son édition des *Vies de Démosthène et de Cicéron*] sur l'auteur des *Vies Parallèles*. — Attrait du genre biographique; — habileté singulière de Plutarque à mettre ses héros « en scène »; — tendance morale de son œuvre. — Que, comme auteur de ses *Œuvres morales*, Plutarque a fait le tour des idées de son temps; — et, à ce propos, d'une supériorité des contemporains de l'Empire sur les écrivains plus classiques de la littérature grecque. — On ne pouvait donc mieux offrir que Plutarque aux lecteurs du temps de la Renaissance.

la nature, ne saurait se tirer que de l'observation de la nature, et se réaliser dans l'œuvre d'art qu'avec et par des moyens qui sont eux-mêmes de la nature. On notera d'autre part que, tous ensemble, et un à un, ces mêmes traits s'opposent aux traits caractéristiques de l'esprit du Moyen-âge. Non seulement le Moyen-âge n'avait pas eu le sentiment de la forme; mais il s'était constamment défié de la nature comme d'une maîtresse d'erreur ou d'une puissance ennemie de l'homme; et l'esprit de sa politique n'avait tendu qu'à emprisonner l'individu dans les liens de sa corporation, de sa classe, ou de sa caste. Et puisque toute chose créée porte en soi, dans les conditions même de sa naissance, le germe de sa mort future, on n'oubliera pas enfin de remarquer que, de même que le sentiment de la forme pouvait rapidement conduire à

La traduction d'Amyot; — et s'il a fait plus de « deux mille contre-sens » ainsi que le disait Méziriac. — Opinion de Ch. Graux : « la traduction d'Amyot possède une véritable valeur philologique ». — Que ce point est d'ailleurs ici secondaire; — et que ce qui nous importe, c'est la forme du *Plutarque* d'Amyot. — Naïveté, naturel, grâce et force de la traduction d'Amyot. — Comparaison de quelques endroits d'Amyot avec les endroits correspondants de Rabelais [dans son *Pantagruel*, III, chap. XXVIII, cf. *Traité de la Cessation des oracles*]; — de Shakespeare [dans son *Jules César*, cf. *Vie d'Antoine*]; — de Joseph de Maistre [*Traité des délais de la justice divine*].

Dernières années de la vie d'Amyot. — Sa traduction des *Œuvres morales et mêlées de Plutarque*. — Amyot aux états de Blois. — Son rôle pendant la Ligue. — Sa rentrée à Auxerre et sa mort. — Idée générale du service rendu par les traductions. — Dans quelle mesure les circonstances de la vie d'Amyot ont profité à son œuvre. — Une page de Rivarol sur l'utilité des traductions [préface de sa traduction de Dante]. — Longue influence du *Plutarque* d'Amyot, et raisons de cette influence.

3º LES ŒUVRES. — *Théagène et Chariclée*, 1547; — *Les Sept livres des histoires de Diodore Sicilien*, 1554; — *Daphnis et Chloé*, 1559; — *Les Vies des hommes illustres grecs et latins*, 1re édition, 1559;

l'idée d'une beauté indépendante de son contenu, ainsi la glorification des énergies de la nature pouvait mener à la justification de l'immoralité même ; et le développement de l'individualisme à la destruction de la société.

II

Chose assez surprenante ! ce ne fut pas l'Église qui s'en aperçut d'abord, ni même la Royauté. Les Papes, — quelques papes du moins, — goûtèrent vivement le noble plaisir de faire de la capitale de la chrétienté la capitale de la Renaissance ; et, chez nous, François Ier, le « Père des Lettres, » ou ne comprit pas la nature de la révolution qui s'opérait, ou ne s'attacha qu'aux profits qu'il en

2e édition, 1565 ; 3e édition, 1567. — *OEuvres morales et mêlées de Plutarque*, 1re édition, 1572 ; 2e édition, 1574 ; 3e édition, 1575. On a encore d'Amyot quelques opuscules, comme le *Projet de l'Éloquence royale*, composé pour Henri III ; et l'*Apologie* où il se disculpe d'avoir trempé dans l'assassinat du duc de Guise.

La meilleure édition de son *Plutarque* est celle de Vascosan [3e édition des *Vies* et 2e des *OEuvres mêlées*] formant 15 volumes in-18.

VII. — **Jean Bodin** [Angers, 1530 ; † 1593, Laon].

1º LES SOURCES. — Bayle, dans son *Dictionnaire*, art. BODIN ; — Niceron, dans ses *Hommes illustres*, t. XVII ; — Baudrillart, *Bodin et son temps*, Paris, 1853.

2º L'HOMME ET L'ÉCRIVAIN. — Pauvreté des renseignements. — Était-il d'origine israélite ? [Cf. *Ant. Possevini de quibusdam scriptis... judicium*, 1583]. — Premières études de Bodin. — Il débute par une traduction des *Cynégétiques* d'Oppien. — Sa *Réponse à M. de Malestroit*, et les origines de l'économie politique. — Sa *Méthode pour la connaissance de l'histoire*, et sa querelle avec Cujas. — Comment sa protestation contre l'autorité du droit romain, — est du même ordre que les protestations de ses contemporains contre la souveraineté d'Aristote.

pouvait immédiatement tirer. Mais quand on commença de voir de quelle corruption générale des mœurs cet orgueilleux élan était suivi, quand on comprit que ce que la philosophie de la nature mettait en péril, c'était en un certain sens le fondement même de la société des hommes, il sembla que ce fût payer trop cher les miracles de l'art; — et la Réforme éclata.

Rien ne saurait être plus erroné ni d'une philosophie plus superficielle, que de se représenter la Réforme comme analogue en son principe à la Renaissance; elle en est précisément le contraire; et le seul point qu'elles aient eu de commun c'est d'avoir, un court moment, travaillé l'une et l'autre à l'émancipation de l'individu. Elles ont donc, un moment, rencontré les mêmes ennemis en face d'elles, scolastiques et théologiens, et, un moment,

Sa *République*. Originalité de Bodin; — sa conception de l'histoire; — et que, pour l'apprécier, il convient d'avoir sous les yeux l'*Utopie* de Th. Morus et le *Prince* de Machiavel. — Il essaie de concilier la morale et la politique. — Sa théorie de l'*Esclavage*, livre I, chap. v; — son chapitre de la *Monarchie*, II, chap. II; — sa théorie des *Révolutions*, IV, chap. III; — sa théorie des *Climats*, V, chap. I. — Mélange en lui d'érudition et de crédulité. — Si l'on peut dire qu'il ait eu l'idée du *Progrès* [Cf. Sa *Méthode*, chap. VII. *Confutatio eorum qui.... aurea sæcula ponunt*; et sa *République*, V, chap. I]; — De Bodin comme précurseur de Montesquieu.

Autres ouvrages de Bodin; — et comment l'auteur de la *République* se trouve être celui de la *Démonomanie des sorciers* et de l'*Heptaplomeres*. — De la croyance de ses contemporains à la sorcellerie; — et que les protestants n'y croient pas moins fermement que les catholiques; — Comment Bodin concilie-t-il sa croyance aux sorciers avec son scepticisme religieux? — Histoire de l'*Heptaplomeres*. [Cf. Guhrauer, dans son édition, 1841, Berlin.]

3° LES ŒUVRES. — *Traduction* [en latin] *des Cynégétiques d'Oppien*, 1555; — *Methodus ad facilem historiarum cognitionem*, 1566; — *Réponse aux paradoxes de M. de Malestroit sur l'enchérissement de toutes choses*, 1568; — *Six livres de la République*, 1577;

elles ont combattu le même combat. Disons encore, si l'on le veut, que, pour détruire un état de choses abhorré, l'une et l'autre, et l'une après l'autre, elles ont pris ou cherché leur point d'appui contre le présent dans le passé. Mais là s'arrêtent les ressemblances. Et, déjà, combien la seconde est-elle trompeuse si, tandis que la Renaissance ne tendait qu'à déchristianiser le monde pour le rendre au paganisme, tout au contraire, ce que la Réforme a tenté, c'est justement de ramener le christianisme à la sévérité de son institution primitive? Faut-il rappeler à ce propos les paroles si souvent citées de Luther? « Nous autres Allemands... nous sommes comme une toile nue, mais les Italiens sont peints et bariolés de toutes sortes d'opinions fausses... Leurs jeûnes sont plus splendides que nos plus somptueux festins... Si nous dépensons un florin en

— *La Démonomanie des sorciers*, 1582; — *Amphitheatrum naturæ*, 1596; — *Heptaplomeres*. Ce dernier ouvrage est demeuré manuscrit jusqu'à l'édition qu'en a donnée M. Guhrauer, en 1841.

Il n'existe pas d'édition moderne des œuvres de J. Bodin.

3° Les Origines du théâtre classique.

VIII. — **La première époque du théâtre classique** [1552-1570].

1° Les Sources. — Les frères Parfaict, *Histoire du théâtre français*; — *L'Ancien théâtre français*, publié par Viollet-le-Duc; — Ebert, *Entwickelungsgeschichte der französischen Tragödie*, 1856, Gotha; — Édelestand du Méril, *Du développement de la tragédie en France*, Paris, 1869; — Émile Faguet, *La tragédie française au XVIe siècle*, Paris, 1883.

2° Les Auteurs et le développement de la tragédie. — L'arrêt du Parlement de Paris [17 novembre 1548] portant interdiction aux confrères de la Passion de « jouer le Mystère de la Passion Notre Sauveur, ou autres Mystères Sacrés »; — et si le Parlement, en rendant cet arrêt, a voulu sacrifier les *Mystères* « à l'enthousiasme païen des poètes de la Nouvelle École »? — Origines italiennes du théâtre classique. — Les *Triomphes* de Pétrarque [Cf. notamment le *Triomphe de l'Amour* et le *Triomphe de la Renom-*

habits, ils en mettent dix à un vêtement de soie... Ils célèbrent le Carnaval avec une inconvenance et une folie extrêmes. » [Cf. Michelet, *Mémoires de Luther*; et Merle d'Aubigné, *La Réformation au temps de Luther*.] Comment pourrait-il mieux dire que ce qui l'a transporté d'indignation dans Rome, c'est le spectacle même de la Renaissance ? Bien loin d'avoir aucune prise sur lui, les splendeurs des arts, la magnificence des fêtes, le luxe des habillements l'ont justement enfoncé dans le schisme. Et en prêchant la Réformation, ce n'est pas seulement la Papauté qu'il a combattue comme telle, ni le catholicisme, c'est l'esprit même de la Renaissance qu'il a voulu détruire et dont il a failli triompher.

Je ne sais si la même intention n'est pas plus manifeste encore dans l'œuvre de Calvin. Nous le comptons,

---

mée] ; — La *Sophonisbe* du Trissin, 1515 ; — La tragédie en Italie de 1515 à 1550 [Cf. Ginguené, *Histoire littéraire d'Italie*, t. VI, ch. 19, 20 et 21] ; — les traductions de Lazare de Baïf [*Électre et Hécube*] ; de Bonaventure des Périers [l'*Andrienne*] ; de Ronsard [le *Plutus*] ; — les représentations dans les collèges ; — la *Cléopâtre* de Jodelle, 1552. — Hésitation de la Pléiade entre la tragédie et la comédie.

La tragédie l'emporte, grâce à la *Poétique* de Scaliger, 1561 ; — grâce à la popularité des tragédies de Sénèque ; — et grâce enfin au succès du *Plutarque* d'Amyot.

La Mort de Jules César, de J. Grévin, 1560 ; — La détermination des caractères de la tragédie [Cf. Scaliger, *Poetices libri septem.*, livre I ; ch. 5, 6, 8, 9, 11, 16] ; — Le choix des sujets. — La règle des unités. — Jean et Jacques de la Taille. — De l'unité de ton dans la tragédie de la Renaissance. — De l'avantage que l'on trouve à traiter des sujets connus, et même déjà traités. — L'emploi de l'histoire dans la tragédie. — D'un mot d'Amyot sur les « cas humains représentés au vif ». — L'orientation de la tragédie classique est déterminée dès 1570.

3° Les Œuvres. — De Jodelle : *Cléopâtre*, *Didon* et l'*Eugène* ; — de Jean de la Taille, *Médée*, 1554 ; — de Ch. Toutain, *Agamemnon*, 1556 ; — de Jacques Grévin, *La Mort de César*, 1560 ; — de Gabriel

avec raison, pour l'un de nos grands écrivains, et l'*Institution Chrétienne* est un des beaux livres du xvie siècle. Mais assurément on n'en imagine point qui puisse différer davantage du *Pantagruel* de Rabelais, et on n'en saurait nommer qui soit moins « confit en mépris des choses fortuites », ni qui respire moins de confiance dans la bonté de la nature. Personne, moins que Calvin, n'a cru qu'il fût possible à l'homme de se tirer, sans l'aide et le secours d'en haut, de son « ordure » native, ou de s'empêcher d'y retomber perpétuellement. Personne, moins que lui, n'a cru qu'il nous fût permis de nous abandonner à la liberté de nos instincts, et de borner à la joie de les rassasier l'unique ambition de notre destinée. Personne, moins que lui, n'a cru que la liberté même nous eût été donnée pour en user, et, au contraire, il en a vu le véri-

Bounyn, *La Sultane*, 1561; — de F. Le Duchat, *Agamemnon*, 1561; — de Jacques de la Taille, *Daire et Alexandre*, 1562; — de N. Filleul, *Achille*, 1563 et *Lucrèce*, 1567; — de Florent Crestien, *La fille de Jephté*, 1567; — de Jacques de la Taille, *Saül le Furieux*, 1568.

Peu de ces œuvres, à l'exception de celles de Jodelle, ont été réimprimées de nos jours. Il existe cependant une édition moderne de la *Mort de César*, Marburg, 1886.

IX. — **Robert Garnier** [La Ferté-Bernard, 1534; †1590, Le Mans].

1° Les Sources. — Niceron, dans ses *Hommes illustres*, t. XXI; — A. Ebert, *Entwickelungsgeschichte des französischen Tragödie*, Gotha, 1856; — Émile Faguet, *La tragédie française au* xvie *siècle*, Paris, 1883; — P. Bernage, *Étude sur Robert Garnier*, Paris, s.d.

2° L'Homme et le Poète. — Extraordinaire popularité des tragédies de Garnier; — plus de quarante éditions en moins de quarante ans, de 1580 à 1616; — et ont-elles été représentées? — Ses tragédies romaines : *Porcie, Cornélie, Antigone*; — et qu'elles sont de l'histoire toute crue, mêlée d'intermèdes lyriques et descriptifs [Cf. Les chœurs; et dans *Porcie* : *Description des Enfers*, v. 45-66.; *Description des âges de l'humanité*, v. 725 et suiv.; *Les travaux d'Her-*

table emploi dans son abdication. Voilà pour le fond. Mais quant à la forme, aucun livre n'est beau, dans sa sévérité monumentale, d'une beauté moins « esthétique », pour ainsi dire, ou plus logique que le sien. Dans aucun livre l'art n'a consisté plus manifestement à savoir s'en passer, et à se priver de tous les moyens, même les plus légitimes, d'intéresser la sensibilité du lecteur à la vérité de la doctrine que l'on enseigne. Dans aucun livre enfin une pensée d'ailleurs plus ferme n'a revêtu, comme dit Bossuet, un style plus « triste » pour s'exprimer ; — et je pense qu'il veut dire un style plus capable de décourager le lecteur. C'est également ce que pensa Ronsard, heurté, choqué, blessé dans tous ses instincts d'art par ce sombre puritanisme ; et je me trompais tout à l'heure en disant que l'*Institution Chrétienne* ne diffère d'aucun livre plus

cule, v. 1076-1110]. — Abondance des traductions. — Influence de Sénèque. — Tragédies grecques : *Hippolyte*, *Antigone* et *la Troade*; — Comment, dans cette dernière pièce, Garnier fond ensemble, l'*Hercule* d'Euripide, ses *Troyennes*, et les *Troyennes* de Sénèque. — — Analyse d'*Hippolyte*. — Effort sensible du poète vers la psychologie [Cf. *Hippolyte*, vers 545-690 ; vers 1360 et suiv. ; vers 1963-2150]. — La première tragi-comédie : *Bradamante*. — Que la *Bradamante* de Garnier marque un moment décisif dans l'histoire du théâtre : la tragédie « recule » et cède la place à la tragi-comédie. — Coup d'œil sur l'état du théâtre en Europe à la même époque. — Si cette éclipse de la tragédie est ou non un symptôme d'émancipation à l'égard des anciens ? — Qualités des tragédies de Garnier : — noblesse de son imagination ; — son style est celui de l'école de Ronsard. — Comment d'ailleurs il s'est trompé sur la nature de l'action dramatique ; — sur les moyens d'intéresser le public ; — et sur le choix de ses modèles.

3° Les Œuvres. — Elles se réduisent presque à ses tragédies : *Porcie*, 1568 ; — *Hippolyte*, 1573 ; — *Cornélie*, 1574 ; — *Marc-Antoine*, 1578 ; — *La Troade*, 1579 ; — *Antigone*, 1580 ; — *Bradamante*, 1582 (tragi-comédie) ; — et *les Juives*, 1583.

On cite encore de lui une *Épître au roi* (Henri III) ; — et son *Élégie sur le trépas de Ronsard*.

que du roman de Rabelais : elle diffère pour le moins autant des *Sonnets à Cassandre*, de l'*Ode à l'Hospital* et de l'*Hymne de l'Or*.

Mais c'est aussi pourquoi nous ne nous étonnerons pas de la résistance que la Réforme a rencontrée d'abord en France. La France ne s'était pas émancipée de la domination de la scolastique pour retomber aussitôt sous la tyrannie du puritanisme protestant. Elle n'avait pas goûté aux séductions de l'indépendance et de l'art pour s'en laisser désormais sevrer. Elle n'avait pas rejeté ce qu'elle trouvait de trop « germanique » dans sa constitution, sous les espèces du système féodal, pour y réintégrer, sous les espèces du protestantisme, quelque chose d'aussi « germanique » pour le moins. Car c'est encore un point par où l'esprit de la Réforme s'oppose à celui de la Renais-

Une excellente édition du *Théâtre de Robert Garnier* a été donnée par M. Wendelin Förster, 4 vol., Heilbronn, 1882-1884.

X. — Les commencements de la comédie.

1° LES SOURCES. — Les frères Parfaict, *Histoire du théâtre français* ; — *L'Ancien théâtre français*, publié par Viollet-le-Duc ; — Ch. Magnin : *Les commencements de la comédie italienne en France*, dans la *Revue des Deux Mondes* du 15 décembre 1847 ; — Rathery : *Influence de l'Italie sur les lettres françaises*, Paris, 1853 ; — Armand Baschet, *Les comédiens italiens à la cour de France*, Paris, 1882 ; — Ad. Gaspary, *Storia della litteratura italiana*, trad. de l'allemand, Turin, 1891, t. II, seconde partie.

2° LES AUTEURS ET LE DÉVELOPPEMENT DU THÉÂTRE COMIQUE. — Les dernières soties. — Que l'origine de la comédie en France n'est ni française ni purement latine, mais italienne. — La comédie italienne du XVIe siècle ; — ses origines latines ; — ses origines populaires et nationales : *La Commedia dell' Arte*. — Influence des « novellieri ». — Les personnages de la comédie. — Travestissements, quiproquos et reconnaissances. — Le valet comme cheville ouvrière de l'intrigue ; — et qu'il doit le demeurer jusqu'au *Mariage de Figaro*. — Les comédiens italiens en France ; — La

sance ; et peut-être même en est-ce le plus important.
Quand on essaie d'atteindre le principe même de leur
opposition, il semble qu'on le trouve dans une de ces oppositions de races qui sont de toutes les plus irréductibles.
Les contemporains s'y sont trompés d'abord. Mais ils ont
promptement reconnu leur erreur. Ils ont compris qu'il
fallait choisir, devenir Allemands ou rester Latins, suivre
dans ses voies l'humanisme ou donner le pas sur toutes
les autres aux préoccupations morales ; et de ce conflit est
résultée la différenciation des littératures du Nord et des
littératures du Midi. [Cf. Mme de Staël, *De l'Allemagne*,
et H. Taine, *Littérature anglaise*.] Elle coïncide exactement, on le voit, avec la division de l'Europe du Moyen-
âge en deux grandes « nations » désormais séparées et
qui ne se rapprocheront plus, qui ne se rejoindront plus

troupe des premiers *Gelosi*; 1571 [Cf. Baschet, *op. cit.*]; — les seconds *Gelosi*, 1577; — et ont-ils effectivement joué les comédies de Pierre de Larrivey?
  Pierre de Larrivey [1540-1612]; — son origine italienne; — sa traduction des *Facétieuses nuits de Straparole*, 1576; — ses comédies, 1579. — Il n'y en a pas une des neuf qui ne soit traduite ou « adaptée » de quelque comédie italienne. — Déclarations de Larrivey dans sa *Dédicace* à M. d'Amboise. — A noter également que ses comédies sont toutes en prose. — Ce sont de pures comédies d'intrigue. — Le principal intérêt qu'elles offrent est d'avoir été plus tard imitées par Molière [Cf. notamment l'*Avare* d'une part, et de l'autre le *Laquais*, I, sc. 1; — la *Veuve* (dont l'original italien a pour auteur un Bonaparte), III, sc. 2; — et les *Esprits,* III, sc. 6]. — D'une curieuse différence de ton entre les premières et les dernières comédies de Larrivey : *la Constance, le Fidèle, les Tromperies* ; — et en quoi celles-ci sont plus romanesques.
  De quelques autres auteurs de comédies : Jean Godard, Odet de Turnèbe, etc. — Le développement de la comédie est interrompu, comme celui de la tragédie, par le succès de la tragi-comédie. — La société française du temps de Charles IX et d'Henri III était-elle mûre pour la comédie? — Raisons d'en douter; — dont la

de longtemps maintenant. Le passage est accompli de l'*homogène* à l'*hétérogène*. Et le travail de différenciation ne va plus s'interrompre. C'est ici que finit, avec l'histoire du Moyen-âge, l'histoire de la littérature européenne, et que s'ouvre, avec l'histoire des nationalités, celle des littératures modernes.

III

Un des premiers effets de la transformation qui commence est ce que l'on a heureusement nommé la *Latinisation de la culture*. [Cf. Burckhardt, *Civilisation au temps de la Renaissance*.] Peu à peu, sans presque s'en douter ni s'en apercevoir, tout en continuant d'affecter

principale est la licence qui régnait alors dans la satire. — On en peut trouver une seconde dans l'indétermination du caractère national : — ce qui fait rire une race n'en faisant pas rire une autre, et le caractère français étant à peine formé.
3º Les Œuvres : — de Jodelle, l'*Eugène*; — de Remy Belleau, *la Reconnue*; — de J. A. de Baïf, ses traductions de l'*Eunuque* et du *Miles gloriosus*; — de Grévin, *la Trésorière*, 1558, *les Esbahis*, 1560; — de Jean de la Taille, *les Corrivaux*, 1562; — de Louis le Jars, *Lucelle*, 1576; — de Pierre Larrivey, son premier recueil, contenant : *le Laquais, la Veuve, les Esprits, le Morfondu, les Jaloux, les Escoliers*, 1579; — d'Odet de Turnèbe, *les Contens*, 1580.
Les comédies de P. Larrivey ont été réimprimées dans l'*Ancien théâtre français* de Viollet-le-Duc, t. V, VI et VII.

XI. — **L'œuvre de la Pléiade.**
1º Les Sources. — Cf. les textes indiqués ci-dessus, et ajoutez : — Vauquelin de la Fresnaye : *Art poétique*, édit. G. Pellissier, Paris, 1885; — Mathurin Regnier, dans ses *Satires*, notamment *Satire V* et *Satire IX*; — Émile Faguet, *XVIe siècle*, Paris, 1889; — Ferdinand Brunot, *La doctrine de Malherbe*, Paris, 1891; — et Marty-Laveaux : *La langue de la Pléiade*, dans la collection de la *Pléiade française*. On fera bien aussi de consulter sur ce

une grande admiration pour les modèles grecs, c'est à l'école des Latins que nos poètes eux-mêmes se rangent ; c'est Horace qu'ils imitent plus volontiers que Pindare ; et il n'est pas jusqu'à Ronsard, dans sa *Franciade*, mais surtout dans sa théorie de l'épopée, qui, s'il invoque le grand nom d'Homère, ne s'inspire constamment de Virgile. Un érudit considérable, Jules-César Scaliger, fait un pas de plus dans sa *Poétique*, où il proclame ouvertement la supériorité des Latins sur les Grecs. Se rend-il compte peut-être que les Grecs, ainsi que le dira plus tard un philosophe [Hegel, *Esthétique*, trad. Bénard, t. I], n'ont connu que les Grecs et les barbares, tandis que les Latins ont vraiment connu l'homme ? Toujours est-il qu'à partir de 1560 ou environ, et en dépit de quelques efforts, — tels

sujet, à un point de vue plus général : A. Couat, *la Poésie alexandrine*, Paris, 1882.

2º L'Œuvre de la Pléiade. — Au point de vue de la forme : elle a donné droit de cité à l'alexandrin dans la poésie française. — Comparaison du décasyllabe et de l'alexandrin. — La Pléiade a mis dans la circulation de l'usage poétique tous les rythmes dont nous nous servons ; — elle a considérablement enrichi la langue ; — et, à ce propos, que vaut le reproche qu'on adresse à Ronsard d'avoir « en français parlé grec et latin » ? — La Pléiade a encore enseigné à la poésie, et même à la prose française, le « pouvoir intrinsèque » des mots, c'est-à-dire, qu'en toute langue, et indépendamment de ce qu'ils signifient, il y a de « beaux » mots et de vilains mots. — De quelques exagérations des romantiques à ce sujet [Cf. Th. Gautier, *Notice sur Baudelaire*]. — Enfin la Pléiade a prétendu relever la dignité du poète en même temps que celle de la poésie ; — et elle y a réussi. — De l'acclimatation des genres de l'antiquité dans notre littérature.

Si elle n'a pas réussi davantage, c'est qu'elle a commis trois erreurs capitales : — 1º Elle s'est trompée sur *le choix des modèles*, qu'elle a toujours confondus, pourvu qu'ils fussent anciens, dans la même admiration ; — 2º Elle s'est trompée sur *les conditions des genres*, qu'elle a cru que l'on pouvait créer à volonté, sans égard au

que ceux d'Henri Estienne, dans sa *Conformité du langage françois avec le grec*; — on voit la langue d'Homère et de Platon se retirer pour ainsi dire de la circulation de l'usage et se réfugier dans l'ombre des collèges. Elle redevient matière d'érudition. Ce n'est plus à Sophocle ou à Aristophane que les premiers auteurs de nos tragédies ou de nos comédies « classiques » demanderont des leçons de leur art, c'est à Plaute et c'est à Sénèque. La seule « antiquité » qu'on imite est ou sera bientôt l'antiquité latine; et ainsi, comme un ferment qui n'était destiné qu'à favoriser une combinaison dont il ne devait point faire partie, le grec, après avoir servi à déterminer l'idéal classique, s'en élimine.

C'est qu'aussi bien, si le grec a de rares qualités, le latin en a d'autres, et de plus convenables peut-être à la

temps, aux lieux, aux lois de l'esprit humain. — Théorie de l'*Épopée*, considérée comme expression d'un conflit de races; — Théorie du *Lyrisme*, considéré comme expression de la personnalité du poète; — Théorie du *Drame*, considéré comme une rencontre de la force des choses et de la volonté humaine. — Enfin, et 3º, la Pléiade s'est trompée sur *ses forces réelles*, en ne connaissant pas assez ce qui lui manquait du côté de l'expérience de la vie et de l'observation de l'homme.

Mais, et au point de vue même du fond, ses erreurs ne l'empêchent pas d'avoir comme délimité la circonférence du classicisme. — Elle a connu ou du moins entrevu le pouvoir de la *forme*; — elle a vu en quoi consistait la véritable *imitation*; — et comment de l'*imitation* on passait à l'*invention* [Cf. à cet égard André Chénier, *Épître IV, à M. Lebrun*, et l'*Invention*]; — elle a communiqué à ses successeurs l'ambition d'égaler la langue française à la dignité du grec et du latin; — et il n'est pas enfin jusqu'aux bornes de l'art classique qu'elle n'ait posées d'avance. — En ce sens Ronsard, moins le lyrisme, c'est déjà Malherbe; — et Malherbe, en y ajoutant l'étendue de connaissances et la probité de réflexion qui lui manqueront, ce sera déjà Boileau.

nature du génie français. « Rien, a-t-on dit, n'égale la dignité de la langue latine... Elle fut parlée par le peuple-roi, qui lui imprima ce caractère de grandeur unique dans l'histoire du langage humain.... C'est la langue de la civilisation. Mêlée à celle de nos pères les barbares, elle sut raffiner, assouplir et pour ainsi dire *spiritualiser* ces idiomes grossiers qui sont devenus ce que nous voyons... Qu'on jette les yeux sur une mappemonde, qu'on trace la ligne où cette langue universelle se tut : là sont les bornes de la civilisation et de la fraternité européennes... Le signe européen, c'est la langue latine. » [Joseph de Maistre, *Du Pape*.] C'est ce que les Français de la Renaissance ont compris, et peut-être n'eussent-ils pas su les dire, mais ce sont bien là les raisons pour lesquelles, après la courte et poétique ivresse dont le grec les avait

Troisième Époque

De la publication des « Essais » à la publication de l' « Astrée ».

1580-1588 [1] à 1608.

I. — **Bernard Palissy** [Paris, 1510; † 1590, Agen.]

1º Les Sources. — Bernard Palissy, *Discours admirables de l'art de terre*, édit. B. Fillon, t. II, p. 206 et suiv. ; — Lamartine, dans le *Civilisateur*, juillet 1852; — Haag, *la France Protestante*, article Palissy, 1857; — Louis Audiat, *Bernard Palissy*, Paris, 1863 et 1868; — A. Jacquemart, *Les Merveilles de la céramique*, t. II, Paris, 1868; — Louis Audiat, *Palissy, sa vie et ses œuvres*, en tête de l'édition Fillon, Niort, 1888; — Ernest Dupuy, *Bernard Palissy*, Paris, 1891.

2º L'Artiste, l'Écrivain et le Savant. — De quelques éloges extravagants que l'on a faits de B. Palissy [Cf. l'article indiqué de

---

1. Il faut noter ici, sans attendre davantage, que l'édition des *Essais* de 1580 ne comprend que les deux premiers livres de l'ouvrage, auxquels le troisième ne s'est ajouté pour la première fois que dans l'édition in-4 de 1588.

un temps transportés, ils retournent en foule à la tradition latine.

Ils éprouvent en même temps le besoin d'égaler à la perfection de la forme, qu'ils croient avoir atteinte [Cf. Estienne Pasquier, *Recherches de la France*, livre VII, chap. 8, 9 et 10], la solidité, la gravité, la dignité du fond. J'en vois un curieux témoignage dans la coquetterie pédantesque et naïve avec laquelle, toutes les fois qu'ils expriment une idée générale, ils ouvrent les guillemets « .... » pour attirer l'attention du lecteur. Il en résulte qu'au lieu que les Italiens s'égarent déjà, pour achever bientôt de s'y perdre, dans les subtilités de l'alexandrinisme, et, — selon l'expression de l'un des meilleurs historiens de leur littérature [Cf. Francesco de Sanctis, *Storia della Lett. italiana*, t. II, ch. II], — deviennent comme

Lamartine, et Henri Martin, dans son *Histoire de France*]; — et que les chefs-d'œuvre de l'art de terre ne méritent pas tant d'enthousiasme ; — s'il peut y avoir infiniment d'art, mais il n'y a pas de grand art où il n'y a pas de grand dessein ; — et il n'y en a pas dans un pot. — Intérêt littéraire de la distinction. — Vie et aventures de Bernard Palissy. — La page fameuse de l'*Art de Terre* [Édit. Fillon, II, 206 et suiv.] ; — et qu'il y entre bien de la déclamation [Cf. Benvenuto Cellini, dans ses *Mémoires*] ; — mais c'est de la « déclamation » sincère, ou dont son auteur est dupe ; — et à ce propos, de Palissy comme écrivain.

Qu'il est fort de son ignorance ; — et, à cette occasion, d'une forme de vanité particulière aux « autodidactes ». — La dédicace des *Discours admirables* au seigneur de Pons. — L'œuvre de Palissy est le témoignage de l'état d'esprit d'un « povre artisan » de son temps. — C'est ce qui en fait la singularité, l'originalité et le naturel. — Talent du conteur [*Les Ammonites de Marennes*, éd. Fillon, I, 48, 49 ; — Le *Débat des outils d'agriculture*, I, 106, 107. — L'allégorie de l'*Essay de la teste des hommes*, I, 108, et suiv.]. — Le sentiment de la nature. — Dans son style, comme dans ses émaux, Palissy est de ceux qui ont su faire non seulement vivre, mais « grouiller » les êtres. — L'observateur et l'expérimentateur.

« indifférents au contenu, » dont la forme seule est encore capable d'intéresser leurs sens, c'est précisément « au contenu » ou au fond des choses que nos écrivains s'attachent ; et ce qu'ils essaient d'en exprimer, c'est ce qu'ils voient ou ce qu'ils croient voir en elles de plus permanent et de plus universel. C'est un second trait de l'idéal classique qui commence à se dessiner : le goût des idées générales ; ou, comme on va bientôt le dire, le goût de *la réduction à l'Universel.*

Là est l'explication du prodigieux succès d'Amyot et de ses traductions. Son Plutarque n'est qu'un rhéteur ; mais ce rhéteur a composé les plus intéressantes « biographies » que l'on connaisse peut-être ; et, de la manière qu'Amyot les a traduites, on ne saurait imaginer de « leçons de choses » plus instructives. « Si nous sentons

S'il faut en faire un « savant ? » — Pour quelles raisons il ne peut avoir eu que des pressentiments. — Témoignages de Cuvier [*Histoire des sciences naturelles*] et d'Isidore Geoffroy-Saint-Hilaire [*Histoire des règnes organiques*]. — Ses attaques contre les alchimistes. — Importance de la forme qu'il a donnée à son œuvre [*Dialogues* entre *Théorique*, ou l'idée *a priori*, et *Pratique*, c'est-à-dire l'expérience]. — Il ne semble pas cependant qu'il ait fait aucune découverte importante ; — ni posé aucun principe de méthode ; — ni formé d'ailleurs aucun disciple. — Que son grand mérite est d'être émancipé de la servitude de son temps à l'égard des anciens.

3º Les Œuvres. — *Recette véritable*, par laquelle tous les hommes de France pourront apprendre à multiplier et augmenter leurs trésors ; 1563, — et *Discours admirables de la nature des eaux et des fontaines* ; 1580.

La meilleure édition des *Œuvres* de Palissy est celle de M. Benjamin Fillon, déjà citée, Niort, 1888, Clouzot.

II. — **François de la Noue** [Fresnay-en-Retz (Loire-Inférieure) 1531 † 1591, Moncontour (Côtes-du-Nord)].

1º Les Sources. — La Noue lui-même en ses *Mémoires* ; — Brantôme, dans ses *Hommes illustres* ; — Moïse Amyrault, *Vie de*

un plaisir singulier à écouter ceux qui retournent de quelque lointain voyage, racontant les choses qu'ils ont vues en pays étranges, les mœurs des hommes, la nature des lieux.... et si nous sommes quelquefois si ravis d'aise et de joie que nous ne sentons point le cours des heures en oyant deviser un sage, disert et éloquent vieillard, quand il va récitant les aventures qu'il a eues en ses verts et jeunes ans.... combien plus devons-nous sentir d'aise et de ravissement de voir en une belle, riche et véritable peinture, *les cas humains représentés au vif.* » Ainsi s'exprime-t-il dans la préface de ses *Vies parallèles*; et on ne saurait mieux indiquer ce que ses *Vies* contiennent d'enseignements, ou, comme nous dirions aujourd'hui, de « documents » sur l'homme.

A la vérité, l'influence n'en a pas été louable à tous

François, seigneur de la Noue, 1661; — Albert Desjardins, *Les moralistes français au XVI° siècle*, Paris, 1870; — H. Hauser, *François de la Noue*, Paris. 1892.

2° L'Homme et l'Écrivain. — Celui-ci aussi, comme Bodin déjà, et comme Palissy, quoique dans un autre genre, est un « observateur ». — Sa carrière militaire; — mais qu'il ne faut pas prendre son surnom de *Bras de fer* pour un témoignage de son énergie; — et qu'il y a eu du politique dans ce soldat. — Les scrupules de conscience d'un capitaine protestant; — comparaison de Montluc et de la Noue; — supériorité morale du second. — Les *Discours politiques et militaires*. — Il sont l'ouvrage de ses prisons. — Curieux rapports entre Bodin, Palissy et la Noue. — Division des discours de la Noue : *Discours militaires* proprement dits [11,13,14,15,16,17,18]. — Comparez la manière dont il y parle de la guerre avec une page célèbre des *Soirées de Saint-Pétersbourg*. — *Discours politiques* [1,4,6,12,20,21,22]; — Comparez les vues politiques de la Noue et le « grand dessein « d'Henri IV. — Mais les plus intéressants pour l'histoire des idées sont les *Discours moraux* [5,3,5,6,7,10,19,23,24,25] et parmi ceux-ci, les Discours 23, *sur la pierre philosophale;* 6, *contre les Amadis;* et 24, *contre les Épicuriens;* — La Noue précurseur de Bossuet [Maximes sur la comédie] dans son *Discours contre les Amadis;* — et de Rousseau dans son *Discours contre les*

égards ; et, si c'est bien Amyot dont le *Plutarque* nous a comme imbus de ce vague idéal d'héroïsme à la grecque ou à la romaine qui deviendra celui de notre tragédie classique ; et, deux cent cinquante ans durant, si ce sont bien ses Agésilas et ses Timoléon, ses Coriolan et ses Marius qui défraieront la scène française, ou plutôt qui l'encombreront, sans réussir toujours à la remplir ; — il est permis de le regretter. Que serait-ce après cela, si, depuis Poussin jusqu'à David, nous énumérions ici tout ce que nos peintres lui ont fait d'emprunts ? Et voudrait-on encore que nous lui fussions reconnaissants de l'idéal de fausse vertu, sentimentale et déclamatoire, dont ses Lycurgue et ses Philopœmen, ses Caton et ses Brutus ont offert des modèles à nos publicistes ou aux membres de nos assemblées révolutionnaires ? [Cf.

Épicuriens. — C'est dire de lui qu'il est surtout un « moraliste ». — La composition dans les *Discours* de la Noue ; — le tour oratoire ; — la fermeté de la langue et du style ; — la passion patriotique. — Succès des *Discours*. — Quelques mots des *Mémoires* de la Noue. — Sa mort au siège de Lamballe.

3º Les Œuvres. — *Discours politiques et militaires du sieur François de la Noue* ; Bâle, 1587, François Forest.

Il n'en existe pas de rééditions modernes, et les plus récentes sont du commencement du xviie siècle ; mais on trouve des *Lettres* de la Noue dans un certain nombre de publications historiques.

III. — Guillaume de Saluste, seigneur du Bartas [Montfort (Gers) 1544, † 1590, Montfort].

1º Les Sources. — J. de Thou, dans son *Histoire*, livre 99 ; — Goujet, dans sa *Bibliothèque française*, t. XIII ; — Sainte-Beuve, *Poésie française au XVIe siècle* ; et *Revue des Deux Mondes*, février 1842 ; — Poirson, *Histoire littéraire du règne d'Henri IV*, au quatrième volume de son *Histoire*, 2e édition, 1867 ; — G. Pellissier, *La vie et les œuvres de Du Bartas*, Paris, 1882.

2º Le Poète. — Son éducation protestante ; — et que, par delà Ronsard, tout en en profitant, c'est à l'auteur du *Miroir de l'âme pécheresse* qu'il faut qu'on le rattache. — La cour de Jeanne d'Al-

J.-J. Rousseau dans ses *Confessions*; et Mme Roland dans ses *Mémoires* et dans sa *Correspondance*.] Mais, d'un autre côté, toute cette antiquité qui flottait avant lui dans une espèce de brouillard mythologique ou légendaire, c'est vraiment dans ses *Vies parallèles* que les grandes figures en ont pris comme un air de réalité et de vie. Ressemblants ou non, — ce n'est pas là le point, — ses personnages ont de la consistance, ne sont plus de vains fantômes; et il semble qu'on les touche du doigt. Oui! son expression mérite qu'on la retienne : ce sont bien là des *cas humains représentés au vif*, dont la description a enrichi notre connaissance de l'humanité. Entraînés au fil du récit, c'est à peine entre eux, mais plutôt avec nous-mêmes, sans nous apercevoir de la comparaison, que nous confrontons son Lysandre et son Sylla. Un rapproche-

bret. — Vogue de Du Bartas en pays protestant; — un jugement de Gœthe [*OEuvres complètes*, Cotta, 1868, Stuttgart, t. XXV, p. 261]. — Son intention déclarée de réagir contre le paganisme ambiant. — *La Première Sepmaine*, 1579, et *la Seconde*, 1584. — La *Première* est une adoration de Dieu dans les merveilles de la nature; — la *Seconde* est une sorte d'histoire universelle. — La description et l'éloquence dans les poésies de Du Bartas. — Du style de Du Bartas et de l'absence d'art qui le caractérise. — Qu'il est responsable avec Baïf du discrédit où est tombé Ronsard. — De Du Bartas comme caricature de Ronsard. — Efforts inutiles de la critique pour le relever. — Son influence est aussi difficile à saisir que son œuvre a été populaire en son temps. — Explication de cette singularité.

3º Les Œuvres. — *La Muse chrétienne*, 1574, contenant le *Triomphe de la foi, Judith* et *l'Uranie*; — *La Sepmaine ou création du monde*, 1578; — *La seconde sepmaine ou Enfance du monde*, 1584, comprenant Ier *Jour* : 1º *L'Eden*; 2º *L'Imposture*; 3º *Les Furies*; 4º *Les Artifices*; et IIe *Jour* : 1º *L'Arche*; 2º *Babylone*; 3º *Les Colonies*; 4º *Les Colonnes*.

Il y faut ajouter, dans l'édition posthume de 1590-1591, chez Haultin, à la Rochelle : *Les Pères* et *l'Histoire de Jonas*, fragments du IIIe *Jour*; *les Trophées*, première partie du IVe *Jour*;

ment inconscient s'opère, dont l'effet, s'il est d'une part d'abolir en nous le sens historique, — je veux dire le sens de la diversité des époques, — est d'autre part de nous enseigner l'identité foncière de la nature humaine. C'est ce que personne, avant Amyot, ne nous avait montré; et si l'on s'étonnait là-dessus qu'un simple traducteur doive occuper une place aussi considérable dans l'histoire de la littérature de son temps, il suffirait de rappeler que ses « belles, riches et véritables peintures » ont éveillé la vocation de Michel de Montaigne.

Car, d'où vient l'intérêt que nous prenons à tous ces personnages, et quelle en est au vrai la nature ? Montaigne va nous le dire : c'est « que tout homme porte en soi la forme de l'humaine condition ».

la *Magnificence*; et une traduction en vers de la *Lépanthe de Jacques VI, roi d'Ecosse*. On y trouve également le *Cantique de la victoire d'Ivry*.

Cette même édition de 1591 est précieuse pour les *Commentaires* qu'elle contient. Il n'y a pas de rééditions modernes de Du Bartas.

IV. — **Michel Eyquem, seigneur de Montaigne** [Château de Montaigne, près Bergerac, 1533, † 1592, au même lieu].

1° Les Sources. — *Les Essais* eux-mêmes, et avant tout; — Docteur Payen, *Documents inédits sur Montaigne*, 1847-1855-1857-1862, et *Notice sur La Boétie*, 1853; — Feuillet de Conches, *Causeries d'un curieux*, t. III, Paris, 1862; — A. Grün, *La vie publique de Montaigne*, Paris, 1855; — Th. Malvezin, *Michel de Montaigne*, Bordeaux, 1875; — Paul Bonnefon, *Montaigne, l'homme et l'œuvre*, Paris, 1893; — Paul Stapfer, *Montaigne*, dans la collection des *Grands Ecrivains*, Paris, 1895, et *La famille de Montaigne*, Paris, 1896; — Villemain, *Éloge de Montaigne*, 1812; — J.-V. Le Clerc, *Discours sur la vie et les ouvrages de Montaigne*, en tête de son édition des *OEuvres*; — Sainte-Beuve, *Port-Royal*, t. II, livre III, chap. II et III; — Vinet, *Moralistes français du XVIe et du XVIIe siècle*, Paris, 1859. — Gust. Allais, *Les Essais de Mon-*

> Humani generis mores tibi nosse volenti,
> Sufficit una domus...

Le vers est de Juvénal, et sans doute Montaigne est encore assez nourri de latin, son livre est encore assez d'un « humaniste, » ou même un peu d'un pédant, pour qu'on le soupçonne d'avoir emprunté l'aphorisme au satirique latin. Ce grand liseur est un grand pillard, et il n'a pas toujours indiqué tous ses larcins, en vérité comme s'il eût craint que son livre n'y fondît tout entier. Précaution bien inutile, mais crainte encore presque plus vaine ! Quand les *Essais* ne seraient qu'un recueil, et, si je l'ose dire, une enfilade, un chapelet de citations, ils n'en seraient pas moins tout ce qu'ils sont dans l'histoire de notre littérature : le premier livre où un homme ait

taigne, Paris, 1887 ; — D. Motheau, *Notice sur Montaigne*, en tête de l'édition des *OEuvres*, Paris, 1886 ; — Eug. Voizard, *Étude sur la langue de Montaigne*, Paris, 1885.

2º LA VIE DE MONTAIGNE. — L'origine des Eyquem et les prétentions nobiliaires de Montaigne. — Ses études au collège de Guyenne. — Il est nommé conseiller à la Cour des Aides de Périgueux en 1557 ; — et conseiller au Parlement de Bordeaux en 1561. — Sa liaison avec Estienne de la Boétie ; — et à ce propos du *Contr'un*, ou *Discours sur la servitude volontaire*, qui n'est qu'une déclamation de rhétorique pure. — Mort de La Boétie, 1563. — Mariage de Montaigne, 1565. — Mort de son père, 1568. — Montaigne publie en 1569 sa traduction de la *Théologie naturelle de Raymond Sebon*. — De Raymond Sebon et de sa *Théologie naturelle* ; — et de ne pas le confondre avec un autre Espagnol, Raymond Martin, l'auteur du *Pugio Fidei*. — En 1570, Montaigne quitte la robe et prend l'épée ; — mais il ne la tire point du fourreau. — Il fait paraître en 1580 la première édition de ses *Essais*. — Voyages de Montaigne [22 juin 1580-30 novembre 1581]. — Il est nommé maire de Bordeaux en 1581. — La peste de Bordeaux, et que Montaigne y fait preuve de peu d'héroïsme. — Il quitte la mairie en 1585 et publie la vraie seconde édition des *Essais* en 1588. — Relations avec Henri IV. — Ses dernières années. — Il meurt

formé le projet de se peindre, et, se considérant lui-même comme un exemplaire de l'humanité moyenne, le projet d'enrichir des découvertes qu'il faisait en lui l'histoire naturelle de l'humanité. « Chacun regarde devant soi, moi je regarde dedans moi, je n'ai affaire qu'à moi, je me considère, je me contrôle, je me goûte... Les autres vont toujours ailleurs...

> Nemo in se tentat descendere;

moi, je me roule en moi-même ». Et par la comparaison que je fais des autres et de moi, pourrait-il ajouter, je ne me connais pas seulement moi-même, je connais aussi les autres, je me fais quelque image de cette générale et commune humanité dont je suis avec eux ou dont ils sont comme moi.

le 13 septembre 1592, laissant à sa femme, et à sa fille d'adoption, la demoiselle le Jars de Gournay, le soin de donner l'édition définitive des *Essais*, qui est celle de 1595.

3º COMPOSITION ET CARACTÈRE DU LIVRE DES « ESSAIS ».

A. *La composition du livre.* — Une phrase de Prévost-Paradol [Cf. *Moralistes français*] sur les citations de Montaigne et l'impossibilité de les détacher du contexte. — Mais il a oublié que l'édition de 1595 contenait plus de « six cents » additions au texte de 1588; — et, d'une manière générale, que le caractère des *Essais* se définit précisément par leur composition successive. — L'idée n'en doit pas remonter au delà de 1572 [Cf. livre I, chap. xx]. — L'édition de 1580; — et pourquoi de bons juges y voient le portrait le plus ressemblant de Montaigne; — elle contient moins de citations et, par suite, l'apparence en est moins pédantesque; — les raisonnements, étant interrompus par moins de digressions, y sont plus faciles à suivre; — et l'allure en a quelque chose de plus vif. — Comparaison du chapitre de l'*Institution des enfants* dans la première et la seconde éditions. — Comment le texte de Montaigne s'enrichit, et souvent s'encombre de la diversité de ses lectures; — que Montaigne retranche rarement, qu'il corrige toujours; — et qu'il ajoute beaucoup. — Comparaison de l'*Apologie de Raymond de Sebonde* dans les éditions de 1580 et de 1588; — Absence

Avertis de son dessein, représentons-nous maintenant l'auteur des *Essais*, conversant dans sa librairie, c'est-à-dire dans sa bibliothèque, avec ses auteurs favoris. Il vient de lire ses *Tusculanes*, et une phrase ou un mot de Cicéron l'ont frappé; il se souvient à ce propos d'avoir lu quelque chose de semblable dans les *Lettres à Lucilius*, de Sénèque; il s'y reporte; et le voilà contrôlant Cicéron par Sénèque, et tous les deux par sa propre expérience qui tantôt confirme la leur et qui tantôt la contredit. Ou bien, et inversement, ayant d'abord observé sur lui-même les effets de la douleur ou de la passion, voici qu'en feuilletant son Plutarque ou son Tacite, il s'y reconnaît; et ce qu'il vient d'apercevoir et de noter en lui, il s'étonne et il est heureux de voir que Cicéron, par exemple, ou Agricola l'ont éprouvé comme lui. C'est ainsi que son

entière de plan et de composition. — Les scrupules du styliste. — Dans quelle mesure il convient d'adopter les additions de l'édition de 1595.

B. *L'inspiration du livre.* — Le chapitre : *Que philosopher c'est apprendre à mourir;* — et que la grande préoccupation de la vie de Montaigne a été de se soustraire à l'horreur de la mort. — De là procèdent : sa curiosité de lui-même; — de la diversité des coutumes et des mœurs; — de l'histoire. — De là aussi son épicurisme, que l'on a pu quelquefois appeler son christianisme; — parce qu'en effet le christianisme n'est qu'une préparation à la mort; — mais en réalité Montaigne n'a rien eu du chrétien. — Comment la préoccupation de la mort explique la profondeur et la richesse humaine de sa philosophie; — un mot de Schopenhauer [Cf. *Le monde comme volonté*, III, chap. xli]. — C'est par là que Montaigne se distingue de Rabelais. — Sa curiosité a quelque chose d'aigu, et en un certain sens de presque pessimiste. — C'est aussi ce qui fait justement la valeur singulière des *Essais* : — ils sont une confession; — l'effort d'un homme pour faire de la connaissance de soi-même la base de la connaissance de l'espèce; — et une tentative pour tirer de cette connaissance une règle de conduite. — Que les *Essais* sont un livre triste.

C. *Le style de Montaigne.* — Comment cette tristesse est déguisée

livre, d'édition en édition, s'augmente, s'enrichit, se diversifie des trouvailles de son expérience ou des « rencontres » de ses lectures ; ainsi, que ses pilleries nous le peignent lui-même au naturel ; ainsi enfin qu'à mesure que dans ses lectures il apporte plus de critique, et que son expérience devient plus étendue, à mesure aussi s'aperçoit-il, et nous nous apercevons avec lui, que son Moi est toujours le sien, — mais c'est le mien aussi et le vôtre.

C'est pourquoi, tandis que « les auteurs se communiquent au peuple par quelque marque spéciale et étrangère », lui, le premier, se communique par son être universel, « comme Michel de Montaigne, non comme grammairien, poète ou jurisconsulte ». Qui l'en empêcherait ? « N'attache-t-on pas aussi bien toute la philosophie à une vie

par le charme du style. — Que voulait dire Montesquieu quand il appelait Montaigne « l'un des quatre grands poètes » ? — Le style de Montaigne est une « création perpétuelle » ; — il n'y a pas plus de métaphores, ni de plus naturelles, ni de plus nouvelles, dans Shakespeare même ; — et, à ce propos, de la métaphore comme principe et moyen de la « fructification des langues ». — Universalité du vocabulaire de Montaigne. — Le jugement de Sainte-Beuve sur le style de Montaigne [Cf. *Port-Royal*, II, p. 443, 450, édition de 1878]. — Que c'est ce style aussi qui répare ce que l'étalage de soi-même aurait sans lui d'impertinent dans les *Essais*. — Détails étranges de Montaigne sur lui-même. — Mais, dans sa manière même de les rendre, il trouve moyen d'exprimer ce qu'ils ont d'*humain* autant ou plus que ce qu'ils ont d'individuel et de singulier.

4° INFLUENCE ET PORTÉE DU LIVRE DES ESSAIS. — Que « tout homme porte en soi la forme de l'humaine condition » ; — et comparaison à cet égard des *Essais* de Montaigne et des *Confessions* de Rousseau ; — les rapports sont à l'extérieur, mais la différence au fond. — Montaigne a fondé la littérature française sur l'observation psychologique et morale. — Son influence à l'étranger : — sur Bacon [Cf. ses *Essais de politique et de morale*, 1597] ; — et sur Shakespeare [Cf. Philarète Chasles, *Etudes sur Shakespeare*, Paris,

populaire et privée qu'à une vie de plus riche étoffe? »
Est-il besoin d'être Aristide pour avoir connu l'ingratitude
des hommes? Alexandre ou César pour avoir éprouvé
l'inconstance de la fortune? Et là-dessus d'ajouter : « Si le
monde se plaint que je parle trop de moi, *je me plains de
quoi il ne pense seulement pas à soi* ». Nous nous ignorons nous-mêmes; et nous cachons notre ignorance ou
nous la déguisons sous les moqueries que nous faisons
de ceux qui étudient en eux l'histoire même de l'humanité!

Insisterai-je davantage, et ne voit-on pas la conséquence? Au lieu de se traîner, comme ils avaient fait
jusqu'alors, sur les traces des anciens, et de « pin-
dariser » ou de « pétrarquiser », nos écrivains savent
désormais qu'ils peuvent trouver en eux de quoi

s. d.]. — Nombreux emprunts de Shakespeare à Montaigne
[*Id. ibid.*]. — Qu'à cet égard Montaigne renoue la tradition de
l'influence européenne de la littérature française. — Ce qu'il y a
dans les *Essais* qui devait déplaire à une autre génération. —
Témoignages de Balzac [*XVIIIe entretien*]; — de Pascal [*Pensées*]; — de Bossuet [*2e sermon pour la Toussaint*]; — de Malebranche. [*Recherche de la Vérité*, II, 3e p. ch. v].

5° Les Œuvres. — Si l'on néglige sa traduction de la *Théologie
naturelle de Raymond Sebon*, 1569; — et le *Journal de ses Voyages*,
qui n'a été publié qu'en 1774 seulement; — les *OEuvres* de Montaigne
se réduisent à ses *Essais*, dont il suffira de noter ici les principales
éditions.

Les Essais, 1re, 2e et 3e éditions, 1580, 1582 et 1587 [reproduites,
la première dans le texte même, et les deux autres dans les variantes
de l'édition de MM. R. Dezeimeris et Barkhausen, Bordeaux, 1874,
Féret]; — *Les Essais*, 4e édition, 1 vol., in-4, 1588, Abel l'Angelier
[reproduite dans l'édition Motheau-Jouaust, 7 vol. in-18; Paris, 1872.
1875, Jouaust]; — *Les Essais*, 5e édition, 1 vol. in-f°, 1595, Abel
l'Angelier et Michel Sonnius [reproduite dans l'édition Courbet et
Royer, 4 vol. in-8; Paris, 1872-1877, A. Lemerre].

On peut citer encore l'édition de P. Coste (celui qui rougis-
sait quand on parlait devant lui de Montaigne), 3 vol. in-4; Lon-

remplir et comme nourrir ces formes dont ils n'avaient guère imité jusque-là que les contours. Ils descendront en eux. Que si peut-être ils n'y découvrent pas les mêmes raisons de se complaire en soi que cet épicurien, ils en rapporteront toujours quelque chose. C'est le trésor commun de l'humanité qui s'en augmentera. Et comme l'homme enfin, en tout temps, à tout âge, en tous lieux, est ce qu'il y a de plus intéressant, de plus instructif et de plus utile à connaître pour l'homme, l'œuvre littéraire nous apparaît désormais fondée sur l'*Observation psychologique et morale*.

A une condition cependant, qui est qu'une règle plus haute que celle de la nature devienne la guide et comme la loi de cette observation de nous-mêmes. Nous étu-

dres, 1724, à laquelle s'ajoute, dans le même format, le volume des *Voyages* ; — l'édition de Naigeon, 4 vol. in-8, Paris, 1802, Didot, — et l'édition J.-V. Leclerc, 5 vol. in-8, Paris, 1826, Lefèvre. — C'est cette édition qui est devenue la « vulgate » du texte de Montaigne.

V. — **La Satire Ménippée** [1593-1594].

1º Les Sources. — Presque toutes les pièces un peu particulières, nécessaires ou utiles à l'intelligence de la *Satire Ménippée*, ont été réunies dans l'édition de Ratisbonne, donnée par Prosper Marchand, 3 vol. in-12, 1726, chez les héritiers de Mathias Kerner. — Joignez l'introduction de Charles Labitte à son édition de la *Satire*, Paris, s. d. ; — et, du même : *Les Prédicateurs de la Ligue*, Paris, 1841.

2º Le Pamphlet ; — et qu'il n'en faut exagérer ni le mérite, qui est tout à fait secondaire, ni la hardiesse, ni les conséquences. — La *Satire* n'a point « donné la France à Henri IV », puisqu'elle a paru en 1594, et que la guerre civile n'a été pacifiée qu'en 1598 ; — il n'y a point de hardiesse : 1º à se mettre cinq pour écrire un livre, et nous savons assez que la division des risques est le principe même de l'assurance ; — il n'y en a pas non plus : 2º à garder l'anonyme ; — et 3º à avoir publié un pamphlet de cette nature *neuf*

dierons en nous la nature, mais ce sera pour la discipliner. Catholiques ou protestants, c'est un point dont on ne tardera pas à tomber d'accord, et là est le bénéfice net, si l'on ose ainsi parler, du mouvement de la Réforme et des guerres de religion. On a eu peur, nous l'avons dit, de la sombre et désespérante morale de Calvin. Mais, de son enseignement, on n'en a pas moins retenu l'utilité, la nécessité, l'urgence même de réagir contre la licence croissante des mœurs. Lisez à cet égard les *Discours politiques et militaires* de La Noue; la *Sagesse* de Charron et ses *Trois Vérités*; ou encore la *Philosophie stoïque* de Du Vair. Par des chemins différents, tous ces écrits, d'origine et de caractères si divers, tendent ensemble à deux ou trois fins : dont la première

mois après la *conversion*, et *trois mois* après la rentrée d'Henri IV à Paris. — Toute la bravoure des auteurs ne consiste donc qu'à avoir royalement injurié des gens à terre et que d'ailleurs ils n'avaient pas eux-mêmes renversés. — Les auteurs de la *Ménippée* : Pierre le Roy, Gillot, Nicolas Rapin, Jean Passerat, Florent Crestien et Pierre Pithou : — et qu'ils n'ont pas fait preuve en se coalisant d'un talent qu'aucun d'eux ne possédait personnellement. — Il y a d'ailleurs dans quelques passages de la *Satire* une certaine verve de caricature; — de satire même; — et presque d'éloquence [Cf. la *Harangue*, souvent citée, *du lieutenant civil Dreux d'Aubray*]. — Mais on n'y trouve pas ombre d'élévation ni de noblesse; — ce sont des bourgeois furieux d'être gênés dans leurs plaisirs; — ce sont aussi de grands ennemis des Jésuites; — et ils ont sans doute aimé leur patrie; — mais la *Satire Ménippée* n'en est pas moins à rayer du nombre des « grands monuments de l'esprit français ».

VI. — **Pierre Charron** [Paris, 1541; † 1603, Paris].

1° LES SOURCES. — Bayle, dans son *Dictionnaire*, article CHARRON; — Franck, *Dictionnaire des sciences philosophiques*, article CHARRON; — Poirson, *Histoire du règne d'Henri IV* [V. ci-dessus]; — Vinet : *Moralistes français au xvi° siècle*.

2° LE PHILOSOPHE. — Caractère énigmatique du personnage : —

est de rendre à la morale éternelle quelque chose au moins de son ancien empire ; la deuxième, de soustraire l'esprit français à des influences étrangères que l'on regarde alors bien moins comme des entraves à sa liberté que comme les causes de sa corruption ; et la troisième enfin, d'imposer à l'individu, dans l'intérêt commun de la société, les qualités ou les vertus dont il ne se soucierait pas pour lui-même.

De ces trois intentions, la première se marque surtout dans les *Discours* du brave La Noue, si l'on ne saurait être en effet plus soucieux que cet homme de guerre de l'intégrité des mœurs, de l'éducation de la jeunesse, et de l'avenir de son pays. Guillaume du Vair ne l'est pas moins dans sa *Philosophie des stoïques*, dont le titre seul

il a été prêtre ; — il a même voulu se faire chartreux ; — de pieux prélats l'ont protégé ; — cependant il passe pour un « libertin » — et la contradiction qu'on remarque entre son personnage et sa réputation, se retrouve entre ses deux principaux ouvrages : — le *Traité des Trois Vérités*, lesquelles sont : 1° qu'il y a un Dieu ; 2° que ce Dieu n'a été connu que des chrétiens ; 3° que ce Dieu n'est adoré comme il l'a voulu que dans le catholicisme ; — et le *Traité de la Sagesse*, où la plupart n'ont voulu voir qu'une systématisation du « scepticisme » de Montaigne. — Que la chronologie ne tranche pas la difficulté, puisqu'il connaissait Montaigne quand il a donné son *Traité des Trois Vérités*.

Examen du *Traité de la Sagesse*. — Pour ne rien dire des anciens, trois contemporains y sont copiés sans scrupule : Bodin [Cf. *Sagesse*, II, ch. 44]; Montaigne [Cf. II, chap. viii]; et G. du Vair [Cf. III, chap. xxviii]. — Signification de ces plagiats. — Charron essaie de faire la synthèse des idées de son temps ; — et c'est ce que prouve l'effort vers la composition, qui est la principale originalité de son livre. — Trois idées maîtresses dans *la Sagesse* : 1° bonté de la nature [Cf. II, chap. iii]; — et cependant; 2° misère infinie de l'homme [Cf. I, *passim*]; — d'où 3° mépris souverain de la mort [Cf. II, chap. ii]. — Liaison que Charron établit entre ces trois idées ; — sa confiance dans la raison humaine ; — dans le pouvoir de la volonté ; — dans l'universalité de la loi morale.

indique assez l'esprit. Il s'y agit déjà, — comme le fera plus tard Pascal, — d'opposer Épictète à Montaigne, les leçons de l'effort volontaire à l'insouciance épicurienne, la philosophie de la raison à celle de la nature! Il faut vivre selon la nature; mais notre « nature » est déterminée par notre fin; et « la fin de l'homme, de toutes nos pensées et de tous nos mouvements, c'est le bien »; et « notre bien » ne consiste qu'en « l'usage de la droite raison, qui est à dire en la vertu ». Nous voilà loin de Rabelais ou de Montaigne même! Que si du Vair ne fait là que paraphraser Épictète, c'est d'ailleurs un symptôme qui a son importance à lui seul que ce choix d'Épictète pour guide. L'expérience a fait comprendre la nécessité d'une direction morale. Les crimes de Catherine, les

Qu'au sortir de cet examen, il nous apparaît comme un « type de transition »; — précurseur de Descartes, — et de Pascal, — autant que disciple et continuateur de Montaigne. — Descartes l'a-t-il lu? — Mais Pascal l'a sûrement beaucoup pratiqué; — et à ce propos que les annotateurs de Pascal ont trop oublié Charron. — On sait comme il est facile et difficile à la fois de passer de Montaigne à Pascal; — mais c'est vraiment Charron qui fait entre eux le pont. — Il n'a pas cru d'ailleurs qu'il pût être mauvais à la religion d'en fonder l'empire sur les bases de la raison; — c'est ce qu'il a loyalement essayé de faire; — et ainsi ses contradictions ne viennent que de ce qu'il n'a pas saisi la portée de quelques-unes de ses assertions.

3° Les Œuvres. — *Les Trois Vérités contre les athées, idolâtres, juifs, hérétiques et schismatiques*, Bordeaux, 1593; — *Discours chrétiens de la Divinité, Création, Rédemption*, Bordeaux; — *Traité de la Sagesse*, Bordeaux, 1601.

Ce dernier ouvrage est le seul des trois qu'on ait souvent réimprimé.

VII. — **Guillaume du Vair** [Paris, 1556; † 1621, Tonneins].

1° Les Sources. — Richelieu, dans ses *Mémoires*; — Niceron, dans ses *Hommes illustres*, t. XLIII; — C. Sapey, *Essai sur la vie et les ouvrages de G. du Vair*, Paris, 1847; — E. Cougny, *Guillaume du Vair*, d'après des documents nouveaux, Paris, 1857.

débauches d'Henri III, la corruption de la cour ont comblé la mesure. On n'en veut plus ! Et, en attendant que ce mouvement se termine par un retour à la religion, on essaie de fonder en raison, de séculariser ou de laïciser les enseignements que la religion donnait naguère au nom de sa seule autorité.

Pour y parvenir, on essaie en même temps de se dégager de la pression ou de l'obsession des influences étrangères. Elles sont deux : l'italienne d'abord, qui, sous le long règne de la mère de trois rois, s'est étendue de la littérature à la langue, et de la langue aux mœurs ; et en second lieu l'espagnole, dont le progrès dans l'Europe entière a suivi les progrès de la politique ou des armes de Charles-Quint et de Philippe II. Tandis que les femmes

2º L'HOMME ET L'ÉCRIVAIN. — Injuste oubli dans lequel est tombé Du Vair ; — quoique d'ailleurs il ait été évêque-comte de Lisieux, — premier président du parlement de Provence ; — et deux fois garde des sceaux de France ; — ou peut-être pour l'avoir été. — Son rôle politique ne semble pas en effet avoir ajouté beaucoup à sa réputation [Cf. Bazin, *Histoire de France sous le règne de Louis XIII*. — Il n'a pas non plus laissé de trace bien profonde dans l'histoire de l'Église ; — n'ayant été fait évêque de Lisieux qu'à plus de soixante ans ; — mais il a beaucoup aimé les lettres ; — et nul avant lui n'a fait faire plus de progrès à l'éloquence française ; — par ses traductions d'Eschine, de Démosthène, de Cicéron [*Pour* et *Contre Ctésiphon* et *Pour Milon*] ; — par la collection de ses *Arrêts rendus en robe rouge* ; — et par le sentiment très délicat de ce qui manquait encore à la langue [Cf. son *Traité de l'Éloquence française, et des raisons pourquoi elle est demeurée si basse*].
Que son rôle philosophique n'a pas été non plus sans réelle importance. — De sa traduction du *Manuel d'Épictète* et de son *Traité de la philosophie des Stoïques*. — Comment son œuvre est connexe de celle de Charron, qu'elle éclaire ; — mais, de plus que Charron, il a été mêlé aux grandes affaires, et de là sa supériorité d'expérience ; — le champ de l'observation psychologique et morale s'en élargit d'autant. — Il se fait aussi de la dignité de la raison et du pouvoir de la volonté une idée plus « stoï-

s'éprenaient du romanesque des *Amadis,* la langue usuelle se chargeait et se bigarrait d'italianismes. Termes de guerre et termes de cour, termes d'art et termes de débauche, Henri Estienne a dressé la liste de ceux qui sont entrés dans notre vocabulaire, et qui tous ou presque tous y sont demeurés depuis lors. La Noue, avec son *Discours sur les Amadis,* n'a pas prévalu davantage contre la mode des romans et l'imitation des mœurs espagnoles. Il put sembler un moment que les auteurs de la *Satire Ménippée* fussent plus heureux, mais n'a-t-on pas un peu exagéré l'importance politique de ce pamphlet célèbre? En tout cas, et quand il aurait valu des armées, l'importance littéraire n'en est pas pour cela beaucoup plus considérable. Mais encore ici, comme plus

cienne »; — et plus haute, par conséquent, de la hauteur dont le point de vue stoïque dépasse le point de vue épicurien. — Enfin, dans son *Traité de la sainte philosophie,* il accomplit le dernier pas : — après avoir essayé de séculariser la morale, il y renonce ; — et ne voyant plus de remède à la corruption que dans le retour à la morale chrétienne, il en proclame la nécessité. — Analogie de cette évolution avec celle de la pensée de Pascal. — Les *Traités philosophiques* de Du Vair sont aussi nécessaires que *la Sagesse* à l'intelligence du mouvement d'où va sortir le jansénisme.
3° LES ŒUVRES. — Les éditions de Du Vair étant très nombreuses, nous suivons ici pour l'énumération de ses œuvres l'ordre de la plus complète, qui nous a paru être celle de 1617[1], à Cologne, chez Pierre Aubert. — 1° *Actions et Traités oratoires,* 1586-1614, parmi lesquels on notera : *Exhortation à la paix adressée à ceux de la Ligue* et la *Suasion de l'arrêt pour la loi salique au Parlement;* — 2° *De l'Éloquence française,* comprenant le traité proprement dit et les trois traductions ci-dessus citées ; — 3° *Arrêts prononcés en robe rouge,* dont il y a trois de plus dans l'édition de 1641, in-f°, que dans l'édition de 1617, soit en tout huit ; —

1. Nous n'avons pu réussir à retrouver les dates précises de la première publication des Œuvres séparées de Du Vair; et nous devons faire observer que, par exemple, on assigne à ses *Traités philosophiques* la date de 1606, qui est certainement erronée, puisqu'on en trouve des passages entiers dans *la Sagesse* de Charron, qui est mort en 1603.

haut, le symptôme est significatif. Contre l'enthousiasme
de la Pléiade et l'engouement des gens de cour pour les
choses d'Italie ou d'Espagne, une tradition de résistance
est créée. Un but aussi est indiqué, que l'on ne touchera
pas tout de suite, mais que l'on ne perdra plus de vue.
La « nationalisation » de la littérature, si les circonstances ne lui permettent pas de se réaliser encore, est
devenue l'objet que les écrivains, la société, la royauté
même vont se proposer; et, en un mot, si l'idéal classique
n'a encore qu'une conscience un peu vague de lui-même,
il est cependant déjà formé. C'est ainsi que l'enfance du
talent ou du génie s'agite confusément, se disperse en
apparence ou même se dissipe, mais une force intérieure
ne le dirige pas moins, de traverse en traverse, à son

4° *Traités philosophiques*, comprenant, en plus des ouvrages déjà mentionnés, un *Traité de la Constance* et une *Exhortation à la vie civile*; — 5° *Traités de piété et méditations*, comprenant le *Traité de la sainte philosophie*, et des *Méditations* sur l'Oraison dominicale, sur le cantique d'Ezéchiel, sur les Psaumes de la Pénitence, etc., etc.
Nous ne connaissons pas d'édition moderne de Du Vair.

VIII. — **François de Sales** [château de Sales, en Savoie, 1567; † Lyon, 1622].

1° Les Sources. — Charles-Auguste de Sales, *Histoire du bienheureux François de Sales*, 1634; — Bossuet, *Panégyrique de François de Sales*, 1662; — *Bulle de canonisation de saint François de Sales*, 1665; — Sainte-Beuve : *Port-Royal*, livre I, chap. IX et X et *Causeries du Lundi*, t. VII; — A. Sayous : *La littérature française à l'étranger*, t. I, chap. I et II; Paris, 1853; — Robiou : *Essai sur la littérature pendant la première moitié du* XVII° *siècle*, Paris, 1858 [1].

2° Le Controversiste, l'Écrivain, l'Orateur. — François de Sales appartient à l'histoire de la littérature comme controversiste,

[1]. Naturellement, nous ne croyons pas devoir énumérer ici les publications très nombreuses qui relèvent plutôt de l'hagiographie que de l'histoire de la littérature.

but; et son originalité s'enrichit de la contrariété même de ses expériences.

On lit encore dans un traité de Guillaume du Vair : « De tous les biens que la société civile nous apporte, il n'y en a point que nous devrions plus estimer et chérir que l'amitié des honnêtes gens; *car c'est la base et le pivot de notre félicité. C'est elle qui gouverne toute notre vie, qui adoucit tout ce qui y est d'amer, qui assaisonne tout ce qui y est de doux.* Elle nous donne dans la prospérité à qui bien faire, avec qui nous réjouir de notre heur, en l'affliction qui nous secoure et console, en la jeunesse qui nous montre et enseigne, en la vieillesse qui nous aide et raisonne, en l'âge d'homme qui nous assiste et seconde. » Et d'abord on est tenté de ne voir là qu'un

---

écrivain « ascétique » et prédicateur. — Sa famille et son éducation. — Le collège de Clermont et l'université de Padoue. [Cf. Antonio Favaro : *Galileo Galilei e lo studio di Padova*. Florence, 1883]. — Les débuts de François de Sales. — Son entrevue avec Théodore de Bèze. — La mission du Chablais [1594-1598]; — et les premiers écrits de François de Sales : *Les Controverses* et la *Défense de l'étendard de la Croix*. — De la précision de coup d'œil, et de la netteté d'argumentation avec laquelle il réduit l'essentiel de la controverse entre protestants et catholiques à la matière de l'Église. — Son séjour à Paris en 1602; — et l'*Oraison funèbre du duc de Mercœur*. — Il est sacré évêque de Genève, 1602.

De l'*Introduction à la vie dévote*; — et comment dans ce livre François de Sales continue l'œuvre de Du Vair. — Charme et séduction du livre. — Les « harmonies de la nature » dans le livre de François de Sales. — Il est le premier des Savoyards qui vont illustrer la littérature française [Cf. Sayous, *Littérature française à l'étranger*]. — Dans quelle mesure peut-on dire qu'il ait rendu la dévotion traitable, mondaine et séduisante? — Sévérité réelle de sa doctrine; — et que, s'il la présentait d'une autre manière, elle ne serait plus le christianisme, mais le stoïcisme. — Le *Traité de l'amour de Dieu*.

De François de Sales comme prédicateur; — et pourquoi l'a-t-on

lieu commun de morale. Mais quand on en pèse tous les termes « comme aux balances des orfèvres ; » et, d'autre part, quand on les confronte avec les événements de l'histoire du temps ; lorsque l'on sait enfin qu'ils sont contemporains de cette politique d'apaisement dont le souvenir demeure inséparable des belles années du règne d'Henri IV, il semble qu'ils revêtent une signification nouvelle. Parmi les maux de la guerre civile, compliqués de ceux de la guerre étrangère, on a compris ce que nous appellerions aujourd'hui la grandeur de l'institution sociale, et que le pire des malheurs était d'en voir les liens se briser ou seulement se détendre. On ne croit plus que l'objet de chacun soit le libre développement des puissances que la nature peut avoir mises en lui ; et on ne croit pas

oublié parmi les « précurseurs de Bossuet » [Cf. Jacquinet : *Les Prédicateurs du* XVII*ᵉ siècle avant Bossuet*; et Freppel, *Bossuet et l'éloquence sacrée au* XVII*ᵉ siècle*]. — Comparaison du *Sermon pour la fête de l'Assomption*, 1602, avec ceux de Bossuet sur le même sujet. — Utilité de ce genre de comparaisons, et qu'il n'y a pas de plus sûr moyen de caractériser les divers orateurs de la chaire. — Autre comparaison du *Sermon pour la veille des Roys* avec celui de Fénelon sur le même sujet. — Le *Traité de la prédication*, et la rhétorique de François de Sales. — « Le souverain artifice est de ne pas avoir d'artifice ». — Si François de Sales a toujours été lui-même fidèle à sa propre recommandation ? — Qu'il y a quelque afféterie, quelque affectation de mignardise et de naïveté dans sa manière. — Recommandation singulière qu'il fait au prédicateur de semer son discours d' « exclamations familières : comme ô Dieu ! bonté de Dieu ! ô bon Dieu ! Seigneur Dieu ! vrai Dieu ! eh ! hélas ! ah ! mon Dieu ».

3° LES ŒUVRES. — Elles se divisent en deux groupes : *Œuvres polémiques* et *Œuvres ascétiques*. Les premières comprennent : *Les Controverses*, — *la Défense de l'estendard de la Croix* — et quelques opuscules de moindre importance. — Les secondes se composent de l'*Introduction à la vie dévote*, 1608 ; — du *Traité de l'Amour de Dieu*, 1612 ; — et des *Entretiens spirituels*, qui n'ont paru pour la première fois qu'en 1629. — Il y faut joindre quelques

davantage, avec l'auteur des *Essais*, que, comme des noix dans un sac, ainsi les hommes finissent toujours par « s'appiler » et se tasser dans une espèce d'inertie coutumière qui ressemble à de l'ordre. Mais tout de même que la santé du corps, que l'on croit être un don de la nature, n'est à vrai dire que le résultat d'une hygiène, et, par conséquent, d'un « travail » approprié, il ne suffit pas non plus d'abandonner le corps social à lui-même pour qu'il trouve son point d'équilibre, et il faut que chacun de nous travaille de sa personne à le rétablir constamment.

C'est ce que veut dire le bon Du Vair, et avec lui, comme lui, c'est ce que sentent ou ce que pensent le théologal de Condom, Pierre Charron, dans son *Traité*

opuscules, notamment l'opuscule sur les *Degrés d'oraison*, les *Lettres spirituelles* ou de *direction*, et les *Sermons*. — La correspondance laïque du saint vaut aussi la peine d'être lue.

Peu de livres ont été plus souvent réédités que l'*Introduction à la vie dévote*. — Quant aux *Œuvres complètes*, il y en a deux bonnes éditions, mais que remplace dès à présent celle qui se publie en ce moment même « par les soins des religieuses de la Visitation du premier monastère d'Annecy », et dont il a déjà paru huit volumes; Annecy, imprimerie Niérat.

IX. — **Mathurin Regnier** [Chartres, 1573; † 1613, Rouen].

1° Les Sources. — Goujet, dans sa *Bibliothèque française*, t. XIV; — Sainte-Beuve, *Tableau de la Poésie française au xvie siècle : Mathurin Regnier et André Chénier*, 1829; — Viollet-le-Duc, *Notice*, en tête de son édition des *Satires*, 1853; — Robiou, *Essai sur l'histoire de la littérature et des mœurs*, etc., Paris, 1858; — Garsonnet, *Étude sur Mathurin Regnier*, Paris, 1859 et 1877; — Courbet, *Notice*, en tête de son édition des *Satires*, Paris, 1875. — J. Vianey, *Mathurin Regnier*, Paris, 1896.

2° L'Homme et le Poète. — Que Regnier, quand il commence d'écrire, n'est déjà qu'un « attardé; » — comme libertin, qui s'efforce de retenir la licence des mœurs d'un autre âge; — et comme disciple de Ronsard, qu'il copie outrageusement. — Ses

de la Sagesse; Honoré d'Urfé, le gentilhomme forézien, le mari malheureux de la belle Diane de Chateaumorand, dans cette *Astrée* qui va devenir le code de la société polie; François de Sales encore dans son *Introduction à la vie dévote*. Nous ne sommes pas faits pour nous, mais pour les autres hommes, et même, ce que nous pouvons être, nous ne le devenons que par l'usage des autres hommes. Dans l'intérêt de la société des hommes, et par conséquent, dans son intérêt même, personnel et particulier, que chacun de nous abdique donc un peu de cet égoïsme qui lui est d'ailleurs si naturel ! Pour quelques sacrifices qu'il nous en coûtera, nous en serons plus que payés par les plaisirs d'une douceur toute nouvelle de vivre. Puisque nous avons tous un continuel besoin les

qualités : — franchise de l'expression et verdeur de la langue, poussée souvent jusqu'à la grossièreté [Cf. *Satire* XIII]; — le don de voir, de peindre et de satiriser [Cf. *Satire* VIII]; — l'apparence au moins, sinon toujours la réalité de l'aisance et du naturel [Cf. *Satires* III *et* VII]. — Ses défauts : — l'incorrection et la prolixité [Cf. *Satire* I]; — le manque de goût et l'absence d'art [Cf. *Satire* X] :

> Ses nonchalances sont ses plus grands artifices;

— le manque d'invention et d'idées. — D'où vient sa réputation ? — De ce qu'il a plu à Boileau de le tirer de l'ombre; — de ce qu'il est Gaulois; — et de ce qu'en un certain sens, par la force de quelques-uns de ses vers, il fait un des anneaux entre Rabelais, par exemple, et Molière.

3° LES ŒUVRES. — Si l'on met à part quelques épigrammes, — deux *Élégies*; — et quelques pièces obscènes égarées dans la collection du *Cabinet satyrique*; — les œuvres de Regnier se réduisent à ses *Satires*, qui sont en tout au nombre de dix-neuf.

La meilleure édition qu'on en ait est celle de Courbet, Paris, 1875, Lemerre; — à laquelle deux opuscules de M. Dezeimeris. Bordeaux, 1876 et 1880; — et les recherches de M. Vianey [1896] permettraient d'apporter encore de nombreuses améliorations.

uns des autres, établissons entre nous les bases d'une « honnête amitié » qui, d'un secours ou d'une aide, nous deviendra tôt ou tard une jouissance. Organisons la vie sociale. Faisons qu'elle consiste non seulement dans un échange habituel de services, mais aussi de sentiments ou d'idées. Multiplions les occasions de nous réunir, ce sera multiplier les moyens de nous entendre ; et de chacun de nous se dégagera, pour ainsi dire, un modèle d'honnête homme, qui n'aura pas « d'enseigne » ou de « spécialité », comme nous dirions de nos jours. Nous tenons là l'idée dernière du classicisme, et l'histoire de la littérature française pendant cent cinquante ou deux cents ans ne va plus être que l'histoire des transformations ou des progrès de cette idée maîtresse.

X. — **Honoré d'Urfé** [Marseille, 1568; † 1625, Villefranche, Alpes-Maritimes].

1° LES SOURCES. — D'Urfé lui-même, en plusieurs épisodes de son *Astrée*, qui ne sont que son histoire personnelle « romancée »; — Patru : *Éclaircissements sur l'histoire de l'Astrée*, dans la collection des *Plaidoyers et œuvres diverses de M. Patru*, Paris, 1681, Mabre-Cramoisy; — Auguste Bernard, *Les d'Urfé*, Paris, 1839; — Robert Bonafous, *Études sur l'Astrée et Honoré d'Urfé*, Paris, 1846; — Louis de Loménie, *L'Astrée et le roman pastoral*, dans la *Revue des Deux Mondes* du 15 juillet 1858; — Émile Montégut, *En Bourbonnais et en Forez*, Paris, 1880; — Körting, *Geschichte des französischen Romans im* XVII *Jahrhundert*, Leipsig et Oppeln, 1885-1887.

2° LES ORIGINES DE L'ASTRÉE. — Biographie d'Honoré d'Urfé : — Son premier écrit : Les *Epistres morales*, 1598; — son mariage avec Diane de Châteaumorand; — ses malheurs conjugaux; — son poème du *Sireine*, 1606. — La composition de l'*Astrée*. — Le mélange de la fiction et de la réalité [Cf. Patru, *Éclaircissements*, etc.]. — Le cadre du récit et la *Diana enamorada* de Georges de Montemayor. — La couleur du récit et le roman pastoral; — la vogue européenne du roman pastoral; — les *Arcadia* de Sannazar et de Sydney; — Les descriptions du Forez dans le roman de

Ainsi, dans les dernières années du règne d'Henri IV, si nous voulons mesurer, en quelques mots, le chemin accompli, nous voyons une littérature originale et nationale tendre à se dégager de l'imitation des littératures étrangères. A en juger par les plus caractéristiques des symptômes que nous avons signalés, cette littérature sera surtout « sociale »; et on veut dire par là qu'elle se proposera d'entretenir, de développer, de perfectionner l'institution sociale. Étant sociale, elle sera générale, ce qui signifie qu'elle ne sera pas, ou rarement, l'expression de la personnalité de l'écrivain, mais plutôt celle des rapports de l'individu avec les exigences d'une humanité idéale, analogue ou identique à elle-même en tout temps, en tous lieux, éternellement subsistante, pour ainsi parler,

d'Urfé [Cf. Montégut, *En Bourbonnais*, etc.]; — les anecdotes de cour; — l'intention symbolique [Cf. la dédicace de l'*Astrée*]. — Des rapports de l'*Introduction à la vie dévote* et du roman de l'*Astrée*.

3º LE CARACTÈRE DE L'ASTRÉE. — Aspect général de l'œuvre; — et que, bien loin que les épisodes y soient, comme dans d'autres romans de la même forme, des hors-d'œuvre par rapport au récit principal, c'est le récit principal qui n'est que le prétexte ou l'occasion des épisodes. — Diversité d'intérêt qui en résulte : — 1º Episodes historiques [*Eudoxe et Valentinian*, II⁰ partie, livre 12]; — 2º Allusions contemporaines [*Euric, Daphnide et Alcidon*, III⁰ partie, livre 3]; — 3º Inventions personnelles [*Damon et Madonthe*, II⁰ partie, livre 6]. — La forme des récits n'est pas moins variée : — descriptions [II⁰ partie, livre 5]; — conversations [II⁰ partie, livre 12]; — narrations [III⁰ partie, livre 7], on y trouve des modèles de tout, de lettres encore et de sonnets d'amour; — sans compter quelques pages d'une touche plus réaliste ou plus brutale. — Du style de l'*Astrée* : — son élégance et sa clarté; — sa douceur et sa fluidité; — sa justesse dans l'abondance, — sa valeur psychologique; — et, comme conséquence, de la peinture des variétés de l'amour dans l'*Astrée*. — L'amour sensuel et brutal [*Eudoxe et Valentinian*, II⁰ partie, livre 12]; — l'amour volage et capricieux [*Hylas*, Ire partie, *passim*]; — l'amour jeune et passionné

et à ce titre, définie par des caractères immuables. Sociale dans son objet, générale dans ses moyens d'expression, cette littérature sera encore morale, dans la mesure précise où il ne saurait exister de société sans morale. Entendez par cette restriction qu'elle s'attachera moins à traduire dans ses œuvres ce que toute morale a d'absolu dans son principe que ce qu'elle a toujours de relatif dans ses applications. Cette morale ne sera donc ni la morale chrétienne du détachement et du sacrifice, ni même la morale stoïcienne de l'effort : ce sera une morale « mondaine ». Et enfin cette littérature ne pourra manquer d'attacher une grande importance aux agréments de la forme, en premier lieu parce qu'il faudra qu'elle plaise pour persuader ; en second lieu, parce que la forme

[*Chryséide et Arimant*, IIIe partie, livres 7 et 8] ; — l'amour chevaleresque [*Rosanire, Céléodante et Rosiléon*, IVe partie, livre 10] ; — l'amour mystique [*Céladon et Astrée*]. — Variété des caractères. — Qu'il ressort enfin de l'ensemble du livre une impression de charme et d'apaisement sans analogue jusqu'alors dans la littérature ; — qui explique sa fortune, l'une des plus prodigieuses qu'il y ait dans l'histoire littéraire : — et sa longue influence.

4° DE L'INFLUENCE DE L'ASTRÉE. — S'il faut lui faire une part dans la formation de la société précieuse ? — Qu'en tout cas, c'est d'elle que vont procéder, pendant plus de vingt ans le théâtre ; — et pendant plus de cinquante ans le roman ; — si la *Princesse de Clèves* n'est à vrai dire qu'un épisode de l'*Astrée*. — On peut aller plus loin encore [Cf. Montégut, *En Bourbonnais*, etc.] et retrouver quelque chose de l'inspiration de l'*Astrée* : — dans les tragédies de Racine ; — dans les comédies de Marivaux ; — dans les romans de Prévost ; — dans J.-J. Rousseau ; — et peut-être de nos jours même jusque dans certains romans de Georges Sand. — C'est comme si l'on disait que le succès de l'*Astrée* a donné son orientation à tout un grand courant de notre littérature.

5° LES ŒUVRES. — Nous avons déjà cité *les Epistres morales*, 1598 ; — et *le Sireine*, 1606 ; — Il y faut joindre la *Sylvanire*, fable bocagère, 1627, et les *Amours de Floridon*.

Quant à l'*Astrée*, les deux premiers volumes en parurent en 1610

seule est capable de sauver les généralités du « lieu commun », qui en est l'écueil ; et en troisième lieu, parce qu'elle a déjà refait sa « Poétique » et sa « Rhétorique » sur le modèle du latin. Voyons-la maintenant à l'œuvre et suivons-en le développement.

ou peut-être en 1608 ; les deux seconds en 1616 ; le cinquième et le sixième en 1619. Les quatre autres sont posthumes ; et on n'y peut guère distinguer la part qui en revient à d'Urfé de celle qui appartient à Baro, son continuateur. C'est pour cela que nous n'en avons pas tenu compte dans l'analyse du roman.

La meilleure édition de l'*Astrée* est celle de 1647, chez Toussaint Quinet et Antoine de Sommaville.

CHAPITRE II

LA NATIONALISATION DE LA LITTÉRATURE

I

Je ne sais si la guerre est « divine », mais il semble bien que la lutte soit « une loi du monde »; aucun triomphe n'est vraiment pacifique; et les idées elles-mêmes

LES AUTEURS ET LES ŒUVRES

Quatrième Époque

De la formation de la société précieuse à la « première » des « Précieuses ridicules ».
1610-1659

I. — **L'hôtel de Rambouillet.**

1° Les Sources. — Tallemant des Réaux dans ses *Historiettes*; — Balzac et Voiture, dans leurs *Lettres*; — Madeleine de Scudéry, dans son *Artamène, ou le Grand Cyrus*; — Bodeau de Somaize, *le Grand dictionnaire des Prétieuses*, 1661; — Fléchier, *Oraisons funèbres* de la duchesse, et du duc de Montausier.

Rœderer : *Mémoire pour servir à l'histoire de la société polie*, Paris, 1835; — Walckenaer, *Mémoires sur Mme de Sévigné*, t. I et II, Paris, 1852; — V. Cousin : *la Société française au xviie siècle*, Paris, 1858. — A. Fabre, *la Jeunesse de Fléchier*, Paris, 1882.

2° Théorie générale de la Préciosité.

A. *De la préciosité comme conception littéraire.* — Elle consiste à croire : — 1° que le plaisir littéraire, comme le plaisir musical, ou

n'établissent guère leur empire qu'aux dépens et sur les ruines d'autres idées, qu'elles remplacent. Pour que la littérature française achevât de réaliser son véritable caractère, plusieurs conditions étaient donc encore nécessaires au commencement du XVIIe siècle; et il fallait en premier lieu que l'opinion achevât de soumettre ou de refouler cet esprit d'individualisme, d'indiscipline et de licence qu'aussi bien, dans l'ordre politique lui-même, Henri IV n'avait pas entièrement comprimé ni réduit. L'un des livres les plus énigmatiques de notre littérature, qui en est aussi l'un des plus orduriers, *le Moyen de parvenir*, de Béroalde de Verville, est contemporain de l'*Astrée*, qui

comme le plaisir pittoresque, a quelque chose de spécifique, ou d'unique en son genre, — ce qui est vrai; — 2° que ce plaisir procède essentiellement de la forme, c'est-à-dire du tour ou de la façon que l'on donne aux choses que l'on dit, — ce qui est déjà moins vrai; — et, 3° qu'il est en proportion de l'effort qu'on a fait ou des difficultés qu'on a dû surmonter pour trouver cette façon de dire, — ce qui n'est plus du tout vrai. — Analogies et différences de cette conception avec la conception de l'art pour l'art. — Que la principale en consiste en ceci qu'au lieu de la réalisation de la « beauté, » c'est celle de la « mode » que la préciosité se propose pour objet. — Conséquences qui en résultent : — 1° On prend le pédantisme, et l'érudition, ou la tradition même en horreur; — 2° on n'apprécie, dans les choses de l'esprit comme dans la conversation, comme dans le vêtement, que l'air de modernité; — 3° on tend, par suite, à exagérer la distance qui sépare les « honnêtes gens » du vulgaire.

B. *De la préciosité comme maladie du langage.* — Qu'elle consiste à traiter le langage, non plus même comme « œuvre d'art »; — mais comme occasion de faire soi-même étalage de sa virtuosité.

E del poeta il fin la maraviglia.
Chi non sa far stupir, vada alla striglia. [MARINO]

[Cf. de Sanctis : *Storia della Letteratura italiana*, t. II; Menendez y Pelayo, *Historia de las ideas esteticas en España*, t. II; et Mézières, *Prédécesseurs et contemporains de Sha-*

n'est pas exempte elle non plus, de quelque impudence de langage ou de grossièreté de sentiments; et l'obscène collection de ce *Parnasse satyrique*, dont à peine ose-t-on citer le titre, suffirait toute seule à faire foi de l'état des mœurs aux environs de 1610.

Nous en avons un autre témoignage dans les *Satires* de Mathurin Regnier. Souvent citées, pour quelques vers heureux, — devenus avant ceux de Boileau proverbes en naissant, — peu lues, mais d'autant plus vantées, les *Satires* de Regnier sont comme qui dirait la protestation de l'esprit gaulois contre le nouvel idéal. Ennemi naturel, non seulement de toute contrainte, mais de toute règle

---

kespeare.] — Quelques caractères de la maladie : — ne rien nommer par son nom, mais procéder toujours par périphrase, allusion, ou sous-entendu; — exagérer plaisamment les petites choses, et abaisser les grandes au ton de la conversation; — jouer sur les mots, faire des *pointes*, des *concetti*, des *agudezas*,

> Ne dis plus qu'il est amarante
> Dis plutôt qu'il est de ma rente;

tirer des comparaisons d'où l'on ne les attendait point; — pousser à bout ses métaphores [Cf. *Les Femmes savantes*]; — transposer enfin tout ce que l'on dit dans un langage d'initiés; — et, à ce propos, que, si les deux mots sont les mêmes, c'est que l'*argot* et le *jargon* sont un peu la même chose.

C. *De la préciosité comme tournure ou disposition d'esprit.* — Elle consiste dans un dégoût naturel ou acquis du lieu commun; — danger de ce dégoût; — mais, d'un autre côté, ses avantages; — et qu'il a pour contre-partie le goût des choses fines, délicates, subtiles, complexes. — Comment cette disposition d'esprit tourne à la préoccupation habituelle des choses de l'amour ou de la galanterie. — Grand avantage qu'en retirent : la conversation; — la politesse des mœurs; — et généralement les relations sociales. — Les femmes entrent dans la littérature; — et avec elles y entrent les qualités qui sont les leurs; — dont ni les Montaigne ni les Rabelais n'avaient eu l'idée; — ni peut-être quelques-uns des plus grands parmi les anciens.

ou de toute loi, ce que Regnier défend et soutient dans ses *Satires*, non pas dogmatiquement, mais avec cette nonchalance, — qui est « son plus grand artifice » et son charme, — c'est l'entière et absolue liberté de l'individu. Chacun de nous est bien comme il est; il a le droit de continuer de l'être; et quiconque prétend l'en empêcher n'est de son vrai nom qu'un pédant. Je ne sache pas au moins d'idée sur laquelle il revienne plus souvent et plus complaisamment dans ses vers, si ce n'est peut-être celle-ci, que tout est relatif; et, comme on le voit bien, c'est la même. Une nombreuse école, autour de lui, pense ou sent comme lui, qui n'est pas proprement une école, en ce

3º L'Hôtel de Rambouillet.

A. De *Catherine de Vivonne, marquise de Rambouillet* [1588, † 1665]. — Sa famille; — et de ne pas prendre son père, quoique marquis de Pisani, pour un seigneur italien; — son mariage avec Charles d'Angennes, marquis de Rambouillet. — Son portrait par Tallemant [*Historiettes*, édition Paulin Paris, in-8°, II, 485]; — par Mlle de Scudéry [*Le Grand Cyrus*, édition de 1654, t. VII, 489]; — par Fléchier, dans son *Oraison funèbre*. — Son idée de génie a été de réunir, dans sa « ruelle » ou dans son « alcôve » grands seigneurs et gens de lettres sur un pied d'égalité momentanée. — Des *Salons* dans l'histoire de la littérature française. — Qu'il est étrange que ce soit Mme de Rambouillet que l'on plaisante encore, — et Mme Geoffrin dont on parle avec admiration.

B. *La vivante incarnation de la Préciosité. Vincent Voiture* [Amiens, 1598; † 1648, Paris]. — Ses *Poésies*, — et qu'il y en a dans le nombre de bien fades; — mais qu'il y en a quelques-unes d'exquises; — très supérieures à beaucoup de celles de Cl. Marot; — et comparables aux plus vantées de Voltaire [Cf. *Stances à Silvie*, — *Épître à Condé*; — *Impromptu pour Anne d'Autriche*]. — Ses *Lettres*; — et s'il est vrai, selon le mot de Voltaire, qu'elles ne soient qu'un « baladinage »? — Boileau a été plus juste. — Les *Lettres amoureuses* de Voiture pèchent évidemment par trop d'esprit; — mais, dans ses *Lettres diverses*, il y en a de très jolies [Cf. n°s 123, 109, 101, 63, 90 de l'édition Ubicini]; — et quelques-unes de vraiment émues.

C. De *Julie d'Angennes, duchesse de Montausier* [1607, † 1671]. —

sens qu'elle ne procède ni de lui, ni de personne qu'on en puisse appeler le chef, mais qui représente avec lui cet esprit ou plutôt cet instinct de résistance : épicuriens vulgaires, comme les Motin, les Sigogne et les Berthelot; irréguliers et libertins, comme ce Théophile, contre qui le père Garasse écrira sa *Doctrine curieuse des beaux esprits*; libres-penseurs hardis et cyniques, tels qu'on en trouve de portraiturés par douzaines dans les *Historiettes de Tallemant des Réaux*. Ne vaut-il pas la peine de noter en passant que toutes les « régences » de notre histoire en ont vu ou en verront surgir de semblables : régence de Catherine, régence de Marie de

Que personne plus qu'elle n'a contribué à rendre l'hôtel de Rambouillet ridicule; — et qu'en tout cas, les témoignages contemporains ne signalent rien en elle que d'assez déplaisant. — Le trop d'hommages l'a gâtée; — ses soupirants ou ses « mourants » ont encouragé chez elle trop de prétentions à l'esprit; — il semble qu'elle ait été beaucoup plus entichée que sa mère de la dignité de sa naissance et de la hauteur de son rang; — et enfin la longue attente qu'elle a imposée à Montausier ne laisse pas d'avoir jeté sur tous les deux quelque chose d'un peu comique. [Cf. sur Montausier, *Montausier et son temps*, par Amédée Roux; Paris, 1860.]

4° Influence de la Préciosité.

A. *Sur la Langue.* — Travail d'épuration, d'enrichissement, et d'ennoblissement. — La préciosité a épuré la langue d'une rouille pédantesque dont elle était encore embarrassée, dans Montaigne même; — elle l'a également épurée d'une grossièreté qui la déshonorait [Cf. Béroalde de Verville, dans son *Moyen de parvenir*, et Tallemant des Réaux, dans ses *Historiettes*]. — Elle a enrichi la langue : — par détermination du sens précis des mots; — par acquisition, invention ou création de manières de parler nouvelles; — et surtout en enseignant « le pouvoir d'un mot mis en sa place ». — Enfin la préciosité a ennobli la langue; — et il est vrai d'ailleurs qu'en l'ennoblissant elle a établi entre l'usage du vulgaire et celui des « honnêtes gens » une ligne de démarcation trop profonde.

B. *Sur les Mœurs.* — Exagération de Rœderer à ce sujet; — et de Victor Cousin; — dans leurs études sur *la Société polie*. —

Médicis, régence d'Anne d'Autriche, et régence de Philippe d'Orléans?

A qui faut-il faire honneur d'avoir contrarié d'abord, interrompu, et finalement endigué ce courant? et une fois de plus, nous écrierons-nous avec Boileau :

Enfin, Malherbe vint?...

Non sans doute, si quatre ou cinq très belles *Odes*, et quelques paraphrases des *Psaumes* ne sont après tout que de la rhétorique; et puis, si Malherbe lui-même, sans afficher le libertinage ou l'incrédulité, ne laisse pas d'avoir en prose, et dans sa vie, tout à fait manqué de distinction ou

D'un mot de Pascal sur la malice et la bonté du monde en général, « qui est toujours la même »; — mais qu'il importe cependant beaucoup de quels noms on nomme les choses. — Comment la préciosité a relevé le ton de la conversation; — et la condition de la femme. [Cf. Huet, *Sur l'origine des Romans*.] — Qu'elle a d'autre part habitué l'esprit français à traiter trop légèrement les choses sérieuses; — et, en le réduisant à l'observation du beau monde, elle l'a détourné d'une observation plus large et plus sincère de la réalité.

C. *Sur la direction de la littérature*. — En établissant l'empire des mœurs de salon la préciosité a achevé de détruire le lyrisme : — parce qu'on ne va pas dans un salon pour y faire étalage de soi; — bien moins encore pour y contredire; — si même il ne faut se garder de rien tant que d'y être « original »; — et tout cela, c'est le contraire du lyrisme ou de la littérature personnelle. — Que si d'autre part la préciosité a contribué au développement des « Genres communs, » — éloquence et théâtre, — son influence n'a pas été, même en ce point, sans quelques inconvénients; — si c'est pour plaire aux précieuses que notre théâtre, en général, s'est interdit toute imitation trop vive de la réalité; — qu'il a mérité qu'on l'appelât « une conversation sous un lustre; » — et que la galanterie au lieu de la passion en est devenue l'âme? — En revanche, la préciosité a singulièrement aidé aux progrès du genre épistolaire; — du genre des *Maximes* ou des *Caractères*; — et du roman psychologique.

de vraie noblesse d'esprit. D'un autre côté, ses plus beaux vers, épars de son vivant et un peu perdus dans les *Recueils* du temps, n'ayant été réunis pour la première fois qu'en 1630, deux ans après sa mort, on ne voit pas bien comment se serait exercée son influence. Et puisqu'enfin, si nous en croyons les *Mémoires* de son fidèle Racan, il n'a guère eu d'idées que sur son art, nous chercherons donc ailleurs que dans son influence les causes d'une transformation qu'il a lui-même éprouvée bien plus qu'il ne l'a faite, ou seulement conçue. La transformation qui s'opère dans l'histoire de la littérature entre 1610 et 1630, — mettons 1636, pour aller

II. — Irréguliers et Libertins.

1º LES SOURCES. — Leonardi Lessii, *De providentia numinis et animi Immortalitate libri duo adversus atheos et politicos*, Anvers, 1613; — Garasse, *La doctrine curieuse des Beaux Esprits de ce temps*, Paris, 1623; — Tallemant des Réaux, *Historiettes*, articles DES BARREAUX, LUILLIER, P^{csse} PALATINE, etc.; — Bossuet, *Oraison funèbre d'Anne de Gonzague*; — Bayle, dans son *Dictionnaire*, articles DES BARREAUX, HESNAULT; et *passim*; — *OEuvres complètes* de Théophile de Viau, de Saint-Évremond, de La Motte le Vayer; — La Bruyère, dans ses *Caractères*.

Sainte-Beuve, dans son *Port-Royal*; — Victor Cousin, *Vanini, ses écrits, sa vie et sa mort*, dans la *Revue des deux Mondes* du 1er décembre 1843; — Ch. Bartholmess, *Giordano Bruno*, Paris, 1847; — F. Fiorentino, *Bernardino Telesio, ossia studi storici sull' Idea della natura nel risorgimento*, Florence, 1874; Alleaume, sa *Notice* an tête des *OEuvres de Théophile*, Paris, 1856; — T. Perrens, *Les Libertins au* XVIIe *siècle*, Paris, 1896.

Voyez encore, sur Théophile en particulier : — Gautier, dans ses *Grotesques*; — et Ph. Chasles : *Les victimes de Boileau*.

2º DES LIBERTINS EN GÉNÉRAL. — Signification de ce nom au XVIIe siècle; — et qu'il s'applique autant à « la liberté de penser » qu'à la « licence des mœurs ». — Qu'au point de vue philosophique comme au point de vue littéraire, les libertins sont les « attardés » du siècle de Montaigne; — et les « bohèmes » de leur temps; — mais que cela ne les empêche point de professer des principes très

d'un seul trait jusqu'au *Cid*, — est l'œuvre des Précieuses.

On n'a généralement retenu d'elles que le souvenir de leurs ridicules, et il faut avouer qu'elles en ont eu beaucoup, dont la comédie de Molière et la satire de Boileau nous dispensent de parler ici plus longuement. Ce qu'on pourrait surtout leur reprocher, ce serait d'avoir remis la littérature française à l'école de l'Espagne et de l'Italie, — d'Antonio Perez et du cavalier Marin, de Guarini et de Gongora, — supposé du moins qu'elles eussent pu l'éviter, dans une cour tout italienne, et dans un temps où l'influence espagnole rentrait chez nous par toutes nos frontières. Mais elles nous ont, après cela, rendu de grands

arrêtés; — et que, s'ils n'en avaient pas eu la formule, Lessius, dans son *de Providentia*; — et Garasse, dans son livre de la *Doctrine curieuse des Beaux Esprits*, la leur auraient fournie. — Qu'en leur qualité des disciples de Montaigne et même de Rabelais, ils étaient naturellement hostiles à presque tout ce que tentaient les Précieuses; — puisque aussi bien elles le tentaient contre eux.

3º Théophile de Viau [Clairac, 1590; † 1626, Paris.] — Sa première éducation; — ses relations avec des Barreaux et avec Balzac; — sa tragédie de *Pyrame et Tisbé*, 1617; — et qu'elle vaut mieux que les deux vers qui l'ont immortalisée :

> Ah! voici le poignard qui du sang de son maître
> Fut souillé lâchement; il en rougit, le traître!

Il y a dans cette tragédie des parties de lyrisme d'une verve singulière; — et des parties de dialogue déjà presque cornéliennes. — D'autres œuvres de lui valent la peine d'être retenues; — pour la chaleur du mouvement qui les anime [L'*Ode du Roi*, Ed. Alleaume, I, 135]; — pour le sentiment très vif qu'elles respirent de la nature [La *Lettre à son frère* (en vers) II, 178]; — pour une certaine grâce sensuelle ou épicurienne [*La Solitude*, t. I, 176]. — C'est dommage qu'elles soient déparées par des traits de la plus choquante vulgarité. — Voyez encore ses *Satires* [t. II, p. 238 et p. 241]. — Si ce sont ses *Satires*, ou son *Traité de l'Immortalité de l'âme*, ou son *Parnasse*, qui lui ont valu son premier exil, en 1619?

services, et des services qu'on ne saurait oublier, méconnaître ou négliger, sans fausser vingt ou trente ans de l'histoire des mœurs et de la littérature. C'est ainsi qu'étant femmes, et du monde, elles ont affranchi la littérature de ce pédantisme dont elle est encore tout embarbouillée dans Ronsard ou dans Montaigne même. On dirait parfois que Ronsard et Montaigne n'ont écrit que pour les gens de collège. L'étalage indiscret, ou plutôt complaisant, de leur érudition ; leurs allusions perpétuelles à une antiquité dont nous n'avons pas comme eux fréquenté les scoliastes et les grammairiens ; l'admiration naïve, parfois même un peu suspecte, qu'ils témoignent

— A partir de ce moment la vie du poète est comme désemparée ; — la publication du livre du père Garasse, dirigée contre lui, lui porte le dernier coup ; — on instruit son procès ; — il est condamné par arrêt du 1er septembre 1625 au bannissement à perpétuité.

4° Tactique nouvelle des Libertins. — C'est à dater de ce moment que les libertins changent de tactique. — Ils gardent leurs idées ; — mais ils vont s'abstenir de les exprimer publiquement ; — ou du moins, comme Saint-Évremond et comme La Mothe le Vayer, ils vont y mettre une sourdine ; — ou un masque. — Leurs convictions ne sont pas assez profondes pour qu'ils essaient de les faire prévaloir contre l'opinion commune ; — et pourvu qu'on les laisse vivre à leur gré, c'est tout ce qu'ils demanderont. — De là, par contre-coup, le discrédit qui les atteint ; — et dont ils ne se relèveront guère qu'après un demi-siècle avec Bayle.

5° Les Œuvres. — Nous avons de Théophile : des *Poésies* [*Odes, Stances, Elégies, Sonnets, Satires*] ; — une tragédie : *Pyrame et Tisbé* ; — des *Lettres* ; — et un *Traité de l'Immortalité de l'âme*, paraphrase du *Phédon*, en prose mêlée de vers. Ajoutez quelques pièces relatives à son procès. La meilleure édition et la plus complète est celle que nous avons signalée, de M. Alleaume, dans la Bibliothèque Elzévirienne, Paris, 1896.

Les meilleures éditions de Saint-Évremond et de La Mothe le Vayer sont, pour le premier : l'édition d'Amsterdam, 1739, Cõvens et Mortier, 7 vol. in-18 ; — et pour le second, l'édition de Dresde, 1749, chez Michel Groell, 7 vol. in-8°, divisés en 14 tomes.

pour les « fausses beautés » de Cicéron ou de Sénèque ; leur manie de ne rien avancer qu'ils n'appuient de l'autorité d'un ancien ; tout cela, qui peut bien éblouir d'abord notre ignorance, ne tarde pas longtemps à nous fatiguer, à nous impatienter, et, tranchons le mot, à nous ennuyer. Il nous déplaît qu'un poète traîne à son pied, comme un boulet, le commentaire perpétuel de Marc-Antoine Muret ou de Pierre Marcassus ; et, pour entendre un livre français, nous ne voulons pas commencer par apprendre le latin. Tel était du moins le sentiment des précieuses ; et c'est pourquoi, rien qu'en se mêlant de littérature, et à la littérature, elles ont donc d'abord

III. — **Alexandre Hardy** [Paris, 1570 ; † 1631, Paris].

1º LES SOURCES. — Les frères Parfaict, *Histoire du théâtre français* ; — Ad. Ebert, *Entwickelungsgeschichte*, etc., déjà cité plus haut, pages 71 et 73 ; — Édelestand du Méril, *Évolution de la tragédie française*, etc. ; — E. Lombard, *Étude sur Alexandre Hardy*, dans la *Zeitschrift für neufranzösische Literatur*, t. I et II, 1880-1881 ; — Eugène Rigal, *Alexandre Hardy et le théâtre français*, Paris, 1889.

2º LA SECONDE ÉPOQUE DU THÉÂTRE FRANÇAIS. — Qu'Alexandre Hardy peut être considéré comme un de ces « irréguliers » ou de ces « attardés » qui continuent les mœurs littéraires de l'âge précédent. — Le « comédien de campagne » au commencement du xviie siècle [Cf. Scarron, dans son *Roman comique* ; S. Chappuzeau, *le Théâtre français* ; et H. Chardon, *la Troupe du Roman comique*, Le Mans, 1876]. — De l'état du théâtre aux environs de 1610. — Organisation matérielle, acteurs et spectateurs [Cf. surtout Eugène Rigal, *loc. cit.* et sa brochure : *Esquisse d'une histoire des Théâtres de Paris de 1548 à 1653*, Paris, 1887]. — L'invraisemblable fécondité d'Alexandre Hardy.

De la concurrence des formes dramatiques dans le théâtre d'Alexandre Hardy. — Le mot d'Aristote : Τραγῳδία, πολλὰς μεταβολὰς μεταβαλοῦσα, ἐπεὶ αὑτῆς τὴν φύσιν ἔσχε, ἐπαύσατο. — Pastorales, tragédies et tragi-comédies. — Qu'en histoire littéraire comme dans la nature, la concurrence est d'autant plus âpre que les espèces sont plus voisines. — Confusion croissante du dramatique avec le

obligé l'écrivain à secouer la poussière de sa bibliothèque ou de sa « librairie »; elles lui ont imposé quelques-unes des exigences de leur sexe; et, par là même, une littérature jusqu'alors presque purement érudite est devenue déjà mondaine.

Elle l'est également devenue, et presque en même temps, grâce à elles, par un air de décence et de politesse qui lui manquait encore. Ce que les libertins et les irréguliers de la régence ne revendiquaient pas moins hautement que la liberté de suivre en tout leur fantaisie, c'était celle aussi de s'attarder dans les habitudes et dans la tradition du pire esprit gaulois. On voulait être gros-

romanesque; — et que le « père du théâtre français » n'a rien débrouillé du tout; — si à tous égards, et sauf en un seul point, ses tragédies sont en retard sur celles de Robert Garnier. — Leur manque absolu de valeur littéraire. — Elles sont à peu près à la tragédie classique ce que les mélodrames de Guilbert de Pixérécourt seront un jour au drame romantique de 1830. — Que, pour s'y intéresser, il faut les considérer comme des « expériences » à la recherche des lois ou des conditions du théâtre futur; — et aussi comme un témoignage de la recrudescence de l'influence espagnole ou italienne.

Qu'en se plaçant à ce point de vue il faut reconnaître à Alexandre Hardy le mérite, et c'en est bien un, d'avoir transformé un divertissement de collège en une action publique. — Il a également essayé de différencier la tragi-comédie de la tragédie. — Digression à ce sujet, et de quoi dépend la différence des deux genres? — Il semble que ce soit de la condition des personnes; — de la nature du dénouement; — et de la réalité des personnages dans l'histoire. — Hardy a-t-il eu le sentiment de l'importance de l'histoire dans la tragédie?

3º LES ŒUVRES. — Nous avons de Hardy quarante et une pièces, qui sont : une interminable tragi-comédie de *Théagène et Chariclée*, tirée du roman d'Héliodore, en *huit journées*; — onze tragédies empruntées de l'antiquité, dont une *Didon*, une *Mariamne* et un *Alexandre*; — douze tragi-comédies, de sujet antique ou moderne, imitées de l'italien ou de l'espagnol, *Gésippe*, *Phraarte*, *Cornélie*, *la Force du sang*, *Félismène*, *La Belle Egyptienne*; —

sier, cynique et impudent à loisir. Point de concessions aux femmes : on ne les estimait faites, comme Mlle de Montaigne, que pour tenir le ménage de monsieur leur mari, lui donner des enfants, perpétuer sa race, ou — comme les Cassandre, les Marie de Ronsard, la Francine de Baïf, l'Hippolyte de Desportes — pour leur être un instrument de plaisir et un moyen de réputation littéraire. Les précieuses ont exigé des hommes qu'ils leur rendissent les respects auxquels toute femme a droit, comme femme, dans une société civilisée ; et elles l'ont obtenu. Sans doute, on trouverait encore aisément, dans Balzac et dans Voiture, des plaisanteries dont l'indécence, la cru-

---

enfin cinq *Pastorales* ; — et cinq *Pièces mythologiques*, dont une *Alceste* et une *Ariane*.

La meilleure, et aussi bien la seule édition moderne du *Théâtre d'Alexandre Hardy* est celle de M. Stengel, 5 vol. in-18, Marburg, 1883, 1884, Elwert.

IV. — **François de Malherbe** [Caen, 1555 ; † 1628, Paris].

1° LES SOURCES. — Racan, *Vie de Malherbe*, en tête ou à la fin de la plupart des éditions de Malherbe ; — Godeau, *Discours sur les œuvres de M. de Malherbe*, en tête de l'édition de 1666. — *Lettres de Malherbe* ; — Bayle, dans son *Dictionnaire*, article MALHERBE ; — Sainte-Beuve, *Tableau de la Poésie française* ; *Causeries du Lundi*, t. VIII ; et *Nouveaux Lundis*, t. XIII ; — G. Allais, *Malherbe et la Poésie française à la fin du* XVIe *siècle*, Paris, 1891 ; — F. Brunot, *La doctrine de Malherbe*, Paris, 1891 ; — V. Bourienne, *Points obscurs et nouveaux de la vie de Malherbe*, Paris, 1895 ; — duc de Broglie, *Malherbe*, Paris, 1897.

2° L'HOMME, LE POÈTE ET LE RÉFORMATEUR.

A. — *Que Malherbe, en dépit de ses allures dédaigneuses, n'a pas autant qu'on le dit rompu avec le passé.* — Sa conception générale de la poésie est celle de Ronsard ; — et la ressemblance s'étend au détail : — il fait des « pointes » comme Ronsard ; — il use et il abuse, comme Ronsard, de la mythologie [Cf. *Stances à M. du Perier* ; — *Ode à Marie de Médicis* ; — *Stances sur le départ de Louis XIII*] ; — et ses sentiments enfin, comme ceux de Ronsard, sont purement païens [Cf. *Consolation à Caritée*]. — De quelques anec-

dité naïve, le mauvais goût étonnent. Mais, d'une manière
générale, sous l'influence des précieuses, la littérature,
les mœurs même s'épurent, ou si l'on veut, se polissent.
Ni Mme de Rambouillet, « l'incomparable Arthénice »,
ni sa fille, Julie d'Angennes, pour qui soupira si longtemps Montausier, ni tant d'aimables femmes, formées
aux conversations de la célèbre « chambre bleue », ne
supportent qu'on leur offre à l'esprit, dans la causerie
ou dans les livres, l'image toute nue de ce que, dans la
réalité de la vie quotidienne, chacun de nous s'efforce à
cacher. Ni tout ce qui se fait ne peut se dire, ni tout ce
qui se dit ne peut s'écrire. Il faut avoir désormais égard

dotes que l'on conte de lui, et qui viennent à l'appui de cette dernière indication [Cf. Tallemant des Réaux, I, 287, 290, 284].

B. — *Que les qualités qui font le poète sont en lui médiocres ou
nulles, mais qu'il a possédé celles d'un excellent versificateur.* — On
ne manque pas plus que lui d'enthousiasme ; — le mot du cavalier
Marin. — Absence en lui d'imagination. — La mythologie, vivante
encore chez Ronsard, n'est plus qu'une « machine » chez Malherbe ; —
et les « figures » n'y sont plus des peintures de son émotion, mais
de simples « ornements » du discours. — Son manque de sensibilité. — C'est de sensibilité, si c'est de chaleur, que le mouvement
manque dans ses *Odes*, et encore plus de variété. — Son manque
enfin de naturel. — Mais il a en revanche le sens du développement
logique ; — celui de l'harmonie oratoire ; — le goût de la chose
bien faite. — Ses théories sur l'importance et sur la richesse de la
rime ; — sa sévérité de grammairien [Cf. Racan, dans sa *Vie de
Malherbe*] ; — et qu'il est étrange à cet égard que les Banville et
les Gautier de nos jours n'aient pas reconnu en lui leur véritable
ancêtre.

C. — *Que le caractère même des leçons de Malherbe en explique
la portée, sans qu'il en soit pour cela plus grand.* — Son idéal,
comme celui de Ronsard vieillissant, a tendu à « épurer » le
lyrisme de tout ce qu'il contenait de personnel ; — et conséquemment à le transformer en éloquence. [Cf. Les *Stances au roi Henri
le Grand partant pour le Limousin.*] — C'était justement alors ce
que l'on demandait ; — et aussi bien ce qu'avait fait Bertaut dans
quelques-unes de ses pièces, ou le cardinal du Perron [Cf. le *Recueil*

à la condition, au temps ou à la circonstance, à l'âge, au sexe. La situation des femmes en est aussitôt et singulièrement relevée. On comptera désormais avec elles, on ménagera leurs pudeurs, on les traitera d'égales. Et si quelque survivant attardé de l'autre siècle est incapable de cette contrainte, les cabarets lui sont ouverts, la *Pomme de Pin*, le *Mouton blanc*, où il ira rimer, entre hommes, ses couplets bachiques et ses chansons ordurières.

Quand les mœurs se polissent, le langage aussi s'épure, et, n'était la crainte de paraître jouer sur les mots, je dirais volontiers que « politesse » et « polissure » sont choses qui vont naturellement ensemble. La distinction

des plus beaux vers de ce temps, 1606]; — Malherbe n'a rien fait de plus, mais il a mieux fait. [Cf. le sonnet *sur la Mort de son fils*; — l'*Ode sur l'attentat de 1605*; — l'*Ode à M. de Bellegarde*.] — Qu'il est donc ainsi le témoin, plutôt que l'ouvrier, de la réforme à laquelle on attache son nom; — qu'au surplus le premier recueil de ses *Poésies*, jusqu'alors éparses un peu partout, n'a paru qu'en 1630; — qu'on ne voit point qu'il ait laissé de vrais disciples, si les deux seuls qu'on nomme sont Maynard et Racan; — et que l'Académie naissante n'a pas critiqué moins vivement les *Stances de 1605*, son chef-d'œuvre, que le *Cid* lui-même.

3° LES ŒUVRES. — Les œuvres de Malherbe se composent : 1° de ses *Poésies*, soit en tout 125 pièces, dont la première : *les Larmes de saint Pierre*, a paru en 1587; et les dernières, qui sont, *les Vers funèbres sur la mort d'Henri le Grand*, et l'*Invective contre le maréchal d'Ancre* :

Va-t'en à la malheure, excrément de la terre,

dans l'édition de 1630 seulement; — 2° de son *Commentaire sur Desportes*, qui n'a paru qu'en 1825; — 3° de ses traductions du xxiii° *Livre de Tite-Live*, 1621; du *Traité des Bienfaits*; et des *Lettres de Sénèque à Lucilius*, 1637, 1638, 1639; — 4° de sa *Correspondance*, très intéressante pour l'histoire du temps de la régence de Marie de Médicis.

Parmi les éditions de Malherbe, et après la première, donnée en 1630 chez Charles Chappelain, il convient de signaler : —

des mots suit celle des habitudes, et le choix des idées entraîne celui des termes. La victoire de la préciosité a donc été l'origine d'une révolution de la langue, et même c'est à cela que l'on a ramené trop souvent et, à tort, toute la préciosité. Pour beaucoup d'historiens de la littérature, le rôle des précieuses n'aurait consisté qu'à rayer quelques mots du vocabulaire, à y en introduire quelques autres, et surtout à remplacer l'usage habituel du terme propre, direct et précis, par l'emploi de la métaphore. Et je conviens qu'elles l'ont fait! Mais ce qui est peut-être plus intéressant, et en tout cas plus important, que d'énumérer ici quelques mots ou quelques locutions dont

— l'édition de 1666, chez Thomas Joli, avec les observations de Ménage; — l'édition de 1757, Paris, chez Barbou; — l'édition Charpentier, 1842, à laquelle on a joint les commentaires d'André Chénier; — et l'édition Lalanne, Paris, 1862, Hachette.

V. — **Jean-Louis Guez de Balzac** [Angoulême, 1594; † 1654, Angoulême].

1° LES SOURCES. — Ogier, *Apologie pour M. de Balzac*, 1627; — Goulu, *Lettres de Phyllarque à Ariste*, 1628; — Balzac lui-même « pro domo suâ » dans ses *Entretiens : Relation à Ménandre* (Maynard) et les *Passages défendus*; — Cassagne, *Préface sur les œuvres de M. de Balzac*, en tête de la grande édition de 1665; — Niceron, dans ses *Hommes illustres*, t. XXIII; — Bayle, dans son *Dictionnaire*; — d'Olivet, dans son *Histoire de l'Académie*.

Rœderer, *Mémoire pour servir à l'histoire de la Société polie*; — Sainte-Beuve, dans son *Port-Royal*, appendice au tome II, sur *Balzac le Grand Épistolier*; — F. Lotheisen, *Geschichte der französischen Literatur*, t. I, p. 165-201, Wien, 1877.

2° L'INFLUENCE DE BALZAC. — Du privilège de poésie, et qu'il explique seul que la réputation de Malherbe ait survécu à celle de Balzac. — Admiration des contemporains : témoignages de Descartes [édition V. Cousin, t. VI, p. 189]; — de Bossuet [*Sur le style et la lecture des écrivains pour former un orateur*, dans Floquet, *Études*, t. II]; — de Boileau [*Réflexions sur Longin*, VII]. — L'influence de Balzac, presque contemporaine de celle de Malherbe, a été bien plus considérable; — et en un certain sens plus heu-

elles ont été les introductrices, c'est de démêler les raisons qui ont dirigé le choix de ces locutions et de ces mots eux-mêmes. Nous venons de l'indiquer. Il y a des actes qui sont ignobles, comme d'aller à la garde-robe, et généralement tous les actes qui sont la trace en nous de notre origine animale : les mots qui servent à les nommer participent de leur ignominie ou de leur bassesse, si l'on ne doit dire qu'ils l'exagèrent, du fait de l'intention dégradante qu'on y joint quand on les emploie. D'autres actes sont indifférents, comme de marcher, par exemple, ou de s'asseoir, et les termes qui les traduisent n'ont donc aussi rien que d'indifférent. Mais il y a des

reuse, comme n'ayant rien dû détruire pour trouver à s'exercer. — Qu'elle a d'ailleurs agi dans le même sens ; — et qu'ils ont bien pu médire l'un de l'autre ; — mais ils ont eu mêmes disciples et même admirateurs.

Des principales qualités que les contemporains ont admirées dans Balzac. — 1° *La pureté de l'élocution* ; — définition de ce mot et qu'il implique le choix, la propriété et l'agrément des termes. — 2° L'*harmonie de la phrase et de la période* [Cf. la *Préface* de Cassagne et le *Discours* de Godeau sur Malherbe]. — 3° *La hardiesse, la justesse et l'abondance des figures.* — Si Balzac à cet égard imite les Espagnols ; — et, à ce propos, de l'influence d'Antonio Perez [Cf. Philarète Chasles, *Études sur le* xvie *siècle*, et de Puibusque, *Histoire comparée des Litt. française et espagnole*]. — Une observation de Cassagne : « M. de Balzac, dit-il, choisit toujours bien ses métaphores, *et il ne manque pas de les suivre après les avoir choisies.* » — Qu'il faut ajouter à ces qualités, naturelles ou acquises, un perpétuel souci de les observer [Cf. la lettre à Costar *sur la grande éloquence*].

Que le principal défaut qui gâte ses qualités ne procède pas tant chez Balzac de leur exagération que du manque d'idées. — Juste remarque de Boileau, — qu'en composant surtout des *Lettres*, Balzac s'est mépris sur la convenance du genre épistolaire et de la nature de son talent. — C'est ce qu'on voit bien quand on compare ses *Traités* ou ses *Dissertations* avec ses *Lettres* proprement dites. — Qu'il manque d'ailleurs dans ces *Traités* eux-mêmes d'une certaine expérience des choses dont il parle ; — sa politique est encore

actes nobles, comme de se dévouer, ou, sans aller jusque-là, comme tous les actes qui sont une victoire de l'esprit sur la chair, de la volonté sur l'instinct, de la civilisation sur la nature ; et de ces actes la noblesse s'en communique aux mots et pour ainsi parler jusqu'aux syllabes qui les expriment. Il y a donc un juge même de l'usage, quoi qu'on en ait pu dire. Nous nous révélons dans nos manières, que l'on connaît à nos paroles encore bien plus qu'à nos gestes ; une race ou un peuple se trahissent dans le caractère de la langue qu'ils parlent ; et une époque, enfin, se peint dans le choix de ses mots et dans le tour de ses phrases.

toute « livresque » ; — et sa philosophie s'est formée tout entière dans le cabinet. — Que cependant ni Pascal [Cf. *le Prince*, p. 27 de l'édition de 1665] ; — ni Bossuet [Cf. *Socrate chrétien*, p. 239, 240] — ne semblent l'avoir lu sans profit. — Mais Corneille surtout l'a médité [Cf. les quatre *Dissertations politiques*, à Mme de Rambouillet, *sur les Romains* et *sur la gloire*].

On peut donc dire qu'avec tous ses défauts c'est un peu plus que sa « rhétorique » selon l'expression de Sainte-Beuve, qu'il a fait faire à l'esprit français. — Il a su où étaient les sources, et, comme disaient les anciens, les « lieux » de la grande éloquence ; — il a fait preuve en plus d'une occasion d'un sens critique assez juste et assez exercé [Cf. ses jugements *sur Ronsard* et *sur Montaigne*] ; — et il a enfin tendu constamment à l'élévation. — Que toutes ces raisons font de son personnage un personnage considérable de notre histoire littéraire. — On l'a beaucoup suivi, beaucoup imité ; — c'est en lui que s'est achevée la transformation du lyrisme en éloquence ; — et sa plus grande erreur, qui est celle de toute son époque, n'a été que de croire que l'objet de l'art était d'orner la nature, pour la faire plus belle. — Il faut connaître les moyens qu'il y en a, pour en user le moins possible ; — et les proportionner aux sujets et aux conjonctures.

3° Les Œuvres. — Les *Œuvres* de Balzac se composent : 1° de 27 livres de *Lettres* dont les premières ont paru en 1624 et les dernières après sa mort. Six livres de ces *Lettres* sont adressés à Chapelain, et quatre à Conrart. Elles offrent toutes ou presque toutes le plus grand intérêt pour l'histoire littéraire du temps. —

C'est ce que les précieuses ont admirablement senti. Leurs façons de dire n'ont été que l'expression de leur manière de penser; et le jugement qu'il convient d'en porter ne relève pas tant de la linguistique ou de la philologie que de la psychologie. Ce n'est pas principalement, comme les poètes de la Pléiade, qu'elles ont essayé d'épurer ou de réformer la langue, mais secondairement, et pour avoir entrevu que la réforme de la langue pouvait seule assurer la réforme des habitudes littéraires. Et sans aucun doute, en y travaillant par tous les moyens qui étaient en leur pouvoir, elles n'ont pas résisté au désir ou à la tentation de se singulariser, de former des

---

2º de ses *Entretiens* ou *Dissertations*, au nombre de 67, ainsi divisés : *Dissertations chrétiennes et morales*, 25; — *Dissertations politiques*, 14; — *Dissertations critiques*, 28. [La *Relation à Ménandre* et les *Passages défendus*, qui sont sa propre défense contre les attaques du père Goulu, l'auteur des *Lettres de Phyllarque à Ariste*, font partie des *Dissertations chrétiennes*. Les trois dissertations sur *les Romains* sont les trois premières des *Dissertations politiques*.] — Enfin viennent : 3º *les Traités*, c'est-à-dire : *le Prince*, 1631; — *le Barbon*, 1648; — *Socrate Crestien*, 1652; — et *Aristippe*, 1658. Ajoutons, pour terminer, — 4º un *Recueil de lettres latines*.

Les meilleures éditions des *Œuvres* de Balzac sont : — celle que l'on forme en réunissant les six volumes imprimés par les Elzevier, soit à Leyde, soit à Amsterdam, auxquels on ajoute *le Socrate chrétien*; — et la grande édition de 1665, en 2 vol. in-fº, Paris, chez Louis Billaine.

Il n'y en a pas d'éditions modernes, à moins que l'on ne compte comme telle un « choix » en deux volumes, donné par M. Moreau, Paris, 1854, Lecoffre.

VI. — Claude Favre de Vaugelas [Meximieux (Ain), 1585; † 1650, Paris].

1º Les Sources. — Niceron, dans ses *Hommes illustres*, t. XIX; — Pellisson et d'Olivet, *Histoire de l'Académie française*; — Goujet, *Bibliothèque française*, t. I; — Abbé Lambert, *Histoire littéraire du siècle de Louis XIV*, t. III.

coteries entre elles, et comme l'on dit, de se « distinguer ». Mais, parmi les manières de se distinguer, si l'on en connaît une qui soit assurément excusable, et légitime même à de certains égards, n'est-ce pas celle qui consiste à vouloir sentir, penser, et agir plus noblement, plus délicatement, plus finement? De là la vogue, en des genres bien différents, des petits vers de Voiture, au nombre desquels il y en a de charmants; des *Lettres* ou des *Traités* de Balzac; et des romans de Gomberville et de Gombaud, de l'*Endymion* et du *Polexandre*. La raison en est aussi que tandis que le grand épistolier s'efforce à trouver des expressions et des tours dont l'emphase

Moncourt, *De la méthode grammaticale de Vaugelas*, Paris, 1851, — Sayous, *Littérature française à l'étranger*, Paris et Genève, 1853, t. I, ch. t. 3 et 4. — Sainte-Beuve, *Nouveaux Lundis*, t. VI. — Chassang, *Notice*, en tête de son édition des *Remarques sur la langue française*, Paris et Versailles, 1880.

2° Le rôle de Vaugelas. — Origine de Vaugelas; — et, à cette occasion quelques mots de l'Académie florimontane. — Le père de Vaugelas : Antoine Favre; — ses relations avec François de Sales et Honoré d'Urfé. — Vaugelas précepteur dans la maison de Carignan.

Importance des *Remarques sur la langue française*. — En proclamant que l'usage est le maître des langues, Vaugelas a soustrait l'évolution de la langue aux caprices du goût individuel; — en distinguant un *bon* et un *mauvais* usage, il a séparé le langage de la « cour » de celui des « crocheteurs du *Port au foin* »; — et en faisant de l'usage « parlé » le modèle et le juge de l'usage « écrit », il a imprimé son caractère essentiel à la langue classique, qui est d'être une langue parlée. — Digression à ce sujet; — et que Bossuet, Molière, Saint-Simon, et tant d'autres écriront comme « ils parleront ». — Par là s'évanouissent la plupart des incorrections ou des licences que quelques grammairiens leur reprochent; — et par là s'expliquent les qualités d'ordre intérieur; — de clarté vivante; — de mouvement et de naturel qui sont celles de la langue classique. — Les scrupules de Vaugelas; — et de leur concordance avec ceux de Balzac; — et avec les leçons de Malherbe. — Le mot de Bossuet sur « ce qu'on ne confie rien d'éternel à des

réponde à ce que l'on appelle autour de lui le « grand goût », les autres, les romanciers, dans leurs interminables récits s'essaient aux subtilités de l'observation et de l'analyse psychologique.

Autre service encore dont nous sommes redevables aux précieuses : dans la conversation des ruelles, ce n'est pas la langue seulement qui s'est dénouée ou déliée, c'est l'esprit aussi qui s'est affiné. On étudie de plus près le développement des sentiments ou des passions, et voici que l'on commence à discerner une foule de nuances dont il semble bien que les « anciens » n'eussent pas eu l'idée, ni même les écrivains de la génération précédente.

langues toujours changeantes; » — et, à ce propos, de la fausse comparaison d'une langue avec un organisme. — Qu'il y a de la différence entre « immobiliser », une langue, et la « fixer » : — Vaugelas a voulu « fixer » l'usage; — et dans quelle mesure il y a réussi.

Vaugelas à l'hôtel de Rambouillet, — et à l'Académie Française. — Contradictions que ses *Remarques* soulèvent. — L'opuscule de La Mothe le Vayer *touchant les Remarques de la Langue française*. — Jugement du P. Bouhours sur Vaugelas [Cf. *Entretiens d'Ariste et d'Eugène*.]

3° Les Œuvres. — *Remarques sur la langue française*, Paris, 1647, in-4°; — et *Quinte Curce : de la vie et des actions d'Alexandre le Grand*, traduit par le sieur Cl. Favre de Vaugelas, Paris, 1653, in 4°.

Nous avons signalé plus haut l'excellente édition des *Remarques* donnée de nos jours, 1880, par M. A. Chassang.

VII. — **Pierre Corneille** [Rouen, 1606; † 1685, Paris].

1° Les Sources [1]. — *Bibliographie Cornélienne ou description raisonnée.... des ouvrages relatifs à Corneille et à ses écrits*, par M. Émile Picot, Paris, 1876; — Fontenelle, *Vie de Corneille*,

---

1. On en trouvera l'énumération, complète à sa date [1876] dans la *Bibliographie cornélienne* de M. Émile Picot, Paris, Auguste Fontaine, 1 vol. in-8 de xv-532 pages. Aussi, pour Corneille, comme d'ailleurs en général pour les grands écrivains, n'indiquerons-nous en fait de sources que ce qu'il nous paraît indispensable d'en connaître.

Quand ce ne serait que pour mieux distinguer entre eux les termes du bel air ou du bon usage, ne faut-il pas qu'on analyse les notions qu'ils expriment, ou, pour mieux dire encore, qu'on les « anatomise »? Qu'est-ce qui est noble? On ne peut le savoir qu'en y regardant. A la faveur de la préciosité, la propriété de l'expression et la finesse de l'analyse s'introduisent donc ensemble dans le discours. En devenant curieux de grammaire et de politesse, on l'est insensiblement devenu de psychologie. Pendant qu'on ne cherchait qu'à dire, d'une manière neuve, originale et au besoin bizarre, des choses anciennes, ce sont des choses nouvelles que

---

1685, 1729, 1742; — Thomas Corneille, *Dictionnaire géographique*, article Rouen; — Goujet, *Bibliothèque française*, t. XVIII; — F. Guizot, *Corneille et son temps*, 1re édition, 1813, dernière édition, 1852; — Taschereau, *Histoire de la vie et des ouvrages de Pierre Corneille*, 1829 et 1855; — Marty-Laveaux, *Notice*, en tête de son édition des *OEuvres*, Paris, 1862; — F. Bouquet : *les Points obscurs de la vie de Corneille*, Paris, 1888.

Corneille : *Discours*, et *Examens* de ses propres tragédies. — Granet, *Recueil de dissertations sur plusieurs tragédies de Corneille et de Racine*, Paris, 1740, chez Gisseq et Bordelet. — Voltaire, *Commentaire sur Corneille*, 1764. — Laharpe, *Cours de littérature*, 1799, 1805. — Schlegel, *Cours de littérature dramatique*, 1809; — et traduction française, 1814. — Sainte-Beuve, *Portraits littéraires*, t. I, 1829; *Port-Royal*, t. I, 1837; et *Nouveaux Lundis*, t. VII, 1864. — Desjardins, *le Grand Corneille historien*, Paris, 1861. — Levallois, *Corneille inconnu*, Paris, 1876. — J. Lemaître, *Corneille et Aristote*, Paris, 1882.

Frédéric Godefroy, *Lexique de la langue de Corneille*, Paris, 1862; — Marty-Laveaux. *Lexique*, etc., Paris, 1868, formant les deux derniers volumes du *Corneille* de la collection des *Grands Écrivains*.

2° L'Homme et le Poète.

A. *Les émules de Corneille*; — et, à ce propos, de l'urgence de « désencombrer » l'histoire de la littérature ; — et que Mairet, ou même Rotrou, n'ayant laissé qu'un nom et pas une œuvre, ils ne sont bons à connaître qu'en « fonction » de Corneille. — Comment

l'on a découvertes ; on va se piquer maintenant d'en trouver d'autres ; ce sera bientôt la grande affaire des faiseurs de *Maximes* ; — et, un jour, la Rochefoucauld ne sera, de son vrai nom, que le dernier des illustres précieux.

Il convient d'ajouter que tout ce travail se fait en commun, non seulement entre gens de lettres, mais entre « honnêtes gens » ou « gens du monde » ; et sans doute c'est pour cette cause que la « préciosité », d'une manière générale, n'a pas eu le même sort en France qu'en Angleterre, en Espagne, et en Italie. Car pourquoi l'*euphuisme* en Angleterre, ou le *marinisme* en Italie, ou le *gongo-*

---

et dans quelle mesure ils lui ont préparé les voies. — La *Sophonisbe* de Mairet, et que Corneille l'a bien connue, puisqu'il lui a emprunté les imprécations de sa Camille. — Prédominance de l'élément romanesque dans le théâtre de Mairet. — La préface de la *Silvanire*, 1625, et la règle des trois unités [Cf. Breitinger, *Les unités avant le Cid de Corneille*, Zurich, 1883]. — Tendance générale des tragiques à travailler sur des sujets déjà traités. — Les quatre *Sophonisbe* [Trissino, 1515 ; Mellin de Saint-Gelais, 1559 ; Claude Hermel, 1593 ; Moncrestien, 1596]. — Retard de la comédie par rapport à la tragédie. — *Les Galanteries du duc d'Ossonne*. — L'imitation du théâtre espagnol dans le théâtre de Rotrou [Cf. Puibusque, *Histoire comparée des littératures française et espagnole*, Paris, 1842 ; et Jarry, *Essai sur les œuvres dramatiques de Rotrou*, Paris, 1858]. — Comment le romanesque y tend perpétuellement à l'extravagance ; — et le sentiment à l'enflure. — Les traces de l'influence de Rotrou dans l'histoire du théâtre français : — sur Corneille, sur Molière, sur Racine.

B. *La Jeunesse de Corneille*. — Fausse idée que l'on se fait d'un Corneille constamment héroïque ; — et qu'au contraire ses débuts ont été d'un poète comique. — *Mélite*, 1629 ; *Clitandre*, 1632 ; *La Veuve*, 1633 ; *La Galerie du Palais*, 1633 ; *La Suivante*, 1634 ; *La Place Royale*, 1634 ; l'*Illusion comique*, 1636. — Intérêt littéraire des comédies de la jeunesse de Corneille. — Elles ne doivent rien à l'imitation de l'étranger ; — ce sont des aventures de la vie commune à peine « romancées » ; — et dont les personnages sont déjà de condition presque bourgeoise. — La galanterie dans les

risme en Espagne n'ont-ils pas exercé la même influence que chez nous la préciosité? C'est qu'en France l'intention purement littéraire a été dominée par l'intention sociale, et la manie de se singulariser par le besoin d'avoir en foule des approbateurs de sa singularité. Nos précieuses n'ont jamais oublié quels adversaires elles avaient d'abord dû combattre, et qu'ils étaient les ennemis de toute discipline et de toute régularité. C'est pourquoi, tandis qu'en Espagne ou en Italie, le gongorisme ou le marinisme aboutissaient à de nouveaux excès de l'individualisme, au contraire, chez nous, c'était finalement l'esprit de société qui sortait vainqueur de la crise. Cette tendance inté-

---

comédies de Corneille; — et qu'elle y est une parfaite imitation du langage des ruelles; — et, à ce propos, qu'il y a un style Louis XIII en littérature comme en architecture. — La « jeune fille » dans les *comédies* de Corneille; — le style des *comédies*. — Caractère singulier de l'*Illusion comique*; — et d'où viennent, vers 1635, tant de comédies des comédiens. — *Médée*, la première tragédie de Corneille. — Quelles raisons ont poussé Corneille, vers la tragédie [Cf. Hatzfeld, *Les commencements de Corneille*, 1857; — P. Vavasseur, *Corneille poète comique*, 1864; — et F. Hémon, son *Étude sur les comédies de Corneille*, en tête de son édition des OEuvres, 1886].

C. *Les chefs-d'œuvre.* — *Le Cid*, 1637; *Horace*, 1640; *Cinna*, 1640; *Polyeucte*, 1641; *Pompée*, 1641; *Le Menteur*, 1642; *La Suite du Menteur*, 1643; *Rodogune*, 1645; *Théodore*, 1645; *Héraclius*, 1647; *Andromède*, 1650; *Don Sanche d'Aragon*, 1650; *Nicomède*, 1651; *Pertharite*, 1653. — De quelques influences qui ont sans doute agi sur Corneille : — et, à ce propos, de *l'actualité* dans le théâtre de Corneille; — *Le Cid* et la question des duels; — l'influence de Balzac et de ses *Entretiens sur les Romains* [Cf. sa lettre à Corneille sur *Cinna*]; — les conspirations contre Richelieu et la tragédie de *Cinna*; — *Polyeucte* et le jansénisme [Cf. Sainte-Beuve, dans son *Port-Royal*]. — Comment Corneille perd une partie de son génie quand il se jette dans les sujets « d'invention » pure. — Les complications d'intrigue dans *Rodogune* et dans *Héraclius*. — Mais que, là même encore, son intention est de rivaliser avec les romanciers ses contempo-

rieure de la littérature à se rendre plutôt l'interprète des « idées communes » ou générales que des opinions particulières, et qu'on a déjà vue poindre chez quelques écrivains de l'âge précédent, ce sont nos précieuses qui l'ont développée, fortifiée et consolidée. Elles ont fait ainsi la fortune de ces genres qu'on appelle « communs », dont le caractère est de n'exister qu'autant qu'il existe un public pour les y encourager. Entendez qu'on peut bien composer une « élégie » pour soi-même, et une « satire », au besoin ; on peut écrire un roman et l'enfermer sous une triple clef ; on peut être l'annaliste secret des hommes et des choses de son temps, mais on n'a jamais eu l'idée

rains : La Calprenède et Scudéri. — De la peinture des mœurs de la Fronde dans les chefs-d'œuvre de Corneille. — Comment il ajoute à ce que ses modèles romains ou espagnols ont déjà de trop empanaché. — Il essaie un moment, dans *Don Sanche* et dans *Nicomède*, d'une comédie plus tempérée ; — mais il y renonce tout de suite dans son *Pertharite* ; — dont l'échec l'éloigne pour sept ans du théâtre.

D. *Le génie et le système dramatique de Corneille* ; — et de ne consulter sur ce point qu'avec beaucoup de précautions ses *Discours* et ses *Examens* ; — parce qu'ils ne sont qu'à peine et indirectement dogmatiques et explicatifs, mais plutôt justificatifs et polémiques ; — l'abbé d'Aubignac et sa *Pratique du théâtre* [Cf. Arnaud, *Théories dramatiques au* XVIIe *siècle*, Paris, 1887]. — Des caractères de l'imagination de Corneille. — Il l'a eue d'abord *forte et hardie* ; — c'est-à-dire portée de nature, et aussi par les circonstances, vers l'extraordinaire ou l'invraisemblable ; — et de là, sa théorie que le sujet d'une belle tragédie doit n'être pas vraisemblable [Voyez l'édition Marty-Laveaux, V, 147] ; — de là, sa théorie sur l'emploi de l'histoire dans le drame [Voyez l'édition Marty-Laveaux, I, 15], — de là, sa théorie de l'héroïsme :

> Le sort qui de l'honneur nous ouvre la carrière
> Offre à notre constance une illustre matière...

— De là encore, dans son théâtre, l'allure épique des personnages [Cf. dans *la France* d'Henri Heine une jolie page à ce sujet] ; —

de préparer un « discours », ni de faire, pour soi tout seul, une tragédie en cinq actes, et en vers.

Ce sont toutes ces influences qui ont préparé d'abord, soutenu, et consacré le succès du « grand » Corneille, si personne moins que lui n'a ressemblé au bonhomme de génie dont on retrouve le profil héroïque dans toutes nos histoires, et au contraire si nul n'a mieux su reconnaître et prendre le vent de l'opinion pour y incliner la souplesse de son talent. Il tient, et à bon droit, dans le *Grand Dictionnaire des Précieuses*, de Bodeau de Somaize, une place considérable, une place d'honneur, et il y est appelé « le plus grand homme qui ait jamais écrit des

l'absence relative d'analyse et de psychologie ; — la subordination des caractères aux situations [Cf. Saint-Evremond, *Sur l'Alexandre de M. Racine*]. — Comparaison à cet égard de *Rodogune* et de *Ruy Blas*, ou de *Cinna* et d'*Hernani*. — Que le goût de la complication aurait dès lors conduit Corneille au mélodrame.
Mais, en même temps que forte et hardie, il avait aussi l'imagination *noble et haute*; — c'est-à-dire que, dans l'extraordinaire et dans le romanesque, il préfère ce qui est noble à ce qui est bas ; — ce qui exalte l'âme à ce qui la déprime ; — et généralement les héros aux monstres. — Qu'il n'est pas vrai cependant que, comme on l'a dit [Cf. V. de Laprade, *Essais de critique idéaliste*], son théâtre soit le triomphe du devoir sur la passion [Cf. *le Cid, Horace, Rodogune, Héraclius*] ; — il n'est que le triomphe de la volonté [Cf. J. Lemaître, *Corneille et Aristote*] sur les obstacles qui s'opposent à son développement ; — et de là, dans ce théâtre : — le goût de la tragédie politique, dont le domaine est justement le « lieu » de l'exercice de la volonté ; — le mépris des passions de l'amour, qu'il considère comme étant trop « chargées de faiblesse » ; — l'intention ou plutôt l'apparence de l'intention morale ; — de là encore, la tension des sentiments ; — et de là enfin, cet art d'épuiser les sujets qu'il traite [Cf. *Examen de Rodogune*, édition Marty-Laveaux, IV, 421]. — « Le second acte passe le premier ; le troisième est au-dessus du second ; et le dernier l'emporte sur tous les autres. » — Il est le maître de ses sujets comme ses héros sont les maîtres de leurs destinées. [Voyez le contraire dans le drame romantique.]

jeux du cirque ». C'est la note juste; et qu'on l'étudie dans les comédies de sa jeunesse : *Mélite, la Veuve, la Galerie du Palais*, ou dans les chefs-d'œuvre de sa maturité, la grande préoccupation de Corneille a été de gagner le suffrage des précieuses.

Il se vante lui-même, dans son *Examen de Mélite*, d'avoir pour ses débuts établi le règne de la décence et des mœurs sur une scène où les libertés qu'on prenait avant lui rendaient le théâtre inabordable aux femmes. S'il emprunte un sujet à l'Espagne, — parce que l'Espagne est à la mode, — il imprime donc à ses personnages, dans *le Cid* ce caractère d'humanité, dans *le*

C'est dommage, après cela, qu'il ait l'imagination *subtile et processive*; — ce qui revient à dire qu'il a en lui, sinon du Bas-Normand, ou de l'avocat, mais assurément du casuiste. — Les « cas de conscience » dans la tragédie de Corneille; — et comment ils en font la grandeur; — mais aussi la subtilité. — De là, dans son théâtre, les actions qu'il appelle « implexes » [Cf. dans *Horace* le personnage de Sabine, ou dans *Polyeucte* celui de Sévère]; — analyse d'*Héraclius*; — aveux de Corneille à ce sujet. — Comment à la complication de l'intrigue il ajoute celle des motifs; — et observations de Schlegel sur ce point [Cf. *Littérature dramatique*, trad. de Saussure, II, p. 41 et suivantes]. — Machiavélisme de Corneille : — et qu'on pourrait extraire de son œuvre autant de maximes d'immoralité que du livre du *Prince*.

> Tous ces crimes d'État qu'on fait pour la couronne,
> Le ciel nous en absout alors qu'il nous la donne.

Prétentions politiques de Corneille; — mots que l'on cite à ce sujet, de Condé après *Sertorius* : « Où donc Corneille a-t-il appris la guerre? » — et de Grammont après *Othon*.

E. *La vieillesse de Corneille.* — *Œdipe*, 1659; *Sertorius*, 1662; — *Sophonisbe*, 1663; *Othon*, 1664; *Agésilas*, 1666; *Attila*, 1667; — *Tite et Bérénice*, 1670; *Pulchérie*, 1672. — De Corneille, peintre d'histoire; — et de la fausseté du paradoxe de Desjardins, dans son *Grand Corneille historien*. — La couleur locale dans l'œuvre de Corneille. — Que les défauts de ses dernières

Menteur ce caractère de politesse, et, dans l'un et dans l'autre, ce caractère de généralité qui sont autour de lui les caractères des « honnêtes gens », et comme les signes auxquels ils se reconnaissent entre eux. Pareillement, dans son *Horace*, dans son *Cinna*, dans sa *Rodogune*, lorsqu'il mêle ensemble les choses de la politique et de la galanterie, ne vous imaginez pas que ce soit Justin qu'il imite, ni Sénèque, ni Tite-Live, mais ce sont bien les mœurs de son temps, et des « modèles » qui posent devant lui. Quelle est cette précieuse dont nous parle Somaize, « qui ne s'est pas seulement acquis, nous dit-il, beaucoup d'estime par sa beauté, *mais encore par la*

pièces se développent du même fond que les qualités de ses chefs-d'œuvre. — Qu'elles ne sont plus que plaidoiries et thèses. — Le machiavélisme des motifs [Cf. *Pertharite*, t. VI, p. 571; — *Othon*, t. VI, p. 632; — *Attila*, t. VII, p. 107, p. 162]. — Comment la noblesse et la grandeur y dégénèrent : — en affectation [*Nicomède*, t. V, p. 531]; — en enflure [*Don Sanche*, t. VI, p. 458]; — en inhumanité [*Attila*, t. VII, p. 172]; — et comment enfin la forme de son imagination se change en une fureur d'inventer, d'innover, et de compliquer sans raisons. — C'est pour cela qu' « il charge maintenant ses sujets de matière »; — qu'après voir expulsé l'amour, il l'y réintroduit, sous les espèces de la galanterie la plus froide [Cf. *Othon*, t. VI, p. 587, et *Attila*, t. VII, p. 140, 141]; — et qu'il fausse l'emploi de l'histoire de la tragédie.

F. *La langue et le style de Corneille.* — Que, dans ce naufrage de ses anciennes qualités, un don demeure et survit chez le poète, — si personne peut-être n'a mieux écrit en vers que Corneille. — [Cf. les discours d'Auguste dans *Cinna* et les récits du *Menteur*.] — Qualités de son style; — et pour nous en rendre compte, comparaison du style de *Polyeucte* avec celui d'*Andromaque*; — ou encore du style comique de Corneille avec celui de Molière et de Regnard. — Propriété et fermeté de la langue. — Plénitude et nombre du vers. — Ampleur et force de la période. — En quel sens Corneille demeure naturel et conforme à lui-même jusque dans le galimatias et dans la préciosité. — De quelques rapports de Corneille avec les romantiques; — et, par conséquent, de la littérature romantique avec la littérature du temps de Louis XIII.

grandeur de son âme et dont l'esprit ne s'est pas seulement arrêté à la bagatelle, *mais s'est élevé jusqu'aux affaires de la première importance?* » Nous le savons; et qu'avant de s'appeler Émilie dans le *Cinna* de Corneille ou Cléopâtre dans sa *Rodogune*, elle a donné, dans la réalité de l'histoire, sous son vrai nom de duchesse de Chevreuse, plus d'une inquiétude au grand Cardinal. Que de rapprochements on pourrait faire encore! Dans son *Sertorius*, dans son *Othon*, dans son *Attila*, si Corneille compliquera, s'il embrouillera, s'il enchevêtrera ses intrigues à plaisir, ce ne sera pas tant pour obéir à sa propre inspiration que pour disputer aux Gomberville,

3° Les Œuvres. — En dehors de ses tragédies ou de ses comédies, la seule œuvre de Corneille un peu importante est sa traduction en vers de l'*Imitation de Jésus-Christ*.

Nous citerons donc seulement ici, parmi les éditions de ses *Œuvres* : — l'édition de 1660, en 3 vol. ; — celle de 1664, en deux volumes in-f°, la plus monumentale, mais où manquent malheureusement les pièces de sa vieillesse ; — l'édition de 1738, avec les commentaires de Jolly ; — l'édition de 1764, la première qui contienne les commentaires de Voltaire et les figures de Gravelot ; — et enfin, de nos jours, pour ne rien dire de beaucoup d'autres, l'édition de Marty-Laveaux, dans la collection des *Grands Écrivains de la France*, Paris, 1862, Hachette.

VIII. — La fondation de l'Académie française, 1635.

1° Les Origines de l'Académie. — Les académies italiennes du temps de la Renaissance [Cf. Pellisson, *Histoire de l'Académie*]; — l'Académie des derniers Valois [Cf. sous ce titre le livre de M. Edouard Fremy, Paris, s. d.]; — l'Académie florimontane. — Une phrase de l'abbé d'Olivet sur Balzac : « Les beaux esprits, dit-il, avaient formé jusqu'alors une république où les dignités se partageaient entre plusieurs, mais cette république devint tout à coup une monarchie où Balzac fut élevé à la royauté par tous les suffrages ». — Que la première ébauche de l'Académie de Conrart [Cf. ses *Mémoires*] a répondu précisément à cette intention de mettre de l'ordre et de la hiérarchie dans les lettres. — Coïncidence de cette intention avec les désirs de l'hôtel de Rambouillet;

aux La Calprenède, aux Scudéri, l'empire du romanesque !

Et son génie n'en est pas diminué ! S'il s'accommode ainsi des variations et des exigences du goût de son temps, sa supériorité n'en reçoit point d'atteinte, puisqu'ils sont plusieurs autour de lui, — Mairet, Rotrou, du Ryer, Scudéri, La Calprenède, — qui suivent comme lui la mode, et qui n'ont cependant écrit ni le *Cid*, ni *Polyeucte*, ni *Pompée*, ni *Héraclius*. Je dis seulement que sa grandeur n'est point faite de son isolement, et que, pour dépasser ses rivaux de toute la tête, il n'en est pas moins de leur famille. Il est surtout de cette société

— avec le vœu commun des gens de lettres ; — et avec les desseins plus généraux du cardinal de Richelieu. — Les *Lettres patentes du 29 janvier 1635*. — Pourquoi le Parlement a refusé deux ans de les enregistrer ? — Les corps constitués n'aiment peut-être pas à en voir constituer d'autres à côté d'eux. — Mais Richelieu finit par l'emporter. — Les premiers académiciens. — Les *Statuts de l'Académie*. — [Cf. Pellisson et d'Olivet, *Histoire de l'Académie française*, édition Livet, Paris, 1858 ; — Paul Mesnard, *Histoire de l'Académie*, Paris, 1857 ; — les *Préfaces* successives du *Dictionnaire de l'usage* ; — et l'abbé A. Fabre, *Chapelain et nos deux premières Académies*, Paris, 1890.]

2° L'Objet de l'Académie. — Qu'il ne diffère pas en principe de celui que s'étaient proposé les Précieuses, Malherbe, Balzac et Vaugelas : — il s'agit d'élever la langue française à la dignité du grec et du latin ; — et par conséquent à leur antique universalité. — Conformité de cette intention très précise avec l'intention de Ronsard et de la Pléiade. — Pourquoi tous les traducteurs en réputation alors ont-ils fait partie de l'Académie ? — *Parce que la traduction n'avait alors elle-même pour objet que de faire passer et comme d'incorporer à la substance de l'esprit français la connaissance entière de l'antiquité*. — Les « belles infidèles » de Perrot d'Ablancourt. — Pourquoi tous les grammairiens ? — *Parce qu'il leur appartenait de dresser l'état ou l'inventaire des richesses, des ressources, et des « possibilités » de la langue*. — Et pourquoi tous les critiques ? — *Parce que l'on croyait alors qu'il existe une relation nécessaire entre la perfection des œuvres et l'observation*

précieuse qui s'est elle-même reconnue et applaudie en lui, qui lui demeurera fidèle jusqu'à la fin, qui le soutiendra contre de jeunes et hardis rivaux ; et c'est pourquoi les précieuses peuvent bien avoir eu leurs défauts, ou leurs ridicules même, mais le théâtre de Corneille subsiste pour témoigner de la noblesse, de la grandeur, et de la générosité de leur idéal d'art.

Un autre homme ne s'y est pas trompé : c'est Richelieu que je veux dire, et là même est le secret motif de ce qu'on le voit faire *pour* et *contre* Corneille. Du moment que l'écrivain ou le poète, au lieu de s'isoler en eux-mêmes, se mêlaient au monde, et, pour lui plaire, commençaient par

des règles ou des lois des genres dont elles relèvent. — Les *Préfaces* de Chapelain. — Controverses relatives à *l'excellence de la langue française* [Cf. Goujet, *Bibliothèque française*, t. I]. — Premiers travaux de l'Académie ; — services généraux rendus par l'Académie française ; — et dans quel sens on peut dire qu'elle a vraiment fixé la langue.

3º L'INFLUENCE IMMÉDIATE DE L'ACADÉMIE. — Elle a substitué d'abord l'autorité d'un centre littéraire à la dispersion des coteries ; — et ainsi les efforts individuels ont commencé par elle et en elle de converger vers un but commun. — Inconvénients et avantages de la centralisation littéraire. — L'institution de l'Académie a enfoncé dans les esprits cette idée que la gloire des lettres fait partie intégrante et nécessaire de la grandeur d'un peuple [Cf. Du Bellay, *Défense et Illustration*, etc.]. — Elle a ainsi relevé la condition de l'homme de lettres ; — dans l'État ; — et à ses propres yeux. — Enfin, en se proposant de « fixer » la langue, il a semblé d'abord qu'elle y dût réussir ; — et en tout cas, en en maintenant le respect, elle en a préparé ce que cent cinquante ans plus tard les étrangers appelleront eux-mêmes l'*universalité* [Cf. Rivarol, *Discours sur l'universalité de la langue française*, en réponse à la question proposée par l'Académie de Berlin].

IX. — Les Origines du jansénisme.

1º LES SOURCES. — Ranke, *Histoire de la Papauté aux* XVIe *et* XVIIe *siècles* ; — M. Philippson, *La Contre-Révolution religieuse au*

accepter la discipline que le monde leur imposait, Richelieu conçut la pensée de faire servir cette docilité nouvelle aux desseins de sa politique. Utiliser le pouvoir de l'esprit et s'en faire un instrument de règne, ou, si l'on veut, intéresser les gens de lettres à la réalisation de ses plans ambitieux, sans leur en livrer le secret, il lui sembla que ce serait sans doute une grande chose, et que ce qu'il voyait autour de lui lui en offrait les moyens. Toutes ces petites coteries littéraires qui s'étaient formées à l'imitation de l'hôtel de Rambouillet, et qui n'en étaient, à vrai dire, que la caricature, témoignaient d'un besoin de voir régner, jusque dans les choses de l'esprit, quelque

---

xvie *siècle*, Paris et Bruxelles, 1884; — Dejob, *de l'Influence du concile de Trente sur la littérature*, Paris, 1884.

Molina, *Concordia liberii arbitrii cum gratiæ donis*, 1595; — Jansenius, *Augustinus, seu sancti Augustini doctrina de naturæ humanæ sanitate, ægritudine, et medicina*, 1640; — C. Mazzella, *De Gratia Christi*, Woodstock Marylandiæ, 1878.

Dom Clémencet, *Histoire générale de Port-Royal*, 10 vol. in-12. Amsterdam, 1756; — N. Rapin, *Histoire du Jansénisme depuis son origine jusqu'en 1644*, publiée (et arbitrairement mutilée) par l'abbé Domenech, Paris, 1861; — Sainte-Beuve, *Port-Royal*, t. I et II; — l'abbé Fuzet [évêque actuel de Beauvais], *Les Jansénistes et leur dernier historien*. Paris, 1876.

2° La Formation de la doctrine. — De l'importance du jansénisme dans l'histoire des idées religieuses; — de la littérature française; — et de la politique. — Acharnement encore actuel de tout un parti contre lui.

Le mouvement de la contre-réforme [Cf. Ranke, *Histoire de la Papauté*]; — la concentration du catholicisme sur lui-même; — et la renaissance de la ferveur religieuse dans les dernières années du xvie siècle. — Du *molinisme* [qu'il ne faut pas confondre avec le *molinosisme*]; — et comment il semble avoir accrédité l'idée que nous serions les maîtres de nos destinées. — C'est en travers de cette « corruption » du christianisme que se mettent Du Vergier de Hauranne, abbé de Saint-Cyran [1581; † 1643], et Jansénius ou Janssen [1585; † 1638]. — Premiers écrits de Saint-Cyran. — La *Question royale*, 1609; — l'*Apologie pour Henri... de la Roche-*

ordre et quelque discipline. Par d'autres chemins que les siens on semblait tendre à cette unité, ou, pour dire quelque chose de plus, à cette homogénéité qui était le principal ou l'unique objet de sa politique intérieure. Comme il voulait faire de la monarchie française le type en quelque manière de l'État moderne, vraiment un, vraiment vivant, vraiment organisé, la littérature, elle aussi, semblait tendre vers le même idéal d'organisation et de vie commune. Et, de même enfin qu'au dehors il voulait faire de l'État français le régulateur de la politique européenne, ainsi l'ambition qui couvait jusque dans le cœur des grammairiens et des critiques, — de Vaugelas,

posay, évêque de Poitiers, 1615. — Rencontre de Saint-Cyran et d'Arnauld d'Andilly, 1620 ; — leurs relations avec les Pères de l'Oratoire ; — la *Réfutation de la Somme du Père Garasse*, 1626 ; — la publication du *Petrus Aurelius*, 1631 ; — translation à Paris du Port-Royal des Champs, 1626. — Saint-Cyran, directeur de Port-Royal ; — son embastillement en 1638 ; — Jansénius fait paraître son *Augustinus* en 1641.

Analyse de l'*Augustinus*. — Les cinq propositions [Cf. l'abbé Fuzet, *Les Jansénistes et leur dernier historien*; et sur le fond de la question de la grâce, C. Mazzella, *De Gratia Christi prælectiones scholastico-dogmaticæ*]. — Qu'il y va dans cette controverse : — du libre arbitre ; — de la définition de la nature humaine ; — et finalement de toute la conduite. — Qu'il y va d'autre part, au point de vue de l'histoire littéraire, de l'intelligence des *Provinciales* et des *Pensées*.

X. — **René Descartes** [la Haye (en Touraine), 1596 ; † 1650, Stockholm].

1° LES SOURCES. — F. Cournot, *Considérations sur la marche des idées dans les temps modernes*, t. I, liv. III, ch. 1, 2, 3, 4; Paris, 1872 ; — Fiorentino, *Bernardino Telesio*, Florence, 1874 ; — Maximilien Marie, *Histoire des sciences mathématiques et physiques*, t. IV, Paris, 1883-1885.

A. Baillet, *La vie de Monsieur Descartes*, Paris, 1691.

J. Millet, *Histoire de Descartes avant 1637*, Paris, 1867 ; — Louis

par exemple, ou de Chapelain, — c'était de faire succéder la langue française à la dignité de la latine ou de la grecque. Il devait être facile de s'entendre; et, après quelques tâtonnements, c'est de cette entente qu'est sortie la pensée de l'Académie française. L'Académie française n'a pas été créée pour autre chose que pour inféoder les destinées de la littérature à celles de la France même; et pour qu'il ne fût pas dit qu'une force sociale aussi considérable qu'était déjà celle de l'esprit pût échapper entièrement à l'action du pouvoir central.

Mais sur quel terrain s'achèverait l'entente? Car, en plusieurs occasions, et au lendemain même de la fonda-

Liard, *Descartes*, Paris, 1882; — A. Fouillée, *Descartes*, dans la collection des *Grands Écrivains français*, Paris, 1893.
Bordas-Demoulin, *le Cartésianisme*, Paris, 1843; — V. Cousin, *Fragments philosophiques*, t. IV et V : *Philosophie moderne*, Paris, 1845; — Francisque Bouillier, *Histoire de la philosophie cartésienne*, Paris, 1854; — Ravaisson, *Rapport sur le prix Victor Cousin*, 1884; — G. Monchamp, *Histoire du cartésianisme en Belgique*, Bruxelles, 1886; — F. Brunetière, *Études critiques*, IVe série.
2º L'HOMME, LE PHILOSOPHE ET L'ÉCRIVAIN. — Où en était avant Descartes la conception de la science et de la philosophie? — et qu'en lui faisant honneur d'avoir renversé la philosophie d'Aristote on ne se trompe que de quelque cent ans. — Le rôle de l'Italie dans la constitution de l'idée de science. — Galilée [Cf. Fiorentino, *op. cit.*, et J. Bertrand, *Les Fondateurs de l'astronomie moderne*, Paris, 1865]. — Quelques mots de Bacon, et de son peu d'influence [Cf. Liebig, *Bacon*, Paris, 1866; et Claude Bernard, *Introd. à la médecine expérimentale*, Paris, 1865]. — De la savante ignorance de Descartes; — et combien il a profité de ses prédécesseurs. — Qu'il avait certainement lu le *Traité de la sagesse* de Charron; — la *Doctrine curieuse* du Père Garasse; — et, de son propre aveu, les *Lettres* de Balzac. — S'il a été, comme le croyait Huyghens, « fort jaloux de la renommée de Galilée ».
Éducation de Descartes; — ses premières études au collège de la Flèche, 1604-1612; — ses débuts à Paris, et sa passion du jeu [Cf. Baillet, ch. 8]; — sa carrière militaire, 1617-1621; — il assiste à la bataille de Prague, 1620. — Son voyage d'Italie et son pèle-

tion de son Académie, Richelieu s'était bien aperçu, — par l'affaire de Corneille et de la critique du *Cid*, — qu'il ne gouvernerait pas les gens de lettres comme il faisait ses « intendants ». Les gens de lettres n'ont pas toujours cet « esprit de suite » que le cardinal exigeait de ses protégés ; et leur obéissance, qui peut d'ailleurs très bien aller jusqu'à la bassesse, n'en a pas moins toujours quelque chose de capricieux et d'intermittent.

C'est ici que les historiens de la littérature française placent l'action de Descartes et de son *Discours de la méthode*, lequel est en effet de 1637. « L'influence de Descartes, a écrit Désiré Nisard, fut celle d'un homme

rinage à Notre-Dame de Lorette, 1624-1625 ; — il séjourne à Paris, 1625-1629 ; — et il y compose probablement ses *Regulæ ad directionem ingenii*. — Les allusions mythologiques et la préciosité de l'expression dans les *Regulæ* : — on dirait du latin de Bacon. — Que ces détails nous font voir dans Descartes un tout autre homme que le spéculatif de la légende. — Nul philosophe plus mêlé au monde ; — qui ait traversé plus de « milieux » ; — et avec l'intention d'y apprendre « à connaître le genre humain ». — Il a tiré de la vie et de l'observation des hommes ce que l'auteur des *Essais* demandait à l'observation de lui-même et aux livres. — Il prend la résolution de se fixer en Hollande, et s'établit à Amsterdam, mars 1629. — Son roman : Hélène et Francine.

De quelques particularités du caractère de Descartes, — et comment ses historiens n'en ont-ils pas tenu plus de compte ? — Etendue de sa curiosité. — Que sont devenus ses vers sur *la Paix de Münster* ? — et la comédie « en prose mêlée de vers » dont il est fait mention dans l'inventaire de ses papiers ? — Son inquiétude habituelle ; — ses distractions ; — ses changements de lieux ; — sa vie cachée ; — ses manies. — Curieux fragments de son *Journal* ; — ses illuminations et ses songes ; — la mémorable nuit du 10 novembre 1619, où « il lui sembla que du haut du ciel l'esprit de vérité descendit sur lui pour le posséder ». — On ne trouve point de semblables traits dans la vie de Corneille ; — et encore moins dans celle de Malherbe. — Qu'il serait temps de les faire entrer dans la composition du caractère historique de Descartes, — et dans les considérants du jugement à porter sur sa philosophie.

de génie qui avait appris à chacun sa véritable nature, et, avec l'art de reconnaître et de posséder son esprit, l'art d'en faire le meilleur emploi. » Et dans un autre endroit : « Voilà pourquoi les écrivains qui vinrent *immédiatement après lui*... sont presque tous cartésiens. Ils le sont par les doctrines qu'ils adoptent entièrement ou en partie; ils le sont par la méthode qu'ils appliquent à tous les ordres d'idées comme à tous les genres. » Nisard donne encore à Descartes cet éloge d'avoir « atteint en français la perfection de l'art d'écrire »; et il ajoute que cette perfection consisterait « dans la parfaite conformité de la langue de Descartes avec le génie français ». Mais

La publication des *Essais de philosophie* [in-4º, Leyde, 1637] comprenant : le *Discours sur la méthode*, la *Dioptrique*, le *Traité des météores*, et la *Géométrie*. — Sa polémique avec Voet [Cf. J. Bertrand, dans la *Revue des Deux Mondes*, 1891]. — Il fait paraître ses *Méditations métaphysiques*, 1641; — ses *Principes de philosophie*, 1644. — « Il tombe dans des dégoûts pour la qualité d'auteur qui lui font perdre toute envie de rien imprimer » [Cf. Baillet, *Vie de Descartes*]. « Mais les compliments et les honnêtetés que lui font les jésuites approbateurs de sa philosophie lui relèvent un peu le courage ». — Son goût pour les études d'histoire naturelle et de physiologie. — Son dernier voyage en France, 1648. — Désappointement qu'il y éprouve [Cf. ses *Lettres* sous cette date]. — Que les troubles de la Fronde auraient d'ailleurs suffi pour le chasser de sa patrie. — Ses relations avec la reine Christine de Suède. — Il se fixe à Stockholm, octobre 1649; — et il y meurt [11 février 1650].
Si le style de Descartes mérite les éloges qu'on en fait quelquefois? — Qu'à le considérer sans parti pris il semble écrire clairement; — et qu'il dit assez bien ce qu'il veut dire; — mais son style n'a rien de très supérieur à celui d'Arnauld dans sa *Fréquente communion*. — Le principal mérite en est de manquer des « ornements » ou des « agréments » dont Voiture et Balzac « enrichissaient » volontiers le leur. — En revanche, et pour être parfaitement « naturel », il lui manque d'être une peinture de son vrai caractère; — la raison seule parle dans sa prose; — et cependant nul philosophe n'a mis plus d'imagination dans sa vie.

je ne crois pas que l'on puisse se tromper davantage ; et sans parler de la « perfection du style de Descartes », dont je dirais volontiers, selon le mot célèbre, qu'elle ressemble « à l'eau pure, qui n'a point de saveur particulière », l'influence de Descartes, on le verra plus loin, ne s'est exercée ni dans le sens que l'on dit, ni surtout dans le temps précis où on la place. En fait, bien loin d'être suivie d'aucun progrès de la raison ou du bon sens, la publication du *Discours de la méthode* n'est suivie chronologiquement que d'un retour offensif des influences étrangères : l'espagnole d'abord ; l'italienne ensuite ; et toutes les deux bientôt mêlées ensemble. L'explication

3° LES ŒUVRES. — Elles se composent des *Essais de philosophie*, publiés en 1637 ; — des *Méditations métaphysiques*, 1641 ; — des *Réponses aux objections*, 1641-42 ; — de la *Lettre à Gisbert Voet*, 1643 ; — des *Principes de philosophie*, 1644 ; — et, en œuvres posthumes : — du *Traité des passions*, 1650 ; — du *Traité de l'homme*, 1662 ; — du *Traité du fœtus*, 1662 ; — et du *Traité du monde*, 1664. — Il y faut joindre une volumineuse *Correspondance*, publiée pour la première fois en 1657, par Clerselier.

Ajoutez, sous la date de 1701, les *Regulæ ad directionem ingenii*, et l'*Inquisitio veritatis per lumen naturæ*.

Il existe plusieurs éditions des *Œuvres de Descartes* qui sont : — 1° l'édition d'Amsterdam, 8 vol. in-4°, 1670-1683, et 9 vol. in-18, 1692-1713 ; — 2° l'édition de Paris, 1724-1729, 13 vol. in-12 ; — et 3° l'édition de Victor Cousin, 11 vol. in-8°, Paris, 1824-1826, Levrault.

M. Foucher de Careil a publié deux volumes de *Supplément aux œuvres de Descartes*, Paris, 1859-1860, Durand.

XI. — Port-Royal et les Arnauld.

1° LES SOURCES. — Ajoutez aux Sources de l'art. IX : Bayle, dans son *Dictionnaire*, article ARNAULD ; — *Histoire du jansénisme*, 3 vol. in-12, Amsterdam, 1700 [par Dom Gerberon] ; — *Mémoires du P. Rapin* [faisant suite à son *Histoire du jansénisme*, et s'étendant de 1644 à 1669], publiés par M. Léon Aubineau, 3 vol. in-8°, Paris, 1865 ; — *Mémoires d'Arnauld d'Andilly*, dans les collections Petitot, ou Michaud et Poujoulat ; — P. Varin, *La vérité sur les*

n'en est pas difficile à donner. L'œuvre de Richelieu a été interrompue par la mort avant qu'il eût pu l'achever; la Fronde a éclaté; et pendant dix-huit ans ce sont une reine espagnole et un ministre italien qui règnent : Anne d'Autriche et Mazarin.

On date ordinairement du grand succès du *Cid* et du *Menteur* l'influence espagnole; mais, si l'on veut parler de quelque chose de plus que d'un échange de sujets entre les deux littératures, c'est trop tard ou c'est trop tôt. C'est trop tard, si, bien avant Corneille, l'*Astrée* n'était, comme nous l'avons vu, qu'un remaniement à la française de la *Diane* de Montemayor; si Hardy, si Mairet, si

---

Arnauld, 2 vol. in-8°, Paris, 1847; — P. Faugère, *Lettres de la mère Agnès Arnauld*, 2 vol. in-8°, Paris, 1858.

2° Les Arnauld, et en particulier Antoine Arnauld [Paris, 1612; † 1694, Bruxelles]. — Une lettre de Balzac sur les Arnauld : « Tout raisonne, tout prêche, tout persuade en cette maison... et un Arnauld vaut une douzaine d'Épictètes ». — Les origines de la famille. — Militaires, administrateurs, hommes de cour, prêtres et religieuses. — Arnauld d'Andilly, le père du ministre Pomponne et l'auteur des *Mémoires* [1588; † 1674]; — Angélique Arnauld, la réformatrice de Port-Royal [1591; † 1661]; — Agnès Arnauld, l'auteur des *Lettres* [1593; † 1671]; — Antoine Arnauld, celui que ses contemporains ont, avec Louis XIV seul, appelé du nom de Grand.

La publication du livre de la *Fréquente communion*, 1643. — Origine du livre [Cf. Rapin, *Mémoires*, I, 22, et Sainte-Beuve, *Port-Royal*, t. II]. — S'il est vrai, comme le dit Rapin, qu'on n'eût rien vu de mieux écrit dans notre langue; — et que fait-il de l'*Introduction à la vie dévote*? — Véritable nouveauté du livre; — et qu'elle est d'avoir mis la théologie proprement dite à la portée du public laïque. — De l'autorité des laïques en matière de théologie. — Le prince de Condé [le père du Grand Condé] réfute le premier le livre d'Arnauld, dans ses *Remarques chrétiennes et catholiques*, 1644; — autre réfutation du savant Père Petau : *De la pénitence publique*, 1644. — La cause du livre d'Arnauld se trouve liée à celle de l'*Augustinus*, dont il entreprend d'écrire l'apologie contre la bulle du pape Urbain VIII; — et ainsi le

Rotrou n'avaient guère fait qu'imiter ou traduire Cervantes, Lope de Vega, Rojas; si les précieuses, comme on l'a dit, n'avaient d'abord essayé que d'acclimater le gongorisme en France. Mais c'est trop tôt s'il s'agit de fixer le moment où cette influence a vraiment menacé, comme autrefois l'italienne, le développement de la littérature nationale. En effet, ce n'est guère qu'entre 1645 et 1660 que nos auteurs dramatiques, Thomas Corneille, Scarron, Quinault, — pour ne rappeler que ceux dont le nom n'a pas péri tout entier, — se jettent à corps perdu dans l'imitation du théâtre espagnol, et qu'ils en viennent jusqu'à ne pouvoir plus seulement écrire une pièce de leur

Port-Royal devient la forteresse du jansénisme. — Démêlés d'Arnauld avec la Sorbonne; — sa condamnation; — entrée en scène de Pascal.

Le jansénisme achève de se constituer en parti; — étendue de ses liaisons; — les « Mères de l'Église » : Mme de Guéménée, Mme du Plessis-Guénégaud, Mme de Sablé, la duchesse de Luynes, la duchesse de Longueville; — et à ce propos, de l'imprudence des plaisanteries de l'abbé Fuzet [Cf. *Les premiers jansénistes*, p. 154 et suiv.]. — Progrès croissants du parti sous la Fronde. — Alliance du jansénisme et du gallicanisme. — Un jugement de Ranke sur le jansénisme : « Pendant que les jésuites entassaient de l'érudition dans d'énormes in-folio, ou se perdaient dans le labyrinthe des systèmes scolastiques sur la morale et sur le dogme, les jansénistes s'adressaient à la nation » [*Histoire de la Papauté*, trad. française, t. III, p. 307].

3º LES ŒUVRES. — Nous avons d'Arnauld d'Andilly ses *Mémoires*; une traduction des *Confessions de saint Augustin*; les *Vies des Pères du désert*, sans compter d'autres traductions, et un assez grand nombre d'opuscules d'édification ou de polémique; — 2º d'Agnès Arnauld, les *Lettres* publiées ou plutôt rassemblées par M. Faugère; — 3º et d'Antoine Arnauld, « le Docteur », cent quarante volumes d'œuvres, dont on trouvera l'énumération dans le *Dictionnaire de Moréri*.

Nous ne sachions pas qu'on en ait réimprimé plus de deux ou trois; et le seul qu'on lise encore est sa *Logique de Port-Royal* [en collaboration avec Nicole], 1662.

cru sans en placer la scène à Lisbonne ou à Salamanque. Il se produit alors, dans tous les genres, une espèce d'exaltation ou d'enflure qui va jusqu'à l'extravagance. Le grand Corneille en personne se persuade, et proclame, dans la préface de son *Héraclius*, « que le sujet d'une belle tragédie doit n'être pas vraisemblable ». Ce Gascon de Gautier de Costes de la Calprenède, — son nom mérite qu'on l'imprime tout au long, — et ce Normand de Scudéri, qui n'est d'ailleurs en ceci que le prête-nom de sa sœur Madeleine, écrivent leurs *Ibrahim* et leurs *Cassandre*, leurs *Cléopâtre* et leurs *Artamène*, vrais romans d'aventures, qui passionnent autour d'eux toutes les

XII. — Le Roman depuis l' « Astrée ».

1° Les Sources. — Huet, *De l'origine des romans*, en tête de la *Zayde* de Mme de Lafayette, Paris, 1671; — Gordon de Percel [Lenglet-Dufresnoy], *De l'usage des romans*, 2 vol. in-18, Amsterdam, 1734; — G. Körting, *Geschichte des französischen Romans im xvii Jahrhundert*, Oppeln et Leipzig, 1885-1887. — A. Lebreton, *Roman au xviie siècle*, Paris, 1890; — P. Morillot, *Le Roman en France depuis 1610*, Paris, 1893.

V. Cousin, *La société française au xviie siècle*; — Rathery, *Mademoiselle de Scudéry*, Paris, 1873; — René Kerviler, *Marin Le Roy de Gomberville*, Paris, 1876.

2° L'Évolution du Roman. — Que l'action de Descartes ne s'est pas plus fait sentir dans le roman qu'au théâtre; — et que, pas plus qu'elle n'a détourné Corneille de ses voies, elle n'a détourné les romanciers, ni leurs lecteurs, des modèles de l'*Astrée*. — Si l'on peut dire qu'il y ait une esthétique cartésienne [Cf. Emile Krantz, *l'Esthétique de Descartes*, Paris, 1882]? — et qu'en tout cas on ne saurait s'en douter en lisant le *Grand Cyrus* ou le *Faramond*. — C'est l'influence de la préciosité qui continue de s'exercer ici.

Tendance idéaliste du roman au xviie siècle; — et que des parodies, comme celle de Sorel dans son *Francion*, ne font qu'en confirmer l'existence; — si l'on ne parodie que ce qui est à la mode. — La complication de l'intrigue; — et à ce propos, des rapports de la tragédie de Corneille avec le roman de La Calprenède et avec celui de Mlle de Scudéri. — Même emploi de l'histoire et même préoc-

imaginations, tandis qu'avec les Scarron, les d'Assouci, les Saint-Amant le burlesque s'engendre, pour ainsi parler, du picaresque. L'influence italienne se mêle à l'espagnole. C'est de Robortelli ou de Castelvetro que l'on s'autorise pour chicaner Corneille. Les faiseurs d'épopées, rendus prudents depuis un demi-siècle par l'insuccès de la *Franciade*, reprennent alors courage au contact du Tasse et de sa *Jérusalem*. Mazarin introduit l'opéra dans nos mœurs françaises. La Fontaine, qui débute, achève son éducation littéraire dans le *Décaméron* ; Molière donne son *Étourdi*; Boileau gronde et s'écrie, dans une tirade qui plus tard a disparu de sa première satire :

cupation de l'*actualité*. — On donne seulement au hasard ce que Corneille imputait à l'action de la volonté. — L'allure épique et le caractère impersonnel dans le roman du xviie siècle. — Son intérêt « documentaire », et sa valeur psychologique.

A. *Marin Le Roy de Gomberville* [Chevreuse ou Étampes, 1599 ou 1600; † 1674, Paris]. — Son *Polexandre* [1629-1637]. — Combinaison, dans ce roman, du genre d'intérêt des *Amadis* avec la curiosité géographique : — l'aventure du prince Zelmatide et l'histoire du Mexique ; — l'histoire d'Almanzaïre, reine du Sénégal ; — l'aventure de la princesse Perselide et la cour du Maroc. — Analogie du genre d'intérêt que présente le *Polexandre* avec certains romans « exotiques » de nos jours.

B. *Gautier de Costes de la Calprenède* [Cahors, 1609 ou 1610; † 1663, Andely-sur-Seine]. — Quelques mots sur le théâtre de la Calprenède : son *Mithridate*, 1635; son *Essex*, 1639; son *Herménégilde*, 1643. — Comment il essaie de fondre le genre d'intérêt qu'il voit que l'on prend aux tragédies de Corneille et aux traductions de Du Ryer. — L'emploi de l'histoire dans les romans de La Calprenède; — et des sous-titres qu'on pourrait leur donner : *Cassandre*, ou la dissolution de l'Empire d'Alexandre ; — *Cléopâtre*, ou la dissolution de l'Empire romain ; — *Faramond*, ou la fondation de la monarchie française. — Témoignages de Mme de Sévigné sur La Calprenède. — « La beauté des sentiments, la violence des passions, la grandeur des événements, et le succès miraculeux de leur redoutable épée, tout cela m'entraîne comme une petite fille » [lettre du 12 juillet 1671]; et, dans une lettre du 15 juillet : « Pour

> Qui pourrait aujourd'hui, sans un juste mépris,
> Voir l'Italie en France, et Rome dans Paris!
> ..... Je ne puis sans horreur et sans peine,
> Voir le Tibre à grands flots se mêler dans la Seine,
> Et traîner dans Paris ses mômes, ses farceurs,
> Sa langue, ses poisons, ses crimes, et ses mœurs.

Où trouve-t-on trace en tout cela de l'action de Descartes et du cartésianisme ? Non ! en vérité, le *Discours de la méthode* n'a point fait époque dans l'histoire de notre littérature. Pleins d'admiration pour le géomètre, les contemporains du « philosophe » l'ont presque ignoré comme tel. Et si la littérature a fini par secouer le joug de toutes ces influences qui semblaient conjurées contre elle

---

les sentiments... j'avoue qu'ils me plaisent et qu'ils sont d'une perfection qui remplit mon idée sur les belles âmes ». — Si d'ailleurs le style de La Calprenède est aussi « méchant » que la même Mme de Sévigné le prétend au même endroit. — Que les qualités n'en supportent pas la comparaison avec le style de Corneille ; — mais que les défauts en sont les mêmes, ou de la même famille. — Abondance de l'imagination de La Calprenède. — Que toute sa poétique est d'exciter « l'admiration », et qu'il y a réussi. — Analogie lointaine, mais certaine du genre des romans de La Calprenède avec ceux d'Alexandre Dumas.

C. *Madeleine de Scudéri* [Le Havre, 1607 ; † 1701, Paris]. — Si son rôle ne consisterait pas à avoir « embourgeoisé » la préciosité ? — Toujours est-il qu'elle en a été la vulgarisatrice, en ajoutant, dans son *Artamène*, aux aventures du *Polexandre*, et aux détails historiques de la *Cléopâtre* : — 1° les allusions et les portraits des hommes et des femmes de la société précieuse [Cf. Cousin, *Société française au XVIIe siècle*] ; — 2° des épisodes contemporains, comme dans sa *Clélie*, l'histoire de Scaurus et de Lydiane (Scarron et Françoise d'Aubigné) ; le songe d'Hésiode (tableau de la littérature) ; la description du pays de Tendre ; — et 3° une politesse ou une galanterie très supérieure à celles de La Calprenède et de Gomberville. — Finesse de quelques analyses. — Les romans de Mlle de Scudéry sont des romans « psychologiques ».

Que le succès de tous ces romans a été considérable. — C'est ainsi que l'on connaît quatre ou cinq éditions, en moins de vingt ans, de la *Cassandre* de La Calprenède. — Les Elzevier on

pour l'empêcher de devenir purement française, elle le doit à de tout autres causes, dont la première et la plus importante a été le réveil de l'idée chrétienne sous la forme de l'idée janséniste.

Quelque différence en effet qu'il puisse y avoir, et qu'il y ait sans doute, entre l'idée chrétienne et l'idée janséniste, on ne l'a pas reconnue d'abord ; et s'il ne nous est plus permis aujourd'hui de les confondre ensemble, on les a cependant un moment confondues. Les Jansénius, les Saint-Cyran, les Saci, les Arnauld n'ont pas cru travailler à une autre œuvre que les Vincent de Paul, les Olier, les Bérulle, les François de Sales ; et ce qu'il y

imprimé sa *Cléopâtre*, ce qui était le commencement de la gloire [Cf. la lettre de Balzac à MM. les Elzevier dans A. Willems, *les Elzevier*, Bruxelles, 1880]. — On en connaît des traductions allemandes et italiennes ; — des imitations anglaises ; — et si l'on en croit Pradon, le *Grand Cyrus* aurait passé même en arabe [*Remarques sur tous les ouvrages du sieur Despréaux*, La Haye, 1685]. — Qu'il faut chercher les raisons de ce succès dans l'accord de tout ce romanesque avec l'esprit du temps ; — et qu'autant ou plus que des œuvres plus vantées ces inventions ont aidé à établir la suprématie de la langue et de la littérature françaises.

3° Les Œuvres. — 1° De Gomberville : — la *Carithée*, 1621 ; — le *Polexandre*, 1629-1637 ; — la *Cythérée*, 1640 et années suivantes [2ᵉ édition des premiers volumes en 1642] ; — la *Jeune Alcidiane*, 1651 : « C'est un roman de janséniste, a écrit Tallemant, car les héros, à tout bout de champ, font des sermons et des prières » [*Historiettes*, IV, 467]. On a encore de Gomberville un *Recueil de vers*.

2° De la Calprenède : *Cassandre*, 1642 ; — *Cléopâtre*, 1647 — *Faramond*, 1661, les trois premières parties seulement. Le roman a été achevé par P. de Vaumorière, 1665. Nous avons dit que La Calprenède avait aussi laissé des tragédies.

3° De Madeleine de Scudéri : *Ibrahim ou l'illustre Bassa*, 1641 ; — *Artamène ou le Grand Cyrus*, 1649-1653 ; — *Clélie, histoire romaine*, 1654-1661. — Il n'y a pas de doute sur l'auteur de ces trois romans, et quoique Georges les ait « signés », ils sont bien de Madeleine. — On est moins certain qu'elle soit l'auteur aussi

avait entre eux d'émulation première pour le bien ne s'est
changé que plus tard en opposition. Si d'ailleurs, comme
il le faut dans l'histoire des idées, nous entendons moins,
sous le nom de jansénisme, une doctrine théologique rigoureusement définie qu'une manière générale de sentir et
de penser, ce n'est pas seulement chez les écrivains de
Port-Royal qu'on la retrouve, mais c'est encore chez
quelques-uns de leurs plus illustres adversaires. Le style
qui ressemblera le plus à celui de Nicole, « un style grave,
sérieux, scrupuleux », ce sera le style du père Bourdaloue. Et quand enfin le jansénisme, comme avant lui le

---

d'*Almahide ou l'esclave reine*, 1660, 1663 [inachevé d'ailleurs]; —
mais elle a certainement écrit *Mathilde d'Aguilar*, 1667, courte
nouvelle, qui, — avec celles de Segrais, publiées sous le titre de
les Divertissements de la princesse Aurélie [1], — relie les longs
romans de cette période à *Zayde* et à *la Princesse de Clèves*.

On a encore de Mlle de Scudéri des *Conversations morales*,
Paris, 1886; — et une intéressante *Correspondance*.

XIII. — Le Poème héroïque.

1° LES SOURCES. — Les *Préfaces* de l'*Adone*, 1623; — de
l'*Alaric*, 1654; — de la *Pucelle*, 1656; — du *Saint Louys*, 1658; —
Boileau, *Art poétique*, chant III, 1674; — Voltaire, *Essai sur la
poésie épique*, 1728.

J. Duchesne, *Histoire des poèmes épiques français du XVIIe siècle*,
Paris, 1870.

Théophile Gautier, article *Scudéry*, dans ses *Grotesques*. —
Rathery, *Mlle de Scudéry* [Cf. ci-dessus].

Chapelain, *Correspondance*, publiée par M. Tamizey de Lar-
roque, dans la collection des *Documents historiques*, 1880, 1883. —
Les douze derniers chants de la Pucelle, introduction de M. René
Kerviler, Orléans, 1882; — l'abbé Fabre [évêque actuel de la
Réunion], *les Ennemis de Chapelain*, Paris, 1888.

René Kerviler, *Jean Desmarets de Saint-Sorlin*, Paris, 1879.

H. Rigault, *Histoire de la querelle des anciens et des modernes*, Paris, 1856; — P. Delaporte, S. J., *Le Merveilleux dans la*

---

1. C'est d'une de ces *nouvelles* que Racine a tiré le sujet de son *Bajazet*.

protestantisme, n'aurait rendu d'autre service à l'idée chrétienne que d'en imposer la préoccupation aux « gens du monde », c'en serait assez pour notre objet. Nous n'avons pas le droit d'en appeler des décisions de Rome en matière de foi, ni celui de rouvrir la querelle, ni celui de prétendre qu'à défaut du jansénisme une autre cause n'en eût pas opéré les effets ; mais nous avons le droit de lui rapporter ces effets, s'ils sont siens ; et d'affirmer que, dans l'histoire de notre littérature, la victoire de l'idée janséniste a été le triomphe de l'idée chrétienne.

C'est à ce titre que l'apparition du livre d'Arnauld sur

---

littérature française sous le règne de Louis XIV, Paris, 1891.

2º LES AUTEURS. — De la parenté naturelle du roman et de l'épopée ; — et, à ce propos, des *Histoires* d'Hérodote et de l'*Odyssée* d'Homère. — Que le xviie siècle a bien connu cette parenté [Cf. les préfaces de *Polexandre* et d'*Ibrahim*, et Boileau dans ses *Réflexions sur Longin*]. — Que cependant les *poèmes héroïques* de l'époque ne procèdent d'aucune communication naturelle des deux genres ; — mais, tout simplement, on a suivi Ronsard ; — on a eu l'ambition de rivaliser avec le succès européen de la *Jérusalem délivrée* du Tasse ; — et, à cette occasion, de l'influence du Tasse dans la littérature française. — On a cru enfin qu'il était de la dignité de la France d'avoir ses Virgile et ses Homère. — Double erreur du classicisme : — sur les conditions nécessaires de l'épopée ; — et sur le pouvoir des règles. — Elle n'est nulle part plus apparente que dans l'histoire des tentatives du genre de l'*Alaric* et de la *Pucelle*. — Autre espèce d'intérêt que présentent ces œuvres manquées et illisibles : — elles ont posé la question du « merveilleux chrétien » et par cette question, ainsi qu'on le verra, elles ont ouvert la querelle des anciens et des modernes.

A. *Georges de Scudéri* [Le Havre, 1601 ; † 1667, Paris]. — Le premier vers de son *Alaric* :

> Je chante le vainqueur des vainqueurs de la terre.

— Mélange de l'histoire, du roman et du merveilleux ; — la table des matières du poème d'*Alaric* : table des « descriptions », et table des « comparaisons ». — Infaillibilité du mauvais goût de Scudéri ; —

la *Fréquente communion*, en 1643, marque une date considérable. « Aucun livre de dévotion, a-t-on dit, n'eut plus de suites », ne fut plus lu, plus discuté, même par les femmes, et ainsi ne contribua davantage, sans enlever aux précieuses la direction de l'opinion littéraire, à les détourner elles-mêmes des questions simplement agréables vers des questions plus sérieuses. Il paraissait d'ailleurs au moment précis qu'il fallait pour interrompre les progrès possibles du cartésianisme, en rétablissant dans ses droits cette autorité de la « tradition » dont le *Discours de la méthode* eût risqué, sans cette contre-

---

et comment il en devient presque spirituel, en nous donnant l'impression d'une parodie de lui-même.

B. *Jean Chapelain* [Paris, 1595; † 1674, Paris]. — Qu'on ne saurait être moins « parisien » et moins « gaulois » que Jean Chapelain, né à Paris, qui vécut quatre-vingts ans à Paris, et mourut à Paris. — Étrange idée qu'on a eue de vouloir le réhabiliter [Cf. V. Cousin, *La Société française*, t. II, p. 158]. — Son admiration pour le cavalier Marin, et sa *Préface* de l'*Adone*, 1623; — sa traduction du *Guzman d'Alfarache*, 1631; — sa réputation de critique, — et de prosateur. — Son rôle dans la Querelle du *Cid*; — et que les *Sentiments de l'Académie sur le Cid* demeurent son meilleur ouvrage. — Le caractère de l'homme; — et qu'il ne s'en est guère vu de plus plat, ni d'ailleurs de plus rancunier.

Le sujet de la *Pucelle*; — et s'il est vrai, comme le veut Cousin, qu'il n'y en ait pas de plus beau. — De ne pas mêler inutilement le patriotisme et l'esthétique; — et que ce que Cousin admire dans le « plan » de la *Pucelle* est précisément ce qui en fait l'infériorité. — Logique et Poésie. — La grande prétention de Chapelain : — il a voulu que son poème fût à la fois de l'histoire, de la poésie, et de l'allégorie morale [Cf. sa *Préface*]. « Afin de réduire l'action à l'Universel, suivant les préceptes, et de ne la priver pas du sens allégorique par lequel la Poésie est faite un des instruments de l'architectonique, j'ai disposé toute ma matière de telle sorte que... la France représente l'Ame de l'homme,... le roi Charles la Volonté,... l'Anglais et le Bourguignon les transports de l'appétit irascible,... Amaury et Agnès l'appétit concupiscible,... Tanneguy l'Entendement,... la Pucelle la Grâce divine », etc. — Que

partie, d'affaiblir étrangement le pouvoir. Ajouterons-nous qu'il était écrit en français ? Mais en 1643, quoi qu'on en ait dit, la nouveauté n'en était plus une que par rapport à l'*Augustinus* de Jansénius ; et malheureusement, comme l'a fait observer Sainte-Beuve, l'appareil en était tout scolastique ou théologique encore. Il était réservé à Pascal d'en finir avec cet appareil, et de fonder la prose purement française, en mettant le talent ou le génie du côté du jansénisme, dans ses *Lettres provinciales*.

Là, et non ailleurs, se trouvent réunies toutes les qualités à la poursuite desquelles on s'efforçait depuis une

---

de telles préoccupations eussent pu refroidir une imagination plus ardente que celle de Chapelain. — Prosaïsme de ses vers [Cf. son *Père éternel*, ch. i; son portrait d'*Agnès Sorel*, ch. v; la description du bûcher de *Jeanne d'Arc*, ch. xxiii].

Qu'il faut bien savoir qu'en dépit de la légende — la publication de la *Pucelle* n'a rien enlevé à la réputation ni à l'autorité littéraire de Chapelain. — Sa *Pucelle* a eu six éditions en moins de deux ans. — Éloges pompeux qu'en ont fait Godeau, Ménage, Gassendi, Huet, Montausier [Cf. Goujet, *Bibliothèque française*, t. XVII, p. 378 et suiv.]. — C'est Chapelain que choisira Colbert, en 1661, pour en faire en quelque sorte le « surintendant des lettres » ; — et, en effet, jusqu'à Boileau, on ne reprochera à la *Pucelle* que d'être « ennuyeuse » ; — mais on en avait dit autant de *Polyeucte*.

C. **Jean Desmarets de Saint-Sorlin** [Paris, 1595 ; † 1676, Paris]. — Celui-ci a essayé de tout : — du roman, dans son *Ariane*, 1632 ; — de la comédie, dans ses *Visionnaires*, 1637 ; — de la tragédie, dans son *Erigone*, 1638 ; — dans son *Scipion*, 1639 ; — de la poésie lyrique dans son *Office de la Vierge*, 1645 ; — et de l'épopée dans son *Clovis*, 1657. — L'unique intérêt du *Clovis* est d'ailleurs dans la *Préface* de 1673, où l'un des premiers, Desmarets a posé clairement la théorie du « merveilleux chrétien ».

Qu'il n'y a pas lieu de parler des émules de Desmarets et de Chapelain dans l'épopée. — Rien de plus mort que le *Saint Louys* du Père Le Moyne, — et quoi que l'on ait fait pour le ressusciter. — Le siècle était déjà trop raisonnable, — et surtout trop réglé pour qu'il y pût naître des épopées. — Mais l'amour-propre

cinquantaine d'années. Ces grands problèmes dont il semblait, en vérité, que les théologiens eussent voulu comme nous dérober l'intelligence ou nous masquer l'intérêt, en les alourdissant du poids de leur érudition et de leur dialectique, les *Provinciales*, presque pour la première fois, les mettaient à la portée de tout ce qui savait lire. Il n'était pas jusqu'à cet air du monde, cette aisance et cette distinction d'allures, cet enjouement et cette grâce de plaisanterie, dont on faisait tant de cas, et tant de mystère, dans les « ruelles », qui ne s'insinuât parmi toute cette théologie. Le ton y changeait de lettre en lettre, avec les

français ne va pas moins s'obstiner à en imaginer de génération en génération ; — et l'on parle de la continuité de la production dramatique ; — mais celle de la production pseudo-épique ne sera pas moins régulière chez nous.

XIV. — La comédie de 1640 à 1658.

1º Les Sources. — Les frères Parfaict, *Histoire du théâtre français*, t. VI, VII et VIII ; — Léris, *Dictionnaire des théâtres* ; — de Puibusque, *Histoire comparée des littératures française et espagnole*, Paris, 1843 ; — L. de Viel-Castel, *Essai sur le théâtre espagnol*, dans la *Revue des Deux Mondes*, 1840, 1841, 1846 ; — V. Fournel, *les Contemporains de Molière*, Paris, 1863-1875.

Goujet, *Bibliothèque française*, articles Scarron, t. XVII, et Quinault, t. XVIII ; — Morillot, *Scarron, sa vie et ses œuvres*, Paris, 1888 ; — G. Reynier, *Thomas Corneille*, Paris, 1892.

2º La Transition de Corneille a Molière. — De l'utilité de la statistique ; — et que rien ne la vaut pour démontrer que l'histoire de la littérature et l'histoire littéraire sont deux. — De 1640 à 1660, en vingt ans, il s'est joué, ou imprimé plus de *deux cents* tragédies, tragi-comédies, comédies ou pastorales ; — et combien en demeure-t-il ? — ou de combien d'auteurs avons-nous conservé les noms ? — Entre *le Menteur* et *les Précieuses ridicules*, il semble donc qu'il n'y ait rien... qu'un trou ; — et de là, l'honneur que l'on fait au *Menteur* d'avoir ouvert les voies à la comédie de Molière. — Ce qu'il faut penser de cette allégation [Cf. *les Époques du théâtre français*]. — Qu'il s'est pourtant passé quelque chose entre

exigences de la polémique, et quelque grand intervalle qu'il y eût de la satire directe et personnelle à la plus haute éloquence, l'auteur le franchissait avec une agilité dont c'est le cas de dire qu'elle « ravissait » le lecteur. Aucune comédie n'avait paru « aux chandelles » qui fût aussi réjouissante. Aucune parole qui fût plus éloquente n'était tombée même du haut de la chaire. Si d'ailleurs à la corruption des mœurs, au relâchement croissant de l'ancienne discipline, on reconnaissait la nécessité d'opposer une morale, non pas certes nouvelle, mais plutôt oubliée de quelques uns même de ceux qui avaient pour

1640 et 1660 ; — et qu'il y a moyen de le dégager de la statistique elle-même.

La tragédie continue de gagner du terrain ; — et de ces *deux cents* pièces elle en réclame à peine moins de la moitié pour elle ; — dont *Horace, Cinna, Polyeucte, Pompée, Rodogune, Héraclius*, pour ne rien dire de *Théodore* ou *Pertharite* ; — et bien au-dessous, mais à un certain rang encore, le *Saint Genest*, 1646 ; le *Wenceslas*, 1647 ; le *Cosroès*, 1649, de Rotrou ; — le *Saül*, 1639, et le *Scévole*, 1646, de Du Ryer ; — *la Mort de Sénèque*, 1644 ; *la Mort de Crispe*, 1645 ; *la Mort du Grand Osman*, 1647, de Tristan l'Hermite. — Mais la tragi-comédie recule, qui ne compte pour la même période que cinquante pièces seulement ; — et, ce qu'elle perd ainsi de son domaine, c'est la comédie qui s'en empare. — Exactement, d'après les frères Parfaict, de *trente-neuf* pièces [1639-1646] la tragi-comédie tombe à *seize* [1646-1653], puis à *douze* [1653-1660], tandis que la comédie monte de *dix-huit* à *vingt-cinq* et de *vingt-cinq* à *vingt-huit*. — Conclusion : les espèces franches refoulent, et vont bientôt anéantir l'espèce hybride ou douteuse.

Mais si la première s'est déterminée et, comme disait Aristote, a reconnu sa vraie nature dans les chefs-d'œuvre de Corneille, la seconde hésite entre deux ou trois directions ; — on sait où est la source des larmes ; — on ignore encore l'art de toucher celle du rire. — *Thomas Corneille* [1625 ; † 1709] cherche le succès dans la complication romanesque des aventures ; — *Philippe Quinault* [1635 ; † 1688], dans l'alliage d'un réalisme de détails qui sent son origine populaire ; — et d'une fadeur de galanterie qui fait prévoir

mission de l'enseigner, les *Provinciales* la contenaient. Et enfin et surtout, — je ne parle qu'au point de vue de la littérature, — si l'on aspirait au naturel, et qu'on y tendît sans y pouvoir atteindre; si l'on s'était trompé jusqu'alors sur les moyens d'y toucher; les *Provinciales* étaient ensemble le signal et le modèle attendus. « Le premier livre de génie qu'on vît en prose, a dit Voltaire, fut le recueil des *Lettres provinciales* »; et, un peu plus loin, il y rapporte l'époque de « la fixation de la langue ». On ne saurait mieux dire, mais on peut en dire davantage; et une autre époque date également des *Provinciales*,

ses opéras; — *Paul Scarron* [1610; † 1660], dans ce que Molière appellera la turlupinade, ou dans l'énormité de la caricature, à moins que ce ne soit dans l'obscénité. — Tous les trois continuent d'ailleurs d'emprunter leurs modèles à l'Espagne. — *Dom Japhet d'Arménie*, 1652, est une adaptation d'une comédie de Moreto; — *Les Rivales*, 1653, ne sont qu'une reprise des *Pucelles* de Rotrou, qui passent elles-mêmes pour être empruntées à Lope de Vega; — *Le Charme de la voix*, 1653, est une imitation d'une comédie de Moreto. — Il semble que tous ces auteurs aient « des yeux pour ne point voir » et « des oreilles pour ne point entendre »; — et c'est ce qui fait que tout ce théâtre n'a, en un certain sens, d'intérêt que pour les curieux.

Il accoutume toutefois le public à dissocier les éléments de son plaisir pour l'éprouver plus vif et plus complet; — et en effet ce n'est que dans le roman de Rabelais qu'on rit d'un œil en pleurant de l'autre. — On ne voudra bientôt plus du mélange des genres; — et c'est un premier pas vers le naturel. — La langue aussi devient plus naturelle; — elle s'assouplit, elle se diversifie; — Thomas Corneille a de l'abondance; Quinault de la fluidité; Scarron souvent a de la verve; — et, à ce propos, comparaison du comique de *L'Écolier de Salamanque* ou de *Dom Japhet d'Arménie* avec celui de *Ruy Blas* et de *Tragaldabas*. — Enfin il n'est pas jusqu'au goût du burlesque qui n'exige une certaine observation; — s'il ne saurait y avoir de bonnes caricatures que celles dont on reconnaît la ressemblance avec leurs modèles.

3° Les Œuvres : — de Scarron : *Jodelet ou le maître valet*, 1645; — *Les trois Dorothées*, 1646; — de Th. Corneille : *Les*

plus importante encore, qui est celle de la fixation des caractères de la littérature et de l'idéal classiques.

Le soleil est levé, retirez-vous, étoiles !

Si ce vers de Scudéri n'était quelque peu ridicule, ce serait le moment et le lieu d'en faire une juste application. Le « naturel » des *Provinciales* n'a fait sur les hommes de la génération précédente, tels que le vieux Corneille, aucune impression ; et, après six ou sept ans de bouderie, quand l'auteur du *Cid* reparaîtra sur la scène, en 1659, ce sera avec son *Œdipe*, bientôt suivi de son *Serto-*

Engagements du hasard, 1647 ; — *Le Feint Astrologue*, 1648 ; — de Scarron : *L'Héritier ridicule*, 1649 ; — de Th. Corneille : *Don Bertrand de Cigarral*, 1650 ; — *L'Amour à la mode*, 1651 ; — de Scarron : *Dom Japhet d'Arménie*, 1653 ; — de Th. Corneille : *Le Berger extravagant*, 1653 ; — *Le Charme de la voix*, 1653 ; — de Quinault : *Les Rivales*, 1653 ; — de Scarron : *L'Écolier de Salamanque*, 1654 ; — de Th. Corneille : *Les Illustres Ennemis*, 1654 ; — de Quinault : *L'Amant indiscret*, 1654 ; — de Scarron : *Le Gardien de soi-même*, 1655 ; — de Th. Corneille : *Le Geôlier de soi-même*, 1655 ; — de Quinault : *La Comédie sans comédie*, 1655 ; — de Scarron : *Le Marquis ridicule*, 1656.

La meilleure édition de Scarron est celle d'Amsterdam, en sept volumes, 1752, chez Wetstein ; — de Thomas Corneille, celle de Paris, en cinq volumes, 1748, chez David ; — et de Quinault, celle de Paris, chez la Vve Duchesne, 1778, en cinq volumes.

XV. — Le Burlesque.

Il suffirait d'avoir nommé le burlesque, et de renvoyer à Boileau, si ce n'étaient trois observations relatives à l'origine du genre ; — à son vrai caractère ; — et à ses conséquences :

1° D'origine, il n'est pas français, ni gaulois ; — et Saint-Amant, Scarron ou d'Assouci ne continuent en rien la tradition de Rabelais ; — mais il est italien [Cf. Vianey, *Mathurin Regnier*, Paris, 1896] ; — et compliqué d'espagnol [Cf. toute la série des *Romans picaresques*].

Pour son vrai caractère on est tenté de l'associer à la préciosité. — Voiture, dans ses petits vers [Cf. la pièce *A une demoiselle qui*

rius ou de son *Othon*! Mais, en revanche, tout ce qu'il y avait de jeune et d'ardent en a été frappé comme d'une révélation.

Dirai-je que Bossuet lui-même en est comme transformé? Le mot semblerait un peu fort; et cependant, si son éloquence n'a jamais fait de plus grand progrès que dans le passage de sa première manière à la seconde, entre 1653 et 1658, — du *Sermon sur la bonté et la rigueur de Dieu* au *Panégyrique de saint Paul*, — comment s'empêcher d'observer que ce progrès coïncide justement avec la plus grande vogue des *Lettres provinciales* ?

avait les manches de sa chemise retroussées et sales, et la pièce *A M*^{lle} *de Bourbon qui avait pris médecine*], a visiblement une tendance au burlesque ; — et d'un autre côté Saint-Amant et Scarron appartiennent à la société précieuse. — Les précieux raffinaient sur la nature et sur la vérité ; — les burlesques font profession de les « outrer » l'une et l'autre ; — mais tous ensemble ils sont de l'école dont nous avons cité plus haut la devise :

Chi non sa far stupir, vada alla striglia...

Ils veulent se faire admirer ; — et leur moyen à tous est d'exciter l'étonnement.

Enfin une conséquence importante du burlesque a été de diviser le parti du libertinage : — d'un côté les Scarron ou les Saint-Amant, qui s'arrangeront de tout, pourvu qu'on ne contraigne pas leur humeur ; — et de l'autre, ceux qui ne se soucient pas tant de la liberté de vivre à leur guise que de penser comme il leur plaît.

XVI. — **Blaise Pascal** [Clermont-Ferrand, 1623; † 1662, Paris].

1° Les Sources. — Mme Périer (Gilberte Pascal), *Vie de Pascal*, 1684; — Bayle, dans son *Dictionnaire*, article Pascal, 1696; — Condorcet, *Éloge de Pascal*, dans la collection de ses Œuvres, 1776; — Bossut, *Discours sur la vie et les ouvrages de M. Pascal*, 1779; — Sainte-Beuve, dans son *Port-Royal*, t. II et III; — Victor Cousin, *Jacqueline Pascal*, 1844; — Lélut, *l'Amulette de Pascal*,

C'est également l'exemple de Pascal qui a mis en liberté la pensée de Boileau, si, comme nous le savons, les premières *Satires* ont été composées entre 1658 et 1660, et d'autre part, si nous n'ignorons pas l'admiration que Boileau gardera jusqu'à son dernier jour pour les *Provinciales*. A vrai dire, ce sont elles qui finiront par le rendre janséniste! Mais en attendant, ce sont bien elles aussi qui ouvrent, ou pour ainsi parler qui dessillent les yeux de Molière. Car *l'Étourdi* est de 1653, et *le Dépit amoureux* est de 1655, mais de quel chef-d'œuvre en son genre ces imbroglios à l'italienne sont-ils à leur tour suivis? Évi-

1846; — Gazier, *le Roman de Pascal*, dans la *Revue politique et littéraire* du 24 novembre 1877; — J. Bertrand, *Blaise Pascal*, Paris, 1891; — Ch. Adam, *Pascal et Mlle de Roannez*, Dijon, 1891.

Bauny, *Somme des péchés qui se commettent en tous états*, 1630; — Caramuel y Lobkowicz, *Theologia moralis ad clarissima principia reducta*, 1643; — Escobar, *Liber theologiæ moralis*, 1656, Paris, 42ᵉ édition [Cf. sur le fond de la question : *Institutiones morales Alphonsianæ*, ad usum scolarum accommodatæ studio et cura Clementis Marc, 7ᵉ édit., Rome, 1893, ex typographia Pacis]; — les *Notices* en tête de la plupart des éditions des *Provinciales*; — les PP. Annat, Nouet et Brisacier, S. J., *Réponses aux Lettres provinciales*, 1657; — Daniel, S. J., *Entretiens de Cléandre et d'Eudoxe*, 1694; — Sainte-Beuve, *Port-Royal*, t. III.

Garasse, *Doctrine curieuse des beaux esprits*, 1623; — Et. Périer, *Préface* [anonyme] de la première édition des *Pensées*, 1670; — Voltaire, *Remarques sur les pensées de M. Pascal*, 1728-1734; — Boullier, *Sentiments sur la critique des Pensées de Pascal*, 1741; — Condorcet, son édition des *Pensées*, 1776; — les *Notices* en tête des éditions des *Pensées*, depuis celle de Frantin, Dijon, 1835, jusqu'à celle de M. Guthlin, Paris, 1896; — A. Vinet, *Études sur Blaise Pascal*, 1833-1844 [réunies en un volume sous la date de 1848]; — Victor Cousin, *Études sur Pascal*, Paris, 1842, 1844; — Sainte-Beuve, *Port-Royal*, t. III; — Gory, *les Pensées de Pascal considérées comme apologie du christianisme*, Paris, 1883; — Édouard Droz, *Étude sur le scepticisme de*

demment Molière, Boileau, Bossuet ont lu les *Lettres provinciales*. Mais, quand nous n'en aurions pas la preuve, il resterait qu'en achevant de purifier l'atmosphère littéraire du temps, et d'en balayer les derniers nuages qui l'obscurcissaient encore, les *Provinciales* ont au moins, en le rendant possible, préparé tout ce que nous allons voir leur succéder maintenant de chefs-d'œuvre. A mi-côte ou à mi-chemin de l'emphase de Balzac et de la préciosité de Voiture, qui procédaient aussi bien l'une et l'autre de la même prétention d'orner, d'embellir, de déguiser la nature, elles ont fondé l'école du naturel ; et,

Pascal, Paris, 1886 ; — Sully Prudhomme, *La philosophie de Pascal*, dans la *Revue des Deux Mondes*, juillet et nov. 1890.

2° L'Homme et l'Écrivain. — Diversité des opinions que l'on s'est formées de Pascal. — Les uns [Voltaire et Condorcet] n'ont vu guère en lui qu'un « fanatique », ou pour le moins un « sectaire » ; — d'autres en ont fait un « mystique » ; — et d'autres [Sainte-Beuve] un quasi romantique, incroyant ou croyant par accès. — Il y en a aussi qui l'ont attaqué sur son « scepticisme » [Cf. V. Cousin, *Études sur Pascal*; et en sens opposé, Droz, *Étude sur le scepticisme de Pascal*, p. 18 et suiv.], — et, à ce propos, de la quantité d'idées fausses que V. Cousin a jetées dans la circulation littéraire. — Que la diversité de ces interprétations ne procède : — que de l'état de mutilation où nous sont parvenues les *Pensées*; — de l'erreur que l'on commet en y voulant voir une espèce de « confession » de Pascal, tandis qu'elles ne sont que les matériaux d'une « Apologétique » ; — et du peu d'attention que l'on donne à la succession des époques de la vie de Pascal.

Naissance de Pascal. — Sa famille ; — son éducation ; — précocité de son génie [Cf. J. Bertrand, *Pascal*]; — son *Traité des sections coniques*, 1639 ; — sa machine arithmétique, 1642 ; — ses expériences sur le vide, 1646 ; — et que tout cela suffit à caractériser en lui ce don de grande invention qu'on lui a ridiculement disputé [Cf. une diatribe de Nodier, dans ses *Questions de littérature légale*]. — Sa conversion au jansénisme, 1646 ; — et sa première grande maladie [Cf. Mme Périer, *Vie de Pascal*]; — premiers rapports avec Port-Royal. — La vie mondaine de Pascal, 1649-1653 ; — sa liaison avec le chevalier de Méré et le duc de Roannez.

par une de ces ironies fréquentes dans l'histoire, il se rencontre ainsi que, de tous nos grands écrivains, c'est celui dont l'intransigeance morale a été le plus hostile à la nature, — et même à la raison, — qui néanmoins a le plus fait pour diriger nos Molière et nos Boileau, j'y ajoute maintenant nos La Fontaine et nos Racine, dans la voie de « l'imitation de la nature » et du respect des « droits de la raison ».

On ne saurait guère imaginer de génie plus différent de celui de Molière que le génie de Racine, à moins peut-être que les rapports ne soient plus difficiles encore

— Le prétendu roman de Pascal. — Si Pascal a été « joueur », comme le veut Sainte-Beuve; — « beau, souffrant, plein de langueur et d'ardeur, impétueux et réfléchi, superbe et mélancolique », comme le peint Cousin; — ou, comme le croit un autre encore, s'il a rêvé de jouer un personnage politique [Cf. Derome, dans son édition des *Provinciales*]. — Que nous n'avons pas besoin de ces suppositions pour comprendre qu'il se soit occupé du calcul des probabilités; — qu'il ait écrit le *Discours sur les passions de l'amour*, en admettant qu'il en soit l'auteur; — et ceux que Nicole nous a résumés sous le titre de *Discours sur la condition des grands*. — La seconde conversion de Pascal, 1654; — et qu'il faut l'entendre du passage d'une religion plus libre en ses pratiques à une religion plus exacte. — Ses visites à Port-Royal. — Influence que prend sur lui sa sœur Jacqueline [Cf. V. Cousin, *Jacqueline Pascal*, notamment les deux lettres de la sœur Sainte-Euphémie [Jacqueline] à Mme Périer, p. 240 et suiv.]. — S'il faut placer à cette époque l'*Entretien avec M. de Saci*; — l'invention du *haquet*; — celle de la *brouette*; — l'idée des *omnibus*. — Conversion définitive et entrée à Port-Royal, 1655. — Le miracle de la sainte Épine, mars 1656 [Cf. *Jacqueline Pascal*]. — Si Pascal n'a pas conçu dès lors le dessein de ses *Pensées*, et si l'occasion des *Provinciales* n'est pas venue le traverser? — Avantages de cette hypothèse. — Elle explique à la fois la croissante audace des *Provinciales* à partir de la *sixième* et de la *septième*; — et, dans les dernières, l'étroite soudure, et trop inaperçue, qui se fait de la conclusion des *Provinciales* au dessein général des *Pensées*.

à préciser entre la nonchalance épicurienne de La Fontaine et la sévérité bourgeoise de Boileau. Cependant ces quatre grands hommes ne s'en sont pas moins, non seulement connus et appréciés, mais aimés ; et l'hôtellerie sans nom où se rencontrèrent, un jour de l'année 1548, Ronsard et Du Bellay, n'est pas plus célèbre dans l'histoire littéraire que ce cabaret classique du *Mouton blanc,* où se réunissaient Ariste et Gélaste, Acanthe et Polyphile. Qu'y avait-il donc de commun entre les quatre amis ? Deux ou trois idées seulement, pas davantage, mais deux ou trois idées fécondes. Ils croyaient tous les quatre que le principe de

La question de fait dans les *trois premières Provinciales,* — et qu'elle est de peu d'importance. — Comment Pascal, en changeant de tactique à partir de la *quatrième* lettre, a posé la vraie question, la question de fond, — et sur son vrai terrain. — Il s'agissait de savoir qui prendrait la direction de l'opinion, jésuites ou jansénistes ; — et plus généralement laquelle des deux triompherait, d'une morale presque mondaine, ou d'une morale intransigeante [Cf., dans les *Pensées,* le fragment intitulé : *Comparaison des premiers chrétiens et de ceux d'aujourd'hui*]. — Qu'il se pourrait que Pascal, en ayant raison d'attaquer les excès du probabilisme, eût toutefois eu tort d'envelopper la casuistique dans ses railleries ; — et que ce tort est bien plus grave que d'avoir, comme il l'a fait, « arrangé » quelques citations. — Car, pour quelques citations dont on peut discuter l'exactitude entière, il en eût trouvé vingt autres ; — mais s'il conquérait à sa sévérité quelques âmes très pures, il risquait d'en irriter de moins pures, qui sont aussi des âmes [Cf. Sainte-Beuve, *Port-Royal,* livre III, dans son chapitre sur la *morale des honnêtes gens*]. — Les *Provinciales,* de la *quatrième* à la *quinzième* inclusivement, ont failli ruiner le crédit moral des jésuites ; — mais quelque chose de la religion même y aurait également péri ; — si le dessein des *Pensées* futures ne transparaissait déjà dans les *trois dernières.*

La première édition des *Pensées,* 1670 ; — et les enrichissements successifs du texte : — en 1727 [lettre de l'évêque de Montpellier à l'évêque de Soissons], — en 1728 [*Mémoires de littérature et d'histoire* du Père Desmolets], — en 1776 [édition Condorcet], — en 1779 [édition Bossut], — en 1841 [rapport de V. Cousin], — en 1844 [édi-

l'art consiste essentiellement dans l'imitation de la nature, et, à ce propos, je me suis efforcé de montrer, en plus d'une occasion, que, ce qu'ils admiraient dans les anciens, c'était la fidélité de cette imitation [Cf. *l'Évolution des genres*, t. I, Paris, 1889]. Ils ne les admiraient pas du tout d'être les anciens, et ils l'ont dit assez clairement : « Les anciens sont les anciens et nous sommes les gens de maintenant »; mais ils les admiraient « d'avoir bien attrapé la nature », sans doute comme étant plus près d'elle : *Novitas tum florida mundi!* Ils croyaient, en second lieu, que, si l'imitation de la nature est le principe

---

tion Faugère], — en 1879 [édition Molinier]. — Peut-on rétablir le dessein de l'*Apologie* de Pascal ? — Tentatives en ce sens de Frantin, 1835; — Faugère, 1844; — Astié, 1856; — Rocher, 1873; — Molinier, 1879. — Qu'elles ont toutes échoué, comme elles échoueront toutes en tant qu'il s'agira de mettre à leur vraie place les fragments du livre inachevé. — Mais on peut s'en former une idée générale; — dont l'esprit est donné par l'esprit même de l'*Augustinus*; — si les *Pensées* de Pascal sont les fragments d'une apologétique janséniste. — Joignons maintenant à l'*Augustinus*, parmi les lectures de Pascal : les *Essais* de Montaigne; la *Sagesse* de Charron; l'*Épictète* et la *Sainte Philosophie* de Du Vair; les *Lettres* et les *Traités* de Balzac. — C'est ce qu'il a comme ajouté de mondain [on veut dire de propre à persuader le monde] aux raisonnements de l'*Augustinus*. — Il y a ajouté, de son fonds plus personnel encore, son intention de convertir les « libertins », — qu'au courant de sa vie mondaine il avait eu l'occasion de connaître et même de fréquenter; — et sa conviction d'avoir été, dans le miracle de la sainte Épine, l'objet d'un décret nominatif de Dieu. — Si nous tenons compte après cela de la succession des dates, soit : 1654, l'*Entretien avec M. de Saci*; — 1655, l'entrée à Port-Royal; — 1656, le miracle de la sainte Épine; — 1657, les dernières *Provinciales*; — et 1658 ou 1659, l'exposition du plan de son *Apologie* tel que nous l'a transmis son neveu Étienne Périer, nous pouvons nous figurer le dessein de Pascal à peu près de la manière suivante :

Tout en nous et autour de nous nous crie notre misère; — et, dans la débilité de notre machine, — comme dans les vices de l'or-

ou le « commencement » de l'art, cela veut dire sans doute en bon français qu'elle n'en est pas l'objet ou la « fin », et que l'écrivain manque à sa mission ou à sa fonction, qui ne se propose pas en quelque mesure, comme le dira bientôt Bossuet, de « perfectionner la nature » : il n'a pas dit de « l'embellir » ! Et ils croyaient enfin que le moyen le plus sûr d'atteindre ce but, ou, — si l'on me permet cette expression un peu pédantesque, — de dégager cette « fin » de ce « principe », était le perpétuel souci de la forme ou du style.

C'est cette communauté d'idées qu'on retrouve partout,

ganisation sociale, — ou comme encore dans l'impuissance de la raison ; — nous ne trouvons que des motifs de désespérer. — D'où vient donc la protestation qui s'élève du fond de ce désespoir même ? — l'exception qu'à ce titre nous constituons dans la nature ? — et l'invincible confiance que nous avons dans une destinée meilleure ? — C'est ce que nous saurons si nous acceptons le dogme d'une chute originelle, — l'obligation qui nous a été imposée de l'expier, — et le dogme de la rédemption, — lesquels se trouvent être précisément les dogmes essentiels du christianisme. — Répugnons-nous peut-être à les accepter ? — Considérons en ce cas qu'il nous suffit d'y croire pour être aussi bons que nous le puissions être parmi les hommes ; — que ces dogmes ont d'ailleurs été figurés par l'ancienne loi, — annoncés par les prophètes, — confirmés par les miracles ; — et qu'enfin, à défaut de notre raison, nous y pouvons toujours incliner nos volontés.
Qu'il n'y a pas un « seul » fragment des *Pensées* qui ne tende à établir quelqu'une des propositions précédentes ; — mais que, pour bien s'en rendre compte, il faut songer que, dans la pensée de Pascal, son apologie était à la fois dirigée contre les libertins, — contre les philosophes, — contre les jésuites, — et contre les Juifs. — Importance de cette observation. — De la valeur apologétique actuelle des *Pensées* de Pascal. — [Cf. Sainte-Beuve, *Port-Royal*, t. III, aux appendices, et A. Gory, *Les Pensées de Pascal considérées comme apologie du christianisme*, Paris, 1883.] — De quelques faits nouveaux dont l'apologétique doit aujourd'hui tenir compte ; — et, à ce propos, de la science des religions comparées. — D'une confirmation singulière apportée à l'apologétique de

dans les *Satires* de Boileau comme dans les *Comédies* de Molière, dans les préfaces de Racine comme dans les aveux de La Fontaine. Et rien n'était plus nouveau, si l'on ne regarde autour d'eux qu'aux idées de leurs contemporains, mais rien aussi ne l'était moins, si c'était bien le but qu'on s'était proposé depuis tantôt cent ans. Après un siècle de tâtonnements et d'efforts, pendant lequel on avait demandé tour à tour aux Anciens, aux Italiens et aux Espagnols les moyens d'atteindre ce que l'on ne voyait pas très clairement, on le voyait enfin, et

Pascal par le pessimisme de Schopenhauer; — et par la doctrine de l'évolution [Cf. Brunetière, *La Moralité de la doctrine évolutive*, Paris, 1896]. — Que la valeur morale de l'apologie de Pascal subsiste tout entière en tant que la certitude rationnelle n'est pas la seule forme ou la seule espèce de certitude; — que l'homme ne naît pas bon; — et que rien d'humain ne s'organise sur des principes purement humains.

Du style de Pascal, — et qu'il n'y a rien en français qui soit au-dessus de quelques-unes des *Provinciales*; — à moins que ce ne soient quelques fragments des *Pensées*. — Si la grâce, ou (pour ne pas avoir l'air de jouer sur les mots) si la tendresse et la douceur y manquent? — Mais qu'en tout cas, de la simplicité la plus familière à la plus haute éloquence, ce style remplit tout l'entre-deux. — La « rhétorique de Pascal », — et qu'elle ne consiste pas à n'en point avoir du tout; — mais à en faire servir les moyens mêmes à leur destruction; — et à n'user de l'art que pour imiter plus fidèlement la nature. — Du sentiment de l'obscur dans la prose de Pascal; — de sa manière d'intervenir de sa personne dans la cause qu'il plaide; — de la profondeur de sa sensibilité; — et de la « poésie » qui résulte du mélange de tous ces éléments. — De quelques autres qualités du style de Pascal : — sa concision tranchante; — sa plénitude, — et sa « densité ». — Le mot de Saint-Beuve : « Pascal, admirable écrivain quand il achève, est encore supérieur là où il fut interrompu ».

3° Les Œuvres. — Nous ne mentionnons ici que pour mémoire les *OEuvres scientifiques* de Pascal, parmi lesquelles nous citerons les *Essais pour les coniques*, 1640; — son *Avis à ceux qui verront la machine arithmétique*, 1645; — les *Expériences touchant le vide*,

les moyens n'en consistaient qu'à s'affranchir de l'imitation des Espagnols et des Italiens, pour se mettre, comme autrefois les Anciens, en face de la nature. « L'imitation de la nature, voilà le grand point, dira plus tard un peintre illustre, *et toutes les règles ne sont faites que pour nous mettre à même de l'imiter plus aisément.* » [Cf. une *Conférence* d'Oudry dans le *Dictionnaire des Beaux-Arts* de Watelet, t. I, Paris, 1760.] Une dernière coïncidence, de celles que l'on ne peut prévoir, et qui font, pour cette raison même, l'attrait changeant et toujours

---

1647; — son *Récit de la grande expérience de l'équilibre des liqueurs*, 1648; — son *Traité du triangle arithmétique*, 1654; — et les écrits relatifs à la *Roulette*, 1658 [Cf. A. Desboves, *Étude sur Pascal et les Géomètres contemporains*, Paris, 1878].

Les principales éditions des *Provinciales* et des *Pensées* sont :

Des *Provinciales* : — les éditions originales, 1656-1657, dont les recueils factices présentent entre eux d'assez grandes différences; — la traduction latine donnée par Nicole, sous le nom de Wendrock, 1658; — l'édition de 1659, à Cologne, chez Nicolas Schouten; — l'édition Maynard; Paris, 1851, Firmin Didot; — l'édition Derome, Paris, 1880-1885, Garnier; — l'édition Faugère, Paris, 1886-1895, Hachette.

Des *Pensées* : — l'édition originale, Paris, 1669-1670, dont on connaît au moins cinq exemplaires assez différents; — l'édition de Condorcet, Paris, 1776; — l'édition Frantin, Dijon, 1835, Lagier; — l'édition Faugère, Paris, 1844, Andrieux; — l'édition Havet, Paris, 1852, 1887, Dezobry, et Delagrave; — l'édition Astié, Lausanne, 1857, Bridel; — l'édition Rocher, Tours, 1873, Mame; — l'édition Molinier, Paris, 1879, Lemerre; — l'édition Guthlin, Paris, 1896, Lethielleux; — et l'édition Michaud, Friburgi Helvetiorum, 1896, dans la collection des *Collectanea Friburgensia*.

Aucune de ces éditions ne reproduit la précédente, et il n'y en a pas une que l'on ne doive consulter pour des raisons particulières : théologiques, critiques, littéraires ou paléographiques.

On joint d'ordinaire aux *Pensées* quelques opuscules dont les plus importants sont : l'*Entretien avec M. de Saci*; — *Trois discours sur la condition des grands*; — *De l'esprit géométrique*; — la *Préface du Traité du vide*; — et les *Lettres à M*^{lle} *de Roannez*,

nouveau de l'histoire, allait sauver ce principe des conséquences abusives qu'on en eût pu tirer en d'autres temps : Mazarin venait de mourir; Anne d'Autriche allait bientôt le suivre dans la tombe; et Louis XIV venait d'inaugurer par trois ou quatre coups d'éclat son gouvernement personnel.

II

Il était jeune alors, le grand roi, galant et magnifique; et rien n'était moins compassé, moins solennel, moins pompeux que sa jeune cour, ne ressemblait moins à l'idée que l'on s'en forme sur le modèle de ses dernières années.

Cinquième Époque

De la « première » des « Précieuses ridicules »
au début de la querelle des anciens et des modernes.
1659-1687

I. — **François [VI], duc de la Rochefoucauld** [Paris, 1613; † 1680, Paris].

1° Les Sources. — La Rochefoucauld lui-même, dans ses *Mémoires* [Cf. *Mémoires du cardinal de Retz* et *Lettres de M*^{me} *de Sévigné*]; — Sainte-Beuve, *Portraits de femmes* [Mme de Longueville, Mme de Sablé, Mme de La Fayette, M. de la Rochefoucauld], 1840; — V. Cousin, *Madame de Sablé*, 1858; — Éd. de Barthélemy, *Les Amis de Mme de Sablé*, Paris, 1865; — Gilbert, *Notice sur La Rochefoucauld* en tête de son édition des Œuvres, Paris, 1858; — d'Haussonville, *Madame de La Fayette*, Paris, 1891; — J. Bourdeau, *La Rochefoucauld*, Paris, 1893.

A. Vinet, *Les Moralistes français au* xviie *siècle : La Rochefoucauld*, 1837; — Prévost-Paradol, *Études sur les moralistes français*, 1865.

Interrogez plutôt les témoins des débuts du règne : Mme de Motteville en ses *Mémoires*, Mme de La Fayette dans son *Histoire de Madame Henriette*, Montglat, Loret dans sa *Gazette*, Bussy dans son *Histoire des Gaules*, et Molière enfin, Molière lui-même, l'adroit Molière, dans sa relation des *Plaisirs de l'Ile enchantée*. Au sortir de la contrainte un peu mélancolique, chagrine même, du règne précédent, et au lendemain des agitations, puériles, mais pourtant

2° L'Homme et l'Écrivain. — Sa famille et ses débuts dans le monde ; — le liseur de romans. — L'*Ami des femmes* : — la duchesse de Chevreuse commence sa fortune, — qu'il compromet dans son aventure avec la duchesse de Longueville ; — il se console de ses ambitions déçues dans l'intimité de la marquise de Sablé ; — et il termine une vie d'épicurien auprès de la comtesse de La Fayette. — A cette expérience des choses de l'amour et du grand monde ajoutez celle de la politique ; — ou du moins de l'intrigue ; — et les qualités ou les défauts du grand seigneur homme de lettres, qui sont : — la supériorité d'aisance et de goût ; — la préoccupation de n'être pas dupe ; — l'indépendance d'esprit ; — et l'impertinence [Cf. Fénelon et Chateaubriand].

Comment s'est composé le livre des *Maximes*, — et qu'il est une quintessence de l'esprit précieux. — Les dîners de Mme de Sablé, ses « potages » et ses « confitures » [Cf. Cousin, *Madame de Sablé*, p. 105 et suiv.]. — La fureur des *Maximes* dans le salon de Mme de Sablé. — Comment cette fureur procède, quant au fond, du même état d'esprit que les analyses psychologiques du roman de Mlle de Scudéri ; — et quant à la forme, du goût régnant à l'hôtel de Rambouillet. — Premiers écrits de la Rochefoucauld : son *Portrait par lui-même*, 1659 ; — ses *Mémoires*, 1662 ; — et, à ce propos, de l'état d'esprit d'un homme qui publie lui-même ses *Mémoires* de son vivant [Cf. Chateaubriand]. — La préparation du livre des *Maximes*. — On le communique aux amis [Cf. Gilbert, dans son édition, t. I, *Jugements des contemporains*, p. 372-398] ; — et on le donne même au public sans le lui donner [Cf. Willems, *Étude sur la 1re édition des Maximes*, 1864]. — Si cette manière d'éprouver l'opinion était aussi fréquente qu'on l'a quelquefois prétendu ?

De la valeur des *Maximes*, et qu'on l'a étrangement surfaite. — La Rochefoucauld a-t-il un système ou seulement une « doctrine » ?

désastreuses, de la Fronde, une ardeur de divertissement, une avidité de jouir, une sorte de fureur de vivre s'était emparée de la cour, et du prince, et de la brillante jeunesse, hommes et femmes, qui lui faisait cortège. Dans ces jardins « enchantés » de Versailles et de Fontainebleau, — c'est Mme de Motteville qui les appelle ainsi, — mille intrigues se nouaient, se dénouaient, s'enchevêtraient, se contrariaient, qui faisaient gronder d'indigna-

— Qu'elle ne consiste, s'il en a une, qu'à s'en prendre aux hommes en général des défauts de sa propre nature. — Les *Maximes* ne sont que le résumé de son expérience de la vie ; — et l'expérience de La Rochefoucauld est bornée de trois côtés : — par sa grande ignorance ; — par l'étroitesse relative du milieu où il a vécu ; — par son indifférence aux grandes questions. — Banalité de quelques-unes de ses *Maximes* [Cf. édition Gilbert, *Max.*, 2, 31, 79, 132, 134, 174, etc.]. — Répétitions dans les *Maximes* [Cf. *sur l'amour*, 74, 76, 77, 136, ou *sur la fortune*, 53, 57, 58, 60, 165, 470]. — Absence de composition et d'ordre dans les *Maximes*. — Le style des *Maximes* et sa conformité avec l'idée du style précieux [Cf. 4, 115, 175, 252, 355, etc.]. — Si cette préciosité ne va pas jusqu'au galimatias [Cf. 69, 78, 97]. — Mais il en reste quelques-unes qui méritent la réputation qu'on leur a faite : — de réelle ingéniosité [Cf. 165, 182, 218] ; — de vivacité [Cf. 19, 367, 370] — et surtout de netteté. — Comment cette dernière qualité, tout à fait rare jusqu'alors, a sans doute assuré le succès du livre.

Si La Rochefoucauld a été le collaborateur de Mme de La Fayette ? — Le mot du *Segraisiana* : « Mme de La Fayette disait de M. de La Rochefoucauld : « Il m'a donné de l'esprit, mais j'ai réformé son cœur ». — Les premiers romans de Mme de La Fayette : *la Princesse de Montpensier*, 1660 ; — *Zayde*, 1670 ; — *la Princesse de Clèves*, 1672. — Témoignage à ce sujet de Mme de Scudéri [Cf. *Correspondance de Bussy-Rabutin*, éd. Lalanne, III, 340], — et de ne pas confondre Mme de Scudéri, la femme de Georges, avec Madeleine, sa belle-sœur. — Qu'en dernière analyse, il est difficile de rien reconnaître dans *la Princesse de Clèves* qui porte la marque de La Rochefoucauld ; — qu'il est seulement vrai que *la Princesse de Clèves* et les *Maximes* sont également, et en des genres un peu différents, des « fleurs » naturelles de l'esprit précieux ; — et qu'il n'y a ni dans les unes ni dans l'autre de trace

tion les pédants de vertu, ceux que Molière, du consentement du roi, peut-être, et en tout cas à son grand contentement, attaquait dans son *Tartuffe*. Il semblait, — dit un historien, dont je me reprocherais d'emprunter l'idée sans en reproduire aussi la phrase, « il semblait que la volupté s'empressât d'entourer de ses guirlandes et de couvrir de ses fleurs ce trône qu'elle se montrait jalouse de disputer à la gloire » [Cf. Walckenaër, *Mémoires*

de « cartésianisme » ; — mais qu'il est facile d'y en signaler du « jansénisme » [Cf. la préface de la *première édition*].

De la place de La Rochefoucauld dans la littérature de son temps ; — et de l'abus qu'il y aurait à en faire « un grand écrivain ». — Un « grand écrivain » est toujours abondant, fécond, et plus varié surtout que ne l'a été La Rochefoucauld. — Qu'à ce titre, et dans tous les sens du mot, on peut l'appeler « un rare écrivain » : — rare en tant que stérile ; — rare en tant qu'original ; — et là où il est bon, rare enfin en tant qu'exquis.

3º LES ŒUVRES. — *Portrait de M. de La Rochefoucauld*, dans la collection des *Portraits de Mlle de Montpensier*, 1659 ; — *Mémoires de M. D. L. R.*, Cologne, 1662, Vandyck ; — *Réflexions ou sentences, et Maximes morales*. La Haye, 1664, J. et D. Stencker, réimprimé par M. Alphonse Pauly, Paris, 1883, D. Morgand. — L'édition vraiment « originale » n'en demeure pas moins l'édition de 1665, Paris, chez Barbin.

Nous avons encore de La Rochefoucauld quelques *Opuscules* ou *fragments* que l'on a joints, suivant leur nature, tantôt aux éditions de ses *Mémoires*, et tantôt aux éditions de ses *Maximes* ; — et une centaine de *Lettres*.

La dernière édition qu'il ait donnée lui-même de ses *Maximes* est celle de 1678, contenant 541 maximes au lieu de 314 ; — la meilleure édition des *Œuvres* est celle de MM. Gilbert et Gourdault ; Paris, 1868-1883, Hachette.

II. — **Jean-Baptiste Poquelin de Molière** [Paris, 1621 ; † 1673, Paris].

1º LES SOURCES [1]. — Bayle, dans son *Dictionnaire*, article

---

[1]. Conférez la *Bibliographie moliéresque* de M. Paul Lacroix, Paris, 1875, Auguste Fontaine.

sur Madame de Sévigné, t. II, Paris, 1844]. Ce n'était que festins, collations, promenades, carrousels, divertissements sur l'eau, « bains en rivière », mascarades, concerts, comédies et ballets, d'où naissait et se dégageait, non sans quelque dommage des mœurs, une politesse nouvelle, moins apprêtée, plus libre que l'ancienne, également éloignée

<blockquote>De la grande raideur des vertus des vieux âges</blockquote>

Poquelin, 1695; — Grimarest, *La Vie de M. de Molière*, 1705; — Baillet, *Jugements des savants*, n° 1520, t. V de l'édition de 1722; — les frères Parfaict, *Histoire du théâtre français*, t. X, 1747; — J. Taschereau, *Histoire de la vie et des ouvrages de Molière*, 1825, — et 5ᵉ édition, 1863; — Bazin, *Notes historiques sur la vie de Molière*, 1847, 1848, 1849, 1851; — Soulié, *Recherches sur Molière et sur sa famille*, Paris, 1863; — Jal, dans son *Dictionnaire critique de biographie et d'histoire*, articles Béjart et Molière, 1864, et 2ᵉ édition, Paris, 1872; — J. Loiseleur, *les Points obscurs de la vie de Molière*, Paris, 1877; — L. Moland, *Molière, sa vie et ses ouvrages*, 2ᵉ édition, Paris, 1885; — Henri Chardon, *Monsieur de Modène... et Madeleine Béjart*, Paris, 1886; — G. Larroumet, *la Comédie de Molière, l'auteur et le milieu*, Paris, 1887; — Paul Mesnard, *Notice*, formant le tome X du *Molière* de la collection des Grands Écrivains de la France, 1889; — G. Monval, *Le Moliériste*, 10 volumes, de 1879 à 1889. [Les brochures relatives au passage de Molière dans telle ou telle ville de province, trop nombreuses pour qu'on puisse ici les énumérer, sont presque toutes visées dans ces cinq derniers ouvrages.]

Vauvenargues, *Réflexions critiques sur quelques poètes*, 1746; — Diderot, *Entretiens sur le Fils naturel*, et *Essai sur la poésie dramatique*, 1758; — Rousseau, *Lettre sur les spectacles*, 1758; — Chamfort, *Éloge de Molière*, 1769; — N. Lemercier, *Cours analytique de littérature*, 1810-1816, t. IV; — Schlegel, *Cours de littérature dramatique*, 1809-1814; — Sainte-Beuve, dans ses *Portraits littéraires*, 1835; dans son *Port-Royal* [livre III, ch. 15 et 16]; et dans ses *Nouveaux Lundis*, 1864; — P. Stapfer, *La Petite Comédie de la critique littéraire*, Paris, 1866; — Louis Veuillot, *Molière et Bourdaloue*, Paris, 1863 et 1875; — F. Brunetière, *La Philosophie de Molière* [Études critiques, t. IV] et *Les Époques du théâtre français*. — J. Lemaître, *Impressions de théâtre*, 1886-1896.

et des cérémonies de la préciosité, qu'elle rendait les unes et les autres diversement, mais également ridicules. Elle s'insinuait rapidement, dans les manières d'abord, qui devenaient à la fois plus élégantes et plus naturelles ; dans le langage, qu'elle achevait d'épurer ; dans les sentiments, qui devenaient plus subtils et plus compliqués. Le succès du *Misanthrope* en 1666, celui d'*Andromaque* en 1667, celui d'*Amphitryon* en 1668 en célébraient le

F. Génin, *Lexique comparé de Molière*, Paris, 1845 ; — Paringault, *De la langue du droit dans le théâtre de Molière*, Paris, 1861 ; — Alexandre Dumas fils, dans la préface d'*Un père prodigue*, 1868 ; — Edmond Scherer, *Une hérésie littéraire*, 1886 ; — Ch. Livet, *Lexique comparé de la langue de Molière*, Paris, 1895-1897.

V. Fournel, *Les Contemporains de Molière*, Paris, 1863-1875.

Samuel Chappuzeau, *Le Théâtre français*, accompagné d'une préface et de notes par Georges Monval, Paris, 1876 ; — Eugène Despois, *Le Théâtre français sous Louis XIV*, 4º édition, Paris, 1894.

2º L'Homme et le Poète.

A. *Les années de jeunesse, d'apprentissage et de voyage* [Cf. Gœthe, *Wilhelm Meister*]. — La famille de Molière ; — son père, Jean Poquelin, et sa mère, Marie Cressé ; — second mariage du père de Molière, 1633. — Études de Molière au collège de Clermont ; — et qu'il n'y a pas eu le prince de Conti pour « camarade » ; — mais qu'en revanche il a fréquenté la maison de Luillier, le père naturel de Chapelle [Cf. l'*Historiette* de Luillier dans Tallemant des Réaux, t. IV, et, là même, les notes de Paulin Paris] ; — et qu'il y a peut-être connu Gassendi ; — lequel très assurément n'était pas un cartésien. — Si Molière, dans un passage connu du *Misanthrope*,

La malpropre, sur soi de peu d'attraits chargée,... etc.,

a traduit un passage non moins connu de Lucrèce ? — et que d'autres en tout cas l'avaient imité avant lui ; — dont Desmarets dans ses *Visionnaires*, et Scarron dans son *Japhet d'Arménie*. — Que ces premières fréquentations de Molière n'étaient pas les meilleures que pût avoir un jeune bourgeois de 1640 ; — et comment elles sont devenues pires quand il a eu lié connaissance avec les Béjart [Cf. Jal, dans son *Dictionnaire*, et Henri Chardon, *Monsieur de*

triomphe. Elle gagnait la ville, bientôt même les provinces; et, plus loin encore, à l'étranger, dans les petites cours d'Allemagne ou sur le trône restauré des Stuarts, l'exemple et la leçon qu'elle était pour la France, elle les devenait pour l'Europe entière, à son tour.

C'est qu'aussi bien, en même temps qu'une époque de l'histoire des mœurs, le changement en marquait une aussi de la grandeur française; et, parmi tout cela, du

---

Modène, etc.]. — Il renonce à la charge de tapissier valet de chambre du roi pour se faire comédien, 1643. — Fondation de l'*Illustre Théâtre*, 1643. — L'entreprise ne réussit pas; — une seconde échoue plus rapidement encore au jeu de paume de la Croix Noire; — Molière prisonnier pour dettes, 1645. — Modification de la troupe, et départ de Molière pour la province, fin 1646 ou commencement de 1647.

A travers la province [Cf. Chardon, *La troupe du Roman comique dévoilée*, Paris, 1876]. — Les étapes de Molière : — 1647, *Carcassonne, Toulouse et Albi*; — 1648, *Nantes et Fontenay-le-Comte*; — *Angoulême? — Limoges?* [On remarquera que Limoges est la seule ville de France dont un nom de rue soit spécifié dans le théâtre de Molière]; — 1649, *Toulouse, Narbonne*; — 1650, *Agen*; — et comment ce séjour d'Agen permet de croire que Molière a joué deux ou trois fois auparavant à *Bordeaux* [Cf. *Études critiques*, t. I]; — 1651, *Pézenas, Carcassonne*; — 1652, *Lyon*; — 1653, *Lyon, la Grange des Prés* [Cf. *Mémoires de Daniel de Cosnac*]; — 1654, *Montpellier, Lyon, Vienne?* — 1655, *Montpellier, Lyon, Pézenas*; — 1656, *Pézenas, Narbonne, Béziers*; — 1657, *Béziers, Nîmes, Lyon, Dijon, Avignon*; — 1658, *Grenoble* et *Rouen*. — Le 24 octobre de la même année, Molière débute devant le roi, « dans la salle des gardes du vieux Louvre », par une représentation de *Nicomède* et du *Docteur amoureux*.

Du profit que Molière a retiré de ses années de voyage. — Il y a appris son métier, d'abord; — et, à ce propos, qu'il est singulier qu'aucun « moliériste » n'ait eu l'idée d'essayer de reconstituer le *Répertoire de Molière*. — Il y en aurait plusieurs moyens, comme : — si l'on recherchait quelles pièces ont réussi à Paris, de 1646 à 1658; — si l'on s'informait des auteurs avec qui les Béjart étaient en relations personnelles [et on en connaît au moins trois : Rotrou, Magnon, et Tristan l'Hermite]; — si l'on retrouvait enfin dans sa

milieu même des divertissements, l'action du maître se faisait sentir : l'énergie de sa volonté, la puissance de son application, l'ubiquité de son regard et le poids de son bras. Il n'avait pas accepté seulement, il avait pris, et gardé tout entier pour lui, l'héritage de pouvoir que lui avaient comme accumulé les Mazarin et les Richelieu. Plus de ministres, des commis! Plus de conseillers, des courtisans! Plus d'égaux, non pas même au dehors, mais, sur

bibliothèque [Cf. Eud. Soulié, *Recherches*] des pièces qu'il eût imitées dans les siennes, et qu'il n'aurait jamais jouées à Paris [Cf. *les Visionnaires*, de Desmarets ; *le Déniaisé*, de Gilet de la Teyssonnerie ; *le Pédant joué*, de Cyrano] — Autres avantages que Molière a tirés de ses campagnes. — Pendant les guerres de la Fronde, il a vu la province *in naturalibus* ; — et à ce propos, de l'utilité des révolutions pour la littérature. — En sa qualité de bohème ou de comédien, il a vu du dehors les ridicules des autres ; — et il a mesuré l'inégalité des conditions ; — la sottise des puissants du monde ; — la force de résistance ou d'inertie des préjugés. — Acteur, auteur et directeur de troupe, il a pris enfin l'habitude des responsabilités ; — qui est une chose que son ami La Fontaine, par exemple, ne connaîtra jamais ; — et de tout cela, s'il est résulté quelque amertume, c'est à cette amertume qu'il a dû la supériorité de son génie.

B. *Le théâtre de Molière.*

Pourquoi il convient d'en étudier d'abord *la langue*, et qu'il y en a deux raisons au moins ; — parce que c'est presque le seul point sur lequel on « chicane » encore aujourd'hui Molière ; — et puis, parce que c'est d'abord comme écrivain qu'il fait contraste avec tous ceux qui l'ont précédé, sauf Pascal. — Erreur d'Alexandre Dumas quand il croit qu'on reprocherait à Molière l'enchevêtrement de ses *qui* et de ses *que* [Cf. préface d'*Un père prodigue*]. — On lui reproche au contraire — de n'avoir pas le style organique [Scherer] ; — de s'embarbouiller dans ses métaphores [Scherer, Fénelon, La Bruyère] ; — de cheviller « abominablement » [Scherer] — et d'être souvent incorrect [Vauvenargues, Bayle, La Bruyère]. — On peut répondre : que beaucoup de ses incorrections n'en sont pas, non plus que celles que Voltaire trouve à blâmer dans Corneille [Cf. son *Commentaire*] ou Condorcet dans Pascal [Cf. *Éloge de Pascal*] ; — qu'à la vérité les chevilles abondent dans ses

les bords de la Tamise ou dans les sables du Brandebourg, des « pensionnaires » et des « clients ». Il n'y fallait qu'à peine cinq ou six ans. Sous l'influence de cette action souveraine on voyait l'ordre se rétablir, la paix régner dans les provinces, la justice y pénétrer, la probité rentrer dans les affaires, le commerce, l'industrie, les arts, attirés et transplantés de Flandre ou d'Italie en France, y prendre comme un nouvel essor. L'état fran-

vers, parce qu'il écrit trop rapidement ; — mais que la régularité des métaphores est un caractère de cette « préciosité » dont il se déclare ouvertement l'ennemi [Cf. les métaphores de Saint-Simon ou celles de Montaigne] ; — et que la comédie n'est pas enfin le lieu du « style organique ». — Que, d'autre part, Arnolphe ne saurait parler comme Agnès, Agnès comme Armande, Armande comme Angélique ; — et qu'ainsi le style de Molière se conforme au caractère de ses personnages ; — il est dramatique et il est comique ; — ou, en d'autres termes, il est d'abord expressif de la vérité des caractères. — Si Molière écrivait comme Térence, il ne serait qu'un « demi-Molière ». — Qu'après cela, pour des raisons de tempérament, — d'origine, — et d'expérience personnelle de la vie, — le style de Molière est : — bourgeois, ce qui le distingue du style de Racine ; — « cossu », selon le mot de Sainte-Beuve, ce qui le distingue du style de Regnard [Cf. J.-J. Weiss dans son *Éloge de Regnard*] ; — il est « vivant », ce qui le distingue du style de Boileau, lequel, bien que coulant de la même veine, demeure cependant « livresque » ; — enfin, et comme étant constamment prosaïque, ce qui le distingue du style de La Fontaine, le style de Molière est éminemment réaliste ou « naturaliste ».

Du naturalisme de Molière ; et comment il se traduit premièrement dans son attitude ; — si l'on fait exception pour ses deux pièces de début ; — et qu'on l'étudie dans ses *Précieuses ridicules*, 1659 ; son *Sganarelle*, 1660 ; son *École des maris*, 1661 ; son *École des femmes*, 1662 ; sa *Critique de l'École des femmes*, 1663 ; son *Impromptu de Versailles*, 1663, et son *Tartuffe*, celui de 1664. — Précieux et pédants ; — marquis et bourgeois ; — comédiens et auteurs ; — gens de cour ou d'église ; — prudes et « turlupins » ou grotesques, — tous ceux qu'il y attaque ce sont ceux qui déguisent, ou qui fardent la nature ; — ce sont tous ceux qui interposent le pédantisme des règles ou le respect des préjugés

çais devenait bientôt, de tous les états de l'Europe, le plus riche et le plus populeux. Et quand le traité d'Aix-la-Chapelle, après quelques mois de campagne, couronnait l'œuvre des Pyrénées et de Westphalie, s'il n'y avait pas de cour plus brillante que celle de Louis XIV, il n'y avait pas non plus de prince mieux obéi de ses peuples, plus admiré, plus redouté ni plus envié de ses rivaux que ce souverain de vingt-neuf ans !

entre l'art et la représentation de la vie ; — et ce sont surtout ceux qui prétendent contraindre ou discipliner la nature. — On ne refait pas la nature ; — et là même, dans la vanité des efforts que l'on entreprend pour la refaire, est la source du comique de Molière. — Là aussi est le principe de son indépendance à l'égard des règles ; — et à l'égard de l'étranger ; — plus de *Bertrand de Cigarral* ni de *dom Japhet d'Arménie* ! — Et de là encore les attaques de Molière contre Corneille et les « grands comédiens », qui sont ceux de l'hôtel de Bourgogne ; — si ces gens-là ne travaillent pas d'après le modèle vivant ; — mais d'après un idéal dont nous ne pouvons pas vérifier la justesse dans la nature.

Que ce naturalisme se retrouve dans la philosophie de Molière ; — et, en effet, liaison de ces principes avec ceux des « libertins » ; — et avec ceux de Montaigne et de Rabelais [Cf. ci-dessus, p. 59 et 88]. — Dans ses premières pièces, et jusque dans *Tartuffe*, Molière ne paraît point douter que la « nature soit bonne » ; — et en tout cas qu'il vaille mieux la laisser à elle-même que s'efforcer de la « dénaturer ». — De l'interprétation de *Tartuffe*, — [Cf. Stendhal, *Racine et Shakespeare*; Louis Veuillot, *Molière et Bourdaloue*; abbé Davin, *Les Sources du Tartuffe*, dans le journal *le Monde* des 2, 13, 15, 22, 27 août, et 3, 15, 19 septembre 1873; Louis Lacour, *le Tartuffe par ordre de Louis XIV*, 1877]; — et que, si l'on veut comprendre les colères qu'il a soulevées, c'est du côté du personnage d'Orgon qu'il faut l'examiner. — Que les jansénistes y sont pris à partie comme les jésuites ; — et que l'attaque à la religion y est indubitable, en tant que la religion est conçue comme « principe réprimant ». — Des raisons que Molière a eues de croire que Louis XIV l'approuverait ; — et des tracas dont son *Tartuffe* a été l'origine et la cause pour lui.

Que ces tracas coïncident avec la période critique de la vie de Molière ; — avec ses ennuis conjugaux ; — et avec les commence-

Nous étonnerons-nous qu'en de semblables conditions les « gens de lettres » l'aient admiré, comme les autres; et, comme les autres aussi, qu'ils se soient rangés tous ensemble à l'obéissance, ou encore, si l'on préférait une expression plus noble, — et plus juste peut-être, — qu'ils aient tous gravité, comme vers un centre naturel et inévitable d'attraction, vers ce soleil levant. Leurs intérêts les y engageaient, les intérêts mêmes de leur art, et le

ments de sa maladie. — Sa philosophie de la « nature » en est-el'e ébranlée? — Caractère incertain et presque énigmatique des pièces qu'il donne entre 1664 et 1669 : *Don Juan*, 1665; *le Misanthrope*, 1666; *Tartuffe* (le second), 1667; *l'Avare*, 1668; *Georges Dandin*, 1668. — La signification n'en est pas claire; — il y semble admettre que la nature ait besoin quelquefois d'être modifiée; — il subit sans doute aussi l'influence de « la politesse » ambiante; — et ses obligations de courtisan le gênent pour suivre la tendance de son tempérament. — Mais l'autorisation de jouer enfin publiquement *Tartuffe* l'émancipe de sa contrainte, 1669; — la vanité de la médecine le raffermit dans ses idées [Cf. Maurice Raynaud, *les Médecins au temps de Molière*]; — et ses pièces redeviennent aussi claires que jamais.

Monsieur de Pourceaugnac, 1669; *le Bourgeois gentilhomme*, 1670; *les Fourberies de Scapin*, 1671; *les Femmes savantes*, 1672; *la Comtesse d'Escarbagnas*, 1672; *le Malade imaginaire*, 1673. — Comment *Monsieur de Pourceaugnac* nous ramène à l'époque de *l'Étourdi* et du *Dépit amoureux*, si surtout on y joint *les Fourberies de Scapin*. — Pareillement, *les Femmes savantes* nous ramènent aux *Précieuses ridicules*; — sans que peut-être il y en eût alors de bien bonnes raisons; — et *le Malade imaginaire* nous ramène au *Médecin malgré lui*. — Du caractère des plaisanteries de Molière contre les médecins, — et qu'il leur reproche essentiellement de vouloir être plus habiles que la nature. — On ne « refait » pas la nature quand elle est « défaite », — mais plutôt on achève de la défaire [Cf. *Malade*, III, sc. 3]. « *La nature* nous a mis sur les yeux des voiles trop épais pour connaître les mystères de notre machine... Lorsqu'un médecin vous parle de... remettre *la nature* dans une pleine facilité de ses fonctions... il vous fait le roman de la médecine... Si nous sommes malades, *la nature*, d'elle-même, se tire doucement du désordre où elle est tombée. »

souci de leur dignité. Si, par exemple, ils avaient besoin d'un Dieu qui leur fît des loisirs, — et comment, en un temps où l'on ne concevait pas l'idée qu'un écrivain pût vivre de sa plume, s'en seraient-ils passés? — la protection du roi les émancipait de la domesticité du grand seigneur ou du traitant; les dispensait d'écrire désormais des « dédicaces à la Montauron »; les classait à un rang, modeste encore sans doute, mais toutefois défini

Dans l'art de Molière enfin, — son naturalisme se manifeste par le choix de ses sujets, qui sont de moins en moins compliqués. — Il n'y a presque plus de « matière », comme dira bientôt Racine, et presque pas d'intrigue dans *le Misanthrope*, 1666; dans *l'Avare*, 1668; dans *le Bourgeois gentilhomme*, 1670; dans *la Comtesse d'Escarbagnas*, 1672; dans *le Malade imaginaire*, 1673; — ou quand il y en a le semblant d'une, comme dans *les Femmes savantes*, on ne s'y intéresse point; — et, à ce propos, des dénouements de Molière. — En second lieu, et tandis que jusqu'à *Tartuffe* les comédies de Molière ne mettaient en scène que des individus, c'est « la famille » qu'il nous montre constamment dans les dernières; — dans *l'Avare*; dans *Georges Dandin*; dans *le Bourgeois gentilhomme*; dans *les Femmes savantes*; dans *le Malade imaginaire*; — et la raison en est que nos ridicules ou nos vices ne prennent toute leur valeur ou ne portent toutes leurs conséquences que dans nos rapports avec les autres. — Et troisièmement, et en dernier lieu, Molière élargit de plus en plus le champ de son observation, de manière à y faire entrer la totalité de son expérience de la vie : — ce qu'il connaît de la province, dans *Pourceaugnac* et dans *la Comtesse d'Escarbagnas*; — de la petite bourgeoisie, dans *le Bourgeois gentilhomme*; — de la demi-bourgeoisie dans *Georges Dandin*. — C'est comme si l'on disait que, d'œuvre en œuvre, il appelle de plus nombreux spectateurs; — plus divers, à juger de la vérité de ses peintures; — et à se reconnaître eux, leurs enfants, et leurs voisins dans les représentations de la vie qu'il leur offre. — Que là même est la raison de l'amertume qui est au fond d'une partie de son œuvre; — et, à ce propos, de la liaison du « naturalisme » en littérature avec le « pessimisme ». — Si cette liaison, entrevue par Molière, ne l'a pas obligé, de peur de tomber dans le drame, à augmenter la part de la bouffonnerie dans ses dernières œuvres : *Monsieur de Pour-*

dans la hiérarchie sociale. Qu'importe après cela qu'ils aient payé cette protection de quelques flatteries? et par hasard, s'ils avaient manqué de gratitude, les Molière, les Boileau, les Racine en seraient-ils plus grands? Mais ils se rendaient bien compte que, dans une société tout aristocratique, ni leur talent, ni leur génie n'auraient suffi pour leur permettre d'accomplir librement leur œuvre; pour les imposer à la considération de leurs adversaires;

ceaugnac, le *Bourgeois gentilhomme*, le *Malade imaginaire*; — et si quelque tristesse n'est pas inhérente à toute observation un peu profonde de la vie?

Comment Molière a échappé aux conséquences de son naturalisme; — et, d'abord, qu'il n'y a pas toujours échappé; — dans son *Dandin* par exemple ou dans son *Malade imaginaire*. — Mais qu'ayant absolument besoin de la protection de Louis XIV, il a tâché de se conformer au goût du prince; — et, à ce propos, de Molière courtisan [Cf. *Tartuffe* et *Amphitryon*]. — Comment le principe de la subordination des situations aux caractères l'a encore plus sûrement sauvé de son naturalisme; — parce qu'il y a peu de « caractères » dans la nature, peu de Tartuffes, d'Harpagons, ou d'Alcestes; — mais les commencements en sont dans tout le monde; — et de conduire ces commencements jusqu'à leur terme, c'est ajouter quelque chose à la nature; — et en l'imitant c'est la dépasser [Cf. les « types » du roman de Balzac, dans *Eugénie Grandet* ou le *Père Goriot*]. — Que l'idéal ne consiste pas uniquement dans la représentation de la beauté; — mais aussi dans la peinture des caractères ou des types. — Ajoutez à cela que la plupart des grandes comédies de Molière sont un peu des « thèses »; — et la thèse, au théâtre comme dans le roman, implique un jugement sur la nature même qu'on imite; — pour ne pas dire une intention de la corriger. — C'est justement le cas de Molière; — et là même est ce qui fait la force « satirique » de sa comédie. — Enfin Molière écrit généralement en vers; — et quelque prosaïque, en général aussi, que soit son vers; — il y a des choses qu'on ne saurait jamais faire dire au vers.

C. *L'Influence de Molière*; — et qu'en aucun genre, sur les œuvres du même genre, il ne s'en est vu de plus considérable. — Son influence sur Regnard; — *les Folies amoureuses* ne sont qu'un déguisement à l'italienne, avec travestissements et lazzi, de *l'École*

pour triompher des résistances des coteries et de l'opinion. Sans la protection de Louis XIV, Molière eût succombé sous l'acharnement de ses ennemis; et c'est bien lui, le roi, qui prendra sur lui d'imposer les chefs-d'œuvre de Racine à l'admiration des courtisans eux-mêmes de l'ancienne cour. Ils préféraient tous Corneille; et, pour ne rien dire ici de la cabale des deux *Phèdre*, qui ne connaît le mot de Mme de Sévigné sur l'auteur

des femmes; — le *Légataire universel* n'est qu'un mélange habile du *Malade imaginaire* et des *Fourberies de Scapin*. — Son influence sur Le Sage : — *Turcaret* n'est qu'une combinaison du *Bourgeois gentilhomme* et de *la Comtesse d'Escarbagnas*; — et *Gil Blas* lui-même n'est que la comédie de Molière, transposée sur le ton de la narration, et versée dans le cadre du roman. — Que son influence n'a pas été moins grande à l'étranger [Cf. Macaulay, *le Théâtre anglais sous la Restauration*]. — Les comédies de Fielding ne sont encore que des « adaptations » de la comédie de Molière; — et pareillement l'un des chefs-d'œuvre de la scène anglaise, *l'École du scandale* de Sheridan [Cf. Louis Moland, *Histoire posthume de Molière*]. — Qu'on retrouve enfin Molière dans le chef-d'œuvre de Beaumarchais, qui est *le Barbier de Séville* [Cf. *l'École des femmes*, pour la donnée principale, et pour les détails du sujet, comme la scène du maître à chanter, *le Malade imaginaire*]. — Que l'on pourrait donc presque dire que, depuis deux cents ans, une comédie est bonne à proportion qu'elle se rapproche de la comédie de Molière; — et médiocre ou mauvaise, à mesure qu'elle s'en éloigne; — ou, qu'en d'autres termes, il a constitué, depuis deux cents ans, la « comédie européenne » comme genre.
Il a d'ailleurs moins agi sur les idées, — et, comme on le verra plus loin, ses attaques ont tout à fait échoué contre la préciosité [Cf. Rœderer, *Mémoire sur l'histoire de la société polie*]. — Pourquoi les femmes n'aiment pas Molière. — A-t-il réussi contre la religion? — C'est ce qu'il ne semble pas non plus; — et il n'a même pas réussi contre la « dévotion »; — si, comme peinture de mœurs, son *Tartuffe* serait presque plus vrai de la société française de 1690 que de celle de 1665 [Cf. La Bruyère]. — Mais où il a réussi moins encore qu'ailleurs, c'est contre les médecins; — et justement, c'est depuis qu'il les a poursuivis de ses plaisanteries que les médecins sont devenus de véritables directeurs de conscience. — S'il

d'*Andromaque*? Je crains aussi pour leur mémoire, — et pour les épaules du poète, — qu'en un autre temps, les Chapelain et les Montausier n'eussent fait bâtonner l'auteur des *Satires*. Et enfin, sans presque y tâcher, je veux dire par le seul effet de l'exemple et de l'autorité, si Louis XIV, en les mêlant aux « gens de cour », a obligé les « gens de lettres » à dépouiller insensiblement je ne sais quelle morgue bourgeoise ou quelle rouille pédan-

---

faut conclure des échecs de Molière que l'art ne doive avoir d'autre objet de lui-même ?

Non! si Molière est demeuré pour beaucoup d'hommes un maître de conduite. — Exagérations des *Moliéristes* à ce sujet, — et de Sainte-Beuve lui-même [Cf. *Nouveaux Lundis*, t. V, 1864]. — D'une parole de Gœthe [Cf. *Entretiens avec Eckermann*]; — et que ni la perfection de ses chefs-d'œuvre, — ni les chagrins de l'existence de Molière ne sauraient nous empêcher de voir et de marquer les bornes de son génie. — Qu'une partie de sa philosophie est faite de la caricature ou de la dérision de toute délicatesse [Cf. Bossuet, *Maximes sur la Comédie*, et Rousseau, *Lettre sur les spectacles*]; — et que là même est la raison de son insuccès dans le combat qu'il a livré contre la préciosité; — parce qu'il a enveloppé dans ses railleries ce que l'esprit précieux représente de légitime résistance à la grossièreté naturelle. — Si l'on peut dire que cette haine de la préciosité ferait le fond de l'esprit gaulois [Cf. Renan, *la Farce de Pathelin* et *la Théologie de Béranger*, dans ses *Essais de morale et de Critique*]. — Qu'une erreur plus grave de Molière, inséparable aussi peut-être de l'esprit gaulois, est d'avoir constamment attaqué toute idée de contrainte et de discipline,

> Notre ennemi, c'est notre maître,
> Je vous le dis en bon français...

Et il ne faut pas lui reprocher d'avoir manqué de noblesse et d'élévation; — parce que ce n'est pas des leçons d'élévation ni de noblesse que l'on demande à la « comédie »; — les grands sentiments n'étant pas de son domaine; — ni même peut-être une politesse trop exacte. — Mais Molière n'en serait certainement pas moins grand pour avoir modéré la force ou la violence même de quelques-uns de ses traits. — Et son théâtre eût pu prêcher une morale moins facile.

tesque dont ils étaient encore comme encrassés ; s'il les a mis ainsi du nombre des « honnêtes gens » ; s'ils ont acquis, au contact et dans la fréquentation des hommes d'état, des « gens du monde », et des femmes, quelques qualités qui ne germent point d'ordinaire dans l'arrière-boutique d'un « maître tapissier » ou dans le ménage d'un greffier du Palais, méconnaîtrons-nous aujourd'hui la grandeur du service ainsi rendu à la littérature française ?

3º LES ŒUVRES. — Nous pouvons ici nous contenter d'ajouter les *Œuvres* dont nous n'avons pas eu l'occasion de faire mention dans cette note, et qui sont : *le Médecin volant*, et *la Jalousie du Barbouillé*, deux canevas dont l'authenticité est douteuse ; — *Dom Garcie de Navarre*, 1661 ; *les Fâcheux*, 1661 ; *la Princesse d'Élide*, 1664 ; *le Mariage forcé*, 1664 ; *l'Amour médecin*, 1665 ; *le Médecin malgré lui*, 1666 ; *Mélicerte*, 1666 ; *le Sicilien*, 1667 ; et *les Amants magnifiques*, 1670 ; — deux pièces de vers : *le Remerciement au roi* et *la Gloire du Val-de-Grâce* ; — enfin ses *Préfaces* ou *Dédicaces* et les *Placets au roi* à l'occasion de *Tartuffe*.

Les principales éditions sont, comme éditions originales, ou capables d'en tenir lieu, l'édition de 1666 ; — l'édition de 1673 ; — l'édition de 1674 ; — et l'édition de 1682, procurée par Lagrange et Vivot. Elles forment toutes les quatre une première famille, à laquelle on peut joindre les éditions elzéviriennes. L'édition de 1682, que quelques éditeurs prennent encore aujourd'hui pour type, est aussi parfaitement incorrecte que laide.

Viennent ensuite : l'édition de 1734 [avec le commentaire de Joly et La Serre, et les illustrations de Boucher], 6 vol. in-4º, Paris, Prault ; — et l'édition dite des Libraires associés [avec le commentaire de Bret, et les illustrations de Moreau], Paris, 1773. La première est plus belle, et la seconde plus estimable.

On peut enfin citer de nos jours, parmi beaucoup d'autres éditions : l'édition A. Regnier, 5 vol. in-4º, Paris, 1878, Imprimerie nationale ; — et l'édition de la collection des *Grands Écrivains*, par MM. Eugène Despois et Paul Mesnard, Paris, 1873-1893, Hachette, 11 vol. in-8º.

III. — **Jean de La Fontaine** [Château-Thierry, 1621 ; † 1695, Paris].

1º LES SOURCES. — Baillet, *Jugements des savants*, t. V de l'édi-

C'est en effet à ce moment, sous l'influence et par un effet du concours de toutes ces causes, que la littérature devient vraiment *humaine*, dans le sens le plus large du mot, en même temps que vraiment *naturaliste* ou *naturelle*. Qu'y a-t-il de plus « naturel » que la comédie de Molière, si ce n'est la tragédie de Racine ; et qu'y a-t-il de plus humain ? C'est par ce caractère d'humanité qu'elles s'opposent, tout en les continuant, à la tragédie de Cor-

---

tion de 1722, n° 1551 [Cf. Furetière dans son second *Factum*] ; — Louis Racine, *Mémoires sur la vie de son père*, 1747 ; — Matthieu Marais, *Histoire de la vie et des ouvrages de La Fontaine*, publiée pour la première fois en 1811 ; — Walckenaër, *Histoire de la vie et des ouvrages de La Fontaine*, Paris, 1820, 1822, 1824, 1858 ; — Paul Mesnard, *Notice biographique* en tête du La Fontaine de la collection des *Grands Écrivains*, Paris, 1883.

C. Robert, *Fables inédites des XIIe, XIIIe et XIVe siècles et Fables de La Fontaine*, Paris, 1825. — Lessing, *Abhandlungen über die Fabel* [1759], dans la collection de ses *OEuvres*, t. VIII, édition Göschen, 1868, Leipzig ; — Saint-Marc Girardin, *La Fontaine et les fabulistes*, cours fait en 1858-1859 et publié en 1867 ; Paris. — Max Muller, *la Migration des fables*, dans ses *Essais de mythologie comparée*, Londres et Paris, 1870.

Chamfort, *Éloge de La Fontaine*, 1774 ; — Taine, *La Fontaine et ses fables*, Paris, 1853-1860 ; — Sainte-Beuve, *Portraits littéraires*, t. I, 1829, et *Causeries*, t. XIII, 1857 ; — G. Lafenestre, *La Fontaine*, dans la collection des *Grands Écrivains français*, Paris, 1895.

Damas-Hinard, *La Fontaine et Buffon*, Paris, 1861 ; — P. de Rémusat, *La Fontaine naturaliste*, dans la *Revue des Deux Mondes* du 1er décembre 1869 ; — Nicolardot, *La Fontaine et la Comédie humaine*, Paris, 1885.

Marty-Laveaux, *Essai sur la langue de La Fontaine*, Paris, 1853 ; — Th. de Banville, *La Fontaine*, 1861, dans le recueil des *Poètes français*, de Crépet, t. II, et à la suite de la 2e édition de son *Petit traité de poésie française*, Paris, 1881.

2° L'Artiste, l'Homme et le Poète. — La première partie de la vie de Jean de La Fontaine [1621-1660]. — Son éducation négligée ; — son passage à l'Oratoire ; — son mariage [1647] ; — et comment, sans Molière, il n'eût sans doute été qu'un « précieux » et un « libertin ». — Son adaptation de l'*Eunuque* de Térence, 1654.

neille, au roman de La Calprenède, à la comédie burlesque de Scarron, — *l'Écolier de Salamanque* ou *Dom Japhet d'Arménie*, — et comme le dit La Fontaine, parlant des *Fâcheux* :

> Nous avons changé de méthode,
> Jodelet n'est plus à la mode,
> Et maintenant il ne faut pas
> Quitter la nature d'un pas.

— Le pensionnaire du surintendant Fouquet, 1657. — *Sonnets, Madrigaux* et *Ballades*. — Le poème d'*Adonis* [Cf. l'*Adonis* de Shakespeare], 1658. — *Le Songe de Vaux*, 1658; — l'*Élégie aux nymphes de Vaux*, 1661. — Liaison de La Fontaine avec Molière, Boileau et Racine [Cf. le *Prologue* de *Psyché*; et Scherer, *le Cabaret du Mouton blanc*, dans ses *Études critiques*]. — Il passe de la protection de Fouquet sous celle de la duchesse de Bouillon [Cf. Amédée Renée, *les Nièces de Mazarin*]. — Les premiers *Contes*, 1664-1666; — et les premières *Fables*, 1668.

Du caractère de La Fontaine. — Son insouciance et son égoïsme; son manque de dignité; — son parasitisme. — Que fût-il advenu de la condition de l'homme de lettres, si nous avions eu beaucoup de La Fontaine? — La gauloiserie de La Fontaine; — et ce qu'il faut entendre par ce mot [Cf. Taine, *La Fontaine et ses fables*]. Du danger qu'il peut y avoir à témoigner trop d'indulgence pour La Fontaine; — que ses *Contes*, en général, sont une œuvre malsaine; — et comment il aggrave le texte même de Boccace [Cf. Marc Monnier, *la Renaissance, de Dante à Luther*, Paris, 1884]. — Comment les contemporains ont accueilli les *Contes*. — Que la « naïveté » de La Fontaine ne l'a pas empêché de se peindre en beau dans le *Prologue* de *Psyché*; — ni de s'entendre admirablement à « vivre sans rien faire »; — et comment, en dépit de la morale, ses défauts mêmes se sont tournés en quelques-unes de ses plus rares qualités.

A. *L'Artiste*. — Un mot de Mme de la Sablière sur *le Fablier*. — Pour la raison même qu'il n'a jamais pris la vie au sérieux, et qu'il a vécu comme en marge d'elle, la vie n'a donc été qu'un spectacle pour lui. — En quoi cette disposition d'esprit est éminemment « artiste » [Cf. G. Flaubert, *Préface pour les œuvres de L. Bouilhet*]; — et qu'en même temps que le décousu de l'existence de La Fontaine elle explique le caractère unique de ses *Fables* en leur temps. —

Il est d'ailleurs bien entendu que, de cette nature, que l'on suit à la trace, on n'imite que ce qu'elle offre elle-même à l'observation de plus général et de plus permanent, mais aucun des accidents, aucune des exceptions, aucune des difformités qui l'altèrent ou qui la corrompent, pour ne pas dire qui la « dénaturent ». C'est que, s'il n'est pas douteux qu'un borgne, un boiteux, un bossu soient des hommes, on pense, et on a raison,

Corneille a eu des intentions; — Molière a soutenu des thèses et des combats; — La Fontaine ne s'est proposé que de peindre ce qui lui plaisait; — ou même ne s'est rien proposé du tout, que de se faire plaisir. — Explication par là du caractère de sa prétendue satire; — et exagération de Taine à ce sujet. — Que les hommes soient pervers et les femmes bavardes; — que les riches soient insolents et que les pauvres soient habituellement plats; — que les grands soient tyranniques et que les petits soient complaisants; — ou que le lion soit enfin le roi des animaux et que l'âne en soit l'éternelle dupe, rien de tout cela n'indigne ou n'irrite La Fontaine; — ce qui est pourtant la première condition de la satire. — Il n'y a point de satire sans intention morale. — Mais La Fontaine « constate » et ne juge jamais. — Sa malice ne va pas au delà de l'amusement qu'un pauvre diable de philosophe trouve à prendre un des grands de ce monde en flagrant délit de sottise; — il estime d'ailleurs que tout ce qui est humain, étant « naturel », a les mêmes droits à l'attention du peintre; — et c'est ainsi que son épicurisme d'artiste le conduit insensiblement au naturalisme.

B. *Le Naturaliste.* — Qu'il ne faut pas toutefois abuser de ce mot pour faire de La Fontaine un curieux « inspectateur » des mœurs des animaux [Cf. Paul de Rémusat, *La Fontaine naturaliste*]; — et qu'on peut même se demander s'il les a observés de très près. — De la vérité scientifique et de la vérité poétique. — Qu'il suffit en tout cas que les animaux de La Fontaine soient quelque chose de plus pour lui que les masques des hommes; — et ils le sont effectivement. — Ils ont pour lui leur physionomie très individuelle et nettement caractérisée; — ils ont leur pelage; — et ils ont surtout leurs mœurs. — Mais en le qualifiant de naturaliste, on veut dire :

Que sa curiosité de la nature et la liberté de l'imitation qu'il en fait n'ont jamais été retenues ou modérées chez lui; — ni par la néces-

non pas précisément que la vue ou la représentation en sont affligeantes, mais qu'ils font eux-mêmes défaut, pour ainsi parler, à la définition de l'homme. Pareillement on ne nie point la réalité d'un Attila, ni celle d'un Jodelet ou d'un dom Japhet d'Arménie, — quoique d'ailleurs on le pourrait, si l'on le voulait, — mais on estime que ce qu'il y a d'extraordinaire en eux les excepte et les tire hors de la nature et de l'humanité. Rien de plus encore,

sité de « faire sa cour »; — ni par des obligations comme celles que les exigences du théâtre imposaient à Molière et à Racine; — ni enfin par aucune considération de morale. — Il a pris ainsi l'habitude de s'intéresser à plus de choses que beaucoup de ses contemporains; — et, de là, cette conséquence qu'il y a dans son œuvre une plus grande part de nature enclose et représentée que dans l'œuvre de pas un de ses contemporains. — Eux n'ont représenté que l'homme, et encore pas l'homme tout entier; — La Fontaine, au contraire; — et jusqu'à nous le montrer dans des attitudes qu'il eût mieux fait de ne pas représenter. — Il a aussi peint les animaux; — et c'est en quoi la vie de sa *Fable* diffère de la sécheresse de la fable ésopique [Cf. Lessing, *Abhandlungen*]. — Et il a peint aussi des astres, des ciels et des eaux, toute une « nature extérieure » qui est absente de l'œuvre des autres. — C'est ce qui en fait le charme; — et au moins par un côté, quoi qu'on en ait dit [Cf. J.-J. Rousseau, dans son *Émile*], c'est ce qui rend sa *Fable* éminemment convenable à l'éducation de l'enfance. — La fréquentation des *Fables* de La Fontaine est pour l'enfance une promenade au Jardin des plantes; — et quand on y apprendrait « qu'il ne faut point juger des gens par l'apparence » ou encore que de tout temps « les petits ont pâti des sottises des grands », quel inconvénient y voit-on ? — Le même caractère de familiarité se retrouve dans son style. — Quelque travaillé qu'il soit, ce style encore est d'un « naturaliste »; — par la liberté dans le choix des mots, qui sont chez lui de toutes les conditions; — par la rareté des termes abstraits ou l'heureux mélange qu'il en fait avec les termes de l'usage populaire; — et enfin par la liberté d'un tour qui suit toujours plus volontiers les indications de la sensibilité que les règles de la logique.

Comment, par cette façon d'être « naturaliste », La Fontaine se rapproche de Molière; — et qu'ils ont bien tous les deux la même

et il faut se garder de confondre les temps ! On ne se propose que de plaire aux honnêtes gens. Mais on est obligé, pour leur plaire, d'entrer d'abord dans leurs sentiments, et comme ces sentiments ne nous sont connus, comme nous n'en pouvons trouver une expression qui dure qu'à la condition de les avoir éprouvés nous-mêmes, le rare ou le singulier s'élimine insensiblement de la conception de la littérature. « Qu'est-ce qu'une pensée...

« philosophie »; — quoique d'ailleurs moins raisonnée chez La Fontaine que chez Molière. — La Fontaine est un épicurien pratique, mais non pas militant; — de la famille de Saint-Évremond autant que de celle de Molière, — plus occupé de jouir que de prêcher; — et assez insouciant pour ne pas même se fâcher si la fortune s'avise de le troubler dans sa jouissance. — Mais il est surtout poète; — et c'est ce dernier trait qui achève de le distinguer de quelques-uns de ses illustres contemporains.

C. *Le Poète.* — Le choix qu'il a fait du vers libre ou « lyrique » en est un premier témoignage; — et, à ce propos, de la peinture ou de l'expression du sentiment par la diversité du rythme. — Que l'alexandrin n'est devenu « lyrique » qu'en devenant « romantique », c'est-à-dire en rompant avec son uniformité classique. — De la versification de La Fontaine [Cf. Théodore de Banville, *La Fontaine*]. — Étrange opinion de Lamartine à ce sujet; — et qu'en reprochant à La Fontaine ses vers « inégaux », il avait sans doute oublié combien il en a fait lui-même. — Le poète se reconnaît encore chez La Fontaine à la discrète mais constante intervention de sa personne dans son œuvre; — c'est lui-même qui nous renseigne sur ses goûts, sur sa vie, — au besoin sur son mobilier; — et ceci, dans la mesure où le réduit le goût du temps, c'est encore du lyrisme. — Joignez le don de peindre, d'évoquer la vision des choses; — le nombre et l'harmonie, la musique du vers; — et le don supérieur d'enlever à la réalité, même dans ses *Contes*, ce qu'elle a de trop matériel, et de la spiritualiser. — Il a des vers qui sont tout un paysage :

> Mais vous naissez le plus souvent
> Sur les humides bords des royaumes du vent...

Il en a qui sont pour ainsi dire toute une saison de l'année :

> Quand les tièdes zéphirs ont l'herbe rajeunie...

neuve? dira bientôt Boileau. Ce n'est point, comme se le persuadent les ignorants, une pensée que personne n'a jamais eue, ni dû avoir : *c'est au contraire une pensée qui a dû venir à tout le monde*, et que quelqu'un s'avise le premier d'exprimer. » Rappelons-nous là-dessus une *Satire* ou une *Épître* de Boileau lui-même, une comédie de Molière, *l'École des Femmes* ou *le Misanthrope*, une tragédie de Racine, *Andromaque* ou *Bajazet*, une fable

et il en a qui sont, en même temps qu'une caresse pour les yeux et une volupté pour l'oreille, des vers de rêve et d'illusion :

> Par de calmes vapeurs mollement soutenue
> La tête sur son bras, et son bras sur la nue,
> Laissant tomber des fleurs et ne les semant pas...

Si ces qualités en font un homme « unique en son espèce », l'exceptent-elles de la littérature de son temps ? — Non ; et son idéal d'art est très conforme à celui de ses illustres contemporains. — Par sa manière générale de penser, il est de la famille de Molière et de Boileau ; — par sa façon de rendre et d'exprimer, il est de la famille de Racine ; — et nous avons dit qu'il avait commencé par être de l'école de Voiture et de Racan. — Toute la différence consiste en ce qu'il a écrit surtout pour lui ; — ce qui est sans doute permis dans la *Fable* comme dans l'*Ode*; — et en revanche qui ne l'est pas au théâtre.

Dernières années de La Fontaine. — Admiration qu'excitent ses *Fables*; — et pourquoi Boileau n'en a-t-il rien dit dans son *Art poétique* ? — Suppositions à ce sujet ; — et qu'en tout cas la *Dissertation sur Joconde* nous empêche d'en faire de désobligeantes pour Boileau. — Les éditions successives des *Contes* : 1667 ; 1669 ; 1671 ; 1674. — Le lieutenant de police se décide à les faire saisir. — Les *Fables* de 1678 [livres 7, 8, 9, 10 et 11]. — Témoignages de Mme de Sévigné. — L'affaire de l'Académie, 1683. — Si La Fontaine a tenu la promesse qu'il avait faite « d'être sage » ? — *Les Aveux indiscrets* et *le Fleuve Scamandre*. — Ses relations avec Mme d'Hervart — avec les Vendôme [Cf. Desnoiresterres, *les Cours galantes*, et, du même : *la Jeunesse de Voltaire*] — avec Mme Ulrich [Cf. *OEuvres de La Fontaine*, édit. Regnier, lettres 26 et 27]. — Qu'il est fâcheux que la dernière protectrice du poète ne nous soit connue que par des notes de police. — La maladie de 1692 et la conversion de La

de La Fontaine, *les Animaux malades de la Peste* ou *le Meunier, son Fils et l'Ane,* une maxime de La Rochefoucauld, un sermon de Bossuet ou de Bourdaloue. Quelque diverses que soient ces œuvres, le premier mérite en est d'être de tous les temps, de tous les lieux, vraies de l'homme universel et non pas seulement du Français du xviie siècle, *naturelles* en tant qu'*humaines, humaines* parce que *naturelles,* — et si je ne craignais que l'expres-

---

Fontaine. — Il fait des poésies pieuses. — Sa dernière lettre à son ami Maucroix, — et sa mort.

3° Les Œuvres. — Nous avons de La Fontaine, sans parler de ses *Fables,* dont nous avons ci-dessus indiqué les dates de publication successives : — 1° cinq livres de *Contes,* dont nous avons également relevé les dates ; — 2° cinq *Poèmes,* qui sont : *Adonis,* 1658, publié pour la première fois en 1669; le poème du *Quinquina,* 1682; *la Captivité de saint Malc,* 1673; *Philémon et Baucis;* et *les Filles de Minée,* 1685; — 3° des *Poésies diverses,* soit six *Élégies,* neuf *Odes,* treize *Ballades,* vingt-cinq *Épîtres,* et des *Dizains, Sizains, Chansons, Madrigaux,* etc.; — 4° quelques opuscules, en prose mêlée de vers : *Psyché et Cupidon; le Songe de Vaux* [fragment]; *Lettres à sa femme;* — et 5° son *Théâtre,* douze pièces en tout, depuis son adaptation de *l'Eunuque,* 1654, jusqu'aux deux premiers actes d'un *Achille* qui n'ont été publiés pour la première fois qu'en 1785. La Fontaine n'avait point le génie du théâtre.

Les éditions particulières des *Contes* ou des *Fables* sont trop nombreuses pour qu'il nous soit possible d'en énumérer ici même les principales, et nous nous bornerons à signaler, pour la beauté de l'illustration, l'édition de 1735-1759, 4 vol. in-f°, pour les *Fables,* avec les figures d'Oudry; — et l'édition des *Contes* dite des *Fermiers Généraux,* Amsterdam [Paris], 1 vol. in-8°, 1762, avec les figures d'Eisen.

Les meilleures éditions de ses *Œuvres complètes* sont : — l'édition ou les éditions successives de Walckenaer, qui s'était fait comme un fief littéraire de la vie et de l'œuvre de La Fontaine, Paris, 1822, 1826, 1835, 1838, 1840; — l'édition Marty-Laveaux, dans la *Bibliothèque Elzévirienne,* Paris, 1857-1877; — et l'édition H. Regnier, dans la collection des *Grands Écrivains,* Paris, 1883-1892, Hachette.

sion ne parût un peu métaphysique, — je dirais : un fragment de nature et d'humanité réalisé sous l'aspect de l'éternité.

Ce caractère d'humanité ne les empêche pas d'être en même temps *nationales*, et je voudrais exprimer trois choses par ce mot, qui se tiennent, mais qu'on peut et qu'il faut distinguer. S'ils se mettaient, comme autrefois leurs pères, et quelques attardés, à l'école de l'étranger,

IV. — **Jacques-Bénigne Bossuet** [Dijon, 1627 ; † 1704, Paris].

1° Les Sources. — Lévesque de Burigny, *Vie de Bossuet*, 1761 ; — cardinal de Bausset, *Histoire de Bossuet*, Paris, 1814 ; — Floquet, *Études sur la vie de Bossuet*, Paris, 1855 ; et *Bossuet précepteur du dauphin*, Paris, 1864 ; — abbé Guettée, *Journal* [1 vol.] et *Mémoires* [3 vol.] *de l'abbé Le Dieu*, Paris, 1856 ; — abbé Réaume, *Histoire de Jacques-Bénigne Bossuet*, Paris, 1869 ; — abbé Delmont, *Quid conferant latina Bossuetii opera ad cognoscendam illius vitam...* Paris, 1896.

P. de la Rue, *Oraison funèbre de Bossuet*, 1704 ; — Maury, *Essai sur l'éloquence de la chaire*, 1777 ; — Dom Deforis, ses *Notices*, en tête des volumes de la première édition des *Sermons* de Bossuet, 1772 ; — Jacquinet, *les Prédicateurs du* xviie *siècle avant Bossuet*, Paris, 1863, et 2e édition, 1885 ; — abbé Vaillant, *Étude sur les sermons de Bossuet*, Paris, 1851 ; — Gandar, *Bossuet orateur*, Paris, 1867 ; et, à cette occasion, Edmond Scherer, dans ses *Études*, 1867 ; — abbé Lebarq, *Histoire critique de la prédication de Bossuet*, Paris, 2e édition, 1891 ; — Freppel, *Bossuet et l'éloquence sacrée au* xviie *siècle*, Paris, 1893 [leçons professées à la Sorbonne en 1855, 1856, 1857].

Gérin, *Recherches sur l'assemblée du clergé de France en 1682*, Paris, 1870, 2e édition ; — abbé J.-T. Loyson, *l'Assemblée du clergé de France en 1682*, Paris, 1870 [Cf. les livres de J. de Maistre, *Du Pape* et *De l'Église gallicane*, dont le second surtout est dirigé contre Bossuet].

Voltaire, *Essai sur les mœurs* ; — Turgot, *Discours de Sorbonne* et *Fragments historiques*, dans la collection de ses Œuvres, t. II ; — Herder, *Idées sur la philosophie de l'histoire de l'humanité*.

Rébelliau, *Bossuet, historien du protestantisme*, Paris, 1891.
Abbé Bellon, *Bossuet, directeur de conscience*, Paris, 1895.
Abbé de la Broise, *Bossuet et la Bible*, Paris, 1890.

des Espagnols ou des Italiens, nos écrivains croiraient donc désormais trahir « la pensée du règne », et faire publiquement acte d'ingratitude envers le roi qui les protège. C'est pourquoi, dans les œuvres les plus admirées de la précédente génération, — la *Jérusalem délivrée* du Tasse, par exemple, et la *Diane enamourée* de Georges de Montemayor, — ils ne veulent plus voir, pour eux, que l'obstacle qui les a trop longtemps détournés d'être

Th. Delmont, *Bossuet et les saints Pères*, Paris, 1896.

Tabaraud, *Supplément aux histoires de Bossuet et de Fénelon*, Paris, 1822 ; — A. Bonnel, *la Controverse de Bossuet et de Fénelon sur le quiétisme*, Mâcon, 1850 ; — Guerrier, *Madame Guyon, sa vie et sa doctrine*, Paris, 1881 ; — Crouslé, *Bossuet et Fénelon*, Paris, 1894.

Sainte-Beuve, *Causeries du lundi*, t. X, 1854 ; t. XII, 1856 ; t. XIII, 1857 ; et *Nouveaux lundis*, t. XII. — Poujoulat, *Lettres sur Bossuet*, Paris, 1854 ; — G. Lanson, *Bossuet*, Paris, 1891.

2º LA VIE, LE RÔLE ET L'INFLUENCE DE BOSSUET. — Que Bossuet n'ayant jamais écrit une ligne qui ne fût un acte, l'histoire de sa vie et celle de son œuvre sont donc inséparables. — Son origine, et qu'il importe de noter qu'il sort d'une famille de magistrats ; — ses études à Dijon [collège des Godrans] ; — et à Paris, au collège de Navarre, et en Sorbonne. — Il est ordonné prêtre et nommé archidiacre de Sarrebourg, 1652 ; — son séjour à Metz [Cf. Floquet, t. II, et Gandar, *Bossuet orateur*] ; — et que, de 1653 à 1659, c'est à Metz qu'il a comme arrêté presque toutes ses idées. — Si Bossuet a eu des doutes ? — et comment il faut entendre la question. — Observation sur son caractère, et que peu d'hommes ont moins ressemblé à leur style. — Qu'il ne semble pourtant pas que ses doutes aient jamais ébranlé chez lui le fondement de la foi. — Dans quelle mesure ses perplexités ont ressemblé à celles de Pascal, et dans quelle mesure elles en ont différé. — De la prédilection de Bossuet, parmi les Pères grecs pour saint Jean Chrysostome, et parmi les Pères de l'église latine pour saint Augustin. — Si, dans sa vie studieuse, il n'a pas un peu négligé d'étudier les hommes ? — Différence à cet égard de Pascal et de lui. — Son premier écrit public : *la Réfutation du catéchisme de Paul Ferry*, 1655. — Ses premiers sermons [Cf. Gandar, et surtout Lebarq, *Histoire critique*]. — Il se fixe à Paris, 1659.

eux-mêmes. Lisez plutôt à cet égard la *Dissertation* de Boileau sur *Joconde*, — qui est l'une de ses premières œuvres, — et voyez avec quelle assurance il y donne à La Fontaine, dans un sujet emprunté de l'Arioste, la supériorité sur l'Arioste ! C'est comme s'il disait que le fond n'est rien, dans l'œuvre d'art, c'est la forme qui est tout ; et, tout le monde admettant d'ailleurs que les Grecs et surtout les Latins sont à peine des étrangers pour nous,

A. *Les Sermons de Bossuet.* — Histoire des *Sermons* de Bossuet [Cf. Lebarq, *Histoire critique*). — Il a prêché à Paris : le *Carême* de 1660, aux Minimes de la Place Royale ; — le *Carême* de 1661, aux Carmélites du faubourg Saint-Jacques ; — le *Carême* de 1662, à la cour ; — l'*Avent* de 1665, à la cour ; — le *Carême* de 1666, à la cour ; — l'*Avent* de 1668, à Saint-Thomas du Louvre ; — et l'*Avent* de 1669, à la cour. — Il faut dater environ du même temps l'*Oraison funèbre de Nicolas Cornet*, 1663 ; et celle de la reine d'Angleterre, 1669. — Celle-ci est le second écrit qu'il ait fait imprimer, sur les instances de Madame, duchesse d'Orléans. Les trois *manières* de Bossuet. — La première est surtout « théologique et didactique » [Cf. *Sermon sur la Bonté et la Rigueur de Dieu ; — Premier sermon pour le Vendredi Saint ; — Panégyrique de saint Gorgon ; — Panégyrique des saints Anges gardiens*]. — Les *Sermons* de cette manière sont plus longs ; — plus embarrassés de dissertations ; — moins habilement composés ; — d'un réalisme de termes quelquefois excessif ; — mais par cela même plus « colorés ». — Le chef-d'œuvre de cette première manière est le *Panégyrique de saint Paul*, 1657, — où d'ailleurs on peut voir aussi bien l'annonce de la seconde manière. — Celle-ci est surtout « philosophique et morale » ; — quoique non pas du tout pour cela « laïque » ; — et d'ailleurs pourvu qu'on ne prenne pas ces distinctions au pied de la lettre [Cf. *Sermons : sur la Providence*, 1656 et 1662, — *sur la Mort*, 1662, — *sur l'Ambition*, 1662 et 1666, — *sur le Délai de la conversion*, 1665, — *sur la Justice*, 1666, — *pour la fête de la Toussaint*, 1669]. — Bossuet s'efforce de démontrer, comme Pascal, qu'indépendamment de tant d'autres raisons qui commandent d'y croire, la religion est encore, de toutes les « philosophies », celle qui explique le mieux l'homme et la nature. — La composition, plus libre, est aussi plus originale ; — le style, moins coloré peut-être,

mais plutôt des ancêtres, c'est d'abord en se libérant, par l'originalité de la forme, de toute influence étrangère, que la littérature devient véritablement *nationale*.

Elle le devient, d'une autre manière, en développant dès lors, de son propre fond, et comme à l'abri de toute action du dehors, des qualités plus intérieures, assez difficiles à définir, et dont la *nationalité* se reconnaît à ce signe que les étrangers ou ne les voient pas, ou ne

a plus d'ampleur et de mouvement, est plus oratoire ou « lyrique » même. — Enfin, et si l'on ne tenait compte que des *Sermons* proprement dits, la troisième manière serait plutôt « homilétique », — et on veut dire, moins tendue, plus indulgente, moins autoritaire surtout; — l'esprit de la Bible ou de l'Ancien Testament y occupe moins de place, et celui de l'Évangile une plus grande [Cf. les *Sermons pour la Pentecôte*, — (*troisième*) *pour la fête de la Circoncision*; — (*troisième*) *pour le jour de Noël*]. — On a moins de *Sermons* de cette dernière manière; — Bossuet improvisant avec plus de liberté, sans doute; — et il faut se souvenir qu'ils sont contemporains des grandes *Oraisons funèbres*.

Les contemporains ont-ils apprécié les *Sermons* de Bossuet à leur valeur? — Témoignages à ce sujet [Cf. *Études critiques*, t. V, *l'Éloquence de Bossuet*]. — Qu'il semble qu'en tout cas la gloire du controversiste ait nui à celle de l'orateur. — Que, de dire de Bossuet qu'il était trop supérieur à son auditoire pour en être apprécié, c'est se tromper étrangement sur des auditeurs qui étaient les lecteurs de Pascal et les spectateurs de Racine. — D'un mot de Nisard à ce sujet. — C'est méconnaître également la manière dont agit l'éloquence. — Que si, comme le dit Voltaire, « Bossuet ne passa plus pour le premier prédicateur quand Bourdaloue parut » la raison en est bien simple; — c'est que Bourdaloue aborde les chaires de Paris au moment où Bossuet en descend, — pour n'y plus remonter qu'à de rares intervalles; — à partir de sa nomination comme évêque de Condom, 1669; — et comme précepteur du Dauphin, 1670.

B. *Du rôle de Bossuet à la cour*. — Il publie son *Exposition de la doctrine de l'Église sur les matières de controverse*, 1671; — il essaie de détacher Louis XIV de Mme de Montespan; — ses *Lettres au roi*, 1675; — sa *Lettre au maréchal de Bellefonds*, 1675. — Si Bossuet a manqué de courage dans cette occasion? — et que

les sentent point. Telles sont, entre autres, les qualités que nous goûtons peut-être le plus dans Racine : profondeur, subtilité d'analyse ou d'observation morale ; négligence apparente mais étudiée du style, dont le contour sinueux imite en quelque sorte ce qu'il y a de plus caché dans les mouvements de la passion ; harmonie des proportions ; et, généralement, tout ce que la forme oratoire de sa tragédie semble, en vérité, dérober à tous ceux qui n'ont

---

voudrait-on qu'il eût fait davantage ? — De l'éducation du Dauphin, et comment Bossuet l'a dirigée [Cf. la *Lettre au pape Innocent XI*, du 8 mars 1679]. — L'affaire de la régale et l'assemblée du clergé [Cf. Gérin et Loyson]. — Si Louis XIV eût été jusqu'au schisme ? — Le *Sermon sur l'unité de l'Église*, 1681. — Comment ses origines parlementaires ; — son éducation de Sorbonne ; — une complaisance de sujet fidèle ou de bon Français ; — et l'idée qu'il se faisait du pape Innocent XI portaient Bossuet à l'attitude qu'il a prise à cette occasion. — Paroles caractéristiques de Joseph de Maistre dans son livre, *De l'Église gallicane* [Liv. II, ch. 8]. — Les quatre articles. — Mariage du Dauphin, 1680 ; — Bossuet est nommé aumônier de la Dauphine, 1680 ; — et, l'année suivante, évêque de Meaux.

C. Le *Discours sur l'histoire universelle*. — Le *Discours* est, de tous les écrits que Bossuet a composés pour l'éducation du Dauphin, le seul qu'il ait publié lui-même. — Des raisons qu'il a eues de le publier ; — et qu'elles sont analogues à celles de Pascal lorsqu'il composait son apologie. — Des objections que l'on a faites au *Discours*, et que les unes ne tiennent pas compte que le *Discours* que nous avons devait être suivi d'un second ; — qu'il y en a d'autres qui proviennent de ce qu'on le lit mal, et qu'on en néglige la seconde partie : *la Suite de la Religion*. — Que cependant cette seconde partie est la plus importante ; — en ce sens que Bossuet y répond : aux attaques des « libertins » contre la religion ; — au *Traité théologico-politique* de Spinoza ; — et à la naissante exégèse de Richard Simon. — Beauté du plan du *Discours*. — Simplicité, vigueur et majesté du style. — Dans quelle mesure l'érudition moderne a-t-elle ruiné le *Discours sur l'histoire universelle* ? — Aveu de Renan sur ce point ; et que le dernier effort de sa « philologie » a été de reconnaître qu'il n'y avait que « trois histoires de premier intérêt : la Grecque, la Romaine et la Juive » ;

pas en naissant respiré l'air de France. Telles sont aussi quelques-unes des qualités de Bossuet. On rend universellement justice à la force et à la précision de sa langue; on admire en lui l'historien et le controversiste; on rend hommage à l'orateur, plus abondant que Cicéron et plus nerveux que Démosthène. Je ne sais si l'on apprécie hors de France tout ce qu'il y a de naturel, de simplicité, j'oserai dire de familiarité sous la splendeur de cette inimi-

— et que par conséquent d'acheminer les deux premières jusqu'à leur rencontre avec la troisième, quand ce ne serait qu'une méthode, ce serait encore la bonne. — Que, ce point accordé, les jugements particuliers de Bossuet conservent une valeur « scientifique » réelle; — et contiennent des observations dont on n'a depuis lui dépassé ni la justesse ni la profondeur. — Ajoutez qu'il a fondé dans la littérature européenne la « philosophie de l'histoire » [Cf. Robert Flint, *la Philosophie de l'histoire*].

D. *La grande idée de Bossuet* : la réunion des Églises. — Quelles raisons il a eues de croire cette réunion possible. — Nombreuses conversions auxquelles il a coopéré. — La conversion de Turenne. — Embarras des protestants à réfuter la doctrine de l'*Exposition*. — La *Conférence avec M. Claude*, 1682. — Les grandes *Oraisons funèbres*. — Les progrès du « libertinage » et l'*Oraison funèbre d'Anne de Gonzague*. — L'*Oraison funèbre de Michel Le Tellier* et la révocation de l'Édit de Nantes. — Que, comme l'idée de la Providence domine toute la philosophie de Bossuet, l'idée ou le rêve de la réunion des Églises domine toute sa controverse. — Que par là s'expliquent : — son indulgence [Cf. Ingold, *Bossuet et le Jansénisme*, Paris, 1897] pour le jansénisme; — sa sévérité contre les casuistes; — son rôle dans l'assemblée de 1682; — et sa méthode apologétique. — Entre protestants et catholiques il n'y a pour lui qu'une question, qui est la question de l'Église; — et il n'a entrepris son *Histoire des variations* que pour montrer à quels signes certains se reconnaissait la véritable Église.

E. L'*Histoire des variations des églises protestantes*, 1688. — Discussions récentes à ce sujet [Cf. Rébelliau, *Bossuet historien*] — et que Bossuet, dans ce grand livre, a fait vraiment œuvre d'historien. — Solidité de son érudition; — finesse et impartialité de sa critique. — Que d'ailleurs dans ce livre trop peu lu se trouvent quelques-unes des plus belles pages de Bos-

table éloquence, combien peu de rhétorique et d'apprêt, quelle absence d'amour-propre et de vanité littéraire! Et La Fontaine encore, combien y a-t-il d'étrangers qui comprennent ce que nous avons d'admiration singulière pour cet alliage, unique en lui, de nonchalance épicurienne, de malice gauloise, et de pure poésie? Ils ont peine surtout à concevoir que « le plus français de nos poètes » soit en même temps le plus « inspiré des

suet. — Les portraits dans l'*Histoire des variations*; — les narrations; — la dialectique. — Sobriété, force et rapidité du style de Bossuet. — Effet produit par l'*Histoire des variations*. — Elle est attaquée par Burnet, et par Jurieu, dans ses *Lettres pastorales*. — Bossuet répond à Burnet dans sa *Défense de l'Histoire des variations*, 1691; — et à Jurieu par ses *Avertissements aux Protestants*, 1689-1691. — Comment les *Avertissements* font corps avec l'*Histoire des variations*. — Les trois premiers *Avertissements* [Cf. Pressensé, *les Trois premiers siècles de l'Église chrétienne*; et Ad. Harnak, *Lehrbuch der Dogmen Geschichte*, 2e édition, Fribourg, 1888-1890]; — le *quatrième Avertissement*, sur le *Mariage chrétien*; — le *sixième Avertissement*; et si Bossuet n'y a pas prévu, indiqué et décrit par avance l'évolution du protestantisme contemporain? — Qu'en tout cas, le problème est toujours de savoir comment on conciliera l'individualisme protestant avec la prétention du protestantisme à former des églises. — De la clarté souveraine dont Bossuet a illuminé ces questions difficiles et obscures; — et qu'il n'y a rien de plus oratoire, même dans ses *Sermons*, que dans les *Avertissements*, ou dans l'*Histoire des variations*.

F. *Autres travaux de Bossuet*. — Sa *Defensio cleri gallicani* [ouvrage posthume]. — Sa *Défense de la tradition et des saints Pères* contre Richard Simon. — Du respect de Bossuet pour la tradition. — Le jugement de l'envoyé de Brandebourg sur le rôle de Bossuet [Cf. Ezéchiel Spanheim, *Relation de la cour de France en 1690*]. — *Correspondance avec Leibniz* [Cf. Foucher de Careil, *OEuvres de Leibniz*, t. I et II, Paris, 1867]. — Les *Maximes sur la comédie*, 1693. — L'affaire du quiétisme. — Comment Bossuet s'y est trouvé mêlé sans y avoir songé. — Importance de la question, et comment elle s'est compliquée d'une question politique [Cf. A. Griveau, *Étude sur la condamnation du livre*

anciens »; et qu'un recueil de *Fables*, dont il n'y en a pas une qui ne soit empruntée de quelque source étrangère, ne soit cependant qu'une perpétuelle création.

Ce n'est pourtant pas tout encore, et dans toutes ces œuvres, ce que je trouve de plus *national*, c'est l'impossibilité même d'y séparer ce qui est proprement et purement français de ce qu'elles contiennent d'universel. Elles sont universelles; et on ne conçoit pas qu'elles eussent

des Maximes des saints, Paris, 1878]. — Le parti du Dauphin et le parti du duc de Bourgogne [Cf. la correspondance de *Madame, duchesse d'Orléans*]. — Du rôle que Bossuet a tenu dans la controverse. — Comment il comprend le mysticisme. — L'*Instruction sur les États d'oraison* et la *Relation sur le quiétisme*, 1697-1698. — Que, s'il a manqué de « charité » dans l'ardeur de la lutte, ses adversaires y ont manqué de franchise. — Les dernières années de Bossuet [1700-1704]. — Il met la dernière main à ses anciens travaux. — Il achève sa *Politique*; — ses *Élévations* et ses *Méditations*; — il reprend sa *Défense de la tradition des saints Pères*. — Son œuvre de direction. — Ses préoccupations de famille, et sa faiblesse pour son neveu. — Ses sollicitations auprès du roi. — Sa mort.

G. Les *Élévations sur les mystères* et les *Méditations sur l'Évangile*. — Dans quelles conditions ont été composés ces deux ouvrages; — et que Bossuet y a voulu faire passer la substance de ses anciens sermons. — C'est ce qu'il a fait aussi dans sa *Politique* [Cf. les sermons *sur les Devoirs des rois* et *sur la Justice*]. — Qu'il est possible encore qu'il y ait dans les *Méditations* et les *Élévations* quelque chose de ce que Bossuet avait dû rapprendre pour combattre Fénelon. — Plan des *Élévations* et des *Méditations*. — Originalité des premières, et leur portée philosophique. — Les premières semaines des *Élévations* contiennent quelques-unes des plus belles inspirations de Bossuet. — De l'accent de tendresse des *Méditations*; — et, à ce propos, de la douceur du caractère de Bossuet. — Témoignages à ce sujet : — du Père de la Rue, dans son *Oraison funèbre*; — de l'abbé Le Dieu, dans son *Journal*; — de Saint-Simon, dans ses *Mémoires*. — Que les titres mêmes des *Méditations* et des *Élévations* nous révèlent ce qu'il y a de lyrique dans le tempérament de Bossuet [Cf. les *Élévations* de Vigny, les *Méditations* de Lamartine]. — Que, pour cette raison,

pu naître ailleurs qu'en France, et au xviie siècle! Et cependant d'être de tous les temps et de tous les pays, non seulement cela ne fait point qu'elles ne soient aussi du leur, mais il semble qu'une part au moins de leur originalité consiste en cela même. Elles sont en ce sens l'équivalent de la peinture italienne de la renaissance ou de la sculpture grecque de la grande époque, dont il faut bien que les chefs-d'œuvre soient nationaux de leur

---

les *Élévations* et les *Méditations* forment peut-être ensemble le plus « personnel » des ouvrages de Bossuet; — et qu'ainsi, en le ramenant aux préoccupations de ses débuts, elles terminent harmonieusement sa vie : — après l'enthousiasme de la jeunesse, les agitations, les inquiétudes, les combats de l'âge mûr; — peut-être aussi les faiblesses; — et, pour finir, la retraite dans le sanctuaire des hautes idées et de l'espérance.

II. *De l'influence que Bossuet a exercée sur ses contemporains*, — et de l'injustice du reproche qu'on lui fait [Cf. Sainte-Beuve, dans son *Port-Royal*, et Renan, introduction à l'*Histoire de l'Ancien Testament* de Kuenen] de n'avoir pas deviné Voltaire. — Comment, au contraire, une partie de son œuvre est dirigée contre « les libertins »; — comment une autre a pour objet d'empêcher qu'on augmente les difficultés de croire; — et comment une autre enfin prouve qu'il a compris que le premier danger que courût sa religion était dans la division des chrétiens [Cf. *Sermons sur la Vérité de la religion*, 1665; — l'*Oraison funèbre de la Princesse palatine*, 1685; — la *Lettre à un disciple du P. Malebranche*, 1687; — le sixième *Avertissement aux protestants*, 1691]. — Qu'il a également bien vu où tendait la critique de Richard Simon; — et qu'on ne peut raisonnablement lui faire un grief de n'avoir pas admis, avec le « père de l'exégèse moderne », que la Bible fût un livre de la nature de l'*Iliade* ou du *Ramayana*. — Qu'en réalité Bossuet pendant près d'un siècle, a été le maître de la pensée orthodoxe; — aussi, est-ce contre lui que les « philosophes » porteront bientôt leur principal effort; — et pour cette raison, on ne saurait comprendre Voltaire, si l'on ne connaît d'abord Bossuet.

3° Les Œuvres. — On peut distinguer les *Œuvres* de Bossuet, qui ne forment pas moins d'une quarantaine de volumes [dans l'édition de Versailles] en *Œuvres d'exégèse*; — *Œuvres d'édification et de piété*; — *Œuvres de controverse et de polémique*;

universalité même, puisqu'enfin on les a partout imités et cependant nulle part, je ne veux pas dire égalés, mais reproduits seulement. Ainsi la tragédie de Racine, ou la comédie de Molière ; et s'il est difficile d'éclaircir le mystère, ce n'est pas toutefois une raison de le nier. *Naturelles* en tant qu'*humaines*, disions-nous tout à l'heure ; et maintenant il nous faut dire : *nationales* en tant qu'*universelles*, et *universelles* en tant que *nationales*.

— *OEuvres* composées pour l'instruction du Dauphin ; — et *OEuvres diverses*.

A. Ses *OEuvres d'exégèse* nous appartiennent à peine, comme étant écrites en latin ; — et celles qui sont écrites en français, — comme son *Explication de l'Apocalypse*, 1689 ; et ses deux *Instructions sur la version du Nouveau Testament imprimé à Trévoux*, — faisant aussi bien partie, ou même à plus juste titre, de ses *OEuvres de controverse*.

B. Ses *OEuvres d'édification et de piété*, sans parler de ses *OEuvres pastorales*, peu nombreuses d'ailleurs, comprennent : ses *OEuvres oratoires*, Sermons, Panégyriques et Oraisons funèbres ; — ses *Élévations sur les mystères*, ses *Méditations sur l'Evangile* ; — et ses *Lettres de direction*.

De ces *OEuvres* il n'a paru du vivant de Bossuet que les six grandes *Oraisons funèbres*, 1670, 1670, 1683, 1685, 1686, 1687 ; et le *Sermon* dit de l'*Unité de l'Église*, 1682.

Les *Élévations* et les *Méditations*, qu'il avait lui-même destinées à l'impression, n'ont paru qu'en 1727 et 1730-1731, par les soins de son neveu, l'évêque de Troyes.

Les *Lettres de direction*, presque toutes adressées à des religieuses, et dont les plus importantes sont les *Lettres à la sœur Sainte-Bénigne* [Mme Cornuau] et les *Lettres à Mme d'Albert de Luynes*, ont été publiées, les premières en 1746 et 1748, les secondes en 1778.

Quant aux *Sermons*, qui existent pour le plus grand nombre en manuscrits à la Bibliothèque nationale, ils ont paru pour la première fois, de 1772 à 1778, par les soins de Dom Deforis. Ils ont été revisés par M. Lachat, pour son édition des *OEuvres*, Paris, 1862 et ann. suiv., Vivès. Enfin et plus récemment ils ont été de nouveau revisés, et classés pour la première fois dans l'ordre chronologique, par M. l'abbé Lebarq, dans son édition ses *OEuvres ora-*

Un troisième caractère en dérive, ou s'en compose, explique les autres et s'explique par eux, qui est qu'en même temps que du désir de plaire, toutes ces œuvres sont animées de l'ambition d'instruire, *didactiques* ou *morales*, dans le sens élevé, dans le sens large de l'un et l'autre de ces deux mots. Que ce caractère s'aperçoive d'abord, et, presque sans métaphore, qu'il saute aux yeux dans un sermon de Bossuet ou de Bourdaloue, dans un

---

toires de Bossuet, Paris, 6 vol. in-8°, 1890-1896; Desclée et de Brouwer.

C. Les *Œuvres composées pour l'éducation du Dauphin*, — ou, pour mieux dire, à l'occasion de l'éducation du Dauphin, sont : 1° le *Discours sur l'histoire universelle*, publié par Bossuet lui-même en 1681; — 2° la *Politique tirée des propres paroles de l'Écriture Sainte*, publiée par son neveu, avec la *Lettre au pape Innocent XI sur l'éducation du Dauphin* [en latin], 1709; — 3° le *Traité de la connaissance de Dieu et de soi-même*, publié pour la première fois, en 1722, comme étant de Fénelon, dans les papiers duquel on l'avait retrouvé, et pour la seconde, sous le nom de son véritable auteur, en 1741; — et 4°, un *Abrégé de l'histoire de France* qui n'a paru pour la première fois qu'en 1747.

On range aussi dans cette classe le *Traité du libre arbitre*, publié par l'évêque de Troyes en 1731, mais nous avons peine à croire qu'il ait été composé pour l'éducation du Dauphin.

D. Les *Ouvrages de controverse* comprennent : 1° Les ouvrages *Contre les protestants*, dont les principaux sont : l'*Exposition de la doctrine de l'Église catholique en matière de controverse*, 1671; — la *Conférence avec M. Claude*, 1682; — l'*Histoire des variations des églises protestantes*, 1688; — les six *Avertissements aux protestants*, 1689-1691; — et les deux *Instructions sur les promesses de l'Église*, 1700 et 1701. Il y faut joindre le recueil de *Dissertations et de Lettres, composées dans la vue de réunir les protestants d'Allemagne à l'Église catholique*, publié pour la première fois en 1753; complété dans les éditions successives des *Œuvres*; et, par M. Foucher de Careil, dans les deux premiers volumes de son édition inachevée de Leibniz, 1867.

2° Les ouvrages relatifs au *Quiétisme*, dont les principaux sont : — l'*Instruction sur les états d'oraison*, 1697; — le recueil intitulé : *Divers écrits sur les Maximes des saints*, 1698; — et la

chapitre de Malebranche ou dans une *Satire* de Boileau, rien de plus naturel, si même ce n'est un peu de naïveté que d'en faire ici la remarque. Il est déjà plus intéressant de retrouver la même intention dans les *Maximes* de La Rochefoucauld et dans les *Fables* de La Fontaine, de tous ces grands écrivains le plus irrégulier sans doute, et celui que l'on se plaît, trop volontiers peut-être, à regarder de nos jours comme une exception en son temps. Parce

---

Relation du quiétisme, 1698. — Il y faut joindre une volumineuse *Correspondance*, qui n'a paru qu'en 1788, et qui ne remplit pas moins de trois tomes entiers de l'édition de Versailles.

3° Les ouvrages relatifs à la *Question Gallicane*, presque tous composés en latin.

4° Enfin les ouvrages relatifs à Richard Simon, et dont les principaux sont : — les *Instructions sur la nouvelle version du Nouveau Testament donnée à Trévoux*, 1702 et 1703 ; — et la *Défense de la tradition et des Saints Pères*, qui n'a paru qu'en 1753.

E. Une dernière classe peut être formée des *Écrits ou Opuscules divers* et de la *Correspondance* de Bossuet. Nous nous bornerons à citer parmi ces écrits : — les *Maximes sur la comédie*, 1693 ; — le *Traité de la concupiscence* ; — le *Traité du libre arbitre*, 1731 ; — et le *Traité de l'usure*, 1753. La *Correspondance* est assez considérable, et du plus grand intérêt pour l'histoire de Bossuet.

Les meilleures éditions de Bossuet sont l'édition de Versailles, en 43 volumes in-8°, Versailles, 1815-1819, de l'imprimerie de Lebel ; — et l'édition de M. Lachat, 31 volumes in-8°, Paris, 1862, Vivès. — Il y faut joindre aujourd'hui l'édition des *Œuvres oratoires* donnée, comme nous l'avons dit, par l'abbé Lebarq, Paris, 1890-1896.

V. — **Jean Racine** [La Ferté-Milon, 1639 ; † 1699, Paris].

1° Les Sources. — La *Correspondance de Racine*, notamment avec Boileau, dans la plupart des éditions des *Œuvres* ; — Louis Racine, *Mémoires sur la vie de son père*, 1747 ; — Sainte-Beuve, dans son *Port-Royal*, livre VI, chap. 10 et 11 ; — Paul Mesnard, *Notice biographique*, en tête de son édition des *Œuvres*.

Saint-Évremond, *Dissertation sur l'Alexandre*, 1670 ; — Longepierre, *Parallèle de Corneille et de Racine*, dans Baillet, *Jugements des savants*, édition de 1722, t. V, n° 1553 [Le morceau est

qu'il sait bien « qu'en France on ne considère que ce qui plaît », que « c'est la grande règle et même la seule » pour ainsi dire, il s'est donc bien gardé d'y manquer! Mais il a soin de dire ailleurs : « Ces badineries, — il parle de ses *Fables* et non de ses *Contes*, on pourrait s'y tromper, — ces badineries donc ne sont telles qu'en apparence, et dans le fond elles portent un sens très solide. Et comme par la définition du point, de la ligne, de la surface et

de 1686]; — La Bruyère, dans ses *Caractères*, 1688; — Fontenelle, *Parallèle de Corneille et de Racine*, 1693; — abbé Granet, *Recueil de plusieurs dissertations sur les tragédies de Corneille et de Racine*, 1740 [contenant entre autres la *Dissertation* de Saint-Évremond, et le *Parallèle* de Longepierre]; — les frères Parfaict, *Histoire du théâtre français*, 1734-1749, t. IX, X, XI, XII; — Stendhal, *Racine et Shakespeare*, 1823 et 1825; — A. Vinet, *les Poètes français du siècle de Louis XIV*, cours de 1844-1845; Paris, 1861; —. Sainte-Beuve, *Portraits littéraires*, 1830; et *Nouveaux lundis*, t. III, 1862, et t. X, 1866; — Taine, *Essais de critique et d'histoire*, 1858; — F. Deltour, *les Ennemis de Racine au XVIIe siècle*, Paris, 1859; — P. Robert, *la Poétique de Racine*, Paris, 1890; — F. Brunetière, *Histoire et littérature*, t. II; *Études critiques*, t. I; et *les Époques du théâtre français*, 1893; — J. Lemaître, *Impressions de théâtre*, 1886-1896.

Marty-Laveaux, *Lexique de la langue de Racine*, Paris, 1873, au tome VIII de l'édition Mesnard.

2° LES DÉBUTS DE RACINE. — Sa famille. — Si l'on se douterait qu'il est le compatriote de La Fontaine? — et à ce propos de la théorie des « milieux ». — Son éducation à Port-Royal; — et que seul ou presque seul des grands écrivains de son temps il y a bien appris le grec; — et que cela se voit dans son œuvre, où il faut noter d'abord qu'il n'entrera pas moins d'esprit et de « virtuosité » que de génie. — Son goût précoce pour les romans; — ses premières poésies : — *la Promenade de Port-Royal*, — et à cette occasion, du sentiment de la nature au XVIIe siècle. — *La Nymphe de la Seine*, 1660; — le séjour de Racine à Uzès; — les *Stances à Parthénice*, 1661-1662 [Cf. la pièce de Voiture :

Je me meurs tous les jours en adorant Sylvie...

par d'autres principes très familiers, nous parvenons à des connaissances qui mesurent enfin le ciel et la terre, de même aussi, par les raisonnements et les conséquences que l'on peut tirer de ces *Fables,* on se forme le jugement et les mœurs et on se rend capable des grandes choses. » Ai-je besoin de montrer qu'à son tour si Molière n'a jamais formé le dessein de « corriger » les mœurs ou de les « épurer », son *Tartuffe,* son *Misanthrope,* ses

---

édit. Ubicini, n° 9] ; — l'*Ode sur la convalescence du roi* et la *Renommée aux Muses.* — Qu'aucune de ces pièces ne semblait présager un poète dramatique ; — et qu'en d'autres temps Racine peut-être n'eût été qu'un élégiaque ; — ou un romancier. — Compatriote, ami de jeunesse, et allié de La Fontaine [par Mlle Héricart, femme de La Fontaine], il eût même versé comme lui dans la préciosité, si ce n'avaient été l'amour des comédiens ; — les réunions du *Mouton blanc* ; — la soif d'une réputation que le théâtre donnait plus bruyante alors qu'aucun genre littéraire ; — les facilités que lui offrit l'amitié de Molière ; — et une ardeur intérieure de passion ou de génie qui ne pouvait se contenter de sentir modérément [Cf. Sainte-Beuve, *Port-Royal*].

Les deux premières tragédies de Racine : *la Thébaïde,* 1664, — et *Alexandre,* 1665 ; — elles lui suscitent de nombreux ennemis ; — autant qu'autrefois *le Cid* à Corneille, et Corneille lui-même au premier rang. — Les ennemis de Racine sont aussi ceux de Boileau et de Molière. — Racine a beau passer du théâtre de Molière à l'hôtel de Bourgogne, et Corneille de l'hôtel de Bourgogne au théâtre de Molière, les situations demeurent les mêmes. — Brouille de Racine avec les maîtres de Port-Royal ; — et qu'en écrivant sa *Lettre à l'auteur des Visionnaires,* 1666, il semble prendre publiquement contre eux le parti de *Tartuffe* [Cf., dans la seconde lettre, le passage sur *Tartuffe,* qui laisserait peu de place au doute, si la lettre avait été imprimée]. — Comment la lutte s'établit entre deux écoles ou deux systèmes dramatiques [Cf. d'Aubignac, *la Pratique du théâtre,* 1657] ; — et comment la coïncidence du succès d'*Andromaque,* 1667, avec l'échec d'*Attila* rend l'opposition plus vive encore. — *Britannicus,* 1670, et les critiques de Robinet, de Boursault, de Saint-Évremond [Cf. sa lettre à M. de Lionne]. — Madame, duchesse d'Orléans, exaspère la rivalité des deux poètes en les mettant aux prises sur le sujet de *Bérénice* ; — et, à cette

Femmes savantes sont là pour nous répondre qu'à tout le moins il a bien prétendu les « modifier » ou les « façonner »? C'est comme si l'on disait qu'aucun grand écrivain de ce temps n'a séparé l'idée de l'art de l'idée d'une certaine fonction ou destination sociale. Bien loin d'affecter, comme avant eux les précieuses ou les grands écrivains de l'âge précédent, le mépris du vulgaire, et de répéter avec eux :

occasion, de la cruauté de son étourderie ; — et combien cette frivole et perfide Henriette est heureuse d'être protégée par son *Oraison funèbre*. — La *Préface* de *Bérénice*, 1670 ; — et comment on y saisit enfin l'opposition radicale des deux *Poétiques*.

3° La Poétique de Racine.

A. *La théorie de l'invention*. — Corneille avait écrit dans la *Préface* de son *Héraclius* [édit. Marty-Laveaux, V, 147] : « Je ne craindrai pas d'avancer que le sujet d'une belle tragédie doit n'être pas vraisemblable » ; — et Racine lui répond : « Il n'y a que le vraisemblable qui touche dans la tragédie » [édit. Mesnard, II, 367]. — Conséquences de ce principe. — 1° Les actions rares, extraordinaires et « complexes » de Corneille remplacées par des actions simples, « chargées de peu de matière », et d'expérience quotidienne [Cf. *le Cid, Horace, Rodogune, Héraclius* d'une part, et de l'autre, *Andromaque, Britannicus, Bérénice, Bajazet*]. — Peu d'hommes se sont trouvés dans la situation d'Horace ou de Rodogune, — mais beaucoup de femmes ont connu celle d'Hermione ou celle de Bérénice, *invitus invitam*. — Une comparaison plus décisive encore est celle d'*Andromaque* avec *Pertharite*, qui sont le même sujet ; — ou de *Bajazet* avec *Floridon* [Cf. Segrais, *les Divertissements de la princesse Aurélie*]. — 2° L'imitation de la réalité vivante se substitue aux combinaisons du romanesque. — Du mot de Fontenelle sur les caractères des personnages de Racine, « qui ne sont vrais, dit-il, que parce qu'ils sont communs » ; — et qu'en voulant critiquer Racine on ne saurait mieux le louer. — Les héros de Racine nous ressemblent ; — son invention est plus hardie que celle de Corneille de tout ce que ses sujets ont de plus ordinaire ; — de plus voisin de nous ; — de plus semblable à ce qui se passe autour de nous tous les jours. — D'une erreur de Taine à ce sujet [Cf. *Essais de critique et d'histoire*] — et que, de Corneille et de Racine, c'est bien Corneille

> Rien ne me plaît, hors ce qui peut déplaire
> Au jugement du rude populaire ;

ils ont essayé, comme l'explique admirablement La Fontaine, d'élever ce « populaire » jusqu'à eux ; ils ont écrit pour « tout le monde ; » et dans quelque sens enfin que l'on prenne l'expression, — car elle a plusieurs sens, — jamais plus que la leur aucune doctrine

qui est le « précieux ». — 3° La matière même de l'invention se déplace. — Il ne s'agit plus d'ajouter à la réalité, de l'embellir, de lui « donner le grand goût » ; — mais, de la mieux voir et de la mieux rendre. — Prédilection singulière de Racine pour les sujets déjà traités [Cf. *les Époques du théâtre français*] ; — et comment il y trouve moyen d'inventer. — Que Molière et que La Fontaine ont entendu l'invention de la même manière ; — et c'est de quoi leur en veut Fontenelle quand, comme il le dit de Racine, il les trouve « bas à force d'être naturels ».

B. *De la psychologie et de l'art de Racine* ; — et avant tout qu'ils ne font qu'un ; — comme le « système dramatique » de Corneille et la « qualité de son imagination ». — La peinture des caractères, objet principal de Racine [Cf. Molière, dans la *Critique de l'École des femmes*, et Boileau, dans l'*Épître à Seignelay*]. — Importance nouvelle donnée dans la tragédie aux passions de l'amour ; — comme étant les plus « communes » ou les plus générales de toutes ; — comme étant les plus « naturelles », et peut-être les plus tragiques [Cf. le mot d'Aristote sur Euripide, qu'il appelait τραγικώτατος] ; — comme étant celles enfin qui sur un fond d'identité manifestent le mieux la diversité des caractères. — Il y a en effet moins de manières d'être « avare » qu'il n'y en a d'être « amoureux » ; — l'amour d'Hermione diffère de celui de Bérénice, et l'amour d'Iphigénie de celui de Phèdre ; — mais l'amour de Néron ne diffère pas moins de celui de Titus, et l'amour d'Achille de celui de Xipharès. — Erreur de Voltaire à ce sujet [Cf. son *Temple du goût*]. — Comment de cette diversité de la peinture des caractères se dégage un système dramatique nouveau, — fondé, comme l'a très bien vu Saint-Évremond [Cf. sa *Dissertation sur l'Alexandre*], sur la subordination des situations aux caractères. — Comparaison à cet égard de *Rodogune* et de *Bérénice*. — Comment toutes ces choses se tiennent, — et se ramènent

ne différa davantage de ce que nous avons depuis lors appelé le paradoxe de l'art pour l'art.

On a soulevé là-dessus la question de savoir si « les caractères de grandeur qui distinguent le plus singulièrement le xviie siècle ne tiendraient pas à la marche générale de la civilisation européenne plutôt qu'à l'influence et aux destinées de la France ? » Et, en effet, la question valait la peine d'être posée. Si d'ailleurs on y répondait,

---

au principe de la vraisemblance. — Observations à ce sujet ; — et qu'il y a des écoles entières qui ont fondé l'art sur « l'altération des rapports réels des choses ».

C. *Le style de Racine* ; — et 1° qu'il est également sous la loi du principe de la vraisemblance, — pour son degré de naturel, — et à ce propos d'une observation de Sainte-Beuve : « Le style de Racine, a-t-il dit, et sauf l'élégance toujours observée du contour, côtoie volontiers la prose ». — Justesse et fécondité de la remarque. — Il n'y a pas en effet de prose plus simple ; — on pourrait presque dire plus nue que celle de Racine [Cf. son *Abrégé de l'histoire de Port-Royal*] ; — et c'est cette prose elle-même qui, dans son théâtre, se colore, se nuance, s'anime, s'échauffe et s'enflamme de la passion de ses personnages. — 2° Que cette simplicité du style de Racine en fait un instrument d'analyse psychologique incomparable ; — et, par suite, de la complexité des sentiments qu'il exprime avec « les mots de tout le monde » :

J'aimais jusqu'à ses pleurs que je faisais couler [Brit.].
Prends soin d'elle, ma haine a besoin de sa vie [Baj.].

Que cette manière d'écrire est précisément l'inverse de celle des précieux ; — qui disent des choses fort simples d'une manière très compliquée. — 3° Que d'ailleurs cette simplicité ne nuit ni à l'élégance, ni surtout à la hardiesse ; — et que Racine est l'un des écrivains les plus audacieux qu'il y ait ; — ses alliances de mots ; — ses « raccourcis » d'idées [Cf. P. Mesnard, *Étude sur le style de Racine*]. — Autres qualités du style de Racine ; — harmonie, mouvement, couleur, plasticité [Cf. *Époques du théâtre français*] ; — et que le soin qu'il met à les dissimuler nous ramène encore en finissant au principe de la vraisemblance.

4° La seconde Vie de Racine. — Dégoûts que lui procurent son

comme l'auteur même de la question [Cournot, *Considérations sur la marche des idées dans les temps modernes*, t. I, Paris, 1872], que « le privilège de la France de Louis XIV consiste à s'être trouvée placée dans des circonstances où son mouvement propre était dans le sens du mouvement général de l'Europe... *de manière à la rendre l'interprète ou le véhicule des idées communes* », on aurait jeté sans doute une vive lumière sur

Mithridate, 1673; — son *Iphigénie*, 1675; — et enfin sa *Phèdre*, 1677 [Cf. Deltour, *les Ennemis de Racine*, et Amédée Renée, *les Nièces de Mazarin*]. — Les deux *Phèdre*. — Si la hardiesse même des tragédies de Racine n'a pas été l'une des causes de l'acharnement de ses ennemis contre lui? — On refusait de reconnaître la vérité des peintures qu'il traçait de l'amour; — et, parce qu'elles étaient trop « vraies », on les trouvait « excessives ». — Une citation de Subligny : « Je trouverais M. Racine fort dangereux, s'il avait fait cette odieuse criminelle (Phèdre) aussi aimable et autant à plaindre qu'il en avait envie ». — Que l'on n'a pas assez appuyé sur ce caractère de la tragédie de Racine; — mais qu'il l'a bien reconnu lui-même; — qu'en sollicitant pour sa *Phèdre* l'approbation du grand Arnauld, c'est une « absolution » qu'il lui a demandée; — et que, l'ayant obtenue, il ne s'en est pas contenté. — La déposition de la Voisin dans l'affaire des Poisons [Cf. Ravaisson, *Archives de la Bastille*]. — Le motif le plus intérieur de la conversion de Racine a été l'horreur de ses propres fictions; — et c'est pour cela qu'à partir du jour où il a eu quitté le théâtre, il ne s'est même plus soucié des rééditions de ses propres pièces; — et qu'il s'est renfermé dans ses fonctions d'historiographe et ses devoirs de père de famille.
Mais que, dans cette retraite, bien loin de s'affaiblir, son génie se soit fortifié en s'épurant, c'est ce que suffisent à prouver son *Esther*, 1689; — et son *Athalie*, 1691. — Dans quelles conditions ces deux pièces ont été composées. — Qu'il est remarquable qu'en choisissant le sujet d'*Esther*, Racine soit revenu à un sujet traité cinq ou six fois avant lui sur la scène française. — Succès d'*Esther* à Saint-Cyr, — et à cette occasion, mauvaise humeur des ennemis de Racine. — Les variations de Mme de Sévigné [Cf. les *Lettres de 1690*]. — Jugement dédaigneux de Mme de La Fayette, dans ses *Mémoires*. — *Athalie*, 1691. — Redoublement des critiques, — et

un temps de l'histoire de notre littérature, et particulièrement on en aurait assez bien expliqué la rapidité de propagation. Mais il resterait à montrer comment ou pourquoi la France s'est trouvée investie de cette « prérogative »; et, sans entreprendre ici cette recherche un peu longue, n'est-il pas permis de penser que le caractère de notre littérature, celui de la civilisation française du temps de Louis XIV, et l'influence enfin de Louis XIV

nouveaux dégoûts de Racine. — Faut-il voir dans *Athalie*, avec Boileau et avec Voltaire, « le plus bel ouvrage » de Racine? — Les dernières années de Racine. — Racine historiographe et Racine courtisan. — Son intervention dans la querelle des anciens et des modernes. — Son détachement de ses propres œuvres [Cf. la lettre à Boileau, datée du 4 avril 1696]. « Il y a longtemps que Dieu m'a fait la grâce d'être assez peu sensible au bien et au mal qu'on peut dire de mes tragédies, et de ne me mettre en peine que du compte que j'aurai à lui en rendre quelque jour: » — Il se rapproche de Port-Royal; — et c'est sans doute pour cette raison qu'il encourt la disgrâce du roi [Cf. Louis Racine, *Mémoires sur la vie de son père*]. — Sa mort, le 21 avril 1699.

5° Les Œuvres. — On peut bien dire des œuvres de Racine que, si l'on met à part les *Poésies* de la jeunesse, et quelques *Épigrammes*; — toutes ou presque toutes extrêmement mordantes et malicieuses; — elles se réduisent aux onze tragédies que nous avons de lui, et à sa comédie des *Plaideurs*.

Les principales éditions en sont : — l'édition de 1697, Paris, chez Barbin, qu'il n'est pas certain du tout que Racine ait revue lui-même; — l'édition de 1743, Amsterdam, chez J. L. Bernard, avec les remarques de l'abbé d'Olivet; — l'édition de 1807, en 7 volumes in-8°, avec le commentaire de Laharpe, Paris, chez Agasse; — l'édition de 1808, en 7 volumes également, avec le commentaire de Geoffroy, Paris, chez Lenormand; — la série des éditions d'Aimé Martin, 1820, 1822, 1825, 1844, chez Lefèvre; — et l'édition P. Mesnard, dans la collection des *Grands Écrivains de la France*, Paris, 1865-1873, Hachette.

VI. — **Louis Bourdaloue** [Bourges, 1632; † 1704, Paris].

1° Les Sources. — Mme de Pringy, *Éloge du P. Bourdaloue*, dans le *Mercure galant* de juin 1704; — abbé Lambert, *Histoire*

lui-même ne sont pas tant à ce point de vue même des effets que des causes? Peut-on dire que les idées de Pascal ou celles de Bossuet, par exemple, fussent « dans le sens du mouvement général de l'Europe »? Ne le dirait-on pas mieux des idées de Locke ou de Grotius? Et, en France même, d'où donc aurait procédé la résistance, l'opposition qu'ont rencontrée les Molière, les Boileau, les Racine et dont je répète que, sans l'intervention per-

littéraire du règne de Louis XIV, 1751, t. I; — Maury, *Essai sur l'éloquence de la chaire*, 1777.

Vinet, *Bourdaloue*, dans *le Semeur*, 1843, et dans ses *Mélanges*; — Sainte-Beuve, *Causeries du lundi*, t. IX; — J.-J. Weiss, *Bourdaloue*, dans la *Revue des cours littéraires*, septembre 1866; — abbé Hurel, *les Prédicateurs sacrés à la cour de Louis XIV*, Paris, 1872; — A. Feugère, *Bourdaloue, sa prédication et son temps*, Paris, 1874; — le P. Lauras, S. J., *Bourdaloue, sa vie et ses œuvres*, Paris, 1881; — abbé Blampignon, *Étude sur Bourdaloue*, en tête de son *Choix de sermons du P. Bourdaloue*, Paris, 1886; — Sommervogel, article Bourdaloue, dans la *Bibliothèque de la Compagnie de Jésus*, Paris, 1891.

Louis Veuillot, *Molière et Bourdaloue*.

2º L'Orateur. — Absence de renseignements sur sa jeunesse; — et manque de toute espèce d'événements dans sa vie; — sincérité de sa vocation; — simplicité de son existence; — et unité de son œuvre. — Ses débuts dans les chaires de Paris, 1669; — et du mot de Voltaire : « que Bossuet ne passa plus pour le premier prédicateur dès que Bourdaloue eut paru ». — Bourdaloue à la cour : — *Avents* de 1670, 84, 86, 89, 91, 93, 97, et *Carêmes* de 1672, 74, 76, 80, 82, 95. — Succès prodigieux de Bourdaloue [Cf. les *Lettres de* Mme *de Sévigné*, passim, et le *Journal de Dangeau*]. — Si ce succès doit être attribué au caractère exclusivement moral et rarement dogmatique de sa prédication? — Exagération de Nisard à ce sujet. — Si la cause du succès de Bourdaloue est dans les « portraits » ou « allusions » que contiendraient ses *Sermons*? — Difficulté de répondre à cette question. — Nous n'avons pas les vrais *Sermons* de Bourdaloue; — mais ses *Sermons* retouchés, refondus et réduits plusieurs en un seul. — Les « portraits » de Pascal, dans le *Sermon sur la médisance*; — et d'Arnauld, dans le *Sermon sur la sévérité chrétienne*; — et si ce sont vraiment des « portraits »?

sonnelle de Louis XIV, ils n'auraient pas triomphé? Mais ce qu'il importe surtout d'observer c'est que le « siècle de Louis XIV » n'a guère duré plus de vingt-cinq ans, ce qui est peu pour un siècle, si l'on ne regarde qu'au nombre des années, et ce qui est beaucoup si l'on fait attention qu'il n'y a pas une de ces vingt-cinq années qui ne soit illustrée de quelque chef-d'œuvre. Nous n'avons pas plus tôt gravi l'un des versants de la colline,

— La « hardiesse » de Bourdaloue; — et qu'il ne semble point qu'elle ait passé l'ordinaire de la chaire chrétienne en son temps. — Il faut chercher ailleurs l'explication du succès de Bourdaloue; — et on la trouve aisément :
A. *Dans la richesse de son invention oratoire*. — Diversité des plans dans les *Sermons* de Bourdaloue, et, à ce propos, des *Quatre sermons pour la Toussaint*, — ou des trois Sermons : *sur la Crainte de la mort*, — *sur la Préparation à la mort*, — *sur la Pensée de la mort*. — Beauté particulière de ce dernier sermon. — Sévérité de la méthode; — et, à cette occasion, du paradoxe de Fénelon dans ses *Dialogues sur l'éloquence*. — Qu'il est aussi puéril de reprocher à un sermon d'être divisé d'ordinaire en trois points qu'à une tragédie de l'être en cinq actes; — que Bourdaloue n'a d'ailleurs pas pensé qu'il convînt de faire le bel esprit dans la chaire chrétienne; — et qu'on ne saurait trop diviser, distinguer et appuyer quand on se préoccupe avant tout, comme lui, d'instruire et de « moraliser ». — Les transitions dans l'éloquence de Bourdaloue; — et, plus généralement, de l'importance des transitions dans l'art oratoire; — comme servant à « faire communiquer » les idées entre elles; — à en établir la gradation naturelle; — et à les « changer » en idées voisines. — De la clarté souveraine, — mais surtout continue, — que ses qualités donnent aux sermons de Bourdaloue; — et qu'il y faut voir la première raison de son succès — On en trouve une autre :
B. *Dans le caractère pratique de sa prédication*. — Les sermons de Bourdaloue sont de ceux où abondent les règles précises de conduite. — [Cf. les Sermons *sur les Devoirs des pères*, — *sur le Soin des domestiques*, — *sur les Divertissements du monde*, — *sur la Restitution*.] — Il ne se contente pas de dire ce qu'il ne faut pas faire; — mais il dit ce qu'il faut faire; — ses instructions sont concrètes, et ses conseils déterminés. — Comment Bourdaloue

qu'il en faut redescendre l'autre; et pourquoi nous en plaindrions-nous si la vie ne consiste que dans le mouvement même?

En fait, le traité de Nimègue, en 1678, qui semble marquer l'apogée de la puissance de Louis XIV, commence précisément d'en marquer le déclin. La galanterie des débuts du règne avait dégénéré en scandale public, et c'est en vain que les prédicateurs avaient tonné du haut

---

s'inspire de l'*actualité* [Cf. le sermon *sur l'impureté*]. — La polémique contemporaine dans les *Sermons* de Bourdaloue [Cf. les Sermons *sur la Sévérité chrétienne*, contre le jansénisme; — *sur l'Obéissance due à l'Église*, contre le gallicanisme; — *sur l'Hypocrisie*, contre Molière et son *Tartuffe*]. — Une dernière raison du succès de Bourdaloue se trouve :

C. *Dans la nature de son éloquence et de son style.* — Bourdaloue est le plus continûment éloquent de nos prédicateurs. — Par où l'on veut dire : — qu'il répand une lumière égale sur toutes les parties de son sujet; — que le mouvement ordinaire de son éloquence a moins de variété que d'ampleur; — et qu'il n'a presque point de traits ni de morceaux. — Simplicité du style de Bourdaloue. — Son dédain de toute rhétorique, — et si peut-être il ne l'a pas poussé au delà des justes bornes? — Que la manière de l'homme que l'on a justement appelé « la vivante réfutation des *Provinciales* » est la plus janséniste qu'il y ait; — après celle de Nicole; — et que cette manière même l'a servi en son temps. — Et qu'elle est trop exacte; — ou trop « raisonnable » pour notre goût contemporain; — mais qu'il ne faut pas qu'elle nous cache la finesse, — la profondeur, — et l'étendue de sa psychologie. — Comparaison à ce propos des *Essais* de Nicole, et des *Sermons* de Bourdaloue; — admiration égale de Mme de Sévigné. — Que toutes ces raisons, qui expliquent le succès de Bourdaloue dans le sermon, — expliquent son infériorité dans l'*Oraison funèbre*, le *Panégyrique* et la prédication des *Mystères*.

En revanche, et pour les mêmes raisons, — que Bourdaloue demeure en français le vrai maître du développement oratoire; — si nul mieux que lui n'a su poser, diviser et ordonner un sujet; — le traiter selon sa constitution; — et n'y rien ajouter d'extérieur ou de superflu. — Cette entière sincérité ne fait pas moins d'honneur à son caractère qu'à son talent — ou plutôt son talent et son

de la chaire ! Aux leçons de Bourdaloue Louis XIV avait continué de préférer celles de Molière :

> Un partage avec Jupiter
> N'a rien du tout qui déshonore...

Maintenant c'est l'excès ou l'enivrement de la puissance qui l'engage dans des entreprises au-dessus de ses forces. Son air de hauteur et d' « estime de soi », qu'aucune

caractère ne font qu'un. — Témoignages que lui ont rendus ses contemporains [Cf. Lauras, S. J., *Bourdaloue, sa vie et ses œuvres*]; — et tous ceux qui en ont parlé ; — catholiques ou protestants.

3º LES ŒUVRES. — Les Œuvres de Bourdaloue ne se composent que de ses *Sermons* ; — de fragments de ses *Sermons*, réunis par ses éditeurs sous le titre de *Pensées* ; — et d'un très petit nombre de lettres.

L'édition originale des *Sermons* ou des *Œuvres* de Bourdaloue, préparée certainement en partie par lui, mais donnée par le Père Bretonneau, son confrère, a paru de 1707 à 1734, chez Rigaud, directeur de l'imprimerie royale, et comprend : — un volume pour l'*Avent*, 1707 ; — trois volumes pour le *Carême*, 1707 ; — deux volumes de *Mystères*, 1709 ; — deux volumes de *Sermons de vêture, Panégyriques, Oraisons funèbres*, 1711 ; — trois volumes de *Dominicales*, 1716 ; — et enfin cinq volumes d'*Instructions chrétiennes, Exhortations de retraite*, ou *Pensées diverses*, 1721-1734.

Les meilleures éditions modernes sont : — l'édition de 1822-1826, Paris ; — et l'édition Guérin, 1864, Bar-le-Duc.

VII. — **Nicolas Boileau-Despréaux** [Paris, 1636 ; † 1711, Paris].

1º LES SOURCES[1]. — Desmaizeaux, *La vie de M. Despréaux*, Amsterdam, 1712 ; — Louis Racine, *Mémoires sur la vie de son père*, 1747 ; et en tête ou à la fin de plusieurs éditions de Racine ; — Cizeron Rival, *Lettres familières de MM. Boileau-Despréaux et Brossette*, Lyon, 1770 ; — d'Alembert, *Éloge de Despréaux*, dans la collection de ses *Éloges académiques*, Paris, 1779 ; — Berriat Saint-Prix, *Essai sur Boileau*, Paris, 1830.

---

1. Consultez, dans l'édition Berriat Saint-Prix, Paris, 1830, Langlois et Delaunay, les *Notices bibliographiques* qui figurent en tête du premier volume.

familiarité désormais ne tempère et qui l'immobilise dans une attitude de solennité ; ses abus de pouvoir ; ses chambres de réunion, sa grande querelle avec la cour de Rome, la révocation de l'Édit de Nantes ; son intervention dans les choses d'Angleterre, la politique brutale et despotique de Louvois indisposent, inquiètent, irritent l'opinion, soulèvent contre lui les armes de l'Europe entière. Et, dans l'infatuation où il est de sa personne, quand il n'a plus de Colbert pour diriger ses finances, de Turenne,

Sainte-Beuve, *Portraits littéraires*, t. I; *Port-Royal*, Liv. VI, ch. VII; et *Causeries du lundi*, t. VI; — Philarète Chasles, *les Victimes de Boileau*, dans la *Revue des Deux Mondes*, juin et août 1839 ; — F. Brunetière, article BOILEAU dans la *Grande Encyclopédie*, 1887 ; *Notice* en tête des *OEuvres poétiques de Boileau*, 1889; et *l'Évolution des genres*, t. I, 1890; — P. Morillot, *Boileau*, dans la collection des *Classiques populaires*, 1891 ; — Lanson, *Boileau*, dans la collection des *Grands Écrivains français*, 1892.

Delaporte, S. J., *l'Art poétique de Boileau commenté par ses contemporains*, Lille, 1888.

2º L'HOMME ET L'ÉCRIVAIN. — Origine et jeunesse de Boileau ; — le Palais en 1640 ; — grande robe, moyenne robe, petite robe. — Les « études théologiques » de Boileau ; — ses études de droit ; — ses premières pièces ; — la composition des premières *Satires*, 1660, 1661 ; — les *Stances pour l'École des femmes*, 1662. — Liaison de Boileau avec Molière, La Fontaine et Racine. — Encore le *Cabaret du Mouton blanc*! — La *Dissertation sur Joconde*. — Lecture des *Satires* dans les compagnies. — Le recueil de Hollande, 1665. — Boileau se résout de se faire imprimer, 1666. — Emotion produite par les premières *Satires* [I, VI, VII, II, IV, III, V] — et particulièrement dans la « Société précieuse ». — Répliques de Cotin : *la Satyre des satyres*, 1666, — et de Boursault, 1669. — Leur violence injurieuse. — Courage et persévérance de Boileau. — Le *Discours sur la Satire*, 1668. — Coalition des ennemis de Boileau. — Chapelain et les Perrault l'empêchent d'être inscrit « sur la liste des bienfaits du Roi » ; — et essaient de l'empêcher d'obtenir le privilège nécessaire pour l'impression de ses œuvres ; — pendant que M. de Montausier le menace de voies de fait. — L'*Épître au Roi*; — Boileau la fait présenter au

de Condé, de Luxembourg pour diriger ses armées, de Lionne, enfin, ni de Pomponne pour diriger sa diplomatie, c'est le moment qu'il choisit pour se précipiter dans la guerre qui doit aboutir au funeste traité d'Utrecht.

Cependant, au dedans, tout s'assombrit aussi. La scandaleuse et tragique affaire des poisons entr'ouvre brusquement aux yeux comme un abîme d'ignominie [Cf. Ravaison, *Archives de la Bastille*, t. IV, V, VI, VII, Paris, 1870-1875]. Si la France en masse est malheu-

roi par Mme de Montespan; — et à ce propos des services rendus aux gens de lettres par Mme de Montespan, — qui expliquent, sans les excuser, les flatteries qu'ils lui ont tous ou presque tous adressées. — Pouvaient-ils être plus prudes que Vivonne, le frère de la dame? — et vivant eux-mêmes comme ils faisaient [Cf. *Lettres de Mme de Sévigné*, 1671]; — les accuserons-nous de « bassesse »? — Publication des premières *Épîtres*; — de l'*Art Poétique*; et des premiers chants du *Lutrin*, 1674. — Le « sieur Despréaux » figure pour la première fois sur la « liste des bienfaits du Roi » en 1676; — il est nommé pour « écrire l'histoire du Roi », 1677; — et renonce au « métier de poésie ».

A. *La Critique de Boileau.* — Du mérite éminent de la critique de Boileau, qui est : — d'avoir enlevé leurs lecteurs aux Chapelain et aux Scarron; — d'avoir presque révélé Molière [Cf. les *Stances sur l'École des femmes*]; — La Fontaine [Cf. la *Dissertation sur Joconde*]; — Racine [Cf. le *Dialogue sur les héros de roman*], à eux-mêmes autant qu'au public; — et d'en avoir de haute lutte comme imposé l'admiration. — Haines que cette manière d'entendre la satire a naturellement soulevées; — et comment Boileau y a fait tête; — sans avoir contre elles d'autre protection que sa probité [Cf. *Discours sur la satire* et *Satire IX*]. — Supériorité morale de Boileau [Cf. *Satires* I, V, VIII, et *Épîtres* III, V, VI] sur la plupart de ses adversaires; — et sur deux au moins de ses illustres amis. — Son indépendance entière de situation, d'humeur, et de goût; — sa liberté de jugement [Cf. Satire V, *sur la Noblesse*, et *Épîtres* VIII et IX]; — et qu'elle va beaucoup plus loin qu'on ne croirait d'abord. — Fécondité de sa critique, — et, à ce propos, si la « critique des défauts » ne suggère pas l'intelligence des qualités qui en sont le contraire. — De l'influence personnelle que Boileau a pu exercer sur Molière; — sur La Fontaine; — sur Racine; —

reusement complice de la révocation de l'Édit de Nantes, ce n'est pas seulement le commerce et l'industrie qu'on tarit dans leurs sources, en expulsant les protestants, mais c'est la moralité publique qui en est comme atteinte jusque dans ses fondements. La cour elle-même change de caractère. La Vallière expie ses amours dans les austérités du cloître; Fontanges est morte, « blessée au service du roi »; Mme de Montespan a dû quitter la cour; et à leur place à toutes, dans une condition dou-

---

et d'une opinion de Sainte-Beuve à ce sujet. — De l'*Art poétique*; — et comment il continue l'œuvre « critique » de Boileau [Cf. notamment le *chant* III]. — Les « règles » de l'épopée y sont à la fois l'éloge littéraire de Virgile et la satire de la *Pucelle*; — comme les « règles » de la tragédie y sont ensemble l'apologie de la tragédie de Racine et la critique de celle de Corneille. — C'est encore ainsi que le *Lutrin* est la critique en action du *Virgile travesti*. — Comment une doctrine s'est naturellement dégagée de cette critique; — et quelle est cette doctrine?
 B. *La Doctrine de Boileau*. — Que le point de départ en est l'imitation de la nature :

> Jamais de la nature il ne faut s'écarter; —

et de là, comme dans la comédie de Molière, l'égale condamnation du burlesque; — et de la préciosité. — Nouveauté du conseil à sa date si presque personne depuis tant d'années ne l'avait donné; — à l'exception du seul Pascal. — Comment d'ailleurs le principe général de l'imitation de la nature est restreint dans la doctrine de Boileau; — par son indifférence de bourgeois de Paris à la nature extérieure; — par le goût qu'il tient de ses contemporains pour l'observation purement morale; — et par les exigences de la politesse ambiante.

> Ne présentez jamais de basse circonstance.

De l'utilité de ces restrictions; — et de leurs dangers; — dont le plus considérable est de réduire l'imitation de la nature à ce qu'elle a de commun en tous les hommes; — et par conséquent la nature elle-même à ce qu'elle a de plus abstrait. — Comment Boileau, qui

teuse, qui tient ensemble de celle de la maîtresse, et de la femme de charge, ou de la gouvernante, c'est Mme de Maintenon qui règne. « Voilà l'état où les choses s'en trouvaient en 1690, — nous dit un témoin, l'envoyé de Brandebourg, Ezéchiel Spanheim — et en sont encore autant qu'on sait, et qui, après tout, d'une simple demoiselle, vieille, pauvre, la veuve d'un auteur burlesque, la suivante de la maîtresse du Roi, *d'une cour d'ailleurs la plus galante de l'Europe,* en ont fait la confidente,

l'a bien senti, a essayé d'éviter ce danger ; — en donnant à la forme l'importance qu'il lui a donnée :

> Dans cet art dangereux de rimer et d'écrire
> Il n'est pas de degrés du médiocre au pire,

et en prêchant l'imitation des anciens ; — dont les œuvres ne sont pas seulement des modèles à ses yeux ; — mais encore constituent le trésor de l'expérience accumulée des hommes ; — et sont comme autant de témoins de l'identité de la nature humaine sous les variations extérieures qui l'affectent. — Comment la doctrine de Boileau se couronne d'une morale ; — et combien sa morale est plus haute que celle des gens de lettres ses contemporains.

C. *La Polémique de Boileau contre les Modernes.* — De l'utilité des polémiques pour nous obliger à voir clair dans nos propres idées. — La traduction du *Traité du sublime,* 1674 ; — et les *Réflexions critiques sur Longin,* 1694. — S'il n'entre pas un peu de superstition dans l'admiration de Boileau pour les anciens ? — et que croyait-il avoir mis de « pindarique » dans son *Ode sur la prise de Namur,* 1693 ? [Cf. son *Discours sur l'Ode*]. — Qu'en tout cas la querelle a obligé Boileau de reviser ses principes ; — et qu'il ne les a pas abandonnés ; — mais qu'il en a prolongé les conséquences ; — et mieux défini les applications. — La *septième Réflexion sur Longin,* 1694. — De la distinction que Boileau convient qu'il y a lieu de faire entre Lycophron et Homère ; — et de l'importance de cette distinction ; — si de Ronsard à Corneille on avait justement « confondu » tous les anciens ensemble. — Qu'il a fait encore un pas de plus ; — en déterminant les « conditions historiques » de la perfection des œuvres ; — qu'il a placées le premier dans la rencontre ou coïncidence du point de perfection des genres avec le

la maîtresse et comme on croit l'épouse même d'un grand monarque » [Cf. Ezéchiel Spanheim, *Relation de la Cour de France en 1690*. Paris, 1882]. Épouse ou maîtresse, la vieille demoiselle n'imagine qu'un moyen d'assurer à la fois et de se faire pardonner sa fortune, qui est d'affecter la dévotion et la prudence. *Altri tempi, altre cure!* Sa grande affaire est de diriger le roi dans les voies du salut. Elle le dirige ; et Nanon sa servante, la gouverne. Les beaux jours sont passés ! C'est

point de maturité de la langue. — Les dernières œuvres de Boileau : les trois dernières *Épîtres*, 1695 ; — la préface de l'édition de 1701, contenant la *Lettre à M. Perrault*; — et les trois dernières *Satires*, 1694, 1698 et 1705.

De Boileau comme poète, — ou plutôt comme écrivain ; — ses aveux à cet égard [Cf. *Satires* II, *à M. de Molière*, et XII, *sur l'Équivoque*, et les *Épîtres* VI et X]. — Si l'on se douterait, à le lire, de la parenté de la *Satire* et du *Lyrisme* ? — Combien son art est plus étroit que sa critique ; — et surtout moins hardi. — Les qualités qui lui manquent sont aussi celles qui manquent trop souvent à Molière ; — élévation, distinction et grâce ; — et ce ne sont pas seulement quelques-unes des qualités essentielles du poète ; — mais ce sont aussi les qualités « aristocratiques » du style ; — et à cette occasion que, tout en combattant les précieuses, — il eût pu recevoir d'elles plus d'une utile leçon. — En revanche, et comme aussi Molière, il a les qualités « bourgeoises », — et premièrement, dans les limites de sa vision, le sens de la réalité pittoresque — [Cf. *le Repas ridicule*, la *Satire des Femmes*, les quatre premiers chants du *Lutrin*] ; — il a encore la plaisanterie vulgaire, mais souvent mordante ; — et il a enfin, à un haut degré, le don d'enfermer sa pensée dans le raccourci du proverbe ; — qui est le don tout simplement de mettre l'expérience commune sous une forme portative. — Les mêmes qualités et les mêmes défauts se retrouvent dans sa prose [Cf. sa *Correspondance*, son *Discours sur la Satire*, ses *Préfaces*] — avec moins de contrainte ; — et quelque chose de prime-sautier ou de brusque ; — qui est la vive peinture de son caractère ; — et qui lui fait honneur.

3° LES ŒUVRES. — Les *Œuvres poétiques* de Boileau se composent — de ses *Satires*, au nombre de douze ; — de ses *Épîtres*, au nombre de douze également ; — de son *Art poétique*, en quatre

à peine, — après Ryswick et le mariage de Savoie, — si la vivacité de la duchesse de Bourgogne ranimera quelque étincelle des splendeurs éteintes. Si le roi vit toujours, et quand il vivrait dix ans, quinze ans, vingt ans encore, le règne est terminé ! Plus de ris ni de jeux désormais ; une tristesse morne ; et voici qu'insensiblement, sur les restes de ce qui fut « la cour la plus galante de l'Europe », se tisse et s'étend le voile terne, opaque, et lugubre de l'ennui.

chants ; — de son *Lutrin*, en six chants ; — et enfin de quelques *Poésies diverses*, dont l'*Ode sur la prise de Namur*, et un certain nombre d'*Épigrammes*.

Ses *OEuvres en prose* comprennent : — la *Dissertation sur Joconde* et le *Dialogue sur les héros de roman*, qu'il n'a point publiés lui-même ; — sa traduction du *Traité du sublime*, — ses *Réflexions critiques sur Longin* ; — les *Préfaces* des différentes éditions de ses *OEuvres*, 1666, 1674, 1675, 1683, 1685, 1694, 1701 ; — et un volume entier de *Lettres* dont les plus intéressantes sont les *Lettres à Racine* et les *Lettres à Brossette*.

Les premières éditions des *Satires*, et notamment celle de 1666, contiennent d'assez nombreux passages qui ont été supprimés, transposés ou modifiés dans les éditions suivantes. Et il est sans doute intéressant de savoir que, d'un autre côté, la première édition de la *Satire des femmes*, qui est de 1693, ne contenait pas le célèbre portrait du lieutenant criminel Tardieu :

Mais pour mieux mettre ici leur crasse en tout son lustre...

Boileau l'avait retranché, sur le conseil de Racine. Mais d'une manière générale les éditions qui font foi pour le texte de Boileau n'en demeurent pas moins l'édition de 1701 ; — et dans une certaine mesure, l'édition de 1713, qu'il semble bien qu'il ait préparée lui-même pour l'impression.

Les meilleures éditions posthumes sont : l'édition Saint-Marc, Paris, 1747, en cinq volumes ; — l'édition Berriat Saint-Prix, Paris, 1830 ; — et l'édition Gidel, Paris, 1880.

III

Mais à la ville, aussitôt, les coteries se reforment. Molière est mort et Racine converti ; Boileau, chargé d'écrire l'histoire des campagnes du prince, ne se sent pas de joie « d'être engagé dans le glorieux emploi qui l'a tiré, dit-il, du métier de poésie » ; il se tait ; et voici qu'aussitôt les victimes qu'ils croyaient les uns et les autres avoir tuées ressuscitent ; elles font de nouveau les agréables ; et la préciosité renaît. Mme Deshoulières en tient école, et, soutenus par elle,

> Avec impunité les Pradons font des vers!

Sixième Époque

De la cabale de « Phèdre » à la publication des « Lettres persanes ».
1677-1722

I. — Les commencements de l'Opéra français.

1° Les Sources. — Goujet, dans sa *Bibliothèque française*, articles Benserade et Quinault ; — Chauffepié, dans son *Dictionnaire*, article Quinault ; — Titon du Tillet, dans son *Parnasse français*, articles Quinault et Lully ; — Grimm, dans l'*Encyclopédie*, article Poème lyrique ; — *Vie de Quinault*, en tête de l'édition de ses OEuvres, Paris, 1778 ; — Léris, *Dictionnaire des Théâtres*.
Nuitter et Thoinan, *les Origines de l'Opéra français*, Paris, 1886 ; — Romain Rolland, *Histoire de l'Opéra en Europe*, Paris, 1895.

2° Le Conflit de l'Opéra et de la Tragédie. — Que le triomphe des espèces pures, tragédie et comédie, n'a pas tout à fait anéanti les espèces hybrides : tragi-comédie, pastorale et ballet. — Les pièces à machines : l'*Andromède*, 1650, et *la Toison d'or* de Corneille ; — Isaac de Benserade et ses *Ballets* ; — les comédies-ballets de Molière : *la Princesse d'Elide*, 1664 ; *Mélicerte*, 1666 ; *Psyché*, 1671.

Quelques jésuites aussi s'en mêlent, et, comme autrefois ils donnaient des leçons de morale, donnent maintenant des leçons de goût. Les professeurs envahissent la critique. Le Père Bouhours publie ses *Dialogues sur la manière de bien penser dans les ouvrages de l'esprit*. Il y enseigne qu'on doit imiter la nature. Mais comme exemple d'une pensée parfaitement naturelle, c'est dommage qu'il cite la suivante : « Les actions des princes ressemblent aux grandes rivières dont peu de gens ont vu l'origine, et dont tout le monde voit le cours. » Le Père Rapin, son confrère, entre deux chapitres de son *Histoire du Jansénisme*, discute avec Bussy la question de savoir « si l'on doit tutoyer sa maîtresse »; et sans doute ce n'est

— Analogie de toutes ces tentatives, et qu'elles ont pour objet : — de donner aux yeux les satisfactions que la tragédie leur refuse; — d'utiliser les fables de la mythologie; — et de mettre en liberté l'élément musical que contient en soi toute « poésie ». — La fondation de « l'Acdémie de musique », 1669, — et le premier opéra français : *Pomone*, 1671. — Jean-Baptiste Lully [Cf. les *Mémoires* de Mlle de Montpensier]. — Sa collaboration avec Molière, — et avec Quinault. — Leurs premiers opéras : *Cadmus et Hermione*, 1673; — *Alceste*, 1674; — *Thésée*, 1675; — *Atys*, 1676; — *Isis*, 1677.

Du génie particulier de Quinault pour l'opéra; — pompeux éloge que Voltaire en a fait; — et que, de Quinault et de Lully, c'est bien le premier qui cent cinquante ans durant a passé pour « le grand homme ». — Libertinage aimable de l'imagination de Quinault; — fluidité de son style; — et, à ce propos, de l'abondance dans ses vers des comparaisons tirées de la nature « liquide »; — sa constante préoccupation de plaire; — et, pour plaire, de ne jamais approfondir la passion. — Des « lieux communs de morale lubrique » dans les opéras de Quinault.

Comment le succès du genre opéra a fait dévier l'évolution de la tragédie. — Les triomphes de Quinault ont certainement excité la jalousie de Racine; — et qui pis est son émulation. — De l'intention de rivaliser avec Quinault dans la *Phèdre* de Racine [Cf. les *Époques du théâtre français*]. — Que la retraite de Racine a favorisé le développement de l'opéra. — La *Psyché* de Thomas Cor-

qu'une question de style, mais Pascal l'eût trouvée
« jolie ». Cependant Quinault triomphe : le succès de ses
Atys, de ses *Persée*, de ses *Armide* le venge des attaques de l'auteur des *Satires*; et une demi-douzaine de
livrets d'opéra lui refont une réputation dont l'éclat,
après quatre-vingts ans, corrompra le jugement de Voltaire. Les romans se multiplient, dans le genre de l'*Histoire amoureuse des Gaules*, sous la plume des pamphlé-
taires, de l'espèce de Courtilz de Sandras, l'auteur des
Mémoires de Rochefort et des *Trois Mousquetaires*, — je
veux dire des *Mémoires de M. d'Artagnan*. En même
temps, sur la scène illustrée par Molière, et dont ils ont
fait « un échafaud », — selon la forte expression de

neille, 1678; — le *Bellérophon* de Fontenelle, 1679; — la *Proserpine* de Quinault, 1680. — Les « auteurs tragiques » prennent l'habitude de s'exercer indifféremment dans la tragédie, ou dans la tragédie lyrique. — De quelques conséquences de cette habitude; — et comment, après avoir agi sur le style, dont elle relâche le tissu, — elle s'étend de la forme au fond; — amollit la conception du drame; — et, à l'art de peindre des caractères ou des passions, — substitue l'art d'émouvoir la sensibilité.

3º LES ŒUVRES — De Quinault : *Cadmus*, 1673, — *Alceste*, 1674, — *Thésée*, 1675, — *Atys*, 1676, — *Isis*, 1677; — de Fontenelle et Th. Corneille : *Psyché*, 1678, — *Bellérophon*, 1679; — de Quinault : *Proserpine* 1680, — *Persée*, 1682, — *Phaéton*, 1683, — *Amadis*, 1684, — *Roland*, 1685, — *Armide*, 1686; — de Campistron : *Acis et Galathée*, 1686; — *Achille*, 1687; — de Fontenelle : *Thétis et Pélée*, 1687, — *Énée et Lavinie*, 1690.

II. — **Nicolas Malebranche** [Paris, 1638; † 1715, Paris].

1º LES SOURCES. — Fontenelle, *Éloge de Malebranche*; — Tabaraud, article MALEBRANCHE dans la *Biographie universelle*.
Cousin, *Fragments de philosophie moderne*; — Francisque Bouillier, *Histoire de la philosophie cartésienne*, 1854; — Sainte-Beuve dans son *Port-Royal*, Liv. VI, chap. v et vi; — Blampignon, *Étude sur Malebranche*, 1861; — Ollé-Laprune, *la Philosophie de Malebranche*, 1870.

Racine, — les Montfleury, les Poisson, Dancourt, qui débute, exposent leurs « turlupinades ». La Fontaine, rendu par la disparition ou l'éloignement de ses anciens amis à son vrai tempérament, n'écrit plus guère que des *Contes*; et quels *Contes*, si l'on songe qu'il a passé la soixantaine ! Le vieux Saint-Évremond, de l'autre côté du détroit, l'encourage. On se grise royalement, au Temple, chez les Vendôme, où d'ailleurs ce n'est pas ce que l'on fait de pis. Les princesses du sang fument la pipe. Et pour qu'enfin à tous égards les dernières années du siècle en ramènent le commencement, après ou avec les débauchés et les précieux, ce sont maintenant les « libertins » qui rentrent à leur tour en ligne.

Le Père André : *Vie du Père Malebranche*, publiée par le Père Ingold, Paris, 1886.

2º Le Philosophe ; — et avant tout, du juste hommage qu'il convient de rendre à l'écrivain. — Bel éloge que Daunou, — se souvenant d'avoir été lui-même de l'Oratoire, — a fait du style de Malebranche [*Cours d'études historiques*, VI et XX]. — Simplicité parfaite ; — naïveté ; — éloquence ; — et surtout aisance de ce style, — d'autant plus admirable que les matières qu'il traite sont plus éloignées de l'usage commun. — Il n'y a pas en français de style philosophique comparable à celui de Malebranche.

Le disciple de Descartes [Cf. son *Éloge*, par Fontenelle] ; — et que la philosophie de Malebranche est un essai de conciliation du christianisme et du cartésianisme. — Confiance démesurée de Malebranche dans le pouvoir de la raison, — et dans sa capacité d'expliquer « naturellement » l'inexplicable. — Son optimisme ; — et que, s'il lui vient de Descartes en droite ligne, — il n'en est pas pour cela plus conforme à la conception chrétienne de la vie. — L'idée de la Providence dans la philosophie de Malebranche ; — et qu'à peine diffère-t-elle de l'idée que s'en formaient les stoïciens de l'antiquité. — Que toutes ces théories tendaient à établir la suffisance de la « religion naturelle » ; — et qu'en effet, contre son gré sans doute, l'influence de Malebranche a produit ce résultat.

Les critiques de Malebranche : — Arnauld, — Bossuet, — Fénelon, — Leibniz ; — une *Lettre* de Bossuet [21 mai 1687] à un disciple du

Un seul homme eût peut-être pu leur faire tête, les contenir et leur imposer : c'est Bossuet, qui ne prêche plus, à la vérité, qu'en de rares occasions, mais qui prononce pourtant en 1685, 1686, 1687 ses dernières *Oraisons funèbres*; et qui, soulagé ou libéré de l'éducation du Dauphin, donne précisément alors presque tous ses plus grands ouvrages. Le *Discours sur l'histoire universelle* est de 1681, et l'*Histoire des variations des églises protestantes* est de 1688. C'est le premier surtout qu'on loue. Mais il faut dire du second que l'on n'a pas écrit de plus beau livre en notre langue, si d'abord il contient, comme les *Provinciales*, d'impérissables modèles de tous les genres d'éloquence; et qu'il ait encore sur elles cet avan-

---

P. Malebranche. — Fénelon réfute le *Traité de la nature et de la grâce*. — Qu'ils en ont surtout à la théorie de l'action de Dieu par « les voies générales », — à l'abri de laquelle ils voient poindre la théorie de la « stabilité des lois de la nature »; — c'est-à-dire la négation du surnaturel; — et tomber du même coup la possibilité du miracle; — la nécessité de la révélation; — et l'utilité de la religion.

3° Les Œuvres. — *La recherche de la vérité*, 1674-1675; — *Conversations chrétiennes*, 1676; — *Traité de la nature et de la grâce*, 1680; — *Méditations chrétiennes*, 1683; — *Traité de morale*, 1684; — *Entretiens sur la métaphysique*, 1688; — *Traité de l'amour de Dieu*, 1697; — *Entretien d'un philosophe chrétien et d'un philosophe chinois*, 1708; — *Réponses à M. Arnauld*, quatre volumes, dont le dernier est de 1709; — *Réflexions sur la prémotion physique*, 1715.

Victor Cousin, dans ses *Fragments de philosophie moderne*, t. II, a publié une importante *Correspondance* de Malebranche, dont l'intérêt littéraire est de nous le montrer en relations avec Mairan et le groupe de Fontenelle.

Il n'existe qu'une édition de ses *OEuvres complètes*, en deux volumes in-4°, Paris, 1837.

Jules Simon a publié en 1871 une édition des *OEuvres de Malebranche* en quatre volumes, qui contient les *Entretiens sur la métaphysique*, les *Méditations chrétiennes*, et la *Recherche de la vérité*.

tage d'être un vrai livre, divers et un en toutes ses parties, dont il n'y a pas une page, ou même une ligne, qui ne s'inspire de l'idée de l'ensemble, et ne concoure à en démontrer la justesse. De récentes recherches ont établi que d'ailleurs jamais œuvre de polémique n'avait été plus laborieusement ni plus impartialement préparée [Cf. Rébelliau, *Bossuet historien du protestantisme*, Paris, 1891]. Et pourquoi n'ajouterions-nous pas qu'on en citerait peu dont le dessein soit plus noble ou plus généreux, si l'auteur ne l'a conçu que pour travailler à cette « réunion des églises », qui a été, dès le temps de sa première jeunesse, le plus cher de ses rêves, et qui est demeurée jusqu'à son dernier jour la plus tenace de ses illusions ?

III. — **Pierre Bayle** [Le Carlat (Ariège), 1647 ; † 1706, Rotterdam].

1° Les Sources. — *Calendarium Carlananum*, 1660-1687, et *Correspondance* de Bayle, dans la grande édition de ses *Œuvres* ; — Desmaizeaux, *Vie de M. P. Bayle*, 1730, dans les dernières éditions du *Dictionnaire* ; et au tome XVI de l'édition Beuchot ; — abbé Marsy, *Analyse raisonnée des œuvres de Bayle*, 1755 ; — Sainte-Beuve, *Portraits littéraires*, t. I, 1835 ; — L. Feuerbach, *Pierre Bayle, ein Beitrag zur Geschichte der Philosophie und Menschheit*, Leipsig, 1838 et 1848 ; — Damiron, *Essai sur l'histoire de la philosophie en France au XVII*^{e} *siècle*, Paris, 1846 ; — A. Sayous, *la Littérature française à l'étranger*, Paris et Genève, t. I, 1853 ; — Lenient, *Étude sur Bayle*, Paris, 1855 ; — Arsène Deschamps, *la Genèse du scepticisme érudit chez Bayle*, Bruxelles, Bonn et Liège, 1878 ; — Émile Gigas, *Choix de la correspondance inédite de Pierre Bayle*, Copenhague et Paris, 1890 ; — F. Brunetière, *Études critiques*, V^e série, Paris, 1893.

2° La Critique de Bayle.

A. *La Jeunesse et les premiers essais de Bayle*. — Ses origines protestantes ; — ses études à Puylaurens et à Toulouse, 1666-1669 ; — il se convertit au catholicisme, 1669 ; — il se reconvertit au protestantisme, 1670 ; — son départ pour Genève, et ses préceptorats : — chez M. de Normandie ; — chez le comte de Dhona ; —

Les *Avertissements aux protestants*, qui complètent ou qui fortifient l'*Histoire des variations*, sont de 1689 et de 1691. Mais ni la « réunion » ne devait aboutir, ni Bossuet, en dépit de son éloquence et de l'autorité de sa dialectique, ne devait réussir à retarder beaucoup les progrès du « libertinage ».

Ce n'est pas certes qu'il ne les eût vus, et tant de passages qu'on pourrait extraire de son œuvre suffisent à le prouver [Cf. notamment le *Sermon sur la divinité de la religion*, 1665 ; le *Discours sur l'histoire universelle*, IIe partie, 1681 ; et l'*Oraison funèbre d'Anne de Gonzague*, 1685]. Il a très bien vu, du premier coup d'œil, où tendait l'exégèse de Richard Simon, ce qui n'était pas si

---

son retour en France, 1674. — Bayle professeur de philosophie à l'académie protestante de Sedan, 1675-1681 [Cf. son *Cursus philosophiæ*, et Bourchenin, *les Académies protestantes*]. — Suppression de l'académie de Sedan. — Bayle s'établit à Rotterdam, 1681, — comme professeur libre de philosophie, pensionné par la ville. — Publication des *Pensées sur la comète*, 1682, — et de la *Critique générale de l'histoire du calvinisme* du Père Maimbourg. — Caractère singulier de ces deux ouvrages ; — dont la forme est en retard ; — et les idées en avance de trente ou quarante ans sur celles de ses contemporains. — Bayle entreprend la publication des *Nouvelles de la République des lettres*, 1684. — C'est un journal ou une « Revue » sur laquelle il faut se garder de le juger : — « Je n'y faisais point de critique, a-t-il écrit lui-même, et ne voyais dans les livres que ce qui pouvait les faire valoir. » — Révocation de l'Édit de Nantes. — Bayle publie ses deux pamphlets : *Ce que c'est que la France toute catholique sous le règne de Louis le Grand*, 1686 ; et le *Commentaire philosophique sur le Compelle intrare*, 1686 ; — indignation du parti protestant, et de Jurieu en particulier. — L'adversaire de Bossuet n'est pas moins celui de Bayle ; — auquel il reproche amèrement de « prêcher le dogme de l'indifférence des religions et de la tolérance universelle ». — Bayle se cache d'être l'auteur de son livre ; — en parle lui-même avec ironie dans ses *Lettres* ; — se plaint dans ses *Nouvelles* qu'on le lui impute ; — et inaugure ainsi la tactique assez déloyale qui sera

facile à voir, dès 1678 ; et il a pressenti, puisque l'expression est de lui, « le grand combat qui se préparait contre l'Église sous le nom de cartésianisme », dès 1687. Il ne s'est pas trompé non plus quand il a cru que, si l'on voulait opposer aux progrès du libertinage une résistance efficace, il fallait que l'on commençât par rassembler en un seul corps les membres épars de l'Église ; et c'est un point sur lequel non seulement le temps, mais aussi les aveux de l'orthodoxie protestante lui ont donné raison. Pourquoi donc a-t-il échoué ? En premier lieu parce que les protestants, qu'encourageaient à ce moment même les succès de la grande guerre de la ligue d'Augsbourg, ont cru qu'ils profiteraient de tout ce que perdrait le

celle de Voltaire. — Il a le « courage de ses opinions », et la peur de leurs conséquences. — De l'*Avis aux réfugiés*, 1690 ; — et si Bayle en est l'auteur [Cf. Sayous, *Littérature française à l'étranger*] ? — Intérêt de la question. — La polémique s'envenime entre Bayle et Jurieu. — Jurieu l'accuse d'athéisme ; — les « ministres protestants » relèvent à l'appui de l'accusation de Jurieu les passages caractéristiques des *Pensées sur la comète* ; — les magistrats de Rotterdam enlèvent à Bayle sa pension ; — et sa permission d'enseigner. — Passage curieux d'une lettre de Bayle [28 décembre 1693], — d'où il résulte que c'est en lui le cartésien qu'on a surtout voulu frapper : — « Les ministres de Rotterdam...., dit-il, sont entêtés d'Aristote, qu'ils n'entendent pas, et ne peuvent ouïr parler de Descartes sans frémir de colère. »

B. Le *Dictionnaire historique et critique*. — La première intention du *Dictionnaire* [Cf. le projet de 1692] ; — et qu'elle était d'un pur érudit ; — n'ayant en vue que de dépister et de rectifier les erreurs des autres Dictionnaires. — Mais le projet se transforme en avançant ; — des rancunes s'y mêlent ; — et Bayle s'avise que « la découverte des erreurs n'est ni importante ni utile à la prospérité des États ». — Il contracte en outre, dans une étude plus approfondie des systèmes et de l'histoire, l'espèce de scepticisme que cette étude engendre ; — et, à cet égard, comparaison de Bayle et de Montaigne. — Mais il est encore plus frappé, — depuis que Descartes a passé par là, — des obstacles que les pré-

catholicisme, ce qui s'est trouvé politiquement vrai, mais moralement faux. Et encore, parce qu'au lieu d'accepter la discussion sur la question de l'Église, qui était capitale, ils ont dérivé la controverse sur des questions secondaires, comme celle de l'authenticité des livres deutérocanoniques [Cf. Leibniz, *Œuvres*, édition Foucher de Careil, t. I et II], ou de l'époque de la formation du dogme de la Trinité [Cf. Jurieu, *Lettres pastorales*]. Et enfin et surtout, parce qu'avec cette sorte d'ingénuité qui le caractérise, Bossuet a trop imprudemment suivi ses adversaires sur un terrain où l'opinion laïque, perdant pied, ne s'est plus sentie juge des coups ni seulement partie dans la bataille.

jugés, la coutume, la tradition, — opposent aux progrès de la raison ; — et, insensiblement, d'une « chambre d'assurances de la république des lettres contre l'erreur » ; — le *Dictionnaire* devient l'arsenal du rationalisme.

Le contenu du *Dictionnaire*. — Lacunes singulières qu'on y remarque ; — il n'y a point dans le *Dictionnaire historique* d'articles sur *Socrate*, sur *Platon*, sur *Cicéron*, sur *Thomas d'Aquin*, sur *Descartes*, sur *Pascal* ; — ni généralement sur les auteurs dont le dogmatisme eût gêné les opinions de Bayle ; — mais en revanche il y en a sur *Épicure*, sur *Anaxagore*, sur *Zénon d'Élée*, sur *Lucrèce*, sur *Xénophane*, sur *Erasme* ; — et, par hasard, ce sont les plus développés. — La clef du *Dictionnaire* de Bayle. — Il se propose, en entrechoquant les leçons de la religion et les enseignements de la raison [Cf. les articles *Manichéens* et *Pyrrhon*], — d'ébranler fondamentalement le dogme de la Providence [Cf. les articles *Rorarius*, *Timoléon*, *Lucrèce*] ; — et d'en conclure que l'humanité ne doit tenir compte que d'elle-même dans l'établissement de sa morale. — Comparaison de ce dessein avec celui de Malebranche — et de Spinoza. — Subtilité de la dialectique de Bayle ; — et sa manière d'user des « renvois » [Cf. Diderot, dans son article *Encyclopédie*].

De quelques vices du *Dictionnaire* ; — et particulièrement du goût de Bayle pour les disputes oiseuses [Cf. les notes des articles *Achille*, *Amphitryon*, *Loyola*] ; — pour des formes d'impiété

C'est ce qui lui est également arrivé dans la querelle du quiétisme. Assurément, dans cette querelle mémorable, où il y allait, comme il disait, de toute la religion, on ne saurait trop admirer ce qu'il a déployé de vigueur, d'éloquence, et d'ardeur passionnée. C'est dans son *Instruction sur les états d'oraison*, qui est de 1697, que sont en quelque sorte enfouies quelques-unes de ses plus belles pages ; et il n'a rien écrit qui soit d'un style plus vif et plus pressant que la *Relation sur le quiétisme*, qui est de 1698. La *Relation sur le quiétisme* est le plus personnel de ses livres, et sous la contrainte qu'il s'y impose pour ne pas offrir trop de prise à la malignité publique, assez amusée déjà de cette dispute d'évêques, on

---

déjà voltairiennes [Cf. les notes des articles *Adam*, *David*, *François d'Assise*] ; — et pour les obscénités. — La dissertation *sur les obscénités*. — S'il n'y a pas quelque politique dans cette manière de faire ? — et qu'il faut se souvenir que Bayle est un homme du xvie siècle ; — et un érudit. — Du goût des érudits pour les obscénités. — Qu'en tout cas le moyen a servi comme d'un passeport aux idées les plus hardies de Bayle [Cf. Voltaire dans son *Candide* et Montesquieu dans ses *Lettres persanes*]. — Succès prodigieux du *Dictionnaire* ; — estime qu'en fait Boileau. — Il se succède en quarante ans huit éditions de ces gros in-folio [1697, 1702, 1715, 1720, 1730, 1734, 1738, 1740] ; — et deux traductions anglaises [1709 et 1734-1741]. — C'est déjà dans le *Dictionnaire* de Bayle qu'il faut voir l'idée et le plan de l'*Encyclopédie*.

C. *Les autres œuvres et les dernières années.* — La publication du *Dictionnaire* réveille les ennemis de Bayle. — Il est traduit devant le consistoire de Rotterdam ; — et il écrit pour se justifier les quatre éclaircissements sur les *Athées* ; — sur les *Manichéens* ; — sur les *Obscénités* ; — sur les *Pyrrhoniens*. — Observations à ce propos sur la « tolérance protestante » et la « liberté de Hollande ». — Les *Réponses aux questions d'un provincial*, 1703 ; — et la *Continuation des Pensées sur la Comète*, 1704. — La théorie de l'incompétence du consentement universel ; — et le chapitre : « Qu'il n'est point sûr que les impressions de la nature soient un

sent gronder l'indignation, la colère même de l'honnête homme odieusement trompé. On « s'arracha » la *Relation sur le quiétisme*, et on la « dévora ». La victoire suivit de près, et le quiétisme fut condamné. Mais pendant cinq ans entiers une question de théologie pure, et de théologie mystique, n'en avait pas moins détourné Bossuet d'un objet peut-être plus urgent. Ici encore, l'opinion s'était désintéressée d'une lutte dont elle comprenait si peu la violence qu'elle en avait cherché et trouvé des raisons aussi peu honorables pour l'un que pour l'autre des combattants. « Je vous assure, écrivait la princesse palatine, que cette querelle d'évêques n'a trait à rien moins qu'à la foi. » Elle citait l'épigramme :

signe de vérité » [Cf. *Continuation*, ch. 23 et 24]. — Mort de Bayle. — Dignité parfaite de sa vie. — Son désintéressement. — Il n'a eu que des vices intellectuels ; — et comme Spinoza ; — quoique d'ailleurs son existence ait eu moins de noblesse ; — il est l'un des premiers chez qui le libertinage des mœurs — n'ait pas été l'occasion du libertinage de la pensée. — Importance de ce fait [Cf. Bossuet et Bourdaloue contre les libertins] ; — et combien il a contribué à la propagation des idées philosophiques de Bayle.

3º LES ŒUVRES. — Nous avons énuméré les principales *Œuvres* de Bayle, et nous n'avons plus à y ajouter qu'une volumineuse et intéressante *Correspondance*.

La meilleure édition des *Œuvres* est la grande édition de 1727, 1731, en 4 volumes in-folio, La Haye, chez Husson, Johnson, Gosse, etc. [réédition de 1737, contenant environ 150 lettres de plus] ; et la bonne édition du *Dictionnaire*, celle de 1720, en 4 volumes également, Rotterdam, chez Michel Bohm.

Beuchot a donné en 1820 une édition du *Dictionnaire*, enrichie des commentaires ou des observations de tous ceux qui ont repassé sur les traces de l'auteur, Prosper Marchand, Chaufepié, Leclerc, Joli, etc., en seize volumes, chez Desoer.

On ne saurait trop regretter qu'il n'existe pas de modernes éditions des *Œuvres*, non pas même du célèbre *Avis aux réfugiés* ou des *Pensées sur la comète*.

> Dans ces combats où nos prélats de France
> Semblent chercher la vérité,
> L'un dit qu'on détruit l'espérance,
> L'autre que c'est la charité.
> C'est la foi qu'on détruit et personne n'y pense.

Et finalement, à l'ombre de la controverse, le libertinage grandissait de tout ce que la religion perdait de prestige et d'autorité.

Car tandis qu'il semblait qu'on livrât ainsi « le secret du sanctuaire » [Cf. Diderot, *Apologie pour l'abbé de Prades*], le cartésianisme était là, qui n'attendait que le moment d'entrer dans la place, un cartésianisme dégénéré, si l'on veut, de la vraie pensée de Descartes, mais un cartésianisme logique, logiquement déduit des prin-

IV. — **Bernard le Bouvier de Fontenelle** [Rouen, 1657; † 1757, Paris].

1° LES SOURCES. — Grimm, dans sa *Correspondance littéraire*, février 1757 ; — abbé Trublet, *Mémoires pour servir à l'histoire de la vie et des ouvrages de M. de Fontenelle*, 2ᵉ édit., Paris, 1761 ; — Villenave, *Notice*, en tête de son édition des *Œuvres* de Fontenelle, Paris, 1818 ; — Garat, *Mémoires sur la vie de M. Suard*, Paris, 1820 ; — Flourens, *Fontenelle ou de la philosophie moderne*, Paris, 1847 ; — Sainte-Beuve, *Fontenelle*, dans les *Causeries du lundi*, t. III ; — J. Bertrand, l'*Académie des sciences de 1666 à 1793*, Paris, 1869.

2° L'HOMME ET L'ÉCRIVAIN. — Le *Cydias* de La Bruyère, — et que La Bruyère n'a pas assez vécu pour connaître et apprécier le vrai Fontenelle. — Universalité de Fontenelle ; — il a fait des tragédies, des églogues, des opéras, des comédies ; — et des dissertations, des dialogues, des romans, des travaux qui confinent aux travaux d'histoire et de critique. — Son trait caractéristique est d'avoir été « un homme d'esprit », — dans tous les sens du mot ; — c'est-à-dire un bel esprit, un homme spirituel, et presque un grand esprit ; — et qu'il est un remarquable exemple de ce que peut et de ce que ne peut pas l'esprit.

A. *Le Bel Esprit.* — Le neveu de Corneille ; — et à ce titre l'ennemi-né de Racine et de Boileau ; — ses débuts littéraires dans

cipes du philosophe; et c'est ici le temps de montrer sa véritable influence.

« Toute philosophie, a dit Sainte-Beuve [Cf. *Port-Royal*, L. IV, ch. 5], quelle qu'elle soit au premier degré et dans son premier chef et parent, devient antichrétienne, ou du moins hérétique, à la seconde génération; c'est la loi, et il faut bien savoir cela. » Le doux, l'éloquent, et le candide Malebranche en peut servir d'un instructif exemple. Disciple non seulement convaincu, mais passionné de Descartes, il s'avise un beau jour de vouloir appliquer les principes de son maître à la démonstration ou au développement des vérités de la foi; et voici tout d'un coup que, par une déchirure du

---

le *Mercure galant*, 1677; — il collabore aux opéras de *Psyché* et de *Bellérophon*, 1678 et 1679; — sa tragédie d'*Aspar* [Cf. l'épigramme de Racine]; — les *Dialogues des Morts*, 1683; — les *Lettres du chevalier d'Her...*, 1683; — et de l'air de famille qu'elles ont avec les *Lettres* de Voiture. — Éloge que Bayle en fait [Cf. *Nouvelles de la République des lettres*, 1686, décembre]. — Fontenelle publie ses *Entretiens sur la pluralité des mondes*, 1686. — Succès du livre et nature de ce succès [Cf. Garat, *Mémoires sur M. Suard*]. — Injustice de La Bruyère. — Par les *Entretiens sur la pluralité*, la science entre pour la première fois dans le domaine de la littérature; — ou même de la conversation mondaine. — Autres écrits de Fontenelle; — ses *Mémoires sur le nombre 9*; — ses *Doutes sur le système des causes occasionnelles*; — son *Histoire des oracles*, 1687. — Comment le bel esprit sert à Fontenelle pour faire passer autant de nouveautés que de hardiesses. — Étendue et diversité du monde où son esprit se meut par rapport à l'étroitesse du monde où s'étaient renfermés les Racine et les Boileau.

B. *L'Homme d'Esprit*. — Acception nouvelle que prend ce mot d'*esprit* précisément au temps de Fontenelle; — et qu'il exprime d'abord l'étendue de la curiosité. — Fontenelle est curieux de beaucoup de choses; — et du fond des choses [Cf. dans ses *Dialogues*: *Laure et Sapho*, *Agnès Sorel et Roxelane*, *Socrate et Montaigne*, *Anne de Bretagne et Marie Tudor*, *Brutus et Faustine*]. — En

rideau, la grande contradiction apparaît. On ne saurait être ensemble chrétien et cartésien ! et il éclate aux yeux que l'universel déterminisme du philosophe est incompatible avec l'idée de la Providence divine. C'est ce que Pascal avait si bien vu. C'est ce que voit bien aussi Bossuet, puisque c'est même alors qu'il fait écrire par Fénelon, contre Malebranche, la *Réfutation du Traité de la nature et de la grâce*. C'est ce que voit enfin celui qu'on appelle encore en ce temps-là le grand Arnauld. « Plus je me souviens d'être chrétien, écrit l'un, plus je me sens éloigné des idées qu'il (Malebranche) nous présente » ; et le second, à son tour : « Plus j'avance dans ce travail (c'était également une *Réfutation du*

second lieu, un homme d'esprit est un homme qui ne fait pas des choses plus de cas qu'elles n'en méritent ; — et, pour user d'une de ses locutions favorites, Fontenelle est encore « cet homme-là » [Cf. dans ses *Dialogues* : *Érasme et Charles-Quint, Alexandre et Phryné, Guillaume de Cabestan et Frédéric de Brandebourg, Straton et Raphaël*]. — Son goût pour les nouveautés [Cf. *Digression sur les Anciens et les Modernes*]. — Son indépendance à l'égard de la tradition. — Et enfin un homme d'esprit, c'est un homme qui voit les liaisons ou les appartenances des choses [Cf. l'*Histoire des oracles*] ; — et qui en suggère à son lecteur d'autres encore ; — de plus inattendues ou de plus éloignées. — Comment Fontenelle fait penser ; — et qu'une part de son esprit consiste dans la finesse ; — et dans la portée de ses sous-entendus.

C. *Le Grand Esprit* ; — et qu'il a suffi à Fontenelle pour en mériter le nom d'appliquer son esprit à de grandes choses. — La *Préface de l'Histoire de l'Académie des sciences*, 1699. — Elle est peut-être la première expression littéraire qu'il y ait de l'idée « de la solidarité des sciences » ; — et de la « constance des lois de la nature ». — Les *Éloges* de Fontenelle [Voyez plus particulièrement les éloges de *Vauban, d'Argenson* ; *Newton*, 1727, *Boerhaave, Malebranche, Leibnitz*] ; — souplesse d'esprit dont ils témoignent ; — capacité de comprendre beaucoup de choses ; — et de les réduire sous le même point de vue. — Croissante autorité de Fontenelle parmi les savants ; — dans le monde ; — parmi les gens

Traité de la nature et de la grâce), plus je suis touché des renversements que ces imaginations métaphysiques font dans la religion. » Mais vous avez mis bien du temps à vous en apercevoir, ô grand docteur! et puis vous avez d'autres qualités, mais vous n'avez pas pour vous ce style, le style abondant, fluide, et enveloppant du Père Malebranche. On ne vous lit point, et on le lit. Vous avez contre vous maintenant l'écrivain, le véritable écrivain, le grand écrivain qui avait manqué jusqu'alors au cartésianisme! Ainsi, Malebranche fait école. Tandis que Bossuet et Fénelon s'épuisent en d'autres combats, lui, continue son œuvre du fond de sa petite chambre, et cette œuvre consiste à humaniser, — nous dirions à

---

de lettres. — Derniers ouvrages de Fontenelle ; — sa *Vie de Corneille*, 1729 ; — ses *Réflexions sur la Poétique* ; — sa *Théorie des tourbillons cartésiens*, 1752. — En combien de points Fontenelle annonce Voltaire ; — par combien de traits ; — et que lui a-t-il manqué pour jouer le rôle de Voltaire ?

Il lui a manqué un certain degré d'originalité d'abord, — et surtout un certain degré de conviction. — Le mot de Mme de Tencin : « C'est de la cervelle que vous avez à la place du cœur » ; — et, à ce propos, du scepticisme de Fontenelle ; — qui ne consiste pas tant à croire qu'il soit impossible d'atteindre la vérité ; — qu'à la croire d'essence aristocratique ; — incommunicable à la foule ; — et d'ailleurs assez inutile. — Comment le bel esprit se retrouve dans cette conception de la vérité ; — le mondain et l'épicurien. — Si ce n'est pas cette philosophie qui a empêché Fontenelle de se concentrer dans une grande œuvre ? — Les *Fragments d'un traité de la Raison humaine*. — Et qu'en tout cas elle l'a empêché d'exercer l'influence qu'il n'eût d'ailleurs tenu qu'à lui d'exercer. — Mais que, d'autre part, il n'en a pas moins été, avec Bayle, le grand éducateur de la génération des Encyclopédistes.

3° Les Œuvres. — Les *Œuvres* de Fontenelle étant trop peu connues, nous croyons devoir ici rapidement indiquer le contenu des huit volumes de l'édition de 1790.

T. I. — Pièces relatives à la biographie de Fontenelle ; — *Dia-*

« laïciser », — ce que la doctrine chrétienne offre de plus dur ou de plus contraire à la raison. Il adoucit le dogme de la chute; il adoucit la doctrine de la grâce; il relègue Dieu loin du monde; il soustrait à son intervention les affaires des hommes; il a une façon d'interpréter le surnaturel qui n'en fait qu'une conformité plus lointaine aux lois de la nature; et à tout cela les contemporains ne s'y sont pas trompés : ils ont reconnu le cartésianisme.

Ils le reconnaissent encore dans le scepticisme ou le criticisme de ce Pierre Bayle, — dont on ne consulte guère aujourd'hui que le grand *Dictionnaire*, — mais dont les *Pensées sur la comète* sont de 1682. Nul ouvrage n'a fait plus de bruit en son temps ni apporté plus d'aide au parti

---

logues des morts anciens, — *Dialogues des morts anciens avec les modernes.*
   T. II. — *Entretiens sur la pluralité des Mondes*; — *Théorie des tourbillons.* — *Histoire des Oracles.*
   T. III. — *Histoire du Théâtre français*; — *Vie de Corneille*; — *Réflexions sur la Poétique*; — *Description de l'empire de Poésie* [Cf. la carte du pays de Tendre]. — On y trouve les lignes suivantes, qui allaient évidemment (1678) à l'adresse des Racine et des Boileau : « La Haute poésie est habitée par des gens graves, mélancoliques, refrognés, et qui parlent un langage qui est à l'égard des autres provinces de la poésie ce qu'est le bas-breton à l'égard du reste de la France ». — Les *Opéras* de Fontenelle, et ses tragédies, dont une en prose, complètent le volume.
   T. IV. — Les *Comédies*, au nombre de huit : *Macate, le Tyran, Abdolonyme, le Testament, Henriette, Lysianasse, la Comète* et *Pygmalion*, dont sept en prose, et la dernière seulement en vers.
   T. V. — Les *Églogues*, au nombre de dix; — les *Poésies*; — la *Digression sur les Anciens et les Modernes*; — les *Fragments d'un traité de la raison humaine*; — et quelques autres opuscules du même genre badin et philosophique.
   T. VI, VII. — Les *Éloges.*
   T. VIII. — Les *Doutes sur le système des causes occasionnelles*; — les *Lettres galantes du chevalier d'Her...*; — et les *Lettres* de Fontenelle.

du libertinage. Or, qu'est-ce en trois mots que le criticisme de Bayle, sinon une extension du doute cartésien aux matières dangereuses que Descartes avait adroitement réservées et comme exceptées de l'application de sa méthode ? Enfermé, lui aussi, dans son « poêle de Hollande », armé de son cartésianisme, ce que Bayle ose le premier soumettre à l'analyse de sa critique dissolvante, c'est la religion, c'est la morale ; et d'abord vous diriez qu'il ne critique et qu'il ne doute que pour le seul plaisir de douter ou de critiquer. Mais regardez-y de plus près ; et pesez attentivement quelques-unes des conclusions. Il ne fait point de paradoxe et il sait parfaitement ce qu'il dit, quand il écrit « qu'il vaut mieux

Il existe des *OEuvres de Fontenelle* une édition moderne, sous la date de 1817.

Les *Entretiens sur la pluralité des mondes* et les *Éloges* ont été plusieurs fois réimprimés de nos jours.

V. — Le Renouvellement de l'Académie des sciences.

1º Le Mouvement scientifique avant Fontenelle — et de l'erreur que l'on en commet en en ignorant l'importance. — C'est dans les premières années du xviie siècle que les sciences mathématiques et physiques ont fait leurs grandes découvertes ; — les sciences naturelles quelques-unes des leurs ; — et ni les unes ni les autres n'en feront de plus considérables jusqu'à la fin du siècle suivant. — C'est ce que suffisent à prouver quelques noms : Kepler, 1571-1630 ; — Galilée, 1564-1642 ; — Descartes, 1596-1650 ; — Pascal, 1623-1662 ; — Huyghens, 1629-1695 ; — Newton, 1642-1727. — Ou encore, dans les sciences naturelles : Harvey, 1578-1658 ; — Malpighi, 1628-1694 ; — Leuvenhoeck, 1632-1723 ; — Svammerdamm, 1637-1680. — Effets produits par leurs découvertes. — Télescope et microscope. — La page de Pascal sur les deux infinis [Cf. *Pensées*] ; — la physiologie dans le *Traité de la connaissance de Dieu*, de Bossuet ; — l'astronomie dans les *Caractères* de La Bruyère [Cf. le chapitre des *Esprits forts*] ; — et encore dans les *Entretiens sur la pluralité des mondes*. — Une

être athée qu'idolâtre »; et surtout il sait bien où il va. Qui ne l'entend encore quand il oppose « les évidences de la raison » aux « vérités de notre religion »; et qui ne voit ou qui ne devine quel est son objet? A vrai dire, sur les ruines de la tradition et de l'autorité, ce prétendu sceptique est en train d'établir la souveraineté de la raison raisonnante. « Nous avons eu des contemporains dès le règne de Louis XIV », dira de lui Diderot, et en effet il sera le maître à penser des encyclopédistes. Descartes n'avait été que le précurseur du rationalisme, c'est Bayle qui en est le vrai père.

Où cependant ce rationalisme trouvera-t-il de quoi se fonder lui-même? quel sera le modèle ou le type de la

page de Perrault dans ses *Parallèles* [cinquième et dernier dialogue, édition de 1696, pp. 41 et suiv.].

2º L'Académie des sciences. — La première fondation, 1666 — et les premiers travaux [Cf. Fontenelle, et J. Bertrand, l'*Académie des sciences*]. — La construction de l'Observatoire, 1667. — On appelle en France Huyghens et Rœmer. — Le laboratoire de l'Académie. — Le roi assiste à la dissection de l'éléphant de la ménagerie de Versailles. — Réorganisation du *Jardin royal des Plantes*, 1671. — La « seconde naissance » de l'Académie, 1699. — Le nombre des académiciens est porté de seize à cinquante. — Les sections de : Géométrie, Astronomie, Mécanique, Chimie, Anatomie et Botanique. — L'Académie passe de la tutelle précaire du ministre sous la protection personnelle du roi.

3º Quelques conséquences du renouvellement, — ou quelques preuves de la diffusion du goût de la science. — Les cours de chimie de l'apothicaire Lémery [Cf. Fontenelle, *Éloge de Lémery*]. « Les dames mêmes, entraînées par la mode, *ont l'audace* de venir se montrer à des assemblées si savantes. » — Elles courent de même en foule aux dissections de Du Verney; — ce que font également de nombreux étrangers [Cf. Fontenelle, *Éloge de Du Verney*]. — Témoignages concordants des *Mémoires de Mme de Staal-Delaunay*. — Les expériences de chimie du duc d'Orléans [Cf. Saint-Simon, IX, 268 et suiv., et Fontenelle, *Éloge de Homberg*]. — La détermination de l'idée de science — et

certitude? le point d'appui? « la dernière base constante? » le terme et le roc où nous nous attacherons pour n'être point emportés et comme noyés dans l'océan du doute? Nous les trouverons dans la science, répond à point nommé le spirituel auteur des *Entretiens sur la pluralité des mondes*; — et celui-ci encore est un cartésien.

Neveu des Corneille, — et à ce titre ennemi-né des Molière, des Boileau, des Racine, — on n'a longtemps voulu voir dans Fontenelle que le Cydias de La Bruyère, « un composé du pédant et du précieux » dont l'originalité n'aurait guère consisté, c'est toujours La Bruyère qui parle, « qu'à éviter uniquement de donner dans

la formation de l'idée de progrès [Cf. Brunetière, *Études critiques*, V].

VI. — **Charles Perrault** [Paris, 1628; † 1703, Paris].

1° LES SOURCES. — Perrault, ses *Mémoires*, publiés pour la première fois en 1759; — P. Clément, *Lettres, Instructions et Mémoires de Colbert*, notamment t. V; — Niceron, dans ses *Hommes illustres*, t. XLIII; — d'Alembert, *Éloge de Charles Perrault*, dans ses *Éloges académiques*; — Sainte-Beuve, *Charles Perrault*, dans ses *Causeries du Lundi*, t. V, et *Nouveaux Lundis*, t. I; — Ch. Giraud, *Lettre critique*, en tête de son édition des *Contes de Fées*, 1864; — Arvède Barine, *les Contes de Perrault*, dans la *Revue des Deux Mondes* du 1er décembre 1890.

2° L'HOMME ET L'ÉCRIVAIN.

A. *Le Premier commis des Bâtiments*. — La famille des Perrault; — les Boileau et les Perrault; — Pierre Perrault, le traducteur de la *Secchia rapita*, 1678 [Cf. Racine, dans la préface de son *Iphigénie*]; — Nicolas Perrault, Claude Perrault, l'architecte-médecin [Cf. Fontenelle, *Éloge de Claude Perrault*]; — Charles Perrault; — ses premières études et ses premiers vers; — le « travestissement » du VIe livre de l'*Énéide*; — et à ce propos de la renaissance du burlesque. — Colbert fait de Perrault le secrétaire de l'Académie des inscriptions; — Perrault lui suggère l'idée de la première Académie des sciences; — il travaille avec

le sens des autres, et d'être de l'avis de quelqu'un » ; et toutes ces critiques il les a méritées. Sa tragédie d'*Aspar* ne nous est connue que par l'épigramme de Racine ; mais nous avons ses *Églogues*, nous avons ses *Lettres galantes du chevalier d'Her****; et que veut-on que Boileau ait pensé de ce petit morceau : « On nous a dit, monsieur, que vous devenez philosophe, mais d'une philosophie la plus extraordinaire du monde. Vous ne croyez plus qu'il y ait de couleurs!... J'en parlais un jour à Mme de B... qui est de vos amies, et qui en vérité a regret à votre raison. Elle étranglerait Descartes, si elle le tenait. Aussi faut-il avouer que sa philosophie est une vilaine philosophie : elle enlaidit toutes les dames. S'il n'y a donc point de teint,

---

Chapelain à la « Liste des bienfaits du Roi ». — Le contrôleur des Bâtiments ; — ses travaux ; — il inspire à son frère l'idée de la colonnade du Louvre ; — ses dégoûts et sa retraite. — Les pièces de circonstance. — Le *Saint Paulin*, 1686 ; — et à cette occasion, de la renaissance de l'épopée. — Le *Siècle de Louis le Grand*, 1687 ; — et des deux titres de l'ouvrage à notre attention, qui sont : — d'avoir donné à Voltaire l'idée du *Siècle de Louis XIV* ; — et d'avoir déchaîné la querelle des Anciens et des Modernes.

B. *L'Apologiste des Modernes.* — Les *Parallèles des Anciens et des Modernes*, 1688-1696. — Émotion qu'excitent ces dialogues ; — Boileau et Perrault ; — Perrault et La Bruyère ; — le but de l'œuvre et la thèse de Perrault [Cf. ci-dessous La Querelle des Anciens et des Modernes]. — Politesse et courtoisie de Perrault dans la discussion. — Qu'il y a d'ailleurs de fort bonnes choses dans les *Parallèles*. — Comment il faut les lire ; — en ne lui imputant que les opinions de l'Abbé de ses *Dialogues*. — Réconciliation de Perrault et de Boileau. — La publication des *Hommes illustres de ce siècle*, 1696-1700.

C. *L'Auteur des Contes de fées* ; — et que d'Alembert dans son *Éloge* n'en a pas fait seulement mention ; — ce qui est une omission fâcheuse ; — *Cendrillon* et *le Chat botté* demeurant le meilleur de l'œuvre de Perrault ; — et, de 1680 à 1715, aucun genre n'ayant été plus fécond que celui des *Contes de fées*. — De quelques émules de Perrault ; — Mme d'Aulnoy, l'auteur de *l'Oiseau bleu* —

que deviendront les roses et les lys de nos belles! Vous aurez beau leur dire que les couleurs sont dans les yeux de ceux qui les regardent et non dans les objets; les dames ne veulent point dépendre des yeux d'autrui pour leur teint; elles veulent l'avoir à elles en propre, et s'il n'y a point de couleur la nuit, M. de M... est donc bien attrappé, qui est devenu amoureux de Mlle D. L. G. sur son beau teint, et qui l'a épousée. » Voiture n'a rien écrit de plus précieux ni Balzac de plus affecté. Mais ce que ni Balzac ni Voiture n'ont connu, c'est l'art d'envelopper ainsi de préciosité ou d'affectation une vérité scientifique; et là est l'originalité de Fontenelle. Il met positivement le cartésianisme en madrigaux, l'astronomie, la physique,

---

Mlle de la Force; — Mlle Lhéritier; — et s'il ne convient pas de rapprocher de ce goût pour les Contes de fées, — celui qu'on témoigne également pour les Contes orientaux? — La traduction des *Mille et une Nuits*, 1704-1708. — Si les Contes de Perrault méritent les éloges qu'on en a fait? — *Sunt bona, sunt quædam mala, sunt mediocria plura.* — La naïveté des *Contes* de Perrault n'existe que dans l'imagination de ceux qu'ils amusent; — le mot de La Fontaine sur *Peau d'âne*; — agrément original des sujets de Perrault; — et sécheresse du style dont il les a lui-même revêtus.

3° LES ŒUVRES. — Les *OEuvres* de Perrault se composent : 1° d'un certain nombre de pièces de circonstance, telles que le *Discours sur l'acquisition de Dunkerque par le Roi*, 1663, ou *le Parnasse poussé à bout, sur la difficulté de décrire la conquête de la Franche-Comté*, 1668; — 2° de son *Poème sur la Peinture*, 1668; de son *Saint Paulin*, 1686; de son *Siècle de Louis le Grand*, 1687; — 3° de ses *Parallèles*, cinq dialogues en quatre volumes, publiés, ainsi qu'il a été dit, de 1688 à 1696; et auxquels il faut joindre, comme tendant au même but, son recueil des *Hommes illustres*, 1696-1700; — et enfin, 4° de ses *Contes de fées*, qui sont: — *La Belle au bois dormant, le Petit Chaperon Rouge, la Barbe bleue, le Chat botté, les Fées, Cendrillon, Riquet à la houppe, le Petit Poucet*, en prose; — et *Griselidis, Peau d'âne*, et *les Souhaits ridicules*, en vers.

l'histoire naturelle; et sous ce point de vue les *Entretiens sur la pluralité des mondes* sont un chef-d'œuvre unique en son genre. Galamment et tout doucement, ils font entrer pour la première fois dans la littérature tout un ordre d'idées ou de faits qui jusqu'alors y étaient demeurés étrangers. Des préoccupations nouvelles commencent de hanter les esprits. Fontenelle s'ingénie à les entretenir; il y réussit; très répandu dans le monde, elles deviennent, grâce à lui, la matière des conversations mondaines; et grâce à lui que manque-t-il encore à la victoire du cartésianisme ou de la science même? Tout justement et uniquement ce qu'y vient ajouter la querelle des anciens et des modernes.

Ils ont paru pour la première fois, séparément, en Hollande, de 1694 à 1701; et en un volume, chez Barbin, sous le nom de Perrault d'Armancour, fils de Charles Perrault, en 1697-1698.

Les éditions modernes en sont innombrables.

L'Oiseau bleu, qu'on y joint fréquemment, est de Mme d'Aulnoy; et *Finette ou l'Adroite Princesse*, de Mlle Lhéritier.

VII. — **Jean de la Bruyère** [Paris, 1645; † 1696, Paris].

1º LES SOURCES. — Suard, *Notice sur la vie et les écrits de La Bruyère*, 1781, et en tête de plusieurs éditions modernes. — Walckenaer, *Étude sur La Bruyère*, en tête de son édition des *Caractères*, Paris, 1845; — Sainte-Beuve, dans ses *Portraits littéraires*, t. I; *Nouveaux Lundis*, t. I et t. X; — A. Vinet, *Moralistes français des* XVIe *et* XVIIe *siècles*, Paris, 1859; — Édouard Fournier, *la Comédie de La Bruyère*, Paris, 1866; — Étienne Allaire, *La Bruyère dans la maison de Condé*, Paris, 1886.

2º L'HOMME ET L'ÉCRIVAIN.

A. *Le Moraliste*. — Origines de La Bruyère; — ses études, — et que seul des grands écrivains de son temps il a su quatre ou cinq langues, dont l'allemand; — sa famille et ses années de jeunesse [Cf. Servois, *Notice biographique*]. — Il est nommé trésorier des finances dans la généralité de Caen; — il entre dans la maison de Condé comme précepteur du jeune duc de Bourbon, 1684. — Ce qu'on voyait chez les Condé [Cf. Saint-Simon, dans ses *Mémoires*].

Un homme d'esprit et de mérite, Charles Perrault, — qui n'a d'autre tort que d'avoir débuté, comme Scarron, par « travestir » Virgile, et aussi de se moins connaître en bonnes lettres qu'en « bâtimens », — conçoit un jour l'idée de flatter son roi d'une manière un peu nouvelle; et, d'abord, n'en trouve pas de meilleure que de nommer son siècle le *Siècle de Louis le Grand* : n'avons-nous pas le siècle d'Auguste et le siècle de Périclès? Mais, est-ce bien assez de dire que le siècle de Louis XIV n'a rien qui le cède à ceux d'Auguste et de Périclès? Perrault ne le croit pas. Le siècle de Louis XIV n'égale pas seulement les siècles de Périclès et d'Auguste; il les surpasse! et d'autant que le maître lui-même est au-dessus d'Au-

— Liaisons de La Bruyère avec Bossuet; — et avec Boileau. — Du prétendu « roman » de La Bruyère; — et que l'histoire littéraire n'en a rien à tirer. — Si La Bruyère, en formant le dessein de son livre, s'est inspiré de la *Galerie de Portraits* de Mlle de Montpensier? — ou des « portraits » répandus dans les romans de Mlle de Scudéry? — Invraisemblance de cette supposition. — Qu'en revanche il est plein de La Rochefoucauld, — de Pascal, — et de Malebranche [Cf. Auguste Damien, *Étude sur La Bruyère et Malebranche*, Paris, 1866]. — Si les *Caractères* de Théophraste n'ont été pour lui qu'un prétexte; — ou s'il s'est mépris sur leur valeur littéraire; — comme Boileau sur Longin, et son *Traité du sublime*? — La première édition des *Caractères*, 1688; — et qu'à peine contient-elle une demi-douzaine de portraits; — ce sont les *Maximes* qui dominent; — et La Bruyère n'est dans ce premier essai de son livre qu'un émule de La Rochefoucauld.

S'il y a « un plan » dans les *Caractères*; — et qu'en tout cas Boileau ne l'y avait point vu; — et qu'il est certain que si le chapitre *du Mérite personnel* était après le chapitre *de l'Homme*; — ou le chapitre *de la Conversation* avant le chapitre *du Cœur*; — on ne voit pas non plus que l'économie du livre en fût altérée. — Mais que cela ne prouve point que le chapitre *des Esprits forts* ne soit qu'une précaution; — et au contraire, en un certain sens, on peut soutenir, avec l'auteur, que tout le reste du livre y tend. — L'ami, le protégé de Bossuet, le futur auteur des *Dialogues sur*

guste et de Périclès, d'autant Bossuet, par exemple, est-il au-dessus de Démosthène, Molière au-dessus de Plaute ou de Térence, Racine au-dessus d'Euripide, la France au-dessus d'Athènes ou de Rome ; et généralement les modernes au-dessus des anciens. Ainsi commence ou s'émeut la dispute, sans que Perrault lui-même en ait envisagé les suites. Il n'a voulu que flatter son prince ; et, content d'avoir fait acte de bon courtisan, il en fût resté là, si les partisans des anciens ne l'avaient comme obligé de voir clair dans son paradoxe. C'est en effet l'idée de progrès, vague encore, diffuse ou éparse, à peine consciente d'elle-même, mais c'est bien elle, qui circule dans les *Parallèles des anciens et des modernes*. En vain Racine,

le quiétisme, a voulu faire œuvre d'apologiste ; — ou tout au moins de moraliste ; — et c'est au surplus ce qui ressort de la lecture suivie de la première édition du livre ; — comme du *Discours sur Théophraste*. — La Bruyère a voulu du même coup opérer contre les Modernes et contre les Libertins, — comme s'il eût entrevu la solidarité de leur cause ; — répondre au *Siècle de Louis le Grand* de Perrault ; — en même temps qu'aux *Entretiens sur la pluralité des mondes* ; — et cette double actualité l'a peut-être, dans les premières éditions de son livre, autant servi que son talent.

B. *L'Artiste*. — Mais il y avait un « artiste » en La Bruyère ; — nous dirions aujourd'hui un styliste ; — bien plus encore qu'un moraliste ; — et nous en trouvons la preuve dans cette étrange parole : — « Moyse, Homère, Platon, Virgile, Horace ne sont au dessus des autres écrivains *que par leurs images*. » — Boileau, qui eût été volontiers de cet avis, y avait mis du moins la restriction :

Avant donc que d'écrire, apprenez à penser.

Du style de La Bruyère ; — et que tout en manquant de continuité, — il ne laisse pas d'être néanmoins oratoire ; — en ce sens que les *Caractères* sont le répertoire de la rhétorique classique. — Ni aucun des « mouvements » : interrogation, exclamation, sus-

La Bruyère dans ses *Caractères*, 1688-1696 ; Boileau dans ses *Réflexions critiques sur Longin*, 1694, essaient de réagir ou de résister. On leur répond assez spirituellement qu'eux-mêmes prouvent par leurs ouvrages cette supériorité qu'ils s'irritent qu'on accorde aux modernes. « Combien, s'écrie Perrault, le public n'a-t-il pas préféré aux *Caractères* du divin Théophraste les réflexions du Moderne qui nous en a donné la traduction ! » [Cf. *Parallèles*, etc., troisième dialogue, 2ᵉ édition, 1693]. Les jeunes gens, les femmes se rangent en foule du côté des modernes, sans parler des « Quarante », qui ne sont pas six en tout du côté de Racine et de Boileau. Pareillement les « gens du monde ». Car, si l'on veut,

pension, digression, interpellation, adjuration, n'y manque ; — ni aucune des « figures » : litote, hyperbole, synecdoche, catachrèse ou prosopopée ; — ni, depuis l'ironie jusqu'à l'emphase, aucune des « modalités » ou des modulations cataloguées dans les traités. — Mais que cette rhétorique est sauvée de ses propres excès ; — par sa tendance au réalisme ; — ou à l'exacte imitation de la nature ; — et à ce propos du « naturalisme » de La Bruyère. — Combien il est soucieux de faire le tour de ses modèles ; — de noter en eux ce qui les distingue individuellement les uns des autres ; — et de faire que leurs portraits ne conviennent qu'à eux. — Les *clefs* de La Bruyère ; — et, sans préjuger de ses intentions de satire personnelle, — qu'elles témoignent de la véracité de ses peintures. — Qu'une autre preuve s'en trouve dans son pessimisme ; — et, à ce propos, retour sur la liaison du pessimisme et du réalisme — Si La Bruyère est plutôt triste, — c'est pour avoir tâché de rendre, — et pour les rendre, de voir les choses telles qu'elles sont. — On peut d'ailleurs le soupçonner de les avoir vues plus laides ; — ou plus ridicules qu'elles ne sont ; — afin d'en tirer de plus beaux effets de style ; — et ainsi d'avoir été ramené, par les artifices même de sa rhétorique, — à l'exagération qu'il voulait éviter.

C. *Le Satirique.* — De l'intérêt de cette question pour en résoudre une autre ; — qui est celle de la portée philosophique du livre de La Bruyère. — De la parole célèbre : « Un homme né

disent-ils tous, examiner les choses dans la rigueur, c'est nous qui sommes vraiment les anciens. Nous savons plus de choses que nos pères, et nos fils en sauront plus que nous. Assez et trop longtemps « des hommes revêtus de noir et le bonnet carré en tête nous ont proposé les ouvrages des anciens, non seulement comme les plus belles choses du monde, mais comme l'idée même du Beau »! Le moment est venu de nous émanciper de cette servitude. On s'en émancipe donc, et de cette émancipation, trois conséquences en résultent.

La curiosité se déplace ; et de la connaissance ou de la méditation des œuvres des anciens elle se porte tout entière vers l'observation des choses voisines, réelles, et

chrétien et français se trouve contraint dans la satire ». — La quatrième édition des *Caractères*, 1689 ; — et de la hardiesse croissante de La Bruyère, jusqu'à la neuvième, 1696. — Mais qu'il faut faire attention que, n'épargner personne, c'est presque aussi n'attaquer personne, — Quand on raille également les hommes et les femmes ; — les gens de la cour et ceux de la ville ; — les partisans et les gens de justice ; — les dévots et les libertins ; — on est sans doute un pessimiste, — mais non pas un révolutionnaire [Cf. Taine, *Nouveaux essais de critique et d'histoire*]. — Cette observation une fois faite, on peut et on doit convenir : — que les indignations de La Bruyère ont assurément quelque chose de plus profond que celles de La Fontaine ; — qu'il s'est moins aisément arrangé que Molière de la société de son temps ; — et qu'on voit percer une pitié chez lui qui n'est pas dans Boileau. — C'est l'idée d'humanité qui commence à se faire jour.

De quelques autres mérites des *Caractères* ; — et en particulier de quelques portraits et de quelques narrations ; — qui annoncent la prochaine fortune du roman [Cf. Lesage, dans son *Diable boiteux*] — Le livre de La Bruyère fait la transition du *caractère* tel qu'on l'entend dans la comédie de Molière, — aux *caractères* tels qu'on les entendra dans le roman de mœurs. — Les ennemis de La Bruyère. — Il leur répond dans son *Discours de réception à l'Académie*, 1693, — et dans la *Préface* qu'il met à ce *Discours*. —

contemporaines. C'est la revanche des *Femmes savantes.*
« C'est une chose presque infinie, — écrit Perrault dans son cinquième et dernier *Dialogue*, — que les découvertes que l'on a faites en notre siècle »; et, en effet, si les historiens de notre littérature, en général, ont mal daté le triomphe du cartésianisme, de trente ou quarante ans trop tôt, ils ont en revanche daté de trente ou quarante ans trop tard ce que l'on pourrait appeler l'avènement de l'esprit scientifique (Cf. sur ce point F. Cournot, *Considérations sur la marche des idées*, t. I, livre III). A vrai dire, la réorganisation ou le renouvellement de l'Académie des sciences, en 1699, est une date presque aussi importante, dans l'histoire de l'esprit français, que

---

Il essaie d'y définir « le plan » de son livre ; — mais un peu tard, comme autrefois La Rochefoucauld, dans l'*Avertissement* de ses *Maximes*; — et il réussit bien à montrer que tous les autres chapitres se subordonnent au dernier ; — mais non pas qu'il y ait entre eux un ordre, ou une gradation, ou un rapport perpétuel à son idée principale. — Qu'il vaut d'ailleurs la peine de noter que cette idée principale est déjà « toute laïque »; — la religion de La Bruyère étant d'un degré moins chrétienne que la religion de Malebranche; — si même on ne peut l'appeler une religion purement naturelle. — Des *Dialogues sur le quiétisme*; — et qu'ils n'ont rien ajouté à la gloire de La Bruyère.

3° LES ŒUVRES. — Nous avons énuméré toutes les *Œuvres* de La Bruyère.

Les éditions à consulter sont, depuis la première, celle de 1688, rééditée de nos jours dans le *Cabinet du bibliophile*, Paris, 1868, toutes les éditions qui ont suivi, jusqu'à la neuvième inclusivement, celle de 1696.

Nous nous bornerons à citer, parmi les éditions modernes — l'édition Walckenaër, 1845 ; — l'édition Destailleur, 1854 ; — et l'édition G. Servois, dans la collection des *Grands Écrivains de la France*, Paris, 1865-1878, Hachette.

Deux éditions « classiques » méritent aussi d'être mentionnées : — l'édition Hémardinquer, 1849, 1854, 1872, 1890, Delagrave ; — et l'édition Rébelliau, 1890, Hachette.

celle de la fondation de l'Académie française, en 1635, et non moins significative. Que Boileau rime donc, s'il lui plaît, sa *Satire des femmes* :

> . . . . Bon ! c'est cette savante
> Qu'estime Roberval et que Sauveur fréquente ;

la géométrie n'en intéresse pas moins désormais jusqu'aux femmes ; et le spectacle d'une « dissection », que Molière trouvait si comique, lorsqu'il le faisait offrir par Thomas Diafoirus à l'Angélique du *Malade imaginaire*, est maintenant le spectacle où le sexe court en foule. Ce qui paraît naturel, c'est d'être, comme le dit l'anatomiste Du Verney, présentant à la duchesse du Maine

VIII. — **François de Salignac de la Mothe-Fénelon** [château de Fénelon, près de Sarlat, 1651 ; † 1715, Cambrai].

1° LES SOURCES. — La volumineuse et intéressante *Correspondance* de Fénelon, faisant suite à la grande édition des *OEuvres* dite édition de Versailles, 1820-1830, et complétée, jusqu'à nouvel ordre, par un assez grand nombre de *Lettres* publiées sous les dates de 1849, 1850, 1853, 1869, 1873 et 1892.

La Harpe, *Éloge de Fénelon*, 1771 ; — d'Alembert, *Éloge de Fénelon*, 1774 ; — cardinal de Bausset, *Histoire de Fénelon*, 3ᵉ édition, 1817 ; — abbé Gosselin, *Histoire littéraire de Fénelon*, 1843 ; — Sainte-Beuve, *Causeries du Lundi*, t. II, 1850, et t. X, 1854 ; — P. Janet, *Fénelon*, dans la collection des *Grands Écrivains français*, Paris, 1892.

O. Douen, *l'Intolérance de Fénelon*, 2ᵉ édition, Paris, 1875.

Tabaraud, *Supplément aux histoires de Bossuet et de Fénelon*, Paris, 1822 ; — A. Bonnel, *la Controverse de Bossuet et de Fénelon sur le quiétisme*, Mâcon, 1850 ; — Algar Griveau, *Étude sur la condamnation du livre des Maximes des saints*, Paris, 1878 ; — Guerrier, *Madame Guyon, sa vie et sa doctrine*, Paris, 1881 ; — Crouslé, *Fénelon et Bossuet*, Paris, 1894.

Emmanuel de Broglie, *Fénelon à Cambrai*, Paris, 1884.

Albert Le Roy, *La France et Rome de 1700 à 1715*, Paris, 1892.

Voyez encore, avec précautions, les *Mémoires de Saint-Simon* ;

Mlle de Launay, « la fille de France qui connaît le mieux le corps humain »; et, au contraire, ce qu'on trouve étrange, c'est qu'il se trouve encore, pour admirer Pindare, des hommes qui se croient du jugement et du goût. Nous sommes les gens de maintenant! et ce qu'il nous faut avant tout connaître, c'est le monde où nous vivons, dont nous sommes. Que peuvent en savoir? que peuvent là-dessus nous apprendre Aristote, qui était de Stagyre, et Cicéron qui était d'Arpinum?

On ne tarde pas à voir l'effet de ces idées nouvelles, ou, pour mieux dire, de cette nouvelle orientation de la curiosité, jusque chez les partisans eux-mêmes de l'antiquité, dans les *Caractères* de La Bruyère, par exemple, ou dans

— les *Lettres* de la duchesse d'Orléans; — et La Beaumelle : *Mémoires* et *Correspondance de Madame de Maintenon*.

2° L'HOMME ET L'ÉCRIVAIN. — D'un écrivain de plus qui ne ressemble point à son style; — et qu'autant il y a de douceur ou d'onction même dans le *Télémaque*, autant le vrai Fénelon fut dur, imployable et cassant. — Si l'on ajoute, à ce trait essentiel, une très haute idée de soi-même, de sa race, et de sa dignité personnelle; — une préciosité naturelle qui se traduit par le goût des opinions rares et singulières; — enfin une espèce d'insincérité dont il n'a presque pas conscience; — on aura le premier Fénelon, — dont le second ne s'est dégagé que très tard; — et on ne l'aura pas tout entier, le personnage étant étrangement complexe et ondoyant; — mais on aura de quoi le comprendre; — et de quoi ramener à une sorte d'unité, sa vie, son rôle et son œuvre.

A. *La jeunesse de Fénelon*. — Sa famille; — ses premières études : Cahors, le collège du Plessis, et le séminaire de Saint-Sulpice. — Ses lettres de jeunesse [à Bossuet, à la marquise de Laval]; — et qu'elles sont marquées aux signes de la préciosité. — Il est nommé directeur des *Nouvelles catholiques*. — S'il en faut croire Saint-Simon sur les intrigues de l'abbé de Fénelon pour se pousser? — et qu'en règle générale, il est toujours prudent de commencer au moins par ne pas croire Saint-Simon. — A-t-il seulement jamais vu Fénelon? — Qu'en tout cas Louis XIV

le *Télémaque* de Fénelon, qui datent respectivement, la dernière édition des *Caractères*, de 1696, et le *Télémaque* de 1699. C'est La Bruyère qui a essuyé le premier les attaques ou les railleries des modernes ; et, pour Fénelon, jusqu'à son dernier jour, il restera fidèle aux anciens. Mais à quoi s'intéresse effectivement La Bruyère? Il nous l'a dit en propres termes, dans un endroit bien curieux de son livre, qui n'est pas un livre, mais un recueil d'observations, d'observations directes et d'observations précises sur ses contemporains. « Il se fait dans tous les hommes des combinaisons infinies de la puissance, de la faveur, du génie, des richesses, des dignités, de la noblesse, de la force, de l'industrie, de la capacité, du vice, de la

a commencé par se défier de Fénelon ; — qu'il n'a jamais, en dépit de ses premiers succès oratoires [Cf. le *Sermon pour la fête de l'Épiphanie*, 1685], — appelé à prêcher à la cour ; — et, auquel, après les succès de sa « Mission de Saintonge », 1686-1687, — il n'a jamais voulu conférer ni l'évêché de Poitiers, — ni celui de la Rochelle. — Comment Fénelon a triomphé des préventions du prince ; — par l'intermédiaire du duc de Beauvilliers ; — par l'intermédiaire de Mme de Maintenon ; — et par l'intermédiaire enfin de Bossuet. — Il fait partie de l'entourage ordinaire de Bossuet. — Il écrit pour lui, contre Malebranche, la *Réfutation du Traité de la nature et de la grâce*. — Sa nomination de précepteur des enfants de France, 1689.

B. *Ses premiers ouvrages.* — Le *Sermon pour la fête de l'Épiphanie*, 1685, — et qu'il marque presque une époque de l'éloquence de la chaire. — Séduction, charme et noblesse de la manière de Fénelon. — Le *Traité de l'éducation des filles*, 1686 ; — et, à ce propos, du chemin accompli depuis Molière et ses *Femmes savantes*. — Le *Télémaque*, 1693-1694 ? — et des principales questions qu'il soulève. — Quelle a été l'intention de Fénelon en l'écrivant ? — N'y a-t-il pris qu'une satisfaction d'artiste à « défigurer » l'antiquité selon l'image qu'il s'en formait ? — ou s'il y a mis une intention de satire ? [Cf. la *Lettre à Louis XIV*] ; — à moins encore qu'il n'y ait tracé son programme de gouvernement ? — Quelle part Fénelon a-t-il prise à la publication de 1699 ? — et à cet égard d'une

faiblesse, de la vertu, de la stupidité, de la pauvreté, de l'impuissance, de la roture et de la bassesse. *Ces choses, mêlées ensemble en mille manières différentes et compensées l'une par l'autre, forment aussi les différents états et les différentes conditions.* » Et ce sont, dirons-nous après lui, ces mille combinaisons qu'il aime à démêler dans ses *Caractères*, les différentes conditions, les différents états, et non plus « l'homme en général ». Non seulement il peint d'après nature; mais c'est véritablement de « l'actualité » qu'il s'inspire, et toute son ambition n'est que de représenter au vif « les mœurs de son temps ». Telle est aussi la grande raison du grand succès de son livre. On y reconnaît les gens de son quartier. Voilà

phrase étrange du *Mémoire* où il se disculpe d'y avoir pris la moindre part : — « il a mieux aimé, dit-il, le laisser paraître informe et défiguré que de le donner tel qu'il l'avait fait ». — Si le copiste infidèle qu'il accuse de lui avoir dérobé son manuscrit n'a pas été bien inspiré de ne le publier qu'après la nomination de Fénelon au siège de Cambrai, 1695 ? — et Fénelon lui-même encore plus heureusement d'avoir attendu jusque-là, — depuis deux ans que traînait l'affaire du quiétisme, — pour entrer en lutte avec Bossuet?

C. *Les grands combats.* — L'affaire du quiétisme [Cf. ci-dessus l'article de Bossuet]. — Difficultés de la situation de Fénelon. — Sa politique dilatoire; — et sous les apparences de la douceur, — sa résistance invincible. — Le fond de la controverse et la question de l'amour pur, ou désintéressé. — Ce que la doctrine avait de séduisant pour l'âme aristocratique et singulière de Fénelon. — La politique s'introduit dans l'affaire. — Ambition de Fénelon; — et qu'elle est surabondamment prouvée; — par sa *Lettre à Louis XIV*; — son *Télémaque*, et ses *Tables de Chaulnes*. — L'utopie de Fénelon; — et son caractère rétrograde. — S'il faut regretter que son élève n'ait pas régné? — La condamnation du 12 mars 1699 et les *Lettres patentes* du 14 août. — L'exil de Cambrai. — Du fond de son exil Fénelon continue d'entretenir des relations avec son parti [Cf. sa *Correspondance avec le duc de Bourgogne*], — et de dessiner le plan de son gouvernement futur. — Son combat contre le jansénisme; — et du peu de scrupule

Diphile, et voici *Théodecte*! On sait qui est *Irène*, qui *Laïs*, et qui *Césonie*. C'est ce qui amuse; c'est ce qui instruit; c'est ce qui nous apprend en combien de manières un homme peut différer d'un homme; et s'il se plaint après cela que « les grands sujets lui soient interdits », laissons passer cinq ou six ans encore, et Fénelon les aborde dans son *Télémaque*.

Je ne crois pas qu'il y ait de livre, de livre célèbre, et justement célèbre, où l'antiquité nous soit présentée sous de plus fausses couleurs que dans le *Télémaque*; non! pas même le *Cyrus* ou la *Clélie* de Mlle de Scudéri, dont aussi bien il procède autant que de Sophocle ou d'Homère. Bossuet le trouvait « indigne » d'un prêtre, et je

dont il y a fait preuve. — Qu'il est permis d'y voir une revanche de sa défaite; — et en tout cas tout un côté de sa politique. — Imprudence de cette politique; — si la destruction de Port-Royal n'a pas moins contribué que la révocation de l'édit de Nantes à frayer les voies au libertinage. — Espérances que conçoit Fénelon à l'époque de la mort du Dauphin [Cf. lettre du 14 avril 1711]; — c'est à ce moment même qu'il rédige ses *Tables de Chaulnes*. — Mort du duc de Bourgogne [février 1712].

D. *Les dernières années de Fénelon*. — Une fois tombées les espérances qui l'avaient soutenu pendant quinze ans, — il ne s'abandonne pas lui-même; — et au contraire il en accepte l'anéantissement comme un décret de Dieu sur lui [Cf. sa *Correspondance*, années 1712, 1713, 1714]. — Son mot au duc de Chaulnes : « O mon cher duc, mourons de bonne foi » [mars 1712]; — et on peut dire qu'à dater de ce moment, il ne fait plus que se préparer passionnément à la mort. — Il essaie bien de se distraire; — et compose sa *Lettre sur les occupations de l'Académie française*, 1714; — peut-être aussi retouche-t-il ses *Dialogues de l'éloquence*; — et son *Traité de l'Existence de Dieu*. — Il continue encore de combattre les restes du jansénisme; — et administre admirablement son diocèse. — Mais il est touché à mort; — et d'année en année, presque de mois en mois, rien n'est un plus beau spectacle que son dépouillement successif de lui-même.

E. *De quelques autres ouvrages de Fénelon*. — La *Lettre sur les*

crains bien qu'il n'eût raison. Mais lisez-le comme il faut le lire, en le remettant à sa date, et l'aspect en est aussitôt modifié. Comme La Bruyère, ce sont aussi des « portraits », et des « portraits contemporains » que Fénelon nous trace. Il est Mentor, et son Télémaque est le duc de Bourgogne. Il fait la leçon à son prince, et il la lui fait moins sur la morale que sur l'article du gouvernement.

> Le conte fait passer le précepte avec lui.

Il a des vues d'homme d'état, et elles peuvent bien être « chimériques », mais le rapport en est étroit avec l'état de la France de son temps. C'est donc aussi de « l'actua-

---

occupations de l'Académie française; — et qu'on y retrouve à la fois l'esprit rare et singulier de Fénelon. — Son jugement sur la poésie française; — qu'il plaint d'être soumise aux lois de la versification. — Son jugement sur Molière. — Son *Projet d'un traité sur l'histoire*. — Ses *Dialogues sur l'éloquence* [parus en 1718]; — et qu'ils contiennent sur ou contre l'éloquence de la chaire toutes les objections que Voltaire relèvera soigneusement un jour; — qu'à ce titre, ils sont d'un bel esprit plutôt que d'un évêque; — et souverainement injustes en ce qui regarde Bourdaloue. — Fénelon est même déjà de l'avis d'un critique de nos jours; — et on lui ferait presque dire avec Edmond Scherer : « que le sermon est un genre faux ». — Du *Traité de l'existence de Dieu*; — et, dans la première partie du livre, de l'influence du mouvement scientifique du temps. — Comparaison de la seconde partie avec les *Entretiens sur la métaphysique* de Malebranche; — et de la facilité qu'il y aurait d'en tourner plus d'une page au sens du panthéisme.

On ne peut après cela se dispenser d'ajouter : — que, si le style de Fénelon n'est pas « l'homme »; — et s'il ne lui ressemble qu'en ce qu'ils ont tous les deux de merveilleusement ondoyant; — un charme très vif s'en dégage; — une sorte d'optimisme social; — et un sentiment très vif aussi de ce que l'on appellera l'humanité. — Fénelon est en effet très bon; — pour tous ceux qui reconnaissent sa supériorité; — et il est aussi très sensible. — Ce sont

lité » qu'il s'inspire. Il tend vers un but, et ce but n'est pas éloigné, mais prochain ; ni vague, mais précis. Comment donc les contemporains n'auraient-ils pas lu le *Télémaque* avec passion? n'y auraient-ils pas vu que c'était d'eux qu'il s'agissait? n'auraient-ils pas cherché à deviner sous les leçons du précepteur ce que serait le gouvernement de son royal élève? C'est ainsi que, comme les *Caractères*, le roman de Fénelon répond à ce besoin nouveau de connaître ou de savoir. C'est le livre d'un réformateur, et quoique d'ailleurs l'idéal aristocratique de l'archevêque de Cambrai soit tout entier dans le passé, nous le savons bien aujourd'hui, mais personne alors ne s'en aperçoit. Il intéresse les hommes de son temps à

évidemment les caractères qui lui ont valu sa réputation de philosophe ou même de philanthrope [Cf. La Harpe, dans son *Éloge*, et le *Fénelon* de Marie-Joseph Chénier]; — et ainsi, de lui comme de Bossuet, on s'est formé une idée qui n'est d'ailleurs fausse qu'autant qu'on veut conclure de la nature de leurs écrits à celle de leur vrai caractère.

F. Les Œuvres. — Elles se divisent, ou plutôt on les a divisées, dans l'édition de Versailles, en cinq classes :

1° *Ouvrages de théologie et de controverse*, dont les principaux sont le *Traité de l'existence et des attributs de Dieu*, 1712, 1718 ; — la *Lettre à l'évêque d'Arras sur la lecture de l'Écriture sainte en langue vulgaire*, 1707, 1718 ; — et la *Réfutation du Traité de la nature et de la grâce*, qui n'a paru pour la première fois qu'en 1820 [t. I, II et III]. — Les tomes IV, V, VI, VII, VIII et IX sont remplis par les différents écrits de Fénelon sur le sujet du quiétisme, à l'exception des *Maximes des saints* ; — et les tomes X, XI, XII, XIII, XIV, XV et XVI par ses écrits sur ou contre le jansénisme.

2° *Ouvrages de morale et de spiritualité*, comprenant : — les *Sermons*, dont les principaux sont le *Sermon pour l'Épiphanie*, 1685, et le *Sermon pour le sacre de l'Électeur de Cologne*, 1707 ; — des *Lettres sur divers points de spiritualité*, 1718, 1738 ; — et, on ne sait trop pourquoi, le *Traité sur l'éducation des filles*, 1687 [t. XVII et XVIII].

eux-mêmes ; et c'est précisément ce que lui demandait la coterie des modernes.

D'autres œuvres encore, dont le mérite littéraire est moindre, ne sont pas moins significatives de la transformation qui s'opère ; et dût-on y voir un peu d'irrévérence, il y a plus d'intérêt encore et plus de vérité que d'irrévérence, à rapprocher du roman de Fénelon et des *Caractères* de La Bruyère la comédie de Dancourt. C'est effectivement dans le théâtre de Dancourt, dans ses « levers de rideau » comme dans ses grandes pièces, — dans son *Moulin de Javelle*, dans sa *Foire de Besons*, dans ses *Vendanges de Suresne*, comme dans son *Chevalier à la mode*, dans sa *Femme d'intrigues*, dans ses

3º *Recueil des Mandements de Fénelon*, 1701 à 1713 [t. XVIII].
4º *Ouvrages de littérature*, comprenant les *Fables*, au nombre de trente-six ; — les *Dialogues des morts*, vraisemblablement imités de ceux de Fontenelle, et publiés successivement au nombre de quatre en 1700, — quarante-sept en 1712, — soixante-neuf en 1718, — soixante-quatorze en 1787, — et quatre-vingt-un en 1823 ; — les *Aventures de Télémaque*, 1699 et 1717 ; — les *Dialogues sur l'éloquence*, 1718, et *divers opuscules*, dont la *Lettre sur les occupations de l'Académie française*, 1716 [t. XIX, XX, XXI et XXII].
5º *Écrits politiques*, comprenant *divers Mémoires* concernant *la guerre de la succession d'Espagne* ; — l'*Examen de conscience sur les devoirs de la royauté* ; — et l'*Essai philosophique sur le gouvernement civil*, qui n'est point de Fénelon, mais du chevalier de Ramsai, « d'après les principes de M. de Fénelon », Londres, 1721 [t. XXII].
Il y faut joindre la *Correspondance*, en douze volumes, ainsi divisés : *Correspondance avec le duc de Bourgogne* [t. I] ; — *Lettres diverses* [t. II, III, IV] ; — *Lettres spirituelles ou de direction* [t. V et VI] ; — *Lettres relatives au quiétisme* [t. VII, VIII, IX, X, XI]. — Le tome XII contient une bonne *Revue* des ouvrages de Fénelon ; — et les *Tables* des trente-trois volumes.

IX. — **La Querelle des Anciens et des Modernes.**

1º Les Origines de la querelle. — Trois vers d'Horace :

Agioteurs, — que la comédie de caractères se transforme en « comédie de mœurs »; et qu'est-ce que la « comédie de mœurs », sinon, dans un cadre tout contemporain lui-même, la satire des ridicules du jour ou des sottises du temps? Elle est précisément le miroir où l'auteur comique nous invite à nous reconnaître; et, nous, sous l'exagération convenue de la caricature, qu'aussi bien nous rapportons d'instinct aux nécessités de l'optique dramatique, ce que nous y cherchons, c'est notre ressemblance. Mais, d'une telle comédie, quelle qu'en soit d'autre part la valeur littéraire, l'agrément en est donc fait, comme celui des *Caractères*, de la fidélité de l'observation. On n'en attend plus l'auteur à débrouiller

> *Ætas parentum, pejor avis, tulit*
> *Nos nequiores, mox daturos*
> *Progeniem vitiosiorem;*

— et qu'en dépit de Bodin [Cf. ci-dessus l'article BODIN]; — de Bacon et de son *De augmentis*; — de Descartes [Cf. *Discours de la méthode*, VI]; — et de Pascal [*Fragment d'un Traité du vide*]; — l'idée que ces trois vers expriment a été, jusqu'aux environs de 1680, celle de « toutes les têtes pensantes ». — La vraie querelle, — comme beaucoup de choses considérables qui sont sorties de commencements très humbles, — a sa triple origine : — 1° dans les controverses relatives au « merveilleux chrétien »; — qui ne pouvaient manquer d'amener la question de la supériorité du christianisme sur le paganisme [Cf. Desmarets de Saint-Sorlin, Préfaces de *Clovis* et de *Marie-Magdeleine*]; — 2° dans le spectacle même des progrès réalisés par les sciences entre Descartes et Newton; — et 3° dans l'idée qu'eut Charles Perrault, pour mieux flatter Louis XIV, de lui sacrifier les Anciens en bloc. — La séance de l'Académie française du 27 janvier 1687 [Cf. Rigault, *Histoire de la querelle des Anciens et des Modernes*]. — Indignation des partisans des anciens : La Fontaine, Boileau, Racine. — Fontenelle vient au secours de Perrault dans sa *Digression sur les Anciens et les Modernes*, 1688. — La première édition des *Caractères* paraît presque en même temps [le privilège est daté

une intrigue, ou à prouver une « thèse », mais à bien attraper ses modèles ; ce qui le conduit lui-même à faire de l'actualité la maîtresse du choix de ses sujets, comme de la manière dont il les traite. Tel est bien le cas de Dancourt, qui n'a point de génie, dont le talent est mince, le comique peu profond, la plaisanterie souvent grossière, mais dont le théâtre abonde en détails de mœurs, en bouts de dialogues pris sur le fait, rendus au vif, et je n'ose pas dire en portraits, ce serait trop d'honneur, mais en silhouettes au moins de personnages qui s'habillent et qui parlent, qui marchent ou qui s'agitent, qui sentent et qui pensent à la mode de l'an 1700. Vienne maintenant un peintre plus habile, plus consciencieux

---

d'octobre 1687] ; — et Perrault prend la résolution d'écrire ses *Parallèles*, — dont le premier volume paraît en octobre de la même année. — Entrée de Fontenelle à l'Académie française, 1691 ; — et de La Bruyère, 1693. — Boileau répond aux *Parallèles* par ses *Réflexions critiques sur Longin*, 1694 ; — Perrault publie le dernier de ses *Parallèles* en 1696 ; — c'est celui qui traite de la supériorité des Modernes en matière de sciences ; — et la querelle semble apaisée par la *Lettre à M. Perrault*, 1701.

2° IMPORTANCE DE LA QUERELLE ; — et du tort qu'on a eu de la réduire à une querelle de pédants. — Le livre estimable de Rigault sur ce sujet a besoin d'être complété par une leçon d'Auguste Comte [Cf. *Cours de philosophie positive*, t. III, 47° leçon] ; — et par l'opuscule de Pierre Leroux *sur la Loi de continuité qui relie le* XVII° *au* XVIII° *siècle*. — En effet, ce qui est en cause dans la querelle, c'est :

A. *Au point de vue pédagogique*, — si les Anciens demeureront les instituteurs éternels de l'humanité ? — pour quelles raisons ? — et en vertu de quel privilège ? — Ronsard était tout grec encore ; — et Malherbe purement latin ; — il s'agit de savoir si le temps n'est pas venu d'être uniquement français ? — C'est ce que La Bruyère a finement démêlé dans son *Discours sur Théophraste* ; — en fondant l'empire de la tradition sur ce que les Anciens contiennent d'éternelle vérité ; — comme étant plus près de la nature ; — et comme ayant exprimé des idées dont nous reconnaissons encore la jus-

surtout, plus amoureux de son art, et qui fasse mieux, s'il le peut! Mais, en attendant, la comédie de Molière n'en est pas moins et dès lors menacée, ou déjà même entamée, comme la politique de Bossuet, comme l'esthétique de Boileau, et toutes les trois par le même patient, presque invisible, et subtil ennemi.

Cet ennemi que l'on pourrait appeler, si l'on le voulait, le mépris ou plutôt le dédain de la tradition, je préfère encore le nommer la fureur ou la rage de la nouveauté. Rien ne donne plus de piquant ou de « montant » aux œuvres littéraires qu'un air de nouveauté! Mais le malheur est que la vérité, « pour avoir de la barbe au menton », comme disait Malebranche, ne cesse pas d'être

tesse après trois mille ans écoulés; — dans un si grand changement des mœurs, — des habitudes, — et de la manière même de concevoir la vie. — En second lieu :

B. *Au point de vue philosophique*; — il y va de la question du progrès; — confusément, mais très certainement entrevue; — et dont on a tort de faire honneur à Turgot. — Passages précis des *Parallèles* : — [Cf. t. IV, p. 40] le progrès arithmétique. — [Cf. t. IV. p. 72] le progrès organique. — [Cf. t. IV, p. 119], l'évolution, ou le progrès par différenciation; — et qu'à cet égard c'est bien Perrault qui a emporté les convictions; — que Pascal et Descartes n'avaient fait qu'ébranler.

C. *Au point de vue esthétique ou littéraire*; — il s'agit de savoir si les Anciens ont atteint la perfection; — et posé des lois qu'on ne saurait transgresser sans détriment pour l'art; — ou, au contraire, si les genres littéraires ne doivent pas s'enrichir ou se transformer du fait seul du progrès du temps.

3º Quelques conséquences de la querelle. — Elle a déplacé l'âge d'or de l'humanité; — porté ainsi un coup sensible à la tradition; — et achevé le triomphe du cartésianisme. — Quelles que soient en effet les divisions des cartésiens, ils s'entendent tous en ce point : — que la raison autorise l'optimisme; — ou que l'optimisme est seul raisonnable [Cf. à cet égard l'*Éthique* de Spinoza, les *Entretiens* de Malebranche, et la *Théodicée* de Leibniz]. — Une autre conséquence de la querelle a été de faire passer la littérature tout entière

la vérité ; et d'un autre côté n'est pas nouveau qui veut, quand il le veut, et parce qu'il le veut. Il nous faut également nous souvenir qu'en aucun temps la tradition n'est tout le passé, mais seulement et au contraire le peu qui en a survécu. La tradition, ce n'est pas Mévius ni Bavius, qui sont parfaitement morts, c'est Virgile et Horace, qui vivent. Et pourquoi vivent-ils? Boileau l'a dit en fort bons termes : « C'est qu'en réalité l'estime que l'on fait d'eux ne se règle point par le temps qu'il y a que leurs ouvrages durent, mais par le temps qu'il y a qu'on les admire », et c'est qu'à vrai dire : « L'antiquité d'un écrivain n'est pas un titre certain de son mérite, mais l'antique et constante admiration qu'on a toujours eue pour

sous l'empire de la mode, qui n'est que la recherche de la nouveauté, en fait d'idées comme d'habits ou d'usages ; — et, à ce propos, de l'abondance des femmes de lettres à la fin du règne de Louis XIV : — Mme Deshoulières [Cf. Sainte-Beuve, *Une ruelle poétique sous Louis XIV*, dans ses *Portraits de femmes*] ; — Mme de Villedieu, Mlle Bernard, Mme Durand, Mlle de la Force, Mme d'Aulnoy, Mlle Lhéritier, Mme de Murat [Cf. l'abbé de la Porte, *Histoire littéraire des femmes*, et Gordon de Percel (Lenglet du Fresnoy), *Bibliothèque des romans*]. — Et, de toutes ces conséquences, une autre conséquence résulte à son tour, qui est la désorganisation de l'éloquence de la chaire ; — et de la tragédie ; — la parodie du lyrisme ; — la transformation de la comédie et du roman.

X. — **Jean-Baptiste Massillon** [Hyères, 1663 ; † 1742, Clermont-Ferrand].

1° LES SOURCES. — D'Alembert, *Éloge de Massillon*, dans ses *Éloges académiques* ; — Maury, *Essai sur l'éloquence de la chaire* ; — abbé Bayle, *Massillon*, Paris, 1867 ; — abbé Blampignon, *Massillon*, Paris, 1879, et *l'Épiscopat de Massillon*, 1884 ; — F. Brunetière, *l'Éloquence de Massillon*, Paris, 1881 ; — abbé Allais, *Massillon*, Toulouse, 1883 ; — M. Cohendy, *Correspondances, Mandements*, etc., *de Massillon*, Clermont, 1883.

2° L'ÉLOQUENCE DE MASSILLON. — Du caractère « profane » des

ses ouvrages est une preuve sûre et infaillible qu'on les doit admirer ». (Cf. *Réflexions critiques sur Longin*, réflexion VII.) C'est le langage même du bon sens. Mais, en l'an 1700, Boileau n'est plus de ceux qu'on écoute, si même il n'est de ceux dont on se moque; et l'on ne se soucie plus, comme en son temps, de faire mieux, mais de faire « autrement » que ceux qui nous ont précédés. Le mot est de Massillon, à qui l'on demandait, fort impertinemment, s'il se flattait de surpasser, en montant après eux dans la chaire chrétienne, les Bossuet et les Bourdaloue. « Je prêcherai *autrement* », répondit-il à l'indiscret. Et — c'est une justice à lui rendre — il a tenu parole, il a prêché autrement, mais moins bien; et de cette rage

---

Sermons de Massillon; — et des défauts, mais aussi des qualités, qu'il faut entendre par ce mot. — Nul n'a su dire moins de choses en plus de paroles; — ni les dire d'ailleurs plus harmonieusement; — et nul n'a plus abusé de tous les moyens de rhétorique; — mais nul aussi n'a su mieux s'en servir; — pour animer des vérités abstraites; — pour donner à son discours un air d' « élégance » ou de distinction continue; — et pour mettre enfin sa religion à la portée d'un auditoire de belles dames et de courtisans.

La même rhétorique se retrouve dans les plans des *Sermons* de Massillon. — Il compose par le dehors; — et il faut entendre par là qu'il dessine le plan de son sermon avant de bien savoir ce qu'il y mettra. — De la part d'ingénuité que ce genre de composition suppose; — et de la part aussi d'artifice. [Cf. les Sermons sur la *Mort du pécheur et la Mort du juste* ou sur l'*Enfant prodigue*.] — Comparaison à ce propos des procédés de Massillon et des moyens de Bourdaloue. — De l'importance des détails dans les sermons de Massillon. — Affectation de préciosité.

Comment cette préciosité réagit jusque sur la doctrine; — et jette Massillon dans l'excès du rigorisme; — ou dans celui de la complaisance. — Les mots l'entraînent au delà de sa pensée; — comme quand il déclare que « l'ambition est le trait le plus marqué d'une âme vile »; — ou comme quand il exagère les forces de la nature pour le bien. — C'est ce que l'on veut dire quand on lui reproche de n'avoir été qu'un rhéteur; — et il faut seulement ajouter que ce

de nouveauté, dont il est un éloquent exemple, la suite est aussitôt ce qu'on pouvait prévoir : la décadence ou l'abaissement de tous les genres nobles ou élevés.

Quelques-uns de ces genres se sont-ils peut-être comme épuisés d'eux-mêmes, pour avoir trop produit, trop de chefs-d'œuvre en trop peu de temps? C'est la raison dont se paiera Voltaire; et nous ne nierons pas qu'elle enferme une part de vérité. Les genres se fatiguent, ils s'épuisent, ils meurent, comme les espèces dans la nature, et, comme elles, quand les conditions nécessaires à leur développement viennent à faire défaut autour d'eux. Le génie même s'essaierait alors vainement à les ranimer. Mais bien plus sûrement encore meurent-ils quand ils se méconnaissent;

---

rhéteur est l'un des plus agréables qu'il y ait; — ce qui explique le succès de sa prédication; — l'admiration qu'affecteront pour lui les Encyclopédistes; — et le charme réel qu'on éprouve à le lire.

3º Les Œuvres. — Les *Œuvres* de Massillon comprennent deux *Avents* fondus en un seul, et formant ensemble dix sermons, — un *Grand Carême*, en quarante et un sermons; — son *Petit Carême*, dix sermons; et en outre — huit sermons sur les *Mystères*; — dix *Panégyriques*; — six *Oraisons funèbres*, dont celles de *Louis XIV* et du *Dauphin*; — quatre *Sermons de vêture*, et enfin, — un certain nombre de *Conférences*, *Mandements*, *Discours synodaux*, etc.

Si l'on met à part les *Oraisons funèbres*, les douze sermons qui forment le *Petit Carême* ont seuls une date absolument certaine; ils sont de 1718, et ont été prêchés dans la chapelle des Tuileries, pour et devant Louis XV encore enfant.

La première édition authentique de Massillon est celle qu'en a donnée son neveu, le père J. Massillon, de l'Oratoire, en 1745, et en l'absence des manuscrits, c'est celle que tous les éditeurs ont dû suivre. [Cf. Sacy, *Variétés littéraires et morales*.]

XI. — La Tragédie française de 1680 à 1715.

1º Les Sources. — Les frères Parfaict, *Histoire du théâtre français*, t. XII à XX; — Léris, *Dictionnaire des théâtres*; — Petitot, *Répertoire du théâtre français*, t. I et II; — d'Alembert, *Éloges de Campistron* et *de Crébillon*; — Villemain, *Littérature française au*

et c'est ainsi qu'au moment où nous arrivons, le lyrisme
— dont nous avons vu qu'il s'était déjà peu connu dans
Malherbe — achève de se méconnaître tout à fait dans les
Odes et dans les *Cantates* de Jean-Baptiste Rousseau. Ce
Jean-Baptiste est le modèle ou le type du faux homme de
talent. Je ne parle que pour mémoire de la comédie de
Regnard, — *les Ménechmes, les Folies amoureuses, le
Légataire universel,* — dont la moindre erreur est de se
croire nouvelle en retournant, après cinquante ans, aux
lazzi et aux imbroglios de la comédie italienne. Accordons-lui toutefois d'être spirituellement écrite ! C'est ce
qu'on ne saurait dire de la tragédie du vieux Crébillon,
— *Atrée et Thyeste, Rhadamiste et Zénobie,* ses chefs-

xviiie siècle; — A. Vitu, *Crébillon,* notice en tête de son édition
des *OEuvres*, 1885.

2° La Succession de Racine. — Jonction de la troupe de l'hôtel
de Bourgogne avec celle de Molière [août 1680], — et fondation de la
Comédie-Française. — Première soirée de la Comédie-Française :
Phèdre et *les Carrosses d'Orléans*. — J. G. Campistron [1656, †1723],
— et si ses pièces, comme l'a dit Voltaire, « sont mieux intriguées
que celles de Racine » ? — Il veut dire sans doute qu'elles sont plus
romanesques. — *Arminius*, 1684, et *Andronic*, 1685. — Le premier
Règlement de la Comédie-Française, avril-octobre 1685 [Cf. *Histoire du Théâtre français*, t. XII]. — Le grand succès de Pradon :
Régulus, 1688. — Installation des « Comédiens du Roy » dans leur
hôtel de la rue des Fossés-Saint-Germain [actuellement rue de
l'Ancienne-Comédie]; — et leur première représentation, du
18 avril 1689 : *Phèdre* et *le Médecin malgré lui*. — Le *Brutus* de
Mlle Bernard [en collaboration avec Fontenelle], 1690. — La première tragédie de Lagrange-Chancel : *Adherbal*, 1694 ; — et la première de Longepierre : *Médée*, 1694. — La dernière tragédie de
Thomas Corneille, *Bradamante*, 1695. — Antoine de la Fosse
[1653, † 1708] ; — et le succès de son *Manlius Capitolinus*, 1698 ; —
dont Villemain parle encore comme d'une espèce de chef-d'œuvre.
— Mais sans rien dire du regain de nouveauté qu'entre 1790 et
1820 un *Manlius* a pu tirer de la faveur des circonstances ; — et
du génie de Talma ; — ce qu'il y a de mieux dans *Manlius* appartient

d'œuvre ! Mais si la tragédie n'avait réussi à se constituer qu'en expulsant de sa définition l'usage du romanesque, il y rentre avec le noir poète, et même il y « coule à pleins bords ».

> Un Auvernat fumeux, tout mêlé de Lignage
> Se vend chez Crébillon pour vin de l'Ermitage.

Et l'éloquence de la chaire, à son tour, qui ne sait ce qu'elle devient dans les *Sermons* de Massillon? « Une volupté, dit un de ses contemporains, dont il semble que les sens même participent »; et s'il dit vrai, comme je le crois, de quels termes, je le demande, plus flatteurs, mais plus profanes, pourrait-on se servir pour caracté-

à Saint-Réal, pour sa *Conjuration des Espagnols contre Venise*; — ou à Thomas Otway, le poète anglais, pour sa *Venice preserved*; — et le reste seulement à l'auteur de notre *Manlius*. — Les premières tragédies de Crébillon : *Idoménée*, 1705; — et à ce propos de l'influence de *Télémaque* sur la conception que l'on va désormais se faire de l'antiquité; — *Atrée et Thyeste*, 1707.

3º LE THÉÂTRE DE CRÉBILLON. — Prosper Jolyot de Crébillon (1674, † 1762); — ses origines et sa première jeunesse; — son défaut d'éducation première et de culture d'esprit; — le mot de Boileau sur Crébillon : « Les Scudéri et les Pradon, dont nous nous sommes tant moqués dans ma jeunesse, étaient des aigles auprès de ces gens-là. » — Un mot de Montesquieu en sens contraire; — et que veut-il dire quand il dit que Crébillon « le faisait entrer dans les transports des bacchantes »? — Les grands succès de Crébillon : *Atrée*, 1707; — *Électre*, 1708; — *Rhadamiste*, 1711. — Comment le romanesque se réintroduit dans la tragédie par l'intermédiaire des « chefs-d'œuvre » de Crébillon. — Le choix des sujets; — et qu'en les choisissant ordinairement « atroces », Crébillon est encore plus soucieux de les choisir « extraordinaires » [Cf. le sujet d'*Atrée*, celui de *Rhadamiste*, ou encore celui de *Pyrrhus*]. — La nature de l'intrigue dans le théâtre de Crébillon; — et de deux signes auxquels on reconnaît ce qu'elle a de romanesque, — d'artificiel et d'arbitraire : — l'action part d'une *méprise* pour se nouer par un *quiproquo* et se dénouer par une *reconnaissance*. — La peinture des

riser le mérite d'un madrigal, d'une élégie d'amour, ou d'une odelette anacréontique ?

Sous l'influence de toutes ces causes, la langue, elle aussi, change de caractère. A la grande phrase, un peu longue parfois, mais si belle en son ampleur, à la phrase complexe et vraiment « organique » de Pascal et de Bossuet, de Racine et de Malebranche, à cette phrase périodique dont les détours imitaient si bien le mouvement même et les replis de la pensée, succède maintenant une phrase plus légère, plus rapide, court-vêtue, plus allante, pour ainsi parler, et la période, après un temps d'alourdissement, se désarticule ou se brise. « L'on écrit régulièrement depuis vingt années, — disait déjà La Bruyère en

caractères dans le théâtre du Crébillon ; — et, que n'y étant pas plus consciencieuse que la peinture des passions n'y est fidèle, — ses tragédies manquent de tout intérêt général ou humain. — De quelques autres traits du théâtre de Crébillon ; — et de l'affectation déclamatoire qu'il prend pour de l'éloquence. — Les tragédies de Crébillon ne sont que des « mélodrames » en vers.

4º LES PRÉCURSEURS DE VOLTAIRE ; — et les tendances nouvelles de la tragédie. — Abondance des tragédies « chrétiennes » : la *Gabinie* de l'abbé Brueys, 1699 ; — le *Saül* de l'abbé Nadal, 1705 ; — et, coup sur coup : — *Hérode*, 1709, — *Joseph*, 1710, — *Absalon*, 1712 — *Jonathas*, 1714. — La première représentation de l'*Athalie* de Racine, 1716. — Les sujets mythologiques, — et qu'ils procèdent de l'influence croissante de l'Opéra : le *Méléagre* de Lagrange-Chancel, 1699 ; — le *Thésée* de La Fosse, 1700 ; — *Corésus et Callirhoë*, 1703 ; — *Polydore*, et *Idoménée*, 1705 ; — *la mort d'Ulysse*, 1707 ; — les *Tyndarides*, et *Atrée et Thyeste*, 1707 ; — *Électre*, 1708 ; — *Ino et Mélicerte*, 1713 ; — et comment ce genre de pièces achève de désorganiser la conception de la tragédie ; — qu'elles éloignent à mesure de l'observation de la réalité ; — pour n'en faire qu'un divertissement inutile et sans portée. — Si cette erreur est compensée par les intentions politiques qui se glissent dans quelques tragédies, — et qui font pressentir l'approche de Voltaire ? — Mais c'est vainement qu'on essaie de rajeunir le genre ; — et rien ne saurait prévaloir contre le sentiment qui s'accrédite ; — qu'on ne va plus au théâtre

1688, — l'on est esclave de la construction, l'on a enrichi le langage de nouveaux mots, *secoué le joug du latinisme, et réduit le style à la phrase purement française.* » Il veut dire que l'on a posé les règles d'un style bien plus impersonnel encore que régulier. Chaque mot aura désormais sa place marquée dans le discours, et il faudra qu'il l'occupe : défense de placer désormais le sujet après le verbe, ou l'attribut avant le sujet! Il ajoute plus loin : « L'on a mis dans le discours tout l'ordre et la netteté dont il était capable : *cela conduit insensiblement à y mettre de l'esprit.* » C'est ce qu'il a fait lui-même, et c'est ce que son exemple encourage les autres à faire. Il eût encore mieux parlé, s'il eût dit qu'on y met plus de brillant ou de

pour y être ému ; — mais diverti ou amusé ; — et que le premier charme de la fiction consiste justement dans son air d'irréalité. — Les sujets ne sont plus désormais que prétextes à combinaisons ou à vers ingénieux ; — et les auteurs n'y croient, comme les spectateurs, — que dans la mesure qu'il faut pour agréablement passer une heure ou deux.

5º Les Œuvres. — De toutes les pièces qu'on vient d'énumérer, il n'y en a pas six dont on ait gardé la mémoire ; — ni seulement une que l'on osât encore jouer ; — et il n'y a pas un auteur à qui l'histoire de la littérature doive plus qu'une mention.

On peut cependant consulter dans le *Répertoire du Théâtre français* : l'*Andronic* de Campistron ; — le *Manlius* de La Fosse ; — l'*Amasis* de Lagrange-Chancel ; — et pour Crébillon, l'édition de la *Collection des classiques Lefèvre*; ou l'édition Vitu, citée plus haut, Paris, 1885.

XII. — **Jean-Baptiste Rousseau** [Paris, 1671; † 1741, La Genette, près Bruxelles].

1º Les Sources. — Seguy, *Notice*, en tête de l'édition de 1743; — Voltaire, *Vie de Jean-Baptiste Rousseau*, 1748; — Cizeron Rival, *Remarque sur les œuvres de Jean-Baptiste Rousseau*, 1760; — La Harpe, *Cours de littérature*, partie II, ch. 9; — Amar, *Notice* en tête de l'édition de 1820; — Sainte-Beuve, *Portraits littéraires*, 1829, t. I.

clinquant que d'esprit. « Il me semble avec vous, cher Sacy, écrit Mme de Lambert à un de ses amis, *qu'en citant du latin je franchis les bornes de la pudeur, et que je vous fais part de mes débauches secrètes.* » Encore au moins la comprend-on ! Mais que croyez-vous que veuille dire Massillon, quand il reproche aux grands de ce monde « *de transporter dans le champ du Seigneur ce qui occupe inutilement de la place dans le leur* » ? Il veut leur faire honte de donner à l'Église les fils ou les filles qu'ils ne peuvent doter. Mlle de Launay, plus savante, et plus claire, écrit dans ses *Mémoires* : « Il me donnait la main pour me conduire jusque chez moi. Il y avait une grande place à passer, et dans les commencements de

---

2º Le Poète ; — et d'abord de l'inutilité de parler de l'homme, — qui fut un triste personnage ; — mais dont les œuvres et la vie n'ont presque pas de rapport ensemble ; — et cette observation suffit par contre-coup à juger le lyrique. — Le « lyrisme » de Rousseau est le lyrisme impersonnel ; — qui est le contraire même du lyrisme ; — et rien n'est plus difficile à expliquer que sa réputation. — Ses débuts malheureux au théâtre. — Ses paraphrases des *Psaumes* ; — ses *Odes* et ses *Cantates* ; — ses *Allégories*. — Comment il essaie de suppléer au sentiment personnel absent, — par les mouvements désordonnés ou les contorsions dont l'auteur de l'*Art poétique* avait semblé faire le caractère essentiel de l'ode ; — par l'emphase ou la déclamation du langage ; — et par l'entassement des allusions mythologiques [Cf. l'*Ode au comte du Luc* :

> Tel que le vieux pasteur du troupeau de Neptune,

et la *Cantate de Circé* :

> Sa voix redoutable
> Trouble les enfers,
> Un bruit formidable
> Gronde dans les airs].

Rapports étroits de cette fausse conception du lyrisme avec la fortune du genre de l'opéra ; — et comment s'explique par là le

notre connaissance, il prenait son chemin par les côtés de cette place. Je vis alors qu'il la traversait par le milieu : *d'où je jugeai que son amour était diminué de la différence de la diagonale aux deux côtés du carré.* » Si diverses qu'elles soient, toutes ces manières de parler se ressemblent, au fond ; et ne sont-ce pas celles dont s'était tant moqué Molière ? Mais elles trahissent le désir de plaire, et c'est un dernier caractère de la transformation de la langue : plus logique et plus simple en sa construction, plus facile à suivre en son tour et plus spirituelle, elle devient en même temps plus « sociale », ou si l'on veut plus mondaine.

Je me suis demandé quelquefois s'il ne conviendrait

vague et la généralité des abstractions de Rousseau. — En quoi et comment cette forme du lyrisme n'en est que la caricature inconsciente ; — si le principe en est de feindre des mouvements que l'on n'éprouve pas ; — et de revêtir ceux qu'on éprouve d'une prétendue noblesse ; — qui ne consiste que dans les termes ; — et n'a rien de commun avec celle des idées ou du sentiment.

3° Les Œuvres. — Les *Œuvres* de Rousseau se composent : — 1° de son *Théâtre*, comprenant une petite pièce en prose, *le Café*, représentée en 1694 ; — deux opéras, *Jason*, 1696, et *Vénus et Adonis*, 1697 ; — et cinq comédies en vers, dont on n'en a d'ailleurs joué que deux : *le Flatteur*, 1696, et *le Capricieux*, 1700 ; — 2° de ses *Poésies lyriques*, comprenant quatre livres d'*Odes*, dont le premier contient ses paraphrases des *Psaumes* ; deux livres d'*Allégories*, et une vingtaine de *Cantates* ; — 3° de ses autres *Poésies*, formant deux livres d'*Épîtres*, quatre livres d'*Épigrammes*, dont le dernier n'est rempli que d'obcénités grossières ; et un livre de *Poésies diverses* ; — 4° de ses *Lettres*, parmi lesquelles on trouve à glaner quelques renseignements littéraires.

Il convient d'ajouter que, de 1710 à 1820, peu d'auteurs ont été plus réimprimés que Jean-Baptiste Rousseau.

XIII. — **La Comédie depuis Molière jusqu'à Destouches.**

1° Les Sources. — [Cf. ci-dessus, article XI] et ajoutez : Petitot : *Répertoire du Théâtre français*, t. VIII, IX et X. —

pas d'attribuer une part dans cette transformation à ce retour offensif de l'influence espagnole, qui coïncide, entre 1700 et 1714, avec l'avènement d'un petit-fils de Louis XIV au trône de Charles-Quint, ou plutôt qui en est la suite. Mais il faudrait pour cela que le seul homme d'un réel talent qui témoigne de cette influence, — c'est le romancier Le Sage, — ne fût pas aussi le seul à s'être moqué de cette nouvelle préciosité. Il ne l'avait qu'effleurée dans son *Diable boiteux*, qui parut en 1707. Mais il y revient à deux ou trois reprises dans son *Gil Blas*, dont la première partie est de 1714; et, avec une hardiesse renouvelée de La Bruyère et de Molière, il y met en scène, sous le nom de la marquise de Chaves, Mme de Lambert

Gherardi, *Théâtre italien*; — Sainte-Beuve, *Regnard*, au tome VII des *Causeries du lundi*; — J.-J. Weiss, *Éloge de Regnard*, 1859, dans ses *Essais sur l'histoire de la littérature française*; — Gilbert, *Regnard*, dans la *Revue des Deux Mondes*, 1859; — Édouard Fournier, *Notice*, en tête de son édition, Paris, 1874, 1875; — *Notice sur Dufresny*, en tête de l'édition de ses *Œuvres*, Paris, 1747; — J. Lemaître, *Le théâtre de Dancourt*, Paris, 1882.

2º LA TRANSFORMATION DE LA COMÉDIE.

A. **Jean-François Regnard** [Paris, 1655; † 1709, Grillon].

Ses origines purement parisiennes; — sa vie d'épicurien; — ses voyages et ses aventures : — une justification inattendue des dénouements de Molière, et la captivité de Regnard en Alger. — Ses débuts au Théâtre italien : *le Divorce*, 1688; *l'Homme à bonnes fortunes*, 1690; *les Chinois*, en collaboration avec Dufresny, 1692; — ses comédies de caractères : *le Joueur*, 1696; *le Distrait*, 1697; *Démocrite*, 1700; — et comment il essaie d'y combiner l'imitation de Molière avec celle de La Bruyère. — Mais son observation manque de profondeur et de force; — pour ne pas dire de conscience; — et manifestement il ne prend au sérieux ni ses sujets ni son art. — C'est pourquoi ses vrais chefs-d'œuvre : — *les Folies amoureuses*, 1704, et *le Légataire universel*, 1708, — sont d'un autre genre; — où, dans des intrigues mieux liées, et d'un mouvement plus pressé, — reparaissent les personnages de la comédie italienne; — vêtus

elle-même. Enfin, et bien plus tard, dans son *Bachelier de Salamanque*, se rappelle-t-on l'ironique éloge qu'il a fait de l'idiome proconchi? « Si vous me demandez ce que c'est que le *proconchi*, je vous répondrai que c'est une langue qui a ses déclinaisons et ses conjugaisons, et qu'on peut apprendre aussi facilement que la langue latine, plus facilement même, puisque c'est une langue vivante qu'on peut posséder en peu de temps en conversant avec les Indiens puristes. » C'est un Espagnol qui parle, et il continue : « Au reste elle est harmonieuse et plus chargée de métaphores et de figures outrées que la nôtre même. Qu'un Indien qui se pique de parler bien le proconchi s'avise de vous faire un compliment, il n'y emploiera que

à la moderne française; — et parlant le langage du monde extrêmement libre où fréquente Regnard. — Du style de Regnard, — et s'il mérite l'éloge excessif que l'on en a fait? — Ses qualités réelles de vivacité, de souplesse et d'éclat; — et qu'autant ou plus que les siennes, elles sont les qualités de la langue de son temps; — celles que l'on retrouve dans le *Crispin* ou dans le *Diable boiteux* de Le Sage, 1707 — ou dans les *Mémoires de Gramont*, 1713.

B. **Florent Carton Dancourt** [Fontainebleau, 1661; † 1725, Courcelles en Berry].

L'élève préféré du père de La Rue; — ses exploits de jeunesse; — il enlève la fille du comédien la Thorillière; — se fait comédien pour elle; — débute comme acteur en 1685; — et comme auteur dramatique en 1686, par sa comédie des *Fonds perdus*. — Elle est suivie du *Chevalier à la mode*, 1687; — de *la Femme d'intrigues*, 1692; — des *Bourgeoises à la mode*, 1692; — et si l'on rapproche de ces pièces, qui sont toutes en prose, — des pièces de moindre importance, telles que *la Maison de campagne*, 1688; — *la Parisienne*, 1691; — *la Gazette*, *l'Impromptu de garnison*, 1692; — on voit poindre une comédie nouvelle; — plus attentive à « l'actualité »; — plus voisine des mœurs contemporaines; — moins satirique et plus « plaisante » que la comédie de Molière. — C'est la comédie de mœurs.

De la comédie de mœurs dans le théâtre de Dancourt; — et ce

des pensées bizarres, singulières, et des expressions recherchées. C'est un style obscur, enflé, un verbiage brillant, un pompeux galimatias, mais c'est ce qui en fait l'excellence. C'est le ton de l'Académie de Petapa. » Seulement, comme autrefois celles de La Bruyère et de Molière, les plaisanteries du bon romancier font long feu. Le Sage a de l'esprit, beaucoup d'esprit, et il a fait de bonnes humanités, dont il aime à faire un peu parade. Oserai-je dire qu'il n'est pas très intelligent? et qu'il a peu de monde? Les raisons de la transformation qui s'opère lui échappent, et, n'y entendant rien, il s'en moque, ce qui est éminemment français. Mais de plus avisés que lui s'y rendent au contraire atten-

qu'elle conserve encore de la tradition de Molière. — Les sujets consacrés et d'ailleurs plus ou moins réels : le tuteur berné [Cf. *le Tuteur*, 1695; — *les Enfants de Paris*, 1699; — *les Trois Cousines*, 1700; — *Madame Artus*, 1708] — et le fourbe démasqué : [Cf. *le Chevalier à la mode*, 1687; — *l'Été des coquettes*, 1690; — *la Femme d'intrigues*, 1692; — *les Agioteurs*, 1710]. — Mais, dans cette ressemblance générale, des traits nouveaux se distinguent. — C'est toute une catégorie sociale que Dancourt met en scène, — et c'est ce qu'indique le pluriel de ses titres [*les Enfants de Paris, les Bourgeoises à la mode, les Agioteurs*]. — Plusieurs personnages, désormais, sont chargés d'exprimer ce qu'un seul représentait jusqu'alors; — et de là, la dispersion de la satire, qui devient plus superficielle; — mais, en revanche, de là aussi son caractère d'actualité [Cf. *la Foire de Bezons*, 1695; — *le Moulin de Javelle*, 1696; — *la Loterie*, 1697; — *le Mari retrouvé*, 1698]. — Subordination du choix du sujet au fait divers anecdotique; — et de la qualité de la plaisanterie aux exigences de la mode.

Valeur « documentaire » de la comédie de Dancourt; — et, à ce propos, d'un paradoxe d'Eugène Scribe [*Discours de réception*] sur l'indépendance du théâtre par rapport aux mœurs. — Les types de la comédie de Dancourt. — Les gens d'argent [Cf. *la Femme d'intrigues*, 1692, ou *les Agioteurs*, 1710]. — Le demi-monde ou le monde interlope [Cf. *le Chevalier à la mode*, 1687; — *les Bourgeoises à la mode*, 1692; — *la Femme d'intrigues*, 1692]. — Compa-

tifs, et bien que ne voyant pas, ou voyant mal ce qui sortira de là, deux ou trois avantages de la transformation les frappent, et ils réservent leur jugement.

S'ils voulaient répondre au romancier, ils l'accuseraient d'abord d'ingratitude, et sans insister sur les réminiscences classiques dont il charge lui-même son style, et qui ne laissent pas d'en ralentir quelquefois la rapidité, ils lui feraient observer que cette transformation, dont il plaisante, il en profite le premier. Du mode proprement *oratoire* la prose française de cette fin de siècle évolue vers le mode *narratif*. Cinquante ou soixante ans s'écouleront maintenant avant que nous rencontrions dans l'histoire de notre littérature une page vraiment élo-

---

raison du théâtre de Dancourt et du roman de Le Sage. — Les commencements de l'art réaliste; — et en quoi il diffère de l'art naturaliste. — Les dernières pièces de Dancourt : *Sancho Pança*, 1713; — *le Vert galant*, 1714; — *le Prix de l'arquebuse*, 1717; — *la Déroute de Pharaon*, 1718. — Ce qui lui a manqué pour laisser une trace plus profonde dans l'histoire du théâtre français.

C. **Charles Rivière-Dufresny** [Paris, 1648; † 1724, Paris].
Débuts tardifs de Dufresny. — Le valet de chambre de Louis XIV; — l'amateur de jardins et le dilettante; — sa collaboration avec Regnard; — ses débuts au Théâtre italien : *l'Opéra de campagne*, 1692; — *les Adieux des officiers*, 1693; — son début au Théâtre français : *le Négligent*, 1692; — *le Chevalier joueur*, 1697, — et si Regnard en a pris l'idée à Dufresny? — C'est ce que permet de croire le caractère même de Dufresny; — qui fut un « homme à idées », — et auquel il semble bien que Montesquieu ait pris plus tard l'idée de ses *Lettres persanes*; — qu'une autre idée de Dufresny a été de se soustraire à la domination de Molière [Cf. le prologue du *Négligent*]; — et dans quelle mesure il y a réussi? — Sa *Malade sans maladie*, 1699; — et son *Esprit de contradiction*, 1700. — Que Dufresny s'y peint un peu lui-même. — Ses grandes pièces : *la Joueuse*, 1709; — *la Coquette de village*, 1715; — *la Réconciliation normande*, 1719. — Nouveauté cherchée de l'intrigue; — du dialogue; — et même de la facture du vers dans le théâtre de

quente. En revanche, et depuis que Marguerite et Rabelais sont morts, combien avons-nous eu de conteurs? ou combien, depuis Amyot, de véritables « historiens »? Ne nommons pas ici Mme de Sévigné, dont on ne sait rien, à la date où nous sommes, puisque ses premières *Lettres* ne verront le jour qu'en 1726. Bossuet lui-même, Bossuet surtout, n'est qu'un orateur dans l'histoire, — *in historia orator*; — et à moins qu'on ne fasse de la *Psyché* de La Fontaine plus de cas que nous n'en saurions faire, La Fontaine n'a conté qu'en vers. Si donc Le Sage est assurément en français un des maîtres de l'art de conter, n'avons-nous pas le droit de croire qu'il doit bien quelque chose de sa supériorité dans cet art à ces habitudes nouvelles contre lesquelles cependant il proteste? Il eût

---

Dufresny. — Si l'on ne peut pas dire qu'il y a déjà quelque chose en lui de Marivaux?

3º Les Œuvres. — Indépendamment de son théâtre, nous avons de Regnard des récits de voyages : *en Flandre, en Laponie, en Pologne, en Allemagne*; — une sorte de roman, *la Provençale*, qui est le récit de ses aventures « en Alger »; — et quelques poésies diverses, parmi lesquelles il convient de signaler sa *Satire contre les maris*, et le *Tombeau de M. Despréaux*.

La meilleure ou la plus belle édition de ses *Œuvres* est celle de 1790, Paris, chez la Vve Duchesne.

On n'a de Dancourt que son théâtre, dont il n'existe aucune édition « critique », ni même complète.

La meilleure édition de Dufresny, qui n'est pas bien bonne, est l'édition de 1747, dont les trois premiers volumes renferment son *Théâtre*, et le dernier quelques morceaux en prose, parmi lesquels on peut citer les *Amusements sérieux et comiques*; — un *Parallèle de Rabelais et d'Homère*; — et une douzaine de *Nouvelles historiques*, dont on dirait les scénarios d'autant de vaudevilles ou de comédies.

XIV. — **Alain-René Le Sage** [Sarzeau (Morbihan), 1668; † 1747, Boulogne-sur-Mer].

1º Les Sources. — Gordon de Percel (Lenglet-Dufresnoy), *Bibliothèque des romans*; — La Harpe, *Cours de littérature*, IIIe partie,

moins bien conté quelque vingt ans auparavant ; et ce qui tendrait à le prouver, c'est de voir comme autour et au-dessous de lui les conteurs deviennent de jour en jour plus nombreux, depuis l'auteur des *Mémoires de Rochefort* et de *d'Artagnan*, que nous avons déjà nommé, jusqu'à l'auteur de *Fleur d'épine* et des *Quatre Facardins*. Et si l'on cherche la raison de ce progrès du style narratif, où la trouvera-t-on, que dans l'intérêt nouveau qu'on prend aux choses voisines et contemporaines? Il n'est pas facile, et il serait assez ridicule de raconter « oratoirement » les aventures de Gil Blas. Le moyen de mettre en belles périodes éloquentes la médecine du docteur Sangrado?

En même temps, et pour la même raison, — quoi

Livre premier, chapitre V, section 4; chapitre VII, section 2; et Livre second, chapitre III ; — Malitourne, *Éloge de Le Sage*, et Patin, *Éloge de Le Sage*, en tête de l'édition de 1810-1823; — Audiffret, *Notice sur Le Sage*, en tête de l'édition de 1822, Paris; — Sainte-Beuve, *Causeries du lundi*, t. II; et *Jugements sur Gil Blas et Le Sage*, en tête de la Table des *Causeries du lundi*; — F. Brunetière, *Études critiques*, t. III ; — Léo Claretie, *Le Sage romancier*, Paris, 1890 ; — Lintilhac, *Le Sage*; dans la collection des *Grands Écrivains français*, 1893.

François de Neufchâteau, *Examen de la question de savoir si Le Sage est l'auteur de Gil Blas*, 1818, et en tête de l'édition Lefèvre, Paris, 1820 ; — Llorente, *Observations critiques sur le roman de Gil Blas*, Paris, 1822 ; — Franceson, *Essai sur la question de l'originalité de Gil Blas*, Berlin, 1857 ; — Veckenstedt, *die Geschichte des Gil Blas Frage*, Berlin, 1879.

2º L'Homme et l'Écrivain. — Sa jeunesse obscure ; — ses difficultés de famille ; — et ses débuts littéraires : *Lettres galantes d'Aristénète*, 1695. — Ses relations avec l'abbé de Lionne. — Il publie son *Théâtre espagnol*, 1700 ; — et une traduction du *Don Quichotte* d'Avellaneda. — Ses débuts au Théâtre français, 1707, — et son *Turcaret*, 1709. — Comment et en quoi *Turcaret* concentre et résume ce qu'il y a de nouveauté dans le théâtre de Dancourt ; — quoique sans s'écarter de la tradition de Molière. —

qu'on en dise avec et sur l'autorité de Fénelon, dans sa *Lettre sur les occupations de l'Académie française*, — le vocabulaire s'enrichit considérablement. Quelques vieux mots se perdent, et l'effigie s'en démonétise : ils n'ont plus cours, et on les voit d'eux-mêmes se retirer de la circulation. Mais d'autres mots, bien plus nombreux, les remplacent. « Nous avons ajouté beaucoup de mots », écrit en 1718 le rédacteur de la *Préface* de la seconde édition du *Dictionnaire de l'Académie*; et en un autre endroit, il fait cette observation, qui n'intéresse pas uniquement la langue : « L'Académie n'a pas cru devoir exclure certains mots, à qui la bizarrerie de l'usage, ou peut-être celle de nos mœurs... a donné cours depuis quelques années... Il semble qu'il y ait en effet entre

---

Pourquoi *Turcaret* n'a jamais réussi ; — et si Le Sage avait le génie dramatique? — Les « traitans » essaient de faire interdire *Turcaret* ; — intervention du Dauphin, fils de Louis XIV ; — Le Sage se brouille avec les comédiens ; — et se jette par dépit dans le théâtre de la Foire. — Il consacre désormais aux forains tous les loisirs que le roman lui laisse. — La collaboration de Le Sage, d'Orneval et Fuzelier ; — et de l'intérêt documentaire du théâtre de la Foire. — *Le Diable boiteux*, 1707 ; — et *Gil Blas*, 1715, 1724, 1735.

A. *Les éléments antérieurs dans le roman de Le Sage.* — Le développement de la nouvelle entre 1680 et 1700 ; — et le passage du style oratoire au style narratif ; — l'abondance des *Mémoires* ; — et la forme du récit personnel. — Ce que Le Sage doit à La Bruyère ; — et qu'en un certain sens le *Diable boiteux* n'est qu'une série de portraits ou de caractères [Cf. *la Vieille Coquette, le Vieux Galant, l'Allemand, — le Français, — le Maître d'école*, etc.]. — Comme dans la comédie de Dancourt, c'est à la « peinture des conditions » que le romancier demande maintenant l'intérêt ; — et à ce titre *Gil Blas* lui-même n'est qu'une comédie. — Les allusions contemporaines dans le roman de Le Sage ; — et s'il est plus sincère, quand il s'en défend, que l'auteur des *Caractères*? — L'imitation de l'espagnol dans les romans de Le Sage ; — et, à cette occasion, du roman picaresque (Cf. Ticknor, *Histoire de la littérature espagnole*, et Eug. de Navarrete, dans la Collection des *Classiques espagnols*

les mots d'une langue, une espèce d'égalité comme entre les citoyens d'une république ; ils jouissent des mêmes privilèges et sont gouvernés par les mêmes lois ; et comme le général d'armée et le magistrat ne sont pas plus citoyens que le simple soldat, ou le plus vil artisan... de même les mots de *Justice* et de *Valeur* ne sont pas plus des mots français, ni plus français, quoiqu'ils représentent les premières de toutes les vertus, que ceux qui sont destinés à représenter les choses les plus abjectes et les plus méprisables. » Veut-on connaître quelques-uns de ces mots ? La *Préface* elle-même nous signale les mots de *Falbala*, *Fichu*, *Battant l'œil*, *Ratafia*, *Sabler* ; et on le voit tout de suite, ce sont des termes populaires ou des termes concrets, tirés de l'usage de la

(Ribadeneira). — Nombreux emprunts de Le Sage ; — et puérilité des reproches qu'on lui en a faits (Cf. Llorente, *loc. cit.*; Baret, *Littérature espagnole*; F. Brunetière, *Histoire et Littérature*, t. III et Léo Claretie, *op. cit.*]. -

B. *L'originalité du roman de Le Sage* ; — et que, naturellement, pour en juger, il faut retrancher de son *Gil Blas* les histoires supplémentaires qui interrompent le récit principal (Cf. *les Amours du comte de Belflor et de Léonor de Cespédés*). — Ce qu'il a imité du roman picaresque, Le Sage l'a « humanisé » ; — et que, pour comprendre la valeur de ce mot, il suffit de comparer son *Gil Blas* avec sa traduction d'*Estevanille Gonzalez*, 1734. — De la confession des mauvais drôles du roman picaresque, il a fait un tableau de la vie humaine ; — et d'une succession d'aventures indifférentes une satire des conditions de son temps. — En d'autres termes encore, il a « réduit à l'universel » ce qu'il y avait de trop singulier dans ses modèles ; — et donné ainsi une portée morale à des anecdotes quelconques.

C. *L'importance du roman de Le Sage* ; — et qu'elle est d'avoir constitué le roman réaliste comme genre littéraire. — Après La Bruyère, et avec des procédés analogues, il a fait passer, de la scène dans le livre, la satire des mœurs ; — et ainsi il a ouvert une voie véritablement nouvelle. — Sa bonne fortune a été d'établir la distinction fondamentale du théâtre et du roman. — Le héros de

vie commune. D'autres encore sont termes de toilette, par exemple, ou termes de sciences, — de mécanique, de physique, d'histoire naturelle. Ils introduisent avec eux la préoccupation des choses qu'ils désignent. On tire de ces choses des comparaisons, puis des figures, des métaphores nouvelles. On incorpore à la littérature tout un vaste domaine qui n'était pas encore le sien. Il vient aussi des mots de Hollande, où les *Journaux* en forgent pour exprimer des idées qui n'avaient pas de nom en France; il en vient d'Angleterre, qui ne sont pas précisément anglais, mais français et « réfugiés », si l'on peut ainsi dire. La plasticité de l'esprit français absorbe, s'assimile tous ces éléments disparates, les conforme à ses exigences, les réduit aux règles de sa grammaire. Et finalement

roman est toujours la victime ou la créature des circonstances; — et il s'y abandonne; — mais le héros de théâtre prétend en demeurer le maître. — L'imitation de la vie commune dans le roman de Le Sage; — et que ni le déguisement espagnol; — ni l'intention constamment satirique n'en sauraient masquer l'exactitude. — Comparaison de l'histoire « fictive » de *Gil Blas* avec l'histoire vraie de Dubois ou d'Alberoni. — Du caractère des événements dans le roman de Le Sage; — et qu'ils n'ont rien de « romanesque », — en tant que le mot est synonyme d'arbitraire ou d'extraordinaire. — L'erreur que l'on commet parfois à ce sujet ne provient que de mal connaître les mœurs privées du temps de Louis XIV et de la Régence. — Abondance de traits réalistes dans le roman de Le Sage; — et comment, ainsi que dans la satire de Boileau, — l'excès en est constamment tempéré par son éducation littéraire. — D'une parole étrange de Nisard sur Le Sage considéré comme moraliste; — et qu'il n'y a rien de commun, que l'abus des citations latines, entre Le Sage et Rollin.

Les dernières œuvres et les dernières années de Le Sage. — Sa traduction de *Guzman d'Alfarache*, 1732. — Ses romans exotiques : *les Aventures du chevalier de Beauchesne*, 1732; — et son *Bachelier de Salamanque*, 1736. — Il continue en même temps de travailler pour le théâtre de la Foire; — et, au théâtre comme dans le roman, de satiriser ses grands ennemis, qui sont : — les comédiens eux-

qu'en arrive-t-il ? Il en arrive, et il le faut dire, que si l'on a jadis écrit ou parlé un français plus noble, plus grave, plus sérieux, on n'en a jamais parlé de plus « joli » qu'entre 1685 et 1715 ou à peu près, ni de plus transparent, qui fût un calque plus fidèle de l'idée, ni qui fût aussi plus concret. Lisez plutôt Fontenelle et Le Sage, Mme de Lambert et Mlle de Launay, Regnard et Massillon. Cela ne manque en vérité que de composition, de profondeur et d'harmonie, qui sont de grandes choses, — mais non pas en tout temps ni partout nécessaires, puisque le manque même allait en contribuer à la fortune européenne de notre littérature.

C'est qu'aussi bien, et comme à mesure que l'étreinte royale se desserrait en quelque sorte, la « société » se

mêmes ; — les gens d'argent ; — et les précieux. — Ses jugements littéraires [Cf. dans *Gil Blas* les conversations de Gil Blas avec Fabrice ; dans *le Bachelier de Salamanque* les plaisanteries sur Mme de Lambert et sur l'académie de Petapa ; et Hönncher : *Die litterarische Satire Le Sage's*, Leipsig, 1886]. — Ce romancier réaliste est presque le dernier des « classiques ». — Sa longue vieillesse. — Ses dernières publications : *la Valise trouvée*, 1740, — et le *Mélange amusant*, 1743. — Son influence en France et à l'étranger.

3º Les Œuvres. — Elles se composent, ainsi qu'on l'a vu : — 1º de son *Théâtre* ; — 2º de ses traductions de l'espagnol, drames, comédies, ou romans picaresques ; — 3º de ses romans originaux qui sont : *le Diable boiteux, Gil Blas, les Aventures du chevalier de Beauchesne ; le Bachelier de Salamanque* ; — 4º de son *Théâtre de la Foire*, en collaboration avec d'Orneval et Fuselier [quatre volumes] ; — et 5º d'un certain nombre de travaux « de librairie », parmi lesquels on cite sa revision des *Mille et un Jours* de l'orientaliste Pétis de la Croix.

L'édition « définitive » de *Gil Blas*, en quatre volumes, est celle de 1747.

Les rééditions modernes sont innombrables.

Deux bonnes éditions des *Œuvres* sont l'édition de 1810-1823, — et l'édition Renouard, 1820, Paris.

ressaisissait elle-même, et loin du maître, loin de la cour, à la ville, comme on disait alors, les salons, et dans les salons les femmes reprenaient leur empire. On les avait un peu écartées de la littérature et de l'art, entre 1660 et 1690. On les avait réduites à un rôle un peu effacé. Mais maintenant que le vieux roi ne se soucie plus d'elles, en attendant que le régent les traite comme on sait qu'il fera, leur naturelle influence renaît, et pour préluder aux « grandes nuits de Sceaux », voici briller chez Mme de Lambert les beaux jours, qu'on croyait évanouis, de l'hôtel de Rambouillet. Et puisque d'un côté les hautes spéculations les effarouchent, que les grandes passions leur font plutôt peur, on s'ingénie à les leur présenter sous une forme qui les amuse ; mais elles, à

XV. — Le salon de Mme de Lambert.

1° Les Sources. — *Lettres choisies de M. de la Rivière*, Paris, 1751 ; — Fontenelle, *Éloge de Mme de Lambert* ; — *Mémoires* de Mme de Staal-Delaunay, de d'Argenson, du président Hénault ; — D'Alembert, *Éloges de Sacy, de Sainte-Aulaire, de La Motte* ; — Sainte-Beuve, *Mme de Lambert*, au t. IV des *Causeries du lundi* ; — Desnoiresterres, *les Cours galantes* ; — Ch. Giraud, *la Maréchale de Villars* ; Paris, 1881 ; — Lescure, *Étude* en tête de son édition des *OEuvres* de Mme de Lambert, Paris, 1883 ; — Emmanuel de Broglie, *Les mardis et les mercredis de la marquise de Lambert*, dans le *Correspondant* des 10 et 25 avril 1895.

2° La Renaissance de la Préciosité ; — et qu'il y faut voir, comme à son origine, une protestation des femmes contre la grossièreté du langage ; — l'indécence des mœurs ; — et la tendance au naturalisme. — Anne-Marie Thérèse de Marguenat de Courcelles, marquise de Lambert [1647, † 1733] ; — sa jeunesse ; — son mariage et ses premiers écrits. — Sa « correspondance » avec Fénelon. — Les *Avis d'une mère à son fils* et les *Avis d'une mère à sa fille*. — Mme de Lambert s'installe à l'hôtel de Nevers, 1698 [aujourd'hui la Bibliothèque nationale] ; — et se donne à elle-même le rôle de protectrice des lettres. — Ses *mardis* et ses *mercredis*. — Comme à l'hôtel de Rambouillet jadis, les gens de lettres s'y mêlent aux

leur tour, achèvent d'épurer la langue de tout pédantisme, et la pensée même de l'espèce d'orgueil dont elle se nourrit dans sa solitude. C'est pourquoi cette pensée d'une part, et de l'autre cette langue, deviennent la plus ressemblante image qu'il y ait de l'esprit français, si cet esprit, comme nous avons tâché de le montrer, est surtout un esprit de « sociabilité ». On n'écrit vraiment plus déjà que pour les autres, pour les amuser, pour leur plaire, pour être applaudi ; — et un peu pour leur être utile. D'où que l'on vienne, dans quelque condition déjà que l'on soit né, quelque idée que l'on ait de son fonds, l'apprentissage de l'écrivain est d'en chercher le rapport ou l'accord avec les idées de son temps. La fortune littéraire, l'autorité, la gloire, la réputation ne s'acquièrent

grands seigneurs, — et les actrices [Cf. les *Lettres d'Adrienne Lecouvreur* publiées par M. G. Monval, Paris, 1892, Plon] aux grandes dames [Cf. Giraud, *La maréchale de Villars*]. — Mais le ton y est sensiblement plus libre ; — ou libre d'une autre manière ; — et les conversations s'y étendent à d'autres objets.

3º LE GRAND HOMME DU SALON DE Mme DE LAMBERT. — Antoine Houdart de La Motte [1672, † 1731]. [Cf. l'abbé Trublet, *Mémoires sur M. de la Motte*, et d'Alembert, *Éloge de La Motte*.] — Ses triomphes à l'Opéra ; *l'Europe galante*, 1697 ; *Issé*, 1698 ; *Amadis de Gaule*, 1699. — Ses *Odes*, 1706, et ses *Fables*, 1719. — Son *Discours sur Homère*, 1714. — et la réponse de Mme Dacier : *Des causes de la corruption du goût*. — Intervention de Mme de Lambert dans la querelle. — Le « Salon » tout entier se range du parti des Modernes ; — et, comme il se trouve représenter à la fois la politesse et le goût, — l'opinion littéraire achève de se détacher des Anciens. — Autres ouvrages de La Motte. — Ses tragédies : *les Macchabées*, 1721 ; — *Romulus*, 1722 ; — *Inès de Castro*, 1723. — La Motte triomphe encore dans le « discours académique » ; — et devient l'oracle littéraire du salon de Mme de Lambert.

4º LA FORMATION DE L'OPINION PUBLIQUE. — De ce mélange de beaux esprits et d'hommes d'affaires dans le salon de l'hôtel de Nevers se forme l'opinion publique. — Mme de Lambert devient la grande électrice de l'Académie française ; — et leur influence à

plus autrement. C'est une manière de comprendre la littérature, et nous venons d'en voir les avantages. Mais ces avantages ne sont-ils pas peut-être compensés par quelques inconvénients? C'est ce que nous examinerons dans le chapitre suivant.

toutes deux s'en augmente d'autant. — L'indifférence du pouvoir y aide; — ainsi que le désordre croissant. — La cour, qui a perdu le gouvernement des esprits, — ne se rend pas compte du mouvement qui s'opère. — Ce n'est plus à Versailles que les talents « naissants » vont chercher la consécration de leur mérite; — c'est dans le salon de Mme de Lambert. — Si Fontenelle et La Motte y règnent, Marivaux et Montesquieu y débutent. — La discussion des « grands sujets », sous une forme précieuse, y entre avec eux; — comme avec l'abbé de Saint-Pierre [Cf. G. de Molinari, *l'Abbé de Saint-Pierre*, Paris, 1857; et Goumy, *Étude sur la vie et les écrits de l'abbé de Saint-Pierre*, Paris, 1859]; — et avec l'empire des salons se fonde le pouvoir de l'esprit.

CHAPITRE III

LA DÉFORMATION DE L'IDÉAL CLASSIQUE

I

La littérature n'est pas toujours « l'expression de la société », quoi qu'on en ait pu dire, mais quand une fois elle l'est devenue, il est sans doute assez naturel que ses destins suivent la fortune de la société dont elle est

LES AUTEURS ET LES ŒUVRES

Septième Époque

Des « Lettres persanes » à la publication de l' « Encyclopédie ».

1722-1750

I. — **Charles de Secondat, baron de la Brède et de Montesquieu** [château de La Brède, près Bordeaux, 1689; † 1755, Paris].

1º Les Sources. — Maupertuis, *Éloge de Montesquieu*, 1755; — d'Alembert, *Éloge du Président de Montesquieu*, 1755, au t. V de l'*Encyclopédie*; — Voltaire, *Siècle de Louis XIV*, au *Catalogue des Écrivains*, 1756; son article *Esprit des Lois* dans son *Dictionnaire philosophique*, 1771; et *Commentaire sur l'Esprit des Lois*, 1777; — Villemain, *Éloge de Montesquieu*, 1816; — Garat, *Mémoires historiques sur la vie de M. Suard*, 1820; — Sainte-Beuve, *Causeries du lundi*, t. VII, 1852; — Louis Vian, *Histoire de la vie et*

l'expression. C'est ce que l'on vient de voir commencer, et c'est ce qui achève de se produire dans les premières années du règne de Louis XV.

Délivrés ou débarrassés des protestants, du jansénisme, et de Louis XIV, les « Libertins » ne cessent de gagner du terrain et deviennent les guides et les maîtres de l'opinion. « S'il a paru autrefois des impies, — s'écrie Massillon dans son *Petit Carême*, — le monde lui-même les a regardés avec horreur... Mais aujourd'hui *l'impiété est presque devenue un air de distinction et de gloire*; c'est un mérite qui donne accès auprès des grands, *qui relève, pour ainsi dire, la bassesse du nom et de la naissance*, qui donne à des hommes obscurs, auprès des princes du peuple, un privilège de familiarité. » [Cf. *Petit Carême*, 3ᵉ sermon, *sur le Respect dû à la religion*.] Les princes du

des ouvrages de Montesquieu, Paris, 1879; — Albert Sorel, *Montesquieu*, dans la collection des *Grands Écrivains français*, Paris, 1887.

Bertolini, *Analyse raisonnée de l'Esprit des Lois*, 1754, et au tome III de l'édition Laboulaye; — d'Alembert, *Analyse de l'Esprit des Lois*, 1755, et en tête de l'édition Parrelle; — Crévier, *Observations sur le livre de l'Esprit des Lois*, 1764; — Destutt de Tracy, *Commentaire sur l'Esprit des Lois*, Philadelphie, 1811; et 1819, Paris; — Sclopis, *Recherches historiques et critiques sur l'Esprit des Lois*, Turin, 1857; — Laboulaye, *Introduction à l'Esprit des Lois*, Paris, 1876.

Voyez encore Auguste Comte, *Cours de philosophie positive*, t. V et VI, Paris, 1842; — Ernest Bersot, *Études sur le xviiiᵉ siècle*, Paris, 1855; — J. Barni, *Histoire des idées morales et politiques en France au xviiiᵉ siècle*, Paris, 1865; — P. Janet, *Histoire de la science politique*, Paris, 1858; et 2ᵉ édit., 1872; — Robert Flint, *la Philosophie de l'histoire en France*, trad. française, Paris, 1878; — H. Taine, *l'Ancien régime*, Paris, 1875; — Émile Faguet, *Dix-huitième siècle*, Paris, 1890.

2° L'Homme et l'Écrivain. — Les origines de Montesquieu; — Gascon, gentilhomme et magistrat. — Il entre au Parlement de Bordeaux, 1714; — et il y succède à un de ses oncles dans la

peuple, ce sont les Vendôme, à moins que ce ne soit Philippe d'Orléans lui-même, puisque nous sommes en 1718; et ces hommes obscurs, dont la profession d'athéisme ou de libertinage « ennoblit la roture », nous les connaissons également : ce sont les beaux esprits qui se réunissent au café Procope ou au café Gradot; c'est ce « petit Arouet », comme on l'appelle, et qu'on vient d'embastiller, l'an dernier. S'ils ne sont pas encore du monde, ils en seront bientôt, et pour s'en rendre dignes, ils en prennent, ou plutôt ils en ont déjà les manières. On les rencontre dans les salons, chez Mme de Lambert, où la liberté de leurs propos amuse l'oisiveté des femmes et l'insouciance des hommes. Ils s'insinuent jusque dans les boudoirs, où l'esprit triomphe avec eux de l'inégalité des conditions. Et, en attendant qu'ils forment une espèce

charge de Président à mortier, 1716. — Intéressante analogie de ce commencement de carrière avec les débuts de celle de Montaigne. — Premiers travaux de Montesquieu; — leur caractère scientifique; — ses *Discours* sur la *Cause de l'écho*, 1718; sur l'*Usage des glandes rénales*, 1718; — et qu'on retrouvera dans l'*Esprit des Lois* la trace de cette culture scientifique. — Bizarrerie de ses goûts littéraires; — son admiration pour les tragédies de Crébillon, « qui le font entrer, dit-il, dans les transports des bacchantes »; — il publie ses *Lettres persanes*, 1721-1722.

A. Les *Lettres persanes*; — et d'abord la question bibliographique; — Pierre Marteau de Cologne et ses fausses éditions. Les sources des *Lettres persanes*; — et qu'on fait à Dufresny trop d'honneur en les voyant uniquement dans ses *Amusements sérieux et comiques*. — Mais, autant que de Dufresny, Montesquieu s'est inspiré des *Caractères* de La Bruyère et du *Diable boiteux* de Le Sage; — du *Télémaque* de Fénelon [Cf. l'épisode des Troglodytes]; — des récits de voyages de Tavernier et de Chardin; — et même des *Mille et une Nuits*. — Fâcheux développement de l'intrigue de harem dans les *Lettres persanes*; — et que Montesquieu ne renoncera jamais à ce genre de tableaux [Cf. son *Temple de Gnide*; *Arsace et Isménie*, etc.]. — La satire des mœurs contemporaines dans les *Lettres persanes* [Cf. notamment Lettres 48,

de « corps », ou presque d'État dans l'État, la fortune et la naissance s'étonnent un peu d'abord, font mine de s'irriter, mais au fond ne s'effarouchent pas, et finalement s'arrangent d'être traitées par eux avec autant de désinvolture et d'agréable impertinence qu'elles se permettaient de les traiter autrefois.

C'est qu'aussi bien, depuis quelques années, il s'est fait de singuliers mélanges de la naissance et de la fortune elles-mêmes : « Le corps des laquais — écrit Montesquieu dans ses *Lettres persanes*, en 1721 — est plus respectable en France qu'ailleurs; il remplit le vide des autres états. Ceux qui le composent prennent la place des grands malheureux, et quand ils ne peuvent suppléer par eux-mêmes, ils relèvent toutes les grandes maisons par le moyen de leurs filles, qui sont comme une espèce de

---

57, 72, 143, etc.]; — et qu'elle va bien plus profondément que la satire de Le Sage ou de La Bruyère [Cf. 24, 29, 44, 68, etc.]. — La dernière partie du livre. — De la singulière importance que l'auteur y donne, longtemps avant Malthus, à la question de la population [Cf. 113 à 123]. — Ses perpétuelles comparaisons de l'Europe à l'Asie. — Grand succès des *Lettres persanes*; — Montesquieu se démet de sa charge de président, 1726; — il entre à l'Académie française, 1728; — et entreprend une série de voyages, — qui lui font connaître à peu près toute l'Europe civilisée, 1728-1731 [Cf. *Voyages de Montesquieu*, Paris et Bordeaux, 1892, 1894, 1896]. — Il se fixe dans son domaine de la Brède; — et fait paraître ses *Considérations* en 1734.

B. Les *Considérations sur les Causes de la grandeur et de la décadence des Romains*. — A quelle intention Montesquieu a écrit cet ouvrage; — et si peut-être il n'y faut voir qu'un « fragment » de l'*Esprit des Lois*; — ou si l'auteur s'est vraiment proposé d'y rivaliser « avec Tacite et avec Florus »? — De la prédilection de Montesquieu pour Florus [Cf. son *Essai sur le goût*]; — et généralement pour les Latins de la décadence; — ce qui ne l'empêche pas de reprocher à Tite Live « d'avoir jeté des fleurs sur les colosses de l'antiquité ». — Comparaison du livre de Montesquieu avec la troisième partie du *Discours sur l'histoire universelle*; —

fumier qui engraisse les terres montagneuses et arides »
[Cf. *Lettres persanes*, n° 99]. La Bruyère, dans ses *Caractères*, avait dit quelque chose de cela. Relisons là-dessus la deuxième partie de *Gil Blas*; elle est datée de
1725; on y voit un laquais devenir « par de sales emplois »
l'arbitre de la monarchie espagnole; et si nous étions
tentés de méconnaître la valeur « documentaire », la signification politique, la portée sociale du roman, songeons
quels étaient hier encore les maîtres effectifs de l'Europe : un Dubois, le fils de l'apothicaire de Brive-la-Gail-
larde, ou un Alberoni, le fils du jardinier de Parme!
Rouvrons aussi les *Lettres historiques et galantes* de
Mme Dunoyer, ou les *Mémoires* de Saint-Simon. Mais songeons surtout au renversement opéré dans les conditions
par le système de Law, 1716-1721, et que rien de pareil

et dans quelle mesure Montesquieu a eu l'intention de combattre
Bossuet. — Sa théorie des causes; — et sa philosophie de l'histoire.
  C *L'Esprit des Lois*. — Du lien qui rattache les *Lettres persanes*
à l'*Esprit des Lois*; — et dans quel sens on peut dire que Montesquieu n'a vraiment écrit qu'un seul ouvrage. — Du dessein du livre;
— et qu'il faut bien qu'il ne soit pas clair; — puisqu'il n'est le
même pour aucun des commentateurs de Montesquieu. — Qu'à
vrai dire l'ambition de Montesquieu a été de faire un grand livre;
— mais qu'il n'y a qu'à moitié réussi. — Indétermination de son
plan; — tour fâcheux de sa plaisanterie; — insuffisance ou légèreté de sa critique [Cf. Voltaire dans son *Commentaire*]. — De
quelques erreurs qu'il s'est plu à laisser subsister dans son livre
[Cf. livre VII, ch. 16; livre XV, ch. 4; livre XXI, ch. 22]; — et
quelles raisons il peut bien avoir eues de ne pas les réparer ? — Ce
que Sainte-Beuve a voulu dire, en disant « que les ouvrages de
Montesquieu n'étaient guère qu'une reprise idéale de ses lectures »; — et que cela équivaut à dire qu'ils manquent d'ordre et
de logique. — Du mot de Mme du Deffand sur l'*Esprit des Lois*;
— et qu'il caractérise bien les défauts de la manière de Montesquieu. — Mais, que toutes ces observations n'empêchent pas Montesquieu d'avoir fait entrer dans le domaine de la littérature tout

ne s'était vu jusque-là. « Tous ceux qui étaient riches il y a six mois sont à présent dans la pauvreté, et ceux qui n'avaient pas de pain regorgent de richesses... L'étranger a tourné l'état comme un fripier tourne un habit... Quelles fortunes inespérées, incroyables même à ceux qui les ont faites! Dieu ne tire pas plus rapidement les hommes du néant. Que de valets servis par leurs camarades, et peut-être demain par leurs maîtres! » [Cf. *Lettres persanes*, n° 138]. C'est encore Montesquieu qui parle, un satirique, assurément, mais un homme grave, un magistrat. Et c'est ainsi que, du fond de la société, comme une écume, en bouillonnant, toute une lie monte à la surface, et s'y étale, et y demeure. Une nouvelle aristocratie se forme, douteuse ou impure en sa source, ignorante à plaisir, cynique et débraillée dans ses mœurs, raffinée

un ordre d'idées qui n'en faisait point partie ; — d'avoir esquissé le premier une philosophie de l'histoire purement laïque ; — d'avoir entrevu les analogies de l'histoire avec l'histoire naturelle ; — et, à un point de vue plus général, d'avoir éloquemment exprimé, — sur la liberté, — sur la tolérance, — et sur l'humanité, — des idées qui ne sont point, même de nos jours, aussi banales et aussi répandues qu'on le dit. — Succès de l'*Esprit des Lois*, tant à l'étranger qu'en France ; — et si les défauts du livre n'y ont pas contribué autant que ses qualités?
Des moindres écrits de Montesquieu : *le Temple de Gnide*, 1725 ; — le *Voyage à Paphos*, 1727 ; — le dialogue de *Sylla* et d'*Eucrate*, 1745 ; — *Lysimaque*, 1751-1754 ; — *Arsace* et *Isménie*, 1754 ; et l'*Essai sur le goût*, 1757. — Des qualités du style de Montesquieu ; — et qu'il est bien de la famille du style de Fontenelle ; — quoique d'ailleurs plus grave, plus plein, et plus dense ; — et, à cette occasion, de la préciosité de Montesquieu. — De l'art et de la capacité de former des idées générales ; — et qu'ils font encore un caractère éminent du style de Montesquieu ; — ainsi que le pouvoir d'exprimer en peu de mots non seulement beaucoup de choses, — mais beaucoup de choses différentes et conséquemment beaucoup de rapports. — Les dernières années de Montesquieu. — Il fréquente chez Mme de Tencin et chez Mme Geoffrin

toutefois dans ses goûts, et qui sans doute ne saurait désormais reprocher aux gens de lettres l'humilité de leur extraction, puisqu'enfin, des frères Pâris ou du petit Arouet, c'est encore celui-ci « le mieux né ».

Au milieu de ce déclassement universel, ou plutôt à la faveur de ce déclassement même, l'influence des femmes continue de grandir, et pour la première fois depuis cent ans, voici qu'avec la marquise de Prie, sous le ministère du duc de Bourbon — 1723-1726 — leur pouvoir s'exerce jusque dans l'État. Mme de Lambert ne faisait que des académiciens; la marquise de Prie fait une reine de France; Mme de Tencin fera des cardinaux et des ambassadeurs. « Il n'y a personne — écrit Montesquieu — qui ait quelque emploi à la cour dans Paris ou dans les provinces, qui n'ait une femme par les mains de qui passent

[Cf. Marmontel dans ses *Mémoires*, et P. de Ségur, *le Royaume de la rue Saint-Honoré*, Paris, 1897]. — Sa situation unique dans le monde littéraire; — et dans l'opinion européenne de son temps.

3° Les Œuvres. — Nous venons d'indiquer les principales œuvres de Montesquieu. Il y faut ajouter cent cinquante ou soixante *Lettres familières* (exactement 152 dans l'édition Laboulaye); — et trois volumes d'*Œuvres inédites*, publiés par le baron de Montesquieu [Paris et Bordeaux, 1892, 1894, 1896].

Les principales éditions de Montesquieu, indépendamment des éditions originales qu'il faut toujours consulter, au moins pour les *Lettres persanes* et pour l'*Esprit des Lois*, sont : — l'édition Parrelle, dans la *Collection des Classiques français*, Paris, 1826, Lefèvre; — et l'édition Laboulaye, Paris, 1875-1879, Garnier.

II. — **Pierre Carlet de Chamblain de Marivaux** [Paris, 1688; † 1763, Paris].

1° Les Sources. — D'Alembert, *Éloge de Marivaux*, 1785; — Marmontel, dans ses *Mémoires*; — Geoffroy, *Cours de Littérature dramatique*, 1825, t. III; — Sainte-Beuve, *Marivaux*, dans ses *Causeries du lundi*, t. IX, 1854; — Édouard Fournier, *Étude sur Marivaux*, en tête de son édition du *Théâtre complet*, Paris, 1878; — Lescure, *Éloge de Marivaux*, Paris, 1880; — Jean Fleury,

toutes les grâces et quelquefois les injustices qu'il peut faire »; et, naturellement, cette « femme » n'est pas la sienne. Aussi, qui voudra faire désormais son chemin dans le monde, faudra-t-il qu'avant tout il ait pour lui les femmes, le talent de leur plaire, de les intéresser à sa fortune ou à sa réputation. C'est ce que les écrivains comprennent; et, il faut bien l'avouer, si leur complaisance ne laisse pas d'avoir des dangers, dont le moindre est de les ramener, comme autrefois les précieux, au rôle de serviteurs ou de courtisans de la mode, il en résulte pourtant d'abord un avantage. « L'âme française, un peu légère, mobile et refroidie par le convenu, l'artificiel, semble gagner un degré de chaleur » [Cf. Michelet, *Histoire de France*; *Louis XV*]; et grâce aux femmes, et pour s'emparer d'elles, la *sensibilité* s'émancipe de la tutelle

Marivaux et le marivaudage, Paris, 1881; — G. Larroumet, *Marivaux, sa vie et ses œuvres*, Paris, 1882; — F. Brunetière, *Études critiques*, t. II et t. III, 1881 et 1883; et les *Époques du théâtre français*, 1892; — G. Deschamps, *Marivaux*, dans la collection des *Grands Écrivains français*, Paris, 1897.

2º L'ÉCRIVAIN. — La famille de Marivaux. — Sa première éducation; — ses premières fréquentations à Paris; — ses premiers protecteurs ou patrons littéraires : Fontenelle et La Motte. — Sa tragédie d'*Annibal*. — Son premier roman : *Pharsamon ou les folies romanesques*, 1712; — et comment, dans la veine du précieux, Marivaux remonte jusqu'au *Grand Cyrus* et jusqu'au *Polexandre*. — Son mépris de l'antiquité : l'*Iliade travestie*, 1716; — et à ce propos, du caractère particulièrement haineux des travestissements de Marivaux.

A. *Le Romancier*. — *Les Effets surprenants de la sympathie*, 1713-1714; — *la Voiture embourbée*, 1714; — et, à cette occasion, de la pauvreté d'imagination de Marivaux; — la *Vie de Marianne*, 1731-1741; — et le *Paysan parvenu*, 1735-1736. — Caractères essentiels des romans de Marivaux. — Ce sont des romans réalistes; — par la condition des personnages, — ordinairement bourgeois ou même au-dessous du bourgeois; — par la simplicité de l'intrigue; — par la fidélité de la peinture de la vie commune.

étroite et soupçonneuse où l'avaient retenue les maîtres de l'âge précédent.

Timidement, pour commencer; mais bientôt avec plus d'audace, on la voit poindre et s'essayer dans la comédie de Marivaux : — *le Jeu de l'amour et du hasard*, 1730; *les Serments indiscrets*, 1732; *la Mère confidente*, 1735; *les Fausses confidences*, 1737, — dix autres pièces, qui non seulement vengent les femmes des dédains de Molière, mais encore qui font passer la comédie sous l'empire de leur sexe, l'y rangent, et l'y maintiendront à l'avenir. Non qu'il n'y ait de l'esprit, trop d'esprit, de la recherche et de la subtilité dans les chefs-d'œuvre de Marivaux, et du « marivaudage »; car où voudrait-on qu'il y en eût? Il y a aussi de la sécheresse, et, souvent, une ironie qu'il semble avoir héritée de son maître et ami Fonte-

— Ce sont en second lieu des romans psychologiques; — dont le principal intérêt ne consiste que dans l'analyse des sentiments; — et où les aventures tiennent si peu de place; — ont si peu d'importance pour l'auteur lui-même, que *Marianne* et *le Paysan* sont demeurés inachevés. — Et ce sont enfin des romans sinon d'amour, au moins de galanterie; — ce qui les distingue des romans de Le Sage. — S'ils sont d'ailleurs aussi « décents » et aussi « moraux » qu'on l'a prétendu? — Comparaison à cet égard de *Gil Blas* et du *Paysan parvenu*. — Du goût bizarre de Marivaux pour « les gens de maison ».

B. *L'Auteur dramatique*; — et que son originalité consiste en trois points, qui sont : — d'avoir abandonné les traces de Molière; — d'avoir transposé la tragédie de Racine dans la vie commune; — et d'avoir mis le principal de l'intrigue dans la transformation des sentiments: *la Double inconstance*, 1723; — *la Seconde surprise de l'Amour*, 1728; — *le Jeu de l'amour et du hasard*, 1730; — *les Fausses confidences*, 1737; — *l'Épreuve*, 1740. — Critiques des contemporains, et réponse de Marivaux. — « Il s'agit dans toutes ses pièces de faire sortir l'amour d'une des niches où le retiennent l'amour-propre, la timidité, l'embarras de s'expliquer ou l'inégalité des conditions. » — Importance des rôles de femmes dans le théâtre de Marivaux. — Caractère original qui résulte de

nelle. Mais si la *sensibilité* n'y occupe pas toute la place, elle en fait l'âme ; et s'il est une qualité que l'on ne puisse disputer aux Araminte et aux Silvia de ce galant homme, c'est d'être en vérité ce qu'on appelle « touchantes ». La *Zaïre* de Voltaire, 1732, son « Américaine » *Alzire*, 1736, sont plus que touchantes ; elles sont pathétiques ; et, ainsi que l'a fait observer un bon juge [Cf. A. Vinet, *Littérature française au* xviiie *siècle*, II, 24, 37], il ne suffirait pas de dire que leurs aventures nous émeuvent : elles nous désolent. A cet égard, — comme à plusieurs autres, — les tragédies de Voltaire sont autant au-dessus de celles de Crébillon ou de La Motte que les comédies de Marivaux sont au-dessus de celles de Destouches, de Regnard même. Et quand on a fait la part de ce que ses inventions contiennent de « romanesque » et de « mélodramatique »

cette importance des rôles de femmes : — diminution de la part de la satire ; — accroissement de la partie sentimentale dans la notion même de la comédie ; — et révolution qui s'en suit nécessairement au théâtre. — La comédie de Marivaux et la peinture de Watteau. — Marivaux et Shakespeare ; — et qu'avec le décor vaguement poétique, et les noms italiens, — ce qu'il y a de plus shakespearien dans Marivaux, — c'est peut-être le « marivaudage ». — « Marivaudage » et « Euphuisme ». — Que d'ailleurs la préciosité n'empêche pas Marivaux d'être souvent assez sec ; — et même quelquefois grossier. — *Le Jeu de l'amour et du hasard*, et le *Ruy Blas* de Victor Hugo.

C. *Le Publiciste.* — D'un mot de Sainte-Beuve sur « certains côtés sérieux de l'esprit de Marivaux » ; — et qu'il faut les chercher dans ses « feuilles ». — *Le Spectateur français*, 1722-1723 ; — et que l'idée en est visiblement prise du *Spectateur* d'Addison. — *l'Indigent philosophe*, 1728, et le *Cabinet du philosophe*, 1734. — Emprunts qu'y ont faits l'auteur du *Neveu de Rameau* et celui du *Mariage de Figaro* [Cf. Brunetière, *Études critiques*, t. III]. — De quelques idées de Marivaux ; — sur la critique ; sur l'organisation du « maréchalat » littéraire ; — sur la condition des femmes et sur l'éducation des enfants ; — sur l'inégalité des conditions humaines. — Dans quelle mesure Marivaux lui-même a pris ses idées au

oserons-nous dire qu'après cent cinquante ans écoulés, son *Alzire*, et surtout sa *Zaïre*, nous arrachent encore de vraies larmes? Mais un autre poète en fait couler de plus abondantes : c'est l'auteur de *Manon Lescaut*, 1731 ; de *Cleveland*, 1733 ; du *Doyen de Killerine*, 1735, le bon, le faible, le sensible abbé Prévost. Tempérée chez Marivaux, ou retenue par quelque crainte du ridicule, et mêlée dans la tragédie de Voltaire à d'autres nouveautés, et d'un autre ordre, c'est ici, dans les romans de Prévost, que la *sensibilité* se déborde. Comme elle en est l'unique inspiratrice, elle en fait aussi l'unique attrait. Observateur superficiel des mœurs de son temps, écrivain abondant, facile, harmonieux, mais inégal et négligé, ce que Prévost a de plus original et de plus communicatif, c'est sa promptitude à s'émouvoir de ses propres imaginations.

sérieux? — et comment son œuvre prépare la génération de Vauvenargues et de Rousseau.

3º LES ŒUVRES. — Les *Œuvres* de Marivaux comprennent :

1º Ses opuscules, dont nous venons d'indiquer les principaux et auxquels, pour en avoir l'énumération suffisamment complète, il suffit d'ajouter quelques articles du *Mercure*.

2º Son théâtre, composé de 34 pièces en tout, dont les principales sont : *Arlequin poli par l'amour*, 1720 ; — *la Surprise de l'amour*, 1722 ; — *la Double inconstance*, 1723 ; — *le Prince travesti*, 1724 ; — *la Seconde surprise de l'amour*, 1727 ; — *le Jeu de l'amour et du hasard*, 1730 ; — *les Serments indiscrets*, 1732 ; — *l'Heureux stratagème*, 1733 ; — *la Mère confidente*, 1735 ; — *le Legs*, 1736 ; — *les Fausses confidences*, 1737 ; — *l'Épreuve*, 1740 ; — et *le Préjugé vaincu*, 1746.

3º Ses romans : *Pharsamon*, 1712, mais publié seulement en 1737 ; — *les Effets surprenants de la sympathie*, 1713-1714 ; — *la Voiture embourbée*, 1714 ; — la *Vie de Marianne*, en onze parties, 1731-1741 [La douzième partie, qui ne figure pas dans toutes les éditions, est de Mme Riccoboni] ; — et *le Paysan parvenu*, en cinq parties, 1735-1736. Il faut ajouter l'*Iliade travestie*, 1716 ; et le *Télémaque travesti*, 1736.

La meilleure édition de Marivaux, ou pour le moment la plus

Elles l'intéressent, elles le bouleversent. Il pleure, il sait pleurer ! si l'on peut ainsi dire ; et voici qu'avec lui tout son siècle se met à pleurer.

C'est une seconde, et grave, et profonde atteinte à l'idéal classique, la première étant, nous l'avons vu, l'abandon de la tradition. Si, comme on l'a dit en effet, nous ne saurions « rien confier d'éternel à des langues toujours changeantes » [Cf. Bossuet, *Discours de réception*], il est également vrai qu'on ne donne à rien de « changeant » ce caractère d'éternité qui est la condition même ou la définition de l'œuvre d'art ; et, d'un homme à un autre homme, ou, dans le même homme, d'un moment à un autre, qu'y a-t-il de plus changeant que la sensibilité ? Qui donc a dit à ce propos, qu'étant « une disposition compagne de la faiblesse des organes, suite de la mobi-

---

complète, car elle n'est pas d'ailleurs très bonne, est l'édition de 1781, en 12 volumes, Paris, chez la Vve Duchesne.

III. — **Antoine-François Prévost d'Exiles** [Hesdin, 1697 ; † 1763, St-Firmin, près Chantilly].

1° Les Sources. — Les romans de Prévost lui-même, et en particulier : les *Mémoires d'un homme de qualité* ; *Cléveland* ; et l'*Histoire de M. de Montcal* [Cf. aussi son journal : *le Pour et Contre*]. — Bernard d'Héry, sa *Notice* en tête des éditions de 1783 et de 1810 ; — Sainte-Beuve, *Portraits littéraires*, t. I et III ; et *Causeries du lundi*, t. IX, 1853 ; — Ambroise-Firmin Didot, article Prévost, dans la *Biographie universelle* ; — A. de Montaiglon, *Notice bibliographique*, à la fin de l'édition de *Manon Lescaut*, Glady frères, 1875, Paris ; — F. Brunetière, *Études critiques*, t. III ; — Henry Harrisse, *l'Abbé Prévost*, 1896, Paris ; — et diverses *Notices*, en tête des éditions de *Manon Lescaut*, notamment celles d'Alexandre Dumas fils, et de Guy de Maupassant.

2° L'Homme et le Romancier. — Sa jeunesse aventureuse. — Jésuite, militaire, et bénédictin, 1721. — Il collabore à la *Gallia christiana*. — Il abandonne les bénédictins, 1728 ; — publie la première partie des *Mémoires d'un homme de qualité*, 1728 ; — et passe en Angleterre ; — et de là en Hollande [Cf. *Mémoires du chevalier*

lité du diaphragme, de la vivacité de l'imagination, de la délicatesse des nerfs, qui incline à compatir, à frissonner, à craindre, à admirer, à pleurer, à s'évanouir, à secourir, à crier, à fuir, à perdre la raison, à n'avoir aucune idée précise du vrai, du bon, du beau, à être injuste, à être fou », la sensibilité, pour toutes ces raisons, n'était que la « caractéristique de la bonté de l'âme et de la médiocrité du génie » ? Il se pourrait que ce fût Diderot, en un jour de franchise [Cf. son *Paradoxe sur le comédien*]; et de fait, en tout temps, comme en tout genre, il semble bien que la sensibilité, livrée à l'impétueuse irrégularité de son cours, n'ait rien produit que d'inférieur ou secondaire. Les romans de Prévost lui-même ou les comédies de la Chaussée : *la Fausse antipathie*, 1733, *le Préjugé à la mode*, 1735, *Mélanide*, *la Gouvernante*, en peuvent

de Ravannes, et Mélanges de Bois-Jourdain]. — La première édition de *Manon Lescaut*, 1731 ou 1733 ? — Retour en France. — Publication de *Cleveland*, 1731 ; — *le Pour et Contre*, 1733. — Prévost aux gages des libraires ; — *le Doyen de Killerine*, 1735. — Prévost devient « aumônier du prince de Conti ».

De l'utilité de ces détails pour l'intelligence des romans de Prévost : — il a vraiment vécu son œuvre ; — les hasards de sa vie en expliquent le décousu ; — et ce qu'il n'en a pas vécu, il l'a moins « imaginé » que « senti ». — Du caractère sombre et mélodramatique des romans de Prévost ; — et combien ils diffèrent des romans de Le Sage et de Marivaux. — La passion de l'amour dans les romans de Prévost ; — comment elle les remplit à peu près uniquement ; — et qu'elle y affecte les mêmes caractères de soudaineté ; — de violence ; — et de fatalité que dans les tragédies de Racine. — Que là même, et non pas du tout dans une peinture de la fille ou de la courtisane, est le mérite éminent de *Manon Lescaut*. — La peinture des mœurs dans les romans de Prévost ; — et combien elle y est insignifiante ou superficielle. — Les romans de Prévost sont des romans idéalistes ; — nullement psychologiques d'ailleurs ; — et le style en est celui de la passion ; — c'est-à-dire, tantôt capable de la plus haute éloquence ; — et tantôt de la pire banalité ; — toujours facile d'ailleurs, harmonieux, abondant et prolixe.

ici servir d'assez bons exemples! Et si l'on en demande la raison, c'est encore Diderot qui nous la donne, en remarquant que « l'homme sensible est trop abandonné à la merci de son diaphragme... pour être un profond observateur et conséquemment un sublime imitateur de la nature ». Voilà soi-même se connaître! A travers un nuage de larmes, — il a raison! — nous ne voyons rien que de brouillé, de confus, de flottant; et l'un des premiers effets de ce débordement de la sensibilité est de modifier profondément l'observation de la nature et la nature de l'observation.

Les grands écrivains de la précédente génération ne l'avaient pas prévu, qu'en rendant une certaine tendance sociale comme adéquate à l'idéal classique, la conséquence en serait un jour de faire prédominer le point de

Les dernières années de Prévost; — et son rôle d'intermédiaire entre les littératures française et anglaise : — ses traductions de Richardson : *Paméla, Clarisse, Grandisson*; — de Hume : *Histoire d'Angleterre*; — et de Middleton : *Vie de Cicéron*. — Il collabore au *Journal étranger*; — et à l'*Histoire générale des voyages*. — Ses relations avec Rousseau; — et qu'il est avec Marivaux le seul homme de lettres dont il soit parlé avec sympathie dans les *Confessions*; — raisons naturelles de cette sympathie; — et intérêt de cette observation. — De quelques témoignages sur les romans de Prévost; — et notamment de ceux de Mlle Aïssé; — et de Mlle de Lespinasse. — La légende de la mort de Prévost [Cf. Henry Harrisse, *l'Abbé Prévost*].

3° LES ŒUVRES. — Les *Œuvres* de Prévost se composent de ses romans, parmi lesquels nous citerons : les *Mémoires d'un homme de qualité*, dont *Manon Lescaut* forme la septième partie, 1728, 1731; — l'*Histoire de M. Cleveland*, 1731; — le *Doyen de Killerine*, 1735-1740; — l'*Histoire d'une Grecque moderne*, 1740; — les *Campagnes philosophiques ou les Mémoires de M. de Montcal*, 1741; — et les *Mémoires d'un honnête homme*, 1745.

Il a de plus rédigé, lui tout seul ou presque seul, les 20 volumes du *Pour et Contre*, 1733-1740; — traduit ou « adapté » l'œuvre entière de Richardson, plusieurs volumes de Hume, etc.; — et enfin

vue de l'agrément mondain ou de l'utilité sociale sur la réalisation de la beauté et sur l'imitation de la nature! C'est cependant ce qui arrive, et c'est comme si l'on disait que l'*observation psychologique et morale*, qui depuis cent cinquante ans avait servi de base ou de support à l'idéal classique, se change en *observation sociale*. « L'homme n'est point une énigme, comme vous vous le figurez pour avoir le plaisir de la deviner..... Il n'y a pas plus de contradiction apparente dans l'homme que dans le reste de la nature... Quel est l'homme sage qui sera plein de désespoir parce qu'il ne connaît que quelques attributs de la matière? » [Cf. *Voltaire*, édition Beuchot, t. 37, p. 41, 46]. C'est en ces termes que Voltaire argumente contre Pascal; et en effet toutes ces questions ne l'intéressent plus, lui, Voltaire, ni ses contemporains. Il croit

rédigé, dit-on, les 17 premiers volumes de l'*Histoire générale des voyages*, 1745-1761.

Il existe deux éditions des *OEuvres* de Prévost, jointes à celles de Le Sage, formant ensemble 54 volumes, dont 39 pour Prévost, et publiées à Paris, l'une en 1783, et l'autre de 1810 à 1816.

Les éditions de *Manon Lescaut* sont innombrables.

IV. — **Pierre Claude Nivelle de la Chaussée** [Paris, 1691 ou 1692; † 1754, Paris].

1º LES SOURCES. — D'Alembert, *Éloge de La Chaussée*; — Geoffroy, *Cours de littérature dramatique*, t. III; — Lanson, *Nivelle de La Chaussée et la comédie larmoyante*, Paris, 1887.

2º LES ORIGINES DU DRAME BOURGEOIS. — Le premier succès de La Chaussée : *la Fausse antipathie*, 1733; — et que son idée n'a pas tant consisté à « mélanger » les genres, — qui l'étaient déjà dans la comédie de Marivaux, — qu'à prendre au sérieux, — et à tourner au tragique bourgeois; — les mêmes événements de la vie commune dont Dancourt, Destouches et Marivaux avaient déjà fait la matière de leur théâtre. — Comment cette idée se précise dans *le Préjugé à la mode*, 1735; — dans *l'École des amis*, 1737; — et dans *Mélanide*, 1741. — Il s'agit de procurer le même genre d'émotion que la tragédie: — sans décor historique; —

savoir de l'homme tout ce qu'on en peut connaître ; il estime que le temps est passé de descendre en soi-même : *in sese descendere*, comme disait Montaigne ; et qu'au contraire le moment est venu d'en sortir. Là est l'explication de cette universelle curiosité dont son *Charles XII*, 1732, sa *Zaïre*, 1732, ses *Lettres anglaises*, 1734, son *Alzire*, 1736, et bientôt son *Essai sur les mœurs* sont autant d'assurés témoignages. Ses contemporains, à l'exception du seul Vauvenargues, ne sont pas d'un autre avis. Eux aussi croient connaître assez l'homme, ses mobiles intérieurs, ses motifs secrets d'action, ses passions, ses instincts ; et ils ne s'attachent en tout, comme Voltaire, qu'à la peinture des mœurs. Qu'ils écrivent pour le théâtre, comme Gresset, dont *le Méchant* est daté de 1747, ou qu'ils se piquent d'être philosophes, comme

sans personnes princières ; — et sans passions trop violentes. — Que cette conception ramène la comédie au roman ; — et qu'en effet les comédies de La Chaussée ne sont que des romans ; — en attendant le drame de Diderot et celui de Beaumarchais. — De l'idée singulière que La Chaussée a eue de tenter en vers ce genre de drame ; — et quand on considère les sujets qu'il a traités [Cf. Lanson, *loc. cit.*, p. 170, 175], — ainsi que la fortune qui leur était promise un jour, — que là peut-être est l'explication de l'oubli dans lequel il est tombé. — La comédie est déjà difficile à traiter en vers ; — et le drame bourgeois impossible.

3º Les Œuvres. — *La Fausse antipathie*, 1733 ; — *le Préjugé à la mode*, 1735 ; — *l'École des amis*, 1737 ; — *Mélanide*, 1741 ; — *Amour pour amour*, 1742 ; — *Paméla*, 1743 ; — *l'École des mères*, 1744 ; — *le Rival de lui-même*, 1746 ; — *la Gouvernante*, 1747 ; — *l'École de la jeunesse*, 1749 ; — *l'Homme de fortune*, 1751 ; — *le Retour imprévu*, 1756.

On a encore de La Chaussée des *Contes* en vers, assez grossiers ; — une *Épître* en faveur des anciens, qui, sous le titre d'*Épître de Clio*, commença, en 1731, la réputation de son auteur ; — et une détestable tragédie, du nom de *Maximien*, 1738.

La seule édition qu'il y ait de ses *Œuvres complètes* est celle de Paris, chez Prault, 1761-1762.

Duclos, dont les *Considérations sur les mœurs* vont paraître en 1750, leur observation n'atteint que l'homme social, et de cet homme-là même n'essaie point d'atteindre le fond, qu'elle suppose en tout et partout identique. Voltaire le dit en propres termes : « La nature est partout la même ». Il ne se lasse pas de répéter le mot d'Arlequin : « *Tutto il mondo é fatto come la nostra famiglia* ». S'il étudie l'histoire, c'est pour y trouver des preuves de la vérité du dicton ; et c'est même ce qu'il appelle « la lire en philosophe ». D'une époque à une autre, s'il aperçoit bien quelques différences, il ne les impute qu'à la lenteur du « progrès des lumières ». S'il n'y prend pas une très haute idée de la nature humaine, il ne continue pas moins d'estimer que « nous sommes des espèces de singes, que l'on peut dresser à la raison comme à la

V. — **La première époque de la vie de Voltaire** [1694-1750].

1º LES SOURCES. — Voltaire, lui-même et d'abord, dans ses *OEuvres complètes*, édition Beuchot ; — et dans les dix-huit volumes de sa *Correspondance*, édition Moland, Paris, 1878-1882 ; — Condorcet, *Vie de Voltaire*, 1787 ; — G. Desnoiresterres, *Voltaire et la Société française au xviiiᵉ siècle*, deuxième édition, huit volumes, Paris, 1871-1876 ; — et G. Bengesco, *Bibliographie des œuvres de Voltaire*, quatre volumes, Paris, 1882-1890.

L'ouvrage de Desnoiresterres et celui de M. Bengesco peuvent à eux seuls tenir lieu de la plupart des autres, qu'ils résument, ou auxquels ils renvoient

Nous y ajouterons cependant, afin qu'on ait sur Voltaire l'opinion de l'étranger : John Morley, *Voltaire*, Londres, 1874 ; — J. F. Strauss, *Voltaire, six conférences*, traduit de l'allemand sur la troisième édition, Paris, 1876 ; — James Parton, *Life of Voltaire*, Londres, 1881 ; — et W. Kreiten, S. J., *Voltaire, ein Characterbild*, 2ᵉ édition, Fribourg en Brisgau, 1885.

2º LA JEUNESSE DE VOLTAIRE. — Sa famille et ses origines bourgeoises [Cf. ci-dessus les articles MOLIÈRE, BOILEAU, REGNARD] ; — son éducation au collège de Clermont ; — ses premiers maîtres

folie », et c'est tout justement l'objet qu'il se propose. Mais c'est ainsi que se forme l'idée d'un homme universel, maniable et ployable en tout sens, qui ne diffère en aucun lieu de lui-même, qui n'est à vrai dire ni Français ni Anglais, mais homme, et dont la diversité de mœurs n'est intéressante à connaître que dans la mesure où l'on peut se flatter de la ramener un jour à l'uniformité.

Telle est également l'idée de Montesquieu, dans son *Esprit des Lois*, 1748, si du moins on n'en voit pas d'autre qui puisse éclairer les obscurités de ce livre célèbre et en concilier les contradictions. Car le livre est obscur, on ne saurait le nier; et la preuve s'en trouve dans la diversité des interprétations qu'on en donne. Montesquieu ne s'est-il proposé que d'y recommencer ou d'y continuer des *Lettres persanes*; et ce grand ouvrage, qui fut celui

[les PP. Porée, Tournemine, Thoulié (d'Olivet)]; — ses premiers amis [les d'Argenson, Cideville, Maisons, d'Argental]; — et ses premières fréquentations mondaines, 1711. — La société des Vendôme; — et les leçons qu'on y trouvait, de galanterie, de crapule, et d'impiété. — L'aventure de Hollande et les premières amours d'Arouet [Cf. *Correspondance*, sous la date de 1713-1714, et les *Lettres historiques et galantes* de Mme Dunoyer]. — Ses premières pièces satiriques. — Premier exil à Tulle, puis à Sully-sur-Loire, 1716. — Son retour à Paris; — on lui attribue deux nouvelles satires; — et on le met à la Bastille pour la première fois [mai 1717-avril 1718]. — La première représentation d'*Œdipe* [novembre 1718] et le premier grand succès d'Arouet; — qui prend à cette occasion le nom de Voltaire. — De l'importance d'un succès de théâtre à cette époque; — et des liaisons que son *Œdipe* vaut à Voltaire; — liaisons d'honneur [les Villars, les Richelieu, la D^{sse} du Maine]; — et liaisons d'utilité [le banquier Hoguers et les frères Paris]. — L'homme d'affaires s'éveille dans Voltaire; — ses intrigues auprès de Dubois pour entrer dans la diplomatie; — et son goût pour les missions secrètes. — Second voyage de Voltaire en Hollande. — L'*Épitre à Uranie*, 1722; — et pourquoi il importe d'en retenir la date. — La première publication de la *Henriade*, 1723; — *Marianne*, 1724. — Succès de Voltaire auprès

de vingt ans de sa vie, ne serait-il ainsi qu'un pamphlet politique, où par hasard, à côté des maux que l'auteur y dénonce, on trouverait quelquefois l'indication des remèdes qu'il croit propres à les guérir? C'est un peu ce que croyait Voltaire; c'est ce qu'il voulait dire, quand il reprochait à Montesquieu « d'avoir fait le goguenard dans un livre de jurisprudence universelle », et c'est aussi l'opinion du dernier éditeur de l'*Esprit des Lois*. Ou bien Montesquieu, comme avant lui l'auteur de la *Politique tirée de l'Écriture sainte*, a-t-il voulu tracer l'image du meilleur des gouvernements, et, de même qu'avant lui Bossuet l'avait reconnue dans la Bible, l'a-t-il découverte, lui, selon son expression, « dans les bois »? C'est encore ce que quelques-uns de ses commentateurs ont pensé, d'Alembert, par exemple; et Tracy, depuis d'Alembert;

de la marquise de Prie. — L'affaire du chevalier de Rohan [décembre 1725]; — le second embastillement [avril 1726]; — et l'exil en Angleterre [2 mai 1726].

Les premières impressions de Voltaire en Angleterre [Cf. Beuchot, t. XXXVII]; — et, à ce propos, quelques mots sur la colonie française à Londres en 1726 [Cf. Prévost, *Histoire de M. de Montcal*, et J. Churton Collins, *Bolingbroke... and Voltaire in England*, Londres, 1886]. — Liaisons de Voltaire avec Bolingbroke, que d'ailleurs il connaissait déjà; — avec Pope; — avec « le marchand » Falkener, etc. — Il apprend l'anglais, il étudie Newton, Locke, Bacon ; — il voit jouer les comédies de Congrève, — et les drames de Shakespeare. — Il compose son *Essai sur la Poésie épique*. — Les « libres penseurs » anglais [Cf. Tabaraud, *Histoire du Philosophisme anglais*, Paris, 1806; et Leslie Stephen, *English Thought in the 18th Century*, Londres, 2e édit., 1881]; — et qu'en tenant compte de leur influence sur Voltaire, — il faut se rappeler combien ils doivent à Bayle. — Du profit que Voltaire a tiré de son séjour en Angleterre [Cf. John Morley, *Voltaire*]; — et qu'il se pourrait qu'on l'eût un peu exagéré.

L'*Histoire de Charles XII*, 1731, et les *Lettres philosophiques*. — D'où est venue à Voltaire l'idée d'écrire l'histoire de Charles XII? — et qu'elle date probablement du temps de ses liaisons avec le

et plusieurs autres, depuis Tracy. D'autres encore se sont demandé si son intention n'aurait pas été de soumettre les données de l'histoire à la systématisation de la science naturelle, et d'appliquer ainsi, bien avant qu'on l'eût inventée, la « méthode positive » à l'un des sujets qui de nos jours même la comportent sans doute le moins. Et c'était l'opinion d'Auguste Comte ; et c'est celle où s'est rangé Taine dans son *Ancien régime*. Mais la vérité, c'est qu'aucunes de ces interprétations ne s'excluent. Si l'*Esprit des Lois* manque de clarté ; si la lecture en est plus laborieuse que celle de l'*Essai sur les mœurs* ; si nous n'y pouvons discerner que l'ébauche d'un grand livre, c'est qu'il est confusément et ensemble trois ou quatre choses dont Montesquieu n'a pas pu réussir à démêler les liaisons. « Si l'on veut chercher le dessein

---

baron de Görtz. — Caractère de l'œuvre ; — et qu'en la concevant à la manière d'une tragédie, — Voltaire n'a rien négligé pour en faire une œuvre historique sérieuse [Cf. Bengesco, *Bibliographie*, I, 373 et suiv.]. — De l'emploi des témoignages oraux dans le *Charles XII* ; — et qu'ils font une partie de la valeur du livre. — Les commencements de l'histoire philosophique dans le *Charles XII* [Cf. l'*Essai sur les guerres civiles* et les notes de *la Henriade*] ; — et, à ce propos, du mélange curieux d'admiration et d'indignation que Voltaire éprouve pour son héros. — *Zaïre*, 1732. — La publication des *Lettres philosophiques*, 1734. — Portée du livre et combien elle dépasse celle des *Lettres persanes* ; — si surtout on a soin de n'en pas séparer les *Remarques sur les Pensées de Pascal*; — qui en sont contemporaines. — Le contenu des *Lettres*. — Religion et tolérance [*Lettres* 1, 2, 3, 4, 5, 6, 7]. — Gouvernement, politique et commerce [8, 9, 10]. — Science et philosophie [11, 12, 13, 14, 15, 16, 17]. — Littérature anglaise et condition des gens de lettres [18, 19, 20, 21, 22, 23, 24]. — De quelques idées communes à Voltaire et à Montesquieu : — sur la grandeur de l'institution sociale ; — sur les dangers de la religion,

— *Tantum religio potuit suadere malorum!*

de l'auteur, a-t-il écrit, — dans une *Préface* qui est un monument de vanité littéraire, — on ne le pourra bien découvrir que dans le dessein de l'ouvrage », et c'est une manière détournée d'avouer ou plutôt de dissimuler qu'en effet et au fond il n'a pas eu de « dessein ». Osons enfin le reconnaître : l'*Esprit des Lois* est un livre manqué, et on ne pourra jamais le réduire à l'unité d'un seul plan, par la bonne raison que Montesquieu n'a lui-même jamais bien su ce qu'il y avait voulu faire.

Comment donc et pourquoi le succès en a-t-il été si vif en son temps, si considérable, européen autant que français ; et nous-mêmes, qu'en aimons-nous ou qu'en admirons-nous encore ? Les contemporains en ont goûté l'esprit ou l'*humour* grave, le ton et le tour épigrammatiques, le chapitre sur le *Despotisme* ou le chapitre sur

sur la constitution laïque de la société future ; — et sur la force de l'opinion. — Condamnation des *Lettres philosophiques* [juin 1734].

Le *séjour de Cirey*. — Liaison de Voltaire avec Mme du Châtelet ; — et son installation à Cirey [Cf. Eugène Asse, ses éditions des *Lettres de Mme de Graffigny*, Paris, 1879 ; et des *Lettres de Mme du Châtelet*, Paris, 1882]. — Variété des travaux de Voltaire : — son *Alzire*, 1736 ; — le *Mondain*, 1736 ; — et de la netteté avec laquelle s'y trouve exprimée l'idée de progrès. — La comédie de l'*Enfant prodigue*, 1736 ; — Voltaire entre en correspondance avec le prince royal de Prusse, depuis Frédéric II ; — l'*Essai sur la nature du feu*, 1737 [Cf. Emile Saigey, *la Physique de Voltaire*, Paris, 1873] ; — les *Discours sur l'homme*, 1738 ; — les *Éléments de la philosophie de Newton*, 1738 ; — Querelle avec Desfontaines, 1738-1740 [Cf. Maynard, *Voltaire, sa vie et ses œuvres*, Paris, 1867, t. I ; et Nisard, *les Ennemis de Voltaire*, Paris, 1853] ; — *Zulime*, 1740 ; — *Doutes sur la mesure des forces motrices*, 1741 ; — *Mahomet*, 1742 ; — *Mérope*, 1743.

Du *Théâtre de Voltaire*. — [Cf. Geoffroy, *Cours de littérature dramatique*, t. III ; Émile Deschanel, *le Théâtre de Voltaire*, Paris, 1886 ; et H. Lion, *les Tragédies de Voltaire*, Paris, 1896.] — Passion de Voltaire pour le théâtre ; — et réalité, souplesse,

l'*Esclavage* ; les allusions, les citations, les singularités, la façon discrète et licencieuse à la fois dont il y est parlé des usages bizarres ou indécents du Bénin, de Calicut et de Bornéo ; les anecdotes ; la nouveauté des informations ; l'éloge de l'*honneur* et celui de la *vertu*. Grâce à Montesquieu, les femmes, à leur toilette, ont cru pour la première fois comprendre le langage du droit ; et, dans les salons comme à la cour, où il avait plus d'un ami, la « jurisprudence universelle » est devenue, grâce à lui, un sujet de conversation. Aussi bien était-ce, comme naguère Fontenelle, toute une province nouvelle, une grande province qu'il annexait effectivement au domaine de la littérature. Nous lui en savons encore gré, si c'est le signe du grand écrivain que de rendre ainsi « littéraire » ce qui ne l'était pas ; de le faire entrer d'un seul coup,

variété de ses aptitudes dramatiques. — Influences successives de Racine ; — du vieux Crébillon ; — de Shakespeare sur la conception dramatique de Voltaire. — *Zaïre*, 1732 ; — et si Voltaire s'y est souvenu davantage de *Bajazet* ou d'*Otello* ? — *La Mort de César*, 1735 ; — et l'idée de la tragédie « sans amour ». — De quelques nouveautés introduites par Voltaire au théâtre français. — Les sujets de pure invention. — L'extension du lieu de la scène et le développement de la couleur locale : — *Zaïre* et le monde musulman ; — *Alzire* et l'Amérique ; — *l'Orphelin de la Chine* et le monde asiatique. — Les souvenirs nationaux ; — et, à ce propos, de l'influence de la *Henriade* sur la tragédie du xviiie siècle. — L'abus des procédés romanesques dans la tragédie de Voltaire ; méprises et reconnaissances [Cf. à cet égard encore le théâtre de Crébillon]. — Du pathétique de Voltaire ; — et s'il mérite les éloges qu'on en a faits [Cf. Vinet, *Littérature française au* xviiie *siècle*] ? — Comment Voltaire a compromis ses qualités d'invention dramatique ; — en se faisant de la tragédie un instrument de propagande philosophique ; — en conformant le choix de ses sujets aux exigences du goût de son temps plutôt qu'à aucune idée d'art ; — et en devenant de plus en plus incapable de « s'aliéner » de ses personnages. — Que, pour toutes ces raisons, l'examen du théâtre de Voltaire peut s'arrêter à sa *Sémiramis*, 1748 ; — et qu'à dater

dans la circulation de l'usage ; et de l'y maintenir, après lui, par la seule autorité de son œuvre et de son nom. Mais surtout, dans un temps où l'on jouissait profondément de « la douceur de vivre », on lui était reconnaissant du respect ému, quasi religieux, qu'il professait pour « l'institution sociale » ; des raisons profondes qu'il semblait qu'il eût trouvées pour en placer les titres au-dessus même des lois ; on lui était reconnaissant des perpectives de perfectionnement croissant qu'il ouvrait à ses contemporains ; — et nous, encore aujourd'hui, si cette religion ne suffit pas à nos yeux pour faire l'unité de l'*Esprit des Lois*, elle en fait du moins la noblesse.

« Tout homme — avait-il écrit dans ses *Lettres persanes* — est capable de faire du bien à un autre homme, mais c'est ressembler aux Dieux que de faire le bonheur

de ce moment, — sauf peut-être dans son *Tancrède*, — il ne donnera rien dans la tragédie, — et encore moins dans la comédie, — qui ne soit de beaucoup au-dessous de ses premiers essais. — Quelques mots sur la médiocrité des comédies de Voltaire.

Voltaire à la cour. — Ses relations avec Mme de Châteauroux ; — et surtout avec Mme de Pompadour. — Il se flatte que la nouvelle maîtresse fera passer le roi du côté des philosophes ; — et il l'accable de ses flatteries ; — qui lui valent le titre d'historiographe de France [1745]. — Le *Poème de Fontenoy*, 1745, et le *Temple de la Gloire*, 1745. — Élection et réception de Voltaire à l'Académie française [mai 1746]. — Il est nommé gentilhomme ordinaire du roi [décembre 1746]. — Imprudences de Voltaire. — Il fatigue le roi de ses flagorneries ; — Mme de Pompadour de ses familiarités ; — et les courtisans de son importance.

Sa retraite à Sceaux, chez la duchesse du Maine, 1747. — Les premiers contes de Voltaire : *le Monde comme il va, Cosi Sancta, Zadig, Micromégas*, 1747 ; — sa brouillerie avec la duchesse du Maine. — Départ de Voltaire pour Cirey ; — et séjour à la cour de Lorraine. — Trahison de Mme du Châtelet ; — et à cette occasion, quelques mots de la cour de Lorraine, du roi Stanislas et du marquis de St Lambert ; — mort de Mme du Châtelet, 1749 ; — et retour de Voltaire à Paris. — Difficultés de sa situation ; — comme

d'une société entière ! » Montesquieu a voulu ressembler aux Dieux, comme ces stoïciens qu'il admirait si fort, et le moyen qu'il en a pris, ç'a été, comme eux, de tout rapporter au bien de la société. Nous ne sommes hommes, pour l'auteur de l'*Esprit des Lois*, que dans la mesure où nous sommes aptes à la société. C'est l'utilité sociale qui détermine pour lui non seulement la nature ou la valeur des lois, mais le bien ou le mal moral, mais la vérité même ; et ne lui est-il pas échappé d'écrire que, du mauvais principe de la négation de l'immortalité de l'âme, « les stoïciens avaient tiré des conséquences, *non pas justes*, mais admirables pour la société » ? [Cf. *Esprit des Lois*, XXIV, ch. 19.] Il dit encore, en un autre endroit [Cf. *Esprit des Lois*, XXIV, ch. 1] : « Comme on peut juger parmi les ténèbres celles qui sont les moins épaisses... ainsi l'on peut

également suspect à la cour, et à la nouvelle génération des « gens de lettres ». — Sa rivalité dramatique avec le vieux Crébillon. — Son *Oreste*, 1750, et sa *Rome sauvée*, 1752. — Frédéric lui propose de venir s'établir à Berlin. — Hésitations de Voltaire [Cf. Marmontel, dans ses *Mémoires*]. — Les coquetteries de Frédéric avec Baculard d'Arnaud le décident. — Son départ pour Berlin [18 juin 1750] ; — et son arrivée à Potsdam [10 juillet 1750]. — Sincérité de son enthousiasme pour Frédéric ; — et, à ce propos, du profit que Voltaire devait tirer de son séjour en Prusse ; — si l'amitié d'un grand homme est un bienfait des Dieux. — Parti de Paris en suspect, — et n'y comptant encore que comme un homme de lettres parmi beaucoup d'autres ; — le séjour de Berlin, — et la familiarité de Frédéric, — en dépit de l'aventure de Francfort, — vont en faire en moins de trois ans, — un homme unique désormais ; — le confident littéraire des puissances ; — et déjà presque le maître de la littérature européenne.

VI. — **Jean-Baptiste Gresset** [Amiens, 1709 ; † 1777, Amiens].

1° Les Sources. — D'Alembert, *Réponse au discours de réception de l'abbé Millot*, 1777 ; — le père Daire, *Vie de Gresset*, Paris, 1779 ; — Maximilien Robespierre, *Éloge de Gresset*, Paris, 1785 ; — *Principaux traits de la vie de Gresset*, en tête de l'édition Renouard,

chercher entre les religions fausses celles qui sont les plus conformes au bien de la société ». Et si nous voulons aller jusqu'au bout de sa pensée, quel reproche — en s'enveloppant, pour le lui faire, de précautions infinies — voyons-nous qu'il adresse à la « vraie religion »? C'est que quelques-unes de ses lois peuvent nuire au bien de la société. « Quel moyen de contenir par les lois un homme qui croit être sûr que la plus grande peine que les magistrats lui pourront infliger, ne finira dans un moment que pour commencer son bonheur? » [Cf. *Esprit des Lois*, XXIV, ch. 14.] C'est l'idée maîtresse de son livre, et c'est donc à ce point de vue qu'il nous faut nous placer si nous voulons « découvrir le dessein » de tout l'ouvrage. Quelque désordre de composition que l'on aperçoive dans son livre, et quelque bizarrerie dans cette variété de lois

---

Paris, 1811; — Campenon, *Essai sur la vie et les ouvrages de Gresset*, Paris, 1823; — E. Wogue, *Gresset*, Paris, 1894.

2º Le Poète; — et que son unique mérite est de représenter un moment très particulier de l'art d'écrire en vers; — la publication de *Ver-Vert* en 1734 ayant été presque un événement littéraire; — et *le Méchant*, qui date de 1747, étant certainement la meilleure comédie en vers que nous ait léguée le xviiiᵉ siècle; — sans en excepter la *Métromanie*, elle-même, d'Alexis Piron. — Elle ne manque même pas d'une certaine force de satire; — et de quelque valeur « documentaire »; — si le type du « méchant » forme la transition entre les petits-maîtres de Marivaux [Cf. *l'Épreuve*] et les héros des *Liaisons dangereuses*. — La palinodie de Gresset, 1759; — et les vers de Voltaire :

> Gresset se trompe, il n'est pas si coupable.....

Si nous avons beaucoup perdu à l'autodafé des manuscrits de Gresset? — et qu'il n'a sans doute rien mis de plus dans son *Ouvroir*, ou dans son *Gazetin* (inédits) que dans son *Ver-Vert*.

3º Les Œuvres. — Les Œuvres de Gresset se composent :

1º De ses *Poèmes*, comprenant *Ver-Vert*, le *Carême inpromptu*, le *Lutrin vivant*, la *Chartreuse*, des *Épîtres*, des *Odes*; — et une assez faible traduction en vers des *Églogues* de Virgile.

qui en fait la matière, nous n'avons qu'à rapporter la variété de ces lois au « bien de la société » pour en voir les raisons apparaître, et en même temps son livre s'éclairer d'une lumière nouvelle. Montesquieu a ici sa revanche. Ce qui était obscur l'est moins; ce qui était dispersé se rassemble; ce qui semblait contradictoire ne l'est plus. Et l'*Esprit des Lois* n'en demeure pas moins un livre manqué; mais on ne le trouve plus indigne de sa haute fortune; on comprend que l'influence en ait passé le mérite; et on se l'explique en considérant que le génie de Montesquieu a sans doute été supérieur à son œuvre.

Ce n'est pas toutefois que cette idée lui appartienne uniquement; et au contraire on la retrouverait chez presque tous les contemporains. Une littérature « sociale » y

2° De son *Théâtre*, comprenant *Édouard III*, tragédie; *Sidney*, drame en vers; *le Méchant*, comédie.

Et 3° de quelques pièces en prose, parmi lesquelles on cite son *Discours de réception*, 1748. On a publié de lui en 1810 un poème posthume, en vers libres, *le Parrain magnifique*.

La meilleure édition de ses *OEuvres* est l'édition Renouard, 2 volumes, Paris, 1811.

VII. — **Luc de Clapiers, marquis de Vauvenargues** [Aix, en Provence, 1715; † 1747, Paris].

1° Les Sources. — Suard, *Notice*; et Saint-Maurice, *Éloge de Vauvenargues*, en tête des tomes I et III de l'édition de 1821; — Sainte-Beuve, *Causeries du lundi*, t. III, 1850; — A. Vinet, *Littérature française au xviiie siècle*; — Prévost-Paradol, *Moralistes français*; — Gilbert, *Éloge de Vauvenargues*, en tête de son édition, Paris, 1857; — Maurice Paléologue, *Vauvenargues*, dans la collection des *Grands Écrivains français*, Paris, 1890.

2° Le Moraliste. — Une destinée mélancolique; — et un type de transition. — Le caractère propre et original de Vauvenargues est d'avoir uni en lui quelques traits du pessimisme de Pascal à l'optimisme de J.-J. Rousseau; — et son œuvre inachevée est la confession d'une âme.

devait tôt ou tard aboutir ; gagner ainsi d'abord en étendue ce qu'elle perdait en profondeur ; et sinon périr, du moins se déformer et se désorganiser par un effet de l'exagération de son principe. Dans le temps même que Montesquieu mettait la dernière main à son *Esprit des Lois*, Vauvenargues publiait son *Introduction à la connaissance de l'esprit humain*, 1746, et on y lisait : « Afin qu'une chose soit regardée comme un bien par toute la société, il faut qu'elle tende à l'avantage de toute la société, et afin qu'on la regarde comme un mal, il faut qu'elle tende à sa ruine : *Voilà le grand caractère du bien et du mal moral* ». Il traitait alors brièvement, non de « l'esprit », mais de « l'origine » des lois ; et il ajoutait : « Nous naissons, nous croissons à l'ombre de ces conventions solennelles ; nous leur devons la sûreté de

Carrière militaire et campagnes de Vauvenargues ; — son amour de la gloire ; — sa générosité de cœur ; — et son amour de l'humanité. — Comparaison à cet égard de Vauvenargues et de La Rochefoucauld. — Si Vauvenargues a une doctrine ? — et qu'en tout cas sa mort prématurée ne lui a permis ni d'en concilier les contradictions, — ni d'en développer toutes les conséquences. — Son culte pour l'institution sociale [*Introduction à la connaissance*, etc., ch. 43]. — Son indulgence pour les passions, et l'apologie qu'il en fait [Cf. *Introd.*, livre II, ch. 42, et *Réflexions et Maximes*, Ed. Gilbert, 122, 123, 124, 149, 151, 153, 154]. — Sa croyance à la bonté de la nature ; — et sa théorie de la supériorité du sentiment sur la raison [Cf. *Réflexions et Maximes, passim*, et *Réflexions sur divers sujets*, 54]. — Analogie de ces idées avec celles que Rousseau va bientôt exprimer ; — et d'où provient-elle ? — de la ressemblance des temps ? — ou de ce que Vauvenargues est, comme Rousseau, ce qu'on appelle un « autodidacte » ?

Combien d'ailleurs la qualité de son âme est supérieure à la qualité d'âme de Rousseau ; — si son talent demeure inférieur. — Éloquence de Vauvenargues. — Accent mélancolique de quelques-unes de ses pensées. — Finesse de son goût littéraire.

3º LES ŒUVRES. — Les *Œuvres* de Vauvenargues se composent : 1º de son *Introduction à la connaissance de l'esprit humain*, qui a

notre vie et la tranquillité qui l'accompagne. Les lois sont aussi le seul titre de nos possessions : dès l'aurore de notre vie nous en recueillons les doux fruits, et nous nous engageons toujours à elles par des liens plus forts. Quiconque prétend se soustraire à cette autorité dont il tient tout ne peut trouver injuste qu'elle lui ravisse tout, jusqu'à la vie. Où serait la raison qu'un particulier ose en sacrifier tant d'autres à soi seul, et que la société ne pût par sa ruine racheter le repos public ! » Voilà des principes hardis, que nous n'avons pas d'ailleurs à discuter ici, mais dont il ne serait pas impossible que Montesquieu eût eu quelque connaissance, et en tout cas dont on voit la ressemblance avec ceux de l'*Esprit des Lois*. C'est sans doute qu'ils flottaient dans l'air, épars et indéterminés, et l'un après l'autre, l'auteur de l'*Introduction*

paru pour la première fois en 1746, et à laquelle étaient joints des *Réflexions sur divers sujets*, des *Conseils à un jeune homme*, des *Réflexions critiques sur quelques poètes*; et quelques *Caractères*, dans le goût de La Bruyère; — 2º de ses *Dialogues*; — 3º de sa *Correspondance* avec Voltaire, Fauries de Saint-Vincent, et le marquis de Mirabeau.

Vauvenargues n'ayant d'ailleurs eu le temps de mettre la dernière main qu'à son *Introduction*, les autres parties de son œuvre se sont successivement enrichies de fragments inédits qui ont fini par en doubler le volume.

C'est ainsi que Suard a donné pour première fois en 1806 le *Traité sur le libre arbitre*; — que quinze de ses dix-huit *Dialogues* n'ont vu le jour qu'en 1821; — et qu'enfin sa *Correspondance avec Mirabeau* ne figure que dans la dernière édition qu'on ait donnée de lui. C'est l'édition Gilbert, en 2 volumes in-8º; Furne, 1857, Paris.

VIII. — Charles Pinot Duclos [Dinan, 1704; † 1772, Paris].

1º Les Sources. — Duclos, ses *Mémoires* (inachevés); — Mme d'Épinay, *Mémoires*; — Noual de la Houssaye (neveu de Duclos), *Éloge de Duclos*, 1806; — Villenave, *Notice*, en tête de son édition des *Œuvres*, 1821; — Sainte-Beuve, *Causeries du*

à la connaissance de l'esprit humain, comme celui de l'*Esprit des Lois*, comme celui de l'*Essai sur les mœurs* n'ont fait que leur donner une forme littéraire en les appropriant chacun à son sujet, à son vague « dessein », et à sa nature d'esprit.

Une autre idée vers la même époque achève aussi de se déterminer : c'est cette idée de *progrès* que nous avons vue se dégager, il y a quelque cinquante ans, de la querelle des anciens et des modernes ; qui depuis s'est comme enrichie de tout ce que perdait l'esprit de tradition ; et qui pénètre maintenant jusque dans le sanctuaire de la routine : on veut dire en Sorbonne. Si les Voltaire et les Montesquieu ne l'ont pas eux-mêmes nommée du nom que nous lui donnons, croirons-nous qu'ils n'aient pas eu pour cela « le pressentiment du grand rôle qu'elle allait

lundi, t. IX, 1853 ; — Lucien Perey et G. Maugras, *la Jeunesse de M*^{me} *d'Épinay*, Paris, 1882 ; — L. Brunel, *les Philosophes et l'Académie française au* xviiie *siècle*, Paris, 1884.

2° L'Écrivain. — Sa jeunesse libertine, — et ses allures volontiers cyniques. — Originalité de son humeur ; — et médiocrité de son talent. — Ses romans : *Histoire de la baronne de Luz*, 1741 ; — et les *Confessions du comte de...*, 1742 ; — et qu'ils sont de la famille de ceux du jeune Crébillon ; — c'est-à-dire aussi indécents, aussi ennuyeux, et sans doute aussi faux. — Son *Histoire de Louis XI*, 1745, est à peu près illisible aujourd'hui. — En revanche, ses *Considérations sur les mœurs de ce siècle*, 1750, — qui sont assez proprement écrites, — contiennent sur différents objets des remarques assez intéressantes ; — et utiles surtout à l'intelligence des mœurs de son temps [Voyez notamment le second chapitre, *sur l'éducation et les préjugés* ; — le cinquième, *sur la réputation, la célébrité, la renommée et la considération* ; — le septième, *sur les gens à la mode* ; — le onzième, *sur les gens de lettres*]. — Le succès de ce livre a d'ailleurs été considérable ; — nul homme de lettres à son heure n'ayant été plus à la mode que Duclos ; — et n'ayant su mieux gouverner sa fortune. — Il a su aussi très bien défendre son indépendance ; — et sa dignité ; — non seulement contre les gens en place ou les gens du monde, — mais surtout

remplir sur la scène du monde » ? Nous les aurions donc lus d'une manière bien distraite, car le fait est qu'ils en sont pleins. Douterons-nous que Montesquieu ne sût ce qu'il disait quand il écrivait que « les lois humaines, — par rapport aux lois de la religion, — tirent leur avantage de leur nouveauté » [Cf. *Esprit des Lois*, XXVI, ch. 2], ou Voltaire, quand il se faisait toute une affaire avec son *Mondain*? Mais ce que nous ne craindrons pas d'affirmer, c'est qu'il avait lu Voltaire et Montesquieu, si même il ne s'inspirait d'eux, le jeune bachelier qui s'exprimait en ces termes dans un *Discours* daté de 1750 : « On voit s'établir des sociétés, se former des nations qui tour à tour dominent d'autres nations, ou leur obéissent..... L'intérêt, l'ambition, la vaine gloire, changent perpétuellement la scène du monde et inondent

contre les gens de lettres ses confrères ; — et particulièrement contre les Encyclopédistes. — C'est ce qui donne à son personnage une signification que n'ont pas ses œuvres ; — et c'est pourquoi son nom mérite vraiment d'être retenu.

3º Les Œuvres. — En dehors de ses *Romans*, de son *Louis XI*, et de ses *Considérations*, on a de Duclos :

1º Un certain nombre de *Mémoires* dans le *Recueil de l'Académie des Inscriptions*, dont les deux plus importants sont relatifs à *l'Origine et les révolutions des langues celtique et française*; — une édition annotée de la *Grammaire de Port-Royal*, 1754, et imprimée d'après un nouveau système d'orthographe; — la *Préface* de la 4º édition du *Dictionnaire de l'Académie*, 1762;

2º Des *Mémoires secrets sur les règnes de Louis XIV et de Louis XV*, qui n'ont paru qu'en 1791 ; et dont l'intérêt a beaucoup diminué depuis la publication de ceux de Saint-Simon ;

3º Des *Considérations sur l'Italie* [1766-1767], également publiées pour la première fois en 1791 ;

4º Un *Essai sur les corvées*, 1759, et des *Réflexions* sur le même sujet, 1762, qui sont bien du même auteur, sans qu'il soit d'ailleurs absolument prouvé que cet auteur soit Duclos.

L'édition la plus complète des *Œuvres* de Duclos est celle de Villenave, Paris, 1821.

la terre de sang, mais au milieu de leurs ravages, l'esprit humain s'éclaire, les mœurs s'adoucissent, les nations isolées se rapprochent les unes des autres, le commerce et la politique réunissent enfin toutes les parties du globe, et la masse totale du genre humain, par des alternatives de calme et d'agitation, de biens et de maux, marche toujours, quoique à pas lents, vers une perfection plus grande » [Cf. Turgot, *Œuvres*, édit. Daire, t. II]. Sans rien vouloir ôter à Turgot de son mérite, ni des honneurs qu'on lui rend, il est permis de faire observer qu'il n'y a pas un mot dans ce passage, ni d'ailleurs une ligne dans tout son *Discours*, qui ne rappelle quelque endroit de l'*Esprit des Lois* ou de l'*Essai sur les mœurs*. Il en traduit encore plus manifestement l'esprit même, si Voltaire n'a conçu son *Essai sur les mœurs* qu'à dessein de montrer la

Huitième Époque

L'Encyclopédie et les Encyclopédistes.
1750-1765

1º Les Sources. — Les *Mémoires* et *Correspondances* du temps, et notamment : la *Correspondance de Voltaire*; — les *Mémoires de d'Argenson*; — *de Barbier*; — *de Morellet*; — *de Marmontel*; — la *Correspondance de Frédéric le Grand* [édition Preuss]; — Ravaisson, *Archives de la Bastille*, t. XII, années 1709 à 1772; — Barruel, *Histoire du Jacobinisme*, t. I; Londres, 1797; — Picot, *Mémoires pour servir à l'histoire ecclésiastique pendant le* xviiie *siècle*, Paris, 1806, et dernière édition, 1853-1857; — Fréron, dans son *Année littéraire*; — Grimm, dans sa *Correspondance littéraire*; — P. Rousseau [de Toulouse], sa collection du *Journal encyclopédique*.

Les *Œuvres complètes* de d'Alembert, édition Belin, Paris, 1821; — de Diderot, édition Assézat et Maurice Tourneux, Paris, 1875-1877; — de Voltaire, édition Beuchot, et plus particulièrement les *Mélanges* [t. 37 à 50]; — d'Helvétius, édition Didot, Paris, 1795; — et de Condorcet, édition O'Connor et Arago, Paris, 1847-1849.

supériorité de son siècle sur les autres ; et si Montesquieu, de son côté, convaincu que « l'histoire n'a rien à comparer à la puissance de l'Europe de son temps » s'est efforcé d'en trouver la raison dans la supériorité de ses lois? Ajouterons-nous après cela que le *Discours* de Turgot, écrit et prononcé en latin, par un inconnu, a passé presque inaperçu? et n'aurons-nous pas quelque droit de conclure qu'il a peut-être le premier « nommé » l'idée de progrès, mais, et avant lui, ce sont bien ses maîtres qui l'ont répandue dans le monde?

Et comment, aussi bien, — pour ne rien dire des perfectionnements des arts mécaniques ou de la vie commune, — les découvertes des sciences, à elles seules, ne la leur auraient-elles pas presque nécessairement suggérée? Ils étaient presque des savants eux-mêmes. Montesquieu avait

Pour Diderot en particulier : sa *Correspondance avec Mlle Volland* ; son *Paradoxe sur le comédien* ; et son *Neveu de Rameau* ; — Mme de Vandeul [sa fille], *Mémoires sur Diderot*, 1787 ; — Naigeon, *Mémoires historiques et philosophiques sur M. Diderot*, Paris, 1821 ; — Rosenkranz, *Diderot's Leben und Werke*, Leipsig, 1866 ; — John Morley, *Diderot and the Encyclopædists*, Londres, 1878 ; — Edmond Scherer, *Diderot, étude*, Paris, 1880.

Pour la seconde époque de la vie de Voltaire, et en plus des sources indiquées ci-dessus, p. 294 : — *Correspondance de Mme du Deffand*, édition Lescure, Paris, 1865 ; — Lucien Percy et G. Maugras, *la Vie intime de Voltaire aux Délices*, Paris, 1885 ; — G. Maugras, *Voltaire et Jean-Jacques Rousseau*, Paris, 1886.

Pour d'Alembert : sa *Correspondance avec Frédéric* ; — la *Correspondance de Mme du Deffand*, édition Lescure, 1865 ; — et celle de Mlle de Lespinasse, édition Eug. Asse, 1876 ; — Condorcet, *Éloge de d'Alembert*, dans la collection de ses *Éloges académiques*, 1784 ; — Charles Henry, *Correspondance inédite de d'Alembert*, Paris, 1887 ; — J. Bertrand, *D'Alembert*, dans la collection des *Grands Écrivains français*, Paris, 1889.

On trouvera encore d'utiles renseignements dans Malesherbes, *Mémoires sur la librairie*, Paris, 1809 ; — Garat, *Mémoires sur la vie de M. Suard*, Paris, 1820 ; — Félix Rocquain, *l'Esprit révolu-*

débuté par des discours sur l'*Usage des glandes rénales*, 1718, sur la *Cause de la pesanteur des corps*; et le premier grand ouvrage dont il eût formé le projet c'était une *Histoire physique de la terre*. On faisait cas de l'*Essai* de Voltaire sur la *Nature du feu*, et de ses *Doutes sur la mesure des Forces motrices*, 1741. Il avait rapporté d'Angleterre la philosophie de Newton. Si l'on pouvait douter que son *Alzire* ou sa *Zaïre* l'eussent mis au-dessus de Racine ou de Corneille, on ne pouvait douter qu'il ne connût beaucoup de choses que n'avaient connues ni pu connaître l'auteur du *Cid* et celui d'*Andromaque*. Il se rendait compte, et on se rendait compte autour de lui que de nouveaux horizons s'étaient ouverts pour l'esprit humain. C'est tout cela qui, joint ensemble, et non pas une vue théorique de bachelier de Sorbonne, concourait

tionnaire avant la Révolution, Paris, 1878; — J. Küntziger, *la Propagande des Encyclopédistes français en Belgique*, Paris, 1879; — Henri Francotte, *la Propagande des Encyclopédistes français au pays de Liège*, Bruxelles, 1880; — Edmond Scherer, *Melchior Grimm*, Paris, 1887.

Et on consultera enfin, à un point de vue plus général : Damiron, *Mémoires pour servir à l'histoire de la philosophie au xviiie siècle*, 1858-1864; — Lanfrey, *l'Église et les philosophes au xviiie siècle*, 1855; — Ernest Bersot, *Études sur le xviiie siècle*, 1855; — Barni, *Histoire des idées morales et politiques en France au xviiie siècle*, 1865-1866; — et H. Taine, *l'Ancien Régime*, 1875.

I. — Les Commencements de l'entreprise.

Les *Encyclopédies* de la Renaissance — et notamment l'*Encyclopædia omnium scientiarum* d'Alstedius ou Alstedt, 1620. — Le *Dictionnaire* de Bayle [Cf. ci-dessus, p. 225], 1696-1706; — et la *Cyclopædia* anglaise d'Ephraïm Chambers, 1728. — On en propose la traduction au libraire Lebreton; — qui en accepte l'idée, 1740; — mais la mésintelligence s'étant mise entre les traducteurs et l'éditeur, — l'entreprise demeure en suspens jusqu'à l'intervention de l'abbé du Gua de Malves [Cf. sur du Gua de Malves, Diderot, dans ses *Salons*; et Condorcet, *Éloge de du Gua de Malves*]. —

à la formation, au développement, à la popularité de l'idée de progrès. La conception s'autorisait du nombre et de la diversité des récentes acquisitions de la science. C'est pourquoi si la science n'était pas encore l'idole qu'elle devait devenir, le respect ou la superstition s'en imposait pourtant à tout le monde, et la préoccupation scientifique faisait un caractère nouveau de la littérature. Buffon, qui avait, pour ainsi parler, appris à lire dans les écrits mathématiques du marquis de l'Hôpital, débutait « dans les lettres » par une traduction de la *Statique des végétaux*, de Hales, et de la *Méthode des fluxions*, de Newton, 1740. On faisait bien encore des tragédies, des romans, des comédies, mais c'était avec un nouveau *Système de notation musicale*, 1741, que Rousseau arrivait de Genève ou de Lyon à Paris ; et c'étaient les *Pensées*

Celui-ci élargit le plan de l'entreprise ; — mais ne réussit pas non plus à s'entendre avec Lebreton ; — qui s'adresse enfin à d'Alembert et à Diderot. — Le plan de l'affaire s'élargit encore ; — Lebreton s'adjoint de nombreux commanditaires ; — d'Alembert et Diderot recrutent de nombreux collaborateurs ; — et on obtient de d'Aguesseau le privilège nécessaire à la publication de l'œuvre, 1746. — Du *privilège* de librairie sous l'ancien régime et de sa vraie nature [Cf. Saugrain, *le Code de la librairie*, 1744 ; Diderot, *Lettre sur le commerce de la librairie*, 1767 ; et Malesherbes, *Mémoires sur la librairie*, 1809]. — Que le pouvoir n'a pas du tout vu d'un mauvais œil l'entreprise encyclopédique ; — et comment Diderot s'étant fait mettre à Vincennes, — ce sont ses libraires qui obtiennent qu'on le remette en liberté, — pour travailler à l'*Encyclopédie*, 1749. — Le *Prospectus* de l'*Encyclopédie* ; — et de la double intention qu'il annonce : 1º de systématiser les connaissances humaines ; — 2º de donner aux « arts mécaniques » la place à laquelle ils ont droit dans ce système. — Que cette intention se retrouve dans le *Discours préliminaire* de l'*Encyclopédie*. — Autres nouveautés du *Discours*, qui vont beaucoup plus loin qu'on ne le croirait d'abord ; — et qu'elles ne procèdent pas moins de l'inspiration de Descartes que de celle de Bacon. — Qu'il faut d'ailleurs joindre au *Discours*, pour en avoir le véritable

sur l'interprétation de la nature qui commençaient à tirer Diderot de son obscurité. Ce nouveau caractère de la littérature allait se préciser maintenant de jour en jour, et finalement trouver son expression dans l'*Encyclopédie*, 1750.

Quelle a été, dans ce mouvement, la part de l'influence anglaise? C'est ce qu'il est difficile de dire avec exactitude [Cf. sur ce sujet : Tabaraud, *Histoire du philosophisme anglais*, Paris, 1806; et Leslie Stephen, *English thought in the XVIII*th *Century*, Londres, 1881]. L'influence n'est pas douteuse, et s'il ne s'agissait que d'en dater l'origine, il n'importe pas beaucoup que l'on choisisse l'année 1725, qui est celle de la publication des *Lettres sur les Anglais*, de Béat de Muralt; ou l'année 1733, qui est celle de la fondation du journal de l'abbé Prévost;

sens, l'article *Encyclopédie*. — Le *Discours* était de d'Alembert et l'article est de Diderot.

II. — **Jean Le Rond d'Alembert** [Paris, 1717; † 1783, Paris].

Sa naissance [il était fils de Mme de Tencin, et, dit-on, du commissaire Destouches]; — ses études au collège Mazarin; — sa vocation pour la géométrie; — ses premiers travaux : *Sur la réfraction des corps solides*, 1739; et *Sur le calcul intégral*, 1740. — Sa nomination à l'Académie des Sciences, 1741. — Son *Traité de dynamique*, 1743, et son *Mémoire sur la cause générale des vents*, 1746 [Cf. sur la valeur des travaux scientifiques de d'Alembert, J. Bertrand : *D'Alembert*]. — Quelles raisons le libraire Lebreton a-t-il eues de lui donner la direction de l'*Encyclopédie*; — et, à ce propos, de la situation d'un académicien sous l'ancien régime. — Ce qui n'est aujourd'hui qu'un titre d'honneur, était presque une fonction dans l'état; — mais surtout une protection; — et en entrant dans une académie, on entrait dans la classe des « privilégiés ». — Autres avantages que trouvait le libraire dans la personne de d'Alembert; — agrément de son humeur; — ses fréquentations mondaines; — ses liaisons avec Mme du Deffand; — et qu'elles doivent dater de 1746 ou 1747 [Cf. Lescure, son édition de la *Correspondance de M*^me *du Deffand*, Paris, 1865]; —

ou encore l'année 1734, qui est celle de la publication des *Lettres philosophiques* de Voltaire. Nous savons d'autre part que Voltaire, dès 1726, Montesquieu en 1729, Prévost vers le même temps, ont visité l'Angleterre. Pour les traductions de l'anglais, l'énumération seule en tiendrait ici plusieurs pages; et l'on peut avancer sans exagération que, de 1725 à 1750, tout Pope et tout Addison, tout Swift et tout Richardson, sans parler des moindres, ont passé de leur langue en français [Cf. Joseph Texte, *Jean-Jacques Rousseau et les origines du cosmopolitisme littéraire*, Paris, 1895]. Si nous ne nommons ni Locke ni Bacon, c'est que Bacon a surtout écrit en latin, et par conséquent, il y avait cent cinquante ans, en 1750, que le *Novum organum*, le *De augmentis scientiarum*, l'*Instauratio magna* étaient à la portée des lecteurs simplement

ses relations avec Mme Geoffrin. — Il est déjà presque un personnage quand il accepte de s'occuper de l'*Encyclopédie*; — et c'est en 1752 que Frédéric lui offre la présidence de son Académie des sciences, — en survivance de Maupertuis.

III. — **Denis Diderot** [Langres, 1713; † 1784, Paris].

La famille de Diderot; — premières études de Diderot, Langres et Paris [collège d'Harcourt]; — son refus d'être médecin, avocat ou procureur; — et sa brouille avec sa famille. — Sa jeunesse besogneuse; — il se met aux gages des libraires; donne des leçons de mathématiques; — et songe même à se faire acteur. — Ses « tours de page » [Cf. Mme de Vandeul, *Mémoires*, et Naigeon, *loc. cit.*]. — Son mariage, 1743; — et comment il achève de le brouiller avec son père. — Ses premières traductions : l'*Histoire de la Grèce* de T. Stanyan, 1743; — et le *Dictionnaire de médecine* de James, 1746; — sa paraphrase de Shaftesbury : *Essai sur le mérite et la vertu*. — Son premier ouvrage original : *les Pensées philosophiques*, 1746; — et s'il est vrai qu'il l'ait écrit pour satisfaire un caprice de Mme de Puisieux, sa maîtresse? — Elle l'aurait en tout cas plus mal encore inspiré quand elle lui a dicté ses *Bijoux indiscrets*, 1748; — un mauvais roman dans le goût de ceux de Duclos et de Crébillon; — infiniment plus grossier; — et un

cultivés ; et il y avait moins de temps, mais il y avait pourtant plus d'un demi-siècle que l'on pouvait lire en français, de la traduction de Coste, l'*Essai sur l'entendement humain*, 1700.

Cette remarque a son importance, et nous aide à comprendre la nature de l'influence anglaise. Puisque en effet ce sont bien Locke et Bacon qui vont devenir désormais les « maîtres à penser » de la génération nouvelle, et puisqu'ils ne le sont pas devenus plus tôt, c'est sans doute que l'influence anglaise n'a pas agi par infiltration, pour ainsi parler, comme autrefois l'influence espagnole, mais par substitution d'un nouvel idéal à l'ancien. Ou, en d'autres termes, aussi longtemps que l'idéal classique a dominé sur l'esprit français, et que, comme on l'a vu, notre littérature, tout en étant « sociale », est demeurée

livre dont il dira plus tard « qu'il se couperait volontiers un bras pour ne pas l'avoir écrit ». — Sa *Lettre sur les aveugles à l'usage de ceux qui voient*, 1749 ; — et de l'intérêt qu'en offre la comparaison avec le *Traité des sensations*, de Condillac. — Elle vaut d'ailleurs à Diderot d'être mis à Vincennes ; — non point pour aucune hardiesse qu'elle contienne ; — mais pour une phrase qui déplait à Mme Dupré de Saint-Maur, — l'amie de Réaumur, de l'Académie des sciences. — De la différence de situation entre Diderot et d'Alembert ; — et qu'il n'est pas impossible qu'elle soit pour quelque chose dans les tiraillements qui se produiront entre eux. — Le vrai portrait de Diderot tracé quelque part par Bacon : « *Sunt qui cogitationum vertigine delectantur, ac pro servitute habent fide fixa aut axiomatis constantibus constringi.* »

IV. — Les premières difficultés de l'Encyclopédie.

Si les jésuites qui rédigeaient le *Journal de Trévoux* ont été jaloux du succès de l'*Encyclopédie* ? [Cf. Diderot, *Lettre au P. Berthier*, t. XIII des Œuvres ; Voltaire, *le Tombeau de la Sorbonne*, t. XXXIX ; et d'Alembert, *Sur la destruction des Jésuites*]. — La thèse de l'abbé de Prades, collaborateur de l'*Encyclopédie* pour la théologie ; — et sa condamnation en Sorbonne [Cf. Picot, *op. cit.*, III, 185]. — Jésuites, jansénistes et gens en place en prennent

« nationale » nous n'avons pas subi l'influence anglaise, mais quand l'idéal classique a commencé de se déformer, l'influence anglaise a passé aussitôt par la brèche, *qua data porta*, et elle est devenue souveraine. C'est ce qui nous permet d'en mieux voir les effets et de dire qu'ils n'ont pas d'abord été très heureux.

« Nous avons pris des Anglais les annuités, les rentes tournantes, les fonds d'amortissement, la construction et la manœuvre des vaisseaux, l'attraction, le calcul différentiel, les sept couleurs primitives, l'inoculation. Nous prendrons insensiblement leur *noble liberté de penser*, et leur *profond mépris pour les fadaises de l'école*. » C'est Voltaire qui écrivait en ces termes à Helvétius, en oubliant d'ajouter que, pour son compte, et de plus, il avait pris *Micromégas* à Swift, son *Poème de la loi naturelle* à

occasion pour s'élever contre l'*Encyclopédie*. — L'abbé de Prades, exilé de Paris, part pour Berlin ; — Voltaire s'emploie pour lui auprès de Frédéric ; — et à cette occasion entre pour la première fois en rapports un peu étroits avec d'Alembert et Diderot. — L'*Encyclopédie* est « supprimée » par arrêt du Conseil, 1752 [Cf. *Mémoires de Barbier*, t. V ; et de *d'Argenson*, t. VII]. — Mais comme elle a des protecteurs en cour, — dont Mme de Pompadour, que Quesnay, son médecin, intéresse à l'entreprise ; — et dans le ministère, dont M. de Malesherbes lui-même [Cf. Mme de Vandeul, *Mémoires sur Diderot*], on laisse continuer la publication ; — et les tomes III, IV, V, VI et VII se succèdent régulièrement de 1753 à 1757. — Les Encyclopédistes profitent des conflits du parlement et de la cour, 1756 [Cf. Rocquain, *l'Esprit révolutionnaire*, etc.] ; — leurs imprudences [Cf. l'article *Encyclopédie*] ; — et leurs aveux. — Le pamphlet de l'avocat Moreau : *Mémoires pour servir à l'histoire des Cacouacs*, 1757 ; — et l'article *Genève*. — Réclamation des pasteurs de Genève, indignés d'être loués de leur tendance au « socinianisme ». — Intervention de Voltaire et de Rousseau dans la querelle ; — Rousseau écrit sa *Lettre sur les spectacles*, 1758. — Découragement de d'Alembert. — Diderot publie son *Père de famille*, et Helvétius son livre de l'*Esprit*, 1758. — Mandement de l'archevêque de Paris. — Le Parlement évoque à lui l'affaire ; —

Pope, et *Zaïre* à Shakespeare. Et, lui-même, ayant pillé Shakespeare, il eût sans doute bien fait de ne pas détourner ses contemporains de l'une des sources de poésie les plus profondes et les plus pures qu'il y ait au monde. Mais si nous examinons ce qu'il appelait la « noble liberté de penser » des Anglais, nous trouvons que c'est l'agressive incrédulité des Bolingbroke, des Collins, des Toland. Et quant au « mépris des fadaises de l'école » c'est sans doute le nom qu'il donne à l'étroit utilitarisme de Locke : « Il n'y a de connaissances vraiment dignes de ce nom que *celles qui conduisent à quelque invention nouvelle et utile*, et qui nous apprennent à faire quelque chose mieux, plus vite, ou plus facilement qu'auparavant » [Cf. Joseph Texte, *loc. cit.*, p. 100]. La conclusion est-elle difficile à tirer ? Entre 1730 et 1750 la pensée anglaise a tout

on lie le sort de l'*Encyclopédie* à celui du livre d'Helvétius. — Réquisitoire du procureur général ; — condamnation de l'*Encyclopédie* ; — et révocation définitive du « privilège », mars 1759. — Rétractation piteuse d'Helvétius ; — retraite de d'Alembert ; — et défection de Rousseau.

V. — La seconde époque de la vie de Voltaire. 1750-1762.

Le séjour de Voltaire à Berlin, 1750-1753 ; — et s'il a trouvé dans Frédéric un maître plus indulgent que Louis XV ? — Ses maladresses de conduite ; — il exige du roi que celui-ci renvoie Baculard d'Arnaud ; — et ne prenne pas Fréron pour correspondant. — L'affaire du juif Hirschel [Cf. Desnoiresterres, t. IV ; et Strauss, *Voltaire*]. — Liberté du langage et des allures de Voltaire à l'égard de Frédéric. — Ses querelles avec Lessing et avec La Beaumelle. — Il se brouille avec Maupertuis, — l'ancien ami de Mme du Châtelet, — et le président de l'Académie des sciences de Berlin. — La *Diatribe du docteur Akakia*, 1752. — Frédéric fait brûler le pamphlet par la main du bourreau. — Colère, humiliation et soumission de Voltaire [Cf. *Correspondance*, édition Preuss, 1752-1753] ; — il se décide à demander un congé pour aller prendre les eaux de Plombières ; — Frédéric s'empresse de le lui accorder ; — et accepte la démission que Voltaire donne de son titre de « cham-

justement agi sur nos Français par ce qu'il y avait en elle de moins analogue, de plus contraire, de plus hostile même à l'idéal classique. De « psychologique et de moral » devenu d'abord « social »; et de social « scientifique »; l'objet de la littérature, sous l'influence de Bacon et de Locke, va désormais devenir purement pratique. Forts de l'autorité de Newton, qui a quelque part traité la poésie de « niaiserie ingénieuse », les géomètres demanderont bientôt ce que « prouve » une tragédie? Et d'Alembert enfin, dans le *Discours préliminaire de l'Encyclopédie*, ne craindra pas d'écrire « que si les anciens eussent exécuté une *Encyclopédie,* comme ils ont exécuté tant de grandes choses, et que ce manuscrit se fût échappé seul de la fameuse bibliothèque d'Alexandrie, il eût été capable de nous consoler de la perte des autres ».

bellan du roi de Prusse ». — Départ de Voltaire, 26 mars 1753. — L'aventure de Francfort. — Il s'arrête successivement à Strasbourg, Colmar, Lyon et Genève.

L'*Œuvre historique de Voltaire*. — A cette époque de la vie de Voltaire appartiennent ses deux grandes œuvres historiques : — le *Siècle de Louis XIV,* dont la première édition paraît à Berlin, en 1751; — et l'*Essai sur les mœurs,* dont la première édition sous ce titre est datée de Genève, 1756; — mais dont il y avait alors onze ans que des morceaux détachés avaient commencé de paraître dans le *Mercure de France.* — Les *Annales de l'Empire* sont également de cette époque, 1753; — et aussi l'édition définitive du *Charles XII,* qui est celle de 1756-1757. — Les deux premiers de ces ouvrages ont inauguré dans la littérature européenne une nouvelle manière d'écrire l'histoire.

Entre les mains de Voltaire l'histoire est d'abord devenue, de purement *annalistique* ou *polémique* qu'elle était, véritablement *narrative,* ce qui implique : — le choix du sujet, en tant que capable d'intéresser tout le monde, et non pas seulement les érudits; — la distinction des faits, en tant qu'il y en a d'encombrants, d'inutiles, ou d'ingrats, qu'on élimine; — et une continuité d'intérêt, qui ne s'obtient qu'au moyen de l'art, et du parti pris. — C'est comme si l'on disait qu'en second lieu, d'*érudite* ou de *savante,*

II

Une conséquence de ces nouveaux principes, c'est que, n'y ayant rien de moins « littéraire » au monde, et en soi, que l'*Encyclopédie* de d'Alembert et de Diderot, elle n'appartient qu'à peine à l'histoire de la littérature. Nous ne raconterons donc pas ici, comment, d'une simple traduction de la *Cyclopædia* d'Ephraïm Chambers, qu'elle devait être à l'origine [Cf. John Morley, *Diderot and the Encyclopædists*, Londres, 1878], l'*Encyclopédie* française est devenue la plus grosse affaire de librairie qui se fût encore vue, ni comment, d'une entreprise d'abord purement commerciale, les circonstances, beaucoup plus que les

---

Voltaire a rendu l'histoire proprement *littéraire*, ce qui implique : — le souci de la disposition des parties et du style; — un rappel constant de l'intérêt que les choses passées offrent encore aux gens d'aujourd'hui; — et par suite, une perpétuelle sollicitation à penser. — Et enfin, d'*indifférente à son propre contenu,* Voltaire a rendu l'histoire *philosophique,* ce qui implique : — la subordination des faits aux conséquences qui en sont résultées; — l'apprèciation de ces faits par un rapport à un idéal donné; — et la détermination de cet idéal par rapport à une conception de la vie et de l'humanité.

Inconvénients de cette manière d'entendre l'histoire; — et que Voltaire n'y a pas lui-même échappé.

En ce qu'elle a de *philosophique*, d'abord, — elle substitue dans le jugement des hommes et des choses l'autorité d'un criterium abstrait au sentiment de la diversité des époques; — elle ramène donc toutes les histoires sur le même plan; — et par conséquent elle les déforme ou elle les fausse. — Elle ne les fausse pas moins en tant que *littéraire*; — si l'importance des événements historiques n'a rien de commun avec l'agrément de la forme dont on peut les revêtir; — si cette importance, en tout cas, n'a pas pour mesure leur intérêt actuel; — et si rien d'autre part n'est plus propre à brouiller la signification des temps que le souci de les

hommes, en ont fait la plus formidable machine de guerre qu'on eût encore dressée contre la tradition. Nous n'essaierons pas non plus d'en dégager l'idée générale ou maîtresse, qui n'a jamais sans doute été très « générale » dans l'esprit sec, dur et borné de d'Alembert, ni très claire dans la cervelle fumeuse de Diderot [Cf., dans les *Œuvres* de Diderot, son article *Encyclopédie*] ; et qu'au surplus le nombre des collaborateurs appelés à en faire l'application ne pouvait manquer d'obscurcir encore. Il ne se fait point de chefs-d'œuvre à deux, et bien moins à plusieurs. Et enfin, quel qu'en fût l'intérêt anecdotique, nous ne dirons point comment, d'aventure en aventure et de « suppression » en « suppression », elle est devenue la compilation monumentale dont Chesterfield écrivait à son fils, qui lui demandait s'il en devait faire l'emplette :

représenter d'une manière qui plaise à nos contemporains. — Elle a enfin des inconvénients en tant que *narrative* ; — si le choix des faits à mettre en lumière ne saurait dépendre du caprice de l'historien ; — s'il y a des « matières qui demandent de l'attention » et qu'on ne « puisse pas faire que l'attention ne soit une chose pénible » ; — et s'il n'y a pas enfin en histoire de faits inutiles ou encombrants, — mais seulement des faits dont on n'a pas aperçu la signification.

Comment, en s'ajoutant les uns aux autres ; — et en s'aggravant du fait même de son succès ; — tous ces défauts ont réduit les autres histoires de Voltaire, — comme par exemple, son *Histoire du Parlement*, 1769, — à n'être que de simples pamphlets ; — et ainsi rabaissé l'histoire à n'être plus que l'instrument de ses passions philosophiques. — L'histoire, comme la tragédie, veut être traitée pour elle-même ; — mais cela n'empêche pas l'*Essai sur les mœurs*, — ni le *Siècle de Louis XIV* surtout, d'avoir fait époque dans la manière d'écrire l'histoire ; — et Voltaire lui-même d'avoir exercé sur la direction des études historiques, — une influence presque aussi considérable, sinon peut-être plus considérable, qu'au théâtre même.

Etablissement de Voltaire aux Délices, 1755. — Publication des Poèmes sur *la Loi naturelle*, et sur *le Désastre de Lisbonne*, 1756 ;

« Vous l'achèterez, mon fils, et vous vous assoirez dessus, pour lire *Candide* ». Mais, puisque l'on fait souvent encore entre « l'esprit de l'*Encyclopédie* » et « l'esprit classique » une confusion fâcheuse, qui rappelle celle que l'on a longtemps faite entre l'esprit de la réforme et l'esprit de la Renaissance; puisque même on a voulu voir dans l'esprit encyclopédique le terme en quelque sorte préfix et l'aboutissement nécessaire de l'esprit classique [Cf. Taine, *l'Ancien régime*]; il faut essayer de dissiper cette confusion, et de montrer qu'entre eux, comme entre l'esprit de la Renaissance et l'esprit de la Réforme, il peut bien se rencontrer un ou deux traits de communs, mais tout le reste, à vrai dire, n'a été qu'opposition et que contradiction.

Par exemple, « l'esprit classique » ne s'était déterminé

— Rousseau lui adresse la *Lettre sur la Providence*. — Démêlés de Voltaire avec les Genevois. — Il suggère à d'Alembert l'article *Genève* de l'*Encyclopédie*. — Nouvelle intervention de Rousseau dans la querelle [Cf. ci-dessus, p. 315]. — Acquisition de Ferney, 1758. — *Candide*, 1759; — *Tancrède*, 1760; — *l'Écossaise*, 1760; — et, à ce propos, de Fréron [Cf. Ch. Nisard, *les Ennemis de Voltaire*]. — Voltaire compose entre temps ses *Mémoires pour servir à l'histoire de sa vie* [Cf. édition Beuchot, t. XL]. — Quelques médiocres facéties : *la Relation de la maladie et de la mort du Père Berthier*, 1759; — *les Quand*, 1760, réponse à un discours académique où Lefranc de Pompignan avait attaqué les philosophes; — ses *Dialogues chrétiens*, 1760, — et un opuscule plus important : l'*Extrait des sentiments de Jean Meslier*, 1762, — achèvent de faire de lui le chef incontesté du parti philosophique. — *L'Éloge de Crébillon*, 1762; — le *Commentaire sur Corneille*, — et le *Recueil de pièces originales concernant la mort des sieurs Calas*, 1762.

VI. — Après la suppression de l'Encyclopédie.

Comment l'*Encyclopédie* « supprimée » n'en a pas moins continué de se faire; — grâce à la protection de M. de Malesherbes, directeur de la librairie; — de M. de Sartine, lieutenant de police;

qu'en achevant de se libérer, lui, nous avec lui, et notre littérature avec nous, de toute influence étrangère, mais, on vient de le voir, c'est au contraire en se mettant à l'école du « philosophisme anglais », que l' « esprit encyclopédique » a pris conscience de lui-même. Il a fait mieux, ou pis : il s'est méconnu dans Descartes et dans Bayle pour ne se retrouver que dans Locke et dans Bacon. Qui ne sait que l'*Esprit des lois*, en un certain sens, n'est qu'une apologie de la constitution anglaise ? Le *Traité des sensations* n'est également qu'une « adaptation » des *Essais sur l'entendement humain*. Elle-même, l'*Encyclopédie*, nous venons de le dire, n'est originairement que la traduction d'un *Dictionnaire* anglais ; et, si Diderot a sans doute quelque droit de passer pour l'incarnation de l'esprit encyclopédique, on ne trouve

— de Mme de Pompadour ; — et aussi parce que le gouvernement a eu égard à l'importance des intérêts matériels engagés dans l'entreprise ? — Que les égards se sont même étendus plus loin ; — et qu'on en trouve la preuve dans l'affaire de la comédie des *Philosophes* (mai 1760) ; — mais surtout dans celle de *l'Écossaise* (juillet 1760), — s'il s'en fallut de bien peu que Fréron, nommément et grossièrement insulté par Voltaire, — ne fût empêché de lui répondre dans son *Année littéraire* [Cf. Desnoiresterres, *la Comédie satirique au XVIIIe siècle*, Paris, 1885]. — Que cette tolérance du gouvernement n'a pas été sans quelque rapport avec la crainte qu'on éprouvait de voir une entreprise interdite en France — s'achever à l'étranger, à Berlin peut-être ou à Saint-Pétersbourg ; — et d'autre part, avec le besoin qu'on avait de ménager les philosophes, — à la veille de l'expulsion des jésuites, 1762. — L'ouvrage de d'Alembert : *De la destruction des Jésuites en France* ; — et qu'il est curieux de constater la coïncidence de sa publication avec la distribution des dix derniers volumes de l'*Encyclopédie*. — Observations à ce sujet ; — et de la difficulté de distribuer « sous le manteau » dix volumes in-folio. — Indifférence relative au milieu de laquelle ils paraissent ; — et raisons naturelles de cette indifférence ; — s'ils ne contiennent en effet presque rien qui ne fût plus qu' « amorcé » dans les sept premiers volumes ; — et si, tout

rien que d'anglais dans l'œuvre de l'homme que l'on appelle encore souvent le « plus allemand » des Français. Il a commencé par traduire l'*Histoire de Grèce* de Stanyan ; son *Essai sur le mérite et la vertu* n'est qu'une paraphrase de Shaftesbury ; c'est Richardson et Sterne qu'il imite dans ses contes et dans ses romans, Moore et Lillo dans ses drames ou dans ses tragédies bourgeoises... Il est inutile de multiplier les exemples ! Mais quand avec autant d'empressement qu'on évitait naguère d'imiter l'étranger, on le traduit maintenant et on s'en inspire, peut-on dire que rien n'ait changé ? peut-on y voir l'effet des mêmes causes ? et si l'on ne le peut pas plus en histoire qu'en logique, c'est une première différence de l' « esprit encyclopédique » et de l' « esprit classique ».

En voici une seconde : si l'esprit classique s'était

l'effet qu'on pouvait attendre de l'œuvre, ces sept premiers volumes l'avaient déjà réalisé.

VII. — **Claude-Adrien Helvétius** [Paris, 1715 ; † 1771, Paris].

Fils et petit-fils de médecin ; — fermier général et protecteur des lettres ; — maître d'hôtel ordinaire de la reine Marie Leczinska ; — enragé de célébrité, il débute par se faire la réputation d'un petit-maître accompli. — Il s'essaie ensuite dans la poésie ; — et soumet ses essais à Voltaire ; — qui les encourage en lui rappelant qu'Atticus était fermier général ; — mais qui les trouve d'ailleurs plutôt médiocres. — Helvétius se tourne alors du côté des mathématiques ; — et finalement du côté de la philosophie. — Il se démet de sa charge de fermier général, et compose laborieusement son livre *De l'Esprit*, 1758. — Médiocrité générale du livre, — où les pires paradoxes s'autorisent de preuves ; — qui ne sont la plupart que des « anecdotes » scandaleuses ; — ce qui n'empêche qu'aucun livre, en son temps, n'ait fait plus de bruit ; — ni répandu plus d'idées destinées à faire fortune. — C'est Helvétius qui a proclamé le premier « que la morale devait être traitée comme une physique expérimentale » [Cf. *De l'Esprit*, Discours II, chap. 15] ; — que les questions morales ne sont quedes questions sociales, — « puisque les vices d'un peuple sont toujours cachés au fond de sa

montré, depuis Ronsard jusqu'à Boileau, cent cinquante ou deux cents ans durant, plus que respectueux des anciens et de la tradition, au contraire, l'esprit encyclopédique n'est composé que du mépris des anciens et de la haine de la tradition. Les mots ne sont pas trop forts. Nos encyclopédistes n'ont pas seulement méconnu les anciens, ils les ont méprisés! Ils n'ont vu qu'un préjugé, et un sot préjugé, pour ne pas dire une hypocrisie pédantesque, dans l'admiration que de rares humanistes osaient encore professer pour Virgile et pour Homère. « On me fit accroire autrefois que j'avais du plaisir en lisant l'*Iliade*, — fait dire l'auteur de *Candide* au sénateur Pococurante, — mais cette répétition continuelle de combats... me causait le plus mortel ennui. J'ai demandé quelquefois à des savants s'ils s'ennuyaient autant que moi à cette lecture...

législation » (Cf. *De l'Esprit,* Discours II, ch. 15); — et, sur cela, qu'il n'est rien que ne puisse l'éducation [Cf. *De l'Esprit,* Discours III]. — Émoi suscité par son livre. — Complète et piteuse rétractation d'Helvétius; — il rentre dans le silence; — et disparaît de la scène littéraire.

VIII. — **Frédéric-Melchior Grimm** [Ratisbonne, 1723; † 1807, Gotha].

Culture classique et philosophique de Grimm; — ses débuts littéraires et sa tragédie de *Banise* (en allemand). — Son arrivée à Paris; — ses liaisons avec Diderot, Rousseau, et la société de Mme d'Épinay, 1749-1750. — Deux *Lettres sur la littérature allemande* [Cf. *Mercure de France,* 1751]; — la lettre sur *Omphale* [opéra de Destouches], 1752; — et le *Petit prophète de Bœhmischbroda,* 1753 [Cf. Adolphe Jullien, *La Musique et les Philosophes au* xviiie *siècle,* Paris, 1873]. — La *Correspondance littéraire* [1754-1790]; — et comment elle est inséparable du mouvement encyclopédique; — dont elle a pour ainsi dire été, pendant quinze ou vingt ans, — le « Moniteur » secret en Europe. — Tel a été le vrai rôle de Grimm, — et des nombreux collaborateurs qui ont travaillé sous sa direction; — ils ont traduit pour les souverains allemands qui étaient ses abonnés; — les idées du « corps des philosophes »:

Tous les gens sincères m'ont avoué que le livre leur tombait des mains, mais qu'il fallait l'avoir dans sa bibliothèque comme un monument de l'antiquité, et comme ces médailles rouillées qui ne peuvent être de commerce » [Cf. *Candide*, ch. 25]. De cet endroit de *Candide* rapprochons un passage du *Discours sur l'histoire universelle* [Cf. partie III, ch. 5] : « Une des choses qui faisait aimer la poésie d'Homère est qu'il chantait les victoires et les avantages de la Grèce sur l'Asie. Du côté de l'Asie était Vénus, c'est-à-dire les plaisirs, les folles amours et la mollesse : du côté de la Grèce était Junon, c'est-à-dire la gravité avec l'amour conjugal, Mercure avec l'éloquence, Jupiter et la sagesse politique. Du côté de l'Asie était Mars impétueux et brutal, c'est-à-dire la guerre faite avec fureur ; du côté de la Grèce était Pallas, c'est-à-dire

— en atténuant très habilement ce qu'elles pouvaient avoir de suspect à des yeux de princes ; — et en les leur présentant comme une manière de s'émanciper eux-mêmes ; — des pouvoirs qui les gênaient encore. — Au reste, la *Correspondance* n'ayant paru publiquement pour la première fois qu'en 1812 ; — ce n'est pas ici le lieu de l'apprécier en elle-même ; — et il suffit d'avoir noté dans quelle mesure elle a contribué à la propagande encyclopédique.

IX. — La Propagande encyclopédique.

Succès matériel de l'entreprise. — Les 4 800 souscriptions de 1750. — Fondation du *Journal encyclopédique*, 1756 ; — son directeur, P. Rousseau [de Toulouse], et ses collaborateurs ; — sa diffusion. — Les centres parisiens : le salon de Mme Geoffrin [Cf. *Mémoires de Marmontel* et P. de Ségur : *Le Royaume de la rue Saint-Honoré*, Paris, 1897] ; — la société de Mme d'Épinay [Cf. *Mémoires de Mme d'Épinay*, édit. Boiteau, Paris, 1863], et L. Percy et G. Maugras [*La Jeunesse de Mme d'Épinay*, Paris, 1882] ; — la société du baron d'Holbach [Cf. Diderot, *Correspondance avec Mlle Volland*, et d'Avezac-Lavigne, *La Société du baron d'Holbach*, Paris, 1875] ; — et les amis de Mlle de Lespinasse [Cf. sa *Correspondance*]. — Comment les adversaires eux-mêmes de l'*Encyclopédie*

l'art militaire et la valeur conduite par esprit... La Grèce, depuis ce temps,... ne pouvait souffrir que l'Asie pensât à la subjuguer, et en subissant ce joug, elle aurait cru assujettir la vertu à la volupté, l'esprit au corps, et le véritable courage à une force insensée qui consistait seulement dans la multitude. » On n'a jamais mieux défini ce que l'esprit classique avait vu dans les chefs-d'œuvre de l'antiquité : des leçons de morale sociale enveloppées sous les plus poétiques fictions. Mais les encyclopédistes n'y ont vu qu'un enfantillage, et n'ont pas entendu la leçon. Aussi la tradition, en littérature, comme en tout, n'est-elle à leur égard qu'un empêchement superstitieux qui gêne également leur liberté de penser, la « diffusion des lumières », et le progrès de la raison. « C'est en affaiblissant la stupide vénération des

ont servi sa cause ; — et notamment Palissot et Fréron ; — toujours occupés d'elle ; — et souvent sans en avoir d'autres raisons que de remplir leurs feuilles. — Diffusion des idées encyclopédiques dans la petite bourgeoisie [Cf. la *Correspondance de Mme Roland avec les demoiselles Cannet*] ; — et sans doute jusqu'en province ; — quoiqu'on n'en puisse pas donner de preuves authentiques [Cf. cependant les lettres de Mme Butet, dans J. Cruppi : *l'Avocat Linguet*, Paris, 1895]. — Mais on en a du moins de leur diffusion à l'étranger ; — dans le pays de Liège par exemple [Cf. Francotte, *la Propagande encyclopédique*, ch. II et III ; et Küntziger, *les Encyclopédistes français en Belgique*, ch. IV] ; — en Suisse, où il se fit jusqu'à trois réimpressions des 28 volumes de l'œuvre originale ; — en Italie, où il s'en fit deux, l'une à Livourne, l'autre à Lucques ; — en Allemagne et en Russie, par l'intermédiaire de Grimm. — Comment cette propagande a nécessairement contribué à la diffusion des idées françaises ; — et par contre-coup à la formation d'une littérature européenne.

Les œuvres.

De Grimm et d'Helvétius les seules œuvres qui comptent sont celles que nous avons signalées plus haut.

peuples pour les lois et les usages anciens, écrit Helvétius, qu'on mettra les souverains en état de purger la terre de la plupart des maux qui la désolent et d'assurer la durée des Empires » [Cf. *De l'Esprit*, discours II, ch. 17]. Qu'est-ce à dire, sinon que le progrès ne consiste qu'à s'émanciper de la tradition ? Et n'avouerons-nous pas qu'il y a bien quelque différence à ne s'autoriser en tout que de la tradition, ou au contraire à ne la traiter en tout que comme un obstacle et une ennemie ?

Combien d'autres différences ne pourrait-on pas, ne devrait-on pas signaler, de morales ou de philosophiques, et même de politiques, s'il ne fallait craindre que, dans une histoire de la littérature, l'indication n'en parût un peu hors de son lieu ! Autant donc l'esprit classique avait en général témoigné de juste défiance de l'instinct et des

---

De Diderot, au contraire, il faut dire que, si sa collaboration à l'*Encyclopédie* ne fait pas la moindre partie de son œuvre, et surtout n'en est pas celle qui a le moins agi, elle n'est pas cependant la plus considérable, ni surtout la plus originale. D'un autre côté, presque tous ses écrits les plus vantés n'ont paru qu'après sa mort, et c'est pour cette raison que, dans son article, nous n'avons pas cru devoir en faire mention. Les contemporains de Diderot, il faut bien le savoir, n'ont pu lire ni sa *Religieuse*, ni son *Neveu de Rameau*, ni le *Supplément au voyage de Bougainville*, ni le *Rêve de d'Alembert*, ni ses *Salons*; et s'ils ne les ont pas connus, comment pourrions-nous parler de l'effet que ces écrits ont produits? Puisque c'est pourtant ce que l'on fait encore trop souvent, nous classons ici les *Œuvres* de Diderot dans l'ordre chronologique de leur publication, et en suivant d'ailleurs les divisions générales de l'édition Assézat et Maurice Tourneux.

1º BELLES-LETTRES [Roman, Théâtre, Critique et Histoire]. — *Les Bijoux indiscrets*, 1748; — *Le Fils naturel*, 1757; — *Le Père de famille*, précédé d'un *Discours sur la poésie dramatique*, 1758; — *Essai sur la vie de Sénèque... et sur les règnes de Claude et de Néron*, 1778; — *La Religieuse*, 1796; — *Jacques le fataliste*, 1796; — *Ceci n'est pas un conte*, 1798; — *Le neveu de Rameau*, 1823; — *Paradoxe sur le comédien*, 1830.

passions, autant au contraire l'esprit encyclopédique a mis en eux de confiance insolente et cynique. « On devient stupide, dès qu'on cesse d'être passionné », écrit Helvétius [Cf. *De l'Esprit*, discours III, ch. 8]; et quant à Diderot, le vice de « toutes les institutions politiques, civiles et religieuses », est à ses yeux d'avoir « empoisonné l'homme d'une morale contraire à la nature » [Cf. *Supplément au voyage de Bougainville*]. Ce que l'esprit classique avait le plus énergiquement combattu dans le cartésianisme, c'était le dogme alors tout nouveau de la toute-puissance et de la souveraineté de la raison, cette raison qui croit « que deux et deux font quatre », et qui nie, quand elle ne se fait pas un jeu de le bafouer, tout ce qui échappe aux prises de ses déductions. « Taisez-vous, raison imbécile ! » disait Pascal. Mais l'esprit encyclopédique, au con-

2º CRITIQUE D'ART. — Les *Salons*, publiés sous les dates suivantes : *Salon de 1761*, en 1819; — *Salon de 1763*, en 1857; — *Salon de 1765*, en 1795; — *Salon de 1767*, en 1798; — *Salon de 1769*, en 1819 et 1857; — *Salon de 1771*, en 1857; — *Salon de 1775*, en 1857; — *Salon de 1781*, en 1857.

3º PHILOSOPHIE. — *Essai sur le mérite et la vertu*, 1745; — *Pensées philosophiques*, 1746; — *Lettre sur les aveugles*, 1749; — *Lettre sur les sourds et muets*, 1751; — *Apologie de l'abbé de Prades*, 1752 [la troisième partie seulement]; — *Pensées sur l'interprétation de la nature*, 1754; — *Supplément au voyage de Bougainville*, 1796; — *Le Rêve de d'Alembert*, 1830; — *La Promenade du sceptique*, 1830.

4º *Plan d'une université pour le gouvernement de Russie*, 1813-1814.

5º On a encore de Diderot quelques ouvrages scientifiques, dont il ne semble pas que la valeur soit bien grande; — et une *Correspondance* malheureusement trop incomplète, mais extrêmement intéressante, dont les parties les plus curieuses sont les *Lettres à Falconet*, et la *Correspondance avec Mlle Volland*.

La meilleure et la plus complète édition des *Œuvres* est celle de MM. Assézat et Maurice Tourneux, 20 vol. in-8º, Paris, 1875-1877, Garnier frères.

traire, n'a vu de source de vérité qu'en elle ; et tout ce qu'il a trouvé d' « irrationnel » dans le monde, le proclamant « déraisonnable », il ne s'est rien proposé de plus urgent que de la détruire. Et l'esprit classique avait cru que ce sont les mœurs qui font les lois, ou en d'autres termes que le bien public se compose de l'accord des bonnes volontés particulières, mais l'esprit encyclopédique a répandu cette idée dans le monde que « si les lois sont bonnes, les mœurs seront bonnes, si les lois sont mauvaises, les mœurs seront mauvaises ». Ainsi s'exprime encore Diderot, dans son *Supplément au voyage de Bougainville* ; et telle est aussi l'opinion qu'Helvétius a sans doute ramassée dans quelqu'un des « salons » de son temps : « Les vices d'un peuple sont toujours cachés au fond de sa législation : c'est là qu'il faut fouiller pour arracher la

Les principaux ouvrages (littéraires) de d'Alembert sont, en plus du *Discours préliminaire de l'Encyclopédie*, 1750 ; — son écrit sur *la Destruction des Jésuites en France*, 1765 ; — des traductions ; — quelques opuscules, — et la très précieuse collection de ses *Éloges Académiques*, 1779-1787.

Neuvième Époque

De « l'Encyclopédie » au « Génie du Christianisme ».
1765-1800

I. — **Jean-Jacques Rousseau** [Genève, 1712 ; † 1778, Ermenonville].

1º Les sources. — Rousseau lui-même, dans presque toute son œuvre, et notamment dans ses *Confessions* ; ses *Dialogues* (*Rousseau, juge de Jean-Jacques*) ; les *Rêveries d'un promeneur solitaire* ; et sa *Correspondance* ; — Mme d'Épinay, *Mémoires* ; — Grimm, *Correspondance Littéraire* ; — Fréron, l'*Année littéraire*, 1754-1776 ; — Diderot, dans son *Essai sur les règnes de Claude et*

racine productrice de ses vices » [Cf. *De l'Esprit*, discours II, ch. 15]. Et puisque c'est ainsi partout, entre l'esprit classique ou l'esprit encyclopédique, la même irréductible opposition ou la même contradiction qui éclate, n'est-il pas assez naturel que nous la retrouvions encore dans la littérature ?

D'Alembert en fait naïvement l'aveu, dans le *Discours préliminaire de l'Encyclopédie*. « *On abuse des meilleures choses*. Cet esprit philosophique, si à la mode aujourd'hui, qui veut tout voir et ne rien supposer, s'est répandu jusque dans les belles-lettres : on prétend même qu'il est nuisible à leurs progrès, *et il est difficile de se le dissimuler*. Notre siècle semble vouloir introduire les discussions froides et didactiques dans les choses de sentiment. » Et, en effet, de la manière qu'il définit lui-même l'esprit phi-

---

de Néron; — Bernardin de Saint-Pierre, *Fragmens*, et *Essai sur Jean-Jacques Rousseau*.

Musset-Pathay [père de Paul et d'Alfred de Musset], *Histoire de la vie et des ouvrages de Jean-Jacques Rousseau*, Paris, 1821; — G. H. Morin, *Essai sur la vie et le caractère de Jean-Jacques Rousseau*, Paris, 1851; — Saint-Marc Girardin, *Jean-Jacques Rousseau, sa vie et ses ouvrages*, Paris, 1848, 1851, 1852, 1856 et 1875. — Streckeisen-Moultou (Correspondances publiées par) : *Jean-Jacques Rousseau, ses amis et ses ennemis*, Paris, 1865; — John Morley, *Rousseau*, Londres, 1873; — F. Brockerhoff, *Jean-Jacques Rousseau, sein Leben und seine Werke*, Leipzig, 1863-1874; — *Jean-Jacques Rousseau jugé par les Genevois d'aujourd'hui*, Paris et Genève, 1878; — H. Beaudouin, *la Vie et les œuvres de Jean-Jacques Rousseau*, Paris, 1891.

Tous ces ouvrages, d'un caractère assez général, doivent d'ailleurs être complétés, contrôlés et reliés au moyen des recherches plus particulières de M. Eugène Ritter : *la Famille de Jean-Jacques Rousseau*, 1878; *Nouvelles recherches sur les Confessions*, 1880; *la Jeunesse de Jean-Jacques Rousseau*, 1896; — de M. Albert Jansen, *Rousseau als Musiker*, 1884; *Rousseau als Botaniker*, 1885; *Documents sur Jean-Jacques Rousseau*, 1885; — de M. Fritz Berthoud, *Jean-Jacques Rousseau au Val*

losophique, c'est à savoir par le goût de « l'analyse » et de la « combinaison » comment, je ne dis pas la poésie ou l'éloquence, mais l'observation psychologique elle-même y résisteraient-elles ? Je crois bien avoir avancé quelque part que, dans les *Mémoires* du moindre frondeur ou de la moindre femmelette du xviie siècle, — dans les *Mémoires* de Mme de Motteville, ou dans l'*Histoire de Madame Henriette*, de Mme de La Fayette, — il y avait une connaissance plus étendue de l'homme, et surtout plus approfondie que dans l'*Encyclopédie* tout entière. On en saisit peut-être maintenant la raison, qui est que les encyclopédistes ne se sont point souciés d'étudier l'homme, ni les hommes, mais seulement les « rapports des hommes » ; et quand on n'étudie que les « rapports des hommes », ce que l'on perd le plus promptement de vue, c'est la diversité de

de Travers, 1881 ; *Jean-Jacques Rousseau et le Pasteur de Montmollin*, 1884 ; — de M. G. Maugras, *Voltaire et Jean-Jacques Rousseau*, 1886 ; — de M. P. J. Möbius, *Rousseau's Krankheitsgeschichte*, Leipzig, 1889 ; — de M. F. Mugnier, *Madame de Warens et Jean-Jacques Rousseau*, 1891, — de M. Châtelain, *La Folie de Rousseau*, 1890.

Voyez enfin Mme de Staël, *Lettres sur les ouvrages et le caractère de Jean-Jacques Rousseau*, 1788 ; — Villemain, *Tableau de la littérature française au* xviiie *siècle*, 1828-1840 ; — Lord Brougham, *Voltaire et Rousseau*, 1845 ; — Louis Blanc, *Révolution française*, t. II, 1847 ; — Sainte-Beuve, *Causeries du lundi*, t. II, III, XV, 1850-1861 ; et *Nouveaux lundis*, t. IX, 1864 ; — Vinet, *Littérature française au* xviiie *siècle*, 1853 ; — Ernest Bersot, *Études sur le* xviiie *siècle*, 1855 ; — Taine, l'*Ancien régime*, 1875, et *la Révolution*, t. II, 1881 ; — J. Texte, *Jean-Jacques Rousseau et les origines du cosmopolitisme littéraire*, Paris, 1895.

2° L'Homme et l'Écrivain.

A. *Le Caractère de Jean-Jacques Rousseau*. — De l'entière conformité des écrits de Rousseau avec son caractère ; — et que son *Émile* ou sa *Nouvelle Héloïse* elle-même sont véritablement des mémoires et des confessions à peine « romancés » ; — origine de Rousseau ; — sa naissance et son éducation ; — sa jeunesse aven-

nature qui distingue les hommes entre eux. Voltaire en est un bon exemple, qui reproche à Racine que ses Pyrrhus et ses Néron, ses Hippolyte et ses Achille se ressemblent tous [Cf. *Le Temple du goût*] ; et d'Alembert en est un autre, qui s'étonne que Marivaux, « donnant, pour ainsi dire, toujours la même comédie sous différents titres, n'ait pas été plus malheureux sur la scène » [Cf. *Éloge de Marivaux*]. Toute cette psychologie, si fine, si déliée, si subtile, n'est à leurs yeux que de « la métaphysique », ou autant dire du galimatias. Les nuances des caractères leur échappent. Où ils n'aperçoivent pas la différence, ils la nient sans plus de scrupule ; et quand par hasard ils l'entrevoient, ce sont, disent-ils alors, « des cheveux coupés en quatre ». Qui s'étonnera là-dessus qu'il n'y ait pas ombre de psychologie dans les tragédies de

tueuse ; — son expérience précoce, multiple, et amère de la vie. — Psychologie de Rousseau : — 1° *Le Plébéien* ; — et comment à ce premier trait de son caractère se rapportent : — la simplicité native de ses goûts ; — son affectation de grossièreté ; — la nature trouble et passionnée de son éloquence ; — la violence de ses haines ; — l'espèce de son orgueil, qui est l'orgueil de l' « autodidacte » ou du *self made man* ; — son dédain de l'esprit, qu'il considère comme chose aristocratique ; — son optimisme incorrigible ; — et enfin la profondeur de quelques-unes de ses vues. — 2° *L'Homme sensible* ; — et comment on peut ramener à ce second trait de son caractère : — sa facilité d'être impressionné par le moindre plaisir ou la moindre douleur ; — sa rapidité à passer tout entier dans son impression du moment ; — la vibration perpétuelle de son style ; — son impuissance habituelle à gouverner ses idées ; — les contradictions dont son œuvre fourmille ; — et la faiblesse d'abord, puis l'atrophie de sa volonté. — 3° *Le Fou*, c'est-à-dire « le neurasthénique et le lypémaniaque » [Cf. Möbius, *op. cit.*] ; — et comment à ce dernier trait se rapportent : — l'incohérence de sa conduite ; — sa facilité à prendre ombrage même des bienfaits ; — sa défiance universelle ; — la soudaineté de ses brouilles [Cf. Eug. Ritter, *Nouvelles Recherches*] ; — la naïveté de son égoïsme ; — et les bizarreries de ses dernières années. — Importance de

Voltaire, dans sa *Sémiramis*, dans son *Orphelin*, dans son *Tancrède*? qu'il y en ait moins encore dans celles de Marmontel, son disciple? dans les *Incas*, dans le *Bélisaire*? et généralement que toute cette littérature encyclopédique, — à force d'être philosophique, — ne manque de rien tant que de réalité, de substance et de vie?

Autant en dirons-nous de la langue. On connaît le *Commentaire sur Corneille*, de Voltaire, et on sait de quelle timidité de goût ce *Commentaire* est l'instructif et attristant témoignage! Pour d'Alembert, les « Préfaces de Racine sont faiblement écrites, et celles de Corneille sont aussi « excellentes pour le fond des choses que *défectueuses du côté du style* » [Cf. *Mélanges littéraires*, art. *Élocution*]. Et Condorcet ne se plaindra-t-il pas, quelques années plus tard, « de trouver dans les *Provinciales*

ce dernier trait; — s'il n'a pu manquer de se manifester dans son œuvre par quelque chose de littérairement morbide; — et qu'on ait ainsi pris pour un renouvellement de la littérature et de l'art, — ce qui n'en était peut-être, à plus d'un égard, que la corruption.

B. *Les Débuts de Jean-Jacques Rousseau*. — Il apprend à lire dans les romans de la Calprenède; — et dans les *Vies parallèles* de Plutarque. — Son départ de Genève et sa vie d'aventures. — Ce qu'on apprend à l'office et sur les grandes routes; — liaison de Rousseau avec Mme de Warens; — la vie des Charmettes, 1738-1741; — et, à ce propos, du roman que Flaubert a intitulé l'*Éducation sentimentale*. — Rousseau à Lyon. — Premier séjour de Rousseau à Paris, 1741; — son *Projet concernant les nouveaux signes de musique*; — ses premières relations avec Grimm et Diderot. — Le séjour de Venise, 1743-1744 (Cf. P. Faugère, dans le *Correspondant* des 10 et 25 juin 1888], et sa grande querelle avec M. de Montaigu, son patron. — Retour à Paris. — Il remanie la *Princesse de Navarre* de Voltaire [*Les Fêtes de Ramire*], et entre à cette occasion en rapports avec lui, 1745. — Il entre en qualité de secrétaire chez Mme Dupin, 1746 [Cf. *le Portefeuille de Mme Dupin*, publié par M. de Villeneuve-Guibert, Paris, 1884]; — la représentation des *Muses galantes*, 1747. — Il fait la connaissance de

un trop grand nombre d'expressions familières et proverbiales, qui paraissent maintenant manquer de noblesse » [Cf. *Éloge de Pascal*] ? C'est qu'en effet ils ont beau protester de leur admiration pour « les modèles »; au fond, ils ne doutent pas que les « progrès » de l'esprit philosophique ne se soient étendus insensiblement de la manière de penser à la manière d'écrire. Et il est vrai que, de franche et d'un peu rude, mais de pleine, et de libre, et de familière qu'elle était jadis, en même temps qu'éloquente, la langue s'est transformée pour subvenir aux besoins de leur propagande. On y a mis, ils y ont mis non pas plus d'ordre, mais un autre ordre, inverse de l'ancien, très différent aussi de celui qu'on y avait mis au commencement du siècle, un ordre vraiment « encyclopédique », et non plus seulement logique, mais algébri-

Mme d'Épinay [Cf. *Mémoires de Mme d'Épinay*, édition L. Percy et G. Maugras, Paris, 1882; et Edmond Scherer, *Madame d'Épinay*, dans ses *Études*, 1866], — et à ce propos, de la complaisance des biographes pour Mme d'Épinay. — Collaboration de Rousseau à l'*Encyclopédie*. — Le discours de Dijon, 1749; — et dans quelles conditions Rousseau l'a composé [Cf. la version de Rousseau dans ses *Confessions*; celle de Diderot, dans son *Essai sur les règnes de Claude et de Néron*; et celles de Marmontel et de Morellet, *Mémoires*]. — Succès foudroyant du *Discours*, 1750; — et qu'il en faut voir les raisons dans une chaleur d'éloquence dont on était déshabitué depuis cinquante ans; — dans le secours inattendu qu'il apportait aux ennemis des encyclopédistes; — et dans la conformité de ses tendances avec l'esprit de réaction qui commençait à se faire jour contre le caractère artificiel de la civilisation du siècle; — la *Préface* de *Narcisse*, 1752; — le *Devin de village*, 1752; — l'article *Économie politique* de l'*Encyclopédie*, 1755; — le discours sur *l'Origine et les fondements de l'inégalité*, 1755. — Voyage de Rousseau à Genève, et sa reconversion au protestantisme. — Son retour à Paris et son établissement à l'Ermitage, 1756. — La *Lettre sur la Providence*, 1756. — Rousseau et Mme d'Houdetot, 1756-1758. — Premières brouilleries de Rousseau avec Grimm et Diderot. — L'article *Genève* de l'*Encyclopédie*, 1757. — Rousseau y répond par sa *Lettre sur les*

que. Les mots, à leurs yeux, ne sont plus que des signes conventionnels, artificiels, arbitraires ; la phrase n'est plus qu'un « polynome » qu'on « ordonne » conformément aux règles ; et le style enfin n'est plus pour eux que l'équation de la pensée pure. C'est justement en cela qu'ils ont cru que consistait le progrès, dans l'appauvrissement du vocabulaire, dans une contrainte plus rigoureuse de la syntaxe, dans l'abus des « termes généraux », dans la subordination de l'originalité de chacun aux exigences de tout le monde ; et aussi bien Condorcet l'a-t-il textuellement déclaré : « On a senti que le style devait être plus élevé et plus soutenu que la conversation... La conversation même a pris un ton plus noble... et c'est peut-être à elle que nous devons l'avantage d'avoir, à cette époque de notre littérature, — il écrit en 1776, — un

spectacles, 1758. — La réplique de Marmontel. — Rupture définitive de Rousseau avec le parti philosophique. — Ses liaisons nouvelles, avec la maréchale de Luxembourg, la comtesse de Boufflers, la marquise de Créqui, Mme de Verdelin ; — et son établissement à Montmorency, 1758.

C. *Les grandes œuvres.* — 1º *La Nouvelle Héloïse*, 1760 [Cf. *Lettres inédites*, de Rousseau à Marc-Michel Rey, Paris, 1858]. — Les origines réelles du roman ; — le décor suisse [Cf. *Jean-Jacques Rousseau et le pays romand*] ; — les amours de Rousseau et de Mme d'Houdetot [Cf. Lucien Brunel, *la Nouvelle Héloïse et Mme d'Houdetot*, Paris, 1888]. — L'imitation de *Clarisse Harlowe* ; — et des romans de Marivaux. — L'intention morale ; — et que, pour en juger équitablement, il ne faut que se reporter aux polissonneries du jeune Crébillon. — La nouveauté du milieu dans *la Nouvelle Héloïse* ; — et que son premier mérite en son temps était de ne pas être un « roman parisien » [Cf. les romans de Crébillon, de Duclos, et de Marivaux]. — Les personnages y sont non seulement bourgeois, mais provinciaux ; — sans que d'ailleurs leurs aventures en soient pour cela moins tragiques. — Les événements y sont intérieurs aux personnages au lieu de leur être extérieurs [Cf. les romans de Prévost et ceux de Le Sage]. — D'un autre côté le roman, considéré jusqu'alors comme un genre inférieur, — y

plus grand nombre de gens de lettres qui écrivent avec agrément et avec élégance » [Cf. *Éloge de Pascal*].

Plus on considère attentivement tous ces faits et plus il est difficile de voir dans la formation ou dans le développement de l'esprit encyclopédique une suite naturelle de l'esprit classique ; et plutôt on est tenté de les regarder comme étant le contraire l'un de l'autre. Si quelque idée plus générale a réuni les encyclopédistes, autour de d'Alembert et de Diderot, dans l'arrière-boutique du libraire Lebreton, ou dans l'entresol de la rue Taranne, si quelque intention les a groupés, ç'a été de changer l'orientation de l'esprit français ; et en somme ils y ont réussi. En art comme en philosophie, en littérature comme en morale, c'est le contre-pied de Corneille et de Racine, de Pascal et de Bossuet, de La Bruyère et de

---

est traité comme aussi capable que la tragédie même de porter la pensée ; — et, à ce propos, de l'abus des digressions dans *la Nouvelle Héloïse*. — Enfin la nature y tient moins de place que l'homme ; — mais pourtant plus de place qu'elle n'avait accoutumé d'occuper dans l'art ; — et, si la langue n'en est pas absolument nouvelle, elle diffère cependant beaucoup de la langue du temps ; — par la chaleur du mouvement qui l'anime ; — par la manière dont l'écrivain s'y mêle de sa personne ; — et enfin pour son accent, non seulement oratoire ; — mais lyrique. — Opinion mélangée des critiques sur *la Nouvelle Héloïse* [Cf. Voltaire, *Lettres sur la Nouvelle Héloïse*, dans ses *Mélanges*, édition Beuchot, t. XL ; Fréron, dans *l'Année littéraire*, 1761, t. II ; Grimm, *Correspondance littéraire*, février 1761] ; — et succès du roman dans le public [Cf. Rousseau dans ses *Confessions*, livre XI].

2º *Le Contrat social*, 1762 [Cf. *Lettres inédites*, citées ci-dessus ; J. Hornung, *Les Idées politiques de Rousseau*, 1878 ; et André Lichtenberger, *le Socialisme au* xviiiᵉ *siècle*, 1895] ; — et que pour le bien entendre, il faut se souvenir que Rousseau est un plébéien ; — un protestant, — à qui l'idée de la souveraineté populaire est innée ; — et enfin un Genevois. — Dans quelle mesure, en concevant son *Contrat social*, Rousseau s'est inspiré de la constitu-

Boileau qu'ils ont pris. C'est l'ancien idéal qu'ils ont voulu détruire ; et qu'importent après cela quelques douzaines de tragédies dont les médiocres auteurs croient imiter *Andromaque*, mais en la perfectionnant ? Il convient seulement d'ajouter que l'influence des encyclopédistes a été tout à la fois aidée et contrariée dans son cours par une autre influence, dont il est extrêmement délicat de démêler la nature : c'est l'influence de Rousseau que je veux dire ; et je doute qu'il s'en fût vu depuis Pascal de plus considérable ou de plus révolutionnaire.

III

Quos vult perdere Jupiter dementat ! Les Dieux commencent par aveugler ceux qu'ils ont résolu de perdre, et, de

tion de Genève ; — et comment, en se la représentant d'une manière idéale, — il se l'est représentée plus tyrannique encore qu'elle n'était. — Qu'il ne faisait pas bon vivre à Genève au dix-huitième siècle. — Le calvinisme inconscient de Rousseau [Cf. Jurieu, dans ses *Lettres pastorales* ; et Bossuet, *Avertissements aux protestants*] ; — et, à ce propos, de l'erreur fondamentale de Calvin en matière politique ; — laquelle est d'avoir confondu les droits de la religion avec ceux du gouvernement ; — et mêlé l'objet du gouvernement avec celui de la morale. — La part du plébéien dans le *Contrat social* ; — et qu'elle y consiste surtout dans l'incapacité de comprendre la fonction sociale de l'inégalité. — Les trois dogmes de Rousseau : — l'universelle égalité ; — la souveraineté du peuple ; — le droit absolu de l'Etat. — *Individualisme* et *Socialisme* ; — et comment il se fait que, tandis que les uns voient dans Rousseau l'ancêtre du « socialisme révolutionnaire », — les autres le louent « d'avoir pris comme base solide l'indépendance du moi » [Cf., pour l'abondance des contradictions à ce sujet, le livre cité de Lichtenberger, pp. 129 et 130]. — C'est d'abord qu'on a méconnu le caractère de sa dialectique ; — ou de sa rhétorique ; — lequel est d'exprimer éloquemment des paradoxes agressifs ; — pour en atténuer aussitôt les conséquences. — C'est encore que son socialisme n'est que le moyen de son individualisme ; — et nous voyons, de fait, on s'expliquerait malaisément le progrès, la fortune, et, après un peu d'incertitude au début, la rapidité de propagation de la doctrine encyclopédique, si nous ne rappelions quelle part y ont prise, avec la plus regrettable imprudence ou la plus insigne maladresse, tous ceux dont la doctrine menaçait les intérêts : les adversaires eux-mêmes de l'*Encyclopédie*, le gouvernement, et surtout les « salons ».

Les a-t-on assez loués, célébrés et vantés, ces salons du xviiie siècle ! et tandis qu'une habitude s'établissait de ne parler des « ruelles » du siècle précédent, qu'avec les plaisanteries et sur le ton de Molière dans ses *Précieuses ridicules* ou dans ses *Femmes savantes*, nous n'avons encore aujourd'hui même qu'indulgence et que complaisance pour tant d'aimables personnes qui surent, comme les Tencin

---

nos jours, pour la même raison, la même contradiction subsister au sein du socialisme ; — où les anarchistes ont l'air de s'entendre avec les collectivistes ; — quoique leur idéal s'oppose en tous les points. — Et c'est enfin que Rousseau ne s'embarrasse pas de se contredire ; — si même on peut dire qu'il se soit jamais aperçu de ses contradictions.

3º L'*Émile*, 1762 [Cf. *Lettres inédites*, citées ci-dessus ; *Jean-Jacques Rousseau, ses amis et ses ennemis*, t. II ; et Gabriel Compayré, *Histoire des théories de l'éducation en France*, 1885]. — Préoccupation générale des choses d'éducation aux environs de 1760. — Que, s'il n'est pas facile de ramener le *Contrat social* à un principe unique, il l'est presque moins encore d'y ramener l'*Émile* ; — mais que, l'*Émile* étant la reprise idéale des préceptorats de Rousseau, — la personnalité de Rousseau suffit pour donner à son livre une apparence d'unité. — De l'imitation de Locke dans l'*Émile* [Cf. *De l'Éducation des enfants*, Paris, 1721]. — Le grand défaut de l'*Émile* ; — et qu'ayant formé le dessein de composer un traité d'éducation. — il est fâcheux que l'auteur ait débuté par poser ou supposer un enfant sans père ni mère ; — un enfant riche ; — un enfant sans hérédité, tempérament ni caractère ; — et d'autre part un précepteur dont toute la vie soit subordonnée à celle dudit enfant ; — ce qui fait deux suppositions également contraires à la vérité de la nature,

et comme les d'Épinay, si bien allier ensemble le désordre des mœurs et le pédantisme de la philosophie. A la vérité nous faisons moins de cas de Mme du Deffand, qui n'a pas aimé les Encyclopédistes, qui n'a pas même craint de s'en moquer dans sa *Correspondance*; ou de la maréchale de Luxembourg, qui les a toujours un peu tenus à distance, et qui joint à ses autres torts celui d'avoir protégé Rousseau. Mais Mlle de Lespinasse, cette « grande amoureuse », et Mme Geoffrin, cette « grande bourgeoise », de quelle atmosphère de sympathie, pour ne pas dire de quelle auréole de respect, leurs noms ne sont-ils pas entourés! Nous cependant, qu'elles n'ont pas entretenus, — je veux dire hébergés, meublés et nourris, — et qui ne leur devons donc pas la même reconnaissance que d'Alembert et Marmontel, nous oserons dire que leur

— et de la société. — Que sous cette réserve, dont on ne saurait exagérer l'importance, — trois grandes raisons expliquent le succès de l'*Émile*, à savoir : — l'exaltation du sentiment moral [Cf. en particulier la *Profession de foi du Vicaire Savoyard*]; — une ardeur de spiritualisme qu'on était heureux d'opposer au lourd matérialisme de l'Encyclopédie; — et une confiance entière dans la possibilité du progrès moral par l'éducation. — Comparaison à cet égard de l'*Émile* et du livre *De l'Esprit*; — et de quelques idées communes à Helvétius et à Rousseau. — L'*Émile* est d'ailleurs le chef-d'œuvre littéraire de Rousseau; — moins guindé que *la Nouvelle Héloïse*; — plus souple, plus varié que le *Contrat social*; — et toujours oratoire, mais moins déclamatoire que les *Discours* de 1750 et 1755. — De quelques idées secondaires de l'*Émile*; — sur l'allaitement maternel; — sur l'importance de l'éducation physique; — sur l'utilité d'un métier manuel; — sur ce que l'on a depuis lors appelé les « leçons de choses »; — et qu'elles n'ont pas moins fait pour le succès du livre, — que les idées générales qui en sont l'armature, — et que les persécutions dont il allait être l'objet.

D. *Les dernières années de Rousseau*. — Saisie, condamnation et brûlement de l'*Émile* à Paris [9 juin]; — à Genève [19 juin]; — et en Hollande [23 juin]. — Rousseau, obligé de quitter la France.

rôle, puisqu'il faut bien convenir qu'elles en ont joué vraiment un, a été désastreux. C'est dans leurs bureaux d'esprit à toutes que s'est fondée la réputation de tant de médiocrités littéraires, ce Marmontel que nous nommions, un Morellet, un Thomas, un M. Suard. Elles ont faire croire à l'Europe et au monde que « toute la France en hommes » n'était que le peu qu'on en rencontrait à leur table ou dans leur salon. On leur doit cet usage de traiter spirituellement les questions sérieuses, — c'est-à-dire à contresens, car comment traiterait-on spirituellement la question de la misère ou celle de l'avenir de la science? — et sérieusement les bagatelles. Leurs flatteries ont encouragé dans les gens de lettres l'émulation du paradoxe, en même temps qu'elles détruisaient la véritable originalité. « Elles ont dit à l'énergie : « Vous

— et expulsé du territoire de la république de Berne, — s'établit au Val de Travers, — et y fixe son séjour de 1762 à 1765. — Il y compose sa *Lettre à l'archevêque de Paris*, 1762; — son *Projet de constitution pour la Corse* [qui n'a paru qu'en 1861]; — et ses *Lettres de la Montagne*, 1765. — Persécutions nouvelles que lui suscite ce livre. — Obligé successivement de quitter le Val de Travers [septembre 1765]; — l'île de Saint-Pierre [octobre 1765]; — et la Suisse; — il passe quelques jours à Paris; — et se décide à s'établir en Angleterre, 1766. — Le séjour de Wootton, 1766-1767; — sa querelle avec Hume, et le peu d'intérêt que nous offrent toutes ces histoires. — Séjours de Rousseau à Fleury; — à Trye; — à Grenoble; — à Monquin; — et son installation à Paris, 1770. — Ses relations avec Dusaulx, avec Rulhière, avec Bernardin de Saint-Pierre. — Il donne des lectures de ses *Confessions*; — qu'il est obligé d'interrompre, *par ordre*, sur la dénonciation de ses anciens amis; — et notamment de Mme d'Épinay. — C'est à ce moment que le délire des persécutions s'empare de lui pour ne plus l'abandonner qu'à de rares intervalles. — Il écrit les *Considérations sur le gouvernement de Pologne*, 1772; — les *Dialogues de Rousseau juge de Jean-Jacques*, 1772-1776; — et les *Rêveries d'un promeneur solitaire*, 1777. — Caractère singulier de ces deux derniers ouvrages; — et nouveauté du

mettez trop d'intérêt aux personnes et aux choses » ; — à la profondeur : « Vous nous prenez trop de temps » ; — à la sensibilité : « Vous êtes trop exclusive » ; — à l'esprit enfin : « Vous êtes une distinction trop individuelle ». Tel est du moins le jugement qu'une femme a porté d'elles [Cf. M*me* de Staël, *De l'Allemagne*, 1*re* partie, ch. xi]. Mais on comprend après cela quelles auxiliaires elles ont été pour les Encyclopédistes. Si elles n'ont pas vu plus clair que Diderot dans la confusion de son propre génie, et si surtout elles n'ont pas mesuré la portée de la doctrine dont elles se faisaient les zélatrices, elles ne leur ont pas moins donné la consécration du monde et de la mode. Il a été « bien porté », grâce à elles, d'être « philosophe » [Cf. Taine, l'*Ancien régime*, livre IV]. Et, encore une fois, il est naturel et même honorable pour eux que

second. — Rousseau s'installe à Ermenonville, chez le marquis de Girardin ; — sa mort, le 2 juillet 1778. — Si Rousseau s'est suicidé ? — et de l'invraisemblance de cette supposition ; — qui n'en a pas moins donné lieu à toute une littérature.

E. *L'Influence de Rousseau* ; — et que de son vivant il a fait bien plus de bruit qu'il n'a exercé d'action ; — comme si l'intérêt passionné qu'on prenait à son personnage ; — à la singularité de sa fortune ; — et au charme réel qu'il savait bien laisser voir quand il le voulait ; — eût détourné l'attention du fond de ses idées ; — ou en eût masqué l'importance. — Une autre raison en est que l'on ne l'a tout à fait connu qu'après la publication de ses *Confessions* ; — qui n'ont commencé de paraître qu'après sa mort ; — et dont le caractère unique a éclairé d'une lumière inattendue son œuvre tout entière. — Les *Confessions* sont-elles l'œuvre d'un esprit sain ? — Que pour avoir le droit d'en douter, il suffit de les comparer d'une part aux *Essais* de Montaigne ; — de les rapprocher en second lieu des *Dialogues* ; — où les preuves de folie éclatent à chaque page ; — et de les comparer d'autre part aux aveux de ce Restif de la Bretonne que l'on a justement appelé « le Rousseau du ruisseau ». — Qu'en tout cas peu de livres ont produit un effet plus considérable ; — et qu'il semble que ses *Confessions* aient donné aux idées de Rousseau le prestige d'une espèce de

les « philosophes » leur en aient su gré. Mais nous, c'est autre chose, et si, de soi, pour les raisons qu'on a dites, l'esprit encyclopédique tendait à la désorganisation de la littérature, quelles raisons aurions-nous de féliciter ces dames d'avoir été les prôneuses de l'*Encyclopédie*?

Moins apparente, et surtout moins bruyante, la complicité du gouvernement de Louis XV n'a pas été moins effective que celle des salons. C'est ce que l'on n'a pas assez dit, et c'est ce qu'il faut pourtant savoir. L'entreprise encyclopédique s'était constituée sous les auspices du chancelier d'Aguesseau et du ministre d'Argenson, — le comte d'Argenson, ministre de la guerre. Lorsque l'on eut mis Diderot à Vincennes, sur la sollicitation du savant Réaumur, dont il avait plaisanté la maîtresse, ce furent ses libraires qui réussirent à l'en tirer, comme éditeurs de l'*Encyclo-*

révélation. — De l'influence de Rousseau dans la Révolution française [Cf. les *OEuvres de Maximilien Robespierre*, Paris, 1840; les *Considérations sur la Révolution française* de Fichte; Carlyle, *La Révolution*; et Taine, *Origines*, etc., t. I et III]. — Influence de Rousseau dans l'ordre philosophique, sur Kant [Cf. Diettrich, *Kant et Rousseau*, 1878; et D. Nolen, *Les Maîtres de Kant*, dans la *Revue philosophique*]; — et sur Fichte. — Son influence sur Jacobi et sur Schleiermacher. — Influence littéraire de Rousseau [Cf. H. Hettner, *Literaturgeschichte des* xviiie *Jahrhunderts*, t. I; Marc Monnier, *Jean-Jacques Rousseau jugé par les Genevois*; et J. Texte, *Jean-Jacques Rousseau et le cosmopolitisme littéraire*]; — sur Gœthe; — et à ce propos comparaison de *Werther* avec la *Nouvelle Héloïse* [Cf. Erich Schmidt, *Rousseau, Richardson et Gœthe*]; — sur Schiller; — sur Byron, etc. — Son influence en France, et que — comme on le verra dans l'histoire du romantisme, — le trait le plus caractéristique en est d'avoir préparé l'émancipation du Moi.

3º LES ŒUVRES. — On peut diviser les *OEuvres* de Jean-Jacques Rousseau en trois principaux groupes, nettement délimités par les époques mêmes de sa vie, et dont il importe assez peu que les dates précises de publication ne soient pas exactement celles de leur composition.

pédie, et afin qu'il y pût travailler. Quand un arrêt du conseil du roi, en 1753, eut momentanément suspendu la publication de l'*Encyclopédie*, le directeur de la librairie, M. de Malesherbes, n'en laissa pas moins l'ouvrage continuer de paraître. Il fit mieux encore, en 1758, après la condamnation définitive; « et ce fut dans son propre cabinet qu'il offrit une retraite sûre aux papiers de Diderot » [Cf. Mme de Vandeul, *Mémoires sur la vie de son père*]. La même condamnation n'empêcha point d'Alembert de demeurer inscrit sur la liste des « censeurs royaux », et pour ce motif, sans doute, quand Fréron attaquait les Encyclopédistes dans son *Année littéraire*, c'était l'*Année littéraire* qu'on suspendait, ou Fréron qu'on embastillait. Aussi bien, loin d'y rien perdre, l'*Encyclopédie* gagnait-elle à la suppression de son privilège, dont

---

1734-1759. — *Narcisse*, 1734; — *le Verger des Charmettes* (en vers), 1736; — *Dissertation sur la musique moderne* et *Projet concernant de nouveaux signes pour la notation musicale*, 1742; — *Les Muses galantes* (opéra), 1743; — *L'allée de Silvie* (en vers), 1747; — *L'Engagement téméraire* (comédie en vers), 1747.

1750-1765. — *Discours sur les sciences et les arts*, 1750; — et pièces relatives aux réfutations du *Discours*, 1751-1752; — *Lettre sur la musique française*, 1753; — *Discours sur l'Économie politique*, 1755; — *Discours sur l'origine et les fondements de l'inégalité*, 1755; — *Lettre sur les spectacles*, 1758; — *La Nouvelle Héloïse*, 1760; — *Le Contrat social*, 1762; — l'*Émile*, 1762; — *Lettre à l'archevêque de Paris*, 1762; — *Lettres de la Montagne*, 1765; — *Lettres sur la législation de la Corse*, adressées à M. Buttafuoco, 1765.

1765-1805. — *Dictionnaire de musique*, 1767; — *Considérations sur le gouvernement de Pologne*, 1772; — les *Confessions* (les six premiers livres) et les *Rêveries d'un promeneur solitaire*, 1782; — *Confessions* (les six derniers livres) et les *Dialogues*, 1790; — *Lettres sur la Botanique*, 1805.

Il convient d'ajouter une volumineuse *Correspondance*, dont les cinq ou six volumes de la plupart des éditions ne contiennent guère que la moitié; — le volume d'*OEuvres inédites* publié par

la seule conséquence était de la soustraire au visa de la censure. Quand M. de Malesherbes abandonnait la direction de la librairie, Mme de Pompadour, à l'instigation de Quesnay, son médecin, prenait l'ouvrage sous sa protection. Elle et les philosophes se réjouissaient ensemble de l'expulsion des Jésuites, 1762. Et lorsqu'elle mourait, en 1764, ne fallait-il pas bien que quelqu'un la remplaçât aussitôt dans ce rôle de protectrice, puisque les dix derniers volumes de l'*Encyclopédie* se distribuaient librement dans Paris, 1765 ? Ce sont naturellement ceux qui contiennent les articles les plus audacieux et les plus violents.

Il faut d'ailleurs avouer que, dans cette admiration des salons comme dans cette quasi collaboration du pouvoir à l'entreprise, les adversaires de l'*Encyclopédie* ont leur

---

M. Streckeisen-Moultou, Paris, 1861 ; — et de nombreux fragments épars dans diverses publications.

Il existe de plus, à la bibliothèque de Neufchâtel, sous les numéros 7829 à 7941, une importante collection de manuscrits de Rousseau ou provenant de Rousseau, dont il y aurait sans doute plus d'un renseignement à tirer.

C'est assez dire, — et quoiqu'il y en ait beaucoup, dont les meilleures sont les éditions Petitain, 22 vol. Paris, 1819-1822 ; — et Musset-Pathay, 23 vol. Paris, 1823-1826 ; — que nous n'avons pas d'édition des *Œuvres* de Rousseau que l'on puisse regarder comme définitive, ou qui soit seulement comparable aux éditions de Voltaire données par les éditeurs de Kehl [Decroix et Condorcet] ; — et par Beuchot. — [Cf. pour la bibliographie de Rousseau : Quérard, *La France littéraire*, VIII, 192-230].

II. — **Michel-Jean Sedaine** [Paris, 1719 ; † 1797, Paris].

1º Les Sources. — Grimm, dans sa *Correspondance littéraire*; — Ducis, *Notice sur Sedaine*, 1797, au t. III des *Œuvres de Ducis*, édit. de 1826 ; — Mme de Vandeul [fille de Diderot], *Notice*, au t. XVI de la *Correspondance de Grimm* [édition Tourneux]; — Alfred de Vigny, *De Mlle Sedaine et de la propriété littéraire*, 1841 ; — Jal, *Dictionnaire critique*, article Sedaine.

grande part de responsabilité, pour la maladresse de leurs attaques, pour la faiblesse de leur polémique, et pour leur absence entière de talent. Qui ne le sait, hélas! que la vérité ne brille pas toujours de sa propre lumière, et que de très bonnes causes ont eu cruellement à souffrir d'être mal défendues? Or, on ne peut rien lire de plus malveillant, mais d'ailleurs de plus plat que les *Nouvelles ecclésiastiques*, — c'est le journal janséniste, — qui ne savait guère que traiter de « sottises » ou « d'inepties » toutes les productions de l'école encyclopédique. Si Fréron, le rédacteur de l'*Année littéraire*, n'a pas toujours manqué d'esprit, de bon sens, et surtout de courage, il serait difficile de rien imaginer de plus court, de plus étroit, de plus superficiel que sa critique; et sa mauvaise réputation, qu'elle fût ou non justifiée, — ce n'est pas ici le

2° L'AUTEUR DRAMATIQUE. — La légende de Sedaine [Cf. la *Notice* de Mme de Vandeul]. — Ses débuts littéraires : — l'*Épître à mon habit* et le *Recueil* de 1752; — *Le Diable à quatre*, 1758. — La collaboration de Sedaine avec Philidor; — *Blaise le savetier*, 1759; — et avec Monsigny : — *On ne s'avise jamais de tout*, 1761; — *Le Roi et le Fermier*, 1762; — *Rose et Colas*, 1764, etc.; — et la transformation de l'opéra-comique. — Il donne au théâtre français *le Philosophe sans le savoir*, 1765; — et sa petite comédie, trop vantée, de *la Gageure imprévue*, 1768.

Que *le Philosophe sans le savoir* est vraiment le drame bourgeois tel que l'avait rêvé Diderot : — par la nature de l'intrigue; — par la condition des personnages; — par la solennité de leurs discours; — par leur préoccupation de la morale; — et par la vulgarité soutenue du style. — Mais qu'il s'y trouve, dans une histoire de duel jetée adroitement au milieu d'un mariage qui s'apprête, — dans le caractère délicatement touché de Victorine [Cf. George Sand, *Le mariage de Victorine*], — et dans la sincérité de l'auteur, — presque tout ce qui manque aux drames de Diderot; — et qu'ainsi l'honneur de Sedaine est d'avoir donné le véritable et premier modèle du drame tel que le traiteront plus tard les Scribe, les Augier, les Dumas.

De quelques autres œuvres de Sedaine; — et que le caractère en

point, — enlevait tout crédit à ce qu'il pouvait dire. A peine faisait-on plus d'estime de Palissot, l'auteur de la comédie des *Philosophes*, 1760, où tout ce qu'il avait trouvé de plus comique était de travestir, sous le nom de Cydalise, Mme Geoffrin en femme auteur ; — Mme Geoffrin dont l'ignorance était proverbiale, et dont on disait qu'elle la respectait « comme le principe actif et fécond de son originalité! » [Cf. Garat, *Mémoires sur M. Suard*, t. I, livre VI]. On a aussi de Palissot de *Petites lettres sur de grands philosophes*, dont La Bruyère eût pu dire, comme du *Mercure* de son temps, qu'elles sont « immédiatement au-dessous de rien ». Et faut-il parler de ce pauvre diable d'Abraham Chaumeix? C'est pourquoi toutes les pointes des adversaires de l'*Encyclopédie* s'émoussaient ou se brisaient contre elle. On pouvait rire un moment du libelle

est d'être « aimables » ; — mais que la force et le comique y manquent ; — bien plus encore que le style ; — et quoi qu'en aient dit ses contemporains. — Qu'il doit beaucoup aussi sans doute à ses musiciens ; — notamment à Grétry ; — dont la musique lui a valu le plus grand de ses succès, *Richard Cœur-de-Lion*, 1784 ; — et son fauteuil d'académicien.

3º LES ŒUVRES. — On a de Sedaine de nombreux opéras-comiques dont nous avons cité les principaux ; — son *Philosophe* ; — sa *Gageure* [tirée de la *nouvelle* de Scarron d'où Molière avait tiré son *École des femmes*] ; — et aussi deux grands drames, plus ou moins historiques, un *Raymond V, Comte de Toulouse*, qui n'a été ni joué ni publié ; et *Maillard ou Paris sauvé*, imprimé, mais non représenté.

III. — **La dernière époque de la vie de Voltaire** [1762-1778].

1º LES SOURCES. — [Cf. ci-dessus : LA PREMIÈRE ÉPOQUE DE LA VIE DE VOLTAIRE].

2º *La royauté de Ferney* ; — et que cette expression n'a rien d'exagéré si l'on considère : — la situation même de Ferney [Cf. *Correspondance*, 24 décembre 1758] ; — les relations que Voltaire a su s'assurer tant avec le roi de Prusse qu'avec l'impératrice de Russie ;

impuissant de l'avocat Moreau : *Mémoire pour servir à l'histoire des cacouacs*, 1757, sans discerner d'ailleurs très nettement si l'on y riait de l'auteur ou de ceux qu'il attaquait. Mais ce que l'on voyait très bien, c'est qu'aucune de ces critiques, sérieuse ou plaisante, n'atteignait le fond des choses, n'en approchait seulement de loin ; et non moins fiers de l'inutilité des efforts de leurs adversaires que de leurs propres talents, la réputation des *Encyclopédistes* et la fortune de l'*Encyclopédie* s'accroissaient, se fortifiaient, et se consolidaient par ces efforts mêmes.

« C'est à ce moment même, écrit Garat, qu'une voix qui n'était pas jeune et qui était pourtant tout à fait inconnue, s'éleva, non du fond des déserts et des forêts, mais du sein même de ces sociétés, de ces académies et

— sa réputation croissante ; — et l'espèce de consécration que lui donnent son intervention dans l'affaire des Calas [Cf. Athanase Coquerel, *Jean Calas et sa famille*, 2º édition, Paris, 1869] ; — et dans celle des Sirven [Cf. Camille Rabaud, *Étude historique sur l'avènement de la tolérance*, 2º édition, Paris, 1891]. — Il en profite aussitôt pour publier ses *Anecdotes sur Fréron*, 1761 ; — ses *Lettres sur la Nouvelle Héloïse*, 1761 ; — son *Éloge de Crébillon*, 1762 ; — et sa *Relation du voyage de Pompignan*, 1763 ; — qui ne sont qu'autant de recueils d'injures à l'adresse de tous ses adversaires. — Il reçoit en même temps les « philosophes » à Ferney ; — continue de faire des tragédies, *Olympie*, 1762 ; — des Contes, *Jeannot et Colin*, 1764 ; — écrit sa *Philosophie de l'histoire*, 1765 ; — son *Dictionnaire philosophique*, 1765 [Cf., pour le discernement des parties successives de ce *Dictionnaire*, Beuchot dans son édition, t. XXVI, et Bengesco, t. III] ; — et correspond avec tout l'univers. — Son intervention dans l'affaire du chevalier de la Barre [Cf. Cruppi, l'*Avocat Linguet*, Paris, 1895 ; et Édouard Herz, *Voltaire und die Strafrechtspflege*, Stuttgart, 1887] ; — et son *Commentaire du traité des délits et des peines* [de Beccaria], 1766. — L'occasion lui paraît propice pour attaquer à fond le christianisme ; — et tous les moyens lui deviennent bons ; — encouragé qu'il est à la fois par les instigations de Frédéric, — et l' « avènement » de la Du Barry,

de cette philosophie où tant de lumières faisaient naître et nourrissaient tant d'espérances... et au nom de la vérité, c'est une accusation qu'elle intente, devant le genre humain, contre les lettres, les arts, les sciences et la société même » [Cf. Garat, *Mémoires sur M. Suard*, t. I, p. 164]. Et — renseignement précieux! — « ce n'est pas, ajoute-t-il, comme on le dit, le scandale qui fut général; c'est l'admiration et *une sorte de terreur* qui furent presque universelles ». Il faut rapprocher ce passage d'un endroit des *Confessions* : « Audacieux, fier, intrépide, écrit Rousseau, je portais partout une assurance d'autant plus ferme qu'elle était simple et résidait dans mon âme plus que dans mon maintien. Le mépris que mes profondes méditations m'avaient inspiré pour les mœurs, les maximes et les préjugés de mon siècle me

1769. — Son *Histoire du parlement* le remet en grâce auprès des puissances. — Publication des *Questions sur l'Encyclopédie*, 1770-1772. — Son intervention dans les affaires Montbailly, 1770; — Morangiés, 1772; — Lally, 1773 [procès de réhabilitation]; — des serfs de Saint-Claude, 1770-1777; — et comment l'indécence de ses plaisanteries habituelles gâte l'effet de son dévouement. — Ses relations avec Turgot, 1776. — Les derniers écrits de Voltaire. — Son *Commentaire sur l'Esprit des lois*, 1777, et sa dernière escarmouche contre Montesquieu. — Ses dernières *Remarques sur les Pensées de Pascal*, 1777; — et de l'intérêt qu'en offre le rapprochement avec les premières; — qui sont de cinquante ans antérieures. — Les *Dialogues d'Évhémère*, et le *Prix de la justice et de l'humanité*, 1777. — Ses démarches pour obtenir qu'on le laisse rentrer à Paris. — Il quitte Ferney le 5 février 1778; — et arrive à Paris le 10 du même mois.

L'Œuvre philosophique de Voltaire; — et que sans vouloir en exagérer l'importance, — elle a toutefois plus de portée; — mais surtout plus de cohésion qu'on ne le croit quelquefois; — et que l'objet n'en diffère de celui de Montesquieu que dans la mesure où diffèrent leurs tempéraments. — Trois idées maîtresses ressortent en effet de son *Dictionnaire philosophique* comme de ses tragédies; — et de son *Candide* ou de son *Ingénu* non moins

rendait insensible aux railleries de ceux qui les avaient, et j'écrasais leurs petits bons mots avec mes sentences, comme j'écraserais un insecte entre mes doigts » [Cf. *Confessions*, partie II, livre 9, sous la date de 1756]. Il a raison, et Garat aussi. C'est le mépris de « leurs mœurs », de leurs « préjugés », de leurs « maximes, » qui ont détaché violemment Rousseau de ses anciens amis les philosophes. Il a ouvert, à lui tout seul, une route nouvelle. Et, parce qu'ils le verront bien, ou plutôt, et avant de le voir, c'est parce qu'ils s'en doutent, c'est pour cela que tous ensemble, les Marmontel et les Morellet, les Grimm et les Diderot, d'Alembert, la société du baron d'Holbach et celle de Mme d'Épinay, Voltaire lui-même, à dater de la *Lettre sur les spectacles*, 1758, — qui est la déclaration de guerre du « citoyen de Genève », — ils

clairement que de son *Essai sur les mœurs* ; — dont la première serait précisément le respect de l'institution sociale ; — si d'ailleurs ce mot de « respect » ne jurait avec la manière de Voltaire. Mais sa philosophie n'en est pas moins une philosophie sociale ; — et l'on a pu dire de lui qu'il avait été « conservateur en tout, sauf en religion ». — Si en effet il n'ignore pas que les hommes ne valent pas grand'chose [Cf. *Candide* et l'*Histoire d'un bon Bramin*] ; — il n'en considère pas moins « qu'on peut les dresser à la raison comme à la folie » ; — et qu'en cela même doivent consister l'œuvre de la civilisation [Cf. ses *Remarques sur les pensées de Pascal*] ; — et l'objet de la société [Cf. l'*A, B, C*]. — C'est ce qui le sépare profondément de Rousseau ; — et bien mieux que l'opposition de leurs intérêts ; — c'est ce qui explique la violence de leurs disputes ; — Voltaire ayant toujours vu la condition des seuls progrès dont les hommes soient capables, — dans ce qui est aux yeux de Rousseau la cause de leur « dépravation ». — Cette première idée le conduit à une autre, qui est de poursuivre à outrance, — et malheureusement par tous les moyens, — tout ce qu'il trouve d'*irrationnel*, ou seulement de *déraisonnable* dans l'organisation de la société ; — et de là ses attaques à une « justice » — dont il avait lui-même éprouvé l'injustice ; — de là ses déclamations contre la guerre, — qu'il impute sans hésitation ni réflexion

vont former contre lui la plus compacte et la plus acharnée des coalitions.

On discute encore quelquefois l'inutile question de savoir qui des deux, de Diderot ou de Rousseau, a comme qui dirait le premier « retrouvé » cette idée de « nature », contre laquelle trois ou quatre générations d'écrivains et de penseurs avaient jusqu'à eux si vigoureusement réagi? Admettons que ce soit Diderot, et, aussi bien, puisqu'il en a revendiqué la gloire, admettons qu'il ait « pâli » sur les premiers ouvrages de Rousseau. Il eût donc bien fait en ce cas de nous expliquer comment aucun de ses ouvrages, à lui, Diderot, n'a produit la même impression « d'admiration et de terreur universelles » que les deux premiers *Discours* de Rousseau. Que ne se vante-t-il aussi d'avoir pâli sur l'*Émile*, sur le *Contrat social*, sur les

à des mobiles toujours bas et intéressés ; — de là ses attaques à la religion, qu'il considère à la fois comme inhumaine, irrationnelle, et « bonne pour la canaille » [Cf. à cet égard *Dieu et les hommes*, l'*Examen de Mylord Bolingbroke*, et dix autres pamphlets]. — Mais après cela, comme il est Voltaire, — c'est-à-dire trop perspicace pour ne pas savoir ce que vaut une religion comme « principe réprimant », — il croit à l'existence d'un « Dieu rémunérateur et vengeur », — qui implique la croyance à l'immortalité de l'âme ; — ainsi qu'à la Providence ; — et généralement à tout ce qui constitue la « religion naturelle » ; — y compris la confiance au « Dieu des bonnes gens » ; — avec cette arrière-pensée que, de tous les mortels, ce Dieu n'en regarde aucun avec plus de bienveillance que les amis des lumières ; — quand surtout ils écrivent en vers ; — et qu'ils font des tragédies.

Il n'a d'ailleurs pas vu qu'il n'y a pas de « religion naturelle » ; — pas plus qu'il n'y a pas de « nécessité libre » ou de « hasard constant » ; — l'association même de ces idées étant contradictoire dans les termes ; — toutes les vérités qu'enseigne la religion naturelle lui venant d'une autre source qu'elle-même ; — et n'étant qu'une « laïcisation » des enseignements de quelque religion « révélée ». — Il n'a pas vu davantage que, — si la raison peut atteindre quelques-unes des vérités constitutives de la religion, —

Lettres de la montagne? Mais la vérité, c'est qu'en s'emparant de cette idée de « nature » Rousseau en a saisi toutes les conséquences, y compris celles que l'imagination trop prompte et trop fuligineuse de Diderot n'avait point vues; il l'a faite sienne, vraiment sienne, uniquement sienne à sa date; et l'échauffant alors de l'ardeur de ses rancunes, de ses haines, de son orgueil, l'enrichissant, pour ainsi parler, de sa propre substance, et lui communiquant la flamme de son éloquence et de sa passion, il lui a donné un degré d'importance et une vertu de contagion qu'elle n'avait jamais encore eus.

Considérons en effet, que, de la manière qu'il opposait la nature, non plus comme autrefois les Rabelais ou les Montaigne, aux vices qui la déshonorent, mais à l'art luimême, Rousseau décrétait, pour son coup d'essai, non seu-

ce n'en sont point les plus hautes; — ni surtout les plus efficaces; — et que la croyance en un « Dieu rémunérateur et vengeur » ne pouvant être un principe ni surtout un mobile d'action, — mais uniquement un motif de ne pas faire, — ne saurait suffire à fonder la morale; — laquelle devient donc ainsi purement sociale; — et conséquemment relative, diverse et changeante. — Qu'au surplus, dans sa polémique injurieuse et grossière contre le christianisme, — il a manqué non seulement de justice, mais de loyauté; — en méconnaissant la supériorité du christianisme sur le mahométisme, par exemple, ou sur le paganisme; — si, du point de vue purement historique ou humain, le christianisme a renouvelé la face du monde, — et si d'autre part l'intolérance et le « fanatisme » ne l'ont point attendu pour se déchaîner parmi les hommes. — Il ne semble pas en effet qu'une ardeur de prosélytisme ait précipité les Perses contre les Grecs; — ni que les partisans de Marius ou de Sylla se soient entr'égorgés pour une question de dogme. — Et ce qu'enfin il a vu moins clairement encore que tout le reste, — c'est que, dans cette société même, la raison toute seule n'a jamais rien fondé de vraiment durable; — si même on ne peut dire qu'elle tend plutôt à l'anarchie qu'à l'union. — C'est ce qu'avaient fortement établi les Bossuet et les Pascal; — que pour ce motif Voltaire a tant combattus, sans les avoir toujours com-

lement de caducité, mais d'erreur originelle tout ce qu'on avait fait depuis deux cent cinquante ans, pour « artialiser la nature ». On se trompait depuis plus de deux siècles ! Il n'y avait qu'« erreur et folie dans la doctrine des sages » de l'*Encyclopédie*. On ébranchait les préjugés sans en atteindre ou sans en voir seulement la racine, et comment voulait-on qu'elle ne poussât pas d'âge en âge de nouveaux rejetons ? « Dites-nous, célèbre Arouet, combien vous avez sacrifié de beautés fortes et mâles à notre fausse délicatesse ? » [Cf. *Lettre sur les spectacles* et rapprochez *Nouvelle Héloïse*, partie II, lettres 14, 17, 21]. Ou, en d'autres termes, dites-nous combien votre art, en exigeant de vous des concessions que votre nature lui eût certainement refusées, a rabaissé votre génie. Vous avez dit, non ce que vous aviez à dire, mais ce que vous avez cru qui plairait à

pris. — Incomparable pour saisir avec rapidité les aspects superficiels et la ressemblance extérieure des grandes choses, — Voltaire n'a jamais eu la force de méditation ; — il ne s'est jamais donné les loisirs studieux qu'il faut pour les approfondir ; — et c'est ce que de bons juges veulent dire, — quand ils lui refusent le titre de philosophe ou de penseur, — et qu'ils appellent son œuvre « un chaos d'idées claires » [E. Faguet].
Mais sa philosophie n'en forme pas moins un système lié ; — si peu de gens ont le goût d'approfondir les grandes questions ; — et si c'est même cette disposition qu'on peut appeler le *voltairianisme*. — Elle est assez générale ; — et de dire qu'elle est naturelle à l'esprit français, ce serait assurément trop dire ; — mais une espèce d'épicurisme intellectuel nous y a de tout temps inclinés. — Le génie de Voltaire est d'avoir incarné cette disposition ; — comme personne avant lui, ni depuis ; — et le secret de son influence est de l'avoir consacrée, — par la triple autorité de son esprit ; — de sa fortune littéraire ; — et de son succès mondain. — Il a fait le tour des idées de son temps [Cf. Taine, l'*Ancien Régime*] ; — toutes ou presque toutes il les a résumées sous « une forme portative » ; — assez grossière quelquefois ; — mais le plus souvent spirituelle, ingénieuse, plaisante ; — généralement claire. — Il en a vu les rapports sommaires ; — indiqué les liaisons suffisantes ; — il les a

vos contemporains. Vous ne vous êtes pas contenté de vouloir leur plaire, mais vous avez imité, vous avez subi, pour leur plaire, des modèles que vous n'aviez point choisis, que vous avez souffert que l'on vous imposât. Il vous fallait être approuvé du public ! Né pour être vous-même, unique peut-être en votre espèce, vous avez accepté la tyrannie de la mode, et vous avez mis votre gloire à ressembler à d'autres, aux autres, à tous les autres. Mais si c'est ainsi que l'art, bien loin d'aider en vous la nature, l'y a d'abord comprimée, puis asservie, et finalement pervertie, quel est le remède à ce mal, et quel enseignement votre exemple nous donne-t-il? C'est de retourner à la nature pour nous y conformer; et, rien qu'en posant ce principe, mais surtout en l'appuyant de ces « considérants », Rousseau renversait à la fois l'antique autorité des règles, le peu qui

rattachées, tellement quellement, les unes aux autres ; — et ainsi son mérite éminent est d'avoir soulagé ses lecteurs de ce que l'attention a nécessairement de pénible. — Il leur a procuré l'illusion de comprendre les grands problèmes ; — et ils l'ont à leur tour admiré et aimé de se trouver eux-mêmes si intelligents. — C'est probablement quelque chose de cela que Gœthe voulait dire quand il l'appelait « le plus grand écrivain que l'on pût imaginer parmi les Français » ; — et, à ce propos, qu'avant d'accepter l'éloge, — où se mêle un peu d'envie peut-être, — il faut y faire attention ; — et se demander s'il n'envelopperait pas, au fond, une critique assez méprisante, — de toute notre littérature et du génie de notre race.

Le retour à Paris et la mort. — Il ne reste plus qu'à rappeler brièvement les circonstances du dernier séjour de Voltaire à Paris [Cf. Desnoiresterres, *Voltaire et la société française*, etc., t. VIII]. — Arrivé à Paris le 10 février, il descend à l'hôtel de Bernières ; — où dès le lendemain affluent la ville et la cour, — l'Académie et la Comédie ; — les musiciens et les philosophes ; — l'ancien et le nouveau monde. — Une lettre de Mme du Deffand : « Il est suivi dans les rues par le peuple, qui l'appelle l'*Homme aux Calas* » ; — et, à ce propos, qu'il y a peut-être quelque exagération dans ce trait; — comme aussi bien dans la plupart des témoi-

survivait du pouvoir de la tradition, et celui que la communauté s'arrogeait sur les sentiments de l'individu.

Car, nos sentiments c'est nous-mêmes, ou plutôt, chacun de nous n'est soi qu'autant que ses sentiments s'expriment en toute liberté, et c'est cette liberté même qui est la nature : « Nous naissons tous sensibles... Sitôt que nous avons, pour ainsi dire, conscience de nos sensations, nous sommes disposés à rechercher ou à fuir les objets qui les produisent. Ces dispositions s'étendent et s'affermissent... *mais contraintes par nos habitudes, elles s'altèrent plus ou moins*. Avant cette altération elles sont ce que j'appelle en nous la nature » [*Émile*, I, 1]. Qu'est-ce à dire, sinon qu'autant qu'à l'art en particulier « la nature » s'oppose à la civilisation en général? Rousseau le dit en propres termes :

gnages contemporains, — qui se plaisent à faire contraster l'enthousiasme de la ville avec la froideur de la cour [Cf. Grimm, ou plutôt Meister, et La Harpe, dans leurs *Correspondances littéraires*]. — La journée du 30 mars : la séance de l'Académie; — et la sixième représentation d'*Irène*. — Le couronnement de Voltaire. — Il s'occupe de faire à Paris un établissement définitif. — Sa visite à la loge maçonnique des *Neuf Sœurs*. — On lui ceint le tablier « du frère Helvétius »; — qu'il « veut baiser avant de le recevoir » [Cf. Desnoiresterres, VIII, p. 305-307]. — La séance du 29 avril à l'Académie des sciences. — Voltaire et Franklin. — La séance du 7 mai à l'Académie française, et le *Projet du Dictionnaire historique*. — Fatigues, maladie, et mort de Voltaire [30 mai 1778]. — La lettre de Tronchin, sur les derniers instants de Voltaire [Cf. Desnoiresterres, VIII, p. 364-366]; et s'il convient d'en tirer le parti qu'on en a tiré. — Légendes qui courent sur la mort de Voltaire; — et qu'il semble bien qu'elles ne soient que des légendes.

3º LES ŒUVRES. — Les *OEuvres* de Voltaire se composent de :
1º Ses *Poésies*, comprenant de tout un peu : un poème épique, *la Henriade*; — des *Odes*, des *Épîtres*, des *Satires*, des *Épigrammes*, des *Madrigaux*, des *Contes*; — des poèmes didactiques ou philosophiques : tels que les *Discours sur l'homme*, le *Poème sur la loi*

« Tout est bien, sortant des mains de l'Auteur des choses, tout dégénère entre les mains de l'homme... Les préjugés, l'autorité, la nécessité, l'exemple, toutes les institutions sociales dans lesquelles nous nous trouvons submergés, étouffent en nous la nature » [*Émile*, I, 1]. Quel sera donc l'objet de la véritable éducation? Ce sera de nous débarrasser des préjugés qui empêchent en nous la nature de se développer conformément à elle-même. « Dans l'ordre naturel, les hommes étant tous égaux, leur vocation commune est l'état d'homme, et quiconque est bien élevé pour celui-là, ne peut mal remplir ceux qui s'y rapportent... En sortant de nos mains notre élève ne sera ni magistrat, ni soldat, ni prêtre, il sera premièrement homme : tout ce qu'un homme doit être, il saura l'être au besoin tout aussi bien que qui que ce soit » [*Émile*, I, 1]. Avons-nous

naturelle, le *Poème sur le désastre de Lisbonne*, etc.; — des *Traductions*; — et enfin sa *Pucelle*.

2º Son *Théâtre*, c'est-à-dire : des tragédies, dont les plus célèbres sont *OEdipe*, 1718; *Zaïre*, 1732; *Alzire*, 1736; *Mahomet*, 1741; *Mérope*, 1743; *Sémiramis*, 1748; *l'Orphelin de la Chine*, 1755; et *Tancrède*, 1760 ; — des comédies, dont il n'en a survécu pas une, à moins que ce ne soit *l'Écossaise*, 1760, pour des raisons qui n'ont rien de littéraire ; — et quelques opéras.

3º Ses *Histoires*, qui sont l'*Histoire de Charles XII*, 1732; — le *Siècle de Louis XIV*, 1751-1752; — les *Annales de l'Empire*, 1753-1754 ; — l'*Essai sur les Mœurs*, 1756 ; — l'*Histoire de Russie*, 1763 ; — et l'*Histoire du Parlement*, 1769.

4º Ses *Contes* en prose, dont les principaux sont : *Zadig*, 1747; — *Micromégas*, 1752; — *Candide*, 1759; — *Jeannot et Colin*, 1764; — *l'Ingénu*, 1767; — *l'Homme aux quarante écus, la Princesse de Babylone*, 1768; — et *les Oreilles du comte de Chesterfield*, 1775.

5º Son *Dictionnaire philosophique*, 1764; — et ses *Questions sur l'Encyclopédie*, 1770, fondus ensemble et réunis par ordre alphabétique, à partir des éditions de Kehl.

6º Son *Commentaire sur Corneille*, 1764.

7º Ses *Mélanges*, qui comprennent un peu de tout, eux aussi,

besoin de faire observer que c'est ici le renversement de l'ancienne discipline, celle qui se proposait avant tout de former l'homme pour la société? celui de l'ancienne morale, dont le principe était de substituer en nous des motifs généraux d'action à l'impulsion personnelle de l'instinct? et le renversement de l'ancienne esthétique, dont le premier article consistait justement à se défier de la sensibilité comme étant de toutes nos facultés la plus ondoyante, la plus mobile, et la plus diverse?

Mais ce n'est pas tout encore, et l'homme n'étant pas à lui seul toute la nature, il reste à voir quels sont les rapports de la nature et de l'homme. Qu'est-ce donc que l'homme dans la nature? Si Rousseau s'était tout à l'heure emparé d'une idée de Diderot, c'est la grande idée de Buffon qu'il s'approprie maintenant, pour la pousser à

---

comme ses *Poésies* : de véritables ouvrages, comme ses *Lettres anglaises*, 1734; son *Traité de Métaphysique*, 1734; son *Traité de la Tolérance*, 1763; — et de simples opuscules, de la dimension et du caractère de nos articles de journaux, comme ses plaisanteries sur Lefranc de Pompignan, *les Car*, *les Quand*, *les Si*.

On pourrait les diviser en *Mélanges scientifiques*; — *Mélanges philosophiques*; — *Mélanges historiques*; — *Mélanges littéraires*; — et *Mélanges anti-religieux*.

8° Sa *Correspondance*, — qui ne remplit pas moins de 20 volumes de l'édition Beuchot, 18 volumes de l'édition Moland, au total plus de 10 000 lettres, — et qui est loin d'être complète. Tous les jours en effet on publie de nouvelles lettres de Voltaire. Nous savons où il y en a des centaines d'inédites. Et quand on nous les aura données, on en découvrira probablement d'autres encore. C'est d'ailleurs une chose admirable que, de tant de lettres, il n'y en ait presque pas une qui soit absolument insignifiante, et c'est ce qui les distingue des *Lettres* de Rousseau, par exemple, et surtout de Montesquieu. Disons mieux, et si l'on met à part quelques *Correspondances* de femmes, ou plutôt les seules *Lettres* de Mme de Sévigné, la *Correspondance* de Voltaire est un monument unique dans notre littérature; et, de son œuvre entière, la partie la plus vivante.

bout. La nature est la cause des effets que nous sommes. Nous sommes donc à son égard dans une dépendance entière ; et par conséquent nous ne nous devenons intelligibles à nous-mêmes qu'autant que nous nous saisissons dans la complexité des rapports qui nous unissent à elle. Là même est le secret du bonheur. « Il n'est rien tel qu'un heureux climat pour faire servir à la félicité de l'homme les passions qui font ailleurs son tourment » [*Nouvelle Héloïse*, partie I, lettre 23] ; et c'est la nature seule qui a procuré à Rousseau lui-même « quelques instants de ce bonheur plein et parfait, qui ne laisse dans l'âme aucun vide qu'elle sente le besoin de remplir » [Cf. *Lettres à M. de Malesherbes*]. Livrons-nous donc à la nature, et ne faisons plus désormais consister notre orgueil à la dominer, mais notre sagesse à lui obéir. Ne

IV. — Les Économistes.

1º LES SOURCES. — Grimm, dans sa *Correspondance littéraire* ; — Voltaire, dans l'*Homme aux quarante écus* ; — Mme du Hausset, Marmontel, Morellet dans leurs *Mémoires* ; — Galiani, dans sa *Correspondance*.

Garat, *Mémoires sur la vie de M. Suard*, Paris, 1820 ; — Louis Blanc, *Histoire de la Révolution française*, t. I ; — Tocqueville, *l'Ancien Régime et la Révolution*, 1856 ; — Mastier, *la Philosophie de Turgot*, Paris, 1862 ; — F. Cournot, *Considérations sur la marche des idées*, etc., t. II, Paris, 1872 ; — L. de Loménie, *les Mirabeau*, t. I et II ; Paris, 1879 ; — Rouxel, sa notice en tête de son édition de l'*Ami des hommes*, Paris, 1883 ; — A. Neymarck, *Turgot et ses doctrines*, 1885 ; — Léon Say, *Turgot*, 1887 ; — Aug. Oncken, son introduction aux *OEuvres de Quesnay*, Paris et Francfort, 1888.

2º LA DOCTRINE. — Qu'on ne fait point habituellement de place aux « Économistes » dans l'histoire de la littérature française ; — et qu'il y a lieu de réparer cet oubli ; — s'ils n'écrivent pas après tout plus mal que la plupart des encyclopédistes ; — si le meilleur jugement qu'on ait porté sur le livre d'Helvétius est celui de Turgot [Cf. la *Correspondance inédite de Turgot et de Condorcet*,

rompons pas, n'essayons pas de briser ou de relâcher les liens qui nous rattachent à elle. « Plongeons-nous dans son sein », comme dira bientôt le poète, et rendons-lui la conduite d'une destinée dont le malheur n'a été fait jusqu'ici que de notre rage de la vouloir soumettre au raisonnement ou à la raison. C'est ainsi qu'après avoir émancipé l'individu de la tyrannie de la communauté, et substitué la sensibilité dans les droits de l'intelligence même, Rousseau achève son œuvre en posant ce principe qu'on exprimera désormais l'homme en fonction de la nature. Il ne se pouvait guère d'idée plus contraire à l'humanisme, puisqu'elle en est la contradiction même, ni qui portât en conséquence une plus grave, une dernière et mortelle atteinte à l'idéal classique.

Qu'est-ce que les contemporains ont pensé de toutes

publiée par M. Ch. Henry, Paris, 1882] ; — si l'une des « Correspondances » les plus intéressantes qu'on puisse lire est celle du marquis de Mirabeau avec Rousseau [Cf. *J.-J. Rousseau, ses amis et ses ennemis*, Paris, 1865] ; — et si l'*Ami des hommes*, 1756 ; — ou l'*Essai sur le despotisme de la Chine*, 1767-1768, sont au nombre des ouvrages qui ont fait en leur temps, et à bon droit, le plus de bruit et d'effet.

Le fondateur de la doctrine : François Quesnay [Mérey, 1694 ; † 1774, Paris] ; — ses débuts de chirurgien ; — sa nomination de médecin ordinaire du roi ; — et sa situation de confiance auprès de Mme de Pompadour [Cf. *Mémoires de Mme du Hausset*] ; — ses écrits scientifiques ; — ses premiers écrits économiques ; — l'article *Fermiers* et l'article *Grains* dans l'*Encyclopédie* ; — sa liaison avec le marquis de Mirabeau.

L'enfant terrible du parti : Victor de Riquetti, marquis de Mirabeau [Perthuis en Provence, 1715 ; † 1789, Argenteuil]. — Sa jeunesse tapageuse, et sa première campagne, 1734 ; — sa liaison avec Vauvenargues [Cf. *Vauvenargues*, t. II de l'édit. Gilbert] ; — sa collaboration avec Lefranc de Pompignan : *Voyage du Languedoc*, 1740-1746 ; — son mariage, 1743 ; — son écrit sur l'*Utilité des États provinciaux*, 1750. — Il publie son *Ami des hommes*, 1756, qui devient l'origine de sa liaison avec Quesnay. — Sa

ces nouveautés? et comment les ont-ils accueillies? Ils les ont applaudies; et jamais peut-être, — on le sait, — réputation littéraire ne s'est établie plus promptement ni plus universellement que celle de Rousseau. Dix ou douze ans lui ont suffi pour égaler Voltaire même dans l'estime de son temps; et l'opinion ne s'est trompée ni dans l'estime qu'elle en a fait, ni dans les raisons de cette estime. Dans le *Discours* de Dijon, dans le *Discours sur l'Inégalité*, dans la *Lettre sur les spectacles*, les contemporains ont reconnu les accents de cette éloquence dont on pouvait craindre que depuis cinquante ans le secret ne se fût perdu. Ils ont senti frémir dans la *Nouvelle Héloïse* cette ardeur de passion qu'ils ne connaissaient plus eux-mêmes, mais dont ils se rendaient si bien compte que le théâtre et le roman ne leur donnaient qu'une impuissante et

Théorie de l'Impôt, 1760, — lui vaut l'honneur d'être mis à Vincennes; — et exilé dans sa terre du Bignon. — Son retour à Paris, — et sa première *Lettre* à Rousseau, 1766; — sa liaison avec Turgot; — et le triomphe des économistes.

Le grand homme de l'économisme : Anne-Robert-Jacques Turgot [Paris, 1727; † 1781, Paris]; — ses origines et ses études en Sorbonne; — sa carrière de magistrat. — Il collabore à l'*Encyclopédie* [Cf. les articles *Étymologie, Existence, Expansibilité, Foires et Marchés, Fondations*]. — L'intendance de Limoges, 1761-1774; — et le Ministère, 1774-1776.

Qu'au point de vue général, qui est le seul qui nous intéresse, les Économistes se séparent et se distinguent des Encyclopédistes par trois caractères essentiels qui sont : — leur croyance en des lois économiques, aussi « nécessaires » que les lois de la physiologie ou de la physique; — leur opinion que ces lois et la connaissance qu'on en possède important bien plus à la civilisation et aux progrès que le progrès des arts ou des lettres; — et leur conviction qu'on n'améliore la nature qu'en commençant par s'y soumettre. — On pourrait signaler d'autres différences, et par exemple celle-ci : — qu'ils sont des « empiriques » ou des « utilitaires »; — qui croient ne rien avancer que de démontrable par les faits; — tandis que les encyclopédistes sont des « théoriciens » et des

misérable parodie. « Les femmes s'enivrèrent du livre et de l'auteur » [*Confessions*, II, 2]. Et les hommes, à leur tour, dans l'*Émile*, dans la *Lettre à l'archevêque de Paris*, dans le *Contrat social*, crurent entendre gronder sourdement ils ne savaient quelle menace! Mais on ne comprend pas toujours ce que l'on admire, ni même ce que l'on redoute; et, en réalité, les contemporains de Rousseau ne l'ont pas compris : premièrement, parce qu'ils sont les « mondains » qu'ils sont, les habitués des « salons » qu'il attaque; et puis, parce qu'en leur qualité de mondains, après un peu d'émoi que leur a causé ce citoyen de Genève, d'autres distractions, d'autres curiosités, d'autres discussions, de toutes parts, les sollicitent, les appellent, et les retiennent.

Ne vient-on pas en effet d'expulser, mieux encore que

« rationalistes ». — Ils ont aussi pour le pouvoir un respect que n'ont pas généralement les Diderot ou les d'Alembert; — ni même Voltaire; — et, jusqu'à la chute de Turgot, c'est l'explication de la faveur dont ils ont été l'objet.

3º LES ŒUVRES. — De Quesnay : *Essai physique sur l'économie animale*, 2º édit., 1747; — *Maximes du gouvernement économique d'un royaume agricole*, 1758; — *Le Droit naturel*, 1765; — *Du Commerce*, 1766; — *Le Despotisme de la Chine*, 1767, 1768.

Du marquis de Mirabeau : *L'Ami des hommes*, 1756; — et *La Théorie de l'Impôt*, 1760.

De Turgot : *Réflexions sur la formation et la distribution des richesses*, 1766. C'est presque le seul ouvrage de Turgot, avec les articles sur l'*Encyclopédie*, que les contemporains aient connu; et d'ailleurs tous ceux qui figurent dans la collection de ses *OEuvres* (édit. Eug. Daire), ou presque tous, ne sont à vrai dire que des ébauches dont le principal intérêt se tire du personnage qu'a joué leur auteur.

V. — **Pierre-Augustin Caron de Beaumarchais** [Paris, 1732; † 1799, Paris].

1º LES SOURCES. — Gudin de la Brenellerie, *Histoire de Beaumarchais*, 1801-1809? [publiée pour la première fois en 1888 par

cela, de supprimer les Jésuites? et quel « sujet de conversation ! » mais quelle victoire pour la philosophie ! Voltaire en a tressailli d'allégresse; et d'Alembert y voit le juste châtiment de la malveillance que les Jésuites se sont permis de témoigner à l'*Encyclopédie*. « Leurs déclamations à la ville et à la cour contre l'*Encyclopédie* avaient soulevé contre eux une classe d'hommes plus à craindre qu'on ne croit, celle des gens de lettres »; et il ne faut jamais se faire des ennemis qui, « jouissant de l'avantage d'être lus d'un bout de l'Europe à l'autre, peuvent exercer d'un trait de plume une vengeance éclatante et durable ! » [Cf. d'Alembert, édition de 1821, t. II, p. 48; et Diderot, *Lettre à Mlle Volland*, du 12 août 1762]. Ce n'est pas au moins de lui, ni de Diderot, mais de Voltaire qu'il parle en ces termes. Le commencement de

---

M. Maurice Tourneux; — Esménard, article *Beaumarchais* dans la *Biographie universelle*; — Sainte-Beuve, *Causeries du lundi*, t. VI, 1852; — L. de Loménie, *Beaumarchais et son temps*, Paris, 1855; — Jal, *Dictionnaire critique*, article Beaumarchais; — d'Arneth, *Beaumarchais und Sonnenfels*, Vienne, 1868; — Paul Huot, *Beaumarchais en Allemagne*, Paris, 1869; — Clément de Royer, *les Mémoires de Beaumarchais*, Paris, 1872; — Bettelheim, *Beaumarchais, eine Biographie*, Francfort, 1886; — E. Lintilhac, *Beaumarchais et ses œuvres, d'après des documents inédits*, Paris, 1887; — A. Hallays, *Beaumarchais*, dans la collection des *Grands Écrivains français*, Paris, 1897.

2º L'Homme et l'Écrivain. — Origine, famille, et première éducation de Beaumarchais; — ses débuts d'horloger et sa première querelle avec Lepaute, 1753-1755. — Le professeur de harpe de Mesdames de France, filles de Louis XV, 1759. — Ses duels et ses bonnes fortunes. — Il entre en relations avec Paris-Duverney, — par lequel il se trouve mêlé à toutes sortes d'affaires de finances. — L'aventure d'Espagne, 1764 [Cf. le quatrième *Mémoire* contre Goëzman, et Gœthe, dans son *Clavijo*]. — Ses débuts littéraires : *Eugénie*, 1767, et l'*Essai sur le genre dramatique sérieux*. — L'imitateur malheureux de Sedaine et le fidèle disciple de Diderot. — De la valeur du grand argument de Beau-

l'affaire des Jésuites a précédé le brûlement de l'*Émile*; l'affaire des Calas le suit immédiatement. Jamais émotion ne fut plus légitime, si jamais erreur judiciaire ne fut plus déplorable. « D'un bout de l'Europe à l'autre », c'est le cas de le dire, le scandale en retombe sur la magistrature entière, et voici que tout le système du droit criminel de France en est remis en question. Encore ici c'est Voltaire qui mène la campagne, et le *Traité de la tolérance*, 1763, rend à lui seul son nom plus populaire en un jour que toute son œuvre en un demi-siècle. Le Parlement de Paris répond en condamnant au feu le *Dictionnaire philosophique*, 1765. Mais, une fois encore, l'odieuse procédure d'Abbeville et le supplice du chevalier de la Barre mettent l'opinion du côté des philosophes. Déjà vainqueurs du clergé, ils le sont maintenant de la magistrature [Cf.

marchais contre la tragédie classique. « Que me font à moi... les révolutions d'Athènes et de Rome » ; — et que la portée n'en est pas seulement littéraire, mais sociale. — Le second drame de Beaumarchais : *Les Deux amis*, 1770.

L'affaire Goëzman, — et les *Mémoires*, 1773-1774. — Effet soudain qu'ils produisent ; — et soudaine popularité du nom de Beaumarchais. — Raison de ce succès ; — et qu'il y en a de politiques ; — mais il y en a de littéraires aussi ; — quoique les plaisanteries y soient d'un goût parfois douteux ; — l'éloquence toujours voisine de la déclamation, — et les intérêts en cause un peu mesquins. — Du *Barbier de Séville*, 1775 ; — et comment en y reprenant l'un des sujets qu'on pouvait croire le plus usés, — Beaumarchais y a trouvé son chef-d'œuvre ; — et le chef-d'œuvre de la comédie française au xviiie siècle. — Le succès du *Barbier de Séville* a consacré la comédie en prose ; — c'est depuis lui que l'habileté de la disposition de l'intrigue ; — le mouvement du drame ; — la verve hardie du dialogue sont devenus des conditions du genre. — Intervention commerciale et politique de Beaumarchais dans les affaires d'Amérique, 1776, 1778. — Les qualités du *Barbier* se retrouvent dans le *Mariage de Figaro*, 1783 ; — et il s'y en joint d'autres encore ; — moins théâtrales peut-être ; — et qui tiennent autant de la nature du pamphlet que de celle de la comédie. — Portée poli-

Félix Rocquain, l'*Esprit révolutionnaire avant la Révolution*, livre VII ; Paris, 1878]. Il ne leur reste plus, pour achever leur triomphe, qu'à jeter le discrédit sur l'administration ; et justement, aux environs de 1768, les « Economistes » paraissent pour leur en donner l'occasion. On feint de voir en eux les « prôneurs et les fauteurs de l'autorité despotique » ; on leur reproche « leur langage apocalyptique et dévot » ; ce sont « les ennemis des beaux-arts » [Cf. Grimm, *Correspondance*, octobre 1767]. Voltaire écrit contre eux l'*Homme aux quarante écus*, qui n'est pas, à vrai dire, une de ses meilleures facéties, qui n'en réussit pas moins, dont le titre passe même en proverbe. Et eux aussi, — grâce au patriarche de Ferney, — les voilà pour un temps refoulés, battus et pas contents.

Nous disons bien : grâce au patriarche ; car en vérité,

tique du *Mariage* ; — et comment elle eût sans doute été plus considérable encore ; — si Beaumarchais, toujours occupé d'affaires au milieu de sa littérature, n'avait eu la malchance de s'attaquer à Mirabeau, 1786 ; — et d'intervenir, 1787, dans le procès du sieur Kornmann et de sa femme ; — où l'avocat Bergasse le maltraite encore plus qu'il n'avait, lui Beaumarchais, douze ans auparavant, maltraité Goëzman ; — et pour d'autres raisons ; — mais avec autant d'apparence de justice ; — et non moins d'applaudissements à son tour.

Les dernières années de Beaumarchais. — Son opéra de *Tarare*, 1787. — Son rôle effacé dans la Révolution ; — son drame de *la Mère coupable*, 1792. — Mais quoique riche et âgé déjà de plus de soixante ans, — la fureur des affaires le reprend. — Les fusils de Hollande [Cf. Loménie, t. II, p. 460] ; — et à ce propos, du patriotisme de Beaumarchais ; — son arrestation ; — sa délivrance, et son *Mémoire à la Convention*. — Il est chargé d'une mission par le Comité de Salut public, — en même temps que déclaré par la Commune de Paris suspect et émigré. — Son séjour à Hambourg ; — son retour en France ; — ses deux lettres sur *Voltaire et Jésus-Christ*, 1799 ; — et sa mort.

3° Les Œuvres. — Nous venons de signaler les principales œuvres de Beaumarchais ; et nous pouvons nous contenter d'indi-

si ce n'était l'intervention de Voltaire dans toutes ces affaires, elles n'appartiendraient qu'à peine à l'histoire de la littérature, et surtout, si cette intervention ne lui avait assuré la place qu'il occupe dans l'histoire de son siècle. C'est pour être intervenu dans la question du « produit net » et du « despotisme légal » qu'il est Voltaire; et il ne le serait pas s'il n'était devenu le défenseur des Calas et du chevalier de la Barre. On n'examine point d'ailleurs ici les motifs plus ou moins politiques de son intervention, et on ne veut pas décomposer en quelque sorte l'élan de sa générosité. On constate seulement qu'en vérité sa vie fut son chef-d'œuvre. Si ses contemporains n'ont rien tant admiré chez lui qu'une extraordinaire faculté d'assimilation, servie par une facilité d'exécution ou d'expression non moins extra-

quer comme la meilleure édition de ses *OEuvres complètes* celle qu'en a donnée son ami Gudin, Paris, 1809, Collin; — l'édition Ledoux, Paris, 1821; — et Furne, Paris, 1826.

VI. — **La fin de la tragédie**, 1765-1795.

1º LES SOURCES. — Grimm, dans sa *Correspondance littéraire*; — Laharpe, dans sa *Correspondance littéraire*; — Geoffroy, dans son *Cours de littérature dramatique*; — Nép. Lemercier, dans son *Cours analytique de littérature générale*; — Petitot, *Répertoire du théâtre français*, t. V et VI; et *Supplément*, t. I; — Laharpe, de Belloy, Ducis, M.-J. Chénier, *Préfaces* et *Notes* de leurs tragédies; — Saint-Surin, *Notice sur Laharpe*, en tête de son édition des *OEuvres*; — Campenon, *Notice sur Ducis*, en tête des *OEuvres posthumes de Ducis*; — Étienne et Martainville, *Histoire du Théâtre français pendant la Révolution*; — H. Welschinger, *le Théâtre de la Révolution*, Paris, 1881.

2º LA CONCURRENCE DES ESPÈCES. — Influence dominante et souveraine de Voltaire sur le théâtre tragique de son temps; — raisons de cette influence; — et ses suites [Cf. le *Discours de réception de Ducis*].

La tragédie philosophique; — et son évolution vers le mélodrame; — la *Mélanie* de Laharpe, 1770; — et ses *Brames*, 1783. —

ordinaire, on constate qu'ils les ont d'autant plus admirées qu'ils les ont vues s'appliquer, tour à tour ou ensemble, à plus d'objets, plus différents, plus étrangers en apparence à ses intérêts d'amour-propre et de vanité. Et on constate enfin que s'il n'avait été jusqu'aux environs de 1760 qu'un homme de lettres entre beaucoup d'autres, — *unus ex multis*, — c'est à dater de ce moment qu'il est devenu l'homme de son siècle et de l'histoire. C'est donc aussi par lui que tous ces faits, qu'on y cût pu croire indifférents, appartiennent à l'histoire de la littérature. Ils ont dégagé le vrai Voltaire de lui-même. Ils lui ont fait entendre à lui-même la nature de son pouvoir. Ils l'ont tiré de pair. Ils l'ont élevé au rang de cette « douzaine d'hommes » dont Diderot disait encore en 1762, que « sans s'élever sur la pointe du pied, ils le

Les drames de Mercier [1740; † 1814]; — et les tragédies de Marie-Joseph Chénier [1764; † 1811] : *Charles IX*, 1789; — *Henri VIII*, 1791; — *Jean Calas*, 1791; — *Fénelon*, 1793. — Comparaison du sujet de *Fénelon* avec celui de *Mélanie*; — et qu'il faut prendre garde de n'y pas voir des imitations de la *Religieuse* de Diderot; — qui n'a paru pour la première fois qu'en 1796. — Définition de la tragédie philosophique; — et qu'en tant qu'elle se borne « entièrement à la défense de quelque opinion religieuse, politique, ou morale » [Cf. Laharpe, *Œuvres*, t. II, 639], — elle est le contraire même de la tragédie, — et du théâtre.

La tragédie nationale; — et que c'est encore Voltaire, avec sa *Henriade*, et sa *Zaïre*, — que l'on retrouve aux origines de la « tragédie nationale »; c'est-à-dire tirée de l'histoire de France; — et dans l'intention principale d'en rendre les souvenirs familiers. — Les grands succès de de Belloy : *Le siège de Calais*, 1765; — *Gaston et Bayard*, 1771; — *Gabrielle de Vergy*, 1777; — et qu'à peine l'objet de ces tragédies est-il dramatique; — mais plutôt didactique [Cf. de Belloy, lui-même, dans ses *Préfaces*, Répertoire Petitot, t. V].

La tragédie exotique; — et que la conception n'en est autre, en dépit de la première apparence, que celle de la « tragédie nationale »; — si l'intention en est d'enseigner la géographie par le

passeraient toujours de toute la tête » [Cf. *Lettre à M^(lle) Volland*, du 12 août 1762]. Ils lui ont enfin procuré « dans la nation » cette universalité, cette autorité d'influence qu'il avait inutilement poursuivie, qu'on lui avait disputée, refusée jusqu'alors ; et, de cette unique situation que les événements lui ont faite, dominatrice, quasi souveraine, quelques conséquences essentielles en sont presque aussitôt résultées.

C'est ainsi que, dans les dernières années du règne de Louis XV, et la question religieuse mise à part, on voit succéder au grand tumulte et à l'agitation des années précédentes, une sorte d'apaisement, et non pas de réconciliation, mais de trêve au moins des partis. Si la Sorbonne censure le *Bélisaire* de Marmontel, « ni la cour ni

théâtre ou l'histoire étrangère. — Le *Guillaume Tell* de Lemierre [1723 ; † 1793] et sa *Veuve du Malabar*, 1766 et 1770. — Le *Pierre le Cruel*, de de Belloy, 1773, et le *Menzicoff* de Laharpe, 1775. — Les *Barmécides* de Laharpe, 1778. — Le *Thamas Kouli Khan*, de du Buisson. — La *Zoraï* de Marignié, ou *Les Insulaires de la Nouvelle-Zélande*, 1782 ; — et que toutes ces inventions ne procèdent encore que de Voltaire, de son *Alzire* et de son *Orphelin de la Chine*.

La tragédie gréco-romaine ; — et qu'il est étonnant qu'elle n'ait pas tiré quelque profit de cet effort vers la vérité de l'histoire ; — et la fidélité de la couleur locale. — L'*Hypermnestre* de Lemierre, 1758, et son *Idoménée*, 1764. — Le *Timoléon* de Laharpe, 1764. — L'*Œdipe chez Admète*, de Ducis, 1778. — Le *Philoctète* de Laharpe, 1783, et son *Coriolan*, 1784. — Le *Méléagre* de N. Lemercier, 1788. — Le *Caïus Gracchus* de Chénier, 1792, — L'*Épicharis* de Legouvé. — De la raison d'une préférence donnée aux sujets grecs [Cf., ci-dessous, l'article d'André Chénier] ; — et si l'on n'y doit point voir une intention formelle de résister à l'influence anglaise ; — et de retourner, pour la mieux combattre, aux sources les plus lointaines du classicisme ?

La tragédie shakespearienne ; — et d'un éloge significatif que Campenon donne à Ducis [1733 ; † 1816] ; — « qu'on ne l'a vu qu'une seule fois aller choisir ses sujets chez les tragiques grecs ». —

le parlement ne se mêlent de l'affaire ; *on fait dire seulement à l'auteur de garder le silence* » ; et *Bélisaire* continue de s'imprimer et de se vendre avec privilège du roi [Cf. Marmontel, *Mémoires*, livre VIII]. La doctrine encyclopédique se réduit d'elle-même aux termes du déisme de Voltaire. Le parlement condamne bien le *Système de la nature*, 1770, du baron d'Holbach ; mais il refuse d'insérer dans son *Arrêt* le réquisitoire de l'avocat général Séguier, et c'est Voltaire qui entreprend de combattre et de réfuter le livre. Le même Voltaire revient à la charge quand paraît en 1773 l'ouvrage posthume d'Helvétius : *De l'homme*. On ne pense plus à Rousseau, qui vit obscurément dans son pauvre logis de la rue Platrière. « Il a voulu fuir les hommes, écrit La Harpe, et les hommes l'ont oublié. » D'Alembert traduit Tacite, et Diderot travaille à son *Essai sur les règnes de Claude et*

Importance relative du rôle de Ducis à cet égard. — Les « adaptations » d'*Hamlet*, 1769 ; — de *Roméo et Juliette*, 1772 ; — du *Roi Lear*, 1783 ; — de *Macbeth*, 1784 ; — d'*Othello*, 1792 ; — et d'un mot curieux de Sedaine [Lettre à Ducis] : « Celui qui n'a pris que *Zaïre* dans *Othello* a laissé le nécessaire ». — Que cependant c'est encore l'auteur de *Zaïre* qui a donné le signal aux imitateurs ou adaptateurs de Shakespeare ; — et à Ducis en particulier ; — et qu'à l'exception de la première de ces directions, celle de la tragédie philosophique [Cf. pourtant les *Préfaces* de V. Hugo dans son *Théâtre*] ; — si toutes les autres sont celles où s'engagera bientôt le romantisme ; — c'est donc à Voltaire qu'il en faut savoir gré.

3º Les Œuvres. — Il ne survit rien aujourd'hui de toutes les œuvres que nous venons de citer ; et bien moins encore de tant d'autres qu'il nous serait facile d'énumérer. Ce qui n'empêche qu'il y ait pour les curieux de fort belles éditions de Lemierre [en *Œuvres choisies*], Paris, 1811, F. Didot ; — de Laharpe, en *Œuvres complètes* [moins le *Lycée*], Paris, 1820-1821, Verdière ; — et de Ducis [*Œuvres complètes*, 3 vol., et *Œuvres posthumes*, 1 vol.], Paris, 1826, Nepveu.

de Néron. Grimm, qui présageait en 1768 « une révolution imminente et inévitable », déclare en 1770 que « jamais la tranquillité publique ne fut mieux assurée ». C'est aux applaudissements de la littérature qu'en 1771 le chancelier Maupeou opère son coup d'État contre les parlements. Les gens de lettres sont devenus les soutiens du pouvoir. Lorsque Louis XVI monte sur le trône, en 1774, les *Encyclopédistes* et les *Économistes* se réconcilient au ministère, en la personne de Malesherbes et de Turgot. Les voilà maîtres des affaires; et il faut maintenant les entendre se moquer des jeunes gens « qui se croient en sortant du collège obligés d'apprendre aux puissances à diriger leurs États! »

A la faveur de cet apaisement il se produit un mouvement curieux, et on dirait qu'avant d'abandonner ses

VII. — **André-Marie de Chénier** [Constantinople, 1762; † Paris, 1794].

1º LES SOURCES. — H. de Latouche, *Notice,* en tête de l'édition de 1819; — Sainte-Beuve, *Mathurin Régnier et André Chénier,* 1829, dans son *Tableau de sa littérature française au* xviiie *siècle; Portraits littéraires,* 1839, t. I; *Portraits contemporains,* 1844, t. V; *Causeries du lundi,* 1851, t. IV; et *Nouveaux lundis,* t. III, 1862. — A. Michiels, *Histoire des Idées littéraires au* XIXe *siècle,* 1843; — Becq de Fouquières, *Notices,* en tête de son édition des *OEuvres,* in-8º, 1862; et *Documents nouveaux,* Paris, 1875. — G.-L. de Chénier, *Notices* et *Notes* de son édition des *OEuvres,* Paris, 1874; — Caro, *La fin du* xviiie *siècle,* t. II, 1880; — Anatole France, *La vie littéraire,* t. I, 1888, et t. II, 1890; — J. Haraszti, *La poésie d'André Chénier,* traduit du hongrois par l'auteur, Paris, 1892.

2º LE POÈTE; — et que, bien que son œuvre n'ait paru qu'après sa mort, — c'est pourtant le lieu d'en parler; — si beaucoup de ses contemporains l'ont en partie connue; — ou imitée même, comme Millevoye; — et si les traits essentiels en sont caractéristiques d'une renaissance du classicisme, — dont l'*Histoire de l'art,* de Caylus; — la peinture de David; — et le *Voyage du*

positions démantelées, l'esprit classique se ramasse et se concentre pour livrer un dernier combat. Il essaie le peu de forces qui lui reste encore contre « l'anglomanie », dont « les progrès effrayants » lui semblent également menacer « la galanterie des Français, leur esprit de société, leur goût pour la toilette », et leur littérature. Voltaire écrit : « Quelques Français transportent chez nous une image de la divinité de Shakespeare, comme quelques autres imitateurs ont érigé depuis peu à Paris un *Vauxhall*, et comme d'autres se sont signalés en appelant les aloyaux des *roastbeef*... La cour de Louis XIV avait autrefois poli celle de Charles II, aujourd'hui Londres nous tire de la barbarie. » La Harpe lui fait écho dans sa *Correspondance littéraire.* Les traductions du grec et du latin abondent, s'opposent à celles de Shake-

---

jeune Anacharsis de l'abbé Barthélemy subsistent comme autant de témoins. — Rien de plus faux en conséquence que de voir dans André Chénier un « précurseur du romantisme »; — et au contraire la juste idée que nous devons nous former de lui, — ce n'est pas seulement celle d'un Boileau ou d'un Malherbe inspirés; — mais d'un Ronsard, — qui aurait lu Voltaire, Montesquieu, Buffon; — Buffon surtout peut-être; — et plus moderne enfin de deux cent cinquante ans que l'ancien.

Les *Élégies* de Chénier, — et qu'elles sont bien de leur temps, pour la phraséologie dont l'idée s'y enveloppe; — pour la manière dont elles sont placées sous l'invocation des Lycoris, des Camille et des Fanny; — pour le caractère impersonnel que le poète s'est efforcé d'y observer; — pour la sensualité qu'elles respirent; — et enfin pour une espèce d'amoureuse férocité, — qui trahit le voisinage des *Liaisons dangereuses.*

> Vois d'un œil sec et froid ses soupirs et ses larmes,
> Règne en tyran cruel; aime à la voir souffrir.

Les *Élégies* de Chénier sont d'un plus grand poète que celles du chevalier de Parny, mais elles sont bien de la même famille; et d'un tour, à la vérité plus latin et plus grec; — mais cependant

speare et d'Ossian.⟩Les *Géorgiques* de l'abbé Delille, en 1769, ont fait événement et Voltaire les a déclarées, — avec les *Saisons* de Saint-Lambert, il est vrai, et après l'*Art poétique*, — « le meilleur poème qui ait honoré la France ». De 1770 à 1789, il paraît quatre traductions, deux en vers et deux en prose, de l'*Iliade* et de l'*Odyssée*. L'archéologie même et l'érudition, que le *Discours préliminaire de l'Encyclopédie* condamnait naguère si dédaigneusement, redeviennent à la mode. Un jeune écrivain, dans les notes qu'il griffonne aux marges de son exemplaire de Malherbe, décide que, « même quand nous traçons des tableaux et des caractères modernes, c'est d'Homère, de Virgile, de Plutarque, de Tacite, de Sophocle, d'Eschyle qu'il nous faut apprendre à les peindre ». Il écrira bientôt en vers :

marquées aux mêmes signes; — quand encore on n'y retrouve pas des traits de P. J. [Gentil] Bernard; — et de l'abbé Delille :

> Pourquoi vois-je languir ces vins abandonnés
> Sous le liège tenace encore emprisonnés?

Les fragments de l'*Hermès*; — et qu'il n'est pas malaisé d'y reconnaître les mêmes caractères, — et d'en signaler d'autres qui sont également du XVIIIe siècle. — Tout imprégné des idées de Buffon, André Chénier s'y fût montré l'interprète enthousiaste de la philosophie de son temps; — et déjà le poète de la « concurrence vitale ». — Il y eût expliqué, comme Voltaire et comme Condorcet, l'origine des religions; — en les accusant de la plupart des maux qui ont désolé l'humanité; — et en reprochant aux « prêtres » de les avoir exploitées. — Enfin, dans son troisième chant, disciple de Condillac, — il eût développé la doctrine de la « sensation transformée »; — proclamé d'ailleurs la tendance invincible de l'homme « à la vertu et à la vérité »; — et terminé par un hymne à la « science » [Cf. Condorcet, dans son *Esquisse des progrès de l'Esprit humain*]. — C'est la pure philosophie des Encyclopédistes; — et sans doute Chénier l'eût développée autrement que son ami Le Brun; — mais il n'y en a pas de plus éloignée

> De ce cortège de la Grèce
> Suivez les banquets séducteurs;
> Mais fuyez la pesante ivresse
> De ce faux et bruyant Permesse
> Que du Nord nébuleux boivent les durs chanteurs!

Boileau lui-même eût-il pu mieux dire?

Sera-t-on peut-être surpris qu'en témoignage de cette renaissance de l'esprit classique nous rappelions ici l'auteur du *Barbier de Séville* et du *Mariage de Figaro*? En effet, c'est à peine un homme de lettres que Pierre-Augustin Caron de Beaumarchais; c'est un homme d'affaires, de quelles affaires, souvent, ou même à l'ordinaire! et certes, si quelqu'un n'a pas beaucoup pratiqué les anciens, c'est bien lui. On ne les rencontre pas dans les sociétés qu'il fréquente. Mais il n'en est que plus intéressant, et surtout son exemple plus significatif. Car aussi long-

---

non seulement de celle des prochains romantiques; — mais de celle même de Rousseau.

Les *Idylles* d'André Chénier; — et que ce n'est pas sans doute l'inspiration de l'*Oaristys*, ou celle du *Jeune malade*, — qui diffère de l'inspiration de l'*Hermès* ou des *Élégies*; — telle du moins qu'elle vient d'être définie. — Mais, comme André Chénier remonte directement aux sources grecques; — et qu'il a le sens profond de l'alexandrinisme; — sinon de la haute antiquité, sophocléenne, pindarique, homérique; — il y retrempe le vers inconsistant et décoloré qui est autour de lui celui de ses émules; — sans qu'il y ait rien là de contradictoire aux idées de son temps. — Ou plutôt, et semblable en tout le reste à ses contemporains, — il ne s'en distingue que par une intelligence plus subtile de ce classicisme dont ils ont perdu le sens; — et pour avoir en lui réconcilié cette admiration de leur temps, — et ce sentiment de l'art qu'exprime le vers devenu proverbial :

> Sur des pensers nouveaux faisons des vers antiques.

Qu'aussi bien les doctrines de Chénier sont entièrement conformes au caractère de son œuvre, comme le prouvent — ses protestations contre « l'anglomanie » :

temps qu'il a suivi les traces de Diderot et de Sedaine, dans son *Eugénie*, dont il a placé la scène en Angleterre, 1767, et dans ses *Deux amis*, 1770, il n'a fait que de médiocre besogne. Mais voici qu'en revanche, après ces *Mémoires* dont la verve excite la jalousie de Voltaire ; — et auxquels, pour être classiques, il ne manque en vérité que d'être de bon goût, et surtout de bon ton, — il s'avise de reprendre, lui troisième, le sujet des *Folies amoureuses* et de *l'École des femmes*, le tuteur de l'ancienne comédie, dupé par l'éternelle ingénue ; il l'encadre dans le décor espagnol, celui du roman de Le Sage, du théâtre de Scarron, et en l'écoutant on songe à *Gil Blas* : c'est le *Barbier de Séville*, 1775. Il récidive en 1783 : c'est le *Mariage de Figaro*. Et que son Figaro soit lui-même, Pierre-Augustin, dépeint au vif, avec son absence entière

> Les poètes anglais. . . . .
> . . . .
> Tristes comme leur ciel toujours ceint de nuages
> Enflés comme la mer qui blanchit leurs rivages,
> Et sombres et pesants ; . . . .

et bien mieux encore la quatrième de ses *Épîtres à Le Brun* ; — ou encore son *Poème de l'Invention* ; — dont il faut dire que les leçons sont exactement celles de Boileau ; — mais d'un Boileau « plus libre » ; et surtout plus instruit ; — qui s'intéresserait à plus de choses, — et peut-être aussi d'un Boileau moins bourgeois. — Comparaison à cet égard du *Poème de l'Invention* avec l'*Art poétique* ; — et avec la *Défense et Illustration de la Langue française* [Cf. notamment vers 299-390]. — Bien loin de voir en Chénier le « premier des romantiques », il faut donc reconnaître en lui le « dernier des classiques » ; — et s'il eût vécu, la direction de la littérature n'en eût peut-être pas été tout à fait modifiée ; — parce que la pente était d'ailleurs trop forte ; — mais c'est assurément en lui que les disciples et les imitateurs littéraires de Rousseau eussent trouvé leur plus redoutable adversaire.

3° LES ŒUVRES. — Les *Œuvres* d'André Chénier se composent :
1° de ses *Poésies*, formant trois groupes principaux : *Idylles*, *Élégies*, *Poèmes* ou *fragments de Poèmes*, et dont on doit consulter

de scrupules et son fonds de gaieté, ou qu'on y veuille voir un « précurseur de la Révolution », ce qu'il est de plus et avant tout, c'est Frontin, c'est Crispin, c'est Scapin, c'est le valet de l'ancienne comédie, c'en est le dernier et le plus amusant. N'est-ce pas comme si nous disions qu'aussitôt qu'il a repris les traces de Regnard et de Molière, ou plutôt de la tradition, Beaumarchais a trouvé le succès qu'il avait en vain demandé à l'imitation de Sedaine et de Diderot? Et qu'y a-t-il de plus caractéristique du mouvement dont nous essayons de préciser la nature? Laissant toujours à part les derniers pamphlets de Voltaire et les derniers volumes de l'*Histoire naturelle* de Buffon qui sont des « suites », on ne trouve, en dix ans, de 1775 à 1785, que deux « nouveautés » qui survivent, et ce sont deux comédies, qui peuvent d'ailleurs

au moins quatre éditions : l'édition H. de Latouche, Paris, 1819, l'édition Becq de Fouquières, Paris, 1862, Charpentier; — l'édition G. de Chénier, Paris, 1874, Lemerre; — et la dernière édition de Becq de Fouquières, Paris, 1888, Charpentier; — 2º de ses *OEuvres en prose*, qui toutes ou presque toutes ont trait à la politique; — 3º d'un *Commentaire sur Malherbe*, assez peu étendu, mais extrêmement important; et qui a paru pour la première fois en 1842, Paris, Charpentier, dans l'édition usuelle des *OEuvres de Malherbe*.

VIII. — **Georges-Louis Leclerc de Buffon** [Montbard, 1707; † 1788, Paris].

1º Les Sources. — Grimm, *Correspondance littéraire*; — Hérault de Séchelles, *Voyage à Montbard*, Paris, 1785; — Vicq d'Azyr, *Discours de réception*, 1788; — Condorcet, *Éloge de M. le comte de Buffon*, dans la collection des *OEuvres de Condorcet*, t. III; — Cuvier, *Rapport historique sur les progrès des sciences naturelles*, Paris, 1810; — Flourens, *Histoire des travaux et des idées de Buffon*, Paris, 1844; et *Des Manuscrits de Buffon*, 1859.

Correspondance inédite de Buffon, recueillie et annotée par Henri Nadault de Buffon, Paris, 1860.

Sainte-Beuve, *Causeries du Lundi*, t. IV, 1851, X, 1854, et XIV, 1860; — Émile Montégut, *Souvenirs de Bourgogne*, 1874,

avoir toutes les autres qualités ou défauts que l'on voudra, mais dont l'inspiration est « classique ».

Vers le même temps, et moins heureuse en ce sens qu'elle ne nous a rien laissé, je ne dis pas qui soit comparable au *Barbier de Séville* ou au *Mariage de Figaro*, mais dont on soutienne aujourd'hui la lecture, il semble que, comme la comédie, la tragédie retourne à ses premières origines. Après avoir fait le tour du monde, cherché des sujets au Mexique, au Pérou, en Chine, au Malabar, jusqu'en Nouvelle-Zélande, et exploré dans toutes les directions, pour en tirer du nouveau, l'histoire nationale, elle finit par en revenir aux Grecs et aux Romains, avec ses *Coriolan*, ses *Virginie*, ses *Hypermnestre* et ses *Philoctète*. On reconnaît que la « simplicité des anciens peut encore instruire notre luxe, car ce mot convient assez, dit La-

---

Paris ; — F. Hémon, *Éloge de Buffon*, Paris, 1878, — N. Michaut, *Éloge de Buffon*, Paris, 1878 ; — O. d'Haussonville, *le Salon de Mme Necker*, Paris, 1882 ; — Émile Faguet, *XVIIIe siècle*, Paris, 1890 ; — De Lanessan, *Introduction* en tête d'une nouvelle édition des *Œuvres de Buffon*, 1884 ; — Edm. Perrier, *La Philosophie zoologique avant Darwin*, Paris, 1884.

2º Le Savant et le Philosophe :

A. *La Jeunesse de Buffon*. — Son origine et son éducation. — Le « milieu » dijonnais dans la première moitié du xviiie siècle [Cf. Th. Foisset, *le Président de Brosses*, 1842 ; et Em. de Broglie, *les Portefeuilles du Président Bouhier*, 1896]. — Le duel d'Angers, — et la liaison de Buffon avec le duc de Kingston [Cf. Desnoiresterres, *Épicuriens et Lettrés au* xviiie *siècle*, 1879]. — Voyages de Buffon, 1730-1732 [Cf. sa *Correspondance*]. — Son premier *Mémoire* à l'Académie des sciences ; — sa nomination d'adjoint dans la section de mécanique ; — et sa traduction de la *Statique des Végétaux* de Hales, 1735 ; — sa nomination d' « Intendant du Jardin du Roi », 1739 ; — il se tourne tout entier du côté de l'histoire naturelle ; — où il apporte, avec la liberté d'esprit et l'étendue de curiosité d'un homme de son temps, — l'équilibre de son tempérament bourguignon ; — qui n'est pas sans quelques analogies avec celui de Bossuet ; — son génie d'assimilation ; — l'ampleur

Harpe, à nos tragédies que nous avons quelquefois un peu trop ornées ». On s'avise que « notre orgueilleuse délicatesse, à force de vouloir tout ennoblir, peut nous faire méconnaître le charme de la nature primitive ». Et on conclut que sans doute « il ne faut pas imiter les Grecs en tout, mais dès qu'il s'agit de l'expression des sentiments naturels, rien n'est plus pur que le modèle qu'ils nous offrent dans leurs bons ouvrages » [Cf. Laharpe, *Cours de littérature*, partie I, livre I, chap. 5]. Mieux encore! on dirait que la tragédie reflue vers sa source, pour s'y retremper; et rien ne ressemble davantage à sa lutte contre le mélodrame des Diderot, des Mercier, ou bientôt des Guilbert de Pixérécourt, que la lutte autrefois soutenue par la tragédie cornélienne contre la tragi-comédie des Rotrou, des Mairet, des Hardy. Les hommes de la Révo-

de son imagination; — et la noblesse de son style. — Les trois premiers volumes de l'*Histoire naturelle*.
Du style de Buffon; — s'il mérite la vivacité des critiques que l'on en a faites; — et des plaisanteries d'un goût douteux que l'on en fait encore; — pour quelques phrases un peu pompeuses; — ou quelques touches un peu brillantes? — Les collaborateurs de Buffon : Daubenton, Bexon, Guéneau de Montbeillard; — et comment il les corrige [Cf. Flourens, *Manuscrits de Buffon*]. — On lui a reproché d'autre part [Cf. Ém. Montégut, *Souvenirs de Bourgogne*], — sa froideur en présence de quelques-unes des grandes scènes qu'il a décrites ou imaginées; — et on pourrait être tenté de dire que ces critiques se compensent ou s'annulent. — Mais il est plus vrai de dire qu'elles se concilient; — et que le style de Buffon, parce qu'il est naturellement ample, — et qu'il s'égale sans effort aux plus grands sujets, semble être un peu au-dessous de ce que nous en attendions dans ces sujets; — ce qui est une raison pour que dans les moindres, — et notamment dans les descriptions, — nous le trouvions trop majestueux; — et supérieur en quelque sorte à la dignité de son objet. — Il s'anime d'ailleurs quand il le faut; — et, pour ne rien dire de ses qualités de nombre, d'exactitude et de couleur, — il a plus d'une fois atteint jusqu'au lyrisme [Cf. l'*Histoire naturelle de l'homme*]; —

lution, après cela, feront un pas de plus en arrière, et on le sait, ce n'est pas les Romains de Balzac ou de Corneille qu'ils croiront ressusciter dans la vie publique, ce seront les Grecs et les Romains de Plutarque, — ou d'Amyot.

Cependant un autre écrivain, un poète, et le seul en son temps qui ait eu le sentiment de l'art, remonte plus haut encore, jusqu'aux origines du classicisme ; et c'est vraiment Ronsard qui revit dans André Chénier. On aimerait parler longuement et à loisir d'André Chénier. Mais son œuvre est posthume, et nous ne pouvons l'envisager ici que comme représentative de l'état des esprits, ou de quelques esprits de son temps. Au moins pouvons-nous dire que, comme Ronsard, il a été tout latin et tout grec ; et comme Ronsard, mais avec une conscience plus claire des raisons de son choix, c'est aux érotiques latins, c'est aux

---

et plus d'une fois au ton de l'épopée [Cf. les *Époques de la nature*].
  B. *Les Époques de la pensée de Buffon*. — Du goût de Buffon pour les hypothèses ; — et comment ce goût, en se combinant avec les exigences de l'observation de la nature, — et les acquisitions successives de l'étude, — semble avoir mis quelque confusion dans les idées de Buffon. — De 1748 à 1759 il fait la guerre aux « classifications » ; — qu'il sent bien qui sont artificielles ; — sans fondement dans la nature ; — comme n'étant alors que purement mnémotechniques ; — et qu'il juge de plus dangereuses, — comme risquant de ravir à l'homme la royauté de la terre [Cf. t. I, édition de l'Imprimerie royale, p. 4, et t. IV, p. 433]. — De là l'ordre qu'il suit dans la distribution de sa matière ; — passant des animaux « domestiques » aux animaux « sauvages » ; — et des animaux « sauvages » aux animaux « carnassiers » ; — ou encore de l'Europe au reste de l'ancien continent ; — et de l'ancien continent au nouveau ; — ce qui revient à subordonner l'évolution entière de la nature à la formation de l'homme ; — et au développement de la civilisation. — Mais de 1757 à 1764, en étudiant les animaux du nouveau monde, — et en fondant, chemin faisant, la géographie zoologique, — il s'aperçoit que les animaux du nouveau monde ne sont pas les mêmes que ceux de l'ancien ; — que, s'ils ne sont pas les mêmes, ils sont cependant analogues ; — et qu'ils

poètes d'Alexandrie que son industrieuse imitation est allée. Comme Ronsard, il a cru que toute beauté, toute perfection était « enclose » dans les chefs-d'œuvre des anciens, et par suite, comme Ronsard, il a donc cru que toute invention, tout génie même ne consistait qu'à vêtir sa pensée de ces formes immortelles.

Sur des pensers nouveaux, faisons des vers antiques.

Païen comme Ronsard, aussi profondément païen dans ses *Idylles* que l'auteur des *Hymnes* et des *Sonnets à Cassandre*, c'est comme lui, Ronsard, qu'il a aimé, qu'il a senti, qu'il a conçu la nature. Sensuel et voluptueux comme Ronsard, sa mélancolie, comme celle de Ronsard, n'a guère été que celle des grands épicuriens. Et pourquoi ne dirait-on pas qu'il a été plus Ronsard que Ronsard, s'il représente de plus que Ronsard la réaction contre Malherbe et la

---

sont enfin généralement plus petits. — Il ne voit alors de moyen de l'expliquer que de recourir à l'influence du climat, de la nourriture, de la concurrence des espèces entre elles ; — et d'attribuer à la nature une plasticité plus grande qu'il n'avait fait jusqu'alors. — C'est le moment où ses idées ressemblent le plus à ce que seront un jour celles de Darwin ; — et quoique d'ailleurs il persiste toujours à faire de l'homme un être à part dans la nature [Cf. sa nomenclature des singes]. — Enfin de 1764 à 1787 de nouvelles idées lui viennent encore ; — qu'il oppose à celles de Rousseau [Cf. t. VI et VII]. — Il domine maintenant de plus haut sa matière. — Les vues nouvelles abondent dans son œuvre. — Il écrit les *Époques de la nature* ; — et à mesure qu'il est plus convaincu de la petitesse de l'homme dans la nature ; — de l'humilité de notre condition ; — et de la généralité des lois qui nous gouvernent, — on dirait qu'il sent davantage le prix de la société ; — ce qui le remet d'accord avec les idées générales de ses contemporains ; — et avec cette religion de l'humanité dont ils sont maintenant tous imbus.

C. *L'Influence de Buffon*. — C'est le moment d'examiner les enseignements qu'il leur a donnés ; — et d'abord, au point de vue purement littéraire, si son *Discours sur le style*, — qui n'est

protestation du lyrisme contre l'éloquence ? Et c'est pourquoi, si le classicisme eût pu être sauvé, il l'eût sans doute été par le fils de la Grecque. Mais quoi ! le classicisme pouvait-il être sauvé ?

Nous ne le croyons pas, et pour plus d'une raison, dont la première est celle-ci, qu'il avait vécu cent cinquante ans. Rien d'humain n'est éternel, et quelque effort qu'il fasse pour fixer son objet sous l'aspect de l'éternité, tout idéal d'art participe de la caducité de l'espèce. En second lieu, si le classicisme — on l'a vu, ou du moins nous avons essayé de le faire voir — ne s'était déterminé dans sa forme que pour des raisons sociales autant que littéraires, il était inévitable qu'il mourût de l'exagération de son propre principe, ou, en d'autres termes, qu'il suivît la fortune de la société dont il avait été l'expression. C'est à peu près ainsi que le génie des grands maî-

que son *Discours de réception* à l'Académie française, — a vraiment la portée qu'on lui attribue quelquefois ? — Qu'en tout cas il y en a deux phrases que l'on interprète mal, et presque à contresens : « *Le style est l'homme même* »; — par où Buffon a voulu dire que les idées étant à tout le monde, — l'expression est le seul moyen que nous ayons de nous les approprier; — et la phrase où il recommande à l'écrivain de n'user que des « *termes les plus généraux* ». — Les termes les plus généraux ne sont pas du tout en effet les termes vagues ou abstraits, mais les termes « non techniques »; — et de dire, avec Buffon, que la manière d'écrire est ce qu'il y a de plus personnel à tout écrivain, — ce n'est pas du tout dire que l'écrivain soit tout entier dans son style. — Il y a des écrivains dont le caractère a différé de celui de leur style; — et nous en avons cité plus d'un exemple.

Aussi bien sont-ce surtout les idées de Buffon qui ont agi sur les contemporains, — ou, pour mieux dire, les conséquences de ses idées; — si nul n'a fait plus ou autant que lui, — pour nous pénétrer du sentiment de la petitesse de notre planète, — et de celui de l'infinité du monde; — d'où ne pouvaient manquer de résulter la ruine du fondement même de l'humanisme, — en tant qu'il était lié à la supposition qui faisait de l'homme le chef-d'œuvre

tres de la peinture italienne n'avait pu préserver leur art d'aboutir à la rhétorique des Carrache, et, dans un monde tout nouveau, le naturalisme hollandais de succéder à leur humanisme. Et si enfin le classicisme français, dans ses chefs-d'œuvre, n'avait été, pour ainsi parler, qu'une projection de l'esprit français sur le plan de la littérature générale, on ne conçoit pas comment il eût pu éviter d'être refoulé dans ses propres frontières par le progrès même de cette littérature, et ainsi de mourir de son propre triomphe. Idéal commun de l'Europe entière pendant cent cinquante ans, le classicisme ne pouvait durer qu'autant que cette Europe elle-même; mais cette Europe venant à se défaire, il ne se pouvait pas que le classicisme ne se déformât, ne se désorganisât, et ne disparût finalement avec elle.

Rendons-nous-en bien compte en effet : il y avait

de la nature; — et de la terre le centre du monde. — Une autre conséquence de la diffusion des idées de Buffon; — presque plus importante; — comme tendant au renouvellement de la méthode; — a été de substituer les sciences naturelles comme type de la science aux sciences mathématiques; — c'est-à-dire les résultats de l'expérience et de l'observation à ceux du calcul ou de la méditation; — et par là de susciter; — avec une curiosité nouvelle, qu'on pourrait appeler la curiosité biologique; — une manière nouvelle de penser; — dont les effets ne sont pas encore épuisés [Cf. Ernest Hæckel, *Histoire de la création naturelle*, trad. française, Paris, 1874].

3º LES ŒUVRES. — On a eu le tort, dans toutes les éditions de Buffon, y compris la première [Paris, 1749-1804], de vouloir remplir le titre qu'il avait choisi lui-même pour son grand ouvrage; et ainsi de confondre son œuvre avec celle de ses continuateurs, pour en former un *Cours complet d'Histoire naturelle*. Il importe donc ici d'opérer la séparation et de n'attribuer à Buffon que sa part dans les 127 volumes de l'édition Sonnini, 1798-1807; — ou dans les 90 volumes de l'édition donnée de 1752 à 1805; — ou dans les 44 volumes in-4º de la première. Elle comprend :

La *Théorie de la terre*; l'*Histoire de l'homme* et l'*Histoire des*

quelque chose de contradictoire dans le rêve d'André Chénier. Sur des « pensers nouveaux » on ne fait pas de « vers antiques », et lui-même en est la preuve, s'il y a certes des « vers antiques » dans le *Mendiant* ou dans l'*Oaristys*, mais où y sont les « pensers nouveaux »? Pareillement, on ne prend pas non plus la tragédie de Corneille ou de Racine pour modèle quand on a cessé de sentir ou de penser comme eux. On ne leur dérobe point le secret de leur forme en leur abandonnant le fond de leurs idées. Ç'a été la grande erreur de ceux qu'on pourrait appeler les néo-classiques ou les pseudo-classiques du temps de la Révolution, — Marie-Joseph Chénier, Gabriel Legouvé, Népomucène Lemercier, combien d'autres encore, — qui n'ont pas absolument manqué de talent ni d'idées, et dont les rapsodies ne le cèdent cependant, pour la médiocrité de la forme ou la misérable

quadrupèdes, 15 vol. in-4°, en collaboration avec Daubenton pour la partie anatomique, 1749-1767.

L'*Histoire des oiseaux*, 9 vol. in-4°, en collaboration avec l'abbé Bexon et Guéneau de Montbeillard, 1770-1783.

Les *Époques de la nature*, 1778.

L'*Histoire des minéraux*, 5 vol. in-4°, en collaboration avec André Thouin, 1783-1788.

Enfin sept volumes de *Suppléments* publiés, les deux premiers en 1774-1775, — le troisième en 1776, — le quatrième en 1777, — et les trois derniers en 1782-1789. — La meilleure édition est celle de M. de Lanessan, Paris, 1884, Le Vasseur.

IX. — **Jean-Antoine-Nicolas Caritat, marquis de Condorcet** [Ribemont, 1743; † 1794, Bourg-la-Reine].

1° LES SOURCES. — *Papiers de Condorcet*, à la bibliothèque de l'Institut; — F. Arago, *Biographie de Condorcet*, en tête de son édition des *OEuvres*, Paris, 1847-1849; — Sainte-Beuve, *Causeries du Lundi*, t. III, 1859; — Charma, *Condorcet, sa vie et ses œuvres*, 1863; — Ch. Henry, *Correspondance inédite de Condorcet et de Turgot*, Paris, 1883; — M. Gillet, *l'Utopie de Condorcet*, Paris, 1883; — F. Picavet, *Les Idéologues*, Paris, 1891; — Dr Robinet,

pauvreté du fond, qu'à l'éloquence verbeuse des Robespierre et des Saint-Just. Ils ont fait seulement moins de mal. Et qu'on ne dise pas que les lettres « se taisent » parmi les discordes civiles! Ni le théâtre, ni la librairie n'ont chômé durant la tourmente révolutionnaire, ni sans doute la tribune. Mais, avec une méconnaissance entière de la diversité des temps et des conditions de la parole ou de la littérature, on a considéré que l'on pouvait encore emprunter des formes aux générations dont on ne partageait plus les idées, et que les maîtres qui n'étaient plus des « maîtres à penser » pouvaient encore servir de « maîtres à écrire ». Et c'est pourquoi, tandis que le classicisme achevait lentement de périr, si l'on cherche quels hommes, en cette fin de siècle, continuent d'agir sur l'opinion, nous en trouvons jusqu'à trois qui n'ont entre eux que ce trait de commun d'avoir rompu résolument

Condorcet, sa vie et son œuvre, Paris, 1895; — Guillois, *Madame de Condorcet*, Paris, 1896.

2° LE PHILOSOPHE; — et que peut-être ne l'a-t-on pas encore impartialement jugé; — si de tous les encyclopédistes, — et même de tous les Girondins, avec lesquels il fut proscrit, — Condorcet est presque le seul qui n'ait pas profité d'une espèce d'amnistie qu'on accorde : — aux premiers, pour les « persécutions » dont ils n'ont pas d'ailleurs été l'objet [Cf., ci-dessus, les articles relatifs à l'entreprise de l'*Encyclopédie*]; — et aux seconds pour n'avoir pas eu le temps de se montrer tels qu'ils étaient [Cf. Edmond Biré, *la Légende des Girondins*]. — Si l'explication ne s'en trouverait pas dans ce fait que le « marquis de Condorcet » a été infidèle à ses origines? — que sa mémoire a été mal gardée, et mal soutenue par l'aimable femme qui portait son nom [Cf. Guillois, *Madame de Condorcet*]? — et aussi qu'avec des parties de talent, il en a eu de sottise? — On n'a jamais en effet joint ensemble plus de fanatisme et plus de crédulité; — de naïveté même; — et masqué naturellement, sous plus de science et d'intelligence, moins de réelle originalité. — Qu'après cela, pour ne rien dire de ses travaux scientifiques proprement dits, — son édition des *Pensées* et son *Éloge* de Pascal, 1776, ainsi que sa grande édition

avec le passé : ce sont Condorcet, Buffon, et Bernardin de Saint-Pierre.

On a dit de Condorcet « qu'il était le produit supérieur de la civilisation du xviiie siècle » et, sans doute, c'est bien en lui que se résume le meilleur et le pire à la fois de la doctrine encyclopédique. On pourrait encore l'appeler, si ces deux mots ne hurlaient pas d'être, comme on dit, accouplés ensemble, un Fontenelle fanatisé. Disciple de Voltaire et ami très particulier de Turgot, membre de l'Académie française et secrétaire perpétuel de l'Académie des sciences, je ne crois pas que ses travaux scientifiques témoignent de beaucoup d'originalité ni d'érudition ; et on ne l'a jamais pris pour un grand écrivain. Nous n'en vivons pas moins encore de lui, si c'est lui qui a vraiment organisé notre système d'éducation dans ses *Mémoires sur l'instruction publique*, dont on n'a,

de Voltaire, — dite édition de Kehl, et dont Beaumarchais était l'entrepreneur, — sont deux des témoignages les plus intéressants qu'il y ait de l'état des esprits à la veille de la Révolution française ; — et que, de ce seul fait, Condorcet en tire une valeur « représentative » considérable. — Que, d'autre part, son action se continue toujours parmi nous ; — s'il a été le véritable organisateur ou inspirateur de notre système d'instruction publique ; — et qu'à cet égard, pour mesurer la valeur de ses idées, il suffit de les comparer à celles de son ami Cabanis, par exemple. — C'est l'esprit de Condorcet qui règne encore dans nos programmes d'études. — Enfin, son *Esquisse d'une histoire des progrès de l'esprit humain* ; — qui fait honneur à son courage et à la force, ou plutôt à la sérénité de son caractère ; — s'il l'a rédigée, comme l'on dit « sous le couteau de la guillotine » ; — demeure une œuvre capitale dans l'histoire de l'esprit moderne, — non seulement français, mais européen ; — pour la précision de contour, l'étendue de diffusion, et la vigueur d'impulsion, — qu'elle a donnée à l'idée même de *Progrès*.

3° Les Œuvres. — Si nous négligeons les *Œuvres scientifiques* de Condorcet, ses *Œuvres économiques*, et ses *Œuvres politiques*, lesquelles, en raison d'une originalité de fond et d'un mérite de

pour en sentir toute la supériorité, qu'à faire la comparaison avec ceux de son ami Cabanis, par exemple ; et puis, il est l'auteur de ce livre fameux : l'*Esquisse d'une histoire des progrès de l'esprit humain*, qui n'est peut-être pas l'expression la plus éloquente que l'on ait donnée de l'idée de progrès, mais qui en est l'une des plus persuasives. Les contemporains ne s'y sont pas mépris, et la Convention nationale a bien su ce qu'elle faisait quand le 13 germinal an III [2 avril 1795] elle en a décrété, sur le rapport du « sage » Daunou, l'impression par ordre, et la distribution « dans toute l'étendue de la République ». Et en effet quand on prend, comme Condorcet, le progrès scientifique pour mesure du progrès, qui ne serait frappé de tout ce que nous savons aujourd'hui et qu'on ne savait pas autrefois ? L'*Esquisse* de Condorcet a fondé la religion de la science, et transmis ainsi jusqu'à nous, sous

forme qui leur manquent absolument, ne sauraient être considérées comme appartenant à l'histoire de la littérature, nous n'avons à retenir de lui que :

1º Ses *Éloges académiques,* parmi lesquels il y en a de très intéressants ;

2º Son *Éloge de Blaise Pascal* ; — sa *Vie de M. Turgot* ; — et ses *Notes* pour le *Voltaire* de l'édition de Kehl, reproduites pour la plus grande partie dans l'édition Beuchot ;

3º Son *Esquisse d'une histoire des progrès de l'esprit humain* ;

4º Ses *Mémoires sur l'instruction publique* ; et

5º Sa *Correspondance*.

La meilleure édition des *OEuvres de Condorcet,* ou la seule, pour mieux dire, est celle qu'en a donnée Arago, Paris, 1847-1849, Firmin Didot.

X. — Jacques-Henri Bernardin de Saint-Pierre [Le Havre, 1737 ; † 1814, Eragny].

1º LES SOURCES. — Aimé Martin, *Essai sur la vie et les ouvrages de Bernardin de Saint-Pierre,* en tête de son édition des *OEuvres,* Paris, 1818 et 1826 ; — *Correspondance de Bernardin de Saint-Pierre,* publiée par Aimé Martin, et précédée d'un *Supplément aux*

une forme pour ainsi parler portative et maniable, tout ce qu'il y a d'erreur et de vérité contenues et mêlées dans la doctrine encyclopédique.

C'est à répandre aussi cette religion de la science que le grand Buffon a contribué par son *Histoire naturelle*. Les encyclopédistes lui avaient parcimonieusement mesuré leurs éloges, et, pour ne rien dire de Grimm, dans sa *Correspondance*, c'est presque une caricature de l'homme, et une caricature haineuse que ce plat Marmontel nous en a tracée dans ses *Mémoires* [Cf. Marmontel, *Mémoires*, livre VI]. Mais une génération nouvelle s'était déjà montrée plus juste. Les *Époques de la nature*, dès 1778, avaient mis Buffon à son rang ; c'est de lui qu'André Chénier se fût inspiré dans son *Hermès* ; et je veux bien que l'abbé Delille n'ait réussi qu'à le ridiculiser dans ses *Trois Règnes*, mais telle n'était pas assurément son intention.

Mémoires de sa vie, par le même, Paris, 1826 [On se souviendra en consultant ce *Supplément*, comme en lisant l'*Essai* d'Aimé Martin, qu'il avait épousé la veuve de Bernardin de Saint-Pierre] ; — Villemain, *Littérature française au* xviiie *siècle* ; — Sainte-Beuve, *Portraits littéraires*, t. I ; *Chateaubriand et son groupe littéraire*, t. I ; et *Causeries du lundi*, t. VI ; — Arvède Barine, *Bernardin de Saint-Pierre*, dans la collection des *Grands Écrivains français*, Paris, 1891 ; — Fernand Maury, *Étude sur la vie et les œuvres de Bernardin de Saint-Pierre*, Paris, 1892.

2° L'HOMME ET L'ÉCRIVAIN. — Sa famille et son éducation ; — sa jeunesse aventurière ; — ses voyages en Allemagne, — en Hollande, — en Russie. — Un enfant chéri des dames [Cf. Maury, *Essai*, etc.]. — Il part pour l'Ile de France [Maurice] en qualité d'ingénieur des colonies, 1768. — Son retour en France, 1771 ; — sa course au mariage, ou plutôt à la dot ; — et sa liaison avec Jean-Jacques Rousseau. — Il publie sa relation du *Voyage à l'Ile de France*, 1773 ; — qui lui vaut d'être admis dans la société de Mlle de Lespinasse, — et de Mme Geoffrin ; — où il lie connaissance avec « les philosophes » ; — dont il devient promptement l'adversaire, pour cause d'incompatibilité d'humeur ; — et aussi parce que d'Alembert ne lui obtient pas de Turgot une pension et une

Buffon avait eu d'ailleurs cette bonne fortune qu'ayant laissé son œuvre inachevée, ses collaborateurs l'avaient continuée, Daubenton, Guéneau de Montbeillard, Lacépède, Lamarck, en attendant bientôt les Cuvier et les Geoffroy Saint-Hilaire. Une science nouvelle était née de lui : la science de la vie. Autant que des découvertes de Buffon lui-même, elle allait maintenant s'enrichir, elle s'enrichissait tous les jours de la discussion de ses hardies hypothèses. Et découvertes ou hypothèses, comme elles tendaient toutes à déposséder l'homme non pas précisément du rang (qui demeurait toujours le premier), mais de la souveraineté qu'il s'attribuait dans la nature, elles ne pouvaient manquer tôt ou tard de produire des effets analogues à ceux de la découverte de Newton quand, cessant d'être le « centre du monde », la terre était devenue l'une des « petites planètes » d'un système qui n'en

place. — Il publie les *Études de la nature*, 1784 ; et *Paul et Virginie*, 1787. — Son rôle pendant les premières années de la Révolution ; — et sa nomination d'Intendant du jardin du Roi, 1792. — Son mémoire sur la « nécessité de joindre une ménagerie au Jardin des plantes ». — La réorganisation du « Muséum » le prive de ses fonctions. — Il est nommé professeur de morale à l'École normale [Cf. sur l'École normale, Picavet, *les Idéologues*, Paris, 1891, et le *Livre du Centenaire de l'École normale*, Paris, 1895].
Importance littéraire du rôle de Bernardin de Saint-Pierre ; — et qu'il représente éminemment trois choses : — les commencements de l'*exotisme* dans la littérature descriptive ; — la réaction du sentiment contre les abus du rationalisme ; — et la transformation du style algébrique en style concret, vivant et coloré. — Ses *Relations de voyage* ; — et comment elles élargissent l'horizon entr'ouvert par Rousseau dans sa *Nouvelle Héloïse*. — Les descriptions du *Voyage à l'Ile de France*, 1773, et celles des *Jardins* de l'abbé Delille, 1782. — Opposition des deux manières ; et comment Bernardin de Saint-Pierre achève et complète Buffon. — Si le principal mérite de *Paul et Virginie* n'est pas dans la nouveauté du décor ; — et que resterait-il de l'idylle un peu niaise de la quinzième année, — si l'on en ôtait la séduction et le charme des

est qu'un lui-même entre une infinité d'autres [Cf. E. Hæckel, *Histoire de la création naturelle*, ch. I et II].

Bernardin de Saint-Pierre a-t-il pressenti quelques-unes de ces conséquences? Un petit roman, *Paul et Virginie*, qui a fait verser, lui aussi, plus de larmes qu' « Iphigénie en Aulide immolée », défend seul aujourd'hui sa mémoire. Mais il vaut plus et mieux que cela! Moraliste sensible, et sincère, quoique d'ailleurs égoïste, homme à projets, homme à succès, dont les galanteries sont mêlées d'un onctueux et déplaisant patelinage, c'est un admirable écrivain que Bernardin de Saint-Pierre; et on ne sait pas assez de quel agrément et de quel éclat de coloris, dans ses *Études de la nature*, ou de quelle délicatesse et de quelle infinie variété de nuances il a diversifié la langue de la description : on aurait envie de dire : « la palette ». Il a aussi voulu protester contre le ratio-

---

paysages qui l'encadrent? [Cf. Sainte-Beuve, *Chateaubriand et son groupe littéraire*, t. I, 8ᵉ et 9ᵉ leçons.]

La philosophie de Bernardin de Saint-Pierre; — et qu'elle se réduit presque entièrement à l'idée de finalité. — Ses exagérations à cet égard; — déjà dans les *Études*; — mais surtout dans les *Harmonies*; — lesquelles à la vérité n'ont paru qu'après sa mort. — Du principe de ces exagérations; — et qu'en même temps que d'une connaissance plus intime de la nature, — elles procèdent de l'intention de réagir contre la philosophie du xviiiᵉ siècle. — Comment elles ont conduit Bernardin de Saint-Pierre à s'inscrire en faux contre la science de son temps; — à subordonner la science à la morale; — et la morale elle-même à l'esthétique. — Qu'à cet égard comme à plusieurs autres, c'est par Bernardin de Saint-Pierre que Chateaubriand se rattache à Rousseau; — le *Génie du christianisme* à la *Profession de foi du vicaire savoyard*; — et la rénovation de l'idée chrétienne à la crise du sentimentalisme dans la seconde moitié du xviiiᵉ siècle.

Qu'ils marquent tous les trois aussi trois moments de la rénovation du style; — et, à ce propos, de ne pas oublier que les *Études de la nature* sont antérieures, pour leur composition, — à la publication des *Confessions*, des *Lettres à M. de Malesherbes*, et des *Rêveries*

nalisme étroit des encyclopédistes, et, à sa manière, sauver Dieu, sauver surtout la Providence, de l'anéantissement dont il les a vus menacés dans les esprits de son temps. Et il est vrai que de la façon qu'il s'y est pris, il a bien montré qu'il n'était pas ce que l'on appelait alors une « tête pensante ». On ne connaît que trop l'usage et l'abus qu'il a fait des causes finales, et, pour nommer les choses de leur vrai nom, c'est jusqu'à la niaiserie qu'il a porté l'excès du sentimentalisme. Mais surtout il a eu le malheur d'avoir été précédé de Rousseau, et suivi de Chateaubriand. Toute son œuvre, en tant qu'une pensée s'y manifeste ou essaie de s'y faire jour au travers de son verbiage, n'est qu'un développement ou une amplification de la *Lettre sur la Providence*; et toute son œuvre, en tant qu'il y revendique les droits du sentiment, n'est qu'une introduction ou une préparation

du promeneur solitaire. — Souplesse, précision et couleur du style descriptif de Bernardin de Saint-Pierre. — Que ce sont bien les objets qu'il décrit, et non pas du tout, — ou tout à fait secondairement, — les « états d'âme » qu'ils suscitent en lui. — Nouveauté, richesse, et « technicité » de son vocabulaire. — De la nature de son pittoresque; — et qu'elle consiste surtout dans la fidélité d'une imitation; — qui obtient des effets d'ensemble par des procédés de miniaturiste.

Dernières années de Bernardin de Saint-Pierre; — et qu'il est encore un bon exemple de ces écrivains dont le caractère a étrangement différé de celui de leur style [Cf. F. Maury, *Bernardin de Saint-Pierre*]. — Son enseignement à l'Ecole normale, 1795; — et sa nomination à l'Institut; — il travaille à la préparation de ses *Harmonies de la nature*. — Sa *Mort de Socrate* [fragment des *Harmonies*] et son Mémoire *sur la nature de la morale*, 1798. — Ses relations avec Bonaparte et avec Chateaubriand. — Son second mariage; — et de l'utilité d'en connaître l'histoire; — pour connaître le vrai caractère de l'homme; — et comment Aimé Martin, son secrétaire et son successeur dans son propre ménage, — en a fait le « personnage respectable et vertueux » que l'on croit qu'il fut. — La grande édition de *Paul et Virginie*, 1806 [in-4°, Didot

au *Génie du christianisme*. Pareillement, son style, moins sobre, moins ferme, moins éloquent que celui de Rousseau, n'a pas l'éclat, la beauté, l'allure hautaine de celui de Chateaubriand. Il n'est pas jusqu'à sa vie qui ne participe à la fois du caractère aventureux de celle de Chateaubriand et de Rousseau, sans avoir l'intérêt psychologique de la vie du second ni l'intérêt public ou presque politique de celle du premier. Et que ce soit, au reste, la faute des circonstances ou la sienne, on ne peut dire ainsi de lui ni qu'il termine une époque, ni qu'il en ouvre une autre. C'est à Chateaubriand qu'appartient cet honneur ; c'est avec lui que commence une époque vraiment nouvelle ; et pour une fois dans l'histoire, par le plus grand des hasards, il se trouve que l'ouverture en coïncide avec celle d'un siècle nouveau.

l'aîné]; — et le préambule « contre les tyrans de la littérature et du sens commun ». — Ses dernières polémiques et sa mort.

3° LES ŒUVRES. — Les *Œuvres* de Bernardin de Saint-Pierre se composent : 1° de ses *Romans* qui sont : *Paul et Virginie*, 1787; — l'*Arcadie*, livre I, 1788; — la *Chaumière Indienne*, 1790, suivie du *Café de Surate*; — *Empsaël*; la *Prière d'Abraham*, et les fragments de l'*Amazone* [posthumes, ainsi que les fragments de l'*Arcadie*, livres II et III];

2° De ses *Études de la nature*, 1784, reprises, développées, complétées et exagérées dans les *Harmonies de la nature*, qui n'ont paru qu'en 1815;

3° De ses œuvres politiques et d'un certain nombre d'*Opuscules*, dont les principaux sont : *Les vœux d'un solitaire*, 1790; — et son *Essai sur Jean-Jacques Rousseau* [1820];

4° De son *Voyage à l'Ile de France*, 1773, et d'un certain nombre de notes ou récits de voyage [Hollande, Prusse, Pologne, Russie].

La meilleure édition des *Œuvres*, très imparfaite et très insuffisante, est celle d'Aimé Martin, en 12 vol. in-8°, Paris, 1826, Dupont, à laquelle il faut joindre une *Correspondance*, très incomplète aussi, en 4 vol., Paris, 1826, Ladvocat.

LIVRE III

L'AGE MODERNE

I

L'un des premiers effets de la désorganisation de l'idéal classique ne pouvait être que de remettre « l'individu » en liberté ; de le rendre à son indépendance naturelle ; et de faire de lui, selon le mot du philosophe ou du sophiste antique, « la mesure de toutes choses ». Le moi, déclaré naguère « haïssable », et subordonné comme tel à autre

LES AUTEURS ET LES ŒUVRES

Première Époque

De la publication du « Génie du christianisme » à la « première » des « Burgraves ».

1802-1843.

1. — **François-René de Chateaubriand** [Saint-Malo, 1768 ; † 1848, Paris].

1° Les Sources. — Marie-Joseph Chénier, *Tableau de la littérature française en 1810* ; — *Essai sur la vie et les ouvrages de Chateaubriand*, t. I de l'édition Pourrat, Paris, 1838 ; — les *Préfaces* de Chateaubriand, dans la même édition de ses *OEuvres* ; — et les *Mémoires d'outre-tombe*, Paris, 1849.

Sainte-Beuve, *Portraits contemporains*, t. I, 1834 ; *Chateaubriand et son groupe littéraire*, 1849 ; *Causeries du lundi*, t. I, 1850 ; II, 1850 et 1851 ; X, 1854 ; et *Nouveaux lundis*, t. III, 1862 ; — A. Vinet, Mme *de Staël et Chateaubriand*, cours professé à Lausanne en

chose, redevenait souverain, retrouvait en lui de nouveau son objet, sa raison suffisante, et sa cause finale. Ainsi pensait, nous l'avons vu, l'auteur des *Confessions*; et il semblait que sa fortune eût prouvé la vérité de son paradoxe. Car l'originalité qu'on avait admirée, dont on avait eu peur en lui, sans en bien discerner la nature, qu'était-elle autre chose, et de quoi la meilleure part en était-elle faite, que de son mépris des conventions mondaines? du soin jaloux, de l'obstination farouche qu'il avait mis à se préserver de la contamination des préjugés environnants? et enfin de la violence avec laquelle il leur avait opposé sa personnalité?

S'il n'y avait eu cependant en Rousseau que le théori-

1844; — A. Villemain, *M. de Chateaubriand, sa vie, ses ouvrages et son influence*, Paris, 1858; — de Marcellus, *Chateaubriand et son temps*, Paris, 1859; — L. de Loménie, *Esquisses biographiques et littéraires*, art. de 1849, 1861, 1862; — J. Danielo, *Les Conversations de M. de Chateaubriand*, Paris, 1864; — H. de Bornier, *Éloge de Chateaubriand*, 1864; — G. Merlet, *Tableau de la littérature française sous le premier Empire*, 1877; — Em. Faguet, *XIXe siècle*, Paris, 1887; — de Lescure, *Chateaubriand*, dans la collection des *Grands Écrivains français*, 1892.

P. de Saman, *les Enchantemens de Prudence*, Paris, 1869; — A. France, *Lucile de Chateaubriand*, Paris, 1879; — P. de Raynal, *les Correspondants de Joubert*, Paris, 1883; — A. Bardoux, *Mme de Beaumont*, Paris, 1884; et *Mme de Custine*, Paris, 1888; — G. Pailhès, *Mme de Chateaubriand*, Bordeaux, 1887; et *Chateaubriand, sa femme et ses amis*, Paris, 1896.

2º L'Homme et l'Écrivain. — Son origine, son éducation, sa jeunesse; — et combien peu de choses elles expliquent en lui, — si Lesage, par exemple, et Duclos sont Bretons comme lui; — Maupertuis et Lamennais de Saint-Malo comme lui; — et Bonald ou de Maistre gentilshommes comme lui. — Le sous-lieutenant au régiment de Navarre, 1786; — sa présentation à la cour; — son premier séjour à Paris; — et son départ pour l'Amérique, 1791. — Il revient en France pour émigrer, 1792; — et servir à l'armée de Condé, 1792-1793. — Années d'épreuves et de misère; — le séjour de Londres; — et l'*Essai sur les Révolutions*, 1797. — La mort de

cien passionné de l'individualisme, et, pour ainsi parler, le montreur de soi-même, son cynisme aurait plutôt détourné de lui quelques-uns de ses admirateurs, et surtout de ses imitateurs. On ne saurait omettre, en effet, de rappeler qu'en 1782, lorsque les *Confessions* virent le jour, elles ne produisirent d'abord et généralement qu'une impression de dégoût. « Je ne reviens pas du culte que j'ai rendu à Rousseau (car c'en était un), écrivait Mme de Boufflers, et il me paraît que ses *Confessions* pourraient être celles d'un valet de basse-cour, et même au-dessous de cet état » [*Lettre à Gustave III*, du 1er mai 1782]. Et quelques années plus tard, dans un autre camp, après la publication des six derniers livres, c'est le même re-

sa mère, 1798 ; — et la conversion de Chateaubriand. — Il conçoit l'idée de son *Génie du christianisme*. — Retour en France, 1800. — Publication d'*Atala*, 1801 ; — et du *Génie du christianisme*, 1802. — La seconde édition du livre et la dédicace : « Au citoyen premier consul. » — Chateaubriand est nommé secrétaire d'ambassade à Rome ; — ministre en Valais ; — et donne sa démission à l'occasion de l'exécution du duc d'Enghien. — La préparation des *Martyrs* et le voyage d'Orient. — Publication des *Martyrs*, 1809 ; et de l'*Itinéraire de Paris à Jérusalem*, 1811. — Élection à l'Académie, 1811. — L'Empereur refuse d'approuver son *Discours de réception*, — et achève de s'en faire un irréconciliable ennemi. — La brochure : *de Buonaparte et des Bourbons*, 1814 ; — et comment le succès en jette Chateaubriand de la littérature dans la politique. — Son œuvre est désormais terminée ; — quoi qu'il y puisse ajouter en volume ; — et, après les déboires que lui ménage le gouvernement de la Restauration, — il n'aura plus pendant vingt-cinq ans qu'à suivre les effets de son influence ; — qu'un poète [Th. Gautier, dans son *Histoire du romantisme*] a heureusement résumée en disant : — qu'il « a restauré la cathédrale gothique » ; — « rouvert la grande nature fermée » ; — et « inventé la mélancolie moderne ».

A. *Comment Chateaubriand a élargi et renouvelé le sentiment de la nature* ; — d'un côté, par la splendeur du coloris dont il a revêtu les descriptions encore « monochromes » de Rousseau ; — par la manière dont il a étendu jusqu'aux proportions de la fresque les « miniatures » de Bernardin de Saint-Pierre ; — par l'ardeur de

proche que reprenait, que précisait, et qu'aggravait Volney, en 1795, quand il regrettait « que l'auteur d'*Émile*, après avoir tant parlé de la nature, n'eût pas imité sa sagesse qui, en montrant au dehors toutes les formes qui flattent les sens, a caché dans nos entrailles, et couvert de voiles épais tout ce qui menaçait de choquer notre délicatesse » [Cf. *Leçons d'histoire*, au tome VI des *Œuvres de Volney*]. Il n'en est pas après cela moins vrai que, de quelque impudence qu'il eût fait preuve dans l'étalage orgueilleux de ses fautes, il y avait pourtant un moraliste dans le citoyen de Genève. Si rien en lui n'avait déplu davantage aux philosophes, il n'était rien dont les adversaires des philosophes lui eussent su plus de gré; et c'est ainsi que, par

passion avec laquelle il s'est mêlé lui-même dans ses descriptions; — et, d'un autre côté, par la diversité des tableaux qu'il a tracés; — tantôt empruntant ses couleurs à la nature, vierge encore, des Amériques; — ou tantôt dégageant de la nature moyenne et tempérée de son pays, la poésie qu'elle contient; — et tantôt enfin rivalisant avec la campagne romaine de majesté, de tristesse et de mélancolie. — Mais il a de plus exprimé comme personne avant lui ce qu'il y a d'affinités secrètes entre la nature et l'homme; — de relations et de « correspondances »; — elles-mêmes représentatives d'une relation plus lointaine; — qui est celle de la nature avec son auteur; — et c'est par là que, dans son œuvre, le *sentiment de la nature* se lie au *sentiment religieux*.

B. *De la valeur apologétique du Génie du christianisme*; — et que, pour en juger, il en faut avant tout considérer le rapport avec les besoins de son temps. — Ce qui importait en effet alors, c'était de « réintégrer » dans ses droits le « sentiment religieux »; — et ce qui était urgent, c'était de réagir contre la philosophie de Voltaire, en définissant le rôle du christianisme dans la civilisation. — C'est ce que Châteaubriand a fait en montrant à sa manière ce que non seulement la morale; — mais l'art et la littérature eux-mêmes devaient de « beautés nouvelles » à la religion; — ce que le christianisme a éveillé de sentiments inconnus aux anciens; — et ce qu'il procurait enfin de satisfactions profondes à la nature humaine. — Que, par ces moyens, il a obtenu trois choses, lesquelles sont depuis lui généralement admises; — excepté par

une dernière singularité, qui l'achève de peindre, le même homme, dont le *Contrat social* a été l'évangile de Robespierre et de Babeuf, se trouve être le père spirituel de Mme de Staël et de Chateaubriand.

Non pas que Mme de Staël ou Chateaubriand se soient fait faute, et avant tout, d'imiter de lui son individualisme ! On ne connaît guère de romans plus « personnels » que *René*, que *Delphine*, que *Corinne*; je veux dire que l'on n'en connaît guère qui ressemblent davantage à des confessions. Il y avait certainement moins d'aveux dans la *Nouvelle Héloïse*; et nous n'en trouverons pas un jour de plus complets ni de plus sincères dans *Adolphe* ou dans *Indiana*. C'est bien sa cause, à elle, que Mme de Staël a

quelques francs-maçons; — la première, qu'un croyant n'est pas nécessairement un imbécile ou un fourbe; — la seconde, que le « voltairianisme » est le contraire de la vérité de l'histoire; — et la troisième, que, dans la fausseté de toutes les religions, la réalité du « sentiment religieux » subsisterait encore.

C. *Influence de Chateaubriand sur le développement du sentiment historique*; — et que pour s'en rendre compte, on n'a qu'à comparer ses *Martyrs* aux *Histoires* de Voltaire. — Quelle que soit en effet la vérité vraie de ses Francs, de ses Gaulois, de ses Romains et de ses Grecs; — laquelle est toujours discutable; — au nom d'une érudition devenue depuis lui plus précise; — ils ne se ressemblent pas entre eux; — et c'est ce qui les distingue des Grecs et des Romains de la tragédie pseudo-classique. — Ce qui revient à dire qu'il a eu l'art d'*individualiser* les époques de l'histoire; — comme il avait fait les scènes de la nature; — et c'est la justice que lui a rendue Augustin Thierry [Cf. plus loin, p. 430, l'article AUGUSTIN THIERRY]. — De l'importance de cette innovation d'art; — et comment en devenant le principe de tout ce que le romantisme désignera par le nom de couleur locale, — elle a contribué au renouvellement de la poésie; — au renouvellement de la manière d'écrire et de concevoir l'histoire; — et au renouvellement de la critique même; — s'il y a quelque chose de Chateaubriand jusque dans Villemain, Sainte-Beuve, et Renan.

De la carrière politique de Chateaubriand; — et du peu d'intérêt qu'elle offre pour l'histoire des idées. — Les *Écrits politiques* et les

plaidée dans sa *Delphine*, comme dans sa *Corinne*; et ce n'est pas seulement René, c'est Chactas aussi, c'est Eudore qui, dans la vie réelle, se sont appelés Chateaubriand. Les *Mémoires d'outre-tombe* nous en feraient souvenir, si nous pouvions l'oublier; et pour Mme de Staël, qui n'a point laissé de Mémoires, nous avons le témoignage de Mme Necker de Saussure [Cf. *Notice sur Mme de Staël*, t. I des *Œuvres*]. « Elle a voulu, en écrivant, exprimer ce qu'elle avait dans l'âme bien plus qu'exécuter des ouvrages d'art »; ou encore : « *Corinne* est l'idéal de Mme de Staël, *Delphine* en est la réalité durant sa jeunesse ». Ils ont donc ainsi créé ce roman, psychologique à la fois et lyrique, dont les effusions ne sont en quelque manière

Discours de Chateaubriand n'ont rien ajouté à sa gloire ; — mais pendant cinq ou six ans, 1824-1830, ses articles du *Journal des Débats* ont fait le plus grand tort à la monarchie de 1815 ; — et à la cause qui était celle de leur auteur. — Du principe d'orgueil qu'il a ainsi introduit dans la littérature de son temps. — Les *Mémoires d'outre-tombe* ; — et que le caractère n'en diffère pas de celui des *Confessions* de Rousseau ; — mais qu'ils touchent par occasion à de plus grands intérêts ; — dans l'appréciation desquels Chateaubriand n'a généralement tenu compte que de son amour-propre. — Si les *Mémoires d'outre-tombe* sont le chef-d'œuvre de Chateaubriand ? — et que, s'ils n'ont certes pas nui à sa gloire d'écrivain, on y voit percer trop souvent le rhéteur sous le poète ; — non seulement le rhéteur, mais l'acteur ; — et ce qui est encore plus grave, il s'en dégage des doutes sur la sincérité de ses convictions. — Les dernières années de Chateaubriand ; — l'Abbaye-au-Bois et la société de Mme Récamier. — Publication des *Mémoires d'outre-tombe*, 1849 ; — et polémiques qu'ils soulèvent autour du nom de Chateaubriand. — Du livre de Sainte-Beuve sur Chateaubriand ; — des précautions avec lesquelles il faut le lire ; — et que le jugement de la postérité sur Chateaubriand est encore à prononcer.

3º Les Œuvres. — Chateaubriand ayant surveillé de son vivant la publication de ses *Œuvres complètes*, en 36 volumes, Paris, 1836-1839, Pourrat, — nous pourrions nous borner à relever le contenu de ces 36 volumes, si la distribution des matières n'y était

que le trop-plein d'une âme qui se déborde, et en se débordant, se révèle. Mais, il faut bien aussi le savoir, ce n'en est pas moins le moraliste en Rousseau qui les a séduits ou conquis ; la possibilité qu'ils ont cru voir de relever sur les bases de sa morale tout ce que la Révolution avait fait de ruines ; et le commencement ou la promesse d'un nouvel ordre de choses. Parce qu'elle a cru trouver dans la *Profession de foi du vicaire savoyard* un fondement inébranlable à ses espérances de progrès, c'est pour cela qu'au lendemain de la Terreur, Mme de Staël a écrit tout un livre, pour y prouver « que la raison et la philosophie acquéraient toujours de nouvelles forces à travers les malheurs sans nombre de l'espèce humaine ».

vraiment trop arbitraire, et la chronologie trop peu respectée. Voici donc les principaux titres et les principales dates qu'il importe de retenir : *Essai sur les révolutions*, Londres, 1797 ; — *Atala*, an IX (1801) ; — *le Génie du christianisme*, et *René*, an X (1802) ; — *les Martyrs, ou le Triomphe de la religion chrétienne*, 1809 ; — *Itinéraire de Paris à Jérusalem*, 1811 ; — *de Buonaparte et des Bourbons*, 1814 ; — *les Natchez*, 1826 ; — *Voyage en Amérique*, 1827 ; — *Études historiques*, 1831.

Le *Congrès de Vérone* ; — et la *Vie de M. de Rancé* ; — qui manquent dans l'édition Pourrat, ont paru en 1838 et en 1844.

Les *Mélanges politiques, opinions et discours* remplissent les tomes XXVI à XXXII de ladite édition, dont les quatre derniers volumes contiennent l'*Essai sur la littérature anglaise* [XXXIII et XXXIV] et la traduction du *Paradis perdu* [XXXV et XXXVI].

II. — **Anne-Louise-Germaine Necker, baronne de Staël-Holstein** [Paris, 1766 ; † 1817, Paris].

1º LES SOURCES. — *Notice sur les écrits et le caractère de Mme de Staël* [par Mme Necker de Saussure], en tête de l'édition des *Œuvres complètes*, Paris, 1820 ; — O. d'Haussonville, *Le salon de Mme Necker*, Paris, 1882 ; — Sainte-Beuve, *Portraits de femmes*, Mme de Staël, 1835 ; *Chateaubriand et son groupe littéraire*, 1849 ; et *Nouveaux lundis*, t. II, 1862 ; — A. Michiels, *Histoire des Idées littéraires au XIXe siècle*, Paris, 1843 ; — A. Vinet, *Mme de Staël et Chateaubriand*, cours professé à Lausanne en 1844 ; — Baudrillart, *Éloge*

Et quand Chateaubriand n'aurait pas hérité de sa race et de son éducation son sentimentalisme religieux, c'est dans la même *Profession de foi* qu'il eût encore trouvé la thèse essentielle de son *Génie du christianisme*.

Ce qui suffirait à prouver la filiation ou la succession, non seulement chronologique, mais logique, c'est que lorsque *la Littérature*, 1800, et *le Génie du christianisme*, 1802, paraissent, on commence bien, à la vérité, par les opposer l'un à l'autre, et Fontanes, quoique pourtant il ne soit pas encore le grand maître de l'Université napoléonienne, plaisante assez aigrement Mme de Staël sur sa chimère de « perfectibilité indéfinie ». Il n'a pas vu que la perfectibilité, pour l'auteur de *la Littérature*, c'est

de *Mme de Staël*, 1850 ; — G. Merlet, *Tableau de la littérature française sous le premier Empire*, Paris, 1877 ; — Lady Blennerhassett, *Mme de Staël et son temps*, Munich, 1887, et traduction française de M. Auguste Dietrich, Berlin, 1890 ; — Ém. Faguet, *Politiques et moralistes au XIXe siècle*, Paris, 1891 ; — Albert Sorel, *Madame de Staël*, dans la collection des *Grands Écrivains français*, Paris, 1890 ; — G. Brandes, *Die Hauptströmungen der Literatur des 19 Jahrhunderts*, 5e édition, Leipzig, 1897.

Mme Lenormant, *Madame de Staël et la grande-duchesse Louise*, Paris, 1862 ; — Saint-René Taillandier, *la Comtesse d'Albany*, Paris, 1862 ; — Dejob, *Mme de Staël et l'Italie*, Paris, 1890.

2º LE ROLE DE Mme DE STAËL. — On peut ramener à trois points le rôle de Mme de Staël dans l'histoire du mouvement des idées contemporaines ; — et, selon sa propre expression, ce rôle a été « européen » ou cosmopolite, — ainsi qu'il convenait à l'origine de la fille des Necker. — Elle a sauvé de l'esprit du XVIIIe siècle ce qui méritait d'en être sauvé ; — elle a opéré la réunion des « littératures du nord » et des « littératures du midi » ; — et c'est elle enfin qui a posé le principe des revendications qu'on appelle aujourd'hui féministes.

A. *Les Lettres sur Jean-Jacques Rousseau*, 1788 ; et le livre de *la Littérature*, 1800. — En quoi ces deux ouvrages, quoique séparés l'un de l'autre par la tourmente révolutionnaire, — ne laissent pas de procéder de la même inspiration ; — et d'appartenir à l'esprit du XVIIIe siècle par la confiance dont ils témoignent dans

la « perfectibilité morale », dont elle attend tout, — et rien ou presque rien des progrès de la science ou de la philosophie. Science et philosophie, dont elle n'a garde de médire, ne sont pour elle que des moyens dont le but est l'amélioration morale de l'humanité. Mais ce que n'a pas vu Fontanes, d'autres le voient bien, qui se liguent tous ensemble contre Mme de Staël et contre Chateaubriand, entre lesquels ils ne s'attardent point à faire de pointilleuses distinctions ; qu'ils confondent au besoin avec Bernardin de Saint-Pierre ; et ces « autres » ce sont tout justement les anciens ennemis de Rousseau ; ce sont les héritiers de Voltaire et de l'*Encyclopédie* ; ce sont enfin les « idéologues ».

le pouvoir de la raison ; — dans la suffisance de la religion naturelle ; — et dans la perfectibilité indéfinie de l'espèce humaine. — Originalité du livre de *la Littérature* ; — et abondance des « vues » de Mme de Staël ; — toujours spirituelles, souvent ingénieuses, parfois profondes. — Théorie de la distinction des littératures du nord et du midi ; — et fécondité de cette théorie.

B. Le livre *De l'Allemagne* ; — et du progrès qu'il marque dans le développement des idées de l'auteur. — Avertie par les objections de Fontanes et de Chateaubriand au livre de *la Littérature* ; — éclairée par une expérience plus étendue de la vie ; — ayant visité l'Italie et en ayant subi le charme ; — et retenue ou excitée tour à tour par la conversation des hôtes de Coppet ; — Mme de Staël n'abandonne pas ses premières idées ; — et au contraire, en un certain sens, elle juge trop favorablement des littératures du nord ; — par esprit d'opposition à l'Empire ; — et puis, à titre de femme, prompte à s'éprendre de la nouveauté. — Mais elle y montre admirablement qu'après avoir été l'âme de la littérature française, — l' « esprit de société » en est devenu le principe de désorganisation ; — et que notre littérature ne peut donc se régénérer qu'en s'inspirant de nouveaux modèles ; — dont l'originalité nous émancipe de conventions surannées ; — et nous donne, avec l'exemple, le goût de la liberté. — Tous alors nous constituerons ensemble une civilisation occidentale ou européenne ; — dont la littérature sera l'expression commune ; — et dont les caractères seront substantiellement les mêmes, à Paris et à Berlin, à Londres et à Saint-Péters-

Ils sont nombreux, ils sont puissants; et, sans compter qu'ils tiennent alors presque tous les journaux, en attendant qu'ils remplissent les Académies reconstituées et réorganisées, ils ne manquent ni de mérite ni de talent. On ne lit plus guère aujourd'hui *les Ruines*, — si ce n'est peut-être en Allemagne, où l'on ne se lasse pas de les réimprimer, — mais il faut reconnaître en Volney l'un des fondateurs de l'exégèse et des rénovateurs de la philologie. C'est en vérité la physiologie psychologique ou, comme nous l'appelons maintenant, la psycho-physiologie qui s'ébauche dans les célèbres Mémoires de Cabanis sur les *Rapports du physique et du moral*. Et on trouverait aisément à l'auteur des *Éléments d'idéologie*, Destutt de bourg. — L'objet de cette littérature sera d'améliorer la condition de l'humanité; — ce qui nous ramène au livre de *la Littérature*; — mais de l'améliorer surtout par des moyens moraux; ou religieux; — ce qui nous ramène au *Génie du christianisme*; — et ce qui réconcilie, par conséquent, au terme comme aux débuts de leur carrière littéraire, Mme de Staël et Chateaubriand.

C. *Les Romans de Mme de Staël*; — et que les deux principaux, *Delphine* et *Corinne*, sont bien une protestation contre le sort fait à la femme dans nos sociétés modernes; — par l'obligation qui lui est imposée de se soumettre en tout à l'opinion; — par les obstacles qu'elle rencontre au développement de sa « supériorité » quand elle en a une; — et par les malheurs dont on lui fait payer cette supériorité. — Il convient d'ajouter que l'éloquence de la protestation s'accroît de ce fait que, — selon les propres expressions de Mme Necker de Saussure, — « si Corinne est l'idéal de Mme de Staël, Delphine en est la réalité durant sa jeunesse »; — et ainsi les romans de Mme de Staël préparent ceux de l'auteur d'*Indiana* et de *Valentine*.

3° LES ŒUVRES. — Les *Œuvres* de Mme de Staël se composent :

1° De ses *Romans*, qui sont : — *Mirza, Adélaïde et Théodore, l'Histoire de Pauline*, écrits aux environs de 1786 et publiés pour la première fois en 1795, avec un curieux *Essai sur les Fictions*; — *Delphine*, 1802; — et *Corinne, ou de l'Italie*, 1807.

2° Ses *Œuvres critiques*, qui sont : — ses *Lettres sur les écrits et le caractère de J.-J. Rousseau*, 1788; — son écrit : *de l'Influence*

Tracy, plus d'un contemporain illustre parmi nous. Mais certes ils ne sont point des hommes de sentiment; et rien ne leur est plus étranger que ces dispositions à la mélancolie dont les entretient Mme de Staël, ou que la poésie du christianisme, si même on ne doit dire qu'elles les trouvent : les unes, résolument hostiles, et l'autre contre-fanatisés. N'en parlez pas davantage à Garat, par exemple, ou à Ginguené, ni généralement aux rédacteurs de la *Décade* : c'est le journal philosophique du temps; on y imprime les pires polissonneries du citoyen Parny! De leur côté, les savants, je dis les vrais savants, — ceux dont les immortelles découvertes ont balancé ou compensé la stérile abondance de la littérature impériale et révolution-

des passions sur le bonheur des individus et des nations, 1796; — *la Littérature considérée dans ses rapports avec les Institutions sociales*, 1800; — *De l'Allemagne*, 1810, mis au pilon par la police impériale, et réédité à Londres en 1813, à Paris en 1814; — et des *Réflexions sur le suicide*, 1812.

3° Ses *Écrits politiques*, qui sont : ses *Réflexions sur le procès de la reine*, 1793; — son apologie de son père : *Du caractère de M. Necker et de sa vie privée*, 1804; — les Mémoires qu'elle a intitulés : *Dix années d'exil*; — et les *Considérations sur la révolution française*, ces deux ouvrages publiés en 1818 par son fils et son gendre : le baron A. de Staël et le duc V. de Broglie.

On a encore de Mme de Staël quelques vers et quelques essais dramatiques.

L'édition authentique de ses *OEuvres complètes* est l'édition de 1820-1821, en 17 volumes, Paris, Treuttel et Wurtz.

III. — Idéologues, savants et philologues.

Le rôle des idéologues, — auxquels pendant longtemps on n'a pas attribué dans l'histoire plus d'importance qu'on n'en croyait devoir donner à « la queue de l'Encyclopédie », — a été récemment remis en lumière par M. Ferraz, dans son *Histoire de la Philosophie pendant la révolution* [1789-1804], Paris, 1889; — et par M. F. Picavet, dans son livre sur *les Idéologues*, Paris, 1891. Ils s'appelaient Saint-Lambert, Sieyès, Garat, Tracy, Laromiguière, — et on les rencontrait fréquemment dans les bureaux de la

naire, Laplace et Monge, Berthollet et Fourcroy, Chaptal, Cuvier, Lamarck, Geoffroy Saint-Hilaire, — ne sont guère plus favorables au nouveau sentimentalisme. Leurs opinions se modifieront profondément un jour, avec leurs intérêts! Mais, pour le moment, en vrais fils qu'ils sont de la génération précédente, ils ne se soucient que du libre exercice de leur « faculté pensante », et le Dieu « rémunérateur et vengeur » de Voltaire n'est lui-même à leurs yeux qu'une hypothèse dont se passent très bien la mécanique céleste ou la fabrication du sucre de betteraves. Telle est également l'opinion des critiques ou des érudits. Ils ne pensent pas du tout « que l'esprit français ait besoin d'être régénéré par une sève plus

Décade philosophique. — Ils se réunissaient encore à Auteuil chez Mme Helvétius [Cf. Guillois, *Le salon de Mme Helvétius*, Paris, 1894; et le même : *La marquise de Condorcet*, Paris, 1896]; — ou chez la veuve de Condorcet, devenue l'intime amie du tribun Mailla-Garat; — et ils maintenaient à toute outrance contre Chateaubriand, Mme de Staël et le Premier Consul, — les plus purs principes de l'Encyclopédie [Cf. Jules Simon, *Une académie sous le Directoire*, Paris, 1884].

Quelques-uns d'entre eux touchaient à la science; — comme Cabanis, l'auteur du livre célèbre sur *les Rapports du physique et du moral*, 1802; — ou même étaient de vrais savans, tels que Lamark, ou Etienne Geoffroy Saint-Hilaire; — et, à ce propos, c'est l'endroit de noter entre 1789 et 1810 ou 1815 le prodigieux développement que prennent les sciences naturelles [Cf. Cuvier, son *Rapport sur les progrès des sciences naturelles*], — dont les méthodes vont bientôt s'insinuer dans la critique et dans la littérature. — Les articles de la *Décade* [Cf. Picavet, loc. cit.]. — Sainte-Beuve a commencé par être de cette école [Cf. *Causeries du lundi*, t. XIII]; — et c'est d'elle aussi qu'un jour nous verrons sortir Auguste Comte.

Et d'autres enfin dans le même temps, qui s'appellent Volney, Daunou, Ginguené, Fauriel; — de qui l'on peut rapprocher Raynouard; — font entrer l'exégèse [Cf. Volney, *Leçons d'histoire*, 1795; — *Recherches sur l'histoire ancienne*, 1814] dans une voie nouvelle; donnent à l'histoire littéraire une précision, comme Daunou; — et

généreuse », les Daunou, les Chénier [Marie-Joseph], les Hoffmann, ni toute cette génération d'hellénistes qui a si bien su le grec, les Clavier, les Villoison, les Boissonnade, Courier lui-même, l'auteur de la *Lettre à M. Renouard*, 1810, cet artilleur qui donnerait pour un manuscrit inédit de Longus ou du scoliaste d'Homère, *le Génie du christianisme*, et le livre de *la Littérature*, et *Delphine*, et *Atala*, et l'*Héloïse* par-dessus le marché! Ajoutons à cela qu'ils se défient tous ensemble, qu'ils croient avoir des raisons de se défier de la « baronne » de Staël et du « vicomte » de Chateaubriand! On dirait qu'ils craignent que ces « aristocrates » ne méditent un jour de ramener l'ancien régime; — et ils ont grand tort de le craindre; ils n'ont

une portée, comme Fauriel; — qui d'une curiosité pure en font ce que l'on appellera plus tard « la science des produits de l'esprit humain » [Cf., dans les *Portraits contemporains*, les articles de Sainte-Beuve sur *Fauriel* et *Daunou*, t. V; et Renan, l'*Avenir de la science*, 1890]; — et, de la « philosophie de l'histoire » telle que l'avait entendue Voltaire, — ils dégagent une conception plus ou moins discutable; — mais vraiment philosophique de l'histoire. — Il convient d'ajouter que les conséquences de leurs travaux ne s'aperçoivent pas encore; — et, en attendant, ce n'est pas seulement en dehors d'eux, — mais en opposition avec eux que la littérature nouvelle se développe.

IV. — **Louis-Gabriel-Ambroise de Bonald** [Milhau, 1754; † 1840, Paris].

1° LES SOURCES. — H. de B [onald], *Notice sur la vie et les ouvrages de M. le vicomte de Bonald*, Paris, 1841; — Barbey d'Aurevilly, *Les Prophètes du passé*, 1851; — Sainte-Beuve, *Causeries du lundi*, t. IV, 1851; — A. Nettement, *Histoire de la littérature sous la Restauration*, Paris, 1853; — Ém. Faguet, *Politiques et Moralistes au* XIXe *siècle*, Paris, 1891; — Henry Michel, l'*Idée de l'État*, Paris, 1895.

2° LE THÉORICIEN DU POUVOIR. — Deux mots sont inséparables du nom de Bonald : — « l'homme est une intelligence servie par des organes »; — et « la littérature est l'expression de la société ». — On sait encore qu'il est l'auteur d'un paradoxe hardi sur l'*Origine*

pas assez de confiance dans l'œuvre de la Révolution !
— mais qui s'étonnera de leurs craintes, au lendemain
de la Restauration ? et si l'on songe, non plus à l'auteur
de *la Monarchie selon la Charte* ou à celui des *Considérations sur la Révolution française*, mais au vicomte de
Bonald, au comte Joseph de Maistre, et à l'abbé de
Lamennais.

Autant que des écrivains, ce sont des « politiques » en
effet, que ceux-ci ! et si leurs débuts, — qui sont contemporains du livre de *l'Allemagne*, ou même antérieurs au
Génie du christianisme, — ont passé presque inaperçus,
leur talent, nourri dans la solitude et mûri dans l'obscurité,
n'en éclate maintenant qu'avec plus de retentissement. Ils

---

du langage; — et d'un remarquable *Essai sur le divorce*. — Mais
ce qu'il est de plus, et de plus important, c'est le « théoricien du
pouvoir »; — et l'homme qui a le plus fait contre l'auteur de
l'Esprit des Lois; — ou contre celui du *Contrat social*; — pour
établir que la société n'était l'œuvre ni des hommes; — ni de la
nature; — mais de Dieu même. — Moins éloquent que Jean-Jacques, et moins spirituel que Montesquieu; — il a d'ailleurs su
trouver, pour exprimer diversement cette unique ou principale
idée, — des formes non seulement diverses; — mais souvent lapidaires. — D'autres « écrivent » et d'autres « parlent » : Bonald « formule »; — et pour toutes ces raisons, ayant été le métaphysicien
de la rénovation religieuse, — il a droit à plus de place qu'on ne
lui en donne souvent dans nos histoires.

3° Les Œuvres. — Les *Œuvres* essentielles de Bonald sont : la
Théorie du pouvoir politique et religieux dans la société civile,
1796; — son *Essai analytique sur les lois de l'ordre social*, 1800;
— son *Divorce considéré relativement à l'état domestique et à l'état
de société*, 1801; — sa *Législation primitive*, 1802; — ses *Recherches philosophiques sur les premiers objets de nos connaissances
morales*, 1818; — deux volumes de *Mélanges*, 1819, formés d'articles
parus dans le *Mercure de France*, de 1801 à 1810; — quelques
discours, et différents opuscules politiques ou religieux.

Il existe plusieurs éditions des *Œuvres* de Bonald, dont la meilleure est l'édition Le Clère, Paris, 1817-1819, douze volumes,
et, de plus, 1843, quatre volumes.

entrent en même temps tous les trois dans la bataille; et tous les trois, sans s'être concertés, sans se connaître seulement encore, ce qu'ils attaquent avec une extraordinaire violence de passion et de style, on verrait, on devrait voir, si l'on y regardait, que c'est surtout l'individualisme. Mais on ne s'en avise pas d'abord, et, dans le premier volume de l'*Essai sur l'indifférence en matière de religion*, qui paraît en 1817, dans les *Recherches philosophiques* de Bonald, qui sont de 1818, dans le livre du *Pape*, qui est de 1819, dans les *Soirées de Saint-Pétersbourg*, 1821, dans le second volume de Lamennais, qui est de la même année, ce que l'opinion veut uniquement voir, c'est le plus furieux assaut qu'on ait encore livré à la philosophie du

V. — **Joseph-Marie de Maistre** [Chambéry, 1753; † 1821, Turin].

1° Les Sources. — Sainte-Beuve, dans son *Port-Royal*, III, ch. 14, 1837-1839; *Portraits littéraires*, t. II, 1843; et *Causeries du Lundi*, t. IV, 1851, et t. XV, 1860; — Barbey d'Aurevilly, *Les Prophètes du passé*, 1851; — Edmond Scherer, *Mélanges de critique religieuse*, Paris, 1853; — L. Binaut, *Joseph de Maistre*, dans la *Revue des Deux Mondes*, décembre 1858, et février 1861; — A. Nettement, *Histoire de la Littérature française pendant la Restauration*, Paris, 1853; — Albert Blanc, *Mémoires et Correspondance diplomatique de M. de Maistre*, Paris, 1858-1861; — G. Merlet, *Tableau de la littérature française sous le premier Empire*, Paris, 1877; — Em. Faguet, *Politiques et moralistes au xixe siècle*, Paris, 1891; — F. Descotes, *Joseph de Maistre avant la révolution*, Paris, 1893, et *Joseph de Maistre pendant la Révolution*, Paris, 1895; — M. de Lescure, le *Comte Joseph de Maistre*, Paris, 1893; — G. Cogordan, *Joseph de Maistre*, dans la collection des *Grands Écrivains français*, Paris, 1894.

2° L'Homme et l'Ecrivain. — Ses origines, sa jeunesse et son éducation [Cf. Descotes, *loc. cit.*]; — ses premiers écrits : l'*Éloge historique de Victor-Amédée III*, 1775; et l'*Adresse à la Convention nationale*, 1794. — Séjour à Lausanne. — *Cinq Paradoxes à la Marquise de M****, 1795 [publiés en 1851 seulement]; — et combien la connaissance en importe à la définition du talent de J. de

xviiie siècle. Les deux gentilshommes et le prêtre se sont à eux trois partagé les adversaires. Après avoir jadis essayé de détruire l'autorité de Montesquieu, Bonald, le plus systématique, — et en apparence le moins passionné, mais seulement en apparence, — se mesure maintenant à Condorcet et à Condillac. Joseph de Maistre, lui, s'est « chargé » de Bacon et de Voltaire, comme autrefois Voltaire s'était « chargé » de Pascal et de Bossuet; et, là même est la raison de plus d'une analogie que l'on peut signaler entre sa manière et celle de Bossuet. Il a retrouvé Bossuet en passant, pour ainsi dire, au travers de Voltaire; et, s'attachant alors, comme Bossuet, à l'idée de la Providence, dont on pourrait l'appeler le théologien

Maistre; — s'ils établissent que nul, en son temps, n'a eu plus que lui le goût du paradoxe; — ni plus de tendance à la préciosité. — *Les Considérations sur la France*, 1796. — Il est nommé ministre du roi de Sardaigne à Saint-Pétersbourg; — où il demeure jusqu'en 1817; — et c'est là qu'il compose ses principaux ouvrages : l'*Essai sur le principe générateur des constitutions politiques*, 1810; — la traduction du *Traité de Plutarque sur les délais de la justice divine*, 1815; — son livre du *Pape*, 1819; — ses *Soirées de Saint-Pétersbourg*; — et son *Essai sur la philosophie de Bacon*.

De l'inspiration générale des écrits de J. de Maistre; — et son accord avec celle des écrits de Bonald. — Ils prétendent l'un et l'autre remonter le courant; — renverser la philosophie du xviiie siècle; — et rétablir sur ses ruines l'autorité de la religion. — Mais la supériorité de J. de Maistre sur Bonald est d'avoir été mêlé aux grandes affaires, quoique d'un peu loin; — et d'avoir eu surtout d'admirables dons d'écrivain; — que font valoir encore davantage son impertinence aristocratique; — et son infatigable « combativité ».

Le « théologien de la Providence »; — et comment tous les ouvrages de J. de Maistre se rapportent à l'intention de prouver le gouvernement de Dieu sur le monde. — Les *Considérations sur la France*; — et qu'à la lumière de l'idée de la Providence, personne n'a mieux vu que J. de Maistre le caractère « apocalyptique » de la Révolution française. — Son admiration pour la France; — et comment elle perce jusque dans ses invectives. — Des livres de

laïque, la grandeur de sa doctrine se communique parfois au caractère de son style. Mais Lamennais, le plus fougueux, le plus âpre, et le plus sombre des trois, s'en prend, lui, à Rousseau, le Rousseau du *Discours sur l'inégalité* et du *Contrat social*, en attendant qu'il le rejoigne un jour! Et encore une fois, on ne les comprend pas toujours, on ne voit pas très bien où ils vont, on ne mesure pas la portée de leurs principes. Eux-mêmes ne se doutent guère de la combinaison qui s'en fera bientôt, dans quelques têtes philosophiques, avec les idées du saint-simonisme naissant. On les suit cependant! Et ce que n'ont pu ni Mme de Staël avec tout son esprit, ni Chateaubriand avec tout son génie, c'est bien eux qui l'opèrent

l'*Église gallicane* et du *Pape*; — et que l'objet en est de montrer le mal que la France s'est fait à elle-même; — toutes les fois qu'elle s'est éloignée de la Papauté; — considérée comme l'instrument de la Providence sur la terre; — et le centre dont on ne saurait s'éloigner sans errer. — Les *Soirées de Saint-Pétersbourg*; — combien le sous-titre d'*Entretiens sur le gouvernement temporel de la Providence* en est caractéristique; — et du rapport des *Soirées de Saint-Pétersbourg* avec l'*Examen de la philosophie de Bacon*; — si ce que Joseph de Maistre a surtout attaqué dans Voltaire, c'est la philosophie de l'*Essai sur les Mœurs*; — et, dans l'*Essai sur les Mœurs*, la conception baconienne qui, en excluant la considération des causes finales, — exclut Dieu même de toute action sur le monde.

Du style de Joseph de Maistre; — et qu'à certains égards il est de la famille du style de Bossuet; — ce qui s'explique, si tous les deux, parmi toutes les vérités de la religion, — se sont attachés particulièrement à l'idée de la Providence. — D'une autre ressemblance entre Bossuet et J. de Maistre; — qui consiste en ceci que leur vrai caractère, — qui fut la douceur, — a différé du caractère de leur style; — dans le même sens, et pour ainsi parler, de la même quantité. — Mais comme ils sont d'ailleurs séparés l'un de l'autre par un siècle; — et que ce siècle est celui de l'*Encyclopédie*; — Joseph de Maistre a des « lumières » que Bossuet n'avait point; — et aussi des défauts.

Violence insultante de J. de Maistre dans la polémique; — et sa

contre les encyclopédistes, contre les idéologues, et contre la révolution, plus imprégnés d'ailleurs qu'ils ne le croient de l'esprit de cette révolution, et témoins, à ce titre, de ce qu'il y a de « satanique », ou d'apocalyptique en elle. Le mot est de Joseph de Maistre.

On ne saurait douter qu'ils soient pour quelque chose dans l'inspiration des *Méditations*, qui paraissent en 1820, et des *Odes*, — les premières, — qui sont datées de 1822. Bonald et Lamennais, dans les salons aristocratiques de Paris, sont du petit nombre de ceux qui ont eu la primeur des *Méditations* [Cf. *Correspondance de Lamartine*, 13 avril 1819]; et Lamartine écrit à de Maistre, le 17 mars 1820 : « M. de Bonald et vous, Monsieur le Comte...

tendance au paradoxe. — L'apologie du bourreau [*Soirées, 1er Entretien*]; — de la guerre [*Ibid.*, 7e *Entretien*]; — de l'Inquisition [*Lettres à un gentilhomme russe*]. — S'il n'eût pas rendu plus de services à sa propre cause en y mettant plus de modération? — et qu'en tout cas on lui rendrait plus de justice à lui-même; — sinon pour quelques théories bizarres dont il a semé ses écrits; — et pour quelques prédictions plus qu'aventureuses [Cf. *Considérations*, ch. IV]; — mais du moins pour quelques idées fécondes et profondes; — qu'il a marquées de son empreinte; — si même on ne doit dire qu'il en est le premier introducteur.

3º Les Œuvres. — Les *Œuvres* de Joseph de Maistre comprennent : ses *Considérations sur la France*, 1796, qu'il est extrêmement intéressant de rapprocher de celles de Burke, et de celles de Fichte; — son *Essai sur le principe générateur des constitutions politiques*, 1810-1814; — son livre du *Pape*, 1819; — l'*Église gallicane*, 1821 [posthume]; — les *Soirées de Saint-Pétersbourg*, 1821; — et l'*Examen de la philosophie de Bacon*, publié seulement en 1836.

Son fils, le comte Rodolphe de Maistre, a publié en 1851 deux volumes de *Lettres et Opuscules inédits* de son père, Lyon, Vitte et Pérussel; — et M. Albert Blanc, en 1858, les *Mémoires politiques de J. de Maistre*, Paris, Michel Lévy; — suivis, en 1861, de la *Correspondance diplomatique* [1811-1817], Paris, Michel Lévy.

Ses *Œuvres complètes* ont été réunies en 14 volumes, Lyon,

Vous avez fondé une école impérissable de haute philosophie et de politiques chrétiennes... elle portera ses fruits, et ils sont jugés d'avance. » Il a dû peut-être au contact ou à la conversation des de Maistre, des Lamennais et des Bonald cette vigueur et cette fermeté qui l'ont un moment dégagé du vague où il aspirait à se perdre ; et sans eux les *Méditations* ne seraient peut-être que « pures comme l'air, tristes comme la mort, et douces comme du velours » [Cf. sa lettre du 13 avril 1819]. On connaît d'autre part les premières lignes de la première préface des *Odes*. « Il y a deux intentions dans la publication de ce livre, y disait le jeune poète, l'intention littéraire et l'intention politique, mais dans la pensée

Vitte et Pérussel, 1884-1886. On a refondu dans les six derniers volumes les deux volumes de 1851 ; les trois volumes de M. Albert Blanc ; et on y a joint cent cinquante ou deux cents lettres inédites.

VI. — **Paul-Louis Courier** [Paris, 1772 ; † 1825, Veretz, Indre-et-Loire].

1º Les Sources. — Armand Carrel, *Essai sur la vie et les écrits de P.-L. Courier*, en tête de l'édition de ses *OEuvres*, Paris, 1834 [la Notice est datée de 1829] ; — Sainte-Beuve, *Causeries du lundi*, t. VI, 1852. — A. Nettement, *Littérature française sous la Restauration*, Paris, 1853.

2º L'Homme et l'Écrivain ; — et qu'il mérite qu'on ne l'oublie point, pour la seule originalité de sa physionomie ; — comme ayant passé sa vie de soldat à déserter son poste ; — sa vie publique à jouer au « paysan » en traduisant du grec dans le français d'Amyot ; — et comme ayant réuni dans ses meilleurs écrits le sentiment le plus délicat du style à une rare grossièreté de pensées. — Quelles raisons il a eues de se ranger dans l'opposition libérale sous la Restauration ; — et si la principale n'en a pas été son échec à l'Académie des inscriptions, 1818 ? — Qu'en tout cas, c'est à partir de ce moment qu'il devient irréconciliable ; — et qu'il publie ses pamphlets les plus vifs ; — ce qui ne l'empêche pas, dans sa vie privée, d'être le plus exigeant des propriétaires ; — le plus impitoyable des maîtres ; — le plus dur des créanciers ; — et qu'il faut le savoir pour ne pas imputer son assassinat aux « cagots » ; — comme on

de l'auteur la dernière est la conséquence de la première, *car l'histoire des hommes ne présente de poésie que jugée du haut des idées monarchiques et des croyances religieuses.* » N'est-ce pas ici le lieu de rappeler que dès avant la publication des *Odes*, Victor Hugo était en relations étroites avec Lamennais? [Cf. *Victor Hugo raconté par un témoin de sa vie*, II, 38.] Des pièces comme *la Vendée*, comme *Quiberon*, comme *les Vierges de Verdun*, comme *Buonaparte* ne démentaient point les déclarations de la préface ; et aussi l'auteur, si nous en croyons Stendhal [Cf. sa *Correspondance*], devenait-il le poète favori des « ultras ». C'était justice, si Lamennais, Bonald ou de Maistre n'avaient pas flétri plus énergiquement « les satur-

le fait encore dans de certaines histoires [Cf. Paul Albert, *Littérature française au* XIXe *siècle*, t. II].

3° LES ŒUVRES. — Les *Œuvres* de Paul-Louis Courier comprennent : — 1° Ses imitations ou traductions de l'antique, parmi lesquelles on peut citer sa traduction des *Pastorales de Longus*, de quelques fragmens d'*Hérodote*, et de l'opuscule de Xénophon *Sur le commandement de la cavalerie*. Le choix de ce dernier texte n'est qu'affectation pure ; et rien n'est plus laborieux ni plus pédant que la traduction de *Daphnis et Chloé*. — 2° Ses *Pamphlets*, littéraires, qui sont la *Lettre à M. Renouard*, 1810 ; et la *Lettre à MM. de l'Académie des Inscriptions*, 1819 ; — et politiques, à savoir : *Pétition aux deux Chambres*, 1816 ; — *Lettres au Rédacteur du « Censeur »*, 1819-1820 ; — *Simple Discours* (à l'occasion de la souscription pour l'acquisition de Chambord), 1821 ; — *Procès de Paul-Louis Courier*, 1821 ; — *Pétition pour des villageois qu'on empêche de danser*, 1822 ; — et le *Pamphlet des pamphlets*, 1824. — 3° Différents *Fragments*, dont le plus intéressant est *la Conversation chez la comtesse d'Albany* (rédigé en 1812) ; — et 4° Un volume de *Lettres*, souvent réimprimé sous le titre de *Lettres de France et d'Italie* (1797-1812).

La meilleure édition des *Œuvres* de P.-L. Courier est celle que nous avons citée, en 4 volumes, Paris, 1834, Paulin et Perrotin.

VII. — **Pierre-Jean de Béranger** [Paris, 1780 ; † 1857, Paris].

1° LES SOURCES. — Sainte-Beuve, *Portraits contemporains*, t. I,

nales de l'athéisme et de l'anarchie », ni traité d'un plus hautain mépris les « écrits sophistiques et déréglés des Voltaire, des Diderot et des Helvétius ».

Représentons-nous maintenant l'effet littéraire des *Méditations* et des *Odes* sur une génération dont les poètes admirés étaient les Andrieux et les Népomucène Lemercier, les Casimir Delavigne et les Pierre-Jean de Béranger. Tandis que celui-ci rimait laborieusement des chansons comme *la Bonne vieille* ou *le Dieu des bonnes gens*, — chefs-d'œuvre, on le veut bien, mais chefs-d'œuvre du genre qui serait le plus bas de tous si le vaudeville n'existait pas, — les *Méditations* élevaient la poésie française à des hauteurs que peut-être n'avait-elle

1832, 1833; *Causeries du lundi*, t. II, 1850; et *Nouveaux lundis*, t. I, 1861.

Béranger, *Ma Biographie*, 1857; et sa *Correspondance*, recueillie par M. Paul Boiteau, 1860.

Gustave Planche, *Revue des Deux Mondes*, juin 1850; — Émile Montégut, *Nos morts contemporains*, 1857 et 1858; — Savinien Lapointe (le cordonnier-poète), *Mémoires sur Béranger*, 1857; — Ernest Renan, *La Philosophie de Béranger*, dans le *Journal des Débats* du 17 décembre 1859; — Paul Boiteau, *Vie de Béranger*, Paris, 1861; — N. Peyrat, *Béranger et Lamennais*, 1861; — Arthur Arnould, *Béranger, ses amis et ses ennemis*, Paris, 1864; — Jules Janin, *Béranger et son temps*, Paris, 1866; — Brivois, *Bibliographie de l'œuvre de Béranger*, Paris, 1876; — Legouvé, *Notice*, en tête du *Béranger des Écoles*, 1894.

2º LE CHANSONNIER; — et, à ce propos, de la chanson française avant Béranger. — Panard [Cf. Marmontel, dans ses *Mémoires*]; — et Désaugiers [Cf. *Chansons et Poésies diverses de Désaugiers*, Paris, 1827, Ladvocat]. — Du caractère navrant de leur gaîté, — et de la vulgarité de sentiments que leurs *Chansons* trahissent. — Qu'au surplus, et si l'on veut reconstituer la lignée des « ancêtres » de Béranger, — il convient de se reporter au *Chansonnier Maurepas*; — et on reconnaît alors dans les origines de son œuvre le confluent de la chanson politique; — de la chanson érotique; — et de la chanson « bachique »; — sans que d'ailleurs il s'y mêle quoi que ce soit de la veine « populaire ». — D'une erreur grave que

jamais atteintes; et la « lyre de bronze », aux mains du poète des *Odes*, rendait des sons inentendus depuis le temps de Ronsard. Quelques Voltairiens attardés pouvaient seuls s'y méprendre : l'échelle des « valeurs » était changée. Ce que la veille encore on prenait pour de la poésie n'en apparaissait plus que comme la caricature ou la contrefaçon. Quelle comparaison du haut relief et de la vigueur de coloris du *Buonaparte* d'Hugo, ou de la mélancolie voluptueuse du *Lac*, au prosaïsme déclamatoire d'une « Messénienne » : *sur le besoin de s'unir après le départ des étrangers*? Le pseudo-lyrisme des classiques, des Chênedollé, des Fontanes, des Lebrun-Pindare, de Jean-Baptiste Rousseau lui-même, s'anéantissait devant

l'on commet encore à ce sujet; — et qu'il n'y a rien dans l'œuvre entière de Béranger, — qui rappelle ni la mélancolie ordinaire; — ni la franchise habituelle; — ni la générosité naïve de l'âme populaire; — et qu'au contraire elle est l'expression de ce qu'il y a de plus « bourgeois » dans l'esprit français.

D'une autre erreur que l'on commet sur Béranger; — en se le représentant comme un « bonhomme », de la famille de La Fontaine; — qui déjà n'en fut pas un [Cf. ci-dessus l'article LA FONTAINE]; — et qu'à vrai dire, dans le combat qu'il a livré au gouvernement de la Restauration, — peu d'adversaires ont été plus déloyaux [Cf. *le Fils du pape*, *l'Enfant de bonne maison*, *les Révérends pères*, et *le Vieux caporal*]; — et plus perfides; — en même temps que plus adroits. — On ne flatte pas plus habilement des passions, — qu'il ne semble pas que Béranger partageât lui-même; — et on ne fait pas plus ingénieusement servir une philosophie plus plate [Cf. *la Nature*, *le Dieu des bonnes gens*], — ou plus ignoble [Cf. *les Filles*, *les Deux Sœurs*, etc.]; — ni une polissonnerie plus grivoise [Cf. *le Vieux célibataire*, *les Cinq étages*], — à développer la défiance ou la haine. — Qu'il ne faut pas chercher ailleurs les raisons de la popularité de Béranger; — et que c'en est d'ailleurs la justification; — si ce goût de la polissonnerie; — ce refus de penser; — et cet esprit d'opposition « quand même »; — ne sont malheureusement pas les moins certains des caractères qu'on enveloppe sous le nom de gauloiserie.

Qu'après cela, on ne saurait disconvenir qu'il y ait infiniment d'art

cette révélation d'une poésie nouvelle. La politique seule allait essayer de le soutenir encore quelques années, jusqu'à ce qu'il n'eût plus pour lui que les abonnés du *Constitutionnel*; quelques vieux académiciens; et ce qu'il y avait, dans la bourgeoisie soi-disant « libérale », de plus étroit et de plus arriéré.

D'autres symptômes, aussi bien, présageaient une révolution de la littérature, et, au premier rang, le goût non pas certes nouveau, mais raisonné désormais, dont on commençait à s'éprendre pour les littératures étrangères. Ce n'était pas le résultat le moins inattendu, ni le moins naturel, des grandes guerres de l'Empire. Sur les champs de bataille de l'Europe, vingt ans durant, il s'était

---

dans les bonnes *Chansons* de Béranger [Cf. *la Bonne vieille, le Vieux célibataire, les Cinq étages, le Vieux Caporal,* etc.]. — Il y en a dans le choix des « refrains »; — qui presque toujours expriment en un vers l'intention de la chanson tout entière; — et dont le retour est toujours amené avec infiniment d'aisance et de naturel [Cf. *Mon habit, les Cartes, la Fille du peuple, le Vieux vagabond*]. — Il y en a davantage encore dans la manière dont les chansons sont « composées »; — comme autant de tableaux de genre; — qui parlent d'abord aux yeux; — et qui appellent l'illustration. — De la peinture de la vie bourgeoise dans les *Chansons* de Béranger; — et que rien n'est un plus sûr témoignage; — ni une plus exacte représentation; — et plus fidèlement figurée; — de la vie de la petite bourgeoisie française entre 1815 et 1830. — Et qu'il y a encore et enfin beaucoup d'art dans l'appropriation du rythme des *Chansons* aux sentiments qu'elles traduisent; — comme aussi dans le choix des termes; — et dans la clarté du style. — De Béranger comme écrivain; — et que quelques vers un peu ridicules ne l'empêchent d'avoir droit à ce nom. — « C'est un grand prosateur, a-t-on pu dire, qui a mis des rimes à sa prose. »

Mais qu'il est difficile de l'appeler un poète; — non sans doute qu'il n'ait trouvé quelques accents poétiques, — pour exprimer ce que la vie bourgeoise peut quelquefois enfermer de poésie [Cf. *la Bonne vieille, le Vieux célibataire*]; — et, à ce propos, de la poésie de la « vieillesse » dans l'œuvre de Béranger. — Il a aussi trouvé

fait un mélange de races comme on n'en avait point vu se brasser depuis des siècles, et une espèce de communauté européenne s'était en quelque sorte cimentée dans le sang. « Il faut avoir l'esprit européen », écrivait Mme de Staël ; et autour d'elle, à Coppet, toute une école s'était formée, dont les travaux, après avoir peut-être inspiré les siens, les complètent maintenant, les continuent, et les prolongent. Maintenant, par la brèche largement ouverte, ce n'est plus seulement Shakespeare qui passe tout entier : ce sont les Italiens, Alfieri, Manzoni, et ce sont les Allemands, Schiller, Goethe, Burger, Novalis, Hoffmann ; ce seront bientôt les philosophes, Kant, Fichte, Schelling. N'oublions pas les Écossais, Thomas Reid et Dugald-Stewart.

quelques accents patriotiques [Cf. *le Vieux drapeau, le Cinq mai, les Souvenirs du peuple*]. — Mais, d'une manière générale, il a manqué de force [Cf. *Jeanne la Rousse*] dans l'expression des sentiments forts ; — et surtout d'élévation. — Il a aussi manqué de générosité ; — et bien loin qu'il ait élevé la *Chanson* jusqu'à la hauteur de l'*Ode* ; — c'est au contraire le triomphe de l'*Ode* ; — et généralement du *lyrisme* romantique ; — qui nous a ouvert les yeux sur le « prosaïsme » des *Chansons* de Béranger.

De la *Correspondance* de Béranger ; — et que, tout incomplète qu'elle soit, — si les quatre volumes que nous en avons ne justifient pas l'enthousiasme de ses admirateurs ; — elle n'est pas une part indifférente de son œuvre. — On n'y trouve rien de bien saillant ; — ni qui témoigne d'une grande largeur d'esprit ; — mais elle achève de nous peindre le personnage ; — et sous le « bonhomme » de la légende ; — nous y trouvons l'adroit et prudent calculateur ; — et l'un des écrivains les plus habiles qu'il y ait eus dans l'administration de sa popularité. — La critique littéraire dans la *Correspondance* de Béranger [Cf. Sainte-Beuve, *Nouveaux lundis*, t. I]. — Ses dernières années, — sa mort, — et ses « funérailles ».

3° LES ŒUVRES. — Les *OEuvres* de Béranger ne se composent guère que de ses *Chansons*, dont les principaux recueils originaux sont ceux de 1815, Paris, chez Eymery ; — 1821, Paris, Firmin Didot ; — 1825, Plassan ; — 1827, Bruxelles ; — 1834, Paris, Perrotin ; — et 1857, *Dernières chansons*, chez le même.

A un autre point de vue, plus littéraire, Sainte-Beuve [*Causeries*

Les événements de 1815 accélèrent le mouvement. Les revenants eux-mêmes de l'émigration y contribuent, dont on aurait tort de croire qu'ils n'aient « rien oublié ni rien appris » dans leur exil : ils y ont appris l'anglais ou l'allemand ; et que la France n'était pas l'univers. C'est pourquoi, dans les premières années de la Restauration, entre 1815 et 1825, il s'établit une façon commune de penser et surtout de sentir ; les bornes de l'ancien horizon se déplacent ou plutôt s'évanouissent ; et le *cosmopolitisme littéraire* est né. Il diffère de l'ancien humanisme en ceci qu'au lieu de prendre pour base la culture gréco-latine, sa prétention est de s'approprier, pour en faire sa substance la plus intérieure, ce que les littératures « natio-

---

du lundi, t. II, 1850] en a proposé la classification suivante : 1° *Chansons anciennes,* dans le goût de Panard et de Désaugiers : *le Roi d'Yvetot; la Gaudriole; M. Grégoire;* — 2° *Chansons sentimentales,* dans le genre du *Bon vieillard,* du *Voyageur,* des *Hirondelles;* — 3° *Chansons libérales et patriotiques* [parmi lesquelles on est étonné de voir Sainte-Beuve, ordinairement plus difficile, donner une place au *Dieu des bonnes gens*]; — 4° *Chansons satiriques,* du genre du *Ventru* ou des *Clefs du Paradis;* — et enfin 5° *Chansons poétiques,* comme *les Contrebandiers, le Vieux vagabond, les Bohémiens.*

Nous avons déjà dit plus haut qu'il fallait joindre aux *Chansons* — les Mémoires de 1857, *Ma Biographie;* — et quatre volumes de *Correspondance.*

La meilleure édition des *Chansons* est celle de 1847, chez Perrotin, en deux volumes in-8°, plus un volume de *Chansons posthumes.*

VIII. — **Hugues-Félicité-Robert de Lamennais** [Saint-Malo, 1783; † 1854, Paris].

1° LES SOURCES. — *Correspondance de Lamennais;* — Sainte-Beuve, dans ses *Portraits contemporains,* 1832, 1834, 1836; et *Nouveaux lundis,* t. I, 1861, et t. XI, 1868.

Censure de cinquante-six propositions extraites des écrits de M. de Lamennais... par plusieurs évêques de France, Toulouse, 1836; — l'Encyclique *Mirari vos...* dans les *Pièces justificatives*

nales » ont de plus national; et l'universalité qu'il vise est une universalité, non d'abstraction ou de généralisation, mais de composition, sous la loi de laquelle chaque élément, non seulement n'abandonnera rien de son originalité, mais la développera par l'effet même de son contraste avec les autres.

A cette évolution de la critique répond une évolution parallèle de l'histoire, ou plutôt les deux n'en sont qu'une, si l'espace et le temps, comme Kant vient de le démontrer, ne font ensemble qu'une seule et même catégorie de la raison pure. Le sentiment de la diversité des lieux est inséparable du sentiment de la diversité des époques; et tous les deux, en s'unissant, constituent la

---

des *Affaires de Rome,* 1836-1837; — et l'Encyclique *Singulari nos...* au même lieu.

Ange Blaize, *Essai biographique sur M. de Lamennais,* 1857; — E. Forgues, *Notes et souvenirs,* en tête de la *Correspondance de Lamennais,* 1859; — Ernest Renan, *Lamennais et ses écrits,* 1857 [dans ses *Essais de morale et de critique*]; — Edmond Scherer, *Lamennais,* 1859 [dans ses *Mélanges de critique religieuse*]; — Louis Binaut, *Lamennais et sa philosophie,* dans la *Revue des Deux Mondes* du 15 août 1860; — Ravaisson, *Rapport sur les progrès de la philosophie en France au* XIXe *siècle,* 1868; — P. Janet, *la Philosophie de Lamennais,* 1890; — E. Spuller, *Lamennais,* Paris, 1892; — A. Roussel, de l'Oratoire de Rennes, *Lamennais, d'après des documents inédits,* Rennes, 1892; — Mercier, S. J., *Lamennais, d'après sa correspondance et de récents travaux,* Paris, 1893.

2° LE RÔLE DE LAMENNAIS; — et que peut-être il n'y en a pas eu de plus considérable, en notre temps, dans l'histoire des idées religieuses.

Origine et première éducation de Lamennais. — Ses premiers écrits : *les Réflexions sur l'état de l'Église en 1808,* supprimées par la police impériale; — et le livre de la *Tradition de l'Église sur l'institution des évêques,* 1814. — Séjour en Angleterre, 1814-1815; — et publication du premier volume de l'*Essai sur l'indifférence en matière de religion,* 1817. — Émotion qu'il excite; — et qui augmente encore par la publication du second volume en 1821.

couleur locale. C'est à Augustin Thierry qu'il faut faire honneur d'en avoir révélé l'importance à ses contemporains ; et, sans rien vouloir ôter de leur mérite à Vitet, pour ses *États de Blois*, ou à Vigny pour son *Cinq-Mars*, il faut pourtant nous souvenir que *Cinq-Mars* et les *États de Blois* ont été précédés, en 1825, de l'*Histoire de la Conquête de l'Angleterre par les Normands*. On a mesuré trop étroitement sa place à Augustin Thierry dans l'histoire de la formation des doctrines romantiques ; et il est temps enfin de la lui faire, si, de toutes les conquêtes du romantisme, il se pourrait que ce fût lui qui eût réalisé l'une des plus durables.

Sommes-nous tenus de la même réparation envers les

— Lamennais, attaqué par une partie du clergé français, — est défendu par J. de Maistre et par Bonald [Cf. de Maistre, *Correspondance*, septembre 1820, et Bonald, dans ses *Mélanges*]. — Il répond lui-même aux attaques dans sa *Défense de l'Essai sur l'indifférence*, 1821 ; — dont le premier effet est de lui susciter de nombreux ennemis à Rome. — Le voyage de 1824. — Retour en France. — Fondation du *Mémorial catholique* et de l'Association pour la défense de la religion. — Publication du livre sur *les Progrès de la Révolution et de la guerre contre l'Église*, 1828-1829. — Luttes de Lamennais contre M. de Frayssinous et M. de Vatimesnil. — La révolution de 1830 et la fondation du journal *l'Avenir*. — Difficultés nouvelles. — Second voyage à Rome, 1832. — Soumission de Lamennais, dissolution de l'Association catholique, et suspension définitive de *l'Avenir*, 1832 [Cf. *Affaires de Rome*]. — Situation difficile de Lamennais. — Il publie ses *Paroles d'un croyant*, 1834. — Effet prodigieux du livre [Cf. Sainte-Beuve, *Portraits contemporains*, 1834]. — L'Encyclique *Singulari nos...* 1834, et la condamnation de Lamennais. — Il y répond par la publication du livre sur *les Affaires de Rome*, 1836, — qui clôt la première série de son œuvre et la première partie de sa vie.

Si la seconde partie de cette vie diffère de la première aussi profondément que l'a cru Lamennais lui-même ? — et qu'à vrai dire en changeant de moyens, — on pourrait presque soutenir qu'il n'a pas changé véritablement d'objet.

Qu'en effet ce qu'il s'est proposé, ç'a été d'établir la souveraineté

rédacteurs du *Globe*? et au contraire, dans presque toutes les histoires de la littérature, n'a-t-on pas un peu surfait le personnage des Ampère et des Rémusat, des Dubois et des Magnin? Gœthe, qui les lisait de près, avec une attention et une assiduité que soutenait la manière dont ils parlaient de lui, les trouvait « hardis au suprême degré! » [Cf. *Entretiens avec Eckermann*, traduction Délerot, I, 241]. Les hardiesses de Jean-Jacques Ampère et de Charles Magnin nous font plutôt aujourd'hui sourire; et quelle page pourrions-nous citer d'eux? Disons donc tout simplement qu'ils ont eu leur part d'influence, comme continuateurs, eux aussi, de Mme de Staël; et encore pour avoir posé le principe de la distinction des

de la religion parmi les hommes; — et là même est le sens de l'*Essai sur l'indifférence*; — et comme il y en a plusieurs moyens; — il a d'abord invoqué contre le progrès croissant de l'irréligion « l'alliance des vieilles souverainetés ». — Mais, s'étant aperçu que les vieilles souverainetés ne voulaient retenir de la religion que ce qu'elles croyaient utile à leurs intérêts; — et voyant que par là même la défiance qu'elles inspiraient aux partis s'étendait jusqu'à la religion; — il a voulu séparer la religion de la politique; — et, selon la juste expression de Renan, c'est alors qu'il a essayé de constituer la religion elle-même en parti; — et ce sont ici les commencements de ce qu'on a depuis lors appelé « le catholicisme libéral ».

Rome a refusé de le suivre ou de se laisser entraîner dans cette voie; — pour des raisons dont elle était seule juge; — et qui avaient bien en 1836 leur valeur politique. — Lamennais a rompu avec la Papauté pour des motifs qu'il a donnés lui-même [Cf. *Affaires de Rome*]; — et c'est ainsi qu'il s'est trouvé amené à poser la question dans les termes suivants : « Qu'est-ce que le christianisme dans ses relations avec les sociétés humaines? Quel en est le caractère? Quel ordre de pensées et de sentiments a-t-il développé dans le monde? Sur quelles idées fondamentales de droit et de justice a-t-il établi les rapports des hommes entre eux? » — Mais qu'à la question posée en ces termes, — lesquels supprimaient tout simplement l'histoire, — il ne pouvait faire qu'une réponse; — lui qui jadis avait fondé la religion même sur l'auto-

œuvres qui sont « littéraires », et de celles qui ne le sont pas. A cet égard, on pourrait dire que la théorie de l'art pour l'art est en germe dans leurs écrits, quelque surprise qu'ils dussent un jour éprouver de l'en voir sortir. Ils ont aussi aidé le romantisme à s'émanciper d'une tutelle politique qui commençait à lui devenir pesante. Et pour toutes ces raisons, on ne leur disputera pas, quand on ne les lira plus, la reconnaissance que l'on doit à ceux qui ont aimé sincèrement les lettres, et qui les ont fidèlement servies, — sans les avoir beaucoup illustrées. Dans les articles du *Globe*, comme à la Sorbonne, vers le même temps, dans les cours de Villemain, de Guizot, de Cousin, l'ancienne et la nouvelle

rité du « consentement universel »; — et cette réponse était que le christianisme et la démocratie ne sont qu'un.

C'est l'origine de ce que nous avons appelé depuis lors le « christianisme social » ou le « socialisme chrétien »; — dont la pente irrésistible est vers le socialisme pur, — dès qu'il se sépare de l'autorité et de la tradition. — Mais nous n'en revenons pas moins au même point; — et l'erreur de Lamennais ne consiste point à s'être contredit; — mais à avoir voulu établir entre les deux termes de religion et de démocratie, — une identité qui les rendît en tout temps convertibles l'un en l'autre; — et qui le condamnait donc lui-même à n'être qu'un pur démocrate, — si l'Église refusait d'admettre cette identité.

Des autres écrits de Lamennais; — et combien ils sont au-dessous des premiers, — si l'on met toutefois à part son *Esquisse d'une philosophie*, 1841-1846; — dont on a dit avec vérité qu'elle était « une philosophie de l'évolution » [Cf. Paul Janet, *la Philosophie de Lamennais*]; — et qui contient d'ailleurs quelques-unes de ses plus belles pages [Cf. son *Esthétique*]. — Mais ses grandes œuvres demeurent ses premières œuvres; — et c'est d'après elles qu'il faut juger l'écrivain; — qui offre cette singularité d'être l'un des moins « personnels » qu'il y ait dans son style; — tout en étant l'un des plus « entiers » dans ses idées; — et l'un des plus puissants de ce temps. — Qu'aussi bien sa manière, très dure à ses débuts, dans l'*Essai sur l'indifférence*, t. I et II, — s'est détendue à mesure qu'il avançait en âge [Cf., dans les *Affaires de Rome*, ses

esthétique ont essayé de se réconcilier, — la critique universitaire et la critique romantique ; — et elles n'y ont qu'à moitié réussi.

On a donné du *romantisme*, on en donne encore tous les jours de nombreuses définitions, et elles contiennent toutes ou presque toutes, une part de vérité. Mme de Staël avait raison quand, dans son *Allemagne*, elle posait en principe que, « le paganisme et le christianisme, le Nord et le Midi, l'antiquité et le moyen âge, la chevalerie et les institutions grecques et romaines » s'étant partagé l'histoire de la littérature, le romantisme était donc, par contraste avec le classicisme, tout à la fois le chevaleresque, le moyen âge, les « littératures du Nord » et le christia-

descriptions de voyage] ; — et que, s'il y a du pastiche, — et de la déclamation dans les *Paroles d'un croyant*, — il y a aussi de la poésie.

3° Les Œuvres. — Il existe deux éditions des *OEuvres complètes de Lamennais*, l'une en douze volumes, Paris, 1836-1837, P. Daubrée et Cailleux ; — et l'autre en dix volumes, Paris, 1844, Pagnerre ; — toutes les deux fort incomplètes, mais surtout la première, en raison même de sa date ; et puis parce que Lamennais lui-même semble s'en être désintéressé.

Il faut ajouter aux écrits que contiennent ces deux éditions ; — *Amschaspands et Darvands*, 1843 ; — le *Deuil de la Pologne*, 1846 ; — son *Esquisse d'une philosophie*, 1841-1846 ; — ses *Mélanges philosophiques et politiques*, 1856 ; — sa traduction des *Évangiles* ; — et sa traduction de *la Divine Comédie* [posthume], 1855-1858.

Sa *Correspondance* a été publiée, partie par Eug. D. Forgues, 2 vol., Paris, 1859, Paulin et Lechevalier ; — partie par son neveu, A. Blaize, 2 vol., Paris, 1866, Dentu ; — et partie par M. Eug. Forgues fils, *Correspondance de Lamennais avec M. de Vitrolles*, Paris, 1884, Charpentier.

IX. — **Stendhal (Marie-Henri Beyle)** [Grenoble, 1783 ; †1842, Paris].

1° Les Sources. — *Journal de Stendhal*, Paris, 1888 ; *Vie de Henri Brûlard*, Paris, 1890 ; *Souvenirs d'égotisme*, 1892, ouvrages

nisme [Cf. *De l'Allemagne*, II⁰ partie, chapitre II]. Et il faut noter, à ce propos, qu'environ trente ans plus tard, Henri Heine, dans le livre où il refera celui de Mme de Staël, ne donnera pas du romantisme une idée si différente! Mais Stendhal n'avait pas tort, lui non plus, quand il écrivait en 1824 : « Le *romanticisme* est l'art de présenter aux peuples les œuvres littéraires qui, dans l'état actuel de leurs habitudes ou de leurs croyances, sont susceptibles de leur donner le plus de plaisir possible » [Cf. *Racine et Shakespeare*]. On a seulement fait observer, sur ce mot, que, si le « romanticisme » n'était que le « modernisme », Racine, Boileau, Voltaire auraient donc été des romantiques à leur heure, ce qui est parfaitement

---

posthumes, publiés par M. Casimir Stryienski; — R. Colomb, *Notice sur la vie et les ouvrages de Beyle*, en tête de l'édition Hetzel de *la Chartreuse de Parme*, Paris, 1846.

H. de Balzac, son article [20 septembre 1840], à la fin de l'édition Hetzel de *la Chartreuse de Parme*; — P. Mérimée, *H. B.*, Paris, 1850; — Sainte-Beuve, *Causeries du lundi*, t. IX, 1854; — Taine, *Essais de critique et d'histoire*, Paris, 1866, [L'article ne figure que dans la 2⁰ édition]; — A. Collignon, *l'Art et la vie de Stendhal*, Paris, 1868; — A. Paton, *Henri Beyle*, Londres, 1874; — Émile Zola, *Les Romanciers naturalistes*, 1881; — P. Bourget, *Essais de psychologie contemporaine*, Paris, 1883; — Edouard Rod, *Stendhal*, dans la collection des *Grands Écrivains français*, Paris, 1892.

2⁰ L'ÉCRIVAIN; — et d'abord, ce qu'il y a dans son œuvre de la tradition des idéologues, et même des encyclopédistes. — Les premiers maîtres de Stendhal : Montesquieu, Marivaux, Duclos, Helvétius, Cabanis. — La carrière militaire et administrative d'Henri Beyle, 1800-1814; — et d'une expérience de la vie, rare chez les hommes de lettres, qu'il y a de bonne heure acquise. — Son admiration pour Napoléon [Cf. *le Rouge et le Noir*, et sa *Vie de Napoléon*]. — Son long séjour à Milan, 1814-1817 et 1817-1821 [Cf. *la Chartreuse de Parme*, ch. I, et la célèbre épitaphe : *Arrigho Beyle, Milanese*]. — Les premiers écrits de Stendhal : *Vies de Haydn, Mozart et Métastase*, 1814, 2⁰ édition, 1817; — et l'*Histoire de la peinture en Italie*, 1817. — Ses relations avec lord Byron et avec

insoutenable. Rappellerons-nous encore d'autres définitions ? celle d'Hugo, par exemple, quand, après avoir déclaré, dans la deuxième préface des *Odes*, en 1824, « qu'il ignorait profondément ce que c'était que le genre *classique* et le genre *romantique* », il n'en définissait pas moins le second, trois ans plus tard, dans la préface de son *Cromwell*, par le mélange des genres; par l'alternance du sublime avec le grotesque; et finalement par la substitution, comme idéal d'art, de la « recherche du caractère » à la réalisation de la beauté ? Et nous avons aussi les définitions ironiques de Musset, dans ses *Lettres de Dupuis et Cotonet*, 1836, — moins spirituelles à la vérité qu'animées du désir de l'être, — mais qui ne laissent pas d'avoir sur

---

Destutt de Tracy. — Le livre de l'*Amour*, 1822; — et qu'il est bien un livre du xviiie siècle; — pour la sécheresse et l'ironie continue du ton; — pour l'affectation du cynisme; — pour le décousu de la composition. — Mais que l'on voit bien que Cabanis a passé par là [Cf. *Rapports du physique et du moral*]; — et qu'en outre on y discerne deux ou trois éléments originaux et nouveaux; — qui vont faire de Stendhal un des précurseurs de l'idéal romantique. — Son intervention dans la bataille : *Racine et Shakespeare*, 1823; — et qu'il n'est pas inutile de savoir que le livre a en partie paru dans une revue anglaise; — s'il porte ainsi témoignage du cosmopolitisme de Beyle. — Les *Promenades dans Rome*, 1829; — et *le Rouge et le Noir*, 1830.

Que, si Stendhal ne les a pas dégagés nettement, il a fourni pourtant au romantisme trois des principes essentiels de son esthétique; — lesquels sont, et sans parler d'une orientation générale de la curiosité vers des littératures étrangères : — 1° le *Principe de l'équivalence des arts*; — ou du perpétuel échange que la poésie, la peinture et la musique peuvent faire de leurs « moyens »; — et conséquemment de leurs effets; — 2° le *Principe de la représentation du caractère* comme objet essentiel de l'art; — en tant que le caractère est l'expression du « tempérament » physiologique des individus; — et des peuples; — et 3° le *Principe de la glorification de l'énergie*; — si son admiration pour Napoléon; — pour l'Italie; — et pour l'Angleterre prouve essentiellement sa sympathie pour la résistance des individus aux conventions et aux lois

toutes les autres ce grand avantage d'être « successives », et ainsi de poser la question comme il faut qu'on la pose. La définition du *romantisme* n'est pas une question d'étymologie ni de doctrine, mais d'histoire ; et le mot de romantisme, n'ayant point en soi de signification principale ou première, n'est rempli que des sens différents dont les hommes et les œuvres l'ont chargé dans l'histoire, c'est-à-dire dans le temps.

Mais, de cette multiplicité de sens que lui ont donnée tour à tour les Hugo et les Dumas, les Vigny et les Musset, les Sainte-Beuve et les George Sand, — pour ne rien dire des moindres, — et de cette diversité de traits qui le caractérise, si nous essayons d'en dégager, d'en isoler,

---

de la société. — Il est aussi l'un des premiers qui aient fait de la « culture du moi » la loi du développement de l'artiste.

Il a dû à d'autres raisons ; — différentes quoique connexes ; — de survivre lui-même au romantisme ; — et par exemple à son goût du « petit fait » ou du fait précis et « documentaire » ; — à sa tendance à transformer en lois de l'esprit ou de la nature des anecdotes particulières ; — à sa manière d'écrire, anonyme ou impersonnelle, mais surtout « analytique » ; — et d'ailleurs à la valeur de quelques-unes de ses observations. — Si cependant la valeur même « documentaire », — et surtout la valeur littéraire de *la Chartreuse de Parme*, 1839, — sont aussi considérables qu'on l'a quelquefois prétendu ? — ou encore, si la profondeur n'en est pas souvent plus apparente que réelle ? — et à ce propos d'une étrange facilité que se donnent les ironistes, — qui est de nous faire croire qu'ils pensent dès qu'ils se moquent. — Les dernières œuvres de Stendhal : *Vittoria Accoramboni*, 1837 ; — *Les Cenci* ; *La duchesse de Palliano*, 1838 ; — *L'Abbesse de Castro*, 1839. — La lettre de Stendhal à Balzac, 1840 ; — et les deux phrases devenues célèbres : « *La Chartreuse de Parme* est écrite comme le code civil » ; — et : « Je songe que j'aurai peut-être quelque succès vers 1880 ».

3° LES ŒUVRES. — Les *OEuvres* de Stendhal comprennent :
1° Ses *Romans*, que nous avons tous indiqués, à l'exception du premier : *Armance*, 1827 ; — ses *Chroniques italiennes*, 1855 ; — et *Lamiel*, publié de nos jours par M. Stryienski, 1888 ;

et d'en préciser un, dans la dépendance duquel se rangent aisément tous les autres, il semble bien qu'il ne puisse y avoir de longue hésitation ; et le *romantisme*, c'est avant tout, en littérature et en art, le triomphe de l'individualisme, ou l'émancipation entière et absolue du Moi. Nous retrouvons ici, victorieuse enfin des obstacles qui l'avaient longtemps contrariée, l'influence de Rousseau et de Chateaubriand. Chacun de nous est son seul maître. L'artiste et le poète, comme tels, n'ont qu'une loi, et, comme hommes, ils n'ont qu'un devoir, qui est de se « communiquer ». Ni leurs contemporains ne sauraient leur en demander davantage, ni eux-mêmes ne pourraient nous le donner, sans manquer au respect dont ils sont

2° Ses *OEuvres de critique* [critique d'art ou critique littéraire]. dont les principales sont : les *Vies de Haydn, Mozart et Métastase*, 1814-1817 [sous le pseudonyme de Louis César Alexandre Bombet] ; — l'*Histoire de la peinture en Italie*, 1817, par M. B. A. A. ; — *Rome, Naples et Florence*, 1817 ; — *Racine et Shakespeare*, première partie, 1823 ; et deuxième partie, 1825 ; — la *Vie de Rossini*, 1824 ; — et *Promenades dans Rome*, Paris, 1829 ;

3° Ses *OEuvres diverses*, dont les deux principales sont : le livre de l'*Amour*, 1822 ; — les *Mémoires d'un touriste*, 1838 ; — sa *Correspondance*, dont on a publié deux volumes en 1855 ; — et un volume de *Lettres à sa sœur*, 1892.

Ses *OEuvres complètes* ont été réunies en 13 volumes, d'une part ; et de l'autre 4 volumes, intitulés *OEuvres posthumes*, Paris, 1853-1855, Calmann Lévy. On y a depuis ajouté : *Vie de Napoléon*, 1876 ; et les cinq ou six volumes publiés par M. Casimir Stryienski.

X. — **Alphonse-Marie-Louis Prat de Lamartine** [Mâcon, 1790 ; † 1869, Paris].

1° LES SOURCES. — Lamartine lui-même, dans sa *Correspondance*, publiée par Mme Valentine de Lamartine, 1re édition, 1873-1875 ; et 2e édition, 1881-1882 [plus complète, mais très incomplète encore] ; — ses *Confidences*, 1849 ; — ses *Nouvelles confidences*, 1851 ; — ses *Mémoires inédits* [1790-1815], 1870 ; — et le *Manuscrit de ma mère*, 1871.

Sainte-Beuve, *Portraits contemporains*, t. I, 1832, 1836, 1839 ; et

comme tenus envers leur propre originalité. Et si nous avons, à diverses reprises, assez insisté sur ce point pour estimer sans doute inutile d'y appuyer encore, nous nous contenterons d'ajouter qu'entre 1825 et 1835 il n'était rien, — depuis l'exemple de Byron jusqu'à l' « idéalisme subjectif » de Fichte, — qui ne concourût à favoriser ce développement de l'individualisme. C'est donc aussi précisément pourquoi, de tous les caractères du romantisme, il n'y en a pas qui lui soit plus essentiel : j'entends par là qui explique mieux les causes de sa grandeur ; celles de sa décadence ; et la nature de la réaction qu'il devait provoquer.

Guerre au classicisme, liberté, vérité dans l'art, cou-

Causeries du lundi, t. I, 1849 ; et t. IV, 1851 ; — A. Vinet, *Études sur la littérature française au* XIXe *siècle*, t. II, 1845 ; — Gustave Planche, dans la *Revue des Deux Mondes*, juin 1851, novembre 1859 ; — Cuvillier-Fleury, *Dernières études littéraires*, 1859 ; — Victor de Laprade, *Le Sentiment de la nature chez les modernes*, 1868 ; Eugène Pelletan, *Lamartine, sa vie et ses œuvres*, Paris, 1869 ; — Ch. de Mazade, *Lamartine, sa vie littéraire et politique*, Paris, 1870 ; — Emile Ollivier, *Lamartine*, Paris, 1874 ; — Ernest Legouvé, *Soixante ans de souvenirs*, Paris, 1876 ; — Ch. Alexandre, *Souvenirs sur Lamartine*, Paris, 1884 ; — F. Brunetière, *La poésie de Lamartine*, dans la *Revue des Deux Mondes*, août 1886 ; et l'*Évolution de la poésie lyrique*, t. I, 1894 ; — Ém. Faguet, *XIXe siècle*, 1887 ; — Ch. de Pomairols, *Lamartine*, Paris, 1889 ; — Chamborand de Périssat, *Lamartine inconnu*, 1891 ; — F. de Reyssié, *La jeunesse de Lamartine*, Paris, 1892 ; — Ém. Deschanel, *Lamartine*, Paris, 1893 ; — Jules Lemaitre, *Les contemporains*, t. VI, 1895.

2º LE POÈTE, — et quelque rôle qu'il ait joué par ailleurs ; — comme aussi quelque air de dédain qu'il ait affecté parfois pour sa poésie ; — et quelque service enfin qu'il nous ait rendu dans un jour fameux ; — que sa gloire sera toujours d'être l'auteur des *Méditations* et des *Harmonies* ; — et non celui de l'*Histoire de la Restauration* ou même de l'*Histoire des Girondins*.

Son origine et son éducation [Cf. sa *Correspondance*, toute pleine de précieux renseignements sur ses premiers maîtres et ses premières lectures]. — La famille de Lamartine ; — et d'un mot de

leur locale, imitation des littératures étrangères, tous ces autres noms, en effet, dont on a fait tant de bruit, n'ont servi que de couverture ou de déguisement à l'étalage du moi. Ce que Victor Hugo, ce que Musset, le vieux Dumas ou George Sand ont imité de Gœthe ou de Byron, ce n'a jamais été que leur manière de vivre leurs romans, ou de « romancer » leur vie ; de se mettre eux-mêmes en scène ; de raconter, de confesser publiquement leurs amours ; le *Werther* du premier, le *Don Juan* du second ; — mais non pas la rare application de l'un au perfectionnement de sa propre individualité, ni la mort héroïque de l'autre. Pareillement, si nous examinons en quoi la liberté a consisté pour eux, — la liberté *dans* l'art, et non la liberté

Sainte-Beuve à propos de Rousseau : « qu'il est bon d'être né de la race des purs ». — Le sentiment de la nature ; — et comment Lamartine n'a pas eu besoin de l'acquérir pour le posséder ; — en ayant été pénétré dès l'enfance. — Le sentiment religieux ; — et combien il est plus sincère chez Lamartine que chez Chateaubriand ; — ou du moins plus « natif » ; — et peut-être ainsi d'autant plus favorable à la poésie. — Noblesse naturelle de l'imagination de Lamartine. — Ses premiers vers [Cf. sa *Correspondance*] ; — et leur ressemblance avec ceux de Chênedollé ; — mais surtout de Parny. — L'Elvire des *Méditations* [Cf. A. France, *L'Elvire de Lamartine*]. — Essais dramatiques du poète et ses relations avec Talma. — La publication des *Méditations*, 1819. — Effet qu'elles produisent, tout à fait hors de comparaison avec celui des *Poésies* de Chénier, 1819 ; — et nouvelle orientation qu'elles donnent à la poésie. — Les *Nouvelles Méditations*, et *la Mort de Socrate*, 1823. — Séjour en Italie. — Le *Dernier chant du pèlerinage de Childe Harold*, 1825. — Lamartine chargé d'affaires de France à Florence. — Composition des *Harmonies* ; — retour à Paris. — Réception à l'Académie française ; — et publication des *Harmonies*, 1830. — Au lendemain de la révolution de 1830, il donne sa démission ; — et publie son premier écrit politique. — Son échec électoral dans le Var ; — son départ pour l'Orient ; — sa rencontre avec lady Esther Stanhope. — Rentrée en France, 1833 ; — publication du *Voyage en Orient*, 1835 ; — et de *Jocelyn*, 1836.

A. *Les Méditations*. — Du caractère général des premières *Médi-*

de l'art, qui sont deux choses très différentes, — ce n'a pas été sans doute à se rendre maîtres du choix de leurs sujets, puisqu'on avait bien permis à Voltaire d'aller chercher les siens jusqu'en Amérique et jusqu'en Chine; ni à écrire des drames en prose, puisque *Cromwell, Hernani, Christine, Othello* sont en vers; ni même à violer les « règles », puisqu'enfin quelles « règles » dira-t-on qu'il y eût de l'élégie, de l'ode, du roman, et *Cinq-Mars, les Orientales, Notre-Dame de Paris, les Confessions de Joseph Delorme* sont-elles, ou non, des œuvres romantiques? Il faut l'avouer : les romantiques n'ont entendu la liberté que du droit d'être eux-mêmes en tout; de n'incliner devant aucune puissance au monde la « souve-

tations; — et, quand on les compare aux *Chansons* de Béranger, 1816-1824; — ce qui est presque une profanation; — où même aux *Élégies* de Chénier, 1819; — que ce qu'on y voit de plus neuf, c'est que le poète y a retrouvé les vrais « thèmes » lyriques; — lesquels sont la Nature, l'Amour et la Mort; — et les a traités avec autant d'élévation qu'il y a de sensualité dans les vers de Chénier; — et de « gauloiserie » narquoise ou d'épicurisme sournois dans les chansons de Béranger. — De la *Mort de Socrate*; — et de l'aptitude de Lamartine à la poésie philosophique [Cf. Voltaire, dans ses *Discours sur l'homme*]. — Les *Nouvelles Méditations* [Cf. le chapitre de M. Pomairols, dans son *Lamartine*]; — et qu'aux caractères des premières elles en joignent un autre; — qui est d'allier plus de grâce [Cf. *Ischia*] à plus de force [Cf. *le Crucifix*]; — non moins de sincérité à plus de virtuosité [Cf. *les Préludes*]; — et d'être à la fois ce qu'il y a dans la poésie française de plus noble et de plus voluptueux.

B. *Jocelyn*; — et qu'il a d'abord ce mérite; — qui en est bien un; — d'être le seul « poème » de quelque étendue que nous ayons en notre langue. — Du sujet de *Jocelyn*; — et de quelques objections que l'on a faites à Lamartine [Cf. sur ce point les quatre articles de Vinet et Em. Deschanel, dans un sens, et de Sainte-Beuve et J. Lemaître dans l'autre]. — Que de reprocher à Lamartine de n'avoir point marié Jocelyn et Laurence; — c'est reprocher à Corneille d'avoir séparé Polyeucte de Pauline; — et oublier qu'ils n'ont sans doute écrit que « pour les séparer » l'un son drame,

raineté » de l'artiste ; de ne reconnaître de loi que celle de leur caprice ou de leur fantaisie :

> Toujours le cœur humain pour modèle et pour maître !
> Le cœur humain de qui ? Le cœur humain de quoi ?
> Quand le diable y serait, j'ai mon « cœur humain » moi !

Et si l'on a pu dire enfin, si je crois avoir dit moi-même que le romantisme avait pris en tout le contre-pied du classicisme, la grande raison en est uniquement que le classicisme avait fait de l'impersonnalité de l'œuvre d'art l'une des conditions de sa perfection.

Par là également, par cette liberté d'être soi-même, et de n'être que soi, ou, si l'on le veut, de « réfracter » en

---

et l'autre son poème. — D'une comparaison que Sainte-Beuve a faite de la « poésie de curé de campagne » qu'il feint d'admirer surtout dans *Jocelyn* ; — avec la poésie de Wordsworth ; — et que c'est louer *Jocelyn* par son moindre mérite. — Que si ce mérite est en effet réel ; — et s'il y a dans *Jocelyn* toute une veine de poésie familière : — on y retrouve pourtant aussi le poète des *Méditations* ; — son sentiment de la nature ; — sa conception de l'amour, toujours aussi chaste dans son expression qu'ardente en son désir. — On y retrouve cette richesse d'inspiration ; — et cette fécondité descriptive auxquelles on ne peut reprocher, — que de tendre à l'abus d'elles-mêmes. — Et on y retrouve enfin ce caractère « philosophique » de la poésie de Lamartine ; — que nous avons déjà signalé dans les *Méditations* ; — et qui fait songer par endroits de Fénelon.

C. *Les Harmonies* ; — et qu'ayant paru avant *Jocelyn* ; — si cependant c'est après *Jocelyn* qu'on en parle ; — la raison en est « qu'étant écrites comme elles ont été senties, sans liaison et sans suite » ; — elles sont la substance même de la poésie de Lamartine ; — quand, au lieu de se contenir et de se surveiller, elle s'épanche. — Elle trahit en effet ainsi sa véritable nature ; — qui est précisément de ne pas savoir se borner ; — et de tendre non seulement à la philosophie ; — mais à la philosophie panthéiste ; — et à force d'abondance, au vague et à l'indétermination. — Que cette observation n'a pas d'ailleurs pour objet de « déprécier » les *Harmonies* ; — si Lamartine, à cette inspiration générale, a mêlé

soi l'univers, s'explique l'abondance, la richesse et l'éclat du lyrisme romantique. Il n'y a rien de supérieur dans notre langue aux *Méditations* de Lamartine, à quelques-unes des grandes odes d'Hugo, — depuis les *Deux Iles*, 1824, jusqu'aux *Mages*, 1856, — ou aux *Nuits* d'Alfred de Musset. Si ces très grands poètes ne nous intéressent pas toujours en nous parlant d'eux-mêmes, ils ne nous intéressent jamais qu'à nous parler d'eux-mêmes. Ou plutôt encore, ce qui les a eux-mêmes émus dans l'histoire ou dans la vie, telle est l'origine et le sujet de leurs chants, qui ne nous intéressent point quand ils n'y ont mis d'eux que ce qu'il y avait en eux de plus singulier, mais à l'unisson desquels nous vibrons tout entiers quand nous

quelques-unes de ses inspirations les plus précises [Cf. *Le premier regret, Milly ou la terre natale*]; — mais de le montrer s'échappant à lui-même ; — ne se préoccupant désormais ni de choisir entre ses idées ; — ni de donner des digues au flot toujours plus abondant de son improvisation ; — et se préparant ainsi à écrire *la Chute d'un ange*. — S'il faut regretter que Lamartine se soit tourné vers la politique ; — et qu'il semble bien qu'en tout cas son inspiration poétique fut dès lors sinon tarie ; — mais assurément « dépersonnalisée ». — Qu'il appartient d'ailleurs encore à l'histoire de la littérature ; — par quelques-uns de ses *Discours* [Cf. L. de Ronchaud, *La politique de Lamartine*, Paris, 1878]; — et quelques-uns de ses pressentiments [Cf. E. M. de Vogüé, *Heures d'histoire*, Paris, 1893]. — Il lui appartient encore par son *Histoire des Girondins*, 1847 ; — où sans doute l'histoire est étrangement défigurée ; — mais dont un poète seul pouvait écrire certaines pages ; — et il lui appartient enfin par ses romans personnels ; *Raphaël*, 1849 ; — les *Confidences*, 1849 ; — les *Nouvelles Confidences*, 1851 ; — *Graziella*, 1852. — Mais, à partir de cette date, — réduit, comme on disait jadis, à « travailler pour le libraire », — on trouve sans doute quelque ressouvenir de son passé dans ses livres et dans ses journaux ; — et on y trouve surtout plus de critique et de jugement qu'on n'affecte parfois de le croire ; — mais il a cessé d'agir sur l'opinion ; — et, près de quinze ans avant sa mort, — son rôle littéraire est terminé.

3º Les Œuvres. — Les *Œuvres* de Lamartine se composent de :

y retrouvons nos propres émotions répercutées, amplifiées, et multipliées par l'écho de leur voix. A cet égard on peut bien dire qu'ils nous ont révélé pour la première fois la grande poésie lyrique, celle dont Ronsard n'avait eu que le pressentiment, et que Malherbe « avait réduite aux bornes du devoir », en la dérivant vers la grande éloquence. Mais, quelle différence y a-t-il entre l'éloquence et le lyrisme, si d'ailleurs les mêmes « mouvements », et les mêmes « images », et les mêmes « qualités de langue » les caractérisent l'un et l'autre? Une seule peut-être, très petite et très grande à la fois. Tandis que l'orateur essaie de donner à son émotion la forme la plus générale qu'il puisse, afin d'atteindre ainsi l'auditoire le plus divers et

1º Ses *Poésies*, qui sont les *Méditations*, 1820; — *la Mort de Socrate*, 1823; — les *Nouvelles Méditations*, 1823; — *le Dernier chant du pèlerinage de Childe-Harold*, 1825; — les *Harmonies poétiques et religieuses*, 1830; — *Jocelyn*, 1836; — *la Chute d'un ange*, 1838; — les *Recueillements poétiques*, 1839.

Il y faut joindre un volume de *Poésies inédites*, publié en 1873; et d'assez nombreuses poésies de jeunesse, éparses dans le premier volume de sa *Correspondance*;

2º Ses *Romans* : *Raphaël*, 1849; — *Geneviève*, 1850; — *le Tailleur de pierres de Saint-Point*, 1851; — *Graziella*, 1852; et [quoique d'ailleurs il s'y rencontre beaucoup de vérité mêlée à beaucoup d'imagination], — les *Confidences*, 1849; — et les *Nouvelles Confidences*, 1851;

3º Son *Voyage en Orient*, 1832-1833;

4º Son *Histoire des Girondins*, 1847; — et son *Histoire de la Restauration*, 1852, etc.;

5º Sa *Correspondance*.

6º Son *Cours familier de littérature*.

Il existe plusieurs éditions des *OEuvres complètes de Lamartine* : Paris, 1840, chez Gosselin, 13 volumes; — Paris, 1845-1849, Furne, 8 volumes [qui ne comprennent en réalité que les *OEuvres poétiques* et le *Voyage en Orient*]; — et Paris, 1860-1863, chez l'auteur, rue de la Ville-l'Evêque, quarante volumes [dont ne font d'ailleurs partie ni la *Correspondance*, ni la totalité de son *Cours familier de littérature*].

le plus étendu, c'est au contraire la forme la plus individuelle possible que le poète s'efforce de donner aux émotions de tout le monde. Ainsi du moins ont fait les Musset, les Hugo, les Lamartine ; et ainsi, bien loin d'eux, mais comme eux, le poète des *Iambes* ou celui des *Confessions de Joseph Delorme*, auxquels tous on a précisément reproché d'être en général plus orateurs que poètes. Le reproche méconnaissait à la fois les conditions du lyrisme et le principe du romantisme. S'ils sont bien les plus grands de nos poètes lyriques, c'est qu'ils en sont les plus personnels ; et parce qu'ils en sont les plus personnels, ils en sont les plus romantiques.

Et là toujours, dans ce besoin de parler d'eux-mêmes,

XI. — Le Triumvirat de Sorbonne [1815-1830].

De la fortune commune de François Guizot [Nîmes, 1787 ; † 1874, le Val-Richer] ; — d'Abel Villemain [Paris, 1790 ; † 1870, Paris] — et de Victor Cousin [Paris, 1792 ; † 1867, Cannes], — et qu'elle est bien moins de s'être tous les trois servis de la littérature pour en sortir ; — d'avoir été tous les trois « ministre de l'instruction publique » ; — ou même d'avoir tous les trois et ensemble enseigné en Sorbonne ; — que d'avoir, par cet enseignement, excité les mêmes défiances ou les mêmes enthousiasmes ; — donné à l'éloquence « professorale » le même retentissement qu'à celle de la chaire, de la tribune ou du barreau ; — et enfin imprimé à l'histoire, à la philosophie, et à la critique littéraire les mêmes directions. — C'est pour cette raison qu'il convient de les joindre ensemble ; — et aussi parce que n'étant pas très originaux ; — ils ont plutôt été les orateurs des « idées communes » de leur temps que de véritables inventeurs ; — « des vulgarisateurs » plutôt que des « penseurs » ; — et deux au moins d'entre eux des « rhéteurs » plutôt que de vrais orateurs : — c'est Guizot qui est « le troisième ».

Tous les trois ils ont concouru à développer la curiosité des choses étrangères : — Guizot, par ses traductions de *Shakespeare* et de *Gibbon* ; — et par des *Histoires* dont l'Angleterre est toujours l'âme invisible et présente ; — Villemain, par le plus célèbre de ses *Cours*, le *Cours de littérature française au* xviiie *siècle* ; — où

se trouve enfin la première origine de toutes les innovations qu'il n'est que juste de leur rapporter. S'ils ont assoupli, et en quelque sorte brisé l'alexandrin classique, c'est que l'alexandrin était pour la pensée, mais surtout pour le sentiment, une enveloppe ou une armure, dont la rigidité se ployait mal aux exigences de ce que le sentiment et la pensée ont de plus personnel. Voulant traduire des émotions plus intimes, — dont ce nom même d'intimes rappelle qu'on les avait gardées jusqu'à eux pour soi-même, — les romantiques ont eu besoin d'une plus grande liberté de mouvement, et ils n'ont pas demandé autre chose à l'alexandrin réformé. Ils ont eu besoin également d'un vocabulaire plus étendu :

> les écrivains et surtout les orateurs politiques anglais tiennent autant de place que nos écrivains nationaux ; — et Cousin, par ses « adaptations » des philosophies de Reid ou de Dugald-Stewart, et des métaphysiques de Schelling et d'Hegel. — Tous les trois ils ont fait de la critique générale ; — ou plutôt de l' « éclectisme » ; — Villemain en littérature, et avec plus d'esprit ; — Cousin en philosophie, et avec plus de fougue, — et Guizot en histoire, et avec plus de raideur ; — mais sans avoir, à vrai dire, ni Guizot de méthode personnelle ; — ni Cousin de philosophie originale, — ni Villemain de doctrine d'art ; — et en ne s'aidant que des lumières de leur « libéralisme ». — Que si d'ailleurs, avant Villemain, la critique littéraire ne procédait guère que de l'humeur individuelle du critique ; — avant Cousin, la « philosophie » que du besoin qu'on en croyait avoir pour combattre ou pour consolider quelque chose ; — et l'histoire, avant Guizot, que du désir de trouver dans le passé des arguments pour le présent ; — tous les trois ont fait faire un grand pas à la critique générale en la fondant sur des principes plus ou moins contestables ; — mais envisagés du moins comme scientifiques. — Et tous les trois enfin, par leur manière de traiter l'histoire, la philosophie et la critique littéraire, — ils ont montré la solidarité qui liait les parties d'une même civilisation : — Guizot en enveloppant l'histoire, la littérature et la philosophie dans sa généralisation historique ; — Cousin en montrant le rapport de la philosophie de Condillac avec l'esprit général du xviiie siècle ; — et Villemain en mêlant l'histoire et la littérature.

> Quand, tâchant de comprendre et de juger, j'ouvris
> Les yeux sur la nature et sur l'art; l'idiome,
> Peuple et noblesse, était l'image du royaume;
> La poésie était la monarchie, un mot
> Était un duc et pair ou n'était qu'un grimaud;

et de ce que Victor Hugo dit dans ces vers célèbres, on en a vu plus haut la raison. C'est qu'on n'exprimait, en ce temps-là, la nature même qu'en fonction de l'homme, et l'homme qu'en fonction de la société. Mais, du moment qu'on rendait chacun de nous à lui-même, ces distinctions s'évanouissaient avec la doctrine dont elles étaient l'expression; tous les mots devenaient bons qui nous servaient à manifester notre personnalité; et en littérature comme

Diversement, mais presque également, — ils ont ainsi contribué à diriger dans ses voies « le siècle de la critique et de l'histoire »; — ils ont fait entrer de « l'air » dans les collèges; — et l'esprit du temps dans l'enseignement. — Comme ils ont vécu tous les trois assez vieux; — et qu'ils ont eu tous les trois au « ministère », dans les « conseils », et dans les « académies » une grande influence, — ils ont formé chacun toute une école; — et ils ont mis l'enseignement en communication avec le « monde »; — dont on peut dire que depuis deux siècles il était isolé. — Ils ont encore fait entrer l'objet de leurs propres études dans la « littérature générale »; — et, sous ce rapport, parce qu'ils regardaient volontiers au delà de nos frontières; — dans le champ que Mme de Staël avait ouvert à la curiosité; — leur action a été plus que nationale, vraiment européenne; — et rien qu'à ce titre, dans la mesure où le romantisme était un affranchissement de la tradition purement classique; — ils ont donc eu, eux aussi, du fond de leur Sorbonne; — leur part dans sa formation.

XII. — **Jacques-Nicolas-Augustin Thierry** [Blois, 1795; † 1856, Paris].

1º LES SOURCES. — Augustin Thierry, *Dix ans d'études historiques*, préface de 1840; — Charles Magnin, *Augustin Thierry*, dans la *Revue des Deux Mondes*, mai 1841; — A. Nettement, *Histoire de la littérature française sous la Restauration*, 1853; — Ernest Renan, dans ses *Essais de morale et de critique*, 1857; —

en politique l'individualisme aboutissait à l'égalité. Et ne fallait-il pas enfin qu'en prose comme en vers, à la liberté du choix des mots répondît la liberté du tour? une phrase plus souple à un vocabulaire plus varié? et une révolution de la syntaxe à celle de la langue?

Ainsi, de quelque côté qu'on le prenne, on le voit, c'est à l'individualisme que le romantisme se ramène, ou encore, le lyrisme est l'intermédiaire par le moyen duquel l'individualisme s'est dégagé du romantisme; — et réciproquement. Nous en avons une dernière preuve dans la rapidité de contagion avec laquelle ils ont tous les trois, entre 1830 et 1840, envahi, pénétré, transformé tous les genres. Qui ne le sait, que les drames d'Hugo, de Musset,

Pierre Dufay et René Ribour, *Le Centenaire d'Augustin Thierry*, Blois, 1895.

2° LA RÉNOVATION DE L'HISTOIRE; — et qu'il n'y a rien d'excessif à la rattacher au nom d'Augustin Thierry; — sur l'esprit duquel il convient d'observer avant tout, que, ni son passage par l'Ecole normale supérieure, de fondation toute récente alors; — ni sa collaboration avec Saint-Simon; — et aux journaux libéraux de l'époque, 1820; — tels que le *Courrier français*, — n'ont exercé de grande influence. — Mais ce sont Chateaubriand d'abord; — et ensuite Walter Scott qui lui ont révélé sa vraie vocation; — qui a été : 1° d'introduire dans l'histoire le sentiment de la *diversité des époques*; — toutes ou presque toutes confondues jusqu'alors sous l'uniformité d'un même coloris; — 2° d'introduire dans l'histoire, avec la doctrine de l'*irréductibilité* des *races*, une espèce de fatalisme physiologique; — mais aussi un ferment ou un levain de poésie; — si, comme nous l'avons vu en partant de l'épopée du moyen âge, — toute épopée se définit par un conflit de races; — et 3° de faire voir enfin de quelle lumière — la préoccupation active du présent éclairait les obscurités du passé; — et leur donnait leur véritable sens.

3° LES ŒUVRES. — Les *Œuvres* d'Augustin Thierry comprennent : 1° ses *Lettres sur l'histoire de France*, 1820, et réunies en volume, augmentées et corrigées en 1827; — 2° son *Histoire de la conquête de l'Angleterre par les Normands*, 1825, qui est son ouvrage capital; — 3° ses *Considérations sur l'histoire de France*, servant d'intro-

de Dumas lui-même, que les romans, le *Stello* de Vigny, l'*Indiana*, la *Valentine*, la *Lélia* de George Sand, la *Confession d'un Enfant du siècle*, qui sont ce qu'il y a de plus « romantique » en français, sont aussi ce qu'il y a de plus « personnel » ? Ajoutez-y le *Raphaël* et la *Graziella* de Lamartine. En vérité, ce ne sont là, pour user du vers de Du Bellay,

> Que les papiers journaux, ou bien les commentaires

de leurs impressions de toute sorte ! Mais ce qui est sans doute plus digne d'attention, c'est de voir la critique, dans les premiers écrits de Sainte-Beuve, dans ses *Por-*

duction aux *Récits des temps mérovingiens*, 1840 ; — et 4° son *Essai sur la formation et le progrès du Tiers-État*, 1853.

Le recueil intitulé *Dix ans d'études historiques*, publié en 1834, comprend, avec les *Lettres sur l'histoire de France* [nouvelle édition], un certain nombre d'articles de l'auteur sur différents sujets d'histoire et de littérature ou de philosophie.

Il existe deux éditions des *OEuvres complètes* d'Augustin Thierry : Paris, 1859, Furne ; — et Paris, 1883, F. Didot.

XIII. — Le théâtre romantique.

1° LES SOURCES. — G. Schlegel, *Cours de littérature dramatique*, traduction française, Paris et Genève, 1814 ; — F. Guizot, sa *Préface* pour la réédition du *Shakespeare* de Letourneur, Paris, 1821 ; — Stendhal, *Racine et Shakespeare*, Paris, 1823-1825 ; — Ch. Magnin, *le Théâtre anglais à Paris*, 1827-1828 [Dans ses *Causeries et Méditations*, t. II, Paris, 1843] ; — Benjamin Constant, *De Wallenstein et du théâtre allemand*, dans ses *Mélanges*, Paris, 1829 ; — Fauriel, *Carmagnola* et *Adelghis*, tragédies de Manzoni, suivies d'une *Lettre de Manzoni à M. C. sur l'Unité de temps et de lieu*, Paris, 1834 [Cf. Waille, *le Romantisme de Manzoni*, Alger, 1890].

Les *Préfaces* de N. Lemercier ; Alexandre Dumas ; Alfred de Vigny ; Victor Hugo, etc.

Jules Janin, *Histoire de la littérature dramatique*, Paris, 1853, 1858 ; — Gustave Planche, ses *Revues dramatiques* dans la *Revue*

traits littéraires ou dans ses *Portraits contemporains*, — et quand il y met du moins quelque sincérité, — n'être plus que le journal, elle aussi, des impressions littéraires de Joseph Delorme. Que dirons-nous encore que soient les *Histoires* de Michelet, sinon la notation lyrique des émotions qu'il éprouve à revivre, dans le silence apaisé des archives, les hontes ou les gloires du passé? Je joindrais à ces noms ceux de Lacordaire et de Berryer, si depuis trente ou quarante ans à peine qu'ils sont morts, le virtuose de la tribune et celui de la chaire n'étaient devenus l'un et l'autre à peu près illisibles.

Une réaction était inévitable. « Les hommes sont faits pour vivre ensemble et pour former des corps et des sociétés

---

des Deux Mondes, 1832-1857; — Théophile Gautier, *Histoire de l'art dramatique*, Paris, 1859; — Saint-Marc Girardin, *Cours de littérature dramatique*, Paris, 1853.

2° L'ÉVOLUTION DU ROMANTISME AU THÉATRE; — et que, si l'on en cherche le principe dans l'appropriation du théâtre anglais ou allemand; — dans l'introduction sur la scène française des sujets nationaux; — ou dans l'imitation du décor exotique; — on le cherchera longtemps sans le trouver. — Le romantisme au théâtre n'a consisté qu'à prendre en tout le contre-pied du classicisme; — à nier l'existence des règles; — et à proclamer une liberté dont le premier effet a été d'abaisser la tragédie au niveau du mélodrame. — C'est ce que l'on peut constater en relevant le chemin — que Vigny a fourni d'*Othello*, 1829, à *Chatterton*, 1835; — Hugo, de *Cromwell*, 1827, aux *Burgraves*, 1843; — et Dumas, d'*Henri III à sa cour*, 1829, à *Mademoiselle de Belle-Isle*, 1839. — Un second trait qui caractérise le drame romantique est l'esprit de révolte dont il est inspiré; — et que, sans avoir besoin de descendre jusqu'aux élucubrations de Félix Pyat, — on reconnaît assez aisément dans l'*Antony* de Dumas, 1831; — dans *le Roi s'amuse* de Victor Hugo, 1832; — et dans le *Chatterton* lui-même de Vigny, 1835.. — Et, comme il faut enfin que la liberté la plus déréglée aboutisse à une règle, — un dernier caractère du drame romantique est l'affirmation de la souveraineté de la passion; — et sous le nom d'énergie, la glorification du crime.

Heureusement que, tandis que leurs imitateurs, comme un Fré-

civiles. Mais il faut remarquer que tous les particuliers qui composent les sociétés ne veulent pas qu'on les regarde comme la dernière partie du corps duquel ils sont. Ainsi, ceux qui se louent se mettant au-dessus des autres, les regardant comme les dernières parties de la société, et se considérant eux-mêmes comme les plus honorables, ils se rendent nécessairement odieux à tout le monde. » Les romantiques ne connaissaient assurément pas ces paroles du modeste et timide Malebranche; et, les eussent-ils connues, qu'ils n'en eussent tenu compte. Mais ils auraient eu tort! Ce que nous supportons en effet de l'auteur des *Méditations* ou de celui des *Nuits*, nous ne saurions le supporter longtemps même d'un Sainte-Beuve, — c'est

déric Soulié, par exemple, — vont jusqu'au bout de la doctrine, — Vigny en est préservé par sa noblesse naturelle; — Hugo, par son lyrisme, qui dans son *Hernani*, ou dans son *Ruy Blas*, l'élève au-dessus de son sujet; — et Dumas, par la fécondité de son invention dramatique. — De telle sorte que le théâtre romantique, après avoir fait plus de bruit que de besogne, — retourne à l'épopée par les *Burgraves*; — et au drame de Scribe par *Mademoiselle de Belle-Isle*, ou *les Demoiselles de Saint-Cyr*; — sans avoir conquis autre chose à l'auteur dramatique qu'une liberté générale très vague; — dont les applications ne se précisent qu'en s'opposant aux contraintes classiques. — Le drame romantique est une tragédie classique; — où l'on a le droit de violer les trois unités; — dont les personnages peuvent n'être que de simples particuliers; — et où le « grotesque » se mêle constamment au « sublime ».

3° Les Œuvres. — 1° D'Alfred de Vigny : *le More de Venise*, 1829; — *la Maréchale d'Ancre*, 1831; — *Chatterton*, 1835.

2° De Victor Hugo : *Cromwell*, 1827; — *Hernani*, 1829; — *Marion Delorme*, 1830; — *le Roi s'amuse*, 1832; — *Lucrèce Borgia*, 1833; — *Marie Tudor*, 1833; — *Angelo*, 1835; — *Ruy Blas*, 1838; — *les Burgraves*, 1843.

3° D'Alexandre Dumas : *Henri III et sa cour*, 1829; — *Christine à Fontainebleau*, 1830; — *Napoléon Bonaparte*, 1831; — *Antony*, 1831; — *Charles VII chez ses grands vassaux*, 1831; — *Richard Darlington*, 1831; — *Teresa*, 1832; — *la Tour de Nesle*, 1832; — *Angèle*, 1833; — *Catherine Howard*, 1834; — *Don Juan de Marana*,

du poète que je parle, — ou d'une Desbordes-Valmore. Nous les trouvons trop impertinents de nous entretenir ainsi de leurs affaires, comme si nous n'avions pas les nôtres! et le don de l'expression leur faisant ordinairement défaut, leurs airs de supériorité nous irritent. Ils le sentent bien; et, pour tirer de leur originalité le droit de nous ennuyer d'eux, ils s'en composent, ils essaient péniblement de s'en composer une, ce qui ne tarde pas à les jeter dans la bizarrerie ou dans la monstruosité. Ils nous demandent alors pour les maladies qu'ils se sont données l'indulgence et l'attention qu'ils désespéraient autrement d'obtenir, et, par une conséquence de l'étalage de soi-même, la littérature devient pathologique. Mais ici le bon sens se

1836; — *Kean*, 1836; — *Caligula*, 1837; — *Paul Jones*, 1838; — *Mademoiselle de Belle-Isle*, 1839; — *l'Alchimiste*, 1839; — *Un mariage sous Louis XV*, 1841; — *Lorenzino*, 1842.

XIV. — **Alfred de Musset** [Paris, 1810; † 1857, Paris].

1° LES SOURCES. — Sainte-Beuve, *Portraits contemporains*, t. II, 1833, 1836, 1840; et *Causeries du lundi*, t. I, 1850, et t. XIII, 1857; — Alfred de Musset : ses *Nuits*; et sa *Confession d'un enfant du siècle*, 1835; — George Sand, *Elle et lui*, Paris, 1859; — Paul de Musset, *Lui et elle*, Paris, 1860; et *Biographie d'Alfred de Musset*, Paris, 1877; — Mme O. Jaubert [née d'Alton Shée], *Souvenirs*, Paris, 1881; — Émile Montégut, *Nos morts contemporains*, Paris, 1884; — Émile Faguet, *Dix-neuvième siècle*, Paris, 1887; — Jules Lemaître, *Introduction au théâtre d'Alfred de Musset*, édition Jouaust, Paris, 1889-1891; — Arvède Barine, *Alfred de Musset*, dans la collection des *Grands Écrivains français*, Paris, 1893; — F. Brunetière, *l'Évolution de la poésie lyrique*, 1895; — *Lettres d'Alfred de Musset et de George Sand*, publiées par M. S. Rocheblave, Paris, 1897.

2° LE POÈTE. — Son origine bourgeoise et ses prétentions aristocratiques; — son éducation voltairienne [Cf. dans la *Confession* ce qu'il dit lui-même de ses premières lectures]; — et le premier trait de son caractère, qui est l'impatience ou l'avidité de jouir. — Ses premières *Poésies*; — et comment elles seraient gâtées par une perpétuelle affectation de « dandysme » [Cf. *Mardoche*]; — et de dépra-

révolte ; le sens commun reprend ses droits ; le sentiment de la fonction sociale de la littérature et de l'art se réveille. On ose enfin disputer au poète la « souveraineté » qu'il réclamait. On s'aperçoit en même temps que le vice du romantisme consiste essentiellement dans cette pénétration de tous les genres par le lyrisme ; et s'il fallait une preuve de plus que le romantisme, c'est bien le lyrisme, on la trouverait dans ce fait que tout ce que l'on commence d'essayer de retirer à l'un, c'est l'autre maintenant qui va le perdre.

La chute retentissante des *Burgraves*, en 1843, — à laquelle s'oppose, dans la même année, le succès non moins retentissant, quoique certes moins mérité, de

---

vation mondaine, à la manière de Laclos et du jeune Crébillon [Cf. *Namouna*] ; — pour ne rien dire d'une phraséologie qui sent encore son dix-huitième siècle ; — si d'ailleurs elles n'étaient belles de l' « orgueil de vivre » qui s'y trahit ; — et de l'ardeur de passion sans objet [Cf. *la Coupe et les lèvres*] qui les enflamme. — Effet qu'elles produisent dans « la grande boutique romantique » ; — réputation prématurée qu'elles valent à leur auteur ; — et que jamais célébrité plus précoce n'a coûté plus cher à l'homme le mieux fait pour en avaler l'ivresse jusqu'à la lie.

Le « Poète de l'amour » ; — et que c'est toujours à cette qualification qu'il en faut revenir en parlant de Musset ; — s'il n'y a pas dans notre langue ; — et en dépit des chicanes de style ou de versification qu'on peut lui faire ; — qu'il faut même que l'on lui fasse ; — de plus beaux poèmes d'amour ; — de plus sincères, de plus passionnés, et de plus poignants ; — que la *Lettre à Lamartine* ou que la *Nuit d'octobre*. — Pareillement, et à l'exception de son *Lorenzaccio* ; — qui est sa part de « contribution » ou son « contingent » dans la bataille romantique ; — son *Théâtre* tout entier n'est qu'un hymne à l'amour [Cf. *les Caprices de Marianne* ; — *le Chandelier* ; — *On ne badine pas avec l'amour* ; — *Il ne faut jurer de rien* ; — *Fantasio*, etc.] ; — et à l'amour conçu comme la seule raison qu'il y ait d'être au monde ; — et de vivre. — Là est le secret de sa force dramatique ; — de la poésie souvent malsaine ou suspecte ; — mais toujours infiniment séductrice, dont son théâtre s'enveloppe comme d'une atmosphère unique ; — et là par conséquent le secret de la

la *Lucrèce* de Ponsard, — porte au drame romantique un coup dont il ne s'est pas relevé. Mais François Ponsard n'est pas homme à soutenir le rôle dont les circonstances l'ont investi presque malgré lui et, en réalité, tout en ayant beaucoup moins de prétentions que l'auteur de *Lucrèce* à la « littérature », c'est Eugène Scribe, et c'est Alexandre Dumas qui ramènent le théâtre à l'intelligence de ses vraies conditions. Il faut les joindre tous les deux ensemble, et les réconcilier dans la mort ; car s'ils écrivent mal l'un et l'autre, et même presque aussi mal que l'on ait jamais écrit en français, on ne peut pourtant pas dire qu'ils écrivent plus mal l'un que l'autre. Ce qu'en tout cas ils ont bien compris, c'est que douze ou quinze cents

vitalité de son œuvre. — Qu'il se peut encore que les mêmes qualités ; — et aussi ce qu'elle contient de renseignements sur la « pathologie de l'amour » ; — sauvent sa *Confession* du naufrage où l'entraînerait sans cela le poids des déclamations qui s'y mêlent ; — et qu'enfin cette religion de l'amour fait à peu près le seul mérite de ses *Contes* et de ses *Nouvelles*.

Observations à ce sujet ; — et qu'après tout il en a bien pris à Musset d'être une victime de l'amour ; — s'il n'a guéri de sa grande crise, 1832-1837 ; — que pour retomber sur lui-même ; — et se retrouver le *dandy* de ses origines ; — ou, comme l'appelait Flaubert, le bourgeois. — Que ces côtés « bourgeois » de l'œuvre de Musset ne laissent pas cependant d'avoir leur mérite ; — et que, pour les apprécier, il suffit d'appeler « parisien » ce que Flaubert appelait bourgeois ; — et de replacer ainsi l'auteur d'*Une bonne fortune* et d'*Après une Lecture*, — dans la lignée de Voltaire, de Regnard, de Boileau et de La Fontaine.

3º Les Œuvres. — Les *Œuvres* de Musset, très bien classées dans l'édition de ses *Œuvres complètes*, Charpentier, 10 vol., 1865, 1866, 1867, 1876, 1886, comprennent : 1º ses *Poésies*, divisées en *Premières Poésies* et *Nouvelles Poésies* ; — 2º son *Théâtre* ; — 3º la *Confession d'un enfant du siècle* ; — 4º ses *Contes et Nouvelles* ; — 5º ses *Mélanges*, et — 6º ses *Œuvres posthumes* [Cf. *Étude critique et bibliographique sur les Œuvres d'Alfred de Musset*, par le Vte de Spoelberch, Paris, 1867 ; et Derôme, *les Éditions originales des romantiques*, t. II, Paris, 1887].

spectateurs, de tout âge et de toute condition, ne se renferment pas pendant quatre ou cinq heures dans une salle close pour y entendre un auteur leur parler de lui-même. S'ils ne retournent donc pas aux errements du théâtre classique, — et encore le meilleur de Scribe est-il peut-être ce qu'il doit à Beaumarchais, — ils s'en rapprochent ; et des œuvres de demi-caractère, comme *Mademoiselle de Belle-Isle* (1839), et les *Demoiselles de Saint-Cyr* (1843), ou comme *Bataille de Dames* et *le Verre d'eau*, ne diffèrent très profondément ni les unes des autres, ni des œuvres du passé. L'observation y fait défaut, sans doute ; et aussi la psychologie ; et encore une fois le style. Mais, quand ce ne serait que par l'intermé-

XV. — **Prosper Mérimée** [Paris, 1803 ; † 1870, Cannes].

1º LES SOURCES. — Sainte-Beuve, *Portraits contemporains*, t. III, 1841 ; et *Causeries du Lundi*, t. VII, 1853 ; — Taine, *Prosper Mérimée*, 1873 ; — et Mérimée lui-même, *Lettres à une inconnue*, 1873 ; et *Lettres à Panizzi*, 1881 ; — O. d'Haussonville, *Prosper Mérimée*, dans la *Revue des Deux Mondes* d'avril 1879 ; — Maurice Tourneux, *Prosper Mérimée, sa bibliographie*, Paris, 1876 ; et *Prosper Mérimée, ses portraits*, etc., Paris, 1879 ; — Émile Faguet, *XIXᵉ siècle*, 1887 ; — Aug. Filon, *Mérimée*, Paris, 1893 ; — Mérimée, *Une Correspondance inédite*, 1896.

2º LE RÔLE DE MÉRIMÉE ; — et qu'il semble avoir été d'un ironiste ; — qui n'aurait feint de croire au romantisme, — que pour le mieux connaître ; — s'en mieux moquer ; — et finalement le discréditer. — Les débuts de Mérimée : le *Théâtre de Clara Gazul*, 1825, — et *La Guzla*, 1827 ; — et que, si la « couleur » en est d'un romantique, — l'idée première en est d'un curieux de toutes choses ou d'un dilettante ; — et bien moins d'un disciple de Chateaubriand — que d'un élève de Fauriel et d'un ami de Stendhal. — La *Chronique du règne de Charles IX*, 1829 ; — *le Vase étrusque*, 1830 ; — *la Double méprise*, 1833 ; — et que déjà ces deux dernières *Nouvelles* n'ont presque plus rien de romantique. — Celles qui ont suivi : *les Ames du Purgatoire*, 1834, — et *la Vénus d'Ille*, 1837, semblent rentrer dans la formule romantique. — Mais ce n'est là qu'une apparence ; — et on le voit bien dans *Colomba*, 1840 ; —

diaire des prétentions historiques qu'elles affichent, un peu de réalité rentre dans le drame, et le théâtre aspire pour ainsi dire en elles à retrouver sa loi. On s'est rendu compte qu'il ne saurait y avoir de théâtre sans un sujet dont l'intérêt soit vraiment général, mais surtout sans une certaine « aliénation de soi-même », qui arrache le poète à la préoccupation de son individualité pour l'incarner dans ses personnages. On reconnaît, on avoue qu'au théâtre il faut que le moi se subordonne à quelque chose d'autre que lui-même; et c'est comme si nous disions que le théâtre ne rentre en possession de ses moyens qu'en cessant d'être romantique.

C'est le roman qui va l'aider à les développer. Et, en

Arsène Guillot, 1844; — *Carmen*, 1845; — où l'on ne retrouve plus du romantisme que deux traits seulement : la recherche de la « couleur locale »; — et la glorification de l'énergie; — mais à peine quelque intention de faire montre de soi-même. — On n'y trouve non plus aucune déclamation; — et l'art y consiste au contraire à faire rentrer le rare ou le singulier sous les conditions communes de la réalité. — C'est ce qui aurait suffi; — quand d'ailleurs il n'aurait pas eu des goûts d'archéologue et d'érudit, — pour conduire Mérimée à l'histoire; — et, en effet, c'est par l'histoire qu'il a fini; — assez obscurément d'ailleurs; — et en se moquant du « réalisme » à la formation duquel il avait pourtant contribué; — comme il s'était moqué jadis du « romantisme »; — tout en faisant campagne avec lui.

3° LES ŒUVRES. — Les *OEuvres* de Mérimée comprennent : 1° son *Théâtre de Clara Gazul*, 1825, et *La Guzla*, 1827; — 2° ses *Nouvelles*, dont on vient d'indiquer en passant les principales; — 3° ses travaux historiques, dont les principaux sont : son *Essai sur la guerre sociale*, 1841; son *Don Pèdre de Castille*, 1848; et ses *Faux Démétrius*, 1852; — 4° ses travaux archéologiques, dont le principal est sa description des *Peintures de Saint-Savin*, 1845; — 5° ses traductions du russe : d'après Pouchkine, *La dame de pique*; Gogol, *l'Inspecteur général*; Tourgueniess, *Apparitions*; — 6° quatre volumes de récits de voyage : *Dans le Midi de la France*; *Dans l'ouest*; *en Auvergne*; et *En Corse*; et de nombreux articles de revues, qui n'ont pas tous été réunis en volume; — 7° une *Cor-*

effet, dans le même temps, c'est-à-dire aux environs de 1840, après avoir en quelque sorte « jeté ses premiers feux », et bruyamment occupé l'opinion de l'histoire de son mariage ou du scandale de ses amours, l'auteur elle-même d'*Indiana*, de *Valentine*, de *Lélia*, commence d'entrevoir que l'observation du dehors, l'observation impersonnelle et désintéressée, qui fait la définition du roman, en fait donc aussi la valeur. Il est vrai qu'aussitôt, avec cette facilité que les femmes ont toujours de se jeter aux extrêmes, et surtout d'obéir aux influences masculines qui les dominent momentanément, George Sand, guidée par Lamennais d'abord et ensuite par Pierre Leroux, se porte en trois pas du roman intime ou lyrique

respondance, comprenant actuellement les *Lettres à une inconnue*, 2 vol., 1873; *Lettres à une autre inconnue*, 1 vol., 1875; *Lettres à Panizzi*, 2 vol., 1881; et *Une Correspondance inédite de P. Mérimée*, 1 vol., 1896.

Cette *Correspondance* ne fait pas la partie la moins intéressante de son œuvre; et nous avons des raisons de croire qu'on en doublerait aisément le volume.

XVI. — **Alexis-Charles-Henri Clérel de Tocqueville** [Paris, 1805; † 1859, Cannes].

1° LES SOURCES. — Sa *Correspondance inédite*, Paris, 1861; et sa *Nouvelle Correspondance inédite*, Paris, 1865; — G. de Beaumont, *Notice sur Alexis de Tocqueville*, en tête de ses *Œuvres et correspondance inédites*, 1861, Paris; — L. de Loménie, *Esquisses historiques et littéraires*, Paris, 1859; — Sainte-Beuve, *Premiers lundis*, t. II, 1856; *Causeries du lundi*, t. XV, 1860, 1861; et *Nouveaux lundis*, t. X, 1865; — Émile Faguet, *Alexis de Tocqueville*, dans la *Revue des Deux Mondes* du 1er février 1894; — G. d'Eichthal, *Alexis de Tocqueville*, Paris, 1897.

2° L'HISTORIEN. — Originalité de sa manière; — et qu'elle ne diffère pas moins de celle de Guizot, dont on l'a souvent rapprochée, — que de celle de Thiers ou d'Augustin Thierry. — *La Démocratie en Amérique*, 1835-1840; — et que, du consentement des Américains, on n'a rien écrit sur eux de plus conciencieusement observé; — ni qui demeure plus vrai dans ses grandes lignes, après

au roman social ou déjà socialiste; et *le Péché de M. Antoine* ou *le Compagnon du Tour de France* sont à peine des romans; — et à coup sûr n'en sont point de bons. Ceux d'Alexandre Dumas, de Frédéric Soulié, d'Eugène Sue, en sont-ils de meilleurs? A tout le moins, dans leur vulgarité même, sont-ils mieux composés, plus intéressants, plus dramatiques; et, autant ou plus que ceux de George Sand, les derniers contribuent à détourner l'attention de ces misères dont les romantiques avaient fait tant d'éclat, pour la diriger vers d'autres misères, plus réelles, plus profondes, plus cruelles. Mettons encore ici les noms de Mérimée, de Jules Sandeau, de Charles de Bernard. Mais il était réservé à Honoré de Balzac,

soixante ans écoulés. — C'est que la sereine impersonnalité du philosophe s'y joint à la perspicacité de l'observateur; — le désintéressement du savant à la curiosité du politique; — et l'art de formuler la loi des phénomènes à celui d'en saisir le caractère essentiel. — *L'Ancien Régime et la Révolution*, 1856; — et que ce livre a marqué une époque dans la manière même de concevoir les origines de la Révolution; — et d'en représenter l'histoire. — Comment Tocqueville a bien vu : 1° que la Révolution tenait par toutes ses racines au plus lointain passé de notre histoire; — 2° qu'elle devait à la profondeur de ses causes son caractère « religieux »; — et 3° que pour cette raison il ne dépendait d'aucune puissance politique d'en abolir les effets. — Par le moyen de ces deux ouvrages nul n'a plus fait que Tocqueville, — pour soustraire l'histoire à l'arbitraire du jugement de l'historien; — préparer l'idée que nous nous en formons de nos jours; — et lui donner tout ce qu'on peut lui donner des caractères d'une science.

3° Les Œuvres. — Puisque nous avons négligé l'homme politique pour ne retenir dans cet article que l'historien, nous ne parlerons pas ici des *Écrits politiques* de Tocqueville : *Rapports*, *Discours*, ou *Souvenirs* [publiés en 1893]. — Sa *Démocratie* a paru en 1835-1840; — son *Ancien Régime et la Révolution* en 1856; — et le reste de son œuvre historique ne se compose que de *Fragments* qui se rapportent à l'un ou l'autre de ses deux ouvrages. Sa *Correspondance*, très intéressante, a été publiée par Gustave de Beaumont, son compagnon de voyage aux États-Unis.

par d'autres moyens encore, d'affranchir le roman des conventions du romantisme, et, dans ses chefs-d'œuvre, de l'élever à une perfection que personne peut-être n'a dépassée depuis lui, — ni atteinte.

Sans doute, on avait fait des romans avant lui, de bons romans, parmi lesquels on peut croire qu'il y en a deux ou trois, *la Princesse de Clèves*, *Gil Blas*, *Manon Lescaut*, qui dureront autant que la langue française. Mais ce n'étaient toutefois que d'heureux « accidents »; des rencontres, qui ne contenaient pas en soi, pour ainsi dire, de quoi se reproduire ou se renouveler; et personne, avant lui, n'avait compris comme lui que le vrai rôle ou la vraie fonction littéraire du roman est d'être la repré-

Ses *Œuvres complètes* ont été publiées par Mme de Tocqueville, Paris, 1864-1868, en neuf volumes in-8°, dont les deux volumes publiés par M. G. de Beaumont en 1861 forment les cinquième et sixième tomes.

Deuxième Époque

De la représentation des « Burgraves » à la publication de la « Légende des siècles ».

1843-1859.

I. — **Honoré de Balzac** [Tours, 1799; † 1850, Paris].

1° Les Sources[1]. — Balzac, sa *Correspondance* [1819-1850], formant le tome XXIV de l'édition des *Œuvres complètes*, Paris, 1876; — et *Lettres à l'étrangère* [Mme Hanska, depuis Mme de Balzac], dans la *Revue de Paris*, 1894, 1895, 1896.

Sainte-Beuve, *Portraits contemporains*, t. II, 1836; et *Causeries du Lundi*, t. II, 1850; — P. de Molènes, ses articles dans la *Revue des Deux Mondes*, mars, avril, novembre 1842 et juin 1843; — Lerminier, dans la *Revue des Deux Mondes*, avril 1847; —

---

1. Cf. l'*Histoire des Œuvres de Balzac*, par M. le vicomte de Spœlberch de Lovenjoul, 3e édition. Paris, 1888, Calmann Lévy.

sentation abrégée de la vie commune. Le romancier n'est vraiment qu'un témoin dont la déposition doit rivaliser de précision et de certitude avec celle de l'historien. Nous attendons de lui qu'il nous apprenne, littéralement, à voir. Ce que le mouvement même de la vie nous dérobe, nous ne lisons ses romans que pour l'y découvrir. Et c'est ce que nous exprimerons en disant : point de roman sans une valeur historique ou « documentaire », précise et déterminée, particulière et locale, d'une part; mais, d'autre part, point de roman non plus, sans une valeur ou une signification psychologique générale et durable.

On les trouve toutes les deux dans le roman de Balzac.

Mme de Surville [sœur de Balzac], *Balzac, sa vie et ses œuvres*, Paris, 1858, et en tête du volume de la *Correspondance*.

Eugène Poitou, *M. de Balzac, ses œuvres et son influence*, dans la *Revue des Deux Mondes*, décembre 1856; — Taine, *Nouveaux essais de critique et d'histoire* (l'article est de 1858); — Th. Gautier, *Honoré de Balzac*, Paris, 1859; — Edmond Werdet, *Portrait intime de Balzac*, Paris, 1859; — Champfleury, *Grandes figures d'hier et d'aujourd'hui*, Paris, 1861; — Lamartine, *Balzac*, dans son *Cours de littérature*, 1864, et en un volume, Paris, 1866; — Emile Zola, *le Roman expérimental*, 1880; et *les Romanciers naturalistes*, 1881; — Émile Faguet, *Dix-neuvième siècle*, 1887; — Marcel Barrière, *l'Œuvre d'Honoré de Balzac*, Paris, 1890; — Julien Lemer, *Balzac, sa vie et son œuvre*, Paris, 1891; — Paul Flat, *Essais sur Balzac*, 1893; et *Nouveaux essais*, Paris, 1895; — Edmond Biré, *H. de Balzac*, Paris, 1897.

Anatole Cerfberr et Jules Christophe, *Répertoire de la Comédie humaine*, Paris, 1887.

2º LE ROMANCIER.

A. *Sa jeunesse et ses débuts*. — Son origine; — et qu'on pourrait aisément retrouver en lui du Tourangeau; — si d'ailleurs on ne savait que sa mère était Parisienne, — et son père Languedocien. — Son éducation au collège de Vendôme [Cf. *Louis Lambert*]. — Ses années de stage chez l'avoué et chez le notaire; — et de quelle manière il en a profité; — non seulement en y apprenant cette « procédure » qui devait tenir tant de place dans quel-

les Chouans, déjà, l'un de ses premiers romans, mais surtout *Une ténébreuse affaire*, *Un ménage de garçon*, *César Birotteau*, *la Cousine Bette* sont quelques-unes des plus vivantes images qu'il y ait de l'époque révolutionnaire, de l'Empire, de la Restauration, du gouvernement de juillet. Mais en même temps quelles peintures du vice invétéré que le baron Hulot! de la vanité bourgeoise que le parfumeur Birotteau! de l'orgueil et de la brutalité militaires que Philippe Bridau! de la platitude administrative que le sénateur Marin de Gondreville! Ajoutez que l'amour ne tient pas plus ici de place qu'il n'en occupe effectivement dans la vie, — je ne dis pas la femme, je dis l'amour, — et en revanche la haine, la vanité,

---

ques-uns de ses romans; — mais en y acquérant l'intelligence des « affaires »; — et du rôle qu'elles jouent dans la vie contemporaine. — Sa tragédie de *Cromwell*, 1820 [non imprimée], — et ses premiers romans [sous le pseudonyme d'Horace de Saint-Aubin], — dont il est inutile de retenir les titres, puisqu'il les a désavoués. — Ses entreprises industrielles : de librairie, d'imprimerie, de fonderie de caractères; — et que rien n'est curieux, dans son désir de gagner de l'argent, comme de le voir ainsi toujours tourner autour des « industries du livre ». — Que si d'ailleurs il n'a réussi ni comme « fondeur », ni comme « imprimeur », — cette expérience d'un autre genre, — venant s'ajouter à celle qu'il avait acquise chez le notaire et chez l'avoué, — n'est pas entrée pour une petite part dans la composition de son talent. — *Les Chouans*, 1827-1829; — *la Physiologie du mariage*, 1829-1830; — *la Maison du chat qui pelote*, *le Bal de Sceaux*, *la Vendetta*, 1830. — Son activité fiévreuse et sa production désordonnée [Cf. Ch. de Lovenjoul, *Histoire des OEuvres*, 3ᵉ édition, pp. 315-328]. — *La Peau de chagrin*, 1831; — *la Muse du département*; — *le Curé de Tours*, *Louis Lambert*, 1832; *le Médecin de campagne*; *Eugénie Grandet*, 1833. — Il conçoit la première idée de sa *Comédie humaine*; — et il en détermine les principales divisions. — *La Recherche de l'absolu*, 1834; — l'article de Sainte-Beuve dans la *Revue des Deux Mondes* [Cf. ci-dessous]; — et la brouille de Balzac et de Sainte-Beuve. — Embarras d'argent et procès financiers. — Fréquentations aristocratiques. — *Le Père Goriot*, 1835; — *le Contrat de mariage*, 1835;

l'ambition, l'avarice, toutes les passions humaines y jouent leur personnage. Et quelles descriptions, je veux dire quels inventaires étonnants d'exactitude et de minutie ; quelles « résurrections » des temps et des lieux ; quelles évocations même des modes qui ne furent que celles d'une année ou de quelques mois peut-être, et que l'art laborieux mais puissant du maître a immortalisées pour toujours ! *Eugénie Grandet*, *Ursule Mirouet*, *le Curé de Village*, *le Cousin Pons*, a-t-on fait mieux ? le fera-t-on ? je ne le sais, mais il n'y a rien de semblable. Servons-nous ici du seul mot qui convienne. Aussi bien l'application que nous en ferons à Balzac en déterminera-t-elle le vrai sens et le défendra-t-elle de tant de fausses interprétations qu'on en

— *le Lys dans la vallée*, 1835 ; — Nouveaux procès et nouveaux projets. — *La vieille fille*, 1836 ; — *les Illusions perdues*, 1re partie, 1837 ; — *les Employés*, 1837 ; — *César Birotteau*, 1837. — L'affaire des mines de Sardaigne [Cf. la *Correspondance*, mars, juin 1838]. — L'installation aux Jardies. — *Le Curé de village*, 1839 ; — Représentation et interdiction du drame de *Vautrin*, 1840. — Fondation de la *Revue parisienne*. — *Pierrette*, 1840 ; — *Une Ténébreuse affaire*, 1841 ; — *La Rabouilleuse* [*Un ménage de garçon*], 1841 ; — *Ursule Mirouet*, 1841. — Représentation et chute des *Ressources de Quinola*, 1842. — L'*Avant-Propos* de la *Comédie humaine*, 1842.

B. *De l'art de Balzac* ; — et d'abord, si Balzac est en général aussi « mauvais écrivain » qu'on l'a prétendu ; — sur la foi de quelques métaphores outrées ou incohérentes ; — de quelques tours de phrases alambiqués ; — et du mélange ou du bouillonnement dans sa prose de l'argot de tous les métiers ? — Qu'à tout le moins, quand on a reconnu la vérité de ces reproches ; — et, à tous ces défauts, quand on a joint encore une manière de poser ses sujets, — qui ressemble à du charlatanisme ; — ou une perpétuelle affectation de profondeur, — qui se traduit par des maximes dont l'enflure ne renferme souvent que du vide ; — on est bien obligé de lui reconnaître une « puissance d'évocation » unique ; — et le don, comme il disait lui-même, d'avoir fait avec les personnages de sa comédie : « concurrence à l'état civil ». — Une question s'élève là-dessus, que l'on a déjà rencontrée [Cf. l'article MOLIÈRE] ; — à

a trop souvent données. L'attitude de Balzac en présence de ses personnages ou du sujet de ses tableaux est celle du naturaliste en présence de l'animal ou de la plante qu'il étudie, patiente et attentive, « soumise à son objet », libre de tout parti pris personnel. Ce ne sont point ses impressions qu'il nous donne ; c'est la réalité qu'il tâche à ressaisir, et la réalité tout entière ; l'ampleur de son dessein l'indique ; et dans sa *Comédie humaine*, mettant à s'oublier lui-même autant de gloire que les romantiques à nous fatiguer d'eux, son ambition n'a été que de nous offrir, de l'histoire de son temps, le miroir le plus fidèle, et à peine un peu grossissant.

Que fallait-il, après cela, pour que le romantisme

savoir si cette manière d'écrire, inégale, confuse et mêlée comme la vie même, — ne serait pas une condition de la représentation de la vie ? — Les taches du style de Balzac sont de la même nature, — eu égard à la différence de l'éducation et des temps, — que celles du style de Saint-Simon, dans ses *Mémoires* ; — ou de Shakespeare peut-être ; — et on hésite ; — mais on est tenté de croire que c'est pour cela qu'on a pu l'appeler, — après Saint-Simon et Shakespeare, — « le plus grand magasin de documents que nous ayons sur la nature humaine ». — Il s'agit d'examiner la valeur de ces « documents ».

1º Ce sont, en premier lieu, des *documents historiques* ; — et, à ce propos, de l'admiration de Balzac pour Walter Scott [Cf. l'*Avant-Propos* de *la Comédie humaine* ; et la lettre du 20 janvier 1838, à Madame Hanska]. — C'est que les romans de l'auteur de *Quentin Durward* et d'*Ivanhoé* sont effectivement de vivantes résurrections du passé [Cf. Aug. Thierry, son article sur le roman d'*Ivanhoé*]. — Pareillement les romans de Balzac. — Aucun historien n'a donné des guerres civiles du temps de la Révolution française une plus saisissante image que l'auteur des *Chouans* ; — il n'y a rien de plus « impérial », — on veut dire qui soit une plus vive peinture de la France du premier Empire, — qu'*Une ténébreuse affaire* [Cf. Ernest Daudet, *la Police et les Chouans sous l'Empire*] ; — si les soudards de la Restauration se montrent quelque part à nous, c'est dans un *Un ménage de garçon* ; — et pour voir revivre à nos yeux les bourgeois censitaires du temps de Louis-Philippe,

achevât de mourir? Que ses chefs ou ses maîtres l'eussent eux-mêmes abandonné? C'était fait; et, sans parler de Lamartine, Victor Hugo venait de se jeter dans la politique, n'écrivait plus de drames, gardait pour lui ses *Contemplations*. Vigny, retiré dans sa « tour d'ivoire », publiait *la Mort du Loup, la Maison du Berger, la Bouteille à la mer*, autant de pièces dont on peut dire, — en attendant le moment de les mieux caractériser, — qu'il ne saurait rien y avoir de moins romantique. Musset achevait d'user dans la débauche une vie dont l'erreur avait été de vouloir se conformer au caractère de sa poésie : l'enfant terrible du parti en était devenu la plus lamentable victime! Déjà même, de tous les côtés, on applaudissait, sans seu-

nous n'avons qu'à rouvrir *César Birotteau* ou *la Cousine Bette*. — Il convient d'ajouter que les moyens dont il a usé, sont encore ceux de Walter Scott; — « états des lieux », inventaires, descriptions précises, minutieuses et pittoresques des mobiliers et des costumes; — « localisation » des mœurs provinciales et des milieux parisiens; — « généalogie », physiologie, psychologie détaillée de ses moindres personnages; — « rattachement », par brèves indications, de leur histoire particulière à l'histoire générale de leur temps; — et généralement tout ce qui manque, à cet égard, — dans *Volupté*; dans *Valentine* ou dans *Indiana* ; — dans *Adolphe*. — C'est le premier mérite de Balzac, et déjà un mérite unique. — Il a été non seulement le « peintre », mais « l'historien » des mœurs de son temps; — dont il a non seulement saisi la physionomie, — mais fixé la succession ou le mouvement même. — Et, tandis que Walter Scott a besoin, pour nous donner la sensation de la diversité des temps, — d'en être lui-même séparé par d'assez longs intervalles, — Balzac nous a rendu les traits distinctifs des trois ou quatre générations d'hommes que l'on peut fréquenter dans le cours d'une seule vie.

2° C'est dire qu'en second lieu les *documents* de Balzac sont des *documents réalistes*; — s'il a en effet introduit dans le roman des détails qu'on en écartait avant lui comme peu intéressants ou vulgaires; — et notamment tous ceux qui se rapportent à la question d'argent [Cf. *Eugénie Grandet*; *César Birotteau*; *les Illusions perdues*; *la Cousine Bette*]. — On peut dire effectivement qu'il a

lement en vérifier le titre, aux plaisanteries, — si lourdes cependant! — qu'un économiste faisait d'eux tous, et surtout du plus grand d'eux tous, dans son *Jérôme Paturot à la recherche d'une position sociale*, 1843. S'il est vrai d'ailleurs qu'un genre ou une doctrine littéraire ne sauraient disparaître qu'une autre doctrine ou un autre genre ne les aient remplacés, on vient de voir avec Balzac le roman s'enrichir de tout ce que perdait le drame, le réalisme de tout ce qu'abandonnait le romantisme. Mais il fallait encore quelque chose de plus, et pour changer la retraite en une débandade ou en une déroute, il fallait qu'on eût vu l'individualisme romantique aux prises avec son contraire, que nous voudrions pouvoir ici nommer le

fait de l'argent l'âme de ses intrigues ; — au lieu et place de l'amour, qui n'y occupe plus qu'une place secondaire [Cf. *le Contrat de Mariage*; *la Recherche de l'Absolu*; *les Paysans*; *le Cousin Pons*]; et quelquefois presque aucune place. — Comme d'ailleurs il n'est pas d'embarras d'argent qu'il n'ait lui-même connus ; — la réalité de son expérience personnelle s'est ajoutée à ce qui s'insinue d'inévitable réalisme au théâtre et dans le roman par l'intermédiaire de la question d'argent ; — et il est le romancier de la question d'argent, comme Musset est le poète de l'amour. — C'est qu'il a compris les exigences qu'imposait au roman la seule intention d'y traiter la question d'argent ; — et non seulement l'espèce d'activité, d'intelligence, d'esprit nécessaire à l'acquisition de la fortune ; — ce que Scribe, au contraire, n'a jamais compris ; — mais de plus il a vu qu'il lui fallait mettre en scène toute une sorte d'hommes oubliés jusqu'alors par les romanciers : — des banquiers et des notaires, des huissiers et des avoués, des usuriers et des prêteurs à la petite semaine ; — c'est-à-dire toute une population dont la peinture ou la représentation ne peut être que réalité ; — puisqu'elle ne vit elle-même que de la plus concrète et, dans nos civilisations modernes, de la plus universelle des réalités. — Mais, à leur tour, et à la suite des hommes d'affaires, sont entrées dans le roman toutes les « conditions » ; — l'infinie diversité des professions et des métiers ; — qu'il a fallu caractériser par les traits qui sont effectivement les leurs ; — par les déformations intellectuelles, psychologiques, ou morales qui en sont la conséquence ;

socialisme, si le mot n'avait malheureusement pris depuis lors tant de sens fâcheux et dangereux!

II

Tandis qu'en effet les romantiques descendaient en eux-mêmes,

> Jusqu'au fond désolé du gouffre intérieur,

n'y trouvaient plus rien, et ne réussissaient donc à en ramener qu'eux-mêmes, eux toujours, et eux seuls; tout un grand mouvement se produisait en dehors d'eux, auquel non seulement ils ne prenaient point de part, mais

— militaires et magistrats, artistes et gens de lettres, fonctionnaires et commerçants, diplomates et hommes politiques, médecins et rentiers; — dont il a fallu connaître, décrire, expliquer les occupations; — et, pour les décrire, user des termes qui sont ceux de leur vocabulaire ou de leur argot; — n'y ayant pas deux mots pour désigner un « protêt » — ni de périphrase littéraire pour nommer une pâte épilatoire. — Et, après cela, quand il a eu conçu l'idée de relier tous ses romans ensemble; — et d'en faire, non pas une succession d'épisodes continués l'un par l'autre; — mais un tableau de la société de son temps; — s'il avait oublié quelque trait, il a fallu qu'il s'en aperçût; — et c'est alors que le caractère réaliste lui en est à lui-même apparu nettement; — comme aussi ce qu'on en pourrait appeler le caractère scientifique.

3º Car, en troisième lieu, ses *documents* sont bien des *documents scientifiques*; — et ce n'est point du tout affectation de sa part; — quand il invoque les noms de Geoffroy Saint-Hilaire ou de Cuvier, — mais expression de sa reconnaissance; — si l'on peut dire en effet que nul n'a contribué plus que lui à faire de l'histoire des mœurs une dépendance ou une province de l'histoire naturelle [Cf. l'*Avant-Propos* de la *Comédie humaine*]. — Comme les naturalistes, il a procédé par des monographies [Cf. *Étude de femme*; la *Femme de Trente ans*; *Autre Étude de femme*; *l'Usurier Gobseck*]; — dans lesquelles à peine s'est-il soucié de faire « de la littérature ou de l'art »; — mais de montrer « l'animal » tel qu'il l'avait observé. — Personne autant que lui n'a donné d'attention à la reconstitu-

dont ils ignoraient jusqu'à l'existence, bien loin d'en pouvoir pénétrer la nature et mesurer la portée. Leur préoccupation de leur personne leur dérobait la vue des progrès de la science ; et, il faut bien le dire, jamais poètes au monde, pas même Racine ou Boileau, ne s'étaient montrés moins curieux, plus insouciants de tout ce qui n'était pas leur art, — de mécanique ou d'astronomie, de physique ou de chimie, d'histoire naturelle ou de physiologie, d'histoire et de philosophie, — que les Lamartine, les Hugo, les Musset, les Dumas, les Gautier. Dira-t-on que c'était leur droit? Et il est bien certain que, de même que « l'on va très commodément de Paris en Auvergne sans avoir besoin d'un quart de cercle », ainsi l'indifférence

tion des *milieux* [Cf. *la Recherche de l'absolu*; *le Père Goriot*; *le Cousin Pons*]; — qu'il s'est même laissé plus d'une fois entraîner à pousser plus loin qu'il n'était nécessaire ; — et à traiter pour elle-même. — Sa grande ambition a été de décrire et de classer des « Espèces sociales » ; — considérées comme analogues aux « Espèces zoologiques » ; — et, comme celles-ci, pouvant se changer les unes aux autres ; — ce qui est, ainsi qu'on l'a fait justement observer [Cf. Paul Flat, *Essais sur Balzac*], — l'idée même de l'*Evolution*. — C'est pourquoi on a eu tort de parler de l'immoralité de ses romans ; — qui ne sont, en général, et à l'exception de ceux où reparaît le romantique [Cf. *Un grand homme de province à Paris*, ou *la Dernière incarnation de Vautrin*], — immoraux que comme l'expérience ou la vie même. — On peut dire seulement qu'ayant mis son tempérament dans son œuvre ; — il n'a pas évité le danger de tout réalisme ; — qui est, en considérant l'homme comme il ferait l'animal, — d'oublier que l'homme n'est l'homme que dans la mesure où il se distingue de l'animal ; — et que, si l'histoire naturelle n'a pas de fonction sociale, — au contraire l'art et la littérature en ont une.

Par tous ces moyens, — il a constitué le roman comme « genre littéraire » ; — en fondant ensemble pour la première fois le roman historique [à la manière de Walter Scott, ou avant lui de Prévost] ; — le roman de mœurs [à la manière de Crébillon le fils, de Fielding et de Marivaux] ; — le roman de caractères [à la manière de Le Sage[1]] ; — et le roman social ou philosophique [à la manière de

entière des Musset ou des Hugo à tout ce qui n'était pas leurs amours ou leurs vers ne saurait rien enlever de la beauté de leurs *Nuits* ou de leurs *Orientales*. Même, il faut les admirer d'avoir, comme Hugo, si bien « décrit » la Grèce ou l'Orient, sans les avoir jamais vus. Seulement, et à mesure que, dans toutes les directions à la fois, les découvertes d'un Geoffroy Saint-Hilaire ou d'un autre Dumas, d'un Ampère ou d'un Fresnel, d'un Cauchy, d'un Fourier, étendaient presque à l'infini le champ de la certitude « objective », il ne se pouvait pas que la confiance que les romantiques avaient mise dans une certitude purement « subjective » ne diminuât d'autant; et avec elle, par conséquent, l'autorité du Moi. Puisque la réalité n'est pas toujours conforme à l'idée que nous nous en

George Sand ou de Rousseau]. — Si d'ailleurs il a pu les fondre, c'est qu'il a trouvé la formule où tendaient toutes ces variétés; — laquelle est de réaliser une « image de la vie contemporaine »; — où les milieux et les individus soient exprimés dans leurs réactions réciproques; — et à ce titre on peut dire que le roman de Balzac est une création analogue à celle de la comédie de Molière. — Les derniers romans de Balzac : *Modeste Mignon*, 1844; — *les Paysans*, 1845; — *le Cousin Pons*, 1846; — *la Cousine Bette*, 1847; — *le Député d'Arcis* [inachevé], 1847; — et que trois au moins d'entre eux sont au nombre des meilleurs de Balzac.
C. *L'influence de Balzac*. — Toutes ces raisons expliquent la profondeur de son influence; — et en effet, depuis soixante ans que sa réputation a commencé de percer, — on n'a pas écrit, en France ou ailleurs, de romans qui ne semblent procéder du roman de Balzac; — et même tout roman, ou toute espèce de roman qui n'en procédait point, s'est trouvé par cela même et par cela seul déclassé. — Psychologiques ou intimes, il y a du *Lys dans la vallée* dans tous les romans de ce genre; — il y a quelque chose d'*Eugénie Grandet* ou de *la Cousine Bette* dans tous les romans qui se donnent comme une étude de caractère; — et c'est à la *Dernière incarnation de Vautrin* que remonte la généalogie de tous nos romans policiers; — à moins qu'ils ne dérivent d'*Une ténébreuse affaire*. — En revanche, depuis Balzac, le roman d'aventures a cessé d'être un genre littéraire; — et le roman sentimental est devenu une espèce tout à fait inférieure; — le premier en raison de

faisons ; puisque cela se démontre ; puisque même l'un des caractères habituels de la vérité scientifique est de contredire au témoignage de nos sens, l'individu n'est donc pas la « mesure de toutes choses » ; la sincérité de nos impressions ne nous en garantit pas la justesse ; et nous n'en sommes que le théâtre, mais le juge en est en dehors et au-dessus de nous !

Telle est l'idée qui commence à s'insinuer dans les esprits, en attendant qu'elle s'en rende maîtresse. A la lumière de la science, on aperçoit la raison de la résistance que l'on opposait aux prétentions du romantisme. Le poète n'a pas le droit de s'écrier qu' « il a son cœur

l'arbitraire de ses combinaisons ; — le second, parce qu'il est toujours une « confession » du romancier ; — et tous les deux parce qu'ils ne sont que des représentations mutilées ou illusoires de la vie. — Mais il y a mieux encore ; — et toute une génération d'hommes qui avait appris à lire dans les romans de Balzac, — y a comme appris à vivre ; — et pour user de l'expression d'un illustre naturaliste [Louis Agassiz], — ses personnages sont devenus des « types prophétiques » ; — depuis ses « Gaudissart » jusqu'à ses « Rastignac » et ses « Rubempré ». — Nous les coudoyons encore dans la vie quotidienne ; — ils se sont modelés sur les héros de Balzac ; — et c'est ainsi que, bien plus qu'il ne le croyait lui-même, « il a fait concurrence à l'état civil » ; — ce qui est sans doute le suprême éloge que l'on puisse donner à un artiste créateur.

3º Les Œuvres. — Les *OEuvres* de Balzac se composent essentiellement de ses romans, dont il a lui-même arrêté la division devenue classique :

Scènes de la vie privée ; — *Scènes de la vie de province* ; — *Scènes de la vie parisienne* ; — *Scènes de la vie militaire* ; — *Scènes de la vie de campagne* ; — *Scènes de la vie politique* ; — *Études philosophiques* ; — et *Études analytiques*, dont la réunion forme sa *Comédie humaine*.

Il y faut ajouter son *Théâtre*, comprenant *Vautrin*, 1840 ; — *les Ressources de Quinola*, 1842 ; — *Paméla Giraud*, 1843 ; — *la Marâtre*, 1848 ; — et le *Faiseur* ou *Mercadet* [1838, 1840], remanié par M. d'Ennery et représenté pour la première fois en 1851 ;

Les Contes drolatiques, 1832, 1833, 1837 ;

humain », à lui, ou du moins nous avons le droit, nous, de lui dire qu'il se trompe ! Et sur quoi nous fonderons-nous, à notre tour, pour le lui dire ? Évidemment, ce ne sera pas sur notre connaissance de nous-mêmes, — on ne sortirait pas du cercle, — mais ce sera sur une observation plus diverse, plus étendue, plus générale ; ce sera sur une observation dégagée, s'il se peut, de tout ce que nous trouvons de « personnel » ou d'« individuel » en nous ; et voici que, par une rencontre où l'on serait un peu naïf de ne voir qu'un effet du hasard, les règles de cette observation s'établissent au moment précis qu'on en sent le besoin pour les opposer au dérèglement systématique du romantisme.

Ses *OEuvres diverses*, dont la collection est tout à fait incomplète ; et sa *Correspondance*.

Il existe deux bonnes éditions des *OEuvres de Balzac*, la première en 20 volumes, Paris, 1855, Houssiaux ; — et la seconde en 24 volumes, Paris, 1885, 1888, Calmann Lévy.

II. — **Jules Michelet** [Paris, 1798 ; † 1874, Hyères].

1º Les Sources. — André Cochut, dans la *Revue des Deux Mondes*, janvier 1842 ; — Alfred Nettement, *Histoire de la littérature sous le gouvernement de Juillet*, t. II, Paris, 1855 ; — H. Taine, *Essais de critique et d'histoire*, 1855 et 1856 ; — Émile Montégut, dans la *Revue des Deux Mondes*, février 1857 ; — G. Monod, *Jules Michelet*, 1875 et 1897 ; — O. d'Haussonville, *Études biographiques et littéraires*, Paris, 1876 ; — F. Corréard, *Michelet*, dans la *Bibliothèque des Classiques populaires*, 1886 ; — J. Simon, *Notice historique sur Michelet*, Paris, 1886 ; — Émile Faguet, *Études littéraires sur le XIXe siècle*, Paris, 1887.

2º L'Écrivain ; — et pour quelle raison on n'en a pas parlé plus tôt ; — qui est que son influence, très profonde [Cf. G. Monod, *loc. cit.*], — mais d'abord circonscrite à un cercle d'élèves, — n'a commencé de s'exercer sur le grand public qu'aux environs de 1845. — On en trouverait au surplus une preuve dans ce fait que de tous les grands écrivains de son temps, — il est le *seul*, croyons-nous, dont Sainte-Beuve n'ait rien dit avant 1862 ; — et encore [Cf. *Nouveaux lundis*, t. II] a-t-il moins parlé de Michelet que de Louis XIV et

Elles sont l'œuvre d'Auguste Comte, — dont on ne s'attend pas que nous résumions ici le *Cours de philosophie positive* (1831-1842), — mais dont il faut bien savoir que le grand effort a été dirigé contre la prétention de l'éclectisme à faire du Moi le juge de l'erreur ou de la vérité contenue dans les systèmes. Il en est de l'éclectisme comme du romantisme lui-même, et on ne les a mal appréciés, — et peut-être encore plus mal combattus, — que pour les avoir assez mal définis tous les deux. En réalité, l'un et l'autre Victor ont été les plus « personnels » des hommes, et de même qu'il n'y a qu'Hugo dans les *Feuilles d'automne* ou dans les *Voix intérieures*, pareillement il n'y a que Cousin dans sa philosophie. Lisez et relisez son

du duc de Bourgogne. — On faisait infiniment plus de cas de Guizot, de Mignet, de Thiers même. — C'est Taine qui a le premier rendu justice à Michelet ; — en le classant au premier rang non seulement des écrivains, — mais des poètes de son temps ; — et ce que Taine avait ainsi commencé, — ce sont les livres de *l'Oiseau*, 1856 ; *l'Insecte*, 1857 ; *l'Amour*, 1859 ; *la Femme*, 1860 ; — et les derniers volumes de son *Histoire de France*, 1855-1867 ; — qui l'ont achevé.

Origines populaires de Michelet ; — ses commencements laborieux ; — ses débuts littéraires : la traduction des *Œuvres de Vico*, et le *Précis d'histoire moderne*, 1827. — Les premiers volumes de l'*Histoire de France*, 1833-1844 [des origines jusqu'à la Renaissance] ; — et s'il y faut voir, avec quelques-uns, le *chef-d'œuvre* de Michelet ? — Observations à ce sujet ; — et qu'avec d'autres qualités, plus lyriques, — sa méthode est substantiellement analogue à celle d'Augustin Thierry ; — mais son inspiration sensiblement plus catholique ou moins hostile à l'Église. — C'est ce qui rend plus surprenant que ces premiers volumes n'aient pas tiré tout de suite Michelet de pair ; — et que les « romantiques » n'aient pas reconnu d'abord en lui l'un des plus grands d'entre eux. — Mais d'autres travaux, à ce moment même, le détournent de l'histoire pittoresque, — vers la philosophie de l'histoire ; — en même temps que son ami Quinet ; — et sa nomination au Collège de France, 1837, — les précipite ensemble tous les deux dans la politique militante.

œuvre, examinez, considérez d'un peu près le fond et la fin de sa méthode, vous ne trouverez rien de plus, dans l'éclectisme, que l'affirmation du droit de Victor Cousin à reprendre dans tous les systèmes le bien de Victor Cousin ; et son « observation de soi-même par soi-même » n'est qu'une application de l'individualisme aux choses de la philosophie. C'est tout justement cette observation égoïste, si l'on peut ainsi dire, dont Auguste Comte a voulu démontrer l'étroitesse et la stérilité. « La prétendue méthode psychologique, écrivait-il dans sa première *Leçon*, est radicalement nulle dans son principe... L'*observation intérieure*, — c'est lui qui soulignait, — engendre presque autant d'opinions divergentes qu'il y a d'individus croyant

Un autre Michelet se dégage alors du premier ; — le Michelet des *Jésuites*, 1843 ; — l'auteur du *Prêtre, de la femme, et de la famille*, 1845 ; — celui du *Peuple*, 1846, — et de son *Histoire de la Révolution française*, 1847-1853. — Qu'à première vue ce second Michelet ne se distingue pas beaucoup — de ceux de ses contemporains qui combattent le même combat ; — et on dirait que son originalité première se noie — dans la banalité des idées qu'il développe, — avec la violence d'un encyclopédiste. — Mais il y a pourtant en lui quelque chose de plus ; — et notamment la faculté de se mettre tout entier lui-même dans ce qu'il dit ; — et dans ce qu'il écrit. — Il quitte sa chaire du Collège de France, 1852, [Cf. Jules Simon, *loc. cit.*, p. 219-221] ; — et c'est alors, dans les vingt-cinq dernières années de sa vie, — que sa réputation et son influence égalent enfin son mérite.

Il découvre « la science » ; — l'histoire naturelle et la physiologie tout particulièrement ; — et, comme il continue d'ailleurs d'être foncièrement romantique, — il en devient le poète [Cf. *l'Oiseau*, *l'Insecte*, *la Femme*, *l'Amour*]. — Étonnement produit sur les contemporains par cette manière de mêler ensemble — ce que le réalisme physiologique a de plus cru, d'une part ; — et d'autre part ce que le mysticisme romantique a de plus lyrique. — Il applique cette méthode à l'histoire [Cf. *la Renaissance* et *la Réforme*] ; — et il en tire des effets imprévus ; — dont le moins considérable n'est pas de rabattre en quelque sorte la dignité conventionnelle de l'histoire, — sur le plan de la vie que nous vivons

s'y livrer. Les véritables savants en sont encore à demander vainement qu'on leur cite une seule découverte réelle qui soit due à cette méthode si vantée. » Et en conséquence, la méthode qu'il a voulu substituer à celle de Cousin, comme étant non seulement la meilleure, mais à vrai dire la seule bonne, c'est celle qui consiste, si vraiment nous voulons nous connaître, à commencer par sortir de nous-mêmes ; et, quand ensuite nous essayons de systématiser nos observations, à n'y rien mêler de notre fond. Bien loin que notre Moi soit le juge des autres, comme l'a cru l'éclectisme, au contraire, c'est la connaissance que nous avons des autres qui nous sert à rectifier l'idée que nous nous formons de nous. Nous ne sommes, à proprement

nous-mêmes. — Sa division du règne de François Ier : « Avant l'abcès, et après l'abcès » ; — et du règne de Louis XIV : « Avant la fistule, et après la fistule ». — Combien cette manière se rapproche de celle de Victor Hugo, d'un côté ; — et de l'autre, de celle de Taine et de Renan ; — et qu'elle a pu d'ailleurs lui inspirer des idées singulières ; — mais qu'elle n'en a pas moins renouvelé l'histoire. — Ce que Sainte-Beuve faisait en détail, dans ses *Causeries du lundi*, — Michelet l'a fait en grand ; — et là même est l'attrait, un peu équivoque, de son *Louis XIV* ou de son *Louis XV* ; — mais aussi là en est le danger.

Les dernières œuvres de Michelet, notamment sa *Bible de l'humanité*, 1864 ; — et les *Préfaces Générales* pour son *Histoire de France* et pour son *Histoire de la Révolution*. — Retour à la tendance symbolique et apocalyptique ; — et, à cette occasion, ressemblance de la dernière évolution de la pensée de Michelet avec celle d'Hugo [Cf. l'article suivant]. — Analogie de leur rhétorique ; — et qu'ils sont demeurés tous les deux romantiques jusqu'au bout ; — c'est-à-dire lyriques, « démocrates », et invinciblement spiritualistes. — Il y a toutefois plus de sensibilité chez Michelet, — et l'invention verbale étant moins abondante, — peut-être aussi plus de sincérité.

De l'influence de Michelet ; — et qu'elle a été considérable ; — si, tout en favorisant le naturalisme, — elle a cependant maintenu contre lui une tradition d'idéalisme. — Personne en effet n'a cru plus que lui au progrès ; — mais surtout au progrès moral ; — sur

parler, que la scène ou le lieu de nos impressions, et notre originalité n'est généralement qu'une illusion de notre amour-propre, un mirage, une fantasmagorie. La vraie psychologie est dans l'histoire et dans la société, non pas en nous, mais hors de nous, tout autour de nous. Et l'on voit sans doute ici comment, dans la pensée d'Auguste Comte, cette conception de la « psychologie » se lie à ce que nous disions plus haut des progrès de la science de son temps. Nous ne pouvons affirmer de nos impressions qu'une chose, qui est que nous les avons éprouvées, mais non pas qu'elles soient conformes à leur objet, et que par conséquent nous ayons eu raison de les éprouver. On ne voit pas moins bien, si je ne me trompe,

les conditions duquel il a pu d'ailleurs se tromper ; — mais auquel enfin il a travaillé de toute son âme ; — et qu'il a surtout cru trop facile à réaliser ; — mais dont il n'a jamais admis que l'écrivain se désintéressât. — C'est aussi lui qui plus que personne a travaillé à fonder « la religion de la Révolution » ; — et, quoi qu'on en puisse dire, il y a réussi. — Enfin, avec tous ses défauts, — qui sont peut-être inséparables de ses qualités, — son *Histoire de France* est la seule que nous ayons ; — parce que, seul de tous les historiens qui ont tenté l'entreprise, — il a eu l'imagination assez forte, pour « personnaliser » la patrie ; — et ainsi donner à son histoire quelque chose de ce vivant intérêt qui est celui de la biographie. — Toutes les autres ne sont que des compilations.

3º LES ŒUVRES. — On peut distinguer dans l'œuvre de Michelet : 1º Ses *OEuvres historiques*, qui comprennent : son *Histoire de France* [depuis les origines jusqu'à la Renaissance], 1833-1844 ; et [depuis la Renaissance jusqu'à la Révolution], 1855-1867 ; — son *Histoire de la Révolution*, 1847-1853 ; — et son *Histoire du XIXe siècle* [publication posthume] ; — son *Histoire romaine*, 1839 ; — diverses publications, dont le *Procès des Templiers*, 2 vol. in-4º, dans la collection des *Documents inédits de l'histoire de France*, 1851 ; — et ses traductions des *OEuvres de Vico* et des *Mémoires* [*Tischreden*] de Luther.

2º Les *OEuvres politiques* ou *polémiques*, dont les principales sont : *Des Jésuites*, 1843 ; — *le Prêtre, la Femme et la Famille*, 1845 ; — *le Peuple*, 1846 ; — *le Cours professé au Collège de France*, 1848.

quelles en sont les liaisons avec ce que nous appelons aujourd'hui du nom de « sociologie ».

Nous distinguons aujourd'hui la « sociologie » du « socialisme »; et du reste nous ne savons très bien ni en quoi consiste la différence, ni ce que c'est que le « socialisme » ou la « sociologie ». On ne le savait pas davantage aux environs de 1840, et le mot lui-même de « socialisme » n'était alors qu'un barbarisme d'invention récente. Mais il n'y en avait pas moins un accord, et comme une conjuration de tous ceux qui pensaient, pour dénoncer déjà les excès de l'individualisme, et pour donner à la guerre que l'on commençait à lui faire une portée plus que littéraire. De la sociologie chrétienne des Bonald et des

---

3º Ses autres *OEuvres*, qu'on ne peut appeler ni des « œuvres d'imagination », ni pourtant des « œuvres scientifiques », c'est à savoir : *l'Oiseau*, 1856; — *l'Insecte* 1857; — *l'Amour*, 1859; *la Femme*, 1860; — *la Mer*, 1861; — *la Bible de l'humanité*, 1864; — *la Montagne*, 1868, etc.

Enfin quelques écrits posthumes, dont les principaux sont : *Ma Jeunesse*, 1884; — *Mon Journal*, 1888; — *Sur les chemins de l'Europe*, 1893.

Il se publie d'ailleurs, en ce moment même, sous la direction de Mme Michelet, une édition des *OEuvres complètes de J. Michelet*, en 40 volumes in-8º, Flammarion, Paris, commencée il y a déjà quelques années, et qui approche de son terme.

III. — **Victor-Marie Hugo** [Besançon, 1802; † 1885, Paris].

1º LES SOURCES. — Sainte-Beuve, *Premiers lundis*, I, 1827, III, 1829, et *Portraits contemporains*, t. I; 1831, 1832, 1835; — Gustave Planche, dans la *Revue des Deux Mondes*, ses *Revues dramatiques* de décembre 1832, février 1833, novembre 1833, mai 1835, novembre et décembre 1838; — A. Vinet, *Études sur la littérature française au* xixe *siècle*, Paris, 1851; — A. Nettement, *Littérature française sous la Restauration et sous le gouvernement de Juillet*, Paris, 1853; — Ch. Baudelaire, *Notice* [très remarquable], dans le *Recueil des poètes français* de Crépet, Paris, 1862; — *Victor Hugo raconté par un témoin de sa vie*, Paris, 1863; — Edmond Biré, *Victor Hugo et la Restauration*, 1869; et *Victor*

de Maistre, on voyait sortir des conséquences inattendues, quoique logiques, et qui de nos jours même étonnent également leurs adversaires, et les disciples d'Auguste Comte. Lamennais avait écrit : « L'abandon de soi, dans une société quelconque, est la première condition de l'existence de cette société.... La société humaine est fondée sur le don mutuel ou le sacrifice de l'homme à l'homme, ou de chaque homme à tous les hommes, et le sacrifice est l'essence de toute vraie société. La doctrine évangélique du renoncement à soi-même, si étrange au sens humain, n'est que la promulgation de cette grande loi sociale » [Cf. *Essai sur l'indifférence*, t. I, chap. ii, 1817]. Et, en se détachant lui-même du christianisme, il n'avait

Hugo avant 1830, Paris, 1883; *Victor Hugo après 1830*, Paris, 1891; *Victor Hugo après 1852*, Paris, 1893 [cinq volumes formant ensemble la plus exacte biographie qu'il y ait de Victor Hugo, mais non pas la plus impartiale];
A. Asseline, *Victor Hugo intime*, Paris, 1885; — Leconte de Lisle et A. Dumas fils, *Discours prononcés pour la réception de M. Leconte de Lisle*, 1887; — Ernest Dupuy, *Victor Hugo, l'homme et le poète*, Paris, 1887; — Émile Faguet, *XIXe siècle*, Paris, 1887; — G. Duval, *Dictionnaire des métaphores de Victor Hugo*, Paris, 1888; — Émile Hennequin, *la Critique scientifique*, Paris, 1888; — G. Pellissier, *le Mouvement littéraire au xixe siècle*, Paris, 1889; — F. Brunetière, *l'Évolution de la Poésie lyrique au* xixe *siècle*, 1893-1895; — L. Mabilleau, *Victor Hugo*, dans la collection des *Grands Écrivains français*, 1893; — Ch. Renouvier, *Victor Hugo*, Paris, 1889-1893.
2° L'Homme et le Poète ; — et de quelques points de comparaison intéressants à relever entre Voltaire et Victor Hugo ; — dont le moins remarquable n'est pas l'habileté supérieure et le sens pratique, — avec lequel ils ont su gouverner leur fortune et leur vie. — Leur longévité ; — leur fécondité ; — leur universalité, — sont encore trois raisons pour lesquelles ils ont tous deux été le plus grand « littérateur » de leur siècle ; — quoique non pas le plus original. — Et ils ont enfin entre eux deux autres traits au moins de communs, — qui sont d'avoir su l'un et l'autre admirablement se plier aux exigences de l'opinion de leur temps ; — ce qui est le prin-

pas abjuré la doctrine du « renoncement à soi-même » ; mais avec plus d'ardeur que jamais il continuait son grand combat contre l'individualisme. Il convertissait George Sand à sa doctrine, et l'auteur de *Lélia* écrivait maintenant : « N'est-il pas des infortunes plus urgentes à soulager que l'ennui de celui-ci et la fantaisie de celui-là? Le peuple est aux prises avec des questions vitales, il y a là des abîmes à découvert. Nos larmes y tombent en vain, elles ne peuvent les combler. Au milieu de cette misère si réelle et si profonde quel intérêt voulez-vous qu'excitent les plaintes superbes de la froide intelligence? Le peuple a faim ; que les beaux esprits nous permettent de songer au pain du peuple avant de songer à leur édifier des tem-

cipe de leurs variations ; — et d'y avoir réussi grâce au même don de « virtuosité », — qui leur a permis de s'approprier les inventions ou les idées de leurs contemporains ; — pour les transformer, et les revêtir, l'un en prose et l'autre en vers, d'une expression définitive. — Que cette faculté d'appropriation est peut-être l'une des formes du génie même ; — et qu'en tout cas il semble qu'elle constitue la définition propre du talent.

A. *La jeunesse de Victor Hugo*. — La famille du poète et les Hugo de Lorraine ; — sa mère « Vendéenne » ; — et à ce propos qu'il ne faut guère accorder plus de confiance à *Victor Hugo raconté par un témoin de sa vie* qu'aux *Confessions de J.-J. Rousseau* [Cf. Biré, *Victor Hugo avant 1830*]. — La première éducation de Victor Hugo.

> Avec nos camps vainqueurs, dans l'Europe asservie
> J'errai, je parcourus la terre avant la vie!

[Cf. **Odes et Ballades** : *Mon enfance* ; — les *Rayons et les Ombres* : *Ce qui se passait aux Feuillantines vers 1813* ; les *Contemplations* : *Aux Feuillantines*] ; — et que les lacunes de cette éducation ambulante s'apercevront dans l'œuvre du poète. — Débuts littéraires de Victor Hugo ; — ses succès de concours : à l'Académie française, 1817, 1819 ; — et aux Jeux Floraux, 1819, 1820. — Caractères de ces premières pièces ; — et que, si *le Bonheur de l'étude* et les *Avantages de l'enseignement mutuel* ressemblent beaucoup à du Delille.

ples » [Cf. *Lettres à Marcie*, III, 1837]. On ne s'en tenait pas là ! De même que la curiosité de « l'ennui de celui-ci et de la fantaisie de celui-là » s'était changée en « pitié du peuple », cette pitié s'organisait à son tour en système, devenait toute une philosophie. « Vivre, c'est en essence avoir l'humanité pour objet », écrivait Pierre Leroux ; et il expliquait sa pensée en ces termes : « La normalité de notre existence consiste à ne pas violer le lien qui nous unit à l'humanité. Nous devons donc vivre comme si nous devions vivre éternellement dans l'humanité. Et quand nous ne vivons pas ainsi, nous sommes blessé d'une façon éternelle dans notre vie présente, ce qui revient à dire que nous sommes vicié dans notre vie éternelle » [Cf. *De*

— les *Vierges de Verdun* ou *Moïse sur le Nil* ne sont que du Lebrun ou du Jean-Baptiste Rousseau supérieurs. — *Le Conservateur littéraire* ; — et que les doctrines soutenues dans ce journal par Victor Hugo et ses frères, — en expliquent et en justifient le titre. — Les *Odes* de 1822. — L'influence de Walter Scott, et la publication de *Han d'Islande*, 1823. — Le second recueil d'*Odes*, 1824, et comment on y retrouve l'influence des *Poèmes antiques* de Vigny [Cf. le *Chant du Cirque*, ou le *Chant du Tournoi*]. — On y retrouve aussi l'influence de Chateaubriand ; — qui se fait d'ailleurs sentir bien plus encore dans le recueil de 1826, *Odes et Ballades* ; — et dans la véhémence de l'inspiration royaliste d'Hugo. — *Cromwell* et la *Préface de Cromwell*, 1827 ; — et combien il s'y rencontre peu d'idées, — que Stendhal ou Mme de Staël n'eussent exprimées avant Victor Hugo. — Premières relations d'Hugo avec Sainte-Beuve, 1827 ; — et que c'est d'elles que date le rattachement du « romantisme » à la pléiade « classique ». — C'est d'elles aussi que date l'importance qu'Hugo donnera désormais aux questions de « facture » ; — et qui s'aperçoit bien dans les *Orientales*, 1829 [Cf. notamment *le Feu du ciel* et *les Djinns*] ; — où d'ailleurs et de plus le poète semble avoir voulu montrer à Casimir Delavigne comment il eût dû écrire les *Messéniennes*. — *Marion Delorme*, 1829 ; — *Hernani*, 1830 ; — *Notre-Dame de Paris*, 1831 ; — *les Feuilles d'automne*, 1831 ; — et qu'autant le roman doit de son existence même au *Quentin Durward* de Walter Scott, — autant *les Feuilles d'automne* doivent de leur ins-

l'humanité. Épilogue, 1840]. Ce sont là les doctrines que l'on a d'abord enveloppées sous le nom de « socialisme », et aussi bien la tradition fait-elle honneur à Pierre Leroux d'avoir créé le mot. Quelque fortune qu'il ait faite par la suite et de quelque manière qu'on en ait corrompu le sens, il n'a d'abord désigné que l'intention de réagir contre les excès de l'individualisme. Et, dans la mesure où il y a réussi, ce n'est pas seulement dans son principe qu'il a ruiné le romantisme ; il lui a enlevé jusqu'à sa raison d'être ; et il en a rendu le nom même synonyme d'égoïsme ou de dilettantisme.

On n'aurait pas de peine à montrer que, dans le même temps, l'histoire elle aussi s'inspirait du même esprit ; et

piration aux *Méditations,* et aux *Confessions de J. Delorme.* La Révolution de 1830 ; — la préface de *Marion Delorme* ; — et qu'en y célébrant « les trois glorieuses », — ou en écrivant l'*Hymne aux Morts de Juillet,* — Victor Hugo n'a pas tant « abjuré » sa foi royaliste, — qu'obéi au principe de son lyrisme ; — qui est et qui sera toujours de s'inspirer de « l'actualité », — d'avoir des chants pour tous les deuils comme pour toutes les victoires ; — et d'être autant qu'il le pourra l'écho sonore des émotions populaires. — Qu'en se plaçant à ce point de vue, il n'y a pas lieu de distinguer l'œuvre dramatique d'Hugo de son œuvre lyrique ; — et surtout si son théâtre ne vit que de ce qu'il contient aujourd'hui de lyrique. — *Les Chants du crépuscule,* 1835. — Candidatures académiques, 1836-1840 ; — *les Voix intérieures,* 1837 ; — *les Rayons et les Ombres,* 1840. — Victor Hugo devient le poète attitré du « bonapartisme » ; — en quoi d'ailleurs il ne fait que s'associer à un nouveau mouvement de la « pensée nationale », — qui lui inspire quelques-uns de ses plus beaux vers. — Il entre à l'Académie française, 1841 ; — et le gouvernement de Louis-Philippe le console de l'échec des *Burgraves,* 1843, — en le nommant pair de France, 1845.

B. *Les trois manières de Victor Hugo* ; — et, avant tout, que la succession en a bien moins été déterminée par une « volonté » du poète, — que par une force intérieure dont il ne s'est jamais entièrement rendu maître ; — par le mouvement des idées de son temps ; — et par les circonstances.

on n'aurait besoin d'appeler en témoignage que l'*Histoire des Girondins*, de Lamartine, qui faisait émeute, pour ainsi dire, en 1847; la *Révolution* de Michelet; ou celle de Louis Blanc, dont les premiers volumes sont de la même année. Mais si peut-être il semblait que la politique y tient trop de place, — et quoique d'ailleurs la politique ait plus souvent éclairé l'histoire que l'histoire n'a servi de guide à la politique, — il suffirait en ce cas de nommer Mignet ou Tocqueville, Thiers lui-même, et de rappeler l'*Histoire du Consulat* ou celle des *Négociations relatives à la succession d'Espagne*, 1835-1842. Ce qui en ressort, en effet, et avec une évidence entière, c'est que, si chacun d'eux a sa conception personnelle de l'his-

1º *L'inspiration lyrique*; — et que, dès son premier recueil, les *Odes* de 1822, — sous une phraséologie déclamatoire et surannée, — on reconnaît le lyrisme au caractère déjà personnel, actif et combatif de ses vers. — Que les *Orientales* ne démentent pas ce caractère; — si les descriptions qui en font la splendeur, — les plus belles peut-être qu'il y ait dans la langue française, — ne répondent à rien que le poète ait vu de ses yeux; — ni son Égypte [*le Feu du ciel*], ni sa Turquie [*les Têtes du Sérail*], ni sa Russie [*Mazeppa*]; — et sont donc ainsi purement subjectives. — Le même caractère se retrouve et se précise encore dans *les Feuilles d'automne*; — dont toutes les pièces ne sont que des « pièces de circonstance », selon le mot de Gœthe [Cf. *Rêverie d'un passant à propos d'un Roi*, ou *Dicté en présence du glacier du Rhône*]; — et des aveux ou des confessions du poète, qui, sans descendre encore

Jusqu'au fond désolé du gouffre intérieur, —

nous prend cependant pour confidents de ses amours, de ses souvenirs, et de ses regrets [Cf. *Que t'importe, ô mon cœur*, et la pièce : *O mes lettres d'amour*]. — C'est également de sa personne que sont remplis les *Chants du crépuscule*. — On y remarque toutefois qu'étant sans doute gêné par l'ampleur même de son vers dans l'expression directe des choses intimes; — ou n'y trouvant plus une matière assez riche pour sa « virtuosité »; — son lyrisme

toire, ils n'en croient pas moins, tous ensemble, très fermement, qu'il existe une certitude historique ; une vérité, que l'on peut atteindre ; et qui sans doute n'est pas nécessairement contraire, mais qui peut aussi n'être pas conforme aux impressions que nous recevons des faits. C'est même au nom de cette vérité qu'ils se contredisent ou qu'ils se combattent, et que, par exemple, ils refont, les uns après les autres, leur histoire de la révolution. Ils n'ignorent pas qu'ils sont hommes, sujets comme tels à l'erreur, et, de plus, imbus de préjugés qu'ils tiennent de leur naissance, ou de leur éducation, ou de la nature actuelle de leurs intérêts. Mais précisément, erreurs ou préjugés, leur méthode n'a pour objet que de les affranchir

est déjà moins personnel dans le fond que dans la forme. — C'est ce que l'on voit mieux encore dans *les Voix intérieures* ou dans *les Rayons et les Ombres* ; — deux des plus beaux de ses recueils lyriques ; — où sa première manière achève de se préciser et se définir.

> Son âme... que le Dieu qu'il adore,
> Mit au centre de tout comme un écho sonore,

écoute en lui chanter la voix ; — murmurer la plainte ; — ou pleurer les larmes des choses. — Il les « orchestre » alors ; — et on veut dire par là qu'il en soutient, qu'il en développe et qu'il en amplifie le chant ; — par les ressources d'une harmonie où concourent à la fois la nature, l'histoire et la passion [Cf. *Sunt lacrimæ rerum* ; — *A l'Arc de triomphe* ; — *Fonction du Poète* ; — *Tristesse d'Olympio*]. — Et c'est pourquoi, s'il y a des élégies plus touchantes que les siennes, comme celles de Lamartine ; — ou des chants plus désespérés, comme quelques-uns de ceux de Musset, — il n'y en a pas de plus « lyriques », ou qui remplissent mieux la définition du genre ; — par la nature même de l'inspiration première ; — par l'ampleur, la magnificence et la diversité des « mouvements » qu'il trouve pour la traduire ; — et enfin par ce qu'il y mêle déjà d' « impersonnel », de général, et d'éternel.

2° *L'inspiration épico-satirique* ; — et que si déjà, dans *les Rayons et les Ombres*, Victor Hugo s'était dégagé de ce que le lyrisme pur a quelquefois d'égoïste ; — en tant que personnel —

des uns, de les préserver des autres, et ils mettent leur honneur, on serait tenté de dire leur amour-propre professionnel, à n'être que les greffiers impartiaux du passé. Par d'autres voies, c'est donc encore ici la vérité qui rentre dans l'art, ou pour mieux dire encore, et d'un mot qui ne prête pas à la confusion, c'est l'artiste qui se subordonne et qui se soumet à son sujet au lieu de s'imposer à lui. Pas un instant Thiers ne suppose que, dans le récit qu'il donne de la bataille de Marengo, ce soit à lui, Thiers, que l'on s'intéresse, ni Tocqueville ne se complaît dans l'étalage de soi-même, quand il essaie de démêler l'avenir de la démocratie. Ce sont les faits qui parlent ou qui doivent parler pour eux ; — et avec eux, après ou en

la politique elle-même ; — et l'exil ; — et la solitude ; — sans le détacher de sa propre personne, — ont cependant encore élargi sa conception de son art ; — et achevé de caractériser son originalité. — Les *Châtiments*, 1852 ; — et qu'à la vérité, s'ils font peu d'honneur au caractère d'Hugo ; — cependant ils n'en contiennent pas moins quelques-uns de ses chefs-d'œuvre [Cf. *l'Obéissance passive* ; *Toulon* ; *l'Expiation*] ; — où non seulement on saisit, — mieux encore que chez le poète indigné des *Iambes*, — la parenté de la satire et du lyrisme ; — mais encore où l'on surprend le passage du mode lyrique au mode épique. — Il semble d'abord qu'on les voie moins bien dans les *Contemplations*, 1856. — Mais il faut observer que, si les *Contemplations* n'ont paru qu'en 1856, — tout un volume en est antérieur à 1848 [Cf. notamment *A Villequier*, et toutes les pièces sur la mort de sa fille] ; — et des pièces comme *Horror* ou *les Mages* relient déjà la deuxième à la troisième manière du poète. — Au contraire la *Légende des siècles*, 1859, — est tout à fait caractéristique de cette seconde manière ; — et bien que lyrique encore, ou satirique [Cf. le début de *la Rose de l'Infante*] ; — en tant qu'Hugo n'y oublie point ses rancunes, ou ses haines ; — cette seconde manière est plutôt épique ; — si, par exemple, on ne voit point que le poète ait eu d'autre raison d'écrire son *Booz endormi*, — et quelques autres pièces de même nature, — que la tentation d'y réaliser sa vision des temps écoulés. — Il ne décrit point pour décrire ; — mais les choses l'intéressent en elles-mêmes *pour ce qu'elles sont* ; — et, *parce qu'elles sont* ; — et, *telles enfin qu'elles*

même temps que la sociologie, que la philosophie, que la science, c'est donc l'histoire à son tour qui conclut contre le romantisme.

C'est la critique aussi, lassée du rôle humiliant qu'elle avait subi depuis une vingtaine d'années. Sainte-Beuve lui-même, l'ancien admirateur, disciple et « cornac » d'Hugo, comme l'appelait plaisamment Henri Heine, se révolte ; et son *Port-Royal*, qui commence de paraître en 1840, son *Chateaubriand*, qui est de 1848, ses *Causeries du lundi*, dont la série commence en 1849, sont tout justement le contraire de ses *Portraits contemporains*. Je ne parle pas de ses palinodies ! Elles ne lui sont pas toutes imputables, si, des *Méditations* à *Raphaël* et à *Graziella*, il

furent. — Il s'occupe même des choses qui ne l'intéressent point personnellement ; — ce qui serait la définition même de la description épique ; — si d'ailleurs, comme au temps des *Orientales*, Hugo ne demeurait trop indifférent à la « vérité pure » de ces choses ; — et ne continuait à les représenter telles qu'il se les imagine ; — sans jamais éprouver de doute sur l'infaillibilité de son imagination. — C'est ce qui lui arrive également dans les *Chansons des Rues et des Bois*, 1865 ; — qui retournent au lyrisme, par le caprice ou la « folâtrerie » souvent énorme de l'inspiration ; — par la variété de l'exécution ; — et par la liberté qu'il s'y donne de ne recevoir et de ne respecter aucune contrainte.

3º *L'inspiration apocalyptique*. — Mais la méditation solitaire avait produit un autre effet encore sur le poète ; — et c'est ce qu'on essaie de faire entendre en parlant de sa « manière apocalyptique ». — Il n'y a guère en effet d'autre mot pour désigner la fureur de « vaticiner » qui s'empare de lui ; — l'épaississement de l'ombre dans son œuvre ; — d'où les rayons, comme d'une toile de Rembrandt, — sortent alors d'autant plus fulgurants ; — et la préoccupation ou la hantise de l'« insondable ». — Ce sont les caractères de la seconde *Légende des siècles*, 1877 ; — et de la troisième, 1883. — Pour exprimer ce qu'il y a d'hostilité dans la nature qui nous entoure et qui nous défie ; — pour traduire l'horreur plus grande encore d'être anéanti ; — pour susciter à l'horizon de l'esprit des visions terrifiantes [Cf. l'*Épopée du Ver*; — *Pleurs dans la nuit*; — *la Trompette du jugement*], le poète trouve alors des images

a changé, sans doute, mais Lamartine a changé bien davantage encore! Mais c'est la méthode surtout qui a changé, et avec la méthode, c'est l'objet de la critique. Il fait maintenant de l'histoire naturelle, de la physiologie même; et, aussi souvent que ses rancunes ou son amour-propre ne sont pas en jeu, ce n'est plus désormais comme siennes qu'il donne ses impressions, c'est comme conformes à la vérité.

Il fait un pas de plus, et, s'avisant qu'en littérature ou en art les distinctions des genres et la hiérarchie des talents ne sont peut-être pas « ce qu'un vain peuple pense », il en discerne la raison permanente et la première origine dans la diversité des « familles d'esprits ». Qui donc a dit que « la

---

et des accents inconnus; — il rejoint les Eschyle ou les Isaïe; — et de son obscurité même se fait un moyen d'action. — Seulement, c'est là que l'on voit la vérité de la parole célèbre que: — « du sublime au ridicule il n'y a qu'un pas »; — et ce pas, Hugo le franchit dans *le Pape*; — *l'Ane*; — *Religions et Religion*; 1878-1880; autant d'œuvres illisibles; — qui n'ont même plus pour elles cette obscurité sous laquelle on cherchait un sens; — qui ne nous procurent plus seulement la sensation de l'énorme ou du gigantesque; — mais celle du vide; — et dont l'unique originalité, si c'en est une, est d'être « frénétiquement banales ». — On en verra la raison tout à l'heure; — et quand on aura vu d'abord combien la banalité de quelques-unes des idées d'Hugo a contribué à sa popularité. — Il faut d'ailleurs faire attention que ce qu'il y a de successif dans ces trois manières, — ne l'est que relativement; — et que, s'il se retrouve jusque dans *l'Ane* des restes du poète des *Orientales*, — il y avait déjà, dans l'auteur des *Feuilles d'automne*, — des commencements de celui de *Religions et Religion*.

C. *Les dernières années d'Hugo*; — et de la très grande influence politique et sociale qu'il a effectivement exercée, — non comme pair de France; — ni comme député aux Assemblées de 1848 et 1850; — mais comme écrivain; — par ses *Châtiments*, 1852; — par son *Napoléon le Petit*, 1853; — par ses *Misérables*, 1862; — ou, en d'autres termes, par la persistance de ses haines; — et son habileté, peut-être inconsciente, à les identifier avec la cause du « progrès social ». — Des *Misérables*; — et que l'idée première

vie, qui est une tragédie pour ceux qui sentent, était une comédie pour ceux qui pensent? » Cela fait aussitôt deux genres bien tranchés, parce que cela fait deux « familles d'esprits », on pourrait presque dire deux sexes; et en effet quelle femme ne préférera de tout temps *Andromaque* au *Misanthrope*, *Zaïre* au *Barbier de Séville* (j'entends celui de Beaumarchais); et *Hernani* à *Tragaldabas*? Mais s'il y a des familles d'esprits, s'il y a des genres, des espèces dans ces genres, des rangs dans ces espèces, nos impressions ne sont donc plus rien en critique, ni même nos jugements? Que l'on blâme ou qu'on loue, que l'on approuve ou que l'on condamne, ce n'est pas la sentence qui importe; ce n'est pas même le juge; les « considérants » sont tout; et

en est sans doute née du désir de passer en popularité les maîtres du « roman » feuilleton; — l'auteur des *Mémoires du Diable* et celui des *Mystères de Paris*. — De l'esprit du roman; — de l'art avec lequel y sont flattés les pires préjugés populaires; — et, à ce propos, que si Victor Hugo n'est pas ce qu'on appelle un « penseur », — ses idées ont cependant plus de portée qu'on ne leur en attribue. — *William Shakespeare*, 1864; — et qu'en plus d'un point la critique n'a rien trouvé de mieux que quelques jugements ou quelques intuitions littéraires d'Hugo. — *Les Travailleurs de la Mer*, 1866; — et qu'il s'y trouve des choses « profondes »; — ce qui d'ailleurs est assez naturel; — si, quand on possède au degré où il l'a possédé le don de l'« invention verbale », — on ne saurait associer diversement les mots, — sans associer diversement aussi les idées qu'ils expriment. — On ne saurait non plus traiter le « lieu commun » — sans toucher aux questions les plus générales qui intéressent l'humanité; — et par exemple, on ne saurait développer le contenu des mots d'*indépendance*, — de *liberté*, — de *patrie*, avec les moyens d'Hugo, — sans mettre en lumière quelques aspects nouveaux des choses [Cf. *Quatre-vingt-Treize*]. — Et enfin quand on ne pense que dans la direction de l'opinion générale, — les pensées qu'on exprime s'appuient alors de l'autorité de tous ceux qui les ont approfondies. — C'est ce que l'on voit bien dans le poème de *Religions et Religion*, 1880; — qui n'est au total qu'une expression populaire; — et moins raffinée, mais exacte suffisamment de l'opinion des Schleiermacher et des Renan; —

la valeur de ces « considérants », d'où dépend-elle à son tour, sinon de la connaissance que nous avons — ou que nous pouvons avoir — des lois qui gouvernent l'esprit humain ? La gloire de Sainte-Beuve est d'avoir pressenti cette vérité si simple, que d'ailleurs il n'a pas toujours eu le courage d'appliquer. Mais il suffit ici du pressentiment, puisque aussi bien d'autres que Sainte-Beuve en allaient tirer bientôt toute une conception nouvelle de la critique ; — et c'est ainsi qu'après avoir été l'un des plus solides appuis du romantisme naissant, nul n'a plus fait contre lui que l'auteur des *Confessions de Joseph Delorme*, en devenant, dans sa maturité, l'auteur des *Causeries du lundi*.

laquelle est que toutes les religions « positives » ne sont que des limitations ; — ou des déformations ; — ou des corruptions de la religion universelle.

> Il est ! Mais nul cri d'ange ou d'homme, nul effroi,
> Nul amour, nulle bouche, humble, ou tendre ou superbe,
> Ne peut distinctement balbutier ce verbe !
> Il est ! Il est ! Il est ! Il est éperdument.

Cette observation nous ramène à la comparaison du rôle de Victor Hugo avec celui de Voltaire ; — et, sans insister sur ce « déisme » ; — dont ils ont cru l'un et l'autre assurer d'autant plus solidement la fortune, — qu'ils traitaient l'un et l'autre plus injurieusement les religions positives, — on voit apparaître trois grandes différences. — La première est tout à l'avantage d'Hugo, qui est comme poète le plus « extraordinaire » de nos lyriques ; — et, dans ses chefs-d'œuvre, le plus grand écrivain que nous ayons en vers ; — tandis que de nombreux prosateurs sont au-dessus de Voltaire. — Mais en revanche Voltaire a possédé deux choses qui ont manqué à Victor Hugo, c'est à savoir : — une culture étendue, variée, solide, voisine en quelques points de l'érudition même ; — et, d'autre part, il ne s'est désintéressé d'aucune des manifestations de l'esprit de son temps ; — tandis que la curiosité de Victor Hugo est demeurée entièrement étrangère au mouvement « scientifique » et philosophique de son temps. — Et que c'est peut-être en cela

III

Ce serait peut-être exagérer que de vouloir montrer encore des adversaires du romantisme dans l'auteur des *Destinées*, 1843-1863, ou dans celui d'*Émaux et Camées*, 1852. Mais on peut du moins avec vérité les en appeler les transfuges. Pour être le plus grand de nos poètes, il n'a manqué au premier des deux que d'avoir quelques-uns des défauts du second : son inépuisable abondance d'invention verbale, sa préoccupation du « pittoresque », et sa virtuosité. Aussi, et presque à ses débuts, de bons juges ne s'y étaient-ils pas mépris :

qu'il est poète ; — si tous les grands poètes ont eu en général leurs regards tournés vers le passé ; — mais c'est aussi pour cela qu'ayant joué en apparence le même rôle que Voltaire, — il n'est cependant pas au même degré que Voltaire la « représentation » de son temps.

3° Les Œuvres. — Les *Œuvres* de Victor Hugo, faciles à classer, et en négligeant les *Œuvres* de début, qu'il a lui-même oubliées, sont :

Ses *Poésies*, qui comprennent : les *Odes et Ballades*, 1822, 1824, 1826, 1828 ; — les *Orientales*, 1829 ; — les *Feuilles d'automne*, 1831 ; — les *Chants du crépuscule*, 1835 ; — les *Voix intérieures*, 1837 ; — les *Rayons et les Ombres*, 1840 ; — les *Châtiments*, 1852 ; — les *Contemplations*, 1856 ; — la *Légende des siècles* [trois parties], 1859, 1877, 1883 ; — les *Chansons des Rues et des Bois*, 1865 ; — l'*Année terrible*, 1871 ; — l'*Art d'être grand-père*, 1877 ; — le *Pape*, 1878 ; — la *Pitié suprême*, 1879 ; — l'*Ane*, 1880 ; — *Religions et Religion*, 1880 ; — les *Quatre Vents de l'esprit*, 1881 ; — le *Théâtre en liberté*, 1884.

Son *Théâtre* [Cf. ci-dessus : le Théâtre Romantique].

Ses *Romans*, qui sont : *Bug Jargal*, 1818, 1826 ; — *Han d'Islande*, 1823 ; — le *Dernier jour d'un condamné*, 1829 ; — *Notre-Dame de Paris*, 1831 ; — *Claude Gueux*, 1834 ; — les *Misérables*, 1862 ; les *Travailleurs de la mer*, 1866 ; — l'*Homme qui rit*, 1869 ; — et *Quatre-vingt-Treize*, 1874.

Ajoutons les *Œuvres politiques*, c'est à savoir : *Étude sur Mira-*

« Buchez et ses amis, raconte Sainte-Beuve, avaient remarqué au sein de l'école romantique la haute personnalité de M. de Vigny et avaient tenté de l'acquérir »; et il résista, continue le critique, — ayant trop d'orgueil, et de juste orgueil, pour être jamais d'une autre école que la sienne, — « mais il fut amené dès lors à s'occuper de certaines questions sociales plus qu'il ne l'avait fait jusque-là » [Cf. *Nouveaux lundis*, t. VI, p. 420]. Et, on le sait, à dater de 1830, s'il y a du romantisme encore dans *Stello*, dans *Chatterton*, il y en a bien moins dans *Grandeur et Servitude militaires*; et on n'en trouve plus guère que des traces dans *la Sauvage, la Mort du loup*, 1843; *la Maison du berger*, 1844; *la Bouteille à la mer*, 1854. Est-ce pour

beau, 1834; — *Napoléon le Petit*, 1852; — *Histoire d'un Crime*, 1852-1877; — et les quatre volumes intitulés *Avant l'Exil*; *Pendant l'Exil*, et *Depuis l'Exil*;

Enfin : *Littérature et philosophie mêlées*, 1834; — *le Rhin*, 1842; — *William Shakespeare*, 1864; — *l'Archipel de la Manche*, 1884.

On a encore publié, depuis la mort du poète, cinq ou six volumes de ses *OEuvres posthumes* et un volume de *Correspondance*.

Les *OEuvres complètes* — moins la *Correspondance* — ont été réunies en 56 volumes in-8°, Paris, 1885-1888, Hetzel.

IV. — **George Sand** (Amantine-Lucile-Aurore Dupin, baronne Dudevant), [Nohant, 1804; † 1876, Nohant].

1° Les Sources. — George Sand, *Histoire de ma vie*, 1854-1855; et *Correspondance*, 1882-1884 [Cf. ses premiers romans, *Indiana, Valentine*; et plus tard, *Elle et Lui*].

Sainte-Beuve, *Portraits contemporains*, t. I, 1832, 1833; et *Causeries du lundi*, t. I, 1850; — Gustave Planche, dans la *Revue des Deux Mondes* de décembre 1832, août 1833, et octobre 1834; — Comte T. Walsh, *George Sand*, Paris, 1837; — A. Vinet, *Études sur la littérature française au XIX° siècle*, article écrit à l'occasion du livre précédent; — Lerminier, dans la *Revue des Deux Mondes*, avril 1844; — Charles de Mazade, *ibid.*, mai 1857; — O. d'Haussonville, *Études biographiques et littéraires*, Paris, 1879; — Caro, *George Sand*, dans la collection des *Grands Écrivains français*, 1887;

cela que Sainte-Beuve y a, lui, signalé « du déclin » ? Mais c'est exactement le contraire qu'il eût fallu dire. Vigny n'a pas laissé de plus beaux vers, qui lui ressemblent davantage, ni qui donnent de ce qu'il fut une plus noble idée. C'est de *la Mort du loup* :

> Seul le silence est grand, tout le reste est faiblesse ;

c'est de *la Maison du berger* :

> J'aime la majesté des souffrances humaines ;

c'est de *la Bouteille à la mer* :

> Le vrai Dieu, le Dieu fort est le Dieu des idées ;

que se sont comme envolés tous les vers de lui qui chan-

— Émile Faguet, *XIX° siècle*, Paris, 1887 ; — F. Brunetière, *Évolution de la poésie lyrique*, 1893.

2° L'ÉCRIVAIN ; — et, avant tout, du triple contraste de la régularité de la production avec le désordre de son existence ; — de sa fraîcheur et de sa légèreté d'imagination avec la violence de quelques-unes de ses « revendications » ; — et du caractère d'impersonnalité de son style avec l'inspiration individualiste de ses premiers romans.

Origine, famille, éducation d'Aurore Dupin [Cf. *Histoire de ma vie*] ; — son mariage ; — ses premières *Lettres* [Cf. notamment la lettre de Bagnères, 28 août 1825]. — Sa séparation [Cf. Lettre du 3 décembre 1830, et *Indiana*] ; — son installation à Paris et ses débuts littéraires. — Henri de Latouche et Jules Sandeau. — *Rose et Blanche*, 1831 ; — *Indiana*, 1831 ; — *Valentine*, 1832 ; — *Lélia*, 1833 ; — *Jacques*, 1834 ; — et qu'au moyen de leurs autres mérites [il faut excepter *Rose et Blanche*], fraîcheur et vérité poétique du paysage ; — caractère bourgeois et réel surtout de l'intrigue ; — fluidité et abondance du style ; — l'originalité n'en est pas tant d'avoir proclamé le « droit divin » de la passion, — que d'avoir achevé de rendre le roman, comme genre, « capable de porter la pensée », — C'est ce qu'on n'avait pas fait depuis *la Nouvelle Héloïse*, 1762, et depuis *Corinne*, 1807. — Mais, tandis que Corinne était placée dans des conditions singulières, — et qu'il n'y a pas d' « intérêt » proprement romanesque dans le roman de Rousseau, — il y en a un dans *Valentine*, comme dans *Indiana* ; — et quelle

tent dans nos mémoires. On a surtout entendu le viril conseil :

> Gémir, pleurer, prier est également lâche,

qu'il opposait aux lamentations dont les romantiques avaient assourdi les oreilles de leurs contemporains. Et finalement, par l'intermédiaire du symbole, dont il a ressaisi la destination première, — qui est d'exprimer la parenté non moins certaine que confuse de l'idée pure et de la forme plastique, — toutes ces pièces, ou plutôt tous ces poèmes, ont ramené la poésie à la conscience de son objet et de sa fonction sociale. « Je ne suis qu'une sorte de moraliste épique », a-t-il dit lui-même [Cf. *Journal*

que soit la condition des héroïnes de George Sand, leurs aventures du moins ne sortent pas de l'ordinaire. — Peut-on en dire autant de leurs sentiments ; — et surtout de ceux qu'on trouve exprimés dans *Jacques* ou dans *Lélia* ? — Que si l'on ne peut pas le dire, — et si l'on doit au contraire les appeler des romans personnels ou « lyriques », — c'est donc en cela qu'ils sont romantiques, — ou même byroniens. — Il convient d'ajouter que, comme ils le sont sans décor exotique ; — ni recul historique ; — ils le sont d'une autre manière que *Cinq-Mars* ou *Notre-Dame de Paris* ; — et toutes ces circonstances réunies expliquent assez, — pour ne rien dire du sexe de l'auteur, — que deux romans : *Indiana* et *Valentine*, aient suffi pour rendre illustre en deux ans le nom de George Sand ; — qu'un an plus tard *Lélia* rendait fameux ; — et plus fameux encore, l'année suivante, ce que l'on pourrait appeler l'aventure des « amours de Venise ».

D'un mot de la duchesse de Bourgogne, que « sous le règne des femmes ce sont les hommes qui gouvernent » ; — et combien la vie littéraire de George Sand en vérifie la justesse ; — si de *Mauprat*, 1837, jusqu'à la publication de l'*Histoire de ma vie*, 1854-1855, — ce sont ses amitiés masculines qui éclairent l'histoire de son œuvre. — En effet, pendant quinze ou seize ans, sa « virtuosité », — très différente de celle d'Hugo, — ne s'est guère employée qu'à revêtir d'une forme d'art, — des idées qu'on lui suggérait. — L'influence de Lamennais et les *Lettres à Marcie* ; *Spiridion* ; *les Sept cordes de la lyre*, 1839. — L'influence de Pierre Leroux, et les romans

d'un poète, 1834]. Et on ne saurait mieux dire, ni mieux marquer comment et par où son action a divergé d'abord de celle des romantiques, pour finir par en triompher.

Il avait dit aussi : « Un livre tel que je le conçois doit être composé, sculpté, doré, taillé, fini et limé et poli comme une statue de marbre de Paros », et à cet égard il faut bien convenir qu'il est demeuré, dans ses plus beaux poèmes, trop au-dessous de cette ambition d'art. L'honneur de la réaliser devait appartenir à l'homme que l'on considère encore quelquefois comme le plus intransigeant des romantiques, qui l'a été en 1830, mais qui ne l'est pas resté, et qui, au contraire, rien que de la manière dont il a transformé l'art de décrire, aurait pu lui tout seul dégager

socialistes ou humanitaires : *le Compagnon du tour de France*, 1840, *le Péché de Monsieur Antoine*, 1845, — L'influence de Chopin et de Liszt : *Consuelo*, 1842-1843. — L'influence de la franc-maçonnerie : *la Comtesse de Rudolstadt*, 1844. — L'influence de Barbès et le rôle de George Sand dans la révolution de 1848. — Mais elle n'en conserve pas moins, — sous l'action entre-croisée de toutes ces influences, — un coin de Berri dans son cœur ; — l'amour de la nature ; — et le goût des paysanneries [Cf. *la Mare au diable*, 1846 ; — *la Petite Fadette*, 1849 ; — *François le Champi*, 1850]. — Et le succès de ces romans, — au lendemain des aventures de la Révolution, — opère un double effet ; — qui est de la réconcilier elle-même avec le grand public ; — dont elle avait semblé vouloir se séparer pour ne s'adresser qu' « au populaire ; » — et le grand public avec elle ; — comme ne voyant plus en elle qu'un grand talent reconquis sur l'esprit de parti.

Elle a gagné de son côté deux choses à traverser le socialisme, — dont la première est d'avoir aperçu le danger de l' « individualisme » ; — et en second lieu, elle a compris que le monde est plus vaste que le peu qu'en saisit notre expérience personnelle. — Nous ne sommes pas les seuls hommes, et nos maux ne sont pas tous les maux ; — il y en a d'autres, et de plus cruels, que de s'être mariée sans amour, comme Valentine ; — ou d'avoir, comme Lélia, trouvé le dégoût au fond de la volupté. — Et de là le caractère nouveau des romans de la dernière période ; — à l'exception d'*Elle et Lui*, 1859, — qui est sa réponse, un peu tardive, à *la Confession d'un*

du romantisme ce que les doctrines en contenaient de naturalisme encore inconscient : « Je suis allé à Constantinople, disait Théophile Gautier, pour être musulman à mon aise ; en Grèce, pour le Parthénon et Phidias ; en Russie, pour la neige et l'art byzantin ; à Venise, pour Saint-Marc et le palais des Doges » [Cf. Bergerat, *Théophile Gautier*, p. 126, 127]. Et qui ne voit ici que, de voyageur, ou, comme on dit, de touriste, en se faisant l'historien ou le peintre des contrées qu'il parcourt, c'est comme s'il eût résolu de s'absenter de lui-même, pour y laisser se graver l'image de la nature, des monuments, et des lieux ? Ni les Musset, ni les Hugo n'eussent été capables de ce désintéressement. Comme d'ailleurs aucun cerveau ne saurait

Enfant du siècle. — *Jean de la Roche*, 1860 ; — *le Marquis de Villemer*, 1861 ; — *Tamaris*, 1862 ; — *Mlle de la Quintinie*, 1863 [celui-ci est une réponse à l'*Histoire de Sibylle*, d'Octave Feuillet]. — Elle n'abjure point ses idées ; — et elle plaide toujours volontiers ce qu'elle croit être la cause de la « liberté » ; — elle ne veut point de contrainte morale ni politique ; — mais l'ardeur d'apostolat s'apaise, — et surtout l'ardeur de la révolte. — *Antonia*, 1863 ; — *la Confession d'une jeune fille*, 1865 ; — *Monsieur Silvestre*, 1866 ; — *le Dernier amour*, 1867. — *Mlle Merquem*, 1868. — Si son imagination ne s'applique point à se « soumettre » à ses modèles, — elle mêle pourtant beaucoup moins d'elle-même aux peintures qu'elle en fait ; — et le grand intérêt en est pour elle dans l'air de vie, — sinon de réalité qu'elle leur communique [Cf. sa *Correspondance avec Flaubert*, et plus loin l'article Flaubert]. — Elle subit vaguement l'influence rétrospective de la popularité de Balzac tous les jours grandissante ; — et du « réalisme » qu'elle a aidé à naître. — Les dernières œuvres : *Francia*, 1871 ; — *Nanon*, 1872 ; — *Flamarande*, 1875 ; — *la Tour de Percemont*, 1876. — Pourquoi nous ne parlons pas de son « théâtre » ; — s'il ne lui appartient qu'à peine ; — et que les rares succès qu'elle y a obtenus — ne soient dus qu'à l'habileté technique de ses collaborateurs.

Du grand défaut des romans de George Sand ; — et, l'immoralité naïve de quelques-uns d'entre eux mise à part, — qu'il consiste en ceci, qu'ils partent bien de la réalité ; — mais ils se continuent ou s'achèvent tous dans le vague. — C'est ce que l'on peut

faire ainsi, de lui-même, naturellement, spontanément, œuvre ou « métier de chambre noire », une conséquence résulte du principe, laquelle est que nous commencerons par nous mettre en état de ne mêler à nos impressions que le moins que nous pourrons nous-mêmes de nous-mêmes. Autre contradiction encore, autre point de division avec le romantisme ! Et comme il n'y a d'autre chance d'y réussir qu'une attention perpétuelle au choix des moyens que nous emploierons pour traduire ces impressions, de là enfin un scrupule, un souci constant de la forme, une vigilance inquiète que n'avaient pas eue non plus les romantiques, dont ils s'étaient même un peu moqués [Cf. Lamartine, *Lettre à M. Léon Bruys d'Ouilly*; et Musset, *Après*

exprimer d'une autre manière ; — et d'une formule où les qualités et les défauts se compensent ; — en disant que, depuis *Indiana* jusqu'au *Marquis de Villemer*, — ils tiennent tous du poème en prose, — bien plus que de l'étude des mœurs ; — et il faut ajouter : du poème en prose « improvisé ».

3° LES ŒUVRES. — Nous avons énuméré, chemin faisant, les principaux romans de George Sand. Ses *Œuvres complètes* forment un peu plus d'une centaine de volumes [édition Michel Lévy]; — non compris les quatre volumes de l'*Histoire de ma vie*; — et les six volumes actuellement parus de la *Correspondance*.

V. — **Charles-Augustin Sainte-Beuve** [Boulogne-sur-Mer, 1804; † 1869, Paris].

1° LES SOURCES. — Sainte-Beuve, d'abord : *Portraits contemporains*, t. II. — *Portraits littéraires*, t. II; *Causeries du lundi*, t. XI, et le volume de *Table des Causeries*; — *Nouveaux lundis*, t. XIII; — *Lettres à la Princesse*; — et sa *Correspondance*.

Gustave Planche, dans la *Revue des Deux Mondes*, septembre 1851 ; — Cuvillier-Fleury, *Études historiques et littéraires*, 1854; — Alfred Michiels, *Histoire des idées littéraires en France au XIXe siècle*, 1843, 1848, 1861, 1864.

J. Levallois, *Sainte-Beuve*, 1872; — Pons, *Sainte-Beuve et ses inconnues*, 1879; — J. Troubat, *Souvenirs du dernier secrétaire de Sainte-Beuve*, 1890.

O. d'Haussonville, *Sainte-Beuve, sa vie et ses œuvres*, 1875;

une lecture] ; et dont l'absence, par un juste retour, donne, même à leurs chefs-d'œuvre, on ne sait quel air de négligence ou d'improvisation. Avec l'auteur d'*Émaux et Camées* une génération d'artistes succède à une génération d'improvisateurs. On joindrait volontiers à son nom celui de Théodore de Banville, — pour ses *Cariatides*, 1842, ses *Stalactites*, 1846, ses *Odelettes*, 1856, — si l'art n'y ressemblait trop souvent à un jeu ou même à une gageure ; et puis si trop souvent, dans ses œuvres, l'auteur des *Odes funambulesques*, 1857, ne semblait se railler de son sujet, de son public, et de lui-même.

Considérons maintenant ensemble toutes ces influences, et nous ne nous étonnerons pas qu'aux environs de 1850,

— F. Brunetière, *l'Évolution des genres*, t. I, 1889 ; et *l'Évolution de la poésie lyrique*, t. I, 1894 ; — Émile Faguet, *Sainte-Beuve*, dans la *Revue de Paris*, février 1897.

2° L'Écrivain. — Son origine ; — et qu'il serait d'ailleurs inutile de noter le lieu de sa naissance, Boulogne-sur-Mer, — s'il ne lui avait dû le patronage de Daunou, — qui était également de Boulogne ; — dont les conversations l'imburent de l'esprit du xviii° siècle ; — qui peut-être favorisa ses débuts dans *le Globe*, 1824 ; — et en tout cas qui lui donna le conseil d'écrire son premier ouvrage : le *Tableau de la poésie française au* xvi° *siècle*, 1827-1828.

A. *Le Poète* ; — et son rôle dans la révolution romantique. — Il a trouvé le moyen, en rattachant le romantisme à la Pléiade et à André Chénier, — de donner aux novateurs toute une longue lignée d'ancêtres ; — moins illustres, mais plus « anciens », que ceux dont se réclamaient les pseudo-classiques. — Ayant reconnu dans Ronsard [Cf. ci-dessus l'article Ronsard], — le plus grand inventeur et le plus habile ouvrier de rythmes qu'il y ait eu dans la langue française, — il a enseigné aux « romantiques » en général, — et à Victor Hugo, particulièrement, — le pouvoir ou la vertu de la forme [Cf. la pièce célèbre :

        Rime, qui donnes leurs sons
        Aux chansons...

— ou encore, dans les *Pensées d'août*, l'*Épître à Villemain*]. — Plus tard, dans ses *Confessions de Joseph Delorme*, 1829 ; — et dans

— entre 1848 et 1855, — la réaction déjà commencée contre le romantisme se poursuive et s'achève dans tous les genres à la fois. On l'attaque sur sa politique, dont les événements de 1848 ont été la banqueroute ; on l'attaque sur sa morale ; on l'attaque sur son esthétique. On applaudit bien aux *Châtiments*, parce qu'en effet, ils contiennent, mêlés à des grossièretés sans nom, quelques-uns des plus beaux vers d'Hugo ; mais on n'a garde de les imiter, pour diverses raisons, parmi lesquelles il y en a de politiques, mais de littéraires aussi, et en plus grand nombre. La prodigieuse facilité du poète ressemble à de l'incontinence et le torrent de son invention roule décidément plus de mots ou de sons que d'idées ! A la « femme incomprise »,

ses *Consolations*, 1831, — il a poussé le lyrisme, — en tant qu'expression du moi du poète, — jusqu'à la limite où cette hypertrophie de la personnalité devient positivement « morbide » ; — et, à cet égard, c'est de lui que procédera en partie Baudelaire. — Et enfin, dans les *Pensées d'août*, 1837, — et comme convaincu que le lyrisme ainsi conçu ne saurait avoir qu'un temps, — n'ayant plus rien lui-même d'intéressant à dire en vers, — il a fait des vers qui ne sont que d'assez mauvaise prose ; — mais qui n'ont pas moins acclimaté dans la poésie française contemporaine le goût de l'insignifiant ; — et la sympathie pour la médiocrité.

B. *Le Critique*.

1º *De 1824 à 1837*. — C'est la période des *Portraits littéraires* et des *Portraits contemporains* ; — période militante et active, — où, quand sa critique ne lui sert pas d'un moyen pour satisfaire des rancunes ; — et distribuer les rangs par rapport à celui qu'il a lui-même la prétention d'occuper comme poète ; — elle n'est guère que le journal de ses impressions personnelles ; — et en ce sens purement romantique. — Mais il semble déjà que, dans la nature de ses impressions personnelles, — la curiosité de connaître les conditions des œuvres, — tienne plus de place que la satisfaction d'en dénoncer les défauts ; — que le besoin de les juger ; — ou que le plaisir même d'en jouir ; — et ainsi, d'une critique purement subjective, — se dégage et déjà se détache, — une critique psychologique, — dont la tendance est de subordonner l'étude ou l'examen des « œuvres » à la connaissance des « auteurs »,

des romans de George Sand, ou de ses imitateurs, et tandis qu'elle-même fait succéder les héroïnes paysannes de *la Mare au Diable* et de *la Petite Fadette*, l'école « du bon sens » oppose les comédies bourgeoises de Camille Doucet et d'Augier. On dépouille la courtisane de l'auréole poétique dont le romantisme l'avait couronnée, et au lieu de *Marion Delorme* ou de *Lélia*, elle s'appelle Marguerite Gautier [Cf. *la Dame aux Camélias*, 1852]; Suzanne d'Ange [Cf. *le Demi-Monde*, 1855], ou Olympe Taverny [Cf. *le Mariage d'Olympe*, 1855]. Un exemple non moins significatif est celui d'un jeune écrivain qui, après avoir débuté, vers 1845, sous les auspices du romantisme, se retire insensiblement de ses maîtres, discrètement, sans

— et de la manière dont ils ont vécu. — Nouveauté de ce genre de critique à sa date; — et qu'il n'était pas sans analogie avec la nature des investigations que Balzac donnait pour objet à l'art du romancier; — ce qui explique peut-être l'acharnement de la guerre qu'ils se sont faite l'un à l'autre — *Rara concordia fratrum!* — c'est surtout en littérature qu'on voit des frères ennemis; — et rien ne nous divise plus profondément que de tendre au même objet par des moyens opposés. — Mais, en dépit des différences, le roman de Balzac et la critique de Sainte-Beuve n'en comportaient pas moins la même sorte d' « indiscrétion »; — la même « anatomie » des modèles ou la même « dissection »; — la même tranquille audace; — et finalement ils rendaient le même effet de vie. — Comparaison à cet égard de la critique de Villemain avec la critique de Sainte-Beuve; — et combien la première est plus abstraite, plus décharnée, moins pénétrante et moins aiguë que la seconde.

2º *De 1837 à 1850*; — ou, du cours de Lausanne sur *Port-Royal* au cours de Liège sur *Chateaubriand et son groupe littéraire*. — C'est la période vraiment féconde; — celle où s'opère dans la critique de Sainte-Beuve, dégagée du romantisme, — le rapprochement de la critique qui « sent » et de la critique qui « explique »; — par l'intermédiaire d'une connaissance plus exacte et plus approfondie de l'histoire. — Du livre de *Port-Royal*, et de son importance à cet égard. — Comment trois choses y sont menées de front, lesquelles sont : — l'examen des œuvres; — l'analyse des sentiments; — et

éclat ni fracas, en galant homme; et, dans *le Village*, 1852, dans *Dalila*, 1853, dans *la Petite Comtesse*, 1856, entreprend non plus seulement contre la courtisane, mais contre « la passion », une guerre qu'il soutiendra jusqu'à son dernier jour.

Cependant, du fond de sa solitude, où il peine sur le plus laborieux des chefs-d'œuvre, un autre encore passe en revue les gloires du romantisme; n'en reconnaît aucune, sauf Hugo; se plaint que Lamartine écrit mal; reproche à Musset de n'avoir cru « ni à lui, ni à son art, mais à ses passions », le raille de son « dandysme », s'irrite de l' « emphase avec laquelle il a célébré le *sentiment*, le *cœur*, l'*amour* » [Cf. Flaubert, *Correspondance*,

l'appréciation ou le jugement des idées [Cf. notamment les chapitres consacrés à *Pascal*]. — Comment trois qualités s'y unissent et s'y fortifient l'une l'autre : — la précision de l'historien; — la subtilité du psychologue; — la décision du juge [Cf. notamment les chapitres sur *Montaigne*; — *Saint François de Sales*; — *Corneille*; — *Boileau*]. — Et comment enfin, de l'exemple ainsi donné, trois obligations définies en sont résultées pour la critique : — l'obligation d'*expliquer*; — l'obligation de *classer*; — et l'obligation enfin de tendre par le moyen de l'interprétation des œuvres à une connaissance « philosophique » de l'esprit humain. — Qu'il n'est pas douteux que, pour toutes ces raisons, *Port-Royal* soit l'un des grands livres de ce siècle; — et l'œuvre de Sainte-Beuve, en général, l'une des plus originales de notre temps; — comme enfin l'une des plus fécondes en conséquences.

3º *De 1850 à 1870*. — C'est la période des *Causeries du lundi* et des *Nouveaux lundis*; — la partie la plus vantée de l'œuvre de Sainte-Beuve; — mais non pas cependant la meilleure; — si trop de haines « actuelles » s'y mêlent constamment à l'appréciation des œuvres, mais surtout des hommes; — s'il ne meurt pas un des contemporains du critique [Balzac, 1850; Musset, 1857; Vigny, 1863], qu'il n'en profite ou qu'il n'en abuse pour régler avec eux le compte de ses anciennes rancunes; — et si l'exagération même de la méthode l'entraîne à ne se soucier presque plus des œuvres, mais uniquement des hommes. — Qu'à la vérité, aux environs de 1860, la nécessité de défendre sa propre originalité

t. II, p. 110, 1852]. La voix d'un poète répond à la sienne :

> Tel qu'un morne animal, meurtri, plein de poussière,
> La chaîne au cou, hurlant au chaud soleil d'été,
> Promène qui voudra son cœur ensanglanté,
> Sur ton pavé cynique, ô plèbe carnassière...

Et tous les deux, c'est comme s'ils disaient qu'on ne veut plus désormais de « confessions » ni de « confidences ». Sortons de nous-mêmes, et ouvrons les yeux ! La nature et la société, l'art et la vie, la vérité, la beauté sont là qui invitent le poète, et le romancier, et l'auteur dramatique. Tout est « matière à littérature », excepté précisément ce qui l'a été pour le romantisme. Et tandis

contre quelques disciples qui se réclament de lui, — tels qu'Edmond Scherer, Ernest Renan, et Taine, — l'oblige à préciser deux points qu'il ne veut pas abandonner. — Il établit donc victorieusement que, ce qu'il y a d'intéressant dans l'œuvre littéraire, c'est d'abord cette œuvre elle-même. — Il n'établit pas moins fortement que rien de général ne réussit à expliquer ce qu'il y a d'individuel dans un chef-d'œuvre ; — et qu'étant donné « la race », « le milieu », « le moment », qui sont les mêmes pour tous, — le grand problème est d'expliquer comment il se fait qu'on n'ait vu qu'un *Tartufe* et qu'une *Phèdre* ; — qu'un Voltaire et qu'un Rousseau ; — qu'une *Eugénie Grandet* et qu'une *Valentine*. — Mais, après cela, lui-même se désintéresse de ses propres principes ; — comme des plus chers de ses anciens goûts ; — l'histoire proprement dite l'attire de plus en plus ; — il prend au sérieux son titre de « sénateur de l'Empire » ; — et il n'y a presque plus rien de l'auteur de *Port-Royal* dans son *Étude sur Jomini*, par exemple, ou dans son *Essai sur Proudhon*.

C. *Le Philosophe*; — et d'abord si cette appellation n'est pas bien ambitieuse pour lui ; — en tant du moins qu'avoir une « philosophie » c'est avoir un système lié ; — une vue générale des choses, ou seulement une « doctrine » [Cf. plus loin l'article TAINE]. — Qu'en ce sens non seulement Sainte-Beuve n'a pas eu de « philosophie » ; — mais son grand défaut, comme critique et comme historien de la littérature, — a été de ne pouvoir pas s'élever au-dessus de la « monographie ». — Ses contradictions théoriques

que, pour les Leconte de Lisle, pour les Flaubert, les Feuillet, les Dumas, les Augier cette conviction se dégage de l'étude ou de l'observation, se forme en eux presque à leur insu, les Taine et les Renan paraissent pour l'autoriser, l'affermir, et la fonder en principe.

On ne se rend pas toujours compte à soi-même de la nature de son œuvre, ni de ses vraies origines. C'est ainsi que Renan n'a jamais voulu convenir, ne s'est jamais douté peut-être à quel point il était pénétré de l'esprit d'Auguste Comte ; et Taine, qui se faisait gloire au contraire d'être positiviste, à travers la philosophie de Stuart Mill, ne s'étonnait pas seulement, on l'affligeait, quand on lui montrait quelles œuvres sont sorties de son *Essai sur Balzac*,

et sa versatilité naturelle d'humeur. — Mais que cette versatilité même et ces contradictions impliquent une espèce de philosophie ; — dont le principe est de perfectionner son goût par la variété des disciplines qu'on lui impose ; — et que c'est même là ce qu'on appelle du nom de *dilettantisme*. — Sainte-Beuve a été le dilettante de la critique ; — et c'est en cette qualité qu'il semble avoir surtout agi sur ses contemporains.

3° LES ŒUVRES.

Les *OEuvres* de Sainte-Beuve comprennent : 1° ses *Poésies* : *Joseph Delorme*, 1829 ; les *Consolations*, 1830 ; et les *Pensées d'août*, 1837 ; — 2° son roman de *Volupté*, 1834, — et 3° ses *OEuvres critiques*, ainsi divisées :

Portraits littéraires, 3 volumes ;
Portraits de femmes, 1 volume ;
Portraits contemporains, 5 volumes ;
Port-Royal, 5 volumes in-8° ou 7 volumes in-18 ;
Chateaubriand et son groupe littéraire, 2 volumes ;
Causeries du lundi, 15 volumes ;
Nouveaux lundis, 13 volumes.

Il y faut ajouter : *Tableau de la Poésie française au xvie siècle* ; — ses *Premiers lundis*, trois volumes qu'on a formés après sa mort des articles qu'il n'avait pas lui-même réunis ; — son *Étude sur Virgile* ; — et deux ou trois « nouvelles » assez insignifiantes.

Il n'a encore paru que trois volumes de sa *Correspondance* et presque rien de ses fameux *Carnets*.

1858, et de son *Histoire de la Littérature anglaise*, 1863. Il faut assurément distinguer! Le « naturalisme » de Taine, aussi bien que celui de Flaubert, était plus large ; — il était surtout plus intelligent que ne l'était le réalisme des Courbet et des Champfleury ; — et, par exemple, il n'excluait de ses « représentations » ni la beauté, ni le passé [Cf. *Salammbô*, *Hérodias, la Légende de saint Julien*], sachant bien qu'il ne l'aurait pu faire sans exclure de l'art la notion même de l'art. Et, de son côté, l'auteur de l'*Histoire des langues sémitiques*, 1848, et du célèbre *Essai sur les Religions de l'antiquité*, 1853, pouvait bien croire et pouvait bien dire que « M. Comte, n'étant pas philologue, n'entendait rien aux sciences de

Troisième Époque

Le Naturalisme.
1859-1875.

I. — Alfred de Vigny [Loches, 1797 ; † 1863, Paris].

1° Les Sources. — *Journal d'un poète*, publié par M. Louis Ratisbonne ; et *Notice* en tête du *Journal*, Paris, 1867 ; — Sainte-Beuve, *Portraits contemporains*, t. II, 1826, 1835 ; et *Nouveaux lundis*, t. VI, 1864 ; — Émile Montégut, *Nos morts contemporains*, 1867 ; — Théophile Gautier, *Rapport sur les progrès de la poésie*, 1868 ; — Émile Faguet, *XIXe siècle*, Paris, 1887 ; — Maurice Paléologue, *Alfred de Vigny*, Paris, 1891 ; — F. Brunetière, *Essais sur la littérature contemporaine*, 1891 ; et *l'Évolution de la Poésie lyrique*, 1893, t. II ; — Dorison, *Alfred de Vigny poète philosophe*, Paris, 1892.

2° Le Poète.

A. *Les années romantiques.* — Origines de Vigny ; — son éducation ; — et sa vocation militaire. — Ses premiers recueils de vers : *Héléna*, 1822, et *Éloa*, 1824 ; — et, à ce propos, de l'influence d'André Chénier sur Alfred de Vigny. — Caractère de ses premiers vers, et combien l'inspiration du xviiie siècle y est encore visible [Cf. Montégut, *loc. cit.*] ; — mais combien surtout

l'humanité » [Cf. *l'Avenir de la science*, p. 148]. Non!
M. Comte n'était pas philologue; et il écrivait mal; mais la
« philologie » de Renan ressemblait plus qu'il ne le croyait
à la « sociologie » du fondateur du positivisme; et la
différence entre eux n'était pas même dans les méthodes,
mais dans l'appropriation particulière de la même méthode générale à des objets aussi divers que le peuvent
être l'étude des fonctions du foie, par exemple, et celle
de la composition du *Bhagavata Pourana*. C'est au surplus ce que l'on verra, si, comme on insère un moyen
terme entre deux extrêmes, on interpose, entre l'œuvre de
Taine et celle de Renan, l'œuvre d'Émile Littré : d'une
part, son exposition de la *Philosophie d'Auguste Comte*,

ils sont peu romantiques. — Le roman de *Cinq-Mars*, 1826; — et
le *Moïse*, 1826. — Liaisons de Vigny avec les romantiques; — et
sa part dans la lutte contre le classicisme ; — avec son *Othello*, 1829;
— son drame de *la Maréchale d'Ancre*, 1831; — et son roman
« symbolique » de *Stello*, 1832. — Rencontre et fusion dans *Chatterton*, 1835, — de trois au moins des caractères du romantisme :. —
recherche de la « couleur locale »; revendication de la « souveraineté du poète, » et du « droit de l'individu ». — Mais déjà,
dans les récits qu'il donne en 1835, sous le titre de *Grandeur et
Servitude militaires* — Vigny nous apparaît détaché de l'égoïsme
romantique; — comme aussi dans les fragments de son *Journal*
sous cette date; — et, puisque c'est là le principe et la nature
de sa véritable originalité, — c'est ce qui rend bien oiseuse la
question de savoir quel est exactement son rang parmi les romantiques.
B. *Le Philosophe*; — et, à cette occasion, du pessimisme en
général; — et qu'il n'est point la doctrine de mort ou d'inertie que
l'on a prétendu; — mais au contraire la source de l'action féconde;
— et en tout cas le principe de toute élévation morale. — Du pessimisme de Vigny; — et qu'on lui fait tort du meilleur de lui-
même, — en en cherchant la cause dans l'étroitesse de sa vie
domestique; — ou dans les déceptions de son amour-propre ; — ou,
comme « les gens d'esprit », dans le pressentiment physiologique
de la maladie dont il devait mourir [le cancer de l'estomac]. — Le
pessimisme de Vigny est une doctrine philosophique; — fondée

et de l'autre ses *Études sur l'histoire de la langue française*. Il apparaîtra manifestement alors qu'à eux trois, Littré, Taine et Renan, quelque différence de talent qu'il y ait entre eux, — et on peut bien dire que cet honnête homme de Littré n'en a pas eu du tout, — ils ont constitué la critique naturaliste, ou plutôt, et mieux encore, leur critique a donné au « naturalisme » cette cohésion, cette consistance, et cette solidité doctrinales qui avaient toujours fait défaut au romantisme.

C'est ce qui nous rend facile aujourd'hui d'en reconnaître les vrais caractères ; et, par exemple, de voir clairement que, ce que des œuvres aussi différentes en apparence que les *Poèmes antiques*, 1852, *le Demi-Monde*, 1855, et

sur la conviction raisonnée de l'hostilité de la nature à l'égard de l'homme [Cf. *la Maison du Berger*] ; — sur l'isolement de l'intelligence parmi les hommes [Cf. *Moïse*] ; — sur la corruption de la nature humaine [Cf. *la Colère de Samson*] ; — et sur l'indifférence des dieux à nos misères [Cf. *le Christ au Mont des Oliviers*]. — Qu'à tous ces égards le pessimisme de Vigny est de la nature de celui de Pascal ; — et qu'on en trouve au surplus la preuve dans les conséquences qu'il en tire ; — si son horreur de la condition humaine se change en pitié de ses semblables [Cf. son *Journal*, à dater de 1835] ; — cette pitié en amour [Cf. *la Flûte*] ; — cet amour en résolution de travailler à vaincre la nature [Cf. *la Sauvage*] ; — et qu'enfin cette résolution se termine par un cri d'espérance [Cf. *la Bouteille à la mer*]. — Noblesse hautaine, mais réelle de ce pessimisme ; — et que, pour en sentir la valeur, — il ne faut que le comparer à l'optimisme réaliste d'Hugo ; — à l'optimisme enfantin de Musset ; — et à l'optimisme vulgaire du chansonnier du *Dieu des bonnes gens*.

C. *L'influence d'Alfred de Vigny* ; — et qu'elle s'oppose presque par tous les points à l'influence du romantisme. — Il a libéré le poète de l'obsession du Moi ; — et de l'adoration superstitieuse de la nature. — Aux « thèmes » lyriques du romantisme, — qui ne pouvaient être que des motifs généraux ou indéterminés, — et, comme ceux des « pianistes », un prétexte à virtuosité, — il a substitué des « idées » précises ; — dont ses fictions [*la Mort du Loup, la Maison du berger, la Bouteille à la mer*] ne sont que l'enve-

Madame Bovary, 1857, ont pourtant de commun, c'est d'être en premier lieu ce que nous appelons des œuvres « impersonnelles ». Précisons bien le sens de ce mot ! On ne veut pas dire par là qu'un Flaubert, un Dumas, un Leconte de Lisle soient absents de leur œuvre, ou détachés d'elle à ce point que nous n'y puissions retrouver leur conception de l'art, de la nature, et de l'homme. Mais on veut dire : qu'ils ne sont point eux-mêmes le sujet de leur observation, la matière de leur littérature ; on veut dire que l'homme en eux se subordonne à l'artiste ; et on veut dire surtout qu'ils n'ont point fait consister leur originalité à exprimer des choses qui fussent « leurs », mais seulement des choses inaperçues avant

loppe ; — et c'est le vrai symbolisme ; — et c'est donc la grande poésie. — Et il a fait enfin des « poèmes », — qui ont un commencement, un milieu, une fin ; — dont le développement se proportionne à l'importance humaine de l'idée qu'ils expriment ; — et ainsi n'a pas uniquement pour mesure le caprice du virtuose ; — ou la capacité de souffle du poète. — Qu'on ne saurait trop regretter, pour toutes ces raisons, — que de certaines qualités d'artiste, ou même d'écrivain aient fait défaut trop souvent à Vigny ; — mais qu'il n'en demeure pas moins un très grand poète ; — et l'auteur de quelques centaines de vers au-dessus desquels, — s'il y en a dans la langue, il n'y en a pas beaucoup.

3° LES ŒUVRES. — Les *Œuvres* d'Alfred de Vigny comprennent :

1° Ses *Poésies*, dont il a lui-même sacrifié quelques-unes des premières ; et qui se composent en tout de deux recueils : les *Poésies*, divisées en trois livres, le *Livre mystique*, le *Livre antique*, le *Livre moderne*, 1822-1826 ; — et *les Destinées*, 1863 [*Les Destinées* n'ont été réunies sous ce titre qu'en 1863, mais la plupart des poèmes qui en font partie sont de 1843, 1844, 1845, 1854, et ont paru sous ces dates dans la *Revue des Deux Mondes*].

2° Son *Théâtre*, c'est-à-dire sa traduction [en vers] de *Shylock, le Marchand de Venise*, 1828, — son adaptation [en vers] d'*Othello*, 1827 ; — la *Maréchale d'Ancre*, 1831 ; — *Quitte pour la peur*, 1833 ; — *Chatterton*, 1835.

3° Ses *Romans* : *Cinq-Mars*, 1826 ; — *Stello*, 1832 ; — *Grandeur et Servitude militaires*, 1835.

eux. Tous les rayons étaient égaux avant qu'on eût tracé de circonférence de cercle, et ce n'est pas Galilée qui a mis la terre en mouvement autour du soleil! Pareillement, la province française existait avant *Madame Bovary*; et l'auteur des *Poèmes Antiques* n'a inventé ni les Dieux de l'Inde, ni ceux de la Grèce, ni leur légende, ni même leurs attributs. Mais l'unique ambition qu'ils aient eue, ç'a été de fixer, « sous l'aspect de l'éternité », l'objet de leur imitation; et, pour y réussir, de ne s'attacher qu'à ce qu'ils ont cru voir en lui de permanent.

« L'art, écrivait Flaubert, est une représentation, nous ne devons penser qu'à représenter », et, dans un autre endroit de sa *Correspondance* : « L'art ne doit rien avoir

4º Son *Journal*, publié en 1867 par M. Louis Ratisbonne, son héritier littéraire; et quelques *Lettres* [Cf. Sainte-Beuve, *Portraits contemporains*], dont la suite la plus considérable a été publiée dans la *Revue des Deux Mondes* du 1er janvier 1897.

Il existe deux éditions des *OEuvres*, l'une en huit volumes in-8º, Paris, 1868-1870, Michel Lévy; et l'autre en six vol. in-12, Paris, 1883-1885, A. Lemerre.

II. — **Pierre-Jules-Théophile Gautier** [Tarbes, 1811; † 1872, Paris].

1º LES SOURCES. — Vte de Spoelberch de Lovenjoul, *Histoire des œuvres de Théophile Gautier*, Paris, 1887.

Sainte-Beuve, *Nouveaux lundis*, t. VI, 1863; — Émile Montégut, *Nos morts contemporains*, t. II, 1865; — Charles Baudelaire, *l'Art romantique*, 1868; — Émile Bergerat, *Théophile Gautier, Entretiens et Souvenirs*, Paris, 1877; — Émile Zola, *Documents littéraires*, Paris, 1881; — Maxime du Camp, *Souvenirs littéraires*, Paris, 1882-1884; et *Théophile Gautier*, dans la collection des *Grands Écrivains français*, Paris, 1890; — Émile Faguet, *Études sur le XIXe siècle*, 1887, Paris; — F. Brunetière, *Questions de critique*, 1887; et *l'Évolution de la Poésie lyrique*, t. II, 1893; — Maurice Spronck, *les Artistes littéraires*, Paris, 1889.

2º L'ARTISTE. — Longue injustice de la critique à l'égard de Théophile Gautier; — et sur quoi fondée : — l'étendue et la diversité de son œuvre; — son air de négligence ou d'improvisation; —

de commun avec l'artiste ». Ou, en d'autres termes : la nature et l'histoire sont sous nos yeux comme des modèles, et puisque notre « opinion » d'un jour ne les empêchera pas d'être ce qu'elles sont, ce qu'elles étaient avant nous, ce qu'elles seront quand nous ne serons plus, nous ne devons donc employer tous les moyens de l'art qu'à les faire vraies et ressemblantes. L'imitation, ou pour dire quelque chose de plus, la reproduction de la nature, tel doit être l'objet de l'art; la soumission au modèle, tel en est le moyen ; et l'anéantissement de la personnalité de l'artiste dans la vérité de sa création, tel en sera le triomphe. Songe-t-on à Shakespeare quand Othello tue Desdémone, et les lecteurs de l'*Odyssée* se

et le scrupule avec lequel il s'est renfermé dans son « métier » de poète et de conteur. — Indignation pédantesque d'Edmond Scherer à cette occasion ; — et reproche qu'il fait à Gautier de « n'avoir pas eu d'idées ». — Qu'en effet Gautier n'a pas eu d'idées politiques ou théologiques ; — mais il en a eu sur son art, ou sur l'art en général ; — de très précises, de très fécondes ; — dont il a donné de très heureuses formules [Cf. ses *Notices* sur *Balzac*, sur *Baudelaire*, son *Rapport sur la poésie*, etc.]. — Et c'est pourquoi son rôle, dont l'importance pouvait échapper aux yeux il y a trente ou quarante ans, — est devenu considérable, — à mesure que l'on discernait mieux les rapports et les éléments communs ou contradictoires du romantisme et du naturalisme.

C'est ainsi qu'apparaissent et se déclarent ouvertement en lui [Cf. *les Grotesques* et *le Capitaine Fracasse*] — les affinités du romantisme avec l'école, non pas de Ronsard, — comme l'a enseigné erronément Sainte-Beuve, — mais avec l'école des Scarron et des Saint-Amant ; — et à cet égard, toute une partie de son œuvre n'est qu'une « illustration » ou une « démonstration » de la *Préface de Cromwell*. — La grande ambition romantique a été de fondre ensemble le sublime empanaché du *Cid* ; — et le comique extravagant de *Dom Japhet d'Arménie*. — C'est bien encore Théophile Gautier qui a formulé la doctrine de « l'art pour l'art » ; — et, si la doctrine est d'ailleurs discutable, — les premiers effets ne laissent pas d'en avoir été excellents. — La doctrine de l'art pour l'art a enlevé le poète à l'éternelle contemplation de lui-même ; — elle

soucient-ils de savoir quel était Homère? Si les mots sont plus ambitieux, — depuis que le romantisme en a élevé le diapason, — nous n'avons pourtant pas de peine à reconnaître ici des idées qui furent chères jadis aux plus illustres de nos classiques ; et en effet, pour la simplicité du plan comme pour la force de l'expression, il n'y a pas de roman plus « classique » que *Madame Bovary*. Je ne sache pas qu'il y ait non plus de plus beaux vers que ceux de Leconte de Lisle : j'entends encore de plus « classiques ». Et quand je cherche dans l'histoire à quoi je pourrais comparer *le Demi-Monde*, je remonte le cours du siècle, je suis obligé d'en sortir, et je ne trouve à m'arrêter qu'aux environs du *Barbier de Séville* ou de *Turcaret*.

l'a replacé en présence d'un « monde extérieur » dont le romantisme avait altéré le sens ; — et elle a réveillé en lui le sentiment du pouvoir de la forme. — Que sous ce rapport, et en tenant compte de la différence des temps, — il y a du « Malherbe » ou du « Boileau » dans l'auteur d'*Émaux et Camées* ; — et qu'il a bien été le législateur d'un nouveau Parnasse. — Et c'est enfin lui, Théophile Gautier, non pas Hugo ; — ni aucun des autres romantiques ; — qui a opéré dans l'art de décrire [Cf. *España* ou, en prose, le *Roman de la momie*] — la révolution « pittoresque », annoncée ou pressentie mais non pas réalisée par Sainte-Beuve. — Il y a un art de voir ; — et, indépendamment de l'émotion qu'elles nous procurent, il y a dans les choses, — et surtout dans les choses humaines, — ce que d'autres, avant nous, y ont mis. — C'est ce qu'il y faut tâcher de voir ; — et, sans nous soucier de nous ni de notre plaisir, — en savoir dégager « sous l'aspect de l'éternité ».

Que Théophile Gautier y a plus d'une fois réussi ; — et qu'à ce propos il est étrange que des nouvelles comme *le Roi Candaule*, ou *Arria Marcella*, ou le *Roman de la momie*, — ne soient pas estimées à l'égal au moins de *Carmen* ou de *Colomba*. — Les *Voyages* de Théophile Gautier ; — et si l'on considère la date du premier : 1839, 1840, — qu'ils semblent avoir été pour lui-même la révélation de son genre de talent. — Ses trois recueils de *Poésies* : *Albertus*, — *España*, — *Émaux et Camées* ; — et que c'est là surtout qu'on s'aperçoit du « manque d'idées » qu'on lui reproche. — On remarquera que la même aventure était arrivée

Mais voici la différence, et, — pour ne rien dire de la richesse et de la diversité de sens dont le mot même de « nature » s'est chargé depuis deux cents ans, — ce n'est plus le « sens commun », ni le « monde », ni « l'intérêt social », qui sont désormais juges de la vérité des représentations de l'art : c'est la science ; et là même est un second caractère du nouveau naturalisme. La vérité n'est pas ce qui paraît, mais ce qui est ; et, dans des conditions rigoureusement définies, un seul peut avoir raison contre tous. Qu'est-ce à dire ? et le roman de Flaubert, la poésie de Leconte de Lisle, le théâtre d'Alexandre Dumas sont-ils donc « œuvre scientifique » ? C'est en tout cas ce que croient leurs auteurs, et ils le disent en termes exprès :

aussi à Malherbe, — dont nous avons quelques très beaux vers, comme il y en a de Gautier ; — mais dont la valeur de « critique » et de grammairien, — ainsi que de « versificateur », — dépasse de beaucoup la valeur d'écrivain.

3º Les Œuvres. — Les *OEuvres* de Gautier, — qui n'ont pas été réunies en *OEuvres complètes*, ni ne le seront sans doute jamais, à cause qu'elles ne rempliraient pas moins de soixante ou quatre-vingts-volumes, — se composent :

1º De ses *Poésies*, dont les premières ont paru sous ce titre en 1830 ; — pour être suivies d'*Albertus*, 1833 ; — de *la Comédie de la mort*, 1838 ; — et réunies en 1845 avec *España* sous le titre de *Poésies complètes*. — Il y faut joindre *Émaux et Camées*, 1852 ;

2º Ses *Romans, Contes et Nouvelles*, dont les principaux sont ; *les Jeunes France, romans goguenards*, 1833 ; — *Mademoiselle de Maupin*, 1835 ; — *Fortunio*, 1837 [publié sous le titre de l'*Eldorado*] ; — ses *Nouvelles*, 1845 ; — ses *Romans et Contes*, 1857 ; — le *Roman de la momie*, 1858 ; — et le *Capitaine Fracasse*, 1863 ;

3º Ses *Récits de Voyage*, — *Tra los montes* [Voyage en Espagne], 1843 ; — *Constantinople*, 1853 ; — *Italia* ; — *Voyage en Russie*, 1867 ;

4º Ses *OEuvres de critique* : A. Critique littéraire, dont les principales sont : *les Grotesques*, 1853 ; — son *Rapport sur les progrès de la poésie*, 1868 ; — le recueil d'articles anecdotiques et biographiques intitulé : *Histoire du romantisme*, 1874 ; — et diverses *Notices*, dont les plus intéressantes sont la *Notice sur H. de Balzac* et la *Notice sur Charles Baudelaire* ; — B. Critique dramatique,

« L'art et la science, a écrit Leconte de Lisle, longtemps séparés par suite des efforts divergents de l'intelligence, doivent désormais tendre à *s'unir étroitement, sinon à se confondre*. L'un a été la révélation primitive de l'idéal contenu dans la nature extérieure; l'autre en a été l'exposition lumineuse et raisonnée. Mais l'art a perdu cette spontanéité primitive; *c'est à la science de lui rappeler ses traditions oubliées* qu'il fera revivre dans les formes qui lui sont propres » [Cf. *Poèmes Antiques*, 1852, préface de la première édition]. Et, de fait, s'il y a dans notre langue une poésie que l'on puisse appeler « scientifique » n'est-ce pas celle de Leconte de Lisle? Mais qui a mieux senti que l'auteur de l'*Histoire de la Littérature anglaise*

dont on n'a rassemblé qu'une partie, sous le titre d'*Histoire de l'art dramatique depuis vingt-cinq ans*, 6 volumes, 1858-1859, Paris; — C. Enfin son œuvre de critique d'art.

On a encore de lui quelques essais dramatiques, notamment des livrets de ballet, et une foule de publications de circonstance.

III. — Émile Augier [Valence, 1820; † 1889, Paris].

1º LES SOURCES. — Émile Montégut, *Dramaturges et romanciers*, 1878; — Émile Zola, *Nos auteurs dramatiques*, 1881; — Hippolyte Parigot, *le Théâtre d'hier*, Paris, 1890; — René Doumic, *Portraits d'écrivains*, Paris, 1892; — Maurice Spronck, *Émile Augier*, dans la *Revue des Deux Mondes* du 1er octobre 1895.

On consultera de plus, pour Augier, comme pour les auteurs dramatiques de cette période, en général, les feuilletons de Théophile Gautier dans la collection du *Moniteur*; — Jules Janin dans le *Journal des Débats*; — et Francisque Sarcey dans le *Temps*.

Ceux de M. Jules Lemaître ont été réunis en volume sous le titre d'*Impressions de théâtre*.

2º L'AUTEUR DRAMATIQUE. — Ses débuts. — Le « lieutenant » de François Ponsard et « l'École du Bon sens ». — Que s'il a plu à l'auteur de *la Ciguë*, 1844, de *l'Aventurière*, 1848, et de *Gabrielle*, 1849, de se réconcilier sur ses vieux jours avec le romantisme, — toutes ces premières pièces n'en ont pas moins été dirigées contre les romantiques; — et *Diane* en particulier n'est que *Marion Delorme* refaite par un « homme de bon sens »; — de même que

ce qu'il y a de poésie dans la science? Aussi l'a-t-il hardiment déclaré : « Pour atteindre à la connaissance des causes permanentes et génératrices, l'homme a deux voies : *la première, qui est la science*, par laquelle dégageant ces causes et ces lois fondamentales il les exprime en formules exactes et en termes abstraits ; *la seconde, qui est l'art*, par laquelle il manifeste ces causes d'une façon sensible, en s'adressant non seulement à la raison, mais au cœur et aux sens de l'homme le plus ordinaire » [Cf. *Philosophie de l'Art*, t. I, 53]. Il se pourrait, après cela, que ces rapprochements fussent plus spécieux que solides, et n'y en eût-il qu'un à produire, on voudrait un exemple au moins de ces « anticipations » de l'art sur la science.

Gabrielle n'est qu'une dérision bourgeoise des héroïnes de George Sand. — C'est comme adversaire du romantisme que les admirateurs d'Augier l'ont accueilli d'abord ; — et s'il a d'ailleurs paru un moment se réconcilier avec les romantiques, — en collaborant avec Jules Sandeau, — dans *la Chasse au Roman*, 1851, *la Pierre de touche*, 1854, et *le Gendre de M. Poirier*, 1854, — il n'a pas tardé à se trouver dépaysé dans ce genre de la comédie sentimentale et moyenne. — Et c'est finalement, en prenant position et parti contre le romantisme, — dans *le Mariage d'Olympe*, 1855, *les Lionnes pauvres*, 1855, et *la Jeunesse*, 1858 ; — qu'il a conquis son originalité.

Elle consiste essentiellement dans la verve un peu brutale qu'il a mise au service de certaines idées ; — qu'on ne défend d'ordinaire qu'avec un peu d'hésitation ou de timidité ; — parce qu'elles sont effectivement aussi banales que justes. — Il a par exemple solidement établi que « bonne renommée vaut mieux que ceinture dorée », — et que l'amour ne refait point la virginité des courtisanes. — Il a également démontré que les gens dits d'affaires manquaient assez souvent de scrupules [Cf. *les Effrontés*] ; — et que les intrigants finissent quelquefois mal [Cf. *la Contagion*] ; — et tout cela, si ce n'était pas du contre-romantisme, — c'était cependant autre chose que le romantisme. — En second lieu, pour en faire du réalisme, — il a imaginé des intrigues « actuelles » ou contemporaines ; — dont les personnages étaient imités de ceux de Balzac [Cf. *les Effrontés, le Fils de Giboyer, Maître Guérin*], — ou

Mais il faut avouer que nos classiques ne s'étaient pas avisés d'unir, de solidariser, ou de confondre ainsi la science et l'art, si même on ne doit dire qu'il les avait constamment opposés l'un à l'autre ; et la remarque a son intérêt, en soi, et puis comme nous mettant sur la voie d'une autre différence, plus profonde, — et non moins caractéristique du « naturalisme ».

C'est en effet un troisième caractère du naturalisme contemporain que celui qu'il a lui-même nommé du nom d' « impassibilité », et qu'il faut définir, non pas du tout par le manque de sensibilité, mais par le désintéressement le plus complet de tout ce qui n'est pas l'art ou la science. Le savant, dans son laboratoire, s'indigne-t-il

de ceux d'Eugène Sue [Cf. *Lions et Renards*] ; — et parmi lesquels il y en a deux ou trois d'assez énergiquement caractérisés. — Il a donné, comme Balzac encore et sur ses traces, — une importance nouvelle à la question d'argent, — en en faisant le fond de la pièce, — au lieu d'un simple moyen de théâtre, qu'elle était dans le théâtre de Scribe. — Pour achever la ressemblance, il a généralement emprunté son décor à la vie ambiante ; — affaires industrielles [Cf. *les Effrontés*], découvertes ou inventions scientifiques [Cf. *Un beau mariage, Maître Guérin*], événements politiques [Cf. *le Fils de Giboyer*]. — Enfin, et en troisième lieu, ce qui n'est plus du Balzac, — mais ce qui n'a pas été le moindre élément de son succès, — il s'est posé en « bourgeois de 1789 » ; — ennemi des vaines distinctions ; — ne respectant en tout que « le mérite personnel » ; — et anticlérical à la manière de Béranger [Cf. *le Fils de Giboyer, Lions et Renards*]. — Et, sans doute, c'est ce que l'on prétend louer en lui quand on le met « de la famille de Molière ».

Mais son mérite proprement dramatique n'est pas beaucoup au-dessus de celui d'Eugène Scribe ; — et on a trop vanté son mérite d'écrivain ; — sa « robuste franchise » et sa « mâle correction ». — Son vers est étrangement prosaïque, excepté peut-être en quelques endroits de *Philiberte* ou de *l'Aventurière* ; — et sa prose manque en général d'accent ; — si d'ailleurs elle est assez naturelle. — Ses moyens sont souvent très artificiels ; — et ses intrigues bien romanesques [Cf. *le Gendre de M. Poirier, le Mariage d'Olympe*,

contre les poisons qu'il manipule; et que lui importe la valeur économique ou morale des animaux qu'il dissèque? Un fait n'est à ses yeux qu'un fait : il le constate et n'en juge point. Pareillement l'artiste. C'est pourquoi, si Dumas fils, en qui revit et se continue quelque chose de son romantique de père, a une opinion sur Suzanne d'Ange [Cf. *le Demi-Monde*], Flaubert n'en a pas sur son Emma Bovary, ni sur Salammbô, ni sur son Frédéric Moreau [Cf. *l'Éducation sentimentale*], n'en veut pas avoir, et se fâche quand on lui en demande une. « Quant à laisser voir mon opinion sur les gens que je mets en scène, écrivait-il à George Sand, non, non, mille fois non! Je ne m'en reconnais pas le droit. Si le lecteur ne

---

Un beau mariage, Maître Guérin, les Fourchambault]. — On ne voit pas non plus qu'il ait soupçonné l'existence des grandes questions; — et la pensée fait défaut dans son œuvre. — Elle n'en demeure pas moins celle d'un fort honnête homme; — qui a bien aimé son métier d'auteur dramatique; — dont les ambitions littéraires n'ont pas dépassé la capacité; — et qu'on ne saurait enfin mieux caractériser qu'en le comparant, — pour ses défauts comme pour ses qualités, — à l'auteur de *Turcaret* et de *Gil Blas*.

3° LES ŒUVRES. — En dehors de son *Théâtre*, les *Œuvres* d'Émile Augier se réduisent à deux recueils de *Poésies* : *Poésies complètes d'Émile Augier*, Paris, 1852, Lévy; — et les *Pariétaires*, Paris, 1855, Lévy; — et à quelques brochures de peu d'intérêt.

Son *Théâtre* se compose en tout de 29 pièces, dont, on ne sait pourquoi, il en a éliminé deux de l'édition de son *Théâtre complet* : *la Chasse au roman*, 1851; — et *les Méprises de l'amour*, 1852. Pour plusieurs autres de ses pièces il a eu des collaborateurs : Musset pour *l'Habit vert*, 1849; — Jules Sandeau pour *la Pierre de touche*, 1853, et pour *le Gendre de M. Poirier*, 1854; — Édouard Foussier pour *les Lionnes pauvres*, 1858, et pour *Un beau mariage*, 1859; — enfin Eugène Labiche pour *le Prix Martin*, 1876.

Celles qui lui appartiennent en propre sont donc : en vers, *la Ciguë*, 1844; *Un homme de bien*, 1845; *l'Aventurière*, 1848; *Gabrielle*, 1849; *Sapho* (opéra, musique de Gounod, 1851]; *le Joueur de flûte*, 1851; *Diane*, 1852, *Philiberte*, 1855; *la Jeunesse*,

tire pas d'un livre la moralité qui doit s'y trouver, c'est que le lecteur est un imbécile, ou que le livre est faux au point de vue de l'exactitude » [Cf. *Correspondance*, t. III]. C'est ce que pensait aussi l'auteur des *Poèmes Antiques*. « Le poète, à son avis, devait voir les choses humaines comme on verrait un Dieu du haut de son Olympe, *les réfléchir sans intérêt* dans ses vagues prunelles, et leur donner, *avec un détachement parfait*, la vie supérieure de la forme » [Cf. Th. Gautier, *Rapport*, etc.]. Et, de savoir si Leconte de Lisle y a toujours pleinement réussi, ce serait une autre question ; mais il y a tendu ; et le développement de cette tendance n'est autre chose que la doctrine de « l'art pour l'art ».

1858 ; et *Paul Forestier*, 1868 ; et en prose : *le Mariage d'Olympe*, 1855 ; *Ceinture dorée*, 1855 ; *les Effrontés*, 1861 ; *le Fils de Giboyer*, 1863 ; *Maître Guérin*, 1864 ; *la Contagion*, 1866 ; *le Post-Scriptum*, 1869 ; *Lions et Renards*, 1870 ; *Jean de Thommeray* [d'après une nouvelle de Jules Sandeau], 1874 ; *Madame Caverlet*, 1876 ; et *les Fourchambault*, 1878.

La dernière édition de son *Théâtre complet* [revue et corrigée, selon l'antique usage] est celle de 1889, en sept volumes, Paris, Calmann Lévy.

IV. — **Octave Feuillet** [Saint-Lô, 1821 ; † 1890, Paris].

1° LES SOURCES. — Mme Octave Feuillet, *Quelques années de ma vie*, 1894, Paris, et *Souvenirs et Correspondances*, 1896, Paris ; — Emile Montégut, *Revue des Deux Mondes*, décembre 1858, novembre 1862, janvier 1868 ; — Sainte-Beuve, *Nouveaux lundis*, t. V, 1863 ; — Jules Lemaître, *les Contemporains*, 3e série, 1887, Paris ; — Ch. Le Goffic, *les Romanciers d'aujourd'hui*, Paris, 1890 ; — F. Brunetière, *Essais sur la littérature contemporaine*, Paris, 1891 ; — René Doumic, *Portraits d'écrivains*, Paris, 1892.

2° LE ROMANCIER. — Ses débuts romantiques ; — au théâtre, par le théâtre ; — et sa collaboration avec Bocage — *Un bourgeois de Rome*, 1845, et *la Vieillesse de Richelieu*, 1848. — Son premier roman, *Bellah*, 1850 ; — et sa ressemblance avec *les Chouans* de Balzac d'une part ; — et d'autre part avec les romans de Jules Sandeau. — Les *Scènes et Proverbes*, 1851 ; — *Scènes et Comédies*,

L'honneur de l'artiste est de se rendre supérieur, comme artiste, aux agitations ou aux occupations des autres hommes. Et s'il faut bien qu'il vive, en tant qu'homme, de la vie des autres hommes, il n'est artiste et naturaliste que dans la mesure où il s'en excepte.

Ce qui n'a pas contribué médiocrement au succès et à la fortune de ces idées, c'est que, par une conséquence dont on voit sans doute l'étroit rapport avec elles, elles ont ramené l'écrivain au sentiment des difficultés de l'art d'écrire; au respect de la langue; et à cette religion de la forme sans lesquels personne en français n'a rien laissé de durable. « L'esprit français, écrivait un bon juge, recouvre avec les écrivains actuels, 1858, des qualités

---

1855; — et qu'on n'en a pas mal caractérisé l'auteur en l'appelant « le Musset des familles ». — Ses hésitations entre le naturalisme naissant [Cf. *le Village*, 1852], — et le romantisme expirant [Cf. *Rédemption*, 1849, et *Dalila*, 1853]; — et comment il essaie de les concilier tous les deux par le moyen du romanesque [Cf. *la Petite Comtesse*, 1856, et *le Roman d'un jeune homme pauvre*, 1858].

Les grands romans. — *Histoire de Sibylle*, 1862, — et réponse de George Sand dans *Mademoiselle de la Quintinie*; — *M. de Camors*, 1867; — *Julia de Trécœur*, 1872; — *le Journal d'une femme*, 1878; — *la Morte*, 1886; — *Honneur d'artiste*, 1890. — Si les romans de Feuillet sont des romans « romanesques »? — et que, si ce nom de romanesque est synonyme de singularité des événements; — d'arbitraire des combinaisons; — d'idéalisation systématique des caractères; — et d'excès de sentimentalisme; — les romans de Feuillet ne le méritent point. — Mais ce sont des romans « aristocratiques » ou « mondains »; — parce que l'auteur était « du monde »; — et que, dans les milieux mondains, les réalités mesquines de la vie ne contrarient pas le développement de la passion. — On n'y est point empêché d'aller à un rendez-vous par la nécessité du travail quotidien; — ni soumis aux exigences de la vie matérielle [Cf. à cet égard les princes et princesses de la tragédie classique]. — Ce sont en second lieu des romans idéalistes; — par la suppression des détails de la vie commune; — par ce fait que le dramatique y procède généralement du conflit de la « passion » et de « l'honneur » [Cf. Alfred de Vigny, *Grandeur et Servitude mili-*

qu'il semblait avoir perdues. La simplicité se substitue à un jargon confus et prétentieux, la netteté à l'emphase. Chacun sait maintenant ce qu'il veut dire, on ne se paye plus de tirades; on ne déclame plus; on n'ouvre plus la bouche comme si chaque parole qu'on prononce allait ébranler le ciel et la terre » [Cf. J.-J. Weiss, *le Théâtre et les mœurs : M. Alexandre Dumas fils*].

Nous pouvons préciser encore davantage, et même il le faut aujourd'hui. C'est donc ainsi qu'une platitude héritée des idéologues ou des encyclopédistes, et qui s'étale ingénument, sans horreur ni conscience d'elle-même, dans la prose d'un Villemain, par exemple, et souvent même d'un Guizot; une liberté qu'un Musset, un

taires »; — et que l'honneur ou la passion vaincus n'y trouvent d'asile que dans la mort [Cf. les dénouements habituels de la tragédie classique]. — Et ce sont enfin des romans à thèse, — où l'auteur a montré une constante préoccupation des « droits » ou de la condition de la femme; — de la dignité de l'amour et du mariage; — et du principe de la morale sociale. — Comparaison à cet égard des romans de Feuillet avec ceux de George Sand; — et qu'à vrai dire, sous les apparences d'une certaine analogie, — ils s'opposent plus qu'ils ne se ressemblent.

3º LES ŒUVRES. — Elles se composent de son *Théâtre complet*, dans les cinq volumes duquel, publiés chez Calmann Lévy, 1892, 1893, on a fait entrer toutes celles de ses pièces qui ont été jouées, y compris quelques-unes de celles qui faisaient partie des deux volumes : *Scènes et Proverbes*, et *Scènes et Comédies*;

Et 2º ses romans, qui sont : *Bellah*, 1850; — *la Petite Comtesse*, 1856; — *le Roman d'un jeune homme pauvre*, 1858; — *Histoire de Sibylle*, 1862; — *M. de Camors*, 1867; — *Julia de Trécœur*, 1872; — *Un Mariage dans le monde*, 1875; — *les Amours de Philippe*, 1877; — *le Journal d'une femme*, 1878; — *l'Histoire d'une Parisienne*, 1881; — *la Veuve*, 1883; — *la Morte*, 1886; — et *Honneur d'artiste*, 1890.

V. — **Charles-Marie-René Leconte de Lisle** [Saint-Paul, Ile de la Réunion, 1818; † 1894, Paris].

1º LES SOURCES. — Charles Baudelaire, *Notice*, dans le *Recueil*

Lamartine, et en s'en vantant, ont poussée plus d'une fois jusqu'à l'incorrection ; une incohérence de métaphores, qui nous gêne presque dans quelques-uns des chefs-d'œuvre d'Hugo :

> Quand *notre âme* en rêvant descend dans *nos entrailles*,
> Comptant dans *notre cœur* qu'enfin la glace atteint ;
> Comme on compte les morts sur un champ de batailles,
> Chaque douleur tombée et chaque songe éteint ;

des enchevêtrements de tours et de phrases qui font souvent de la prose de Sainte-Beuve, et notamment dans son *Port-Royal*, un modèle de préciosité ; une lourdeur puissante, mais aussi une vulgarité de manières, si l'on peut ainsi dire, une familiarité de mauvais ton qui ren-

---

des Poètes français de Crépet, t. IV, Paris, 1865 ; — Th. Gautier, *Rapport sur les progrès de la poésie*, 1867 ; — Paul Bourget, *Essais de psychologie contemporaine*, Paris, 1886 ; — Maurice Spronck, *les Artistes littéraires*, Paris, 1889 ; — Jules Lemaître, *les Contemporains*, t. II, 1893 ; — F. Brunetière, *l'Évolution de la Poésie lyrique*, t. II, 1893, et *Nouveaux Essais de littérature contemporaine*, 1895 ; — Jean Dornis, *Leconte de Lisle*, Paris, 1895 ; — Henry Houssaye, *Discours de réception*, 1895.

2° LE POÈTE. — Ses débuts romantiques. — Le séjour de Rennes, et *la Variété*, Revue littéraire, 1840-1841. — L'arrivée à Paris et la collaboration aux journaux phalanstériens, 1845-1849 ; — ses premiers poèmes : *Hylas, Niobé, Hypatie* ; — et son intervention dans la cause de l'abolition de l'esclavage — Il traduit l'*Iliade*. — Publication des *Poèmes Antiques*, 1852 ; — des *Poèmes et Poésies*, 1853 ; — et des *Poèmes Barbares*, 1862. — Effet que ces poèmes produisent sur G. Flaubert [Cf. sa *Correspondance*, notamment sous la date de 1852-1853]. — La *Préface* des *Poèmes Antiques* [supprimée dans les éditions ultérieures] ; — et ses déclarations franchement anti-romantiques.

L'inspiration antique dans la poésie de Leconte de Lisle ; — et comment elle s'y combine avec l'inspiration anti-religieuse [Cf. *Hypatie*] ; — et l'amour païen de la beauté pure [Cf. *la Vénus de Milo*]. — Conséquences qui en résultent : la théorie de l'impersonnalité du poète ; — la religion de la forme ; — et la doctrine de l'art pour l'art. — L'antiquité indoue dans les poèmes de Leconte

dent pour quelques délicats, *la Cousine Bette* ou *le Lys dans la Vallée*, si difficiles à lire, — rien de tout cela ne se retrouve ni dans les *Poèmes barbares*, ni dans l'*Histoire de la Littérature anglaise*, ni dans *Madame Bovary*, ni dans la *Vie de Jésus*. Augier seul et Dumas dans leurs drames en ont gardé la tradition.

Faisons un pas de plus, et ne laissons pas croire que les naturalistes, dans leurs écrits, se soient bornés à éviter les défauts des romantiques. En rapprochant l'art de l'imitation de la nature, les Flaubert et les Taine, les Leconte de Lisle et les Renan ont donc donné au style un degré de précision, de plénitude et de solidité, de « densité », disait Flaubert, dont on s'était depuis long-

---

de Lisle [Cf. *Surya, Bhagavat*]; — et qu'il y faut rapporter les origines du pessimisme du poète; — son goût pour l'exotisme, — et sa conception d'une poésie « naturaliste et scientifique ».

L'inspiration exotique dans la poésie de Leconte de Lisle; — et à ce propos de l'influence de l'auteur d'*Émaux et Camées*; — et de celui des *Orientales*; — sur l'auteur des *Poèmes Barbares*. — Mais l'influence des indianistes semble avoir été plus grande encore, — notamment celle d'Eugène Burnouf [Cf. également dans la *Notice* de Baudelaire, citée plus haut, une très heureuse comparaison de Leconte de Lisle avec Ernest Renan]. — Largeur et beauté de la description dans les vers de Leconte de Lisle : — ses animaux [Cf. *le Sommeil du condor, le Rêve du jaguar, les Éléphants*]; — ses paysages [Cf. *le Bernica, la Fontaine aux lianes*]; — son sens de la diversité des races [Cf. *le Cœur d'Hialmar, la Vérandah, la Tête du comte*]. — En quoi ces descriptions diffèrent profondément de celles du romantisme; — par le souci de l'exactitude; — par l'attention qu'y met le poète à ne rien mêler de lui-même; — par l'intensité du courant de vie profonde qu'il y fait circuler [Cf. *la Panthère noire, les Hurleurs*]. — S'il est vrai cependant que, par l'intermédiaire de ces caractères, cette poésie rejoigne la science; — et dans quelle mesure il est permis de l'appeler scientifique ?

L'inspiration pessimiste dans la poésie de Leconte de Lisle, — et qu'elle en fait encore l'originalité. — Si Vigny a exercé quelque influence sur Leconte de Lisle ? — ou s'ils ont tous deux puisé leur

temps désaccoutumé. Quelques grands vers de Leconte de
Lisle :

> Le vent respectueux, parmi leurs tresses sombres,
> Sur leur nuque de marbre errait en frémissant,
> Tandis que les parois des rocs couleur de sang,
> Comme de grands miroirs suspendus dans les ombres,
> De la pourpre du soir baignaient leur dos puissant,....

quelques pages de Flaubert, — le Comice agricole d'Yonville-l'Abbaye, dans *Madame Bovary*, la description de la forêt de Fontainebleau dans *l'Éducation sentimentale* ; — quelques pages de Taine ou de Renan, entre lesquelles on n'aurait que l'embarras du choix, nous ont rendu la sensation du « définitif » et de l' « achevé ». Même n'ont-

pessimisme à la même source ? — Qu'il y a plus de noblesse dans le pessimisme d'Alfred de Vigny ; — et non pas plus de sincérité, — mais une conviction plus communicative dans celui de Leconte de Lisle. — Il lui manque aussi de s'être dégagé plus librement de l'anti-christianisme ; — et de s'être changé plus souvent en pitié des « souffrances humaines ». — Qu'il faut d'ailleurs imputer cette dureté de Leconte de Lisle, — non point du tout à son insensibilité personnelle [Cf. *le Manchy, Qaïn, l'Illusion suprême*] ; — mais à son parti pris de ne prêter son vers qu'à l'expression des misères de l'humanité ; — non des misères de l'individu ; — et aussi peut-être à sa conception du style.

Des qualités de style de Leconte de Lisle, — et qu'il n'y a pas de plus « grands vers » que les siens, — ni de plus plastiques, — ni de plus harmonieux. — Il y manque seulement un peu d'aisance, ou d'air, pour ainsi parler ; — et un peu de variété. — De quelques affectations de couleur locale dont il aurait aussi pu se mieux défendre ; — comme n'ajoutant rien à la vérité de ses descriptions ; — et comme tendant à donner du vrai « naturalisme » une idée quelque peu pédantesque. — Il n'y a rien de plus « naturel » en français à dire *Phoibos* que *Phœbus* ; — et ni le sentiment de l'antiquité ; — ni la justesse de la représentation ; — ni la durée de l'œuvre d'art ne dépendent de ces minuties.

3º Les Œuvres. — Les œuvres de Leconte de Lisle comprennent : 1º ses *Poésies*, ainsi réparties dans l'édition définitive qu'il en a donnée lui-même : *Poèmes Antiques* ; *Poèmes Barbares* ; *Poèmes*

ils pas exagéré dans ce sens? et, quand ils en sont arrivés à penser, et très sérieusement, comme Flaubert, qu'un « assemblage de mots, indépendamment de ce qu'il exprime », avait en soi sa beauté, n'ont-ils pas été dupes d'une véritable hallucination d'art? J'inclinerais, pour ma part, à le croire. Mais, en attendant, c'est de quoi les contemporains leur ont d'abord été reconnaissants; et le talent d'écrire qu'on admirait en eux a fait la fortune de leurs doctrines esthétiques.

Car la critique, une certaine critique, académique et universitaire, — Sainte-Beuve en tête, et derrière lui J.-J. Weiss, Cuvillier-Fleury, Prévost-Paradol, — a bien fait mine de résister, mais on ne l'a point écoutée et

Tragiques. — Il y faut ajouter un volume d'œuvres posthumes, *Derniers Poèmes*, publié en 1895;

2° Ses traductions de l'*Iliade*, de l'*Odyssée*, d'*Hésiode*, d'*Eschyle*, d'*Horace*, qui semblent avoir été « faites pour le libraire », et que gâte d'ailleurs un excès de « littéralité ».

3° Ses *Erinnyes*, qui ne sont qu'une adaptation d'Eschyle, plus eschyliennes que l'original, et qui font d'ailleurs partie du recueil de ses *Poèmes Tragiques*, mais qu'il faut pourtant classer à part, comme ayant subi l'épreuve de la scène.

VI. — **L'Influence anglaise.**

L'influence anglaise; — que tout le monde avait un peu subie depuis le commencement du siècle; — et Chateaubriand tout le premier; — mais qui s'était plutôt exercée jusqu'alors dans la politique et dans l'histoire; — et d'une manière assez vague; — se « canalise » en quelque sorte vers 1855; — et par l'intermédiaire de quelques hommes, — Philarète Chasles, Émile Montégut, Taine, — agit surtout dans trois principales directions.

1° Par l'intermédiaire d'Émile Montégut; — qui fait du roman anglais et du roman américain, dans la *Revue des Deux Mondes*, 1851-1858, — une étude plus approfondie qu'aucun auteur étranger ne l'a faite, en aucun temps, d'une littérature étrangère; — une sorte de « réalisme » à la fois sentimental et caricatural; — se révèle aux lecteurs français. — Dickens et Thackeray en sont les principaux représentants; — et *David Copperfield*, ou *la Foire*

surtout on ne l'a pas suivie. Au contraire, c'est du côté du naturalisme qu'on a vu pencher les derniers romantiques eux-mêmes, Victor Hugo, George Sand, Michelet. Nous ne saurions en effet nous le dissimuler, ce sont bien les *Poèmes Antiques* et les *Poèmes Barbares* que Victor Hugo a imités, comme il pouvait et comme il savait imiter, mais enfin qu'il a imités dans sa *Légende des siècles*. Et il n'a pas cessé pour cela d'être romantique ! *La Rose de l'Infante* ou *les Raisons du Momotombo* sont toujours et avant tout les impressions, les opinions d'Hugo sur son sujet. Mais il n'en a pas moins fait tout ce que lui permettait son génie essentiellement lyrique pour devenir épique, impersonnel et objectif ; et il y a

aux vanités deviennent presque aussi populaires en France qu'en Angleterre, — lorsque Taine a eu tracé de Thackeray et de Dickens, — les très beaux portraits que l'on sait

2° A la même époque, paraît en Angleterre le livre célèbre de Ch. Darwin, — l'*Origine des espèces*, 1858, dont le retentissement est considérable dans le monde entier. — On le traduit aussitôt [Mlle Clémence Royer] en français ; — et Flourens le réfute pitoyablement. — Mais les études d'histoire naturelle en reçoivent une extraordinaire impulsion ; — et par elles les idées « naturalistes » en critique et en art, — semblent avoir reçu un accroissement d'autorité. — En France comme en Angleterre, et comme en Allemagne, — le livre de Darwin substitue « la science biologique » à « la science mathématique » comme type de la science.

3° Enfin, et sans parler de la traduction des *Representative Men* d'Emerson par Émile Montégut, — et de l'étude de Taine sur l'*Idéalisme anglais*, — on traduit, et on commence à signaler à l'attention du public français les romans de George Eliot, *Adam Bede*, *Silas Marner*, etc. — Ces romans ont pour caractère : — d'être résolument « naturalistes », — de parti pris et de propos délibéré, — l'auteur ayant sur tous ses contemporains ou émules dans le roman, — y compris Flaubert, — une supériorité considérable d'éducation philosophique. — Et ainsi, avec son naturalisme, — qui va bien au delà de la surface des choses, — s'introduit en même temps, pour un avenir prochain, — le moyen de le corriger et de « l'idéaliser ».

quelquefois réussi. Pareillement un Michelet. Celui-ci non plus n'a pas abjuré sa méthode, ni refait son « tempérament ». Il a continué dans les derniers volumes de son *Histoire de France*, à ne retenir et à ne traduire dans sa prose que le frisson lyrique, si l'on peut ainsi dire, dont les faits l'avaient remué. Mais, dans ces derniers volumes eux-mêmes, et surtout dans son *Insecte*, son *Oiseau*, dans *la Femme*, dans l'*Amour*, il a fait au « naturalisme » cette concession de tout réduire à ce que l'on pourrait appeler le mysticisme physiologique. Il ne s'y soucie plus que d'histoire naturelle ; et la dernière explication des choses gît désormais pour lui dans un mystère d'alcôve. Parlerai-je de George Sand? et dirai-je qu'à

VII. — **Gustave Flaubert** [Rouen, 1821; † 1880, Paris].

1° Les Sources. — *Correspondance de G. Flaubert*, 4 volumes, 1887-1893, Paris, et, en tête du premier volume : *Souvenirs intimes* [par Mme Commanville, sa nièce]; — Guy de Maupassant, *Étude sur Gustave Flaubert*, 1885, en tête de l'édition des *OEuvres complètes de Flaubert*; — Maxime du Camp, *Souvenirs littéraires*, Paris, 1882-1883.

Sainte-Beuve, *Causeries du lundi*, t. XIII, 1858, et *Nouveaux lundis*, t. IV, 1862; — Saint-René Taillandier, dans la *Revue des Deux Mondes*, 1863 (février) et 1869 (décembre); — F. Brunetière, *le Roman naturaliste*, 1877 et 1880; — Émile Zola, *les Romanciers naturalistes*, 1881; — Paul Bourget, *Essais de psychologie contemporaine*, 1883; — Louis Desprez, *l'Évolution naturaliste*, Paris, 1883; — Maurice Spronck, *les Artistes littéraires*, Paris, 1889; — Émile Hennequin, *la Critique scientifique*, Paris, 1888. — J. Charles Tarver, *Gustave Flaubert*, Londres, 1895; — Bettelheim, *Deutschen und Franzosen*, Vienne, 1895.

2° Le Romancier. — Ses origines; — son éducation romantique; — ses premières liaisons, Louis Bouilhet et Maxime du Camp, et ses voyages. — Sa conception de l'art [Cf. sa *Correspondance* avec sa Muse, Louise Colet]; — et qu'elle n'a originairement procédé que de l'excès de sa modestie : — « Les petits ruisseaux débordés prennent des airs d'océan; il ne leur manque qu'une chose pour l'être, la dimension! Restons donc rivière, et faisons

partir de son *Marquis de Villemer*, 1860, ou de *Monsieur Silvestre*, 1865, si l'on veut, chaque volume nouveau qu'elle ajoute à son œuvre en est un qu'elle retranche de sa gloire? Ce ne serait, hélas, que la vérité! Mais, dans sa décadence, ce qu'elle essaie de faire, elle aussi, qui fut Valentine et qui fut Indiana, c'est de « serrer la réalité de plus près »; elle descend de son nuage; et avec une modestie qui l'honore, elle se met maintenant à l'école de Flaubert.

Il n'est qu'un point, toutefois, sur lequel on les trouve intraitables, et heureusement intraitables, si justement c'est le point vulnérable du « naturalisme ». Ils n'admettent pas que l'art se doive séparer de la vie, ni l'artiste se

---

tourner le moulin » [Cf. t. II, p. 190]. — Les haines de Flaubert; — et, par contraste, son estime singulière pour « ce vieux croûton de Boileau ». — Hésitations et premiers essais : *la Tentation de saint Antoine*. — Sa préoccupation du style; — et, à cette occasion, s'il ne l'a pas poussée jusqu'à la manie?

Unité de l'œuvre de Flaubert; — et que, quoi que l'on dise de *Madame Bovary* ou de *l'Éducation sentimentale*; — l'application s'en fait d'elle-même à *Salammbô* et à la *Tentation de saint Antoine*. — Le sujet seul diffère; — mais les procédés sont demeurés les mêmes; — et la conception d'art identique. — Le premier point est de s'abstraire de la réalité que l'on représente; — et de n'en retenir, pour le peindre, que ce qui donnera la même impression, — à tous ceux qui l'étudieront d'assez près [Cf. à ce sujet la discussion de Sainte-Beuve avec Flaubert sur *Salammbô*]. — Mais, en second lieu, la représentation devra être typique, — et non anecdotique; — ce qui est encore le contraire du romantisme; — attendu que, si le romantisme a vu dans le caractère, ce qu'on pourrait appeler « l'accidentel » ou l' « unique » [Cf. *Notre-Dame de Paris, la Confession d'un enfant du siècle, Colomba*], — le caractère, pour Flaubert et pour le naturalisme, — comme pour la science de son temps, — a consisté dans l'élément durable et permanent des choses changeantes. — On peut donc traiter l'aventure d'Emma Bovary comme on fait celle de la fille d'Hamilcar; — et incarner, dans l'une comme dans l'autre, — tout un « moment » de l'histoire; — toute une famille de femmes; — et

retirer et s'isoler du monde. « *L'action!* — écrit Michelet, en 1866, — Voltaire, dans ses *Lettres anglaises* a dit la grande parole, le moderne Symbole ; *le but de l'homme est l'action* » [Cf. *Histoire de France*, t. XVI, 1re édition, 1866, pp. 426, 427]. Et George Sand, à son tour, discutant sur son art avec Flaubert : « Il faut écrire pour tout le monde, pour tout ce qui a besoin d'être initié.... Là est tout le secret de nos travaux persévérants et de notre amour de l'art. *Qu'est-ce que c'est que l'art sans les cœurs ou les esprits où on le verse ?* » [Cf. George Sand, *Correspondance*, t. V, lettre d'octobre 1866, n° 616]. C'est ce que Leconte de Lisle et Flaubert n'ont pas voulu comprendre ; — et c'est dans la vérité de cette leçon que le

toute une civilisation. — C'est ce que Flaubert entend par la « solidité du dessous ». — Enfin, et en troisième lieu, il faut communiquer à l'œuvre « la vie supérieure de la forme » ; — par le moyen d'un style « rythmé comme le vers et précis comme le langage des sciences » ; — dont le pouvoir ait quelque chose d'intrinsèque ou d'existant par soi ; — « indépendamment de ce que l'on dit » ; — et dont la beauté propre ait quelque chose d'analogue à celle d'une ligne ; — qui est harmonieuse, gracieuse et voluptueuse en soi. — Et ce sont toutes ces exigences auxquelles s'est conformé Flaubert, — dans *Salammbô* comme dans *Madame Bovary*, et dans *l'Éducation sentimentale* comme dans *la Tentation de saint Antoine*.
Mais que toutes les « réalisations » de Flaubert, — à l'exception de *Madame Bovary*, — ont été gâtées par l'intervention de l'auteur de *Bouvard et Pécuchet* ; — dont l'ironie perpétuelle est une perpétuelle dérogation au principe de l'impersonnalité de l'artiste ; — et, à ce propos, du pessimisme de Flaubert. — L'origine en est purement littéraire ; — et il n'en veut à la vie et aux hommes, — que de ne pas comprendre l'art comme lui-même [Cf. sa *Correspondance*]. — Que ce point de vue n'est légitime — qu'à la condition qu'on se renferme étroitement dans son art ; — et qu'on n'en sorte pas pour interpréter ou pour juger la vie. — Flaubert a cru qu'il n'y a au monde que l'art ; — ce qui a d'ailleurs été sa force ; — mais aussi sa faiblesse, à un autre point de vue, — parce qu'il y a dans la vie autre chose que l'art. — Étroitesse à cet égard des

naturalisme, après avoir transformé la littérature, a trouvé le grand obstacle à sa propagation.

D'autres romanciers en effet l'ont compris, dont l'influence a pour cette raison contrebalancé la leur, et au premier rang l'auteur de l'*Histoire de Sibylle*, 1862, et de *Monsieur de Camors*, 1867. Mais les auteurs dramatiques l'ont mieux compris encore, eux, dont nous avons vu que l'art s'évanouissait tout entier s'ils perdaient le contact du public. « Combien de sots faut-il pour former un public? » demandait insolemment Chamfort. Il voulait dire : combien de spectateurs de tout âge et de toute condition, qui ne sont point « artistes »? qui ont le droit de ne pas l'être? que par conséquent la fonction

idées de Flaubert; — et que, sans doute, elles n'ont pas contribué médiocrement à détourner de sa voie large, — le « naturalisme » vers des voies étroites. — Et que si ce mépris de tout ce qui n'est pas l'art est du « romantisme », — on s'explique par là ce qu'il y a de « romantisme » dans l'œuvre des derniers représentants du naturalisme.

3º LES ŒUVRES. — Les *Œuvres* de Flaubert comprennent :

1º Ses romans : *Madame Bovary*, 1856 [dans la *Revue de Paris*], et 1857, Michel Lévy; — *Salammbô*, 1862; — *l'Éducation sentimentale*, 1870; — *la Tentation de saint Antoine*, 1874 [dont les premiers fragments ont paru dans *l'Artiste*, en 1856 et 1857]; — *Trois contes*, 1877; — et *Bouvard et Pécuchet*, 1881 [posthume et inachevé].

2º Deux pièces de théâtre : *le Candidat*, 1874; — et *le Château des cœurs*, 1879.

3º Quelques opuscules, dont les plus importants sont sa lettre à Sainte-Beuve, sur *Salammbô*; — et la *Préface pour les dernières chansons de Louis Bouilhet*. Nous avons signalé l'intérêt de sa *Correspondance*.

Les *Œuvres complètes*, moins la *Correspondance*, ont été réunies en sept volumes, in-8º, Paris, 1885, Quantin.

VIII. — **Hippolyte-Adolphe Taine** [Vouziers, 1828; † 1893, Paris].

1º LES SOURCES. — Sainte-Beuve, *Causeries du lundi*, t. XIII.

de l'art est d'élever jusqu'à sa hauteur? Aussi, après un peu de surprise que leur a causé la doctrine de l'art pour l'art, les Feuillet, les Augier, les Dumas s'en émancipent-ils, écrivent-ils des « pièces à thèse », et moralisent-ils tous les trois à l'envi. Feuillet d'ailleurs est moins heureux au théâtre que dans le roman, et je ne le nomme ici que « pour mémoire ». Mais certes ce n'est ni d' « impassibilité » ni même d' « impartialité » qu'Émile Augier se pique dans *les Effrontés*, 1861, dans *le Fils de Giboyer*, 1862, bien moins encore dans *Maître Guérin*, 1864, ou dans *Lions et Renards*, 1869 ; — et Dumas, plus hardi, va plus loin.

« Nous sommes perdus, s'écrie-t-il dans la *Préface* qu'il

1857, et *Nouveaux lundis*, t. VIII, 1864 ; — G. Planche, dans la *Revue des Deux Mondes*, avril 1857 ; — Edmond Scherer, *Mélanges de critique religieuse*, 1858 ; — Émile Montégut, *Essais sur la littérature anglaise*, 1863 ; — Caro, *l'Idée de Dieu et ses nouveaux critiques*, Paris, 1864 ; — abbé Guthlin, *les Doctrines positivistes en France*, Paris, 1865 ; — P. Janet, *la Crise philosophique*, Paris, 1865 ; — F. Ravaisson, *Rapport sur les progrès de la philosophie*, Paris, 1868.

Paul Bourget, *Essais de psychologie contemporaine*, 1883 ; — Émile Hennequin, *la Critique scientifique*, Paris, 1888 ; — F. Brunetière, *l'Évolution des genres*, t. I, 1889 ; — E.-M. de Vogüé, *le Dernier livre de Taine*, 1894 ; — G. Monod, *Renan, Taine et Michelet*, Paris, 1894 ; — A. de Margerie, *H. Taine*, Paris, 1894 ; — E. Dowden, *Literary criticism in France*, Boston, 1895 ; — G. Barzellotti, *Ippolito Taine*, Rome, 1895.

2° L'ÉVOLUTION DE LA PENSÉE DE TAINE. — Les origines de Taine ; — ses années d'École normale [Cf. quelques lettres à ce sujet dans Gréard, *Prévost-Paradol*, Paris, 1895] ; — et ses débuts de professeur. — *L'Essai sur La Fontaine*, 1853 ; — *l'Essai sur Tite-Live*, 1856 ; — *les Philosophes français au* XIXe *siècle*, 1857 ; — et les *Essais de critique et d'histoire*, 1858.

Que, sous l'influence de la philosophie de Spinosa, d'Hegel, d'Auguste Comte, — et de l'histoire conçue à la façon de Michelet, — la première démarche de Taine a été pour « purger » la critique de toute intention morale, — comme de toute prétention esthé-

met en 1868 à son *Fils naturel*, et ce grand art de la scène va s'effilocher en oripeaux, paillettes et fanfreluches; il va devenir la propriété des saltimbanques et le plaisir grossier de la populace, si nous ne nous hâtons de le mettre au service des grandes réformes sociales et des grandes espérances de l'âme. » Et, lui-même, prêchant d'exemple, il n'aura pas en effet de plus constante préoccupation désormais que de travailler à ce qu'il appelle, d'un nom d'ailleurs assez bizarre, « la plus-value de l'humanité ». N'est-ce pas dommage, après cela, que le naturaliste qu'il avait été dans sa jeunesse ait trop souvent contrarié le moraliste ou le moralisateur qu'il a fait vœu d'être; que

tique; — et de la ramener à l'histoire naturelle. — La théorie de la race, du milieu et du moment; — et s'il est vrai qu'elle n'eût de neuf sous la plume de Taine que son exagération? — C'est Gustave Planche, — non Sainte-Beuve, — qui a le mieux compris où était l'entière nouveauté de la méthode; — si les éléments en étaient effectivement partout; — mais la « synthèse » nulle part; — et que personne surtout n'en eût aperçu les conséquences. — L'application de la doctrine; — et l'*Histoire de la littérature anglaise*, 1863. — La critique aux yeux de Taine est « l'histoire naturelle des esprits »; — l'artiste ou le poète n'étant qu'à peine représentatifs d'eux-mêmes; — et témoignant en tout temps pour toute une espèce d'hommes, de sentiments, ou d'idées, — dont ils ne sont que les interprètes.

Cette théorie est demeurée la sienne jusqu'en 1865. — Mais alors, ayant été nommé « professeur d'esthétique et d'histoire de l'art »; — et se trouvant être le plus consciencieux des hommes; — il s'est rendu compte que l'on ne pouvait parler des œuvres d'art sans les « juger »; — ni en faire seulement l'histoire sans les « classer ». — C'est ce que l'on voit déjà paraître dans sa *Philosophie de l'art en Italie*, 1865; — plus clairement encore dans son *Voyage en Italie*, 1866; — et tout à fait ouvertement dans ses leçons sur l'*Idéal dans l'art*, 1869. — C'est en effet là qu'après avoir épuisé tous les moyens « naturels » de déterminer le rang des œuvres d'art; — possession des ressources du métier; — permanence et profondeur du caractère exprimé par les œuvres; — « convergence des effets »; — il pose comme critérium décisif,

son style, toujours vivant, mais brutal et banal à la fois, se sente jusqu'à son dernier jour des lieux ou des milieux qu'il avait autrefois fréquentés ; et que ses honnêtes femmes, et surtout ses raisonneurs, — qui les uns et les autres concluent mieux qu'ils ne raisonnent, — semblent prendre un plaisir inconscient et paradoxal à célébrer les « espérances de l'âme » dans le langage assez cru de sa Suzanne d'Ange ou de son Albertine de la Borde? « On n'a jamais employé tant d'esprit à vouloir nous rendre bêtes », écrivait jadis Voltaire à l'auteur du *Discours sur l'inégalité* : l'avenir dira pareillement qu'on n'a jamais défendu la cause de l'idéalisme par

— « le degré de bienfaisance du caractère ». — Et ce critérium est discutable ; — mais c'en est un et tel qu'aucun Geoffroy Saint-Hilaire n'en a jamais invoqué de semblable ; — puisqu'enfin il tend à mettre le renard ou l'hyène fort « au-dessous » du chien ; — et la considération « esthétique » s'en trouve réintégrée dans la critique.

Cependant les événements de 1870-71 éclatent ; — et ils sont pour Taine un trait de lumière. — Il publie ses *Notes sur l'Angleterre*, 1872 ; — et il conçoit le plan du grand ouvrage — dont le premier volume : *l'Ancien régime*, 1875, — est peut-être son chef-d'œuvre. — Les études qu'il entreprend sur la Révolution — lui font connaître alors une espèce d'hommes qu'il avait peu pratiquée jusqu'alors. — Il se demande, avec une angoisse qui l'honore, — s'il est bien vrai « qu'un palais soit beau même quand il brûle, *ou surtout quand il brûle* » ; — et quand nous rencontrons un « crocodile » parmi nous, — si nous n'avons qu'à le décrire et qu'à l'admirer? — Sa loyauté lui répond que non ; — et à son insu voilà la considération « morale » qui rentre dans la critique ; — pour y devenir tout à fait prépondérante, dans les derniers volumes de ses *Origines*, 1890-1892. — Il se retrouve ainsi au même endroit du cercle ; — et il a employé quarante ans d'un labeur ininterrompu, — à ramener ce qu'il avait le plus cruellement raillé dans l'éclectisme ; — c'est-à-dire la subordination de la critique et de l'histoire à la morale.

Il a d'ailleurs, dans l'intervalle, déployé des qualités d'admirable écrivain ; — ou de poète même ; — gâtées seulement par un peu d'artifice. — On sent trop « comment » ses plus belles pages sont

des moyens plus naturalistes que ceux de l'auteur de *l'Étrangère* ou de *la Princesse de Bagdad*. La critique impartiale ajoutera seulement que ces moyens étaient en leur temps les meilleurs, ou les plus efficaces dont pût user Dumas ; et en lui reprochant ce qu'ils ont de vulgaire, elle se souviendra qu'ils ont tourné finalement au profit de l'art même.

C'est ce que j'essaierais de montrer, si je le pouvais ; je veux dire si, dans ce *Manuel de l'histoire de la littérature française*, je n'avais dû m'imposer la loi de n'apprécier

faites. — On y trouve trop de rhétorique ; — des procédés trop apparents ; — surtout dans ses derniers écrits ; — et une dureté ou une violence d'effets, — qui n'est pas uniquement imputable à la nature du sujet.

3º Les Œuvres. — Il est assez difficile de classer les *Œuvres* de Taine par catégories déterminées, et à l'exception du *Voyage aux Pyrénées*, 1855 ; de la *Vie et Opinions de Thomas Graindorge*, 1868 ; et de ses *Notes sur l'Angleterre*, 1872, tous ses ouvrages sont ouvrages « de critique et d'histoire ».

Essai sur les fables de La Fontaine [thèse pour le doctorat, 1853], remaniée sous le titre de *La Fontaine et ses fables*, 1860 ; — *Essai sur Tite Live*, 1855 ; — *Essais de critique et d'histoire*, 1858 ; — *Histoire de la littérature anglaise*, 1863, 4 vol. in-8º, ou 5 vol. in-12 ; — *Nouveaux Essais de critique et d'histoire*, 1865 ; — *Philosophie de l'art en Italie*, 1865 ; — *De l'Idéal dans l'art*, 1867 ; — *Philosophie de l'art en Grèce*, 1869 ; — *Philosophie de l'art dans les Pays-Bas* [quatre volumes réunis en deux, depuis 1881, sous le titre général de *Philosophie de l'art*] ; — *Voyage en Italie*, 1866 ; — *De l'Intelligence*, 1870 ; — les *Origines de la France contemporaine*, 1876-1890 ; — *Derniers essais de critique et d'histoire*, 1894 ; — *Carnets de voyage*, 1896.

Ajoutez *les Philosophes français*, 1856 ; — et une brochure sur *le Suffrage universel*, 1871.

IX. — **Ernest Renan** [Tréguier, 1823 ; † 1892, Paris].

1º Les Sources. — Sa *Correspondance*, dont il n'a paru encore

personne de vivant. Il n'y a pas d'histoire des choses contemporaines; les mots eux-mêmes sont contradictoires; et pour juger les hommes ou les œuvres de notre temps, nous manquons à la fois de la liberté, du recul, et des documens nécessaires. Mais ce que je puis faire observer, en termes généraux, c'est combien l'influence des idées de Dumas a été considérable; et qui voudra s'en rendre compte n'a qu'à se rappeler de combien d'autres influences, au moment où j'écris, il semble qu'elle ait triomphé.

Elle a triomphé de ce *dilettantisme* qu'au lendemain des événements de 1870-1871, — et comme si ces évé-

---

que quelques parties : *Lettres à sa sœur Henriette*, 1896, Paris; et *Lettres à M. Berthelot*, dans la *Revue de Paris* d'août 1897; — Ernest Renan, *Souvenirs d'enfance et de jeunesse*, Paris, 1876-1882; — abbé Cognat, *M. Renan hier et aujourd'hui*, 1883, Paris.

Sainte-Beuve, *Nouveaux lundis*, t. II, 1862, et t. VI, 1863. — Edmond Scherer, abbé Guthlin, Caro, Janet, Ravaisson, ouvrages cités dans l'article TAINE [Cf. ci-dessus]; — Paul Bourget, *Essais de psychologie contemporaine*, Paris, 1883; — Jules Lemaître, *les Contemporains*, t. I, 1884.

A. Ledrain, *Renan, sa vie et ses œuvres*, Paris, 1892; — James Darmesteter, *Notice sur la vie et l'œuvre de M. Renan*, Paris, 1893; — G. Séailles, *Renan*, Paris, 1895.

2º L'HOMME ET L'ÉCRIVAIN. — Ses origines; — son enfance; — et que, s'il y avait peut-être en lui du « Gascon » et du « Breton », — cependant son caractère, sa nature d'esprit, et même son talent ont surtout été l'œuvre de sa sœur Henriette. — Ses premières études; — le grand séminaire; — et si ce sont des raisons « philologiques » qui ont écarté Renan de l'autel? — Mais qu'il semble bien plutôt que ce soient des raisons de l'ordre « philosophique »; — dont il n'a cherché que plus tard la justification dans l'exégèse; — et bien plus tard encore dans l'histoire naturelle. — L'*Avenir de la science*, 1849; — et que Renan serait tout entier dans ce livre, — si la popularité n'avait plus tard dégagé de lui, — le dilettante et le « baladin », — que personne pendant longtemps n'y a pu soupçonner.

Les premiers travaux de Renan; — *Averroès et l'Averroïsme*,

nements n'eussent eu d'autre effet en littérature que de rendre la séparation de l'art et de la vie plus profonde, — quelques disciples attardés de Stendhal et de Baudelaire, adorateurs impénitents d'eux-mêmes, et romantiques sans le savoir, ont essayé de remettre en honneur.

> Honte à qui peut chanter pendant que Rome brûle,
> S'il n'a l'âme, et le cœur, et la voix de Néron.

Je ne parle pas ici des imitateurs maladroits de Renan, le Renan de *l'Antechrist*, 1874, ou de *l'Abbesse de Jouarre*, 1886 : ceux-ci n'ont pas compris ce qu'il y avait de dogma-

---

1852 ; — *Histoire générale des langues sémitiques*, 1857 ; — *Études d'histoire religieuse*, 1848-1857 ; — *Essai sur l'origine du langage*, 1858 ; — et que ces travaux ne sont pas les moins remarquables qui nous restent de lui. — Le caractère commun en est d'avoir voulu sauver de la « religion » tout ce qu'on en peut sauver sans croire à cette religion même ; — ce qui serait tout simplement du Voltaire ; — si ce n'était plutôt encore du Chateaubriand ; — à cause de la sincérité sentimentale dont Renan a fait preuve dans cette partie de son œuvre ; — et du charme infini de style dont il a enveloppé ce que son entreprise avait de contradictoire. — Un autre caractère de ces premiers travaux en est la solidité scientifique [Cf. le *Livre de Job*, 1858 ; le *Cantique des cantiques*, 1860 ; et surtout le *Discours sur l'état des beaux-arts au XIVe siècle*]. — Collaboration de Renan à l'*Histoire littéraire de la France*. — Comment tous ces travaux ont contribué à étendre sensiblement le domaine de la littérature, — en y faisant entrer, par l'intermédiaire du style, — les résultats de l'érudition, de la philosophie, et de l'exégèse.

Publication de la *Vie de Jésus* ; — émotion soulevée par ce livre ; — et raisons de cette émotion, 1863. — Les résultats de la critique biblique y apparaissaient pour la première fois dégagés de tout le pédantisme dont on les enveloppait en Allemagne ; — l'histoire « sainte » s'y trouvait ramenée au caractère purement humain de toutes les histoires ; — et à la personne du Dieu des évangiles une autre personne était substituée ; — réelle, et non plus symbolique, ou « mythique » comme le Jésus de Strauss et des théologiens

tisme irréductible et intransigeant sous le baladinage du maître. *Saltavit et placuit* : il a dansé, et il a fait rire ! mais il y a deux ou trois points qu'il n'a jamais abandonnés, et ces deux ou trois points sont tout le positivisme. Je ne parle que de ceux qui, nourris dans la lecture des *Fleurs du mal*, et dans l'admiration du portrait que Stendhal a tracé de lui-même sous le nom de Julien Sorel, n'ont demandé à l'art que de leur être un instrument de volupté solitaire, et l'ont ainsi confondu, non seulement avec sa perversion — *optimi corruptio pessima*, — mais avec le dévergondage ou de la débauche de l'esprit. Nul n'a protesté plus énergiquement que Dumas contre

---

allemands. — Que ces caractères se retrouvent dans la suite entière des *Origines du christianisme*, 1863-1881 ; — mais qu'à mesure que l'ouvrage avance vers son terme, — la critique de Renan y ressemble davantage à celle de Voltaire ; — par une certaine déloyauté qui s'y mêle à l'interprétation des faits ; — un réel mépris d'une humanité qu'on ne conduirait même à son bien qu'en la trompant ; — et une affectation de légèreté tout à fait discordante à la gravité du sujet. — Quelques-unes des qualités de l'auteur des *Études d'histoire religieuse* y persistent ; — son art d'éveiller d'un mot tout un monde d'idées ; — la clarté de son style ; — et une aisance qu'il ne faut pour en sentir tout le prix, que comparer au dur éclat de la prose de Taine. — Mais déjà, dans les derniers volumes, le dilettantisme commence d'apparaître ; — c'est-à-dire la disposition d'esprit la plus fâcheuse qui soit pour un historien ; — en tant qu'elle consiste à ne voir dans son sujet qu'une occasion d'en jouir soi-même ; — et d'y faire briller les grâces de son esprit.

Les dernières œuvres : *Caliban*, 1878 ; — *l'Eau de Jouvence*, 1880 ; — la *Préface* pour la traduction de *l'Ecclésiaste*, 1881 ; — le *Prêtre de Némi*, 1885 ; — *l'Abbesse de Jouarre*, 1886 ; — *l'Histoire d'Israël*, 1887-1890. — Exagération des défauts de Renan dans ces derniers écrits ; — et s'ils ne proviennent pas surtout du désir de se montrer digne d'une popularité ; — qu'au temps de sa laborieuse jeunesse il avait profondément méprisée ? — On y retrouve du moins cette curiosité d'esprit qu'il a gardée jusqu'à son dernier jour ; — cette préoccupation de comprendre son temps ; — et cette « religion de la science, » qui est la seule qui lui soit demeurée.

cette confusion, l'une des plus fâcheuses qu'il y ait au monde, puisqu'elle fait servir le nom de l'art à couvrir, de tous les commerces, le plus égoïste ; et nul, plus éloquemment que lui, n'a dénoncé ce qu'il y avait dans le dilettantisme de dangereux et d'anti-social.

Il n'a pas moins énergiquement protesté contre le *naturalisme*, et surtout quand ce naturalisme, étrangement dégénéré de l'idée que s'en étaient formée les Taine ou les Flaubert, est devenu tout le contraire de ce qu'il avait promis d'être (Cf. F. Brunetière, *le Roman naturaliste*). Et il est vrai qu'ici d'autres influences, dont l'action dure encore, ont singulièrement aidé ou amplifié celle de

— Ç'a été aussi celle de Taine ; — mais par une contradiction qui achève de les caractériser tous les deux, — tandis que Taine, après être parti du pur « naturalisme », a presque constamment tendu à la reconstitution des principes de la vie morale ; — Renan, qui était parti d'une morale très haute, et très étroite, — a fini, à force de vouloir l'élargir, — par n'en plus tenir aucun compte, — et à faire du dilettantisme sa règle de vie.

Son influence a été considérable ; — aussi considérable que celle de personne en son temps ; — et surtout dans ses dernières années, — comme étant d'un caractère plus général, — et touchant à des questions plus universelles ; — ou dont l'intérêt est plus universellement senti, — que celui des problèmes d'esthétique ou d'art purs. — Il a aussi davantage amusé ses contemporains. — Enfin il a été prodigue de « confessions » ; — dans le temps même qu'autour de lui personne ne faisait plus de « littérature personnelle » ; — et il a persuadé, selon, sa propre expression [Cf. *l'Ecclésiaste*], toute une jeunesse, — que l'effort de quarante ans de labeur et de méditation — n'aboutissait qu'aux conclusions où « Gavroche arrive du premier coup ».

3º LES ŒUVRES. — On peut diviser les *Œuvres* de Renan en trois principaux groupes, selon qu'elles se rapportent à l'érudition pure, à l'histoire générale des religions ou du christianisme en particulier, ou à ce qu'on appellerait la philosophie, s'il ne convenait, dans ce dernier groupe, de distinguer les *Œuvres* vraiment sérieuses, et celles qui ne relèvent que de la fantaisie.

1º *Œuvres d'érudition pure* ; ce sont : *Averroès et l'Averroïsme*

Dumas. Telle est en premier lieu l'influence de ce Schopenhauer, dont le pessimisme idéaliste a différé si profondément, et si heureusement, de ce pessimisme vulgaire qui n'est que le déguisement de l'orgueil de vivre et de l'avidité de jouir insatisfaits. Telle est l'influence de l'auteur d'*Adam Bede* et de *Silas Marner*, George Eliot, dont on pourrait dire que le naturalisme a été une « morale », ou si l'on veut, une « sociologie », bien plus encore qu'une « esthétique »; et c'est ce qui le distingue du naturalisme uniquement « artiste » et « impassible » de l'auteur de *l'Éducation sentimentale* et de *Madame Bovary*. Telle est encore l'influence de Tolstoï ou

---

[Thèse de doctorat], 1852; — *Histoire générale et comparée des langues sémitiques*, 1857; — *Essai sur l'origine du langage*, 1858; — ses *Mémoires* dans le *Journal asiatique* ou dans les *Mémoires de l'Académie des inscriptions* [sur *Sanchoniathon*, sur l'*Agriculture nabatienne*, sur les *Lysanias d'Abylène*, etc.]; — et ses articles dans l'*Histoire littéraire de la France*, t. XXIV à XXX.

Il y faut ajouter le grand ouvrage intitulé *Mission de Phénicie*, 1865; — et sa part de collaboration au *Corpus inscriptionun semiticarum*.

2° *Histoire religieuse*. — *Études d'histoire religieuse*, 1857; — et *Nouvelles études d'histoire religieuse*, 1884; deux volumes, dont le second contient quelques-uns des premiers travaux de Renan, sur le *Bouddhisme* et sur *Saint François d'Assise*. — *De la part des peuples sémitiques dans l'histoire de la civilisation*, brochure, 1861; — *Vie de Jésus*, 1863; *les Apôtres*, 1866; *Saint Paul*, 1869; *l'Antechrist*, 1873; *les Évangiles*, 1877; *l'Église chétienne*, 1879; *Marc-Aurèle*, 1881, sept volumes, que complète un index; — *Histoire du peuple d'Israël*, 1887-1892.

Il y faut ajouter les traductions suivantes : *le Livre de Job*, 1858; *le Cantique des Cantiques*, 1860; *l'Ecclésiaste*, 1861; et le volume intitulé *Conférences d'Angleterre*, 1881.

3° *Œuvres philosophiques*. — *Essais de morale et de critique*, 1860; — *Questions contemporaines*, 1868; — *la Réforme intellectuelle et morale*, 1871; — *Dialogues et fragments philosophiques*, 1876; — *Mélanges d'histoire et de voyages*, 1878; — *Discours et conférences*, 1887; — *l'Avenir de la science*, 1890 [écrit en 1848].

d'Ibsen, du roman russe et du drame norvégien, dont on ne saurait exactement démêler la nature, parce qu'ils sont trop voisins de nous, mais dont on voit assez clairement que la grande inspiratrice est la « pitié sociale ». Mais, sous l'action et dans le conflit apparent de tant d'influences du dehors, ceux qui ont craint que le génie français n'y perdît quelques-unes de ses qualités et la conscience même de son pouvoir, comment les ont-ils combattues ? Tout simplement en faisant observer que ce que l'on croyait voir de plus russe dans Tolstoï, ou dans George Eliot de plus « anglo-saxon », des Français l'avaient dit

Mettons enfin à part : *Caliban*, 1878 ; — *l'Eau de Jouvence*, 1880 ; — *le Prêtre de Némi*, 1885 ; — *1802, dialogue des morts*, 1886 ; — et *l'Abbesse de Jouarre*, 1886.

Les *Souvenirs d'enfance et de jeunesse*, 1876-1882, avec les parties parues de la *Correspondance*, forment une dernière catégorie.

X. — **Charles Baudelaire** [Paris, 1821; † 1867, Paris].

1º Les Sources. — Sainte-Beuve, *Causeries du lundi*, t. IX, 1859 ; — Théophile Gautier, *Notice sur Charles Baudelaire* et *Rapports sur les progrès de la poésie*, 1868 ; — Ch. Asselineau, *Baudelaire, sa vie et son œuvre*, Paris, 1869 ; — *Charles Baudelaire, souvenirs, correspondance, bibliographie* [par Charles Cousin et Spoelberch de Lovenjoul], Paris, 1872 ; — Maxime du Camp, *Souvenirs littéraires*, Paris, 1882 ; — *Charles Baudelaire, OEuvres posthumes et Correspondance inédite*, publiées par M. Eugène Crépet, Paris, 1887 ; — Paul Bourget, *Essais de psychologie contemporaine*, 1883 ; — F. Brunetière, *Histoire et littérature*, t. III, 1887, et *Nouveaux Essais*, 1891 ; — Maurice Spronck, *les Artistes littéraires*, 1889.

2º Le rôle de Baudelaire ; — et qu'il est tout à fait posthume. — *Les Fleurs du mal* elles-mêmes auraient passé presque inaperçues, — sans l'espèce de condamnation qui leur valut dans leur nouveauté une popularité de mauvais aloi. — Mais sa mort, en 1867, ayant ramené l'attention sur Baudelaire, — et levé le scrupule que beaucoup de gens eussent eu de son vivant à se dire son admirateur ou son disciple, — c'est à partir de ce moment qu'il a

avant eux, et au premier rang George Sand ; — et surtout et plus récemment Alexandre Dumas.

C'est pourquoi, son influence a encore triomphé de la doctrine *de l'art pour l'art*, — que d'ailleurs il ne comprenait pas, quand il lui reprochait d'enseigner « la reproduction pure et simple des faits » et bien moins encore, quand, avec son assurance tranchante, il la déclarait « absolument vide de sens ». L'auteur des *Poèmes Antiques* ou des *Poèmes Barbares* savait ce qu'il voulait! Il l'a même mieux su que Dumas, quand celui-ci parlait de « moralisation » par le théâtre, et qu'il écrivait *la Visite de*

exercé, — et qu'il exerce encore une influence réelle, — dont on peut réduire l'action à trois points. — Il a réalisé cette poésie morbide, — qu'avait rêvée Sainte-Beuve au temps de sa jeunesse, — et dont le principe est l'orgueil d'avoir quelque maladie plus rare ou plus monstrueuse. — Il a découvert ainsi et exprimé quelques rapports, — dont le caractère maladif est relevé par l'acuité des sensations qu'ils procurent ; — et aussi par la brutalité même des mots dont on a besoin pour les exprimer. — Et enfin, en s'attachant à l'expression de ces rapports, — il a inauguré le symbolisme contemporain ; — si ce symbolisme consiste essentiellement dans le mélange confus du mysticisme et de la sensualité. — La question qui se pose d'ailleurs sur ces « innovations » — est de savoir jusqu'à quel point l'auteur en fut sincère — et si toute une école n'a pas été la dupe d'un dangereux mystificateur.

3° LES ŒUVRES. — En dehors de ses traductions d'Edgar Poe, *Histoires extraordinaires*, 1856 ; — *Nouvelles histoires extraordinaires*, 1857 ; — *Histoires grotesques et sérieuses*, 1865 ; — et de ses *Fleurs du mal*, 1857 ; on ne voit rien de Baudelaire qui mérite encore d'être signalé, si ce n'est ses *Paradis artificiels* ; — et quelques *Notices*, très étudiées, qu'il a écrites pour le *Recueil des poètes français* d'Eugène Crépet.

Ses *Œuvres complètes* ont été réunies en sept volumes in-12, Paris, 1868-1870, Michel Lévy.

XI. — **L'Influence allemande**.

L'influence allemande, continuée depuis Mme de Staël, — n'a guère été représentée jusqu'aux environs de 1860, — que par

noces. Mais Dumas n'en avait pas moins raison de rappeler que ce n'est point l'homme qui est fait pour l'art, mais au contraire l'art pour l'homme; et c'est ce que personne aujourd'hui ne conteste. S'il est loisible au peintre ou au sculpteur de ne se soucier uniquement que de la réalisation du caractère ou de la beauté, ni l'auteur dramatique, ni le poète ne le peuvent, parce qu'ils se servent de mots, et que les mots expriment des idées, et que les idées se changent en mobiles ou en motifs d'action. Dumas l'a su, s'il l'a dit un peu confusément. « Toute littérature qui n'a pas en vue la perfectibilité, la

---

quelques universitaires, au premier rang desquels il faut nommer Saint-René Taillandier. — Mais, à dater de 1860, le pouvoir en augmente; — et l'action s'en fait sentir dans trois ou quatre directions à la fois.

1° En philosophie; —. par l'intermédiaire d'Ernest Renan; — d'Edmond Scherer [Cf. son étude sur *Hegel*, dans ses *Mélanges d'histoire religieuse*, 1861]; — et d'Étienne Vacherot [Cf. *la Métaphysique et la science*]; — l'hégélianisme s'empare des esprits, — et il n'est plus question que de « l'identité des contradictoires » [Cf. Gratry, *les Sophistes et la Critique*, 1861]; — dont la formule obscure s'accorde merveilleusement avec l'idée d'évolution naissante. — C'est aussi vers le même temps que se fonde la *Revue germanique*; — et que l'on découvre ou que l'on retrouve Schopenhauer [Cf. Foucher de Careil, *Hegel et Schopenhauer*, 1862, Paris, et Challemel-Lacour, dans la *Revue des Deux Mondes*, mars 1870], — dont les doctrines, mieux connues, renouvelleront plus tard, aux environs de 1875, — la conception philosophique de l'amour, — et par suite l'idée même qu'on se fait de la vie.

2° En matière d'érudition; — et plus particulièrement d'exégèse et de philologie; — on se met à l'école de Strauss et de Baur, — de Bopp et de Diez, — de Mommsen et de Curtius.

3° En fait d'art et de littérature; — c'est alors qu'on traduit presque entièrement Gœthe et Schiller; — que l'on oppose Henri Heine aux plus illustres de nos romantiques; — et qu'enfin le « wagnérisme » commence à s'insinuer dans les esprits par les oreilles; — et par l'intermédiaire des doctrines d'art qu'on en dégage [Cf. Ed. Schuré, *le Drame musical*, Paris, 1875]. — Et, en

moralisation, l'idéal, l'utile en un mot, est une littérature rachitique et malsaine, née morte. » Et on peut regretter qu'il ne l'ait pas mieux dit, mais il l'a dit ; et finalement, après l'avoir âprement contredit, ce n'est pas les Leconte de Lisle ou les Flaubert que l'on en a cru, mais lui.

On résumera ces observations d'un seul mot, en disant que, d'*individualiste* qu'elle avait été avec les romantiques, et d'*impersonnelle* avec les naturalistes, la littérature française moderne, considérée dans son ensemble, est redevenue *sociale*. Et nous, par forme de conclusion, si nous souhaitons qu'elle le demeure, ce n'est pas du

---

dépit de la résistance d'un certain patriotisme, — aucune influence n'est destinée depuis lors à exercer plus d'action, — comme n'étant pas uniquement « musicale » ; — mais philosophique ; — et surtout comme étant jusqu'ici, — dans la composition totale de l'esprit européen — l'un des principaux éléments de résistance qu'il y ait — à l'envahissement du naturalisme — et d'un naturalisme encore plus superficiel que grossier.

XII. — **Alexandre Dumas fils** [Paris, 1821 ; † 1895, Paris].
1° LES SOURCES. — Les « feuilletons dramatiques » de Jules Janin dans le *Journal des Débats* ; — Théophile Gautier, dans la *Presse* et dans le *Moniteur* ; — F. Sarcey, dans l'*Opinion nationale* et dans le *Temps* ; — Jules Lemaître, dans le *Journal des Débats* ; — Weiss, *Essais sur l'histoire de la littérature française*, 1857-1858 ; — Léopold Lacour, *Trois théâtres*, Paris, 1880 ; — Emile Zola, *Nos auteurs dramatiques* ; et *Documents littéraires*, Paris, 1881 ; — Paul Bourget, *Essais de psychologie contemporaine*, 1886 ; — Paul de Saint-Victor, *le Théâtre contemporain*, Paris, 1889 ; — René Doumic, *Portraits d'écrivains*, 1892, et *Essais sur le théâtre contemporain*, 1895-1897 ; — H. Parigot, *le Théâtre d'hier*, Paris, 1893, et *Génie et Métier*, Paris, 1894.

2° L'HOMME ET L'ÉCRIVAIN ; — et que pour les comprendre, — mais surtout pour les juger, — il faut se représenter Alexandre Dumas fils — comme ayant affecté toute sa vie l'allure d'un révolté ; — dont l'indépendance aurait d'ailleurs été limitée — par ce besoin de plaire ; — et, pour plaire, de complaire à l'opinion — qui est toujours l'écueil de l'auteur dramatique.

tout que nous prêtions à ce mot on ne sait quelle signification secrète ou quelle valeur mystique ! Ce n'est pas davantage que nous prenions notre opinion particulière et personnelle pour la règle arbitraire des autres. Mais nous en avons de solides raisons, qui sont justement celles que, dans ce résumé de l'histoire de la littérature française, nous avons essayé de mettre en évidence.
— Si le *dilettantisme* a certainement eu cette conséquence heureuse, en développant ou en excitant la curiosité de l'esprit, d'en aiguiser la pénétration ou d'en étendre la portée ; et si d'autre part on ne saurait nier, — comme

A. *Le Réaliste*; — et d'abord qu'on ne trouve qu'un « épigone du romantisme », — et un faible imitateur de son père, — dans *les Aventures de quatre femmes et d'un perroquet*, 1846-1847 ; — dans *le Docteur Servand*, 1849 ; — et dans *le Régent Mustel*, 1852 [Cf. J.-J. Weiss, loc. cit., *les Romans de M. Dumas fils*]. — L'imagination, le style, et toute intention d'art y font également défaut ; — et on n'y est frappé de rien tant que de l'ignorance prodigieuse de l'auteur ; — si ce n'est de sa suffisance ; — qui sont deux legs de son « grand enfant » et de son « bon garçon de père » [Cf. *Un père prodigue*]. — Mais le succès de *la Dame aux camélias*, 1848 (roman), et 1852 (drame), — lui indique sa véritable voie ; — qui est l'imitation de ce qu'il a vu lui-même ; — et sans doute c'est une forme inférieure du réalisme ; — comme le réalisme des Champfleury, par exemple, et des Courbet ; — qui ne sont réalistes que de la stérilité de leur invention ; — mais pourtant c'en est une. — Différence à cet égard du réalisme de Dumas et de celui de Flaubert, ou de Taine. — *Diane de Lys* est toutefois une espèce de retour au romantisme. — Mais à dater du *Demi-Monde*, 1855, — Dumas se jette tout entier dans le réalisme par imitation des mœurs contemporaines ; — et *la Question d'argent*, 1857 ; — *le Fils naturel*, 1858, qui est lui-même, Dumas ; — un *Père prodigue*, 1859, qui est son propre père ; — *l'Ami des femmes*, 1864 ; — et *l'Affaire Clémenceau*, 1866, — sont autant d'œuvres où dominent les caractères du réalisme ; — dans la nature des intrigues ; — dans le choix des personnages ; — dans la familiarité du style. — C'est une autre différence encore du « réalisme » de Dumas, et de celui de Flaubert ou de Leconte de Lisle ; — l'indifférence presque entière

aussi bien nous n'en avons eu garde, — que le *naturalisme* nous ait rendu, deux ou trois fois au moins dans le cours de notre histoire, d'utiles et même de précieux services ; rien n'empêche une littérature « sociale » de s'approprier les conquêtes du *naturalisme* et du *dilettantisme*. Mais au contraire ils ne sauraient, eux, s'approprier les siennes, puisque le *dilettantisme*, c'est l'individualisme ; et le *naturalisme*, c'est la soumission absolue de l'écrivain à son objet ou pour mieux dire encore, c'en est l'acceptation. Les choses ne sont pour lui que ce qu'elles doivent être, et dès qu'il les a comprises, il ne

à la forme ; — et la conviction qu'on écrit toujours assez bien dès qu'on réussit à se faire entendre. — Une autre différence est la tendance à discuter des « questions » et à moraliser.

B. *L'Auteur dramatique*. — C'est sous l'influence de cette tendance ; — encouragée par l'influence directe et personnelle de George Sand ; — par l'influence moins directe, mais non moins certaine de Michelet ; — et par l'émulation des succès quasi politiques d'Augier [Cf. *les Effrontés* et *le Fils de Giboyer*], — que Dumas invente un nouveau théâtre, — dont *les Idées de madame Aubray*, 1867, — sont le premier modèle. — Tandis qu'en effet Augier continue de subir l'influence de Scribe ; — et serait d'ailleurs embarrassé de la secouer ; — Dumas s'en émancipe ; — et ses pièces deviennent des « thèses », — dont les personnages ne sont que les porte-paroles appropriés ; — et l'intrigue une démonstration. — Ces thèses ont pour objet en général de montrer l'iniquité du Code [Cf. F. Moreau, *le Code civil et le Théâtre contemporain*] ; — et de plaider notamment la cause de la recherche de la paternité, celle du divorce, et l'égalité romantique de l'homme et de la femme dans la faute ou dans l'adultère. — Les *Préfaces* du *Théâtre complet* [édition de 1866-1870] ; — et qu'il faut faire attention qu'étant postérieures de dix ans aux pièces qu'elles précèdent, — elles répondent à l'idée nouvelle que l'auteur des *Idées de madame Aubray* se fait de son art.

C'est conformément à ces principes nouveaux, — fortifiés chez lui par les spectacles des événements de 1870-1871 [Cf. *Lettres de Junius*, 1870-1871], — qu'Alexandre Dumas a écrit *la Visite de noces*, 1871 ; — *la Princesse Georges*, 1871 ; — *la Femme de*

les trouve pas légitimes seulement, mais « naturelles » et par conséquent nécessaires. En second lieu, ce qu'une littérature « sociale » a pour elle — dans le pays de George Sand et de Lamennais, de Voltaire et de Montesquieu, de Bossuet et de Racine, de Montaigne même et de Rabelais, — c'est d'être conforme à la tradition quatre ou cinq fois séculaire du génie français. *Omnia quæ loquitur populus iste conjuratio est!* Ce n'est pas seulement ce qui n'est pas clair qui n'est pas français, mais c'est tout ce qui n'exprime pas dans la langue de tout le monde des vérités qui intéressent ou qui touchent tout

---

Claude, 1873; — trois pièces dont il y en a au moins deux où l'on ne voit pas que la « thèse » nuise à la valeur dramatique de l'œuvre; — et au contraire où l'obligation de « prouver » a débarrassé le théâtre de plusieurs conventions gênantes. — Elles l'ont ramené à une simplicité d'action que Scribe lui avait rendue tout à fait étrangère; — puisqu'il ne fondait son espoir de succès que sur l'imprévu de ses combinaisons. — Elles y ont introduit un élément de passion, — que l'on chercherait en vain dans les comédies ou les drames d'Augier, — dont on ne sait jamais *pourquoi* les personnages agissent de telle ou telle manière plutôt que d'une autre. — Et elles ont enfin rendu au théâtre — une valeur littéraire, psychologique et morale, — qu'il avait à peu près perdue depuis une centaine d'années. — Car, quelle est la signification de *l'Aventurière*, ou du *Verre d'eau*, ou de *la Tour de Nesle*, ou même de *Marion Delorme*?

C. *Le Moraliste*. — De là la transformation du « réaliste » en « moraliste », — et du Dumas de *Diane de Lys* ou de *la Dame aux camélias*, — en celui de *l'Étrangère*, 1876; — de *la Princesse de Bagdad*, 1882; — de *Denise*, 1885; — et de *Francillon*, 1887. — Et qu'il est dommage, en vérité, que ce moraliste ait quelquefois manqué de bon sens; — plus souvent encore d'une suffisante connaissance des questions qu'il traitait; — et toujours de mesure. — Les lacunes de l'éducation première de Dumas ne s'aperçoivent que trop; — même dans sa manière de poser les problèmes [Cf. *les Femmes qui tuent et les Femmes qui votent*], 1880, — ou encore *la Question du divorce*, 1881. — Ramenées ou réduites à l'optique du théâtre, il tranche trop aisément des difficultés; — dont il n'a pas

le monde ; et c'est pourquoi l'on remarquera que ni la plupart de nos « romantiques », ni surtout nos « dilettantes » n'existent au regard de l'étranger. On a mieux qu'eux en leur genre en Angleterre ou en Allemagne ! Nous, au contraire, la socialisation de la littérature, si j'ose hasarder ce barbarisme expressif, c'est ce qui nous a permis dans le passé, non seulement, comme on l'a vu, de résister à l'influence étrangère, et de n'en retenir que ce que nous pouvions approprier aux fins de notre génie, mais encore d'exercer dans le monde la domination intellectuelle que nous y avons exercée plus souvent

vu la complexité. — Mais il n'en a pas moins rendu un service considérable, — rien qu'en passant lui-même, franchement et résolument du « naturalisme » à l' « idéalisme » ; — sans effort, et par le seul mouvement du progrès de ses réflexions. — L'un des premiers en son temps, — et depuis *les Idées de madame Aubray* jusqu'à *Francillon*, — il a rattaché l'un à l'autre l'art et la vie, — qu'on voulait séparer. — Et sans doute, on doit regretter que de tout son théâtre, — ce qui durera sans doute le plus longtemps ce soient ses drames « réalistes », — mais l'accident ne prouve rien ni contre son talent d'auteur dramatique, — ni contre les pièces à thèse, — ni contre la générosité de son effort, — et encore bien moins contre cette idée — plus que jamais aujourd'hui répandue, — que l'art a « une fonction sociale ».

3º Les Œuvres. — Si nous laissons de côté ses romans de jeunesse, qui sont devenus à peu près illisibles, les Œuvres d'Alexandre Dumas comprennent :

1º *La Dame aux camélias* (roman), 1848 ; — et *l'Affaire Clémenceau*, 1866 ;

2º Son *Théâtre*, dont la dernière édition, en 7 volumes in-12, Paris, 1890-1893, Calmann Lévy, se compose de : *la Dame aux camélias*, 1852 ; *Diane de Lys*, 1853 ; *le Bijou de la reine*, 1855 (en vers) ; — *le Demi-Monde*, 1855 ; *la Question d'argent*, 1857 ; *le Fils naturel*, 1858 ; *Un Père prodigue*, 1859 ; — *l'Ami des femmes*, 1864 ; *les Idées de madame Aubray*, 1867 ; — *Une visite de noces*, 1871 ; *la Princesse Georges*, 1871 ; *la Femme de Claude*, 1873 ; — *Monsieur Alphonse*, 1874 ; *l'Étrangère*, 1876 ; — *la Princesse de Bagdad*, 1882 ; *Denise*, 1885 ; *Francillon*, 1887.

qu'aucun peuple. Et enfin, si le propre d'une littérature « sociale » est de tendre, comme on l'a dit, au « perfectionnement de la vie civile » ou, comme nous dirions de nos jours, au progrès de la civilisation, que pourrions-nous ajouter de plus? Nous avons depuis quatre cents ans, dans notre littérature et dans notre langue même, les moyens de travailler ensemble à la grandeur du nom français et au bien commun de l'humanité. Qui ne sacrifierait à ce généreux idéal un peu de son « individualisme », et l'étrange vanité d'être seul à s'admirer ou à se comprendre lui-même?

Il y faut ajouter les deux volumes intitulés : *le Théâtre des autres*, dans lesquels il a au moins autant de part qu'Augier dans *les Lionnes pauvres* ou Barrière dans *les Faux bonshommes*, et qui comprennent : *le Supplice d'une femme* [en collaboration avec Émile de Girardin], 1865; *Héloïse Paranquet* [en collaboration avec Armand Durantin], 1866; — *le Filleul de Pompignac*, 1869; — *la Comtesse Romani* [en collaboration avec M. Fould], 1877; — et *les Danicheff* [en collaboration avec M. Pierre Corvin], 1879.

Il a de plus « remis sur pied » quelques-unes des pièces de George Sand, dont la plus célèbre est *le Marquis de Villemer*, 1864.

3° En dehors de ses romans et de son *Théâtre*, on a enfin de Dumas : — trois volumes d'*Entr'actes*, 1878-1879, plus un volume de *Nouveaux Entr'actes*, 1890, où il a lui-même réuni la plupart de ses brochures et feuilles volantes ; — *la Question du divorce*, 1880; — et une *Lettre à M. Rivet, député, sur la recherche de la paternité*, 1883.

FIN

TABLE

LIVRE PREMIER

LE MOYEN AGE
842-1498

P. 1-40.

I. **La Formation de la Langue française**, p. 1; — II. **L'Evolution de l'Épopée**, p. 4; — III. **Les Chansonniers**, p. 13; — IV. **Les Fabliaux**, p. 17; — V. **La Littérature allégorique**, p. 19; — VI. **La Farce de Pathelin**, p. 27; — VII. **François Villon**, p. 29; — VIII. **Les Mystères**, p. 32; — IX. **Philippe de Commynes**, p. 37.

LIVRE II

L'AGE CLASSIQUE
1498-1801

P. 40-388.

CHAPITRE PREMIER

LA FORMATION DE L'IDÉAL CLASSIQUE
1498-1610

P. 40-106.

Première Époque

De Villon à Ronsard.
1498-1550
P. 40-54.

I. **Clément Marot**, p. 40 ; — II. **Marguerite de Valois**, p. 42 ; — III. **François Rabelais**, p. 44 ; — IV. **Les Amadis**, p. 50 ; — V. **L'École lyonnaise**, p. 51.

Deuxième Époque

A l'École de l'Antiquité.
1550-1580
P. 54-80.

La Renaissance de la Poésie. — I. **La formation de la Pléiade**, p. 54 ; — II. **Joachim du Bellay**, p. 56 ; — III. **Pierre de Ronsard**, p. 58 ; — IV. **Jean-Antoine de Baïf**, p. 62.
Érudits et Traducteurs. — V. **Henri Estienne**, p. 63 ; — VI. **Jacques Amyot**, p. 66 ; — VII. **Jean Bodin**, p. 69.
Les Origines du théâtre classique. — VIII. **La première époque du théâtre classique**, p. 71 ; — IX. **Robert Garnier**, p. 73 ; — X. **Les commencements de la comédie**, p. 75 ; — XI. **L'œuvre de la Pléiade**, p. 77.

Troisième Époque

De la publication des « Essais » à la publication de l' « Astrée ».
1580-1610
P. 80-106.

I. **Bernard Palissy**, p. 80 ; — II. **François de la Noue**, p. 82 ; — III. **Guillaume du Bartas**, p. 84 ; — IV. **Michel de Montaigne**, p. 86 ; — V. **La Satire Ménippée**, p. 92 ; — VI. **Pierre Charron**, p. 93 ; — VII. **Guillaume du Vair**, p. 95 ; — VIII. **François de Sales**, p. 98 ; — IX. **Mathurin Regnier**, p. 101 ; — X. **Honoré d'Urfé**, p. 103.

CHAPITRE IIX

LA NATIONALISATION DE LA LITTÉRATURE
1610-1722
P. 106-278.

Quatrième Époque

De la formation de la société précieuse à la « première » des « Précieuses ridicules ».

1610-1659
P. 106-166.

I. **L'hôtel de Rambouillet**, p. 107; — II. **Irréguliers et Libertins**, p. 113; — III. **Alexandre Hardy**, p. 116; — IV. **François de Malherbe**, p. 118; — V. **Jean-Louis Guez de Balzac**, p. 121; — VI. **Claude Favre de Vaugelas**, p. 124; — VII. **Pierre Corneille**, p. 126; — VIII. **La fondation de l'Académie française**, p. 134; — IX. **Les Origines du jansénisme**, p. 136; — X. **René Descartes**, p. 138; — XI. **Port-Royal et les Arnauld**, p. 142; — XII. **Le Roman depuis l'Astrée**, p. 145; — XIII. **Le Poème héroïque**, p. 149; — XIV. **La comédie de 1640 à 1658**, p. 153; — XV. **Le Burlesque**, p. 156; — XVI. **Blaise Pascal**, p. 157.

Cinquième Époque

De la « première » des « Précieuses ridicules » à la Querelle des Anciens et des Modernes.

1659-1687
P. 166-218.

I

François duc de la Rochefoucauld.
P. 166-169.

II

Jean-Baptiste Poquelin de Molière.
P. 169-181.

III

Jean de La Fontaine.

P. 181-189.

IV

Jacques-Bénigne Bossuet.

P. 189-200.

V

Jean Racine.

P. 200-207.

VI

Louis Bourdaloue.

P. 207-211.

VII

Nicolas Boileau-Despréaux.

P. 211-218.

Sixième Époque

De la Querelle des Anciens et des Modernes à la publication des « Lettres persanes ».

1687-1722

P. 218-278.

I. **Les Commencements de l'Opéra français**, p. 218; — II. **Nicolas Malebranche**, p. 220; — III. **Pierre Bayle**, p. 223; — IV. **Fontenelle**, p. 229; — V. **Le Renouvellement de l'Académie des sciences**, p. 234; — VI. **Charles Perrault**, p. 236; — VII. **Jean de la Bruyère**, p. 239; — VIII. **Fénelon**, p. 245; — IX. **La Querelle des Anciens et des Modernes**, p. 252; — X. **Jean-Baptiste Massillon**, p. 256; — XI. **La Tragédie française de 1680 à 1715**, p. 258; — XII. **Jean-Baptiste Rousseau**, p. 262; — XIII. **La comédie depuis Molière jusqu'à Destouches**, p. 264; — XIV. **Alain-René Le Sage**, p. 269; — XV. **Le salon de M**^{me} **de Lambert**, p. 275.

CHAPITRE III

LA DÉFORMATION DE L'IDÉAL CLASSIQUE
1720-1801

P. 278-388.

Septième Époque
P. 278-308.

Des « Lettres persanes » à la publication du premier volume de l' « Encyclopédie ».
1722-1750

I. **Montesquieu**, p. 278; — II. **Marivaux**, p. 284; — III. **L'abbé Prévost**, p. 289; — IV. **Pierre-Claude Nivelle de la Chaussée**, p. 292; — V. **La première époque de la vie de Voltaire**, p. 294; — VI. **Jean-Baptiste Gresset**, p. 301; — VII. **Vauvenargues**, p. 303; — VIII. **Charles Pineau Duclos**, p. 305.

Huitième Époque

L'Encyclopédie et les Encyclopédistes.
1750-1765

P. 308-328.

I. **Les Commencements de l'entreprise encyclopédique**, p. 310; — II. **Jean Le Rond d'Alembert**, p. 312; — III. **Denis Diderot**, p. 313; — IV. **Les premières difficultés de l'Encyclopédie**, p. 314; — V. **La seconde époque de la vie de Voltaire**, p. 316; — VI. **Après la suppression de l'Encyclopédie**, p. 320; — VII. **Claude-Adrien Helvétius**, p. 322; — VIII. **Frédéric-Melchior Grimm**, p. 323; — IX. **La propagande encyclopédique**, p. 324.

Neuvième Époque
P. 328-388.

De « l'Encyclopédie » au « Génie du Christianisme ».
1765-1802

I. **Jean-Jacques Rousseau**, p. 328; — II. **Michel-Jean Sedaine**, p. 343; — III. **La dernière époque de la vie de Voltaire**,

p. 345 ; — IV. **Les Économistes**, p. 356; — V. **Pierre-Augustin Caron de Beaumarchais**, p. 359 ; — VI. **La fin de la tragédie**, p. 363; — VII. **André-Marie de Chénier**, p. 367 ; — VIII. **Buffon**, p. 372 ; — IX. **Condorcet**, p. 379 ; — X. **Bernardin de Saint-Pierre**, p. 382.

LIVRE III

L'AGE MODERNE
1801-1875

P. 388-524.

Première Époque

P. 388-442.

De la publication du « Génie du Christianisme » à la « première » des « Burgraves ».
1802-1843

I. **Chateaubriand**, p. 388 ; — II. **Mme de Staël**, p. 394 ; — III. **Les Idéologues**, p. 398 ; — IV. **M. de Bonald**, p. 400 ; — V. **Joseph de Maistre**, p. 402 ; — VI. **Paul-Louis Courier**, p. 406 ; — VII. **Béranger**, p. 407 ; — VIII. **Lamennais**, 412 ; — IX. **Stendhal**, p. 417 ; — X. **Lamartine**, p. 421 ; — XI. **Le Triumvirat de Sorbonne**, p. 428 ; — XII. **Augustin Thierry**, p. 430 ; — XIII. **Le théâtre romantique**, p. 432 ; — XIV. **Alfred de Musset**, p. 435 ; — XV. **Prosper Mérimée**, p. 438 ; — XVI. **Alexis de Tocqueville**, p. 440.

Deuxième Époque

P. 442-483.

Des « Burgraves » à la « Légende des siècles ».
1843-1859

I

Honoré de Balzac.

P. 442-453.

II

Michelet.

P. 453-458.

III

Victor Hugo.

P. 458-471.

IV

George Sand.

P. 471-476.

V

Charles-Augustin Sainte-Beuve.

P. 476-482.

Troisième Époque

P. 483-524.

Le Naturalisme.

I. **Alfred de Vigny**, p. 483; — II. **Théophile Gautier**, p. 487; — III. **Émile Augier**, p. 491; — IV. **Octave Feuillet**, p. 495; — V. **Leconte de Lisle**, p. 497; — VI. **L'Influence anglaise**, p. 501; — VII. **Gustave Flaubert**, p. 503; — VIII. **Taine**, p. 506; — IX. **Ernest Renan**, p. 510; — X. **Charles Baudelaire**, p. 516; — XI. **L'Influence allemande**, p. 517; — XII. **Alexandre Dumas fils**, p. 519.

www.ingramcontent.com/pod-product-compliance
Lightning Source LLC
Chambersburg PA
CBHW071413230426
43669CB00010B/1535